PICC 培训教材

P&C

责任保险（行业版）

ZEREN BAOXIAN

王玉玲 ◎ 主编

首都经济贸易大学出版社
Capital University of Economics and Business Press
·北京·

图书在版编目(CIP)数据

责任保险(行业版)/王玉玲主编. —北京:首都经济贸易大学出版社,2014.10
ISBN 978-7-5638-2287-4

Ⅰ.①责… Ⅱ.①王… Ⅲ.①责任保险—职工培训—教材 Ⅳ.①F840.69

中国版本图书馆 CIP 数据核字(2014)第 235268 号

责任保险(行业版)
王玉玲 主编

出版发行	首都经济贸易大学出版社
地　　址	北京市朝阳区红庙(邮编100026)
电　　话	(010)65976483　65065761　65071505(传真)
网　　址	http://www.sjmcb.com
E - mail	publish@cueb.edu.cn
经　　销	全国新华书店
照　　排	首都经济贸易大学出版社激光照排服务部
印　　刷	河北三河长城印刷有限责任公司
开　　本	787 毫米×1092 毫米　1/16
字　　数	515 千字
印　　张	24.25
版　　次	2014 年 10 月第 1 版　2014 年 10 月第 1 次印刷
书　　号	ISBN 978-7-5638-2287-4/F·1295
定　　价	48.00 元

图书印装若有质量问题,本社负责调换

版权所有　侵权必究

目录 CONTENTS

第一篇　基础篇 ·· 1
第一章　责任保险概述 ··· 1
　第一节　责任风险 ·· 1
　　一、法律责任的含义及分类 ·· 1
　　二、责任风险 ··· 3
　第二节　责任保险的概念 ··· 6
　　一、责任保险的定义 ·· 6
　　二、责任保险的保险责任和责任免除 ·· 7
　　三、责任保险与其他保险的区别 ·· 8
　第三节　责任保险的特征和作用 ·· 10
　　一、责任保险的特征 ·· 10
　　二、责任保险的作用 ·· 13
　第四节　责任保险的分类 ··· 14
　　一、侵权责任保险和违约责任保险 ·· 14
　　二、公众责任险、雇主责任险、产品责任险、职业责任险和其他责任险 ·········· 14
　　三、团体客户责任保险和个人责任保险 ·· 15
　　四、期内发生式责任保险和期内索赔式责任保险 ································ 15
　　五、强制责任保险和自愿责任保险 ·· 16
　第五节　责任保险的法律基础 ··· 16
　　一、民事责任的概念 ·· 16
　　二、侵权责任 ··· 20
　　三、违约责任 ··· 34
　　四、民事责任的竞合 ·· 37
　　五、诉讼时效 ··· 39
第二章　责任保险合同 ··· 41
　第一节　总　则 ··· 41
　　一、合同构成条款 ··· 41
　　二、被保险人范围条款 ··· 42
　第二节　保险责任 ·· 42
　　一、责任损失条款 ··· 42
　　二、法律费用条款 ··· 47

— 1 —

第三节　责任免除 …… 48
　　　　一、原因免责条款 …… 49
　　　　二、损失免责条款 …… 50
　　第四节　责任限额与免赔额(率) …… 51
　　　　一、责任限额 …… 51
　　　　二、免赔额(率) …… 52
　　第五节　保险期间 …… 52
　　第六节　保险费 …… 52
　　第七节　保险人义务 …… 53
　　　　一、签发保险单义务 …… 53
　　　　二、保险合同解除权行使期限 …… 53
　　　　三、补充索赔证明和资料的一次性通知义务 …… 54
　　　　四、及时核定、赔付义务 …… 54
　　　　五、先行赔付义务 …… 55
　　第八节　投保人、被保险人义务 …… 55
　　　　一、如实告知义务 …… 55
　　　　二、交付保费义务 …… 55
　　　　三、防灾义务 …… 56
　　　　四、危险程度显著增加通知义务 …… 57
　　　　五、损害事故通知义务 …… 57
　　　　六、损害赔偿请求通知义务以及协助抗辩义务 …… 58
　　　　七、单证提供义务 …… 59
　　　　八、协助追偿义务 …… 60
　　第九节　赔偿处理 …… 61
　　　　一、确定被保险人对第三者赔偿责任的基础 …… 61
　　　　二、向被保险人理赔的前提 …… 62
　　　　三、事故损失赔偿金额计算 …… 63
　　　　四、法律费用赔偿金额计算 …… 64
　　　　五、重复保险的处理 …… 64
　　　　六、被保险人索赔的诉讼时效 …… 66
　　第十节　争议处理 …… 67
　　第十一节　其他事项 …… 67
第三章　责任保险的历史与发展 …… 69
　　第一节　责任保险的起源 …… 69
　　第二节　责任保险在国外的发展 …… 71
　　　　一、发达国家责任保险的发展历程 …… 71
　　　　二、主要国家责任保险发展现状 …… 73
　　第三节　责任保险在我国的发展 …… 76
　　　　一、我国责任保险的法律及政策环境 …… 76
　　　　二、我国责任保险市场现状 …… 76

第二篇 产品篇

第一章 公众责任保险

第一节 公众责任风险与保险
一、公众责任的定义 … 85
二、公众责任的法律依据 … 85
三、公众责任风险 … 86
四、公众责任保险 … 86

第二节 公众责任保险主要产品 … 89
一、场所类责任保险 … 89
二、道路客运承运人责任保险 … 94
三、供电责任保险 … 97
四、环境污染责任保险 … 98

第二章 雇主责任保险 … 102

第一节 雇主责任风险与保险 … 102
一、雇主责任的含义 … 102
二、雇主责任的法律依据 … 102
三、雇主责任的免责事由 … 103
四、第三人致害的责任认定 … 103
五、雇主责任风险与保险 … 104
六、雇主责任险与其他责任类似保险产品的区别 … 108

第二节 主要产品 … 109
一、主要产品介绍 … 109
二、保险责任 … 110
三、除外责任 … 111
四、计费基础及赔偿限额 … 111
五、安全生产责任险简介 … 112

第三章 产品责任保险 … 113

第一节 概述 … 113
一、产品与产品责任 … 113
二、产品责任法概述 … 116

第二节 产品责任保险 … 120
一、产品责任保险的发展 … 120
二、我国产品责任保险主要产品 … 122
三、相关的险种介绍 … 125

第四章 职业责任保险 … 128

第一节 职业责任风险与保险 … 128
一、职业责任与职业责任风险 … 128
二、职业责任保险 … 129
三、职业责任保险的历史发展 … 130

第二节 职业责任保险主要产品 … 130

一、医疗责任保险	130
二、建设工程设计责任保险	132
三、律师职业责任保险	133
四、注册会计师责任保险	135
第五章　其他责任保险	137
第一节　物流责任保险	137
一、物流责任保险概述	137
二、主要保险产品	141
三、无船承运业务经营者保证金责任保险	146
第二节　董事责任保险	147
一、董事责任保险概述	147
二、董事责任保险产品主要内容	153
第三节　建筑工程质量保险	159
一、建筑工程质量保险概述	159
二、建筑工程质量保险产品介绍	165
第六章　个人责任保险	168
第一节　个人责任风险与保险	168
一、个人责任的定义	168
二、个人责任保险法律依据	169
三、个人责任风险	169
四、个人责任保险	169
第二节　个人责任保险主要险种	169
一、个人综合责任保险	170
二、居家责任保险	170
三、家庭雇佣责任保险	171
四、动物饲养责任保险	171
五、监护人责任保险	172
六、电动自行车第三者责任保险	172
第三篇　定价篇	174
第一章　定价原理	174
第一节　费率组成	174
一、风险保费	175
二、费用附加	176
三、风险及利润附加	178
四、保险价格各部分的关系	178
第二节　费率厘定基本方法	179
一、基准费率厘定	179
二、级别费率厘定	181
三、广义线性模型	183
四、个体风险定价	184

第三节　影响定价的主要因素	……………………………………	185
一、未决赔款	………………………………………………………	185
二、历年赔付的变化趋势	………………………………………	185
三、保单条件的变化	…………………………………………………	185
四、核保政策的变化	…………………………………………………	185
五、理赔管理的变化	…………………………………………………	185
六、数据质量	………………………………………………………	186
七、公司经营政策	…………………………………………………	186
第二章　责任保险定价	………………………………………………………	187
第一节　责任保险定价特点	………………………………………	187
一、责任险限额增长因子的调整	……………………………	187
二、期内索赔制与事故发生制	…………………………………	190
第二节　责任保险主要险种定价	…………………………………	190
一、公众责任保险	…………………………………………………	190
二、雇主责任保险	…………………………………………………	191
三、产品责任保险	…………………………………………………	191
四、职业责任保险	…………………………………………………	191
五、核保经验系数	…………………………………………………	192
第四篇　承保篇	………………………………………………………………	193
第一章　公众责任保险	………………………………………………………	193
第一节　风险调查与评估	…………………………………………	193
一、风险调查	………………………………………………………	193
二、风险评估	………………………………………………………	194
第二节　风险控制	…………………………………………………………	195
一、控制逆选择	………………………………………………………	195
二、控制保险责任	…………………………………………………	195
三、控制人为风险	…………………………………………………	196
第三节　承保方案	…………………………………………………………	196
一、承保方案应包括的内容	……………………………………	196
二、其他公众责任险的承保方案制定	………………………	198
第四节　案例介绍	…………………………………………………………	201
一、公众责任险	………………………………………………………	201
二、环境污染责任险	…………………………………………………	202
第二章　雇主责任保险	………………………………………………………	205
第一节　风险调查与评估	…………………………………………	205
一、雇主责任保险风险调查	……………………………………	205
二、雇主责任保险风险评估	……………………………………	206
第二节　风险控制	…………………………………………………………	207
一、一揽子业务形式	…………………………………………………	207
二、建立与投保人的利益共同分担机制	………………………	207

三、对投保客户的条件限制 ·· 207
　　四、承保方式的选择 ·· 208
　　五、足额投保及分保 ·· 208
　第三节　承保方案 ·· 209
　　一、投保人与被保险人 ·· 209
　　二、承保区域 ·· 209
　　三、保险保障范围 ··· 209
　　四、赔偿限额和免赔额 ·· 209
　　五、保险期限 ·· 211
　　六、保险费率 ·· 211
　　七、保险费计算 ··· 212
　　八、司法管辖 ·· 213
　第四节　案例介绍 ·· 213
　　一、风险评估报告 ··· 213
　　二、承保方案 ·· 214
第三章　产品责任保险 ·· 216
　第一节　风险调查与评估 ··· 216
　　一、投保人、被保险人的基本情况 ································ 216
　　二、产品基本情况 ··· 216
　　三、产品制造过程和风险控制情况 ································ 217
　　四、产品质量认证 ··· 217
　　五、产品的销售情况 ·· 217
　　六、产品损失及召回记录 ··· 218
　第二节　风险控制 ·· 218
　第三节　承保方案 ·· 221
　　一、灯饰出口产品责任险承保方案 ································ 221
　　二、燃气灶的国内产品责任险承保方案 ·························· 221
　　三、燃气灶的出口产品责任险承保方案 ·························· 222
　第四节　案例分析 ·· 222
第四章　职业责任保险 ·· 225
　第一节　建设工程设计责任保险 ······································ 225
　　一、风险调查与评估 ·· 225
　　二、风险控制 ·· 226
　　三、承保方案 ·· 227
　　四、案例介绍 ·· 229
　第二节　单项建设工程设计责任保险 ································ 230
　　一、风险调查与评估 ·· 230
　　二、风险控制 ·· 231
　　三、承保方案 ·· 232
　　四、案例介绍 ·· 233

第三节　律师职业责任保险 ································· 234
　　一、风险调查与评估 ····································· 234
　　二、风险控制 ··· 235
　　三、承保方案 ··· 236
　　四、案例介绍 ··· 237
第四节　注册会计师执业责任保险 ··························· 238
　　一、风险调查与评估 ····································· 238
　　二、风险控制 ··· 239
　　三、承保方案 ··· 240
　　四、案例介绍 ··· 241
第五节　医疗责任保险 ····································· 242
　　一、风险调查与评估 ····································· 242
　　二、风险控制 ··· 243
　　三、承保方案 ··· 244
　　四、案例介绍 ··· 245

第五章　其他责任保险 ····································· 248
第一节　物流责任保险 ····································· 248
　　一、风险调查与风险评估 ································· 248
　　二、风险控制 ··· 250
　　三、承保案例 ··· 251
第二节　董事责任保险 ····································· 254
　　一、风险调查与评估 ····································· 254
　　二、风险控制 ··· 255
　　三、承保方案 ··· 256
　　四、案例介绍 ··· 257
第三节　建筑工程质量保险 ································· 258
　　一、风险调查与评估 ····································· 259
　　二、风险控制 ··· 261
　　三、承保方案 ··· 262
　　四、案例介绍 ··· 264

第五篇　理赔篇 ··· 266
第一章　理赔调查 ··· 266
第一节　理赔调查准备 ····································· 266
　　一、核实报案记录 ······································· 266
　　二、核对承保情况 ······································· 266
　　三、分析保险责任 ······································· 266
第二节　理赔调查内容 ····································· 267
　　一、查明保险事故真相 ··································· 267
　　二、收集事实证据材料 ··································· 268
第三节　理赔调查方式 ····································· 268

一、现场调查 ·· 268
　　二、电话调查 ·· 269
　　三、走访调查 ·· 269
　　四、委托调查 ·· 269
　　五、合作调查 ·· 270
　第四节　理赔调查结论 ·· 270
第二章　定责与定损 ·· 271
　第一节　确定保险责任 ·· 271
　　一、保险责任分析 ·· 271
　　二、保险定责实务 ·· 276
　第二节　确定人身损害赔偿 ·· 277
　　一、我国法律法规对侵权行为致人身伤害的有关规定 ····················· 277
　　二、涉及人身伤害的理赔处理要点 ·· 278
　　三、人身损害赔偿金额的计算 ·· 278
　第三节　确定财产损失 ·· 283
　　一、我国法律法规对侵权行为致财产损害的有关规定 ····················· 283
　　二、责任险类案件涉及财产损失的处理要点 ··································· 283
　第四节　确定费用损失 ·· 285
　　一、我国《保险法》和责任险保单条款对被保险人费用损失的相关规定 ··· 285
　　二、被保险人的费用损失包含的范围 ··· 285
第三章　核赔 ·· 287
　第一节　核赔的意义 ·· 287
　第二节　核赔岗的职责 ··· 287
　　一、基本职责 ·· 287
　　二、扩展职责 ·· 287
　第三节　核赔的原则 ·· 288
　　一、客观公正 ·· 288
　　二、专业把关 ·· 288
　第四节　核赔工作流程 ··· 288
　　一、一般案件基本流程 ··· 288
　　二、预付案件核赔流程 ··· 289
　　三、疑难案件核赔流程 ··· 289
　　四、拒赔案件 ·· 290
　　五、诉讼、追偿案件核赔流程 ·· 290
　第五节　核赔工作要点 ··· 290
　　一、了解承保、出险情况和案件处理过程 ····································· 290
　　二、审核赔款计算 ·· 291
　　三、签署核赔意见 ·· 292
第四章　代位追偿 ·· 294
　第一节　代位追偿基本事项 ·· 294

一、代位追偿权的法理基础 ………………………………………… 294
　　二、代位追偿权的法律依据 ………………………………………… 295
　　三、代位追偿权成立条件 …………………………………………… 295
　　四、代位追偿权行使基本内容 ……………………………………… 295
　　五、保险人代位追偿原则 …………………………………………… 297
　　六、代位追偿诉讼时效 ……………………………………………… 297
  第二节　代位追偿程序 ………………………………………………… 297
　　一、代位追偿赔案的处理原则 ……………………………………… 297
　　二、代位追偿程序 …………………………………………………… 298

第五章　理赔应关注的要点、难点 ………………………………………… 302
  第一节　关于责任和赔偿范围确定 …………………………………… 302
　　一、关于保险除外责任 ……………………………………………… 302
　　二、关于财产损失 …………………………………………………… 302
　　三、关于受害第三者身份确认 ……………………………………… 303
  第二节　关于雇主责任保险 …………………………………………… 304
　　一、雇主责任保险与工伤保险并存时应如何处理 ………………… 304
　　二、关于定残标准的问题 …………………………………………… 304
　　三、最低生活标准是指最低生活保障金还是最低工资标准 ……… 304
　　四、劳务派遣中派遣单位和用工单位分别承担怎样的法律责任 … 304
　　五、雇员受害的情形下，雇员对于损害的发生存在过失的，
　　　　是否可以减轻雇主的责任 ……………………………………… 305
　　六、正确把握"因工外出期间"和"上下班途中" ……………… 305
  第三节　关于公众责任保险 …………………………………………… 305
　　一、公众责任保险的特征 …………………………………………… 305
　　二、免费停车场是否要承担赔偿责任 ……………………………… 306
  第四节　关于产品责任保险 …………………………………………… 306
　　一、产品责任保险被保险人和受害第三者的主体范围 …………… 306
　　二、审核产品责任险保险责任是否成立应注意的几个关键要素 … 306
  第五节　关于医疗责任保险 …………………………………………… 307
　　一、正确把握医疗过失行为与医疗意外行为 ……………………… 307
　　二、医疗责任保险仅以医疗机构对受害第三者的人身损害为限 … 308
　　三、因医疗产品致人损害，医疗机构承担赔偿责任后享有追偿权 … 308
　　四、理赔时应注意审核医疗机构是否有法定免责事由 …………… 308
　　五、医疗事故鉴定和司法鉴定的区别 ……………………………… 308
  第六节　关于旅行社责任保险 ………………………………………… 309
　　一、旅行社责任险理赔应注意理赔处理顺序 ……………………… 309
　　二、签证费用是否赔偿 ……………………………………………… 309
  第七节　关于承运人责任保险 ………………………………………… 309
　　一、客运车辆超载的处理 …………………………………………… 309
　　二、如何界定投保人、被保险人因未遵守相关法律、

— 9 —

　　　　　法规及规定而导致保险事故的发生或导致损失扩大 …………………… 310
　　　三、附加司乘人员的如何赔偿 …………………………………………………… 311
　　　四、经常居住地在城镇的农村居民因交通事故伤亡如何赔偿 ………………… 311
　　　五、如何正确界定投保人、被保险人因违反法律强制性规定
　　　　　导致保险事故发生属于除外责任 ……………………………………………… 311
　　　六、关于道路客运承运人责任保险中涉及两车或多车互碰事故的处理 ……… 311
　　第八节　关于校园方责任保险 …………………………………………………………… 312
　　　一、理赔阶段应根据案件的具体情况，
　　　　　判断被保险人应适用的责任承担方式 …………………………………… 312
　　　二、因教师或者其他工作人员依法执行职务导致的学生伤害事故 …………… 312
　　　三、因校方正当防卫所致的学生伤害事故 ……………………………………… 312
　　　四、因校方紧急避险所致的学生伤害事故 ……………………………………… 313
　　　五、因不可抗力所致的学生伤害事故 …………………………………………… 313
　　　六、因意外事件所致的学生伤害事故 …………………………………………… 313
　　　七、因受害方过错所致的学生伤害事故 ………………………………………… 313
　　　八、因第三人过错所致的学生伤害事故 ………………………………………… 314
　　　九、关于"猝死"案件的责任认定和理赔处理 ………………………………… 314
第六章　案例分析 ………………………………………………………………………………… 316
　　　一、员工的故意行为所致的伤残或死亡是否一律不属于保险责任 …………… 316
　　　二、被保险人未履行国家有关安全生产规定，保险责任是否成立 …………… 316
　　　三、驾驶员未采取合理的预防措施时，如何界定保险责任 …………………… 317
　　　四、法院依过错推定原则直接判定医院构成
　　　　　一级医疗事故是否属判决不当 ……………………………………………… 318
　　　五、如何认定被保险人的旅游服务质量未达到国家、
　　　　　行业或合同规定的标准 ……………………………………………………… 318
　　　六、因航班取消产生的费用，旅行社责任险是否负责 ………………………… 319
　　　七、诊疗护理过失和医疗损害事故是否必须存在直接因果关系 ……………… 320
　　　八、财产损失案件是否可以赔付误工费 ………………………………………… 320
　　　九、承租者是否属于公众责任险项下第三者 …………………………………… 321
　　　十、旅行社租赁车辆造成旅客伤亡，保险公司是否应该承担保险责任 ……… 321
　　　十一、驾驶具有安全隐患的机动车是否构成保险责任 ………………………… 322
　　　十二、因火灾导致的第三者财产损失，在供电责任险项下是否一律免责 …… 323

第六篇　准备金篇 ……………………………………………………………………………… 325
第一章　准备金介绍 …………………………………………………………………………… 325
　　第一节　概述 …………………………………………………………………………… 325
　　第二节　未到期责任准备金 …………………………………………………………… 325
　　　一、比例法 ………………………………………………………………………… 326
　　　二、风险分布法 …………………………………………………………………… 326
　　第三节　未决赔款准备金 ……………………………………………………………… 327
　　　一、已报案未决赔款准备金 ……………………………………………………… 328

二、已发生未报案未决赔款准备金 …………………………………………… 328
　第四节　理赔费用准备金评估 ……………………………………………………… 346
　　一、理赔费用的类型 ……………………………………………………………… 346
　　二、直接理赔费用准备金 ………………………………………………………… 346
　　三、间接理赔费用准备金 ………………………………………………………… 347
　第五节　新会计准则下未到期责任准备金与未决赔款准备金 …………………… 348
　　一、新会计准则概述 ……………………………………………………………… 348
　　二、新会计准则下未到期准备金与未决赔款准备金的计量 …………………… 350
　　三、新会计准则实施的影响 ……………………………………………………… 357
第二章　准备金与业务经营 ……………………………………………………………… 359
　第一节　概述 ………………………………………………………………………… 359
　第二节　主要精算指标及应用 ……………………………………………………… 359
　　一、定义 …………………………………………………………………………… 359
　　二、分类 …………………………………………………………………………… 359
　　三、赔付率的重要性 ……………………………………………………………… 359
　　四、主要赔付率指标 ……………………………………………………………… 360
　第三节　准备金评估与承保管理 …………………………………………………… 362
　　一、承保管理对准备金评估的影响 ……………………………………………… 362
　　二、准备金对承保效益的影响 …………………………………………………… 363
　第四节　准备金与理赔管理 ………………………………………………………… 365
　　一、概述 …………………………………………………………………………… 365
　　二、理赔对准备金评估的影响 …………………………………………………… 365
　　三、准备金评估时考虑的理赔因素 ……………………………………………… 371
　　四、准备金对理赔的影响 ………………………………………………………… 372

参考文献 …………………………………………………………………………………… 374

第一篇 基础篇

第一章

责任保险概述

第一节 责任风险

一、法律责任的含义及分类

(一)法律责任的含义

"责任"一词有多种含义,如分内应做的事,因没有做好分内事而应承担的不利后果等。责任包括道义责任、政治责任、纪律责任、宗教责任、法律责任等,其中法律责任,主要是法律责任中的民事责任,是责任保险产生的前提和基础。

法律责任,是指因违反法律、违约或因法律规定的事由而应承担的不利法律后果。法律责任具有以下几个特点:

第一,法律责任是由违法行为、违约行为或法律规定的事由所引起的法律后果。违法行为和违约行为是产生法律责任的最主要、最基本的原因和根据。违法行为是指违反法律规定的行为,违约行为是指违反合同约定的行为,二者均包括作为和不作为两类。作为是人积极的身体活动,即做了法律禁止做的事或合同约定所不允许做的事。不作为是人消极的身体活动,即不做法律规定应当做的事或不做合同中约定应当做的事。

虽然法律责任主要产生于违法行为或违约行为(即一切违反法律规定或约定的行为),但是有许多法律规定的特殊合法行为也应承担法律责任,例如我国《民法通则》第128、129条就规定了正当防卫、紧急避险这种合法行为"承担适当的民事责任",又如现代大多数国家行政立法或判例都规定行政机关对某些合法行政行为承担对受害人的补偿责任,这也是一种法律责任。

第二,法律责任要由法律明确规定。它的两层基本含义是:其一,并不是任何产生不利后果的行为都要承担法律责任,只有法律明确规定应当承担责任的,行为人才承担法律责任。例如甲在吵架中侮辱乙,使乙产生情绪上的不愉快,乙因此要求甲赔偿精神损失,但是根据《侵权责任法》,只有造成严重精神损害的,被侵权人才可以要求精神损害赔偿,因此乙的这种请求并不能得到法院支持。其二,违法行为或违约行为发生后,应当按照法律事先规定的性质、范围、程度、期限、方式追究违法者、违约者或相关人的责任,不能擅自扩大或减小行为人的责任。

第三,法律责任由国家强制力保证实施。这是法律责任与道德责任、政治责任、纪律责任等其他社会责任最主要的区别。除某些民事责任的认定(如违约责任、轻微的侵权责任等)可由当事人协商以外,其他法律责任的认定只能由国家特设的专门机关依照法定程序进行。在我国,违法者的民事责任和刑事责任的认定和追究权属于人民法院,而行政责任的认定和追究权属于公安、工商、税务、环保等有特定职权的国家行政机关。

(二)法律责任的分类

根据不同标准可以对法律责任做出不同的分类。在法律实践中,最基本的分类方法是根据法律责任的类型分类,即分为刑事责任、行政责任和民事责任。

1. 刑事责任。刑事责任是指行为人实施犯罪而应承担的受刑法惩罚的不利法律后果。犯罪是指违反我国刑法应受刑法惩罚的严重危害社会的行为。行为人的行为只有构成犯罪,才承担刑事责任。刑事责任的主体包括公民、法人和其他社会组织。承担刑事责任的方式是责任主体受到国家强制力的惩罚,即国家机关对犯罪主体施以刑罚处罚,因而刑法具有公法的性质。刑法的处罚有主刑和附加刑两种。主刑只能独立适用,而不能作为其他刑种的附加刑来适用,包括管制、拘役、有期徒刑、无期徒刑、死刑。附加刑可以独立适用,也可以附加在主刑上,包括罚金、剥夺政治权利、没收财产和驱逐出境。

刑事责任是责任主体向社会所负的受惩罚责任,它是所有法律责任中受道德否定最严厉的一种法律责任。刑事违法行为违背社会最基本的道德要求,具有较强的社会危害性,并且承担刑事责任的方式是制裁(受惩罚),无法以货币进行量化,所以任何保险都不可能承保刑事责任风险,否则会因为危害社会利益而被法律所禁止。

2. 行政责任。行政责任是指个人或者单位违反行政法律所应当承担的不利后果。行政法律是调整行政活动的法律规范的总称,也属于公法范畴。国家行政机关作为行政主体,为了履行国家行政管理职能,享有宪法和法律赋予的行政权力,可以从事各种行政行为,如征收税款、强制拍卖、对违法者给予处罚等。自然人、法人和其他组织等处于被管理者地位,应当服从行政权力,否则应当承担行政责任。行政责任包括行政处分和行政处罚。行政处分是行政机关内部,上级对有隶属关系的下级违反纪律的行为或者是尚未构成犯罪的轻微违法行为给予的纪律制裁,包括警告、记过、记大过、降级、降职、撤职、开除留用察看、开除。行政处罚是指行政机关及其他依法可以实施行政处罚权的组织,对违反行政法律规范但尚不构成犯罪的公民、法人及其他组织实施的一种制裁行为,包括警告、罚款、行政拘留、没收违法所得、没收非法财物、责令停产停业、暂扣或者吊销许可证等。

行政责任体现的是对国家公权力的保护,公权利益一般不作为任何保险的承保对象。责任保险是在国家管理下进行的民事活动,不可能反过来为国家提供保障,所以行政责任风险一般不是责任保险的可保风险。

3. 民事责任。民事责任是指民事主体违反合同义务或法定民事义务而应承担的不利法律后果。违反合同约定义务的行为是违约行为,违反法定民事义务的行为是违法行为,因此,民事责任是平等主体的个人或单位因违约行为或违法行为而应承担的责任,包括合同责任、侵权责任和其他责任。其中,合同责任是指违反合同约定的义务或违反合同法规定的义务而应承担的责任,侵权责任是指侵害他人的人身权益和财产权益而应承担的责任,其他责任是除合同责任、侵权责任之外的其他民事责任,典型的如因拒绝返还不当得利而产生的责任、无因管理制度中规定的被管理人因拒绝补偿管理人的损失而产生的责任等。

民事责任是现代社会常见的法律责任，主要为补偿性的财产责任。民事责任的承担者是具有民事责任能力的自然人和法人，同时，在法律规定的某些条件下，国家也是民事责任的主体。由于民事责任的主要实现方式为损害赔偿，即可以货币进行衡量，而民事责任风险特别是侵权责任风险具有大数法则的特点，所以，民事责任风险成为责任保险的可保风险。

二、责任风险

（一）责任风险的含义

责任保险的可保风险是民事责任风险，因而责任风险指的就是民事责任风险。民事责任主要包括侵权责任和违约责任，侵权责任是指行为人因违法行为侵害他人合法民事权益而应承担的法律责任，违约责任是指合同一方当事人不履行或不完全履行合同义务而应向合同对方承担的责任。侵权责任风险是责任保险的主要可保风险，违约责任风险只在个别情况下才成为责任保险的可保风险。因此，责任保险所承保的责任风险主要就是指侵权责任风险，以及个别情况下经过特别约定承保的违约责任风险。本章对责任风险的介绍以侵权责任为主。

与财产风险相比，责任风险具有更大的不确定性。一件意外事故发生有可能造成巨大的物质财产损失，但物质财产损失不可能超过财产本身的价值，因而财产风险有较为具体的赔偿金额。责任风险引起的损害赔偿不仅包括他人的财产损失以及由此产生的后果损失，还有他人的人身伤害以及精神损害，损害赔偿没有上限。随着现代社会的发展，财富的价值在迅速增加，对人的生命价值的认识在不断深化，侵权责任风险随之在不断扩大。近年来，从见诸报端的事故中经常可以发现动辄几十万、几百万甚至上千万、上亿元的赔偿。例如，2010年9月21日发生广东信宜紫金矿业溃坝事故，赔偿金额达到2.45亿元；2010年4月20日发生墨西哥湾石油泄漏事件，英国石油公司为此建立200亿美元赔偿基金。因此，无论对于个人还是企业，民事责任风险都是一个巨大的隐患。为了生产经营和经济贸易的稳步发展以及人民生活的安定，正确地预见和处理好责任风险具有重要的意义。

（二）责任风险的潜在财务后果

侵权责任所引起的后果，主要体现为侵权人对受害人的损害赔偿和侵权人支出的抗辩费用。

1. 损害赔偿。在我国，损害赔偿包括三种：一是对他人的财产损失的赔偿。二是对他人人身损害的赔偿，包括受害人因治疗而支出的医疗费、护理费、交通费等为治疗和康复支出的合理费用，以及因误工减少的收入；造成残疾的，还应当赔偿残疾辅助器具费和残疾赔偿金；造成死亡的，还应当赔偿丧葬费和死亡赔偿金。三是对他人精神损害的赔偿。上述损害赔偿金是一般的补偿性损害赔偿金，即直接补偿给受害人的赔偿金。有些情况下，侵权人通过恶意或恶劣行为导致他人伤害或损失的，法院还会判决侵权人承担惩罚性赔偿金。例如，依据我国《侵权责任法》《消费者权益保护法》等，在产品侵权责任中可以适用惩罚性赔偿制度。美国的一些联邦法案如《谢尔曼法案》《克莱顿法案》《联邦消费者信用保护法》《联邦职业安全与健康法》等都对惩罚性赔偿做了规定，主要针对产品侵权责任。

2. 抗辩费用。在对于他人的损害是否应当承担赔偿责任上，侵权人和受害人之间常常存在纠纷或争议。侵权人为了避免承担责任或者受害人为了获得赔偿，往往都会通过聘请律师向法院提起诉讼。侵权人可能需要承担的抗辩费用，不仅包括支付给律师的律师费，还包括所有与索赔相关的费用,如调查费用、鉴定人证明费用、支付给法院的诉讼费用以及其他因诉讼而产生的费用。即使最终侵权人胜诉,无须对受害人进行赔偿,这依旧是一笔不小的费用支出。

(三)责任风险的主要情形

凡是有可能造成他人合法民事权利损害的情形,责任风险就有产生的可能性。实践中比较多见的责任风险主要来自于以下一些情形:

1. 机动车及其他交通工具。机动车交通事故或其他交通工具事故造成的他人人身伤害是最典型、最多见的责任风险来源。有的国家为此确立了对行人和非机动车适用无过错责任的赔偿原则,使机动车所有人责任风险加大。我国使用过错推定原则,相比《道路交通安全法》实施之前,机动车驾驶人或所有人的责任风险也有所加大。

2. 场所。场所的所有人或使用人,特别是公共场所所有人或使用人应当保证其场所的安全性。某项活动的组织者应当在所组织活动的范围内保证活动的安全性。场所的外来人或活动的参与者受到伤害时,场所的所有人或使用人、活动组织者就有可能应对他人的伤害负责。

3. 企业经营。企业不仅需要关心场所的安全性,还必须避免其日常经营的业务给任何人造成人身伤害或财产损失。例如,公路客运公司必须确保其运输安全,避免旅客受伤。家具店给顾客运送沙发时,必须小心谨慎,不能弄坏顾客的门或窗。供电公司需要保证其修建在各地的电缆完好无损,避免漏电击伤行人,避免停电给用户造成损失。特别是从事高度危险作业的企业,更需注意其日常经营的安全性。否则,企业需要对他人遭受的损害负责。

4. 产品。产品如果存在造成消费者或使用者人身伤害或财产损失的不合理风险,则产品生产商或销售商就需要对产品缺陷造成他人的损害负责。这项风险从产品设计开始,直到产品最终为消费者恰当地处理掉才可能终止。

5. 污染。许多产品在被丢弃后会污染环境,有些产品的制造过程也会产生污染物,如果处置不当,就会造成环境污染损害。近年来,各国对环境污染的归责原则基本都实行了无过错责任原则,这是一种最严格的责任。随着环境问题日益成为国际社会共同关注的话题,环境污染责任风险成为当前企业所必须面对的一项风险。

6. 动物。饲养的动物造成他人损害的,动物的饲养人应承担责任。我国《侵权责任法》对动物饲养责任实行无过错责任原则。当今社会,饲养宠物已经成为一个普遍现象,今后随着人们生活水平的提高,宠物还会更多。这些宠物带来的责任风险也不容小觑。

7. 职业活动。除故意侵权外,侵权责任承担的前提是行为人有过失,即没有尽到合理的注意义务,这里的注意标准是指多数人在同样情况下会采取的注意水平。医生、律师、会计师、监理、设计师等专业人员被认为是他们领域内的专家,被期望能履行其职责,因而人们对他们在履行工作职责时需要尽的注意义务的要求就相对要高。如果人身伤害或财产损失归因于专业人员没有履行适当标准的注意,职业责任就产生了。随着社会分工日益精细和新兴行业不断产生,职业责任所涉及的领域也逐渐扩大,例如除传统的医生、律师、会计师、税务师、设计师外,目前在私募基金、金融机构等金融领域都诞生了相关的专业人员。

(四)责任风险的特点

近半个世纪以来,责任风险体现出以下特点:

1. 责任风险涉及的领域逐渐扩大,责任风险引起的赔偿金额愈来愈高。伴随着资本主义社会出现的民法典,早期以维护财产权利为核心,辅之少量的人身权利。进入信息时代,大量先进技术的发明和普及,在满足人的物质和文化需求的同时,公民的人身、财产权利受到严重侵害,从而产生侵害名誉权、隐私权等这些过去难以想象的侵权责任风险。近些年来,随着人的生命价值无限这一概念在全世界得到逐渐认同,人身损害产生的赔偿金额常常超过了财产损害的赔偿,并且有愈来愈高的趋势,这一趋势在我国尤其明显:2002年最高人民法院发布的《关于审理人身损害赔偿案件适用法律若干问题的解释》,规定了人身损害赔偿标准,这一标准较之过去实行的道路交通事故赔偿标准和医疗事故赔偿标准,有大幅度提高,并且今后每年按照人均可支配收入增长水平继续提高。2010年7月1日起实施的《侵权责任法》,在上述规定基础上进一步确立了同一事故造成多人同时死亡时可以按同命同价进行赔偿的原则,使得原先按城乡区分的不同赔偿标准趋于向高赔偿标准统一。同时,《侵权责任法》将医疗损害赔偿数额计算标准与其他人身损害赔偿数额计算标准统一,均按照《关于审理人身损害赔偿案件适用法律若干问题的解释》规定的人身损害赔偿标准计算,医疗损害赔偿数额标准较之以前有较大的提高。2011年1月1日起修订后的《工伤保险条例》实施后,对死亡赔偿金数额统一按照城镇人均可支配收入计算,较之以前有大幅度的提高,残疾赔偿金也有不同程度的提高。

2. 受害人的举证责任逐渐减弱,因而侵权人的民事责任风险逐渐加大。这体现在:

(1)过失责任的认定逐渐由主观标准向客观标准转化。在传统民法理论中,受害人要求加害人承担赔偿责任,需要证明加害人主观上有过错。过错包括故意和过失。故意当然是一种主观状态,而对过失,早期采用的也是主观判断标准,即要分析特定行为人对自己的行为或后果的理解、判断、控制、认识等方面的状况及能力,从其意志活动过程来确定过失。但是,这导致受害人证明行为人的过错很困难,不利于保护其利益。发展到现在,对过失的认定逐渐客观化,不是从单个行为人的主观状态认定其过失,而是主要依据一些客观标准判断其有无过失。这些客观标准主要有:第一,如果法律、行政法规对某一特定领域规定了行为标准,行为人若违反了这些标准,就是有过失;第二,不以单个行为人的主观状态认定其过错,而以多数人的注意义务标准认定有无过错。

(2)在过错责任原则之外,发展出过错推定责任原则或无过错责任原则,进一步减轻受害人的举证责任。在民事责任归责原则的发展历程中,最早实行的是结果责任,在个人之间形成民事纠纷时,不考虑行为人实施行为时是否有过错,谁造成损害谁就承担责任,在责任承担方式上呈现同态复仇的特点,如以眼还眼,以牙还牙。随着人类社会的发展和人类文明的进步,在步入近代社会后,过错责任原则逐渐取代结果责任,在这种归责原则下,行为人只有在有过错时,才对自己侵害他人民事权益的行为承担责任,无过错就无责任。受害人若主张赔偿,需证明加害人有过错。到了现代社会,随着西方工业革命的进行,经济飞速发展,各种机器设备大量出现,伴随而来的是事故大量发生。但由于专业分工极为细密,碍于专业知识所限,受害人证明加害人的过错非常困难。在这样的背景下,对这些事故继续实行过错责任原则,会使大量受害人得不到赔偿,激化社会矛盾,影响社会正常运行。为了解决这一矛盾,一些国家和地区发展出减轻受害人举证责任的规则,如英美法有"事实自证",德国法有"表见证明",我国称为过错推定原则。过错推定的实质是"举证责任倒置",即从侵害事实中直接推定行为人有过错,免除了受害人对过错的举证责任,加重了行为人的证明责任,更有利于保护受害一方的利益。有的西方国家在坚持过错责任原则的同时,在交通肇事、矿山事故、产品事故等纠纷中开始实行无过错责任。在这种原则下,受害人不需要证明加害人有过错,只需证明有侵权行为、损害事实和因果关系,就得以主张赔偿。所以,从民事责任特别是侵权责任的归责原则看,在现代社会中,侵权主体面临的民事责任压力日益增加。

3.责任主体和赔偿主体逐渐分离。随着社会保险和商业保险的发展,以及专项赔偿基金的设立,在某些侵权责任中,出现责任主体和赔偿主体分离的现象。例如,在雇主责任中,雇员从事职务工作造成他人伤害时,由雇主承担赔偿责任,而雇员作为责任人无须承担责任。在道路交通事故中,在实行强制保险之前,责任人和赔偿人是同一人,实行强制保险后,在保险赔偿限额内责任人和赔偿人分离,赔偿由保险公司承担,肇事者并不负责。

第二节 责任保险的概念

由于现代社会责任风险愈来愈高,承保个人或单位的民事责任风险的责任保险就应运而生。

一、责任保险的定义

我国《保险法》对责任保险的定义是:责任保险是以被保险人对第三者依法应负的赔偿责任作为保险标的的保险。对于这一概念,需要予以明确的是:

(一)责任保险承保的是被保险人的民事赔偿责任风险

被保险人的法律责任可能为刑事责任、行政责任,也可能为民事责任。根据《保险法》对责任保险的定义,"被保险人对第三者依法应负的赔偿责任"只能是民事责任,因为在刑事责任和行政责任中,没有"赔偿损失"这一概念。同时,如前文所述,刑事责任是对危害社会的犯罪行为进行惩罚,如果责任保险对其提供保障,则责任保险就会因危害社会利益而被法律所禁止。行政责任是保护国家行政机关利益的一种法律责任,责任保险是在国家管理下进行的民事活动,不可能反过来为国家提供保障。

某些违法行为可能同时导致刑事责任和民事责任。例如,某司机闯红灯时撞上了对面正在停车等候绿灯的汽车,造成对方车上的三个人一死二伤,此时,该名司机不仅要承担交通肇事的刑事责任,还要对一死二伤的受害人承担民事赔偿责任,即需要赔偿对方的人身损害和财产损失。责任保险不承保其中的刑事责任,但有可能承保其中的民事责任。

(二)责任保险既可承保侵权责任风险,也可承保违约责任风险,但以承保侵权责任风险为主

责任保险的第三者,是指保险人和被保险人之外的其他人,是因被保险人的行为对其享有赔偿请求权的人。具体某一类型责任保险中的第三者范围,可因法律规定或保险合同约定而有所限制。例如,公众责任保险中,入住酒店的旅客就是第三者。

民事赔偿责任主要包括侵权赔偿责任和违约赔偿责任。因此,"被保险人对第三者依法应负的赔偿责任"既包括被保险人对第三者的侵权赔偿责任,也包括被保险人对合同另一方的违约赔偿责任。当被保险人与第三者之间存在侵权关系时,责任保险承保的就是侵权赔偿责任。例如,酒店未尽到安全保障义务造成客人伤害,发生的就是单纯的侵权责任,公众责任保险所承保的就是这种风险。当被保险人与第三者之间存在合同关系时,责任保险承保的就是违约责任。例如,无船承运人未履行或未完全履行合同义务,造成托运人损失,则承保相关违约风险的保险就是承保了违约责任风险。当被保险人与第三者之间既存在侵权关系又存在合同关系时,如果条款没有明确将合同责任作为除外责任,则责任保险既承保了侵权责任风险,也承保了违约责任风险,这时存在侵权责任和违约责任竞合的问题。例如,

旅行社的导游在旅游过程中,对某个活动项目没有做必要的风险说明和提示,导致多名游客受伤,此时旅行社的行为既构成违约又构成侵权,如果所使用的旅行社责任保险条款没有将违约责任除外的话,就同时承保了这两种风险。这时,存在着按侵权责任还是违约责任要求旅行社承担赔偿责任的问题,即存在侵权责任和违约责任的竞合问题。关于侵权责任和违约责任以及二者的竞合问题,将在本章第五节进行具体介绍。

需要说明的是,责任保险一般只承保侵权责任,违约责任只有在经保险人特别同意接受的情况下才承保。因为侵权责任的性质和大小可以根据相关法律的规定以及法院的判决确定,风险具有同质性,保险人可以相对准确地评估自身承担的风险大小,并且侵权行为人多数不具有主观故意。而违约责任则具有不确定性,表现在:一是合同内容具有不确定性,每个合同都是合同双方当事人协商确定的,同种类的合同其内容可能差别很大,例如,同样是物流合同,A物流公司和B物流公司与客户所约定的合同内容就有很大差异,这导致保险人无法准确评估风险;二是事故的发生与否在很大程度上与被保险人的主观意愿有关,合同的履行取决于双方当事人的意愿。由于违约责任具有上述不确定性,责任保险一般都不承保违约责任。即使承保违约责任,也需要事先审核每一个合同,以防合同中约定了巨额违约责任而使保险人面临巨大风险。

(三)被保险人对第三者责任的负担以法律法规的规定为依据

"被保险人对第三者依法应负的赔偿责任"是指依据法律法规应负的责任。这里的"依法",是指广义的法律,在我国,它包括全国人民代表大会或其常务委员会颁布的法律、国务院颁布的行政法规、地方人大或其常务委员会颁布的地方性法规、国务院各部委发布的部门规章、最高人民法院下发的司法解释等。依照这些广义法律没有责任的,不构成保险标的。任何组织或企业内部的规定,不能成为承担法定责任的依据。但是,以法律法规为基础,并不是一定要有法院的判决书,多数情况下责任的存在是不言而喻的,在责任保险操作上,保险人对调解、协商的结果也认可。

在安排了责任保险以后,很多人就产生了一种误解,以为保险责任范围决定了法定赔偿责任范围,投保的责任范围越宽,自己的法定责任就越大,这是完全错误的。被保险人对第三者承担的赔偿责任是法律规定的,保险人对被保险人的赔偿责任的承担是由保险合同约定的,二者之间有可能完全重合,但多数情况下后者小于前者,并且在任何情况下后者都不可能超过前者。

(四)责任保险所承保的法定责任以作为受害人的第三者的存在为前提

只有第三者的人身或财产受到损害,才可能产生法律责任。如果是被保险人自己的人身或财产受到损害,是没有法律责任的。被保险人自己的人身或财产损失的风险应由财产保险或意外伤害保险承保。

(五)责任保险所承保的民事责任必须是以损害赔偿形式承担的民事责任

民事责任的承担方式有多种,除损害赔偿外,还有赔礼道歉、恢复名誉、消除影响、返还财产等。作为责任保险承保的民事责任,只能是以赔偿损失形式承担的责任,即可以以货币进行衡量。其他民事责任方式,不以损失赔偿形式体现,无法由责任保险承保。

二、责任保险的保险责任和责任免除

(一)保险责任范围

通常来说,责任保险的保险责任包括两项:

一是被保险人造成他人人身伤害或财产损失依法应负的赔偿责任,保险人予以负责。这是被保险人的侵权责任损失,它以被保险人造成受害人的损失金额为基础,在保险单规定的责任限额内赔偿。这里的人身伤害包括死亡、残疾、受伤和得病,但不包括因此而承受的精神痛苦,这里的财产损失是指直接财产损失。

二是被保险人因其侵权行为(或承保违约责任时的违约行为)被提起诉讼或仲裁而支付的相关法律费用,保险人也负责赔偿。法律费用包括诉讼费用、仲裁费用以及因诉讼、仲裁而支出的差旅费、调查费、鉴定费、律师费等,这些费用与被保险人与第三者之间进行的抗辩与和解有关,因而也称抗辩与和解费用。法律费用以实际支付金额为基础,在单独的责任限额内进行赔偿。

(二)责任免除范围

不同险种具有不同特点,责任免除项目有所不同,但通常来说,责任保险保单一般都将下列内容作为责任免除。

1. 不可抗力性的事件。如自然灾害、战争、罢工、暴动、武装冲突等。这些事件具有不可预见、不能避免并且不能克服的特点,乃属侵权责任或违约责任的一般免责事由。

2. 行政行为或司法行为。如政府没收、征用,法院采取的强制执行措施。这种行为造成的损失非被保险人侵权或违约直接造成,故通常予以免除。

3. 核反应、核子辐射和放射性污染。这种损失金额巨大,非一般责任保险可以承保。

4. 污染。污染责任通常由专门的保险产品承保。

5. 精神损害赔偿责任。受害人因身体伤害而遭受的精神损害一般不在承保范围之内,但经过特别约定,保险人也可以承保这项风险。但不论何种情况下,受害人非因身体伤害而遭受的精神痛苦不在承保范围内。例如,因隐私受到侵犯、名誉受到损害而导致的精神损害,保险人不予承保。保险人承保的精神损害一般要求以身体受到伤害为前提。

6. 被保险人的违约责任(合同责任)。经过特别约定的,可以承保,或者由专门的保险产品承保合同责任。

三、责任保险与其他保险的区别

(一)责任保险与人身意外伤害保险的区别

由于被保险人对第三者的赔偿责任多产生于人身意外伤害事故,因而实践中常常有人将责任保险等同于人身意外伤害保险。实质上,责任保险与人身意外伤害保险有着本质的区别:

1. 保险标的不同。责任保险的保险标的是被保险人对第三者依法应负的赔偿责任。第三者因被保险人的行为而遭受人身伤害或者财产损害时,被保险人从法律上需对第三者承担赔偿责任,因此遭受人身伤害的主体是第三者而非被保险人。

人身意外伤害保险的保险标的是被保险人的身体或生命,在被保险人因遭受意外伤害事故造成自己身体受伤、残疾或死亡时,保险人对其承担给付保险金责任。

例如,学生在学校教学楼中上楼梯时,因楼梯太过湿滑而不小心滑倒滚落下来,造成小腿骨折。此时,校方应对该学生的骨折负赔偿责任,这种责任就是校方责任保险承保的对象。而学生本人的意外伤害事故则应由学生意外伤害保险承担。

2. 被保险人对象不同。责任保险的被保险人可以为自然人,也可以为法人或其他组织。只要是民事主体,都有可能承担对他人的民事赔偿责任,因而都可以成为责任保险的被保险人。

人身意外伤害保险的被保险人为自然人,因为只有自然人才会遭受人身伤害。

3. 保险的目的不同。投保责任保险,目的是要解决被保险人可能承担的民事责任,被保险人承担民事赔偿责任,会使被保险人在资金上受到损失,无论企业还是个人,需要将此风险做转嫁。

投保人身意外伤害保险,目的是要解决被保险人受到意外事故伤害后可能发生的财务损失,例如丧失劳动能力后的收入损失、被抚养人的生活费来源等。

4. 保险合同的性质不同。责任保险属于财产保险范畴,适用补偿原则,即被保险人造成第三者损害后,保险人对被保险人的赔偿金额不超过被保险人对第三者的赔偿金额。责任保险经常涉及人伤问题,在适用补偿原则时经常被与人身保险混为一谈。法学界普遍认为,人的生命和健康无价,这一点也为保险所接受,这也是人身意外伤害保险的保险人不能要求被保险人在获得保险金后向其转让向有关责任方追偿权利的原因,因为人身意外伤害保险给付的保险金是有限的,与被保险人的生命和健康相比是微不足道的。但是责任保险完全不同,责任保险的保险标的是被保险人的法定赔偿责任,而不是人的身体,被保险人对第三者的法定赔偿责任总是有具体金额限制的,不可能是无限的,对人身损害赔偿金额的具体计算应当依照《最高人民法院关于审理人身损害赔偿案件适用法律若干问题的解释》的规定进行,因而保险人对被保险人的赔偿也要受到这种限制,不可能无限赔偿。并且保险人对被保险人的赔偿金额不可能超过被保险人对第三者的赔偿金额,否则,被保险人就有不当得利,这是保险所不允许的。正是由于责任保险的这种补偿性质,当投保人投保高额的责任保险时,并不会向投保高额的人身意外伤害保险那样,按照合同约定的金额获得保险赔偿金,被保险人所获得的保险赔偿金不会超过其支付给第三者的赔偿金额。

人身意外伤害保险属于人身保险范畴,适用定额给付原则,即发生人身意外伤害的保险事故后,保险人按照保险合同约定的保险金额向被保险人给付保险金。人的生命是无价的,自己为自己投保人身意外伤害保险,只要能够支付得起保险费,保险人也同意接受投保,则投保多高金额的人身意外伤害保险都是允许的。发生保险事故后,保险人就要按照合同约定的保险金额给付给被保险人保险金。

例如,上面的例子中,学校应支付给学生的赔偿金是20万,学校投保的校方责任保险的赔偿限额是40万,则保险人对学校的赔偿只能是20万。学生如果投保了学生意外伤害保险,保险金额为10万,则可以再从该保险项下获得一定金额的保险金(一般金额为:10万元×保险合同约定的伤残给付比例)。

5. 追偿权不同。根据补偿原则,责任保险的保险人在向被保险人赔偿保险金后,如果造成第三者人身伤害或财产损害事故的还有被保险人以外的其他责任方,则保险人赔偿被保险人后,在赔偿金范围内代位取得向其他责任方追偿的权利。对此,本书将在本篇第二章"赔偿处理"部分作详细介绍。

人身意外伤害保险承保的是被保险人自己的身体或生命,保险人向被保险人给付保险金后,并没有权利向造成被保险人损害的其他责任方进行追偿的权利。但是,被保险人则可以向责任方进行索赔。因此,被保险人除了可以从保险人处获得保险金外,还可以从责任方处获得赔偿,二者并行不悖。例如,上面的例子中,学生从意外伤害保险项下获得保险金后,还可以向负有责任的学校索赔,而学校不能因为学生投保了意外伤害保险就免除自己的法定赔偿责任。从这个意义上来说,责任保险与人身意外伤害保险是相互补充的。

(二)责任保险与财产保险的区别

责任保险属于财产保险范畴,但又不同于一般的物质损失保险。物质损失保险只有在保险事故造成有形财产的损失时,才产生保险赔偿;责任保险的保险赔偿既可以来源于有形财产损失,也可以来源于无形财产损失,比如律师在处理委托人的业务时造成的委托人的损失。物质损失保险承保的仅仅是物质损失;责任保险经常包括对人身伤亡的赔偿责任。物质损失保险的损失事件造成的是被保险人自己的财产损失;责任保险的损失事件造成的是被保险人以外的其他人的财产损失和人身伤亡。

(三)责任保险与保证保险的区别

责任保险在特别约定的情况下,也可以承保合同的违约责任。保证保险是对合同义务履行的担保。

责任保险承保违约责任时,是指被保险人违反合同约定的义务而给合同另一方造成损失时,保险人负责赔偿被保险人应赔偿给对方的损失,包括应赔偿给对方的违约金、赔偿金等。其前提是被保险人违反合同约定的义务,产生违约责任。例如,旅行社在组团旅游中,因组织不当使游客发生人伤事故,则旅行社构成违约,旅行社应当对游客承担违约责任,旅行社责任保险承保的就是这种风险。

保证保险承保的是当被保险人不能履行或不能完全履行合同约定的义务时,保险人负责就投保人无法履行的部分,代替投保人向债权人履行。例如,在贷款保证保险中,当借款人(投保人)无法履行贷款合同约定的还款义务时,由保险人负责将投保人无法偿还的部分赔偿给被保险人(贷款银行)。

可见,保证保险与责任保险的区别在于,前者是代替投保人履行合同义务,后者是承担被保险人违反合同义务的后果。

第三节 责任保险的特征和作用

一、责任保险的特征

(一)责任保险具有双重补偿性

在物质损失保险中,保险人的补偿对象都是被保险人或受益人,保险赔偿金或给付金完全归被保险人或受益人所有,不会涉及任何第三方。而责任保险则不同,其直接补偿对象虽然也是被保险人,但由于被保险人的利益损失表现为其对第三者的赔偿责任,所以,责任保险的保险赔款实际上是间接补偿给了受到损害的第三者,从而责任保险具有直接补偿被保险人、间接补偿第三者的双重补偿性质。根据我国《保险法》第65条[①],保险人不仅需要将保险赔款支付给被保险人,在法律规定的情况下,保险人甚至需要代替被保险人直接向受到损害的第三者进行赔偿,这就突破了保险合同的相对性原则,使保险人直接与没有合同关系的第三者发生直接联系,从而体现了法律对于保护第三者利益的考虑,并且责任保险保护第

[①] 我国《保险法》第65条规定:"保险人对责任保险的被保险人给第三者造成的损害,可以依照法律的规定或者合同的约定,直接向该第三者赔偿保险金。责任保险的被保险人给第三者造成损害,被保险人对第三者应负的赔偿责任确定的,根据被保险人的请求,保险人应当直接向第三者赔偿保险金。被保险人怠于请求的,第三者有权就其应获赔偿部分直接向保险人请求赔偿保险金。"

三者利益的立法已成为一种国际趋势。

由于责任保险的这种双重补偿性质,在国外,有人把责任保险的补偿称为完美补偿(perfect indemnity),意思是指被保险人的经济损失能够得到相对完备的补偿,甚至在某些情况下,保险人可以代替被保险人直接向受到损害的第三者进行赔偿,被保险人的财务状况在保险事故发生前后完全一样。物质损失保险就很难做到这一点。我们说相对完备,是因为这种补偿还要受到下列条件的制约:责任保险的责任限额可能低于被保险人实际应该承担的赔偿金额;责任保险的赔偿通常要适用不同的免赔额,被保险人仍然要自负一定的责任;责任保险的保险责任范围可能无法完全包括被保险人的法定赔偿责任。在某些情况下,责任保险人甚至可以直接向受到损害的第三者进行赔偿。

(二)责任保险的保险价值不确定

保险价值是保险标的的价值,是确定保险金额的依据。在物质损失保险中,保险价值可以事先确定或约定,但责任保险的保险标的是被保险人对第三者依法应负的赔偿责任,其保险价值事先是无法确定和预料的,只能在保险事故发生后,依照法律法规来确定。其实际上就是被保险人依法应当承担的赔偿责任的货币数额表示,并且这种数额会随着人们生活水平的提高和社会关注程度的增加以及法院的认识变化而发生很大波动,其波动幅度远高于物质财产的市场价格变化。因而,无法在责任保险合同中事先约定保险金额。但若在责任保险中没有赔偿金额的限制,保险人就会陷入经营风险之中。因此,在责任保险合同中需要约定责任限额,作为保险人承担赔偿责任的最高限制。通常,责任保险合同会约定累计责任限额或每次事故责任限额。累计责任限额是保险人对整个保单在保险期间内的最高赔偿金额限制;每次事故责任限额是保险人对单次保险事故的最高赔偿金额限制。在很多责任保险的险种承保中,经常将这两种限额结合使用,即选择一个相对大的累计责任限额的同时,再确定一个每次事故责任限额。个别情况下,则只使用累计责任限额或每次事故责任限额。另外,有些情况下,为了控制医疗费用,还会单独设立医疗费用责任限额,或者根据情况需要,再增加一些其他责任限额,例如每次事故每人人身伤亡责任限额。

(三)保险费与责任限额呈非线性关系

保险的发展离不开概率统计学这一理论,大数法则的应用使我们能够厘定合理的保险费率。由于责任保险的保险价值与物质损失保险的保险价值不同,费率的表现形式也就不同。

在物质损失保险中,由于保险价值可以事先确定,我们可以在相当长的时间内或在相当多的同类标的、同类风险中,将物质损失情况加以统计,与其价值相比较,得出相应的损失率或损失概率,用该损失率与物质财产的价值相乘,就得到其在特定风险条件下的损失期望值,也就是风险保险费。保险费与物质财产的价值呈线性比例关系,即财产价值按照一定比例增加时,其损失的期望值也按照同样比例增加。在责任保险中,虽然我们也可以将特定风险的损失情况进行统计处理,但是我们无法和特定责任的"价值"进行比较,不能得到损失率参数,只能得到不同的损失期望值的概率分布情况。比如说,通过统计我们知道,机动车第三者责任每次事故的保险损失在5万元以下的占90%、10万元以下的占95%等,所以我们在确定保险费时考虑的是某责任限额下的损失占全部损失总和的比例和事故率,最后的结果是某特定责任限额内的损失期望值(即风险保险费)与责任限额的大小呈正向比例关系,但不是线性关系。例如,公众责任保险按不同的责任限额给出不同的保险费率,校(园)方责任保险按不同的责任限额给出不同的保险费数值,就充分反映了这一点,这是完全符合责任保险损失特点的。

在实际工作中,为了简化保险费的计算手续,保险人经常采用不同限额区间适用不同费率的方式。因为风险损失的分布特点是损失额越小的事件,发生的概率越高;反之,则越低。所以,对于单纯按照责任限额计算保险费的情况,都是责任限额越高,费率相对越低。

(四)保险责任的归属方式特殊

物质损失保险的承保以保险期间内发生保险事故为前提,只要在保险期间内发生保险事故,如果不存在属于责任免除的情形,就认定为保险责任。但责任保险不同,责任保险的赔偿以受害人对被保险人提出索赔为前提,有时被保险人对第三者造成损害的事实不是能够在侵权行为实施时就能立即发现的。例如,医生将手术刀遗留在病人体内,病人发现时已经是两年后,这时侵权行为的实施和损害后果的发现之间就间隔了两年。为了避免保险责任确定上的混乱,责任保险通常采用两种方式归属保险责任,实践中也称为两种承保基础:一种是期内发生式,即要求被保险人造成第三者损害的事故发生在保险期间内,被保险人在损害事故发生后向保险人提出索赔要求的,即便已经超过保险期间,只要在诉讼时效期间内,保险人均负责赔偿;另一种是期内索赔式,即要求在保险期间或追溯期内发生被保险人造成第三者损害的事故,在保险期间内第三者首次向被保险人提出索赔,被保险人在接到第三者首次索赔要求后向保险人提出赔偿要求的,即便已经超过保险期间,只要在诉讼时效期间内,保险人均负责赔偿。责任保险的这两种承保基础对于控制承保风险意义重大,很多情况下被保险人对第三者造成损害后,如果第三者不向被保险人提出索赔要求,被保险人自己并不知情,也无从向保险人提出索赔。人身损害在有些情况下要经过很久才为受害人所发现。例如,某次手术造成患者伤害,患者在5年后才查明是该手术造成了自己身体损害,此时才可能向被保险人提出索赔要求,被保险人相应才可能向保险人提出索赔要求。因此,对于保险人来说,责任保险业务经常存在长尾风险,保险人有可能对若干年之前的损害事故负责,在通货膨胀率增长、人均收入水平提高等因素的影响下,当初收取的保费可能远不能满足若干年后的赔偿要求,这对保险人的经营来说,存在极大的不确定性。为了避免这种风险,对于可能存在长尾风险的业务,例如医疗损害责任、环境污染责任等,保险人通常采用期内索赔式承保,而对于损害发生后当时就可以确定被保险人赔偿责任的业务,由于不存在长尾风险,则通常采用期内发生式承保。

关于保险责任的归属方式,本书将在本篇第二章中进行详细介绍。

(五)责任保险的理赔要求特殊

责任保险的理赔与物质损失保险相比,具有一些不同之处:

1. 赔偿责任确定的特殊性。被保险人造成第三者损害的事故发生后,被保险人会面临第三者的索赔请求,由于保险人对被保险人的赔偿以被保险人对第三者的赔偿为前提,二者息息相关,而被保险人多数情况下与保险人相比处理索赔的经验比较少,可能会与受害人达成高于合理赔偿额度的赔偿协议,进而使保险人支付更多的赔款。因此,为了避免发生这种情况,在责任保险合同中通常都规定,未经保险人许可,被保险人不得自行与受害人进行有关赔偿的协商,被保险人与受害人的赔偿协议需要由保险人事先认可。并且,责任保险合同中通常还规定,被保险人知道可能发生诉讼、仲裁时,应立即以书面形式通知保险人;接到法院传票或其他法律文书后,应将其副本及时送交保险人,保险人有权以被保险人的名义对诉讼进行抗辩或处理有关仲裁事宜。保险人对索赔纠纷的提前介入,既是保险人的一种权利,目的是最终减少赔款支出,同时也是保险人为被保险人提供的一项服务,因为与被保险人相比,责任保险人通常具有更强的法律专业能力或者具有更丰富的法律和律师资源,可以帮助被保险人进行抗辩,避免被保险人承担不必要的责任。在国外,有些保单直接就规定保险人有义务代替被保险人进行抗辩,例如董事、监事及高级管理人员责任保险。

2. 诉讼时效具有双重内涵。责任保险中涉及两层民事关系:一是被保险人与受害第三者之间的侵权关系;二是保险人与被保险人之间的保险合同关系。前者与界定被保险人的赔偿责任是否成立有关,后者同保险人与被保险人之间的保险纠纷有关。对于第一种民事关系,被保险人造成第三者损害后,第三者向被保险人提出索赔请求有一个诉讼时效期间的限制,只要没有超过诉讼时效期间,被保险人的法定赔偿责任就一直存在,从而保险人可能的赔偿责任也一直存在。诉讼时效一般为两年,在身体受到伤害、出售不合格商品事先未声明等情况下,诉讼时效期间为一年,自受害人知道或应当知道权利受到侵害之日起计算。所以,在责任保险理赔时,首先要查明第三者的索赔是否已经超过诉讼时效期间,超过诉讼时效期间的,被保险人不再需要承担赔偿责任,从而保险人的赔偿责任也不存在。对于第二种民事关系,被保险人依据保险合同要求保险人赔偿的,适用《保险法》规定的两年的诉讼时效,自被保险人知道或应当知道保险事故发生之日起计算。被保险人超过诉讼时效期间未向保险人提起索赔的,保险人不再承担赔偿责任。

二、责任保险的作用

与物质损失保险以有形财产物资为保险标的不同,责任保险以被保险人对第三者依法承担的赔偿责任作为保险标的,其独到作用有如下几个方面:

(一)责任保险能够分散被保险人的意外风险,有利于维护受害人的合法权益

必须承认,责任保险首先是为被保险人服务的,但其社会目的却是为了维护受害人的权益。在现实生活中,任何企业、团体或家庭、个人都不能完全避免责任事故的发生,一旦发生事故,造成他人的人身损害或财产损害,致害人就必须依法承担起相应的赔偿责任,并且随着经济的发展和人均收入水平的提高,这种赔偿责任呈现愈来愈高的趋势。然而,致害人的经济状况又是不同的,有的能够负担,有的只能负担一部分,有的甚至完全无力负担,现实生活中由于责任事故导致致害人倾家荡产的现象并不罕见,它表明了责任事故风险需要有一种社会化的分散机制,而责任保险就是这样一种科学的、社会化的风险分散机制。同时,对受害人而言,如果没有责任保险,在各种责任事故中受到损害的合法权益能否得到保障,并无确切保证;有了责任保险,受害人的合法权益就可以得到切实保障。因此,集合众人之力的责任保险既可以补偿致害人的利益损失,同时还为受害人提供了索赔合法利益的保证。

(二)能降低社会成本,分担政府责任

现实中,责任事故发生后,受害方就赔偿问题往往要同责任方进行长期的协商,如果协商不了,进入法律程序,受害人还要收集证据,承担诉讼费和律师费等,既耗时耗力,又耗钱财。有时为了解决一个责任事故纠纷,个人、集体、主管政府部门均会卷入其中,社会成本会猛增。如近年来频繁发生的重大煤矿事故、公众场合的火灾事故、重大食品中毒事故,不仅受害者及其家属被长期卷入责任事故的赔偿纠纷中,政府有关部门也基本上是天天在进行责任事故调查、时时在为责任事故"埋单"。但是,通过责任保险手段解决责任赔偿等方面的法律纠纷,不仅可以使政府部门从繁杂的事故处理工作中得以解脱,大大减轻政府部门的压力,而且能起到降低社会诉讼成本的作用,提高纠纷解决效率。例如,有了医疗责任保险,一旦发生医疗损害,保险人可以代替医院与患者进行协商和赔偿,减轻了医院和医生的负担,

同时更有效地保护了患者的利益。

(三)有助于现行法律制度的贯彻实施

任何国家的法律制度都同时兼具两个目标:一是保障受害人的合法权益;二是惩罚致害人。我国自《民法通则》颁布后,陆续颁布了民事责任方面的一系列法律,如《食品卫生法》《产品质量法》《注册会计师法》《律师法》《水污染防治法》《医疗事故处理条例》等,对于保障受害人权益均作了专门规定。但是,若致害人没有赔偿能力,即使受到刑事制裁,受害人仍然不能按照法律规定得到合法权益的补偿,其结果就使相应的民事法律规定成为一纸空文。而如果每个有可能成为责任主体的企业或个人都参加了责任保险,则受害人的合法权益就可以从保险人那里获得保障,相关法律制度也就得到了贯彻实施。

(四)能促进社会更加和谐

责任事故发生,会造成生命或财产损失,会使生产中断,会因经济赔偿问题达不成一致而产生纠纷并影响社会安定,其结果必然造成个人、家庭、单位、政府、社会之间的不和谐。责任保险既然能够在一定程度上保障致害人和受害人的利益,就可以使致害人和受害人之间的矛盾得到一定程度的缓解,减少社会纠纷,促进社会安定和谐。此外,保险人承保责任保险又通常以被保险人在安全管理、质量管理等方面符合优良条件为前提,并会通过平时的风险检查及其他相关条件来督促被保险人加强风险管理,从而能够在客观上减少或防范许多责任事故的发生,保障生产经营的稳定。因此,责任保险可以增强整个社会的抗风险能力,有利于化解纠纷,促进社会更加安定和谐。

第四节 责任保险的分类

按照不同标准,责任保险有不同分类方式,下面介绍的是几种比较常见的分类方式。

一、侵权责任保险和违约责任保险

侵权责任是指行为人实施违法行为侵害他人民事权利应承担的责任,违约责任是指合同一方当事人违反合同约定义务应向对方承担的责任。本书在本章第二节已经介绍过,责任保险一般只承保侵权责任,违约责任除非经保险人同意,否则保险人不予承保。在国内责任保险市场上,绝大多数责任保险产品承保的都是侵权责任风险,例如公众责任保险、产品责任保险、职业责任保险,对于承保违约责任风险的保险产品,保险人无一例外都十分慎重。一般来说,承保违约责任的责任保险产品并不单纯地承保违约责任,而是既承保违约责任又承保侵权责任。例如,太平洋保险公司2010年推出的物流监管责任综合保险,要求被保险人应事先将与他人签订的物流监管协议交保险人申报,保险人才对被保险人的违约责任负责赔偿,否则,保险人只承担被保险人的侵权责任。又如,从2010年起,在国家旅游局大力推动下,全行业实施的旅行社责任保险统保示范项目,也是一种既承保侵权责任又承保违约责任的保险。因旅行社的侵权行为造成游客伤亡时,旅行社对游客应承担侵权责任;因旅行社的辅助服务者(如旅行社安排的酒店、客运公司等)的侵权行为造成游客伤亡时,旅行社对游客承担违约责任。

二、公众责任险、雇主责任险、产品责任险、职业责任险和其他责任险

这是按照承保风险类型所作的分类,是最常见的一种分类方式。

公众责任保险是承保公众责任风险的一种保险。任何单位或个人在生产、经营、日常活动中都有保证公众安全的义务,例如酒店有义务保证进入商场的每一位客人的安全,否则就违反了安全保障义务,需要对客人的伤害承担赔偿责任,公众责任保险就是承保这种责任风险的一种保险。

雇主责任保险是承保雇主对雇员的赔偿责任的一种保险。雇员在从事雇主工作的过程中,有可能发生事故伤害,对此,雇主应当对雇员承担赔偿责任。雇主责任保险就是承保这种责任风险的一种保险。

产品责任保险是承保产品缺陷致人损害赔偿责任的一种保险。产品存在缺陷,导致消费者、使用者、用户发生人身伤害或财产损失的,产品的生产者或销售者应当承担赔偿责任。产品责任保险就是承保这种责任风险的一种保险。

职业责任保险是承保各种专业技术人员在为委托人提供专业服务过程中因过失导致委托人损失依法应承担的赔偿责任的一种保险。各种专业人员在为委托人提供服务的过程中,需要尽比普通人更高的注意义务,没有尽到这种注意义务导致委托人损失的,应当承担赔偿责任。职业责任保险就是承保这种责任风险的一种保险,例如律师职业责任保险。

其他责任保险。除上述四大类别以外,有一些新兴责任保险无法归属于上述任何一个类别,例如旅行社责任保险,既承保侵权责任,又承保违约责任,并且其侵权责任经常发生在旅行社营业场所外,无法归属到狭义的公众责任;又如物流责任保险,其责任经常发生在营业场所之外,无法归属到狭义的公众责任保险。

三、团体客户责任保险和个人责任保险

这是按照被保险人类型所作的分类。责任保险的被保险人绝大部分是团体客户,包括企业、事业单位和社会组织。上述按照承保风险类型分类所提及的五种责任保险,其被保险人通常均为团体客户。个人责任保险是以个人作为被保险人,承保个人在非工作状态下因过失侵害他人权利应承担的赔偿责任的一种保险。这里之所以强调非工作状态,是因为如果个人是在工作过程中造成他人损害,根据我国法律,应由其所在单位对受害人承担赔偿责任,而非个人本人承担。中国人民财产保险股份有限公司已经开办的个人责任保险业务有个人责任保险、个人综合责任保险、居家责任保险、家庭雇佣责任保险、监护人责任保险、动物饲养责任保险等。

四、期内发生式责任保险和期内索赔式责任保险

责任保险的承保方式区分为期内发生式和期内索赔式两种,相应地,在责任保险中形成两种承保方式的保单,即期内发生式保单和期内索赔式保单。对于损害事故发生之时或者损害事故发生后不久就可以确定被保险人对受害人的赔偿责任的侵权行为,由于不会形成长尾风险,一般保险人通过期内发生式保单承保。例如,写字楼内的电梯发生故障,造成楼内人员伤害,则受害人遭受伤害的事实在电梯事故发生时就能确定,所以承保这类风险的公众责任保险或电梯责任保险均采用期内发生式保单承保。对于受害人的损害结果不容易在损害事故发生时发现,有可能需要经过较长时间才能发现,从而受害人才可能向被保险人提出索赔要求的侵权行为,由于存在长尾风险,保险人一般通过期内索赔式保单承保。例如,注册会计师在受客户委托为客户提供审计咨询服务过程中,由于客户并非会计专业人员,对于注册会计师有可能在审计过程中发生的错误行为并不知情,也难以发现,等发现该会计师

给自己造成损失时有可能已经经过很长时间,此时客户才有可能向会计师事务所提出赔偿请求。在这种情况下,保险人就面临着长尾风险。所以,注册会计师职业责任保险通常采用期内索赔式承保,要求委托人要在保险期间内首次向被保险人(注册会计师)提出索赔请求,以斩断长尾责任。

五、强制责任保险和自愿责任保险

按照实施方式不同,责任保险可分为强制责任保险和自愿责任保险。

强制责任保险是国家或政府通过法律、行政法规、规章,强行在投保人和保险人之间建立起责任保险关系的责任保险。由于责任保险具有替代致害人承担赔偿责任的特点,为保障无辜受害人的利益,许多国家对一些责任风险实施强制性保险,要求相关责任人必须投保。如机动车第三者责任保险已经成为许多国家的法定保险,雇主责任保险、核责任保险、律师责任保险、医生责任保险等也已成为一些国家的强制责任保险。在我国,除机动车交通事故责任强制保险外,道路客运承运人责任保险、旅行社责任保险等也成为强制责任保险。随着社会的进步,可以预见,将会有更多的责任保险被作为强制保险推行。

自愿责任保险是由投保人自愿选择投保的责任保险。在商业保险中,责任保险绝大部分是自愿保险。

第五节 责任保险的法律基础

责任保险承保的是民事责任风险,整个责任保险是建立在民事责任这一法律制度之上的保险制度安排。因此,要透彻地了解和掌握责任保险,首先需要准确地掌握民事责任的基本理论。

一、民事责任的概念

民事责任是民事主体违反合同义务或法定民事义务而应承担的不利法律后果。为理解这一概念,需要掌握以下几点:

(一)民事责任是民事主体承担的法律责任

民事主体是指作为平等主体参与民事活动的人,包括自然人、法人和其他组织,在有些情况下,国家作为平等主体参与民事活动时,也是民事主体。民事主体的基本特征就是其平等性,这是其区别于行政法律主体和刑事法律主体的根本。在行政法律关系中,行政管理人和行政相对人处于管理和被管理的不平等地位。在刑事法律关系中,追究刑事责任的是国家有权机关,是公权力的代表,与罪犯也不处在平等的地位。

民事责任是民事主体的法律责任。民事主体是责任保险的被保险人对象,它包括以下几类主体:

1. 自然人。自然人是基于出生而获得民事主体资格的人,包括本国公民、外国公民和无国籍人。按照年龄和智力状况,自然人分为完全民事行为能力人、限制民事行为能力人和无民事行为能力人。根据我国法律规定,18周岁以上的公民和16周岁以上不满18周岁、以自己的劳动收入为主要生活来源的公民,为完全民事行为能力人;10周岁以上的未成年人和不能完全辨认自己行为的精神病人是限制民事行为能力人;不满10周岁的未成年人和不能辨认自己行为的精神病人是无民事行为能力人。完全民事行为能力人可以独立进行民事活动,独立承担民事责任。无民事行为能力人的全部民事活动由其监护人代理,限制民事行为能力人可以进行与他的年龄、智力相适应或者与他的精神健康状况相适应的民事活动,其他民事活动由他的法定代理人代理。所以,在签订责任保险合同这类民事活动中,无民事行为能力人和限制民事行为能力人不可能作为责任保险的被保险人。在责任保险实务中,个别侵权案件的受害人是无民事行为能力人或限制民事行为能力人时,保险人、加害人应与监护人协商赔偿金额并向监护人支付保险金。

2. 法人。除自然人外,还有以团体名义进行活动的各类组织,这其中最重要的就是法人。法人是指具有独立的财产或经费,以自己的名义参加民事活动,独立享有民事权利和承担民事义务的组织,包括企业法人、事业单位法人、机关法人和社会团体法人。法人具有完全的民事权利能力和民事行为能力,可以独立承担民事责任。

3. 其他组织。其他组织是指不具有法人资格但可以自己的名义进行民事活动的组织,如合伙、个体工商户、农村承包经营户等。合伙是指自然人、法人或其他组织订立合伙合同,共同出资、共享收益、共担风险的盈利性组织,包括个人合伙、合伙型联营与合伙企业。个体工商户是指在法律允许的范围内,依法经核准登记,从事工商经营活动的自然人或家庭。农村承包经营户是指在法律允许的范围内,按照承包合同的规定从事商品经营的农村经济组织的成员。

(二)民事责任是违反合同义务或法定民事义务依法应承担的不利法律后果

民事责任以民事主体违反民事义务侵害他人民事权益为前提,这是民事责任的根本特征。这里涉及两个概念:

1. 民事权利。这是指民事法律规范赋予民事主体满足其利益的法律手段。权利人可以在法定范围内享有某种利益或实施一定的行为。权利人可以请求义务人为一定行为或不为一定行为,以保证其享有或实现某种利益。权利人因他人的行为而使其利益受到侵害时,可以请求有关国家机关采取强制措施予以保护。

按照民事权利的内容不同,民事权利可分为人身权、财产权和知识产权:

(1)人身权。这是以人身利益为内容,与权利主体不可分离的权利。人身权可分为人格权和身份权。人格权包括生命权、健康权、身体权、姓名权与名称权、肖像权、名誉权、自由权、婚姻自主权、隐私权等。身份权包括监护权、亲属权、配偶权等。

(2)财产权。这是以财产利益为内容的权利,包括所有权、担保物权、用益物权等物权,债权、股权、继承权等。所谓财产利益,是指具有交换价值或使用价值,可以用货币计算其价值,可以依法转让的利益。没有交换价值与使用价值,但有精神利益或纪念意义的私人的照片、文稿、录音、亲友的遗物,也是财产权的客体。

(3)知识产权。这是以对于人的智力成果、商业标志等的独占排他的利用从而取得利益为内容的权利。权利人从知识产权取得的利益既有经济性质的,也有非经济性的。知识产权具有财产权和人身权双重性质,其人身权利性质是指权利与取得智力成果的人的人身不可分离,是人身关系在法律上的反映;其财产权利性质是指智力成果被法律承认后,权利人可以利用这些成果取得报酬。但知识产权又与财产权和人身权大不相同。知识产权包括专利权、著作权、商标权和发现权。

【责任保险一般承保被保险人侵害他人生命权、健康权、身体权和物权应承担的民事责任,也就是承保被保险人侵害他人生命权造成他人死亡,或侵害他人健康权造成他人病、伤、残,或侵害他人身体权破坏他人身体组织的完整性,或侵害他人物权造成他人财产受到损

害,依法应承担的民事责任。】

2. 民事义务。这是指由民事法律规范规定的,或者是在不违反法律规定的前提下由当事人协商决定的,义务人为一定行为或不为一定行为,以保证权利人的民事权利实现的法律手段。民事法律规范所规定的义务为法定义务,例如在《民法通则》《婚姻法》《合同法》中规定不同的民事主体应当负有的义务,在物权、人身权、知识产权方面,法律不直接规定义务人的义务,但在法律规定的原则中可以理解义务人的不作为义务(即不为一定行为的义务),例如《民法通则》第5条规定:"公民、法人的合法的民事权益受法律保护,任何组织和个人不得侵犯。"由当事人协商确定的义务,即通过合同约定的义务,是约定义务,约定义务不违法即受法律保护。不论是法定义务,还是约定义务,当事人都必须履行,否则就要承担民事责任。不履行法定义务的行为是违法行为,不履行或不适当履行合同约定义务的行为是违约行为,实施了违法行为和违约行为,就构成了对民事义务的违反,应当承担民事责任。因此,民事责任也可以理解为民事主体因实施违法行为或违约行为而应承担的法律责任。

(三)民事责任不同于行政责任和刑事责任

为进一步理解民事责任,可将民事责任与刑事责任和行政责任进行简单对比,前者与后二者之间的区别表现在以下几方面:

1. 责任产生的根据不同。民事责任既可以由法律规定(即违反法定民事义务的责任),也可以由当事人约定(即违反当事人约定义务的责任)。刑事责任和行政责任则只能通过刑事法律规范或行政法律规范规定,而不能由当事人自行约定。

2. 责任的法律强制程度不同。与民事责任相比,刑事责任和行政责任的强制性程度较强,主要表现在:第一,它们必须由特定的国家机关强制追究,当事人不得和解;第二,非经法定程序,任何人不得赦免或拖延刑事责任或行政责任的执行。民事责任的强制性较弱,这主要表现在当事人可以在法律允许的范围内自行协商解决,权利人可以放弃自己的权利或减免对方的责任。

3. 责任的目的和性质不同。民事责任的目的主要在对已经造成的权利损害和财产损失给予填补和救济,使其恢复到未受损害的状态,表现出某种补偿性和恢复原状性。刑事责任和行政责任的目的,则主要通过对罪犯和行政违法行为人的惩戒和处罚,来达到一般预防的目的,表现出某种惩罚性和教育性。在同时存在两种法律责任的情况下,经司法机关或其他有权机关通过判决或裁定免除刑事责任或行政责任的,责任主体的刑事责任或行政责任消灭,但可能仍需承担民事责任。

4. 责任方式不同。《民法通则》规定了10种承担民事责任的方式,其中大多数是财产责任。刑事责任中虽然也有罚金、没收财产等财产刑,但刑事责任的主要形式是剥夺或限制罪犯的人身自由的自由刑和剥夺罪犯生命的生命刑。行政责任的主要形式则主要是警告、记过、拘留、罚款、开除等。尽管刑事责任和行政责任中都存在着一些财产责任,但与民事责任中的财产责任不同的是,承担刑事责任或行政责任的财产要上缴国家,归国家所有,而承担民事责任的财产则用来赔偿权利人所遭受的损失,归个人所有。

5. 责任的构成要件不同。首先,在主观方面,民事责任分为过错责任、过错推定责任和无过错责任三种。刑事责任没有过错与无过错之分。其次,在客观方面,民事责任的构成一般要有损害的发生即损害事实的存在,行为人的行为如果没有造成权利人权利的损害,那么行为人一般不负法律责任。刑事责任和行政责任则不同,有时行为人的行为虽然没有造成实际损害,但是根据行为的社会危害性,行为人仍要承担刑事责任和行政责任。最后,责任主体不同。刑事责任和行政责任都奉行一个基本原则,即行为人对自己的行为负责。民事责任的承担则与之不同,在有些情况下,民事主体要对他人的民事行为负责,如雇主对雇员造成的他人损害负责,监护人对被监护人的行为负责,等等。

(四)民事责任的分类

按照不同标准,民事责任可以有多种分类。例如:根据责任发生根据的不同,分为侵权责任、违约责任和其他责任;根据承担民事责任的主体数量的不同,分为单独责任与共同责任;根据有无财产内容,分为财产责任和非财产责任;根据承担民事责任的财产范围,分为有限责任和无限责任。这里重点介绍两种分类:

1. 侵权责任、违约责任和其他责任。这是根据责任发生根据的不同所做的分类。侵权责任是因侵害他人人身权益和财产权益而产生的责任,违约责任是违反合同约定义务所产生的责任,其他责任是侵权责任和违约责任之外的其他民事责任,典型的如因拒绝返还不当得利而产生的责任、无因管理制度中规定的被管理人因拒绝赔偿管理人的损失而产生的责任等。

此外,在合同订立过程中,除违约责任外,还有一种责任为缔约过失责任。它是指在合同订立过程中,一方因其违反诚实信用义务给对方造成损失而应承担的损害赔偿责任。它是介于违约责任和侵权责任之间的一种特殊民事责任。

由于侵权责任风险和违约责任风险是责任保险的承保风险,所以本书将在下面专门介绍。

2. 单独责任与共同责任。这是根据承担民事责任的主体数量的不同所做的分类。单独责任是由一个民事主体独立承担的民事责任。需要指出的是,单独责任并非单方责任。单方责任可以是一人责任,也可以是多数人责任。而单独责任则只能是一人责任,这里的一人可以是自然人,也可以是法人。

共同责任是指两个以上的人共同实施违法行为并且都有过错,从而应共同对损害的发生承担责任。共同责任属于单方的多数人责任。根据各责任人之间的共同关系,可将共同责任分为按份责任、连带责任和补充责任。

按份责任,是指多数当事人按照法律的规定或者合同的约定各自承担一定份额的民事责任,各责任人之间没有连带关系。按份责任实际上是各责任人将同一责任分割为各个独立的部分,由各责任人各自独立负责。按份责任中各责任人之间责任份额的大小与多少,由法律规定或通过当事人自行约定。法律没有规定或当事人没有约定的,推定各责任人承担相同的份额。

连带责任,是因违反连带债务或者实施共同侵权行为而产生的责任,各个责任人之间具有连带关系。所谓连带关系,是指各个责任人对外都不分份额、不分先后次序地根据权利人的请求承担责任(但在共同责任人内部,仍然存在着责任份额的划分)。在权利人提出请求时,各个责任人不得以超过自己应承担的部分为由而拒绝。承担超过自己份额的责任人有权向其他责任人请求予以补偿。连带责任的承担必须由法律规定或由合同当事人事先约定。例如,《侵权责任法》第74条规定:"遗失、抛弃高度危险物造成他人损害的,由所有人承担侵权责任。所有人将高度危险物交由他人管理的,由管理人承担侵权责任;所有人有过错的,与管理人承担连带责任。"

补充责任,是指在责任人的财产不足以承担其应负的民事责任时,由有关人员对不足部分依法予以补充的责任。例如,《侵权责任法》第40条规定:"无民事行为能力人或者限制民事行为能力人在幼儿园、学校或者其他教育机构学习、生活期间,受到幼儿园、学校或者其他教育机构以外的人员人身损害的,由侵权人承担侵权责任;幼儿园、学校或者其他教育机构未尽到管理职责的,承担相应的补充责任。"

二、侵权责任

侵权责任是责任保险的主要承保风险,下面单独予以介绍。

(一)侵权责任的概念

侵权责任,是指民事主体对其侵权行为所应承担的民事责任。侵权行为,是指行为人由于过错,或者在法律特别规定的场合不问过错,违反法律规定的义务,以作为或不作为的方式,侵害他人人身权利和财产权利及利益,依法应承担损害赔偿等法律后果的行为。

侵权行为具有以下特点:

1. 侵权行为是一种违法行为。违法性是侵权行为的基本性质。侵权行为违反的法律是国家关于保护民事主体民事权利的保护性法律规范,以及禁止侵害民事主体民事权利的禁止性法律规范。例如,《民法通则》第75条规定:"公民的合法财产受法律保护,禁止任何组织或者个人侵占、哄抢、破坏或者非法查封、扣押、冻结、没收。"违法行为的表现形式是作为或者不作为,即在法律规定不作为的情况下实施了作为行为,或者在法律规定应当作为的情形下实施了不作为。

2. 侵权行为是一种有过错的行为。构成侵权行为必须有过错。只有在法律有特别规定的情形下,才不要求侵权行为的构成需具备主观过错的要件。

3. 侵权行为以损害赔偿为主要责任方式。承担侵权责任的形式有多种,但以赔偿损失为主,其他还包括恢复原状、返还财产、修理更换、停止侵害、消除影响、赔礼道歉等。

【责任保险只承担损害赔偿责任,它表现为可以以货币进行计量,不承担其他侵权责任形式。】

(二)规范侵权责任的法律

在我国,规范侵权责任的法律是一个庞大的体系,分为两个层次:第一个层次是侵权普通法,第二个层次是侵权特别法。侵权普通法适用于一切侵权行为和侵权行为人,侵权特别法适用于特定领域内的特定侵权行为和特定侵权行为人。判断侵权人是否承担侵权责任,应当依据这些法律进行分析。

侵权普通法是指《侵权责任法》。2010年7月1日实施的《侵权责任法》在《民法通则》关于侵权责任规定的基础上作了系统化的完善,规定了侵权责任普遍适用的共同规则(第1~3章)、典型的侵权种类的基本规则(第5~11章)、其他单行法不可能涉及的一些特殊规则(第4章)。

侵权特别法,是指我国立法在单行民法规范和非民事法律中规定的关于侵权行为的法律规范的总和。除侵权责任法外,我国已有40多部单行法都从自身调整范围的角度对侵权责任作出一条或几条规定。这些法律主要是:①侵害物权责任。物权法、农村土地承包法作了规定。②侵害知识产权责任。商标法、专利法、著作权法作了规定。③侵害婚姻自主权和继承权等责任。婚姻法、继承法作了规定。④商事侵权责任。公司法、海商法、保险法、票据法、证券法、信托法作了规定。⑤交通事故责任。道路交通安全法、铁路法、民用航空器法作了规定。⑥产品责任。产品质量法、药品管理法、消费者权益保护法作了规定。⑦环境污染责任。环境保护法、水污染防治法、大气污染防治法、固体废物污染环境防治法、海洋环境保护法、环境噪声污染防治法、放射性污染防治法作了规定。⑧安全生产事故责任。安全生产法、建筑法、电力法、煤炭法作了规定。⑨食品安全和传染病传播责任。食品安全法、传染病防治法、献血法作了规定。⑩其他侵权责任。人民防空法、公路法等法律作了规定。

适用侵权特别法，应当注意以下原则：

第一，特别法优于普通法原则。这是法律适用的一条基本原则。侵权特别法相对于普通法具有特殊效力，因而在特定范围内排斥了普通法的适用。适用这一原则，关键在于掌握侵权特别法的适用范围，既不能强调侵权普通法的普遍适用而不执行侵权特别法的特殊规定，也不能无限制地扩大侵权特别法的适用范围。

第二，新法优于旧法原则。它是指在法律适用中，对同一个问题，法律有前后几种不同规定的时候，司法机关优先适用新法，新法生效后，与新法内容相抵触的原有法律的内容终止生效，不再适用。

第三，特别法规定的一般侵权行为不得违反侵权行为一般条款原则。在侵权特别法中，有很多条款规定的不是特殊侵权行为，而是一般侵权行为。这里必须注意的是，凡是特别法规定的属于侵权行为一般条款调整范围的一般侵权行为，不得违反侵权行为一般条款规定的基本原则。凡是一般侵权行为，都必须遵守过错责任原则。特别法规定一般侵权行为时，如果违反了这样的规则，都是不能适用的。

（三）侵权责任的一般构成要件

侵权责任的构成要件一般有四个：违法行为、损害事实、因果关系和过错。构成一般侵权责任，这四个要件缺一不可，否则就不能认定侵权责任；构成特殊侵权责任，在无过错责任原则下，可以不具备过错要件，在过错推定原则情况下，仍然要具备这四个要件，只是过错要件是推定的，不要求由被侵权人举证证明。

1. 违法行为。违法行为有两种形式，一种是作为的违法行为，一种是不作为的违法行为。

凡是法律所禁止的行为，如果违反法律而作为，便是作为的违法行为。人身权、财产权等民事权利为绝对权，任何人都负有不得侵害的法定义务。侵害了这些权利，即应对其造成的损害承担责任。例如，法律禁止侵害公共财产，行为人违反这一规定损害了公共财产，就是作为的违法行为。作为的违法行为是侵权行为的主要行为方式。

凡是法律要求人们在某种情况下必须做出某种行为时，如果负有这种义务的人不履行其义务，就是不作为的违法行为。不作为违法行为的前提，是行为人负有某种特定作为义务。这种义务的来源有以下三种情况：一是来自法律的直接规定。例如，《婚姻法》规定，父母有管教未成年子女的义务，亲属之间有抚养义务等。应抚养而不抚养的遗弃行为，是侵害亲属权的不作为行为。二是来自业务上或职务上的要求。特定的业务或者职务，对行为人提出履行特定义务的要求，不履行这种义务，就是不作为的侵权行为。例如，游泳教练员对学习游泳者应负救护义务，修建地下建筑物应负预防危险的作为义务，都是来自于职业的或者业务上的要求，是作为义务。违反上述职务上或业务上的作为义务而不作为者，就是不作为的侵权行为。三是来自行为人先前的行为。行为人先前的行为给他人带来某种危险，对此必须承担避免危险的作为义务。例如，小说出版编辑者在发表具有侵权内容的作品后，就产生采取措施为受害人消除影响、恢复名誉的作为义务。

2. 损害事实。根据我国《侵权责任法》，损害事实分为以下三种类型：

(1) 对人身权利的损害事实。对人身权利的损害包括对人格权的损害和对身份权的损害两种不同的损害事实。

①对人格权的损害。这种损害包括两种：

一种是人身损害，即侵害他人的生命权、健康权、身体权这些物质性人格权，造成人身损害，使被侵权人死亡、丧失劳动能力、受到伤害或者身体的完整性受到损害，并因此而造成被侵权人的财产损失。被侵权人的财产损失表现为自然人为治疗伤害、丧葬死者支出的费用，伤残误工的工资损失，死亡或丧失劳动能力造成其抚养人的抚养费损失等。

另一种是侵害他人名誉权、姓名权、肖像权、隐私权等非物质性人格权造成被侵权人的财产损失。例如，某些人的姓名权、肖像权等具有一定的商业价值，取得使用的同意需要付给相应的对价，未经本人同意擅自使用其姓名或肖像，直接影响了其应当获得的财产利益，这种财产损失可以计算。

②对身份权的损害。这是指侵害亲权、配偶权、监护权等身份权利给被侵权人造成的损失。这种损失，首先表现为对亲情关系的损害，如侵害亲权时引起对亲子关系的损害；其次表现为对身份利益的深层损害，包括抚养权利的减损或灭失、获得物质利益的权利的丧失或减损。

【责任保险只承保人身损害，即侵害他人生命权、健康权、身体权这些物质性人格权造成的损害。侵害姓名权、肖像权、隐私权等非物质性人格权造成的人身损害和侵害身份权造成的损害，多以赔礼道歉、消除影响等非损害赔偿的形式承担侵权责任，难以为责任保险所承保。即使产生损害赔偿责任，也因其损失评估没有客观标准而难以确定，而未为一般责任保险所承保。】

(2) 对财产权利的损害事实。财产损害是侵害他人财产权利使被侵权人受到的损害，财产权利包括物权、知识产权、股权以及虚拟经济中的其他财产权利等。财产损害表现为财产损失，包括直接损失和间接损失。

直接损失是受害人现有财产的减少，也就是侵权行为导致受害人现有财产直接受到的损失，如财物被损毁、被侵占而使受害人财富减少。

间接损失是受害人可得利益的丧失，即应当得到的利益因不法行为的侵害而没有得到。它有三个特征：一是损失的是未来的可得利益，而不是既得利益。在侵害行为实施时，它只具有财产取得的可能性，还不是现实的财产利益。二是这种丧失的未来利益是必得利益而不是假设利益。三是这种可得利益必须是在一定的范围内，即侵权行为的直接影响所及的范围，超出该范围，不认为是间接损失。

【财产损害是责任保险承保的另一个主要内容。但责任保险通常只承保直接损失，间接损失不予承担。】

(3) 精神损害事实。在我国，精神损害是指侵害他人人身权利造成受害人严重精神痛苦的事实，包括侵害他人人格权和身份权造成受害人的严重精神痛苦。《侵权责任法》第22条规定："侵害他人人身权益，造成他人严重精神损害的，被侵权人可以请求精神损害赔偿。"侵害了财产权益，或者没有造成严重精神损害的（例如偶尔的痛苦或不高兴），不能认定为精神损害。

这里介绍一下美国的精神损害赔偿制度。美国的精神损害赔偿制度经历了一个发展变化过程。在早期的侵权责任法中，精神损害赔偿请求权依附于身体伤害，只有因身体伤害导致的精神损害才可以请求精神损害赔偿。现在，精神损害赔偿已经发展成为一项独立的侵权责任形式。司法实践中，可以请求精神损害赔偿的情况一般包括：一是因身体受到伤害导致精神损害的;二是因性骚扰、不当解雇以及性别歧视导致精神损害的;三是"旁观者"因亲眼目睹侵权人殴打第三人而受到精神损害,且第三人是"旁观者"近亲属的;四是侵犯名誉、隐私导致其受到精神损害,对于这种损害,原告只须证明自己隐私受到侵犯,但这种赔偿一般是象征性的,数额较低。法官在判决是否承担精神损害赔偿时,一般要考虑侵权人的主观恶意(故意或者通过极端骇人的、不可容忍的行为)和受害人是否受到精神痛苦,一时的不高兴不能算作精神损害。以前美国各州对精神损害赔偿数额没有任何限制,完全由法官或陪审团根据法官的指示进行自由裁量,为了防止数额过大,美国现在已有12个州对精神损害赔偿设置上限,例如,有的州规定最高不超过35万美元。

我国《侵权责任法》也借鉴了美国的做法,首次单独规定了精神损害赔偿,即精神损害不再以身体受到伤害为前提,不再限于侵害生命权、健康权和身体权时遭受的精神损害,而是扩展到侵害任何人身权益。

【责任保险一般不承保精神损害。在有特别约定的情况下,也只承保侵害他人生命权、健康权和身体权造成的精神损害,也即,精神损害的产生以身体受到伤害为前提。其他独立存在的精神损害赔偿,即侵害其他人身权利(如姓名权、肖像权、隐私权等)仅仅造成精神损害,而没有造成身体伤害的情况,一般不在承保范围之内。】

3. 因果关系。因果关系要求侵权行为与损害事实之间具有近因关系,侵权责任才能成立。区分是否具有因果关系,可以分别遵循以下三种规则进行分析:

(1)行为与后果之间具有直接因果关系的,可以直接确认其具有因果关系。

(2)行为与后果之间有其他事件介入时,只有行为是损害结果发生的适当条件的,才认定行为与损害后果之间具有相当因果关系,否则为没有因果关系。例如,开车撞伤他人,送被侵权人去医院治疗,不幸医院起火,致被侵权人烧死。这里,医院失火属于意外,依一般情况,开车撞伤与烧死之间没有必然的因果关系。如果伤害后患破伤风以致死亡,则在一般情形依通常经验观察,破伤风能致死亡,故开车撞伤与死亡之间具有因果关系。

(3)在特定的场合,可以适用推定因果关系规则认定因果关系。它的基本要点就是要保护弱者,在被侵权人处于弱势,没有办法完全证明因果关系要件时,只要被侵权人举证证明到一定程度,就推定行为与损害后果之间存在因果关系,然后由被告负责,证明自己的行为与损害之间没有因果关系。例如《侵权责任法》第66条规定:"因环境污染发生纠纷,污染者应当就法律规定的不承担责任或减轻责任的情形及其行为与损害之间不存在因果关系承担举证责任。"

在侵权构成多因一果的情况下,多种原因对于损害事实的发生为共同原因。共同原因中的各个原因对于损害事实的发生发挥不同的作用,这就涉及原因力大小的问题。原因力的大小取决于各个共同原因的性质,原因事实与损害结果的距离,以及原因事实的强度。直接原因的原因力优于间接原因,原因事实距损害后果近的原因力优于距损害后果远的原因力,原因事实强度大的原因力优于原因事实强度小的原因力。原因力大小在过失相抵的责任分担和共同侵权行为上具有重要作用。在过失相抵中,加害人和受害人双方的行为是损害发生的共同原因,加害人行为的原因力大,则加害人承担较多的责任份额;受害人行为的原因力大,则加害人不承担或少承担责任份额。

4. 过错。过错分为两种基本形态,即故意和过失。

(1)故意,是行为人预见自己行为的结果,仍然希望它发生或者听任它发生的主观心理状态。故意表现为行为人对损害后果的追求、放任心态。

(2)过失,是一种不注意的心理状态,包括疏忽和懈怠。行为人对自己行为的结果应当预见或者能够预见而没有预见,为疏忽;行为人对自己行为的结果虽然预见但轻信可以避免,为懈怠。过失表现为行为人不希望、不追求、不放任损害后果的心态。

判断过失的标准经历了一个由主观标准向客观标准发展的过程。早期判断行为人是否有过失,主要考察行为人的主观心理状态。这导致受害人证明行为人的过错很困难,难以保护受害人的利益。发展到现在,对过失的认定逐渐客观化,不是从单个行为人的主观状态认定其过失,而是主要依据以下客观标准判断其有无过失:

①行为人是否违反了法律、行政法规明确规定的义务。如果法律或行政法规对某一特定领域规定了行为标准,如《医疗机构病历管理规定》,行为人若违反了这些标准,就具有过失。

②行为人是否违反了一个"合理人的注意义务"。"合理人的注意义务"是指多数人在特定情况下应当达到的注意程度。根据该标准判断侵权人是否有过失,主要看一般人在侵权人所处的情况下会怎么行为,若一般人会与被告做出同样的行为,被告就没有过失,反之则有过失。"合理人的注意义务"原则上不考虑行为人的特殊弱点,例如不论其性急、健忘、害羞,也不考虑行为人的经验、能力,例如一个没有经验的司机造成车祸所适用的判断标准与一个有多年驾驶经验的老司机所适用的标准是一样的。该标准要求履行一般人在通常情况下的注意义务即可。

客观判断标准有两种特殊情形:第一,专业人员的注意标准。"合理人的注意义务"是针对一般人的过失判断标准,但在现实生活中,还存在许多有专业知识和技能的人,如医生、会计师、建筑师、律师等,这些专业人员在专业工作中的注意标准就应当比一般人的注意标准高,要求行为人的行为符合自己领域内公认的活动标准。判断一个专业人员是否有过失,要看其是否履行了本领域内一个合格专业人员的注意义务,例如医生的合理注意义务应是其他医生普遍遵守的义务,不是一般人普遍遵守的义务。第二,无民事行为能力人和限制民事行为能力人的注意标准。这类人包括未成年人、精神病人。这类人的注意标准要低于一般人的注意标准。同样的行为造成同样的后果,对于具有完全民事行为能力的成年人可能是过失,而对儿童来说就不是过失。在判断这类人是否履行合理注意义务时,应考虑其年龄、智力和生理状况等因素。例如,某电网公司仅在高压电旁立牌标明"高压危险、禁止触摸",而没有安置防护设施,如果某成年人触摸,则其行为就构成重大过失,根据《侵权责任法》第73条,电网公司可以减轻责任;但是如果是一个7岁的儿童触摸,则该儿童的行为不构成过失,电网公司应承担全部责任。

过失,从程度上分为重大过失和一般过失。重大过失是指违反普通人的注意义务。如果行为人仅用一般人的注意即可预见之,但却怠于注意而不为相当准备,就存在重大过失。当法律要求负有较高的注意标准时,该行为非但没有遵守这种较高的注意标准,而且连较低的注意标准也未达到,则构成重大过失。一般过失则是低于重大过失的一种过失。应当注意,一般过失与轻微过失并不同。一般过失是轻于重大过失、重于轻微过失的过失,是应当承担责任的过失。轻微过失在司法实践中一般不构成过失。

【责任保险中通常将故意和重大过失作为除外责任,而仅承保被保险人一般过失造成的侵权责任。任何保险都不可能承保被保险人故意或重大过失造成的损失,否则就易引起道德风险,有违保险的初衷。】

（四）侵权责任的归责原则

归责,是指行为人因其行为和物件致他人损害的事实发生以后,应依何种根据使其承担责任,即法律应以行为人的过错还是应以已发生的损害结果为价值判断标准,而使行为人承担侵权责任。侵权责任的归责原则有三种:过错责任原则、过错推定原则和无过错责任原则。

1. 过错责任原则。过错责任原则是以行为人是否具有过错为标准来判断对其造成的损害应否承担责任的归责原则。在过错责任原则下,构成侵权责任必须具备四个要件,即违法行为、损害事实、因果关系和过错,四者缺一不可。受害人只有在证明这四个要件均成立的前提下,加害人才承担侵权责任。

过错责任原则是侵权责任的一般归责原则,法律没有特别规定适用其他归责原则时,都应以过错责任原则来确定行为人对损害是否应承担侵权责任。

2. 过错推定原则。过错推定原则,是指在法律有特别规定的场合,从损害事实的本身推定加害人有过错,并据此确定造成他人损害的行为人赔偿责任的归责原则。在过错推定原则下,构成侵权责任仍然需要具备违法行为、损害事实、因果关系和过错四个要件,只是行为人具有过错这一要件不再由受害人举证证明,而是直接推定行为人具有过错,如果行为人不能证明自己没有过错,就应当对损害承担侵权责任。例如,《侵权责任法》第39条规定:"无民事行为能力人在幼儿园、学校或者其他教育机构学习、生活期间受到人身损害的,幼儿园、学校或者其他教育机构应当承担责任,但能够证明尽到教育、管理职责的,不承担责任。"这就是说,对无民事行为能力人的校园伤害事故,实行过错推定原则。又如,《侵权责任法》第85条规定:"建筑物、构筑物或者其他设施及其搁置物、悬挂物发生脱落、坠落造成他人损害,所有人、管理人或者使用人不能证明自己没有过错的,应当承担侵权责任。"也是过错推定原则的体现。

需要注意的是,过错推定原则由于是一种较为严格的责任,需要在有法律明确规定的情形下方能适用,而不能任意适用。根据《侵权责任法》,目前适用过错推定原则的侵权行为有:机动车与非机动车及行人的道路交通事故责任、物件致害责任、动物园饲养动物致人损害的责任、无民事行为能力人在学校、幼儿园或其他教育机构内受到损害的责任。

适用过错推定原则的意义在于免除了受害人的举证责任,而行为人则因负担举证责任而加重了责任,因而更有利于保护受害人的合法权益。

3. 无过错责任原则。无过错责任原则,是指在法律有特别规定的场合,以已经发生的损害结果作为判断标准,与该损害结果有因果关系的行为人,不论其有没有过错,都要承担侵权责任的归责原则。在无过错责任原则下,构成侵权责任只需要具备违法行为、损害事实和因果关系三个要件。受害人只要能举证证明这三个要件,而行为人又不能够举证证明损害是由受害人故意或重大过失所引起的,或者不能够举证证明存在法定的免责事由的,则行为人就需承担侵权责任。例如,《侵权责任法》第72条规定:"占有或者使用易燃、易爆、剧毒、放射性等高度危险物造成他人损害的,占有人或者使用人应当承担侵权责任,但能够证明损害是因受害人故意或者不可抗力造成的,不承担责任。被侵权人对损害的发生有重大过失的,可以减轻占有人或者使用人的责任。"第78条规定:"饲养的动物造成他人损害的,动物饲养人或者管理人应当承担侵权责任,但能够证明损害是因被侵权人故意或者重大过失造成的,可以不承担或者减轻责任。"这些都是无过错责任原则的体现。

在适用过错推定原则的情况下,受害人可以不必举证证明加害人的过错,而是在已经证

责任保险

明的损害事实中,直接推定加害人的过错。这样,受害人就免除了证明加害人过错的举证责任,转而由加害人承担证明自己无过错的责任,对受害人的保护因此而比实行过错责任原则为优。在适用无过错责任原则的情况下,受害人当然更不用证明加害人的过错,在这一点上,无过错责任原则和过错推定原则相比,并没有不同。但是,在举证责任倒置的内容上,情况却大不一样:实行过错推定原则,举证责任在加害人,证明的内容是加害人自己没有过错;实行无过错责任原则,举证责任在加害人,证明的内容是损害系由受害人故意或重大过失所引起。加害人证明自己无过错,在实践中尚属可能;加害人证明损害是由受害人故意或重大过失所引起,实属不易。这样相比,无过错责任原则对于受害人的保护来说,当然要比过错推定原则更为有利。

在理解无过错责任原则时,需要注意以下几点:

(1)无过错责任原则是最为严格的一种责任,因此一定要有法律的规定才能适用。在没有法律规定适用无过错责任原则的情况下,不得以无过错责任原则作为判断侵权人是否承担侵权责任的依据。根据《侵权责任法》,适用无过错责任原则的侵权责任主要有产品责任、环境污染责任、高度危险作业责任和动物致人损害责任。

(2)设立无过错责任原则的目的,绝不是要使"没有过错"的人承担侵权责任,而主要是为了免除受害人证明行为人过错的举证责任,使受害人易于获得赔偿。从我国审判实践的情况看,适用无过错责任原则的大多数案件中,行为人基本上都是有过错的。

(3)在适用无过错责任原则的侵权责任中,只是不考虑行为人有无过错,并非不考虑受害人有无过错。如果受害人对损害的发生也有过错,在有的情况下可以减轻、甚至免除行为人的责任。例如,《侵权责任法》第72条规定:"占有或者使用易燃、易爆、剧毒、放射性等高度危险物造成他人损害的,占有人或者使用人应当承担侵权责任,但能够证明损害是因受害人故意或者不可抗力造成的,不承担责任。被侵权人对损害的发生有重大过失的,可以减轻占有人或者使用人的责任。"

(4)适用无过错责任原则的侵权责任,在赔偿数额上可能存在限制。《侵权责任法》第77条规定:"承担高度危险责任,法律规定赔偿限额的,依照其规定。"我国的航空、海运、铁路等方面的行政法规,基于特定行业的风险性和保护该行业发展的需要,往往规定了最高赔偿限额,例如,航空事故的赔偿限额是40万,铁路事故的赔偿限额是15万。

本书对三种归责原则做了比较(见表1-1-1),并对三种归责原则下的侵权行为作了归类(见表1-1-2)。

表1-1-1 归责原则适用规则一览表

归责原则	适用范围	构成要件	举证责任
过错责任原则	一般侵权行为	违法行为、损害事实、因果关系、过错	全部构成要件的举证责任均由受害人负担
过错推定原则	一部分特殊侵权行为	违法行为、损害事实、因果关系、过错	违法行为、损害事实和因果关系要件由受害人证明;过错要件实行推定,举证责任倒置,由加害人证明自己没有过错
无过错责任原则	一部分特殊侵权行为	违法行为、损害事实、因果关系	三个要件均由受害人举证证明。如果加害人主张不承担侵权责任,则由加害人举证证明损害系由受害人故意或重大过失所致,或证明存在法定免责事由

表1-1-2 不同归责原则下的侵权行为类型

归责原则	适用的侵权行为	法律依据	侵权行为类型
过错责任原则	除适用过错推定原则和无过错责任原则以外的其他侵权行为		一般侵权行为
过错推定原则	1. 机动车与非机动车及行人的道路交通事故责任	《侵权责任法》第六章和《道路交通安全法》第76条	特殊侵权行为
	2. 无民事行为能力人的学生伤害事故责任	《侵权责任法》第38条	
	3. 动物园动物致人损害责任	《侵权责任法》第81条	
	4. 物件致害责任	《侵权责任法》第85~91条	
无过错责任原则	1. 产品侵权责任	《侵权责任法》第五章和《产品质量法》	特殊侵权行为
	2. 危险活动和危险物责任(高度危险责任)	《侵权责任法》第九章	
	3. 环境污染责任	《侵权责任法》第八章和其他有关环境污染的单行法	
	4. 动物致人损害责任	《侵权责任法》第十章	

【责任保险所承保的各种侵权行为,在确定被保险人是否承担侵权责任时,要根据其行为的类型,按照过错责任原则、过错推定原则或者无过错责任原则来判断。根据风险的大小,适用过错责任原则的侵权责任风险最小,适用过错推定原则的侵权责任风险居中,适用无过错责任原则的侵权责任风险最大。在我国责任保险实践中,产品责任保险、雇主责任保险、动物饲养责任保险、环境污染责任保险、供电责任保险以及高危行业的公众责任保险等,均承保适用无过错责任原则的侵权责任风险;幼儿园、小学的校园方责任保险、监护人责任保险、个人类责任保险以及酒店、商场、展会等行业的公众责任保险等,均承保适用过错推定原则的侵权责任风险;其他为承保适用过错责任原则的侵权责任风险。】

4. 公平责任的适用。公平责任,是指侵权人和被侵权人对损害的发生都没有过错,在损害已经发生的情况下,以公平考虑作为标准,根据实际情况和可能,由双方当事人公平地分担损失的侵权责任形态。公平责任原则并不是侵权责任的一种归责原则,而只是损害承担的一种处理办法。

公平责任的适用范围,应当限制在双方当事人均无过错并且不属于过错责任原则、过错推定原则和无过错责任原则调整的那一部分侵权损害赔偿法律关系,超出则不能适用。例如,高度危险作业责任中,在侵权人不能证明受害人具有故意或者重大过失的情况下,不能因为侵权人没有过失,即转而适用公平责任,由双方分担损失,因为这样的领域是无过错责任原则调整的范围,不是公平责任适用的范围。此外,受害人有过错的,应由受害人负担损失,而不适用公平原则。第三人过错造成的,应由第三人承担损失,也不适用公平原则。因此,只要有过错责任人,就不适用公平责任原则。

具体来说,公平分担损失的情况包括:

(1) 无民事行为能力人造成他人损害。无民事行为能力人不能进行有目的、有意识的民事活动,因此不能认定他们的行为有过错,如果监护人尽到监护职责,无民事行为能力人仍造成他人损害的,可以根据情况由监护人分担损失。

(2)完全民事行为能力人对自己的行为暂时没有意识或者失去控制没有过错,但造成他人损害。例如,出租车司机不知道自己患有疾病,在车辆行驶过程中突发心脏病发生交通事故造成他人损害,对于受害人超出机动车强制保险责任限额范围的损失,可以根据实际情况由出租车司机分担损失。

(3)具体加害人不明,由可能加害的人共同分担损失。例如,建筑物内抛出一烟灰缸砸破楼下一行人的头,找不到加害人,为了减轻受害人的损失,可以根据实际情况由可能加害的建筑物使用人给受害人补偿。

(4)因意外情况造成损害。例如,一暴雨夜,某甲拦截并获准搭乘一辆运棺材车,上车后,某甲为躲雨钻进棺材。雨停后不一会儿,某乙和某丙也搭上该车。上车后,他们只看到车上有一棺材,不知里面有甲。乙对丙说:"我想抽烟,你有火吗?"丙答:"没有。"甲在棺材内听到此,推开棺材盖伸出手递打火机。乙看到棺材里突然伸出手,以为诈尸,吓得跌下车去受了伤。甲对乙的受伤并无过错,但乙受伤的确因甲的行为引起,最终法院判决甲承担乙的部分损失。

(5)为对方利益或者共同利益进行活动过程中受到损害。例如,甲主动帮乙盖房,不小心从梯子上摔下受伤,可以根据实际情况由乙分担甲受到的损失。

【在我国校园方责任保险实践中,常常有按照公平原则判定被保险学校对受伤害学生需承担赔偿责任的做法,这种做法是不妥当的。《侵权责任法》第38条至第40条明确规定,对于无民事行为能力人在幼儿园、学校或者其他教育机构学习、生活期间受到人身损害的,适用过错推定原则;对于限制民事行为能力人在幼儿园、学校或者其他教育机构学习、生活期间受到人身损害的,适用过错责任原则。对于第三人的行为造成学生受到损害的,适用过错责任原则。对此,法律已经规定得很明确。因此,学生伤害事故不适用公平原则处理。】

(五)侵权责任的免责事由

免责事由是指被告针对原告的侵权诉讼请求而提出的证明原告的诉讼请求不成立或不完全成立的事实。《侵权责任法》第三章将之称为"不承担责任和减轻责任的情形"。存在免责事由时,行为人的损害赔偿责任得以免除或减轻。

我国《侵权责任法》规定的免责事由包括受害人过错、第三人过错、不可抗力、正当防卫、紧急避险五种,理论和司法实践中还将职务授权行为、受害人同意、意外事件、自甘风险也作为免责事由。

1. 受害人的过错。受害人过错构成免责事由,是指损害的发生或扩大不是由于加害人的过错,而是由于受害人的过错造成的。《侵权责任法》第26条规定:"被侵权人对损害的发生也有过错的,可以减轻侵权人的责任。"第27条规定:"损害是由受害人故意造成的,行为人不承担责任。"

受害人过错分为故意、重大过失和一般过失三种:

(1)故意。受害人故意造成损害是损害发生的唯一原因时,即加害人没有任何过错或仅有轻微过失时,加害人不必承担侵权责任。

(2)重大过失。如果损害完全是由受害人的重大过失造成的,并且加害人对损害的后果没有任何过错,则加害人不承担侵权责任。

(3)一般过失。在加害人致受害人损害中,如果加害人有一般过失,而受害人对损害的发生或扩大也具有一般过失时,则构成一般过失,应当按照各自的过失程度实行过失相抵。但如果加害人有故意或重大过失,受害人只有一般过失时,则不实行过失相抵。

2. 第三人过错。第三人过错是指除加害人、受害人之外的第三人,对于损害的发生或扩大具有过错,包括故意或过失。《侵权责任法》第 28 条规定:"损害是因第三人造成的,第三人应当承担侵权责任。"

判断应当免除还是减轻第三人的责任,其依据是第三人过错对损害发生所产生的原因力:

(1)第三人过错是损害发生的唯一原因。当第三人过错是损害发生的唯一原因时,第三人过错是加害人免除责任的事由,损害由第三人承担。《侵权责任法》第 28 条指的就是这种情形。

(2)第三人过错不是损害发生的唯一原因。当第三人过错不是损害发生的唯一原因时,那么其结果只能是减轻加害人的责任。第三人具有故意和重大过失的,如果加害人仅具有轻微过失,则第三人过错构成加害人的免责事由;如果加害人具有一般过失,则不能被完全免除责任。第三人具有一般过失,而加害人没有过错的,也应免除加害人的责任,由第三人承担。

(3)第三人过错和加害人行为都是损害发生或扩大的原因。第三人的过错和加害人的行为都是造成损害发生的原因的,则第三人过错是减轻加害人责任的事由。需要根据第三人过错程度和原因力比例,减轻加害人的责任。

3. 不可抗力。不可抗力,是指不能预见、不能避免并且不能克服的客观情况,包括自然原因(如地震、海啸、洪水、台风等)和社会原因(如战争、恐怖活动等)。它是各国立法所通行的免责事由。因不可抗力造成的损害,当事人一般不承担责任。但是,当不可抗力被作为免责事由时,不可抗力必须是造成损害的唯一原因,行为人对损害的发生和扩大不能产生任何作用。

构成不可抗力必须同时满足以下三个要件:

(1)不可预见。不可预见不能依某个人的标准,而必须以一般人的预见能力而不是当事人的预见能力为标准来判断对某种现象是否能够预见。不过,不可预见这一要件并非绝对,例如,尽管有可能预见地震,但仍然无法避免,则不可抗力仍然可以成立。

(2)不能避免并且不能克服。这是指当事人已经尽到最大努力和采取一切可以采取的措施,仍然不能避免某种事情的发生并克服事件造成的损害后果。不可避免和不能克服,表明事件的发生和造成的损害具有必然性。

(3)属于客观情况。这是指外在于人的行为的自然性。不可抗力作为独立于人的行为之外的事件,不包括单个人的行为。如第三人的行为对于加害人来说是不可预见且不能避免的,但它并不具有独立于人的行为的客观性,因而不能作为不可抗力对待。

不可抗力是侵权责任的一般免责事由。但是,在法律有特别规定的情况下,不可抗力不作为免责事由,例如《邮政法》第 48 条规定,保价的给据邮件的损失即使因不可抗力造成的,邮政企业也不得免除责任;或者不可抗力作为免责事由还要附加一定的条件,例如在环境保护法律中,存在不可抗力附加"经及时采取合理措施仍不能避免损害"条件的规定。

4. 正当防卫。正当防卫是侵权责任的一般免责事由,是指当公共利益、他人或本人的人身或其他利益遭受不法侵害时,行为人所采取的防卫措施。《侵权责任法》第 30 条规定:"因正当防卫造成损害的,不承担责任。正当防卫超过必要的限度,造成不应有的损害的,正当防卫人应当承担适当的责任。"

5. 紧急避险。紧急避险是指为了社会公共利益、自身或他人的合法利益免受更大的损害,不得已而采取的造成他人少量损失的紧急措施。《侵权责任法》第30条规定:"因紧急避险造成损害的,由引起险情发生的人承担责任。如果危险是由自然原因引起的,紧急避险人不承担责任或者给予适当补偿。紧急避险采取措施不当或者超过必要的限度,造成不应有的损害的,紧急避险人应当承担适当的责任。"

6. 意外事件。意外事件是指非因当事人的故意或过失,而是由于当事人意志以外的原因而偶然发生的事故。例如,某大巴车行至盘山公路时,被山上突然滚落的石头砸中而翻车,导致乘客受伤。此时,造成损害的原因即为意外事件。我国《侵权责任法》没有将意外事件作为免责事由,但是在司法实践中,通常把意外事件作为免责事由对待。

作为免责事由的意外事件,需要具备以下条件:

（1）意外事件是不可预见的。这种不可预见性,适用主观标准,即以当事人在当时的环境下,是否能够通过合理的注意而预见。

（2）意外事件是归因于行为人自身以外的原因。行为人已经尽到他在当时应当尽到和能够尽到的注意,或者采取合理措施仍不能避免事故的发生,从而表明损害是由意外事件而不是当事人的行为所致。

（3）意外事件是偶然事件,不包括第三人的行为。

7. 自甘风险。自甘风险就是指明知道有风险而自愿冒险。我国法律对自甘风险没有规定,但在司法实践中,有的法院引用自甘风险作为抗辩事由而判处侵权人免除责任。例如,参加体育运动本身就是一种甘冒风险,特别是高风险运动,参加体育运动的人对其风险一般都有明确的认识。如果受害人在侵权人组织的高风险运动中受到伤害,侵权人的组织活动并无不当之处,则受害人应自行承担所受的损害。

（六）侵权损害赔偿

1. 赔偿权利人和赔偿义务人。这是侵权损害赔偿法律关系的两个主体。

（1）赔偿权利人。赔偿权利人是因侵权行为使权利受到损害、享有赔偿请求权的人,包括直接受害人、依法由受害人承担抚养义务的被抚养人以及死亡受害人的近亲属。

一个侵权行为有多个直接受害人时,所有的受害人都享有赔偿请求权,都可以提请侵权赔偿诉讼。依其人数,2至9个受害人作为必要的共同诉讼,一般应当合并审理,个别受害人不起诉的,不影响其他受害人提出赔偿诉讼。有10个以上受害人的案件,可以进行集团诉讼或代表诉讼。其区别在于:代表诉讼时受害人的人数已经确定,集团诉讼的受害人的人数尚未确定,判决对未参加诉讼的受害人亦发生效力。二者的共同点在于都是选派代表进行诉讼。

（2）赔偿义务人。赔偿义务人是指因自己或者他人的侵权行为依法应承担侵权责任的自然人、法人和其他组织,包括直接加害人、替代责任人、按份责任人、连带责任人和补充责任人。

①直接加害人。当然应对其侵权行为承担民事责任。

②替代责任人。例如,用人单位的工作人员因执行工作任务造成他人损害的,应由用人单位承担赔偿责任;国家机关的工作人员执行职务致人损害的,应当由国家机关承担赔偿责任;无民事行为能力人或限制民事行为能力人造成他人损害的,应由监护人承担赔偿责任,等等。

③按份责任人。在无意思联络的共同侵权行为中,各个加害人作为共同被告,为按份责任人,不承担连带责任,而应当根据各自的责任程度承担按份责任。

④连带责任人。连带责任是指受害人有权向共同侵权人中的任何一个人或数个人请求赔偿全部损失,而任何一个人或数个人都有义务向受害人承担全部赔偿责任;共同加害人中的一人或数人已经全部赔偿了受害人的损失的,可以向其他加害人要求赔偿。共同侵权人均为连带责任人。共同侵权连带责任必须在有法律明确规定的情况下才适用,法律没有规定的,不能要求共同侵权人承担连带责任。例如,《侵权责任法》第59条规定:"因药品、消毒药剂、医疗器械的缺陷,或者输入不合格的血液造成患者损害的,患者可以向生产者或者血液提供机构请求赔偿,也可以向医疗机构请求赔偿。患者向医疗机构请求赔偿的,医疗机构赔偿后,有权向负有责任的生产者或者血液提供机构追偿。"第68条规定:"因第三人的过错污染环境造成损害的,被侵权人可以向污染者请求赔偿,也可以向第三人请求赔偿。污染者赔偿后,有权向第三人追偿。"

⑤补充责任人。补充责任是指两个以上的行为人违反法定义务,对一个受害人实施加害行为,或者不同行为人基于不同行为而使受害人的权利受到同一损害,受害人享有的数个请求权有顺序上的区别,首先行使顺序在先的请求权,不能实现或不能完全实现时,再行使另外的请求权。例如,《侵权责任法》第37条规定:"宾馆、商场、银行、车站、娱乐场所等公共场所的管理人或者群众性活动的组织者,未尽到安全保障义务,造成他人损害的,应当承担侵权责任。因第三人的行为造成他人损害的,由第三人承担侵权责任;管理人或者组织者未尽到安全保障义务的,承担相应的补充责任。"第40条规定:"无民事行为能力人或者限制民事行为能力人在幼儿园、学校或者其他教育机构学习、生活期间,受到幼儿园、学校或者其他教育机构以外的人员人身损害的,由侵权人承担侵权责任;幼儿园、学校或者其他教育机构未尽到管理职责的,承担相应的补充责任。"这里的"相应的补充责任",是指与其过错程度相适应的补充责任,而非第一顺序赔偿义务人赔偿不足的全部赔偿责任。承担补充责任必须要有法律的明确规定。承担补充责任的主体为补充责任人。

2. 侵权损害赔偿。这包括人身损害赔偿、侵害他人人身权益造成财产损失的赔偿、财产损害赔偿、精神损害赔偿等内容。

(1) 人身损害赔偿。人身损害赔偿是指行为人侵害他人的生命权、健康权、身体权,使其致伤、致残、致疾病、致死亡等后果以及其他损害,对受害人承担的金钱赔偿责任。侵害生命权,是指造成被侵权人的死亡。被侵权人生命权的损失,包括以下几种:生命丧失的损失,为救治被侵权人所支出的常规费用(如120救护车费),丧葬费的损失,死者生前收入的损失,死者生前抚养的人的抚养来源丧失的损失,被侵权人近亲属的精神痛苦。侵害健康权,是指破坏人体生理机能的正常运作和身体功能的完善发挥,表现为身体受到一般伤害、造成残疾和其他疾病。这种损害可以产生以下损害或损失:医疗费损失,误工费损失,住院伙食费和营养费损失,护理费损失,交通费损失,住宿费损失,残疾人收入损失,残疾器具费损失,被抚养人抚养来源丧失的损失,身体疼痛的损害,精神痛苦。侵害身体权,可能造成两种损害:一是对人体完整性的实质损害,例如,擅自剪除人的指甲,擅自抽取人的血液、脊髓或其他体液,而没有造成健康权损害后果的,都是对人体组织完整性的侵害。二是对人体形式完整的侵害,例如,没有造成伤害的殴打,擅自搜查身体。这种损害,都可能伴随以下损失或损害:一是财产利益的损失。例如,以手作为模特的人,必须保证手的健美,包括指甲的完整和美观,侵权行为造成其指甲的损害,使其在一定时期内不能从事专业工作,就会造成预期财产利益的损失。二是财产利益的其他损害。例如,强行抽取人的血液、脊髓,虽然没有造成被侵权人健康的损害,但是恢复体力需要一定的经济力量,因而会造成财产利益的损失。三是

— 31 —

精神损害。

根据《侵权责任法》第16条:"侵害他人造成人身损害的,应当赔偿医疗费、护理费、交通费等为治疗和康复支出的合理费用,以及因误工减少的收入。造成残疾的,还应当赔偿残疾生活辅助具费和残疾赔偿金。造成死亡的,还应当赔偿丧葬费和死亡赔偿金。"人身损害的具体赔偿项目包括:

①一般赔偿项目。这包括医疗费、护理费、交通费、住院伙食补助费、营养费等为治疗和康复支出的合理费用,以及因误工减少的收入。

医疗费。这包括挂号费、检查费、治疗费、药费、住院费、康复费等。在审判实践中,一般根据医疗机构出具的药费、治疗费等收费凭证,结合病历和诊断证明等相关证据确定医疗费的具体数额。医疗费的具体数额一般按照一审法庭辩论终结前实际发生的确定。根据医疗证明或鉴定结论确定在将来必然发生的医疗费,可以与已经发生的医疗费一并予以计算和赔偿。

护理费。这是指受害人因受到损害,生活不能自理或不能完全自理,需要有人进行护理。是否需要护理应当有医疗机构或法医的证明。护理费一般根据护理人员的收入状况和护理人数、护理期限确定。护理人员有收入的,参照其因误工减少的收入计算;护理人员没有收入或雇佣护工的,参照当地护工从事同等级别护理的劳务报酬标准计算。护理人员原则上为一人,护理期限计算至受害人恢复自理能力时止。受害人因残疾不能恢复自理能力的,按照其年龄、生活状况等因素确定合理的护理期限,但最长不超过20年。

交通费。这是根据受害人及其必要的陪护人员因就医或转院就诊实际发生的费用计算的。交通费应当以正式票据为凭,有关凭据应当与就医时间、地点、人数、次数相符合。

住院伙食补助费。这参照当地国家机关一般工作人员的出差伙食标准予以确定。受害人确有必要到外地治疗,因客观原因不能住院,受害人本人及陪护人员实际发生的住宿费和伙食费中的合理部分应予赔偿。

营养费。这根据受害人伤残情况参照医疗机构的意见确定。

误工费。这根据受害人的误工时间和收入状况确定。误工时间根据受害人接受治疗的医疗机构出具的证明确定。受害人因伤致残持续误工的,误工时间可以计算至定残日前一天。受害人有固定收入的,误工费按照实际减少的收入计算;无固定收入的,按照其最近三年的平均收入计算。受害人不能证明其最近三年的平均收入状况的,参照受诉法院所在地相同或相近行业上一年度职工平均工资计算。

②造成残疾的赔偿。这包括残疾辅助器具费、残疾赔偿金。

残疾辅助器具费。这按照普通适用器具的合理费用标准计算。伤情有特殊需要的,可以参照辅助器具配制机构的意见确定相应的合理费用标准。辅助器具的更换周期和赔偿期限参照配制机构的意见确定。

残疾赔偿金。《侵权责任法》实施之前的司法解释和司法实践中,残疾赔偿金和残疾情况下的被抚养人生活费是两个单独的赔偿项目,但《侵权责任法》中仅规定了残疾赔偿金,而删除了被抚养人生活费,其依据是被抚养人生活费所体现的是受害人预期收入的损失,正是这种损失导致被抚养人生活来源的丧失,而残疾赔偿金本身就体现了对受害人未来预期收入损失的赔偿,因此不应再规定被抚养人生活费这一赔偿项目。最高人民法院在适用这一规定时,做了相应处理。根据2010年6月30日发布的《最高人民法院关于适用＜中华人民共和国侵权责任法＞有关问题的通知》,残疾赔偿金中应将《最高人民法院关于审理人身损害赔偿案件适用法律若干问题的解释》第28条规定的被抚养人生活费也计入其中。因此，残疾赔偿金的计算办法应是《最高人民法院关于审理人身损害赔偿案件适用法律若干问题的解释》第25条规定的残疾赔偿金和第28条规定的被抚养人生活费两项之和。这样，从赔偿项目上，不再有被抚养人生活费这一项目，但是从内容和数额上，被抚养人生活费已被计入残疾赔偿金中，所以总的赔偿数额与《侵权责任法》实施之前相比，没有改变。其中，残疾赔偿金根据受害人丧失劳动能力程度或者伤残等级，按照受诉法院所在地上一年度城镇居民人均可支配收入或者农村居民人均纯收入标准，自定残之日起按20年计算。但60周岁以上的，年龄每增加一岁减少一年；75周岁以上的，按5年计算。被抚养人生活费根据扶养人丧失劳动能力程度，按照受诉法院所在地上一年度城镇居民人均消费性支出和农村居民人均年生活消费支出标准计算。被扶养人为未成年人的，计算至18周岁；被扶养人无劳动能力又无其他生活来源的，计算20年。但60周岁以上的，年龄每增加一岁减少一年；75周岁以上的，按5年计算。被扶养人有数人的，年赔偿总额累计不超过上一年度城镇居民人均消费性支出额或者农村居民人均年生活消费支出额。

③造成死亡的赔偿。这包括丧葬费和死亡赔偿金。

丧葬费。按照受诉法院所在地上一年度职工月平均工资标准，以6个月总额计算。

死亡赔偿金。同残疾赔偿金一样，《侵权责任法》实施之前的司法解释和司法实践中，死亡赔偿金和死亡情形下的被抚养人生活费是两个单独的赔偿项目。但是由于《侵权责任法》删除了被抚养人生活费这样一个赔偿项目，最高人民法院将之调整为计入死亡赔偿金，因此，死亡赔偿金的计算应是《最高人民法院关于审理人身损害赔偿案件适用法律若干问题的解释》第29条规定的残疾赔偿金和第28条规定的被抚养人生活费两项之和。这样，从赔偿项目上，不再有被抚养人生活费这一项目，但是从内容和数额上，被抚养人生活费已被计入死亡赔偿金中。其中，死亡赔偿金按照受诉法院所在地上一年度城镇居民人均可支配收入或者农村居民人均纯收入标准，按20年计算。但60周岁以上的，年龄每增加一岁减少一年；75周岁以上的，按5年计算。被抚养人生活费的计算参见残疾赔偿金中的被抚养人生活费的计算方法。

(2)侵害他人人身权益造成财产损失的赔偿。《侵权责任法》第20条规定："侵害他人人身权益造成财产损失的，按照被侵权人因此受到的损失赔偿；被侵权人的损失难以确定，侵权人因此获得利益的，按照其获得的利益赔偿；侵权人因此获得的利益难以确定，被侵权人和侵权人就赔偿数额协商不一致，向人民法院提起诉讼的，由人民法院根据实际情况确定赔偿数额。"

侵害他人名誉权、姓名权、肖像权、隐私权等非物质性人格权，不会造成人身损害，但可能会造成被侵权人的财产损失。例如，某些人的姓名权、肖像权等具有一定的商业价值，取得使用的同意需要支付相应的对价，未经本人同意擅自使用其姓名或肖像，直接影响了其应当获得的财产利益，这种财产损失可以计算。有的明星已经与企业签订了其肖像权独家使用的合同，一旦其肖像被另外企业使用，明星对于签约企业构成违约，其违约损失就是财产损失。有的因个人隐私被披露导致生病，看病的费用也是直接财产损失。侵害非物质性人身权益的财产损失，有实际财产损失的，按照实际财产损失赔偿。难以确定财产损失的，侵权人因此获得利益的，按照其获得的利益进行赔偿。侵权人获得的利益难以确定的，可以向人民法院提起诉讼，由法院根据实际情况确定具体赔偿数额。

(3)财产损害赔偿。财产损害赔偿包括对物权、知识产权、股权以及虚拟经济中的其他财产权利等的损害的赔偿。《侵权责任法》第19条规定:"侵害他人财产的,财产损失按照损失发生时的市场价格或者其他方式计算。"这是一条原则性的规定。损失赔偿以填平损失为原则。

①侵害物权的损害赔偿。如本章之前所述,财产损害包括直接损失和间接损失。直接损失应全部赔偿,这在理论和实践中没有争议。争议较大的是间接损失应不应赔偿。有的学者主张间接损失全部赔偿,其理由是间接损失是被侵权人在正常情况下本应获得的利益,由于他人的侵权,这些利益才没有得到,当然应全部赔偿。有的学者则主张间接损失只能适当赔偿而不能全部赔偿。

②侵害知识产权的损害赔偿。前已述及,知识产权既有人身权利,又有财产权利。侵害知识产权的财产权利的赔偿原则,与侵害一般财产权利的赔偿原则并无二致,应以实际损失被填平为原则。但《著作权法》第48条、《专利法》第65条、《商标法》第56条分别对侵害著作权、专利权、商标权的赔偿做了明确规定。根据《侵权责任法》第5条规定的原则"其他法律对侵权责任另有规定的,依照其规定",对知识产权的损害赔偿依照相关单行法进行计算。

③侵害股权的损害赔偿。股权又称股东权。广义的股权指股东得以向公司主张的各种权利。狭义的股权是指股东因出资而获得的、依法定或公司章程的规定参与公司事务并在公司中享有财产权益的、具有可转让性的权利。侵害股权造成财产损失的,应当依照公司法等相关法律规定承担民事责任。

(4)精神损害赔偿。《侵权责任法》第22条规定:"侵害他人人身权益,造成他人严重精神损害的,被侵权人可以请求精神损害赔偿。"根据本条规定和相关司法实践,精神损害赔偿包括以下几方面内容:

①侵害生命权、健康权等物质性人格权的精神损害赔偿。侵害生命权、健康权造成身体伤害和精神痛苦的,司法实践中认定精神损害事实成立,受害人可以主张精神损害赔偿。

②侵害姓名权、隐私权、肖像权等精神性人格权的精神损害赔偿。侵害这些权利时,造成严重精神损害的,被侵权人可以主张精神损害赔偿。

③侵害身份权的精神损害赔偿。侵害监护权、配偶权、亲属权、亲权等身份权的,造成严重精神损害的,被侵权人可以主张精神损害赔偿。

精神损害赔偿数额没有确定的计算标准。我国司法实践中,精神损害赔偿通常由法官自由裁量。有些省的法院对精神损害赔偿限额掌握的标准是不超过5万元人民币,有的市一般掌握的标准是最高不超过10万元。随着社会经济的发展,精神损害赔偿的数额也会随之发生变化。

三、违约责任

责任保险在某些情况下也承保违约责任风险。

(一)违约责任的概念

违约责任,也称违反合同的民事责任,是指合同当事人不履行或者不适当履行合同所约定的义务而应承担的继续履行、采取补救措施、损害赔偿、支付违约金等民事法律后果。合同一旦生效,即在当事人之间产生法律拘束力,当事人应按照合同的约定全面、严格地履行合同义务,任何一方当事人不履行或不适当履行合同约定的义务,均应承担违约责任。我国《合同法》第107条规定:"当事人一方不履行合同义务或者履行合同义务不符合约定的,应当承担继续履行、采取补救措施或者赔偿损失等违约责任。"

这里需要说明的是,合同义务不仅包括明示义务,还包括默示义务。明示义务是当事人以口头或书面形式所约定的义务。默示义务是指依据合同的性质和交易习惯所确定的义务。具体来说,包括两个方面:一是依据合同的性质和目的必须由合同的当事人所承担的义务。例如,在客运合同中,承运人根据合同的性质负有安全地将旅客运送到目的地的义务,无论当事人是否在合同中对此义务作出了约定,都可以认为承运人负有该默示义务,倘若未将旅客安全及时送达目的地,则构成违约。二是依据交易习惯所产生的默示义务。交易习惯是指在当时、当地或者某一行业、某一类交易关系中,为人们所普遍采纳的,且不违反公序良俗的习惯做法。例如,根据双方当事人过去买卖黄沙的习惯,通常是采用东风牌的大卡车交付黄沙,因此如果双方当事人在合同中没有特别约定计量单位和计量方法,则应当根据东风牌大卡车来确定计量单位。

(二)违约责任的归责原则

违约责任的归责原则,是指基于一定的归责事由确定违约责任承担的法律原则。我国《合同法》采用以无过错责任为主,以过错责任为例外的双轨制归责原则,即《合同法》"总则"采纳无过错原则,"分则"在个别特殊情况下采用过错责任原则和过错推定原则。

1.无过错责任原则。这是指一方当事人不履行或者不适当履行合同义务给另一方当事人造成损害,只要违约方不能证明存在法定免责事由,就应当承担违约责任,而不论违约方是否主观上具有过错。无过错责任原则是违约责任的基本原则,除极个别种类的合同外,均采用此种原则。

2.过错责任原则。这是指一方当事人不履行或不适当履行合同时,应该以当事人的主观过错作为确定违约责任构成的依据,当事人一方要求违约方承担违约责任时,需证明对方有过错。我国《合同法》虽然在"总则"中就违约责任的归责原则实行无过错责任,但过错责任亦散见于"分则"之中。例如,《合同法》"分则"的"第十七章 运输合同"第303条规定:"在运输过程中旅客自带品损毁、灭失,承运人有过错的,应当承担损害赔偿责任。"第320条规定:"因托运人托运货物时的过错造成多式联运经营人损失的,即使托运人已经转让多式联运单据,托运人仍然应当承担损害赔偿责任。""第二十一章 委托合同"第406条规定:"有偿的委托合同,因受托人的过错给委托人造成损失的,委托人可以要求赔偿损失。"

3.过错推定原则。与过错责任原则一样,违约责任需以违约方主观上有过错为前提,但举证责任需违约方承担。《合同法》在个别条文上规定了过错推定责任,如"第十九章 保管合同"第374条规定:"保管期间,因保管不善造成保管货物损毁、灭失的,保管人应当承担损害赔偿责任,但保管是无偿的,保管人证明自己没有重大过失的,不承担损害赔偿责任。"

(三)违约责任的免责事由

免责事由是指法律规定或者合同约定的免除或限制违约行为人本应承担的民事责任的事由。违约责任的免责事由包括免责条款、不可抗力、《合同法》规定的其他免责事由。

1.免责条款。这是指当事人在合同中约定的用以免除或限制其未来合同责任的条款,可以是全部免除当事人的民事责任,也可以是限制当事人的民事责任。符合免责条款情形的,违约方可以免除全部或部分责任。

2.不可抗力。不可抗力是《合同法》"总则"规定的普遍适用的免责事由。《合同法》第117条规定:"因不可抗力不能履行合同的,根据不可抗力的影响,部分或者全部免除责任,但法律另有规定的除外。"

3.《合同法》规定的其他免责事由。《合同法》"分则"部分针对具体的合同规定了具体的免责事由,这些免责事由通常分为两类:一类是受害人的过错。受害人对违约行为或者违约损害后果的发生或者扩大存在过错的,可以成为违约方全部免责或者部分免责的依据。例如,《合同法》"第十七章 运输合同"第302条规定:"承运人应当对运输过程中旅客的伤亡承担损害赔偿责任,但伤亡是旅客自身健康原因造成的或者承运人证明伤亡是旅客故意、重大过失造成的除外。"一类是自身属性。例如,货运合同中"货物的自然性质或者合理损耗"、客运合同中的"旅客自身健康原因"等。

需要注意的是,与侵权责任中"第三人的过错"是免责事由不同,在违约责任中,"第三人的过错"不能成为违约人免责的事由。因第三人行为造成当事人违约的,违约方先向对方承担违约责任后,再向第三人追偿。对此,《合同法》第121条规定:"当事人一方因第三人的原因造成违约的,应当向对方承担违约责任。当事人一方和第三人之间的纠纷,依照法律规定或者按照约定解决。"

(四)违约责任的承担方式

承担违约责任的方式有继续履行、采取补救措施、赔偿损失、支付违约金等。

(五)违约损害赔偿

赔偿损失是违约责任的主要承担方式。违约损害赔偿,是指违约方因不履行或不完全履行合同义务而给对方造成损失,依法和依合同的规定对合同另一方损失应承担的金钱赔偿责任。违约损害赔偿具有如下特点:

1. 违约损害赔偿是因债务人不履行合同义务所产生的责任。如果是履行合同中所约定的义务,尽管也是以金钱或货币形式体现的义务,则仍然是对合同义务的履行,而非构成违约损害赔偿责任。例如,某电器经销商在合同中约定,所售电器超过原厂保修期后的一年,由该电器经销商承担保修义务。则某甲在该经销商处购买的电器超过原厂保修期后一年内发生质量事故,该经销商修不好,让某甲到其他地方修理,对某甲花费的维修费用,该经销商予以承担。该经销商的行为为其履行合同约定义务的行为,并非违反合同义务的赔偿责任。

2. 违约损害赔偿以赔偿当事人实际遭受的全部损失为原则。一方违反合同后,不仅会遭受现有财产的损失,而且会遭受可得利益的损失,这些损失都应得到赔偿。我国《合同法》第113条第一款规定:"当事人一方不履行合同义务或者履行合同义务不符合约定,给对方造成损失的,损失赔偿额应当相当于因违约所造成的损失,包括合同履行后可以获得的利益。"

3. 违约损害赔偿有事先约定的赔偿数额计算办法的,按照合同的约定进行。合同事先约定违约金的,按照合同事先约定的违约金进行赔偿。合同没有事先约定赔偿数额计算办法,也没有事先约定违约金的,按照对方因违约遭受的实际损失进行赔偿,包括合同履行后可以获得的利益,但不得超过违反合同一方订立合同时预见到或者应当预见到的因违反合同可能造成的损失。违约金不足以弥补实际损失的,受害人还可以要求赔偿损失。这样,在涉及生命权、健康权等人格权的合同中,如客运合同中,如果合同事先未就人身损害赔偿数额约定损害赔偿计算办法,也未约定违约金,则因违约所造成的损害赔偿应当按照受害人的实际损失进行赔偿。人身损害实际损失的计算办法应参照侵权人身损害赔偿计算,相关时间标准以订立合同的时间为准。

4. 违约损害赔偿原则上仅具有补偿性,而不具有惩罚性,目的在于填补债权人因违约而遭受的损害后果。

四、民事责任的竞合

(一)民事责任竞合的概念及处理原则

1. 民事责任竞合的概念。所谓民事责任竞合,是指由于某种法律事实的出现而导致两种以上的民事责任产生,这些责任彼此之间是相互冲突的。民事责任竞合具有以下特点:

(1)民事责任竞合是因某一个违反义务的行为引起的,这是责任竞合的前提条件。若行为人实施数个不法行为,分别触犯不同的法律规定,并符合不同的责任构成要件,则行为人应承担不同的责任,而不能按责任竞合处理。

(2)某一个违反义务的行为符合两个以上的责任构成要件。

(3)数个责任彼此之间相互冲突。即行为人承担不同的法律责任,在后果上是不同的。

2. 处理民事责任竞合的原则。主要包括以下几条原则:

(1)处理民事责任竞合的一般原则是采取择一方式,只能从两个请求权中选择一个行使。一个请求权行使后,另一个请求权消灭,而不能两个请求权一并行使或者分别行使。《合同法》第122条规定:"因当事人一方的违约行为,侵害对方人身、财产权益的,受损害方有权选择依照本法要求其承担违约责任或者依照其他法律要求其承担侵权责任。"

(2)对于法律已经明确规定了责任的性质的,一般应当依照法律的规定确定责任的性质。其中,因不法行为造成人身伤害和精神损害的,当事人之间虽然存在着合同关系,也应按照侵权责任而不按合同责任处理。例如,因产品缺陷而致人伤害,同时构成违约责任和侵权责任。对此,《民法通则》第122条已明确将其规定为侵权责任。一般来说,对构成人身损害和精神损害的民事责任,《合同法》中没有规定赔偿计算办法,按照侵权责任处理对受害人更有利。违约损害赔偿一般对财产损失更为有利,并且标准明确。但是,当事人坚决选择违约损害赔偿请求权的,也应当准许。

(3)双方当事人存在合同关系,但一方当事人与第三人恶意串通,损害另一方当事人利益的,则由于恶意串通的一方当事人与第三人的行为构成共同侵权,第三人与受害人之间又无合同关系存在,因此应按侵权责任处理。

(4)对于当事人在合同中已经有明确约定的,应当按照约定的内容行使请求权。在这种情况下,一般按照违约责任处理。

(5)对于法律没有规定,当事人也没有明确约定的,应当准许请求权人依照有利于自己利益的原则进行选择。

(二)侵权责任和违约责任的竞合

在民法中,责任竞合主要表现为侵权责任和违约责任的竞合。行为人的一个行为,在受害人身上既产生侵权损害赔偿请求权,又产生违约损害赔偿请求权,两个请求权的内容是一致的,权利人只能行使一个请求权。

1. 侵权责任和违约责任竞合的产生原因。主要有以下几种原因:

(1)合同当事人的违约行为同时违反了法律规定的当事人负有的保护、照顾、保密、忠实等义务和其他法定不作为义务。

(2)在某些情况下,侵权行为直接构成违约的原因。例如,保管人依据保管合同占有对方的财产并非法使用,造成财产损毁,则保管人的此种行为因侵害了寄存人的财产权利,首先构成侵权行为,进而其侵权行为使其未尽到保管合同的义务,构成对保管合同义务的违反。又如,长途客运汽车承运人与乘客之间形成客运合同关系,某大巴车在行使路途中翻车,造成乘客人身损害,则承运人此种行为侵害了乘客的生命权、健康权,首先构成侵权行为,进而其侵权行为使其未尽到客运合同的默示义务,即未尽到对乘客的安全保护义务,构成违约行为。再如,旅行社在组织游客观光途中,导游事先没有将活动项目的危险性向游客说明,致使多名游客在该项目中受伤,旅行社的行为侵害了游客的健康权,首先构成侵权行为,进而其侵权行为造成其未能履行旅游合同的默示义务,即未尽到对乘客的安全保护义务,构成违约行为。

同时,违约行为也可能造成侵权的后果。例如,供电部门中止供电构成违约,导致对方财产和人身损害。

(3) 不法行为人实施故意侵犯他人权利并造成他人损害的侵权行为时,在加害人和受害人之间事先存在一种合同关系,此时,加害人的行为不仅是侵权行为,也构成违约行为。例如,医生因重大过失造成病人的伤害和死亡,既是一种侵权行为,同时也违反了事先存在的服务合同。

2. 侵权责任和合同责任竞合的处理。根据《合同法》第122条,发生侵权责任和违约责任的竞合时,允许受害人选择行使一种损害赔偿请求权,选择了一种请求权的,另一种请求权即告消灭。当事人在选择时,要按照有利于自己利益的原则进行,选择侵权损害赔偿请求权和选择违约损害赔偿请求权,对受害人的利益有很大不同。具体来说,侵权责任和违约责任的不同在于:

(1) 诉讼管辖不同。因合同纠纷提起的诉讼,由被告住所地或者合同履行地法院管辖,合同的双方当事人还可以约定管辖。因侵权行为提起的诉讼,由侵权行为发生地或被告住所地法院管辖。由于损害赔偿的计算,特别是人身损害赔偿的计算,因参照地域的不同而在数额上有较大差别。例如,旅游合同履行地是北京,侵权行为发生地是某个景区,在计算人身损害赔偿数额上就会有较大差别。

(2) 赔偿范围不同。违约损害赔偿不得请求精神损害赔偿,而侵权损害赔偿可以请求精神损害赔偿。

(3) 举证责任不同。侵权损害赔偿的举证责任通常在受害人,由受害人举证证明加害人有过错。而违约损害赔偿一般是推定债务人有过错,债务人(加害人)负有证明自己无过错的责任。

(4) 诉讼时效期间不同。因侵权行为所产生的损害赔偿请求权一般适用2年的诉讼时效,但因身体受到伤害而产生的赔偿请求权,诉讼时效期间为1年。违约责任的诉讼时效期间为2年。

(5) 免责事由不同。在违约责任中,除了法定免责事由(不可抗力)之外,合同当事人还可以约定免责事由。侵权责任只有法定免责事由。

因此,在发生侵权责任和违约责任的竞合时,应根据以上区别确定选择一种损害赔偿请求权。

(三) 侵权责任与刑事责任、行政责任的竞合

民事责任由违法行为或违约行为引起,违法行为除民事违法行为外,还包括部分刑事违法行为和行政违法行为。一个刑事违法行为如果同时导致被害人财产损失,该违法行为人可能会在受刑罚的同时因附带民事诉讼的判决而承担民事责任。例如,某生产商因生产伪劣产品导致众多消费者身体受到伤害,该生产商的行为不仅触犯刑法,构成生产伪劣产品

罪,同时还应对消费者承担损害赔偿责任。行政违法行为也存在类似情况。

五、诉讼时效

(一)诉讼时效的概念

诉讼时效,是指权利人在法定期间内不行使权利,即丧失请求人民法院依法保护其民事权利的法律制度。这里所说的法定期间内提起诉讼,即诉讼时效期间,权利人在该期间内有权请求人民法院保护其权利。一旦诉讼时效期间届满,权利人则不再享有请求人民法院保护的权利。

《民法通则》第138条规定:"超过诉讼时效期间,当事人自愿履行的,不受诉讼时效限制。"也就是说,诉讼时效届满,权利人的胜诉权消灭。胜诉权消灭以后,实体权利本身并没有消灭,只是该权利不再受到国家强制力的保护(即诉到法院后,法院审理查明超过诉讼时效期间的,不再审理),而是成为一种自然权利。此时,义务人自愿履行义务的,权利人可以接受。如果义务人自愿履行完义务后,以自己不知道关于诉讼时效的规定为由,向法院起诉要求权利人返还自己支付的赔款等的,法院不予支持。诉权分为实体意义上的诉权和程序意义上的诉权。胜诉权是实体意义上的诉权。程序意义上的诉权是指起诉权。诉讼时效期间届满后,权利人丧失的是胜诉权,而不是起诉权。时效届满后,如果权利人向法院起诉的,只要符合《民事诉讼法》关于起诉的规定,法院就应当立案受理,这样才能查明诉讼时效期间是否届满,是否存在能够引起诉讼时效中止、中断的法定事由,是否有可以延长时效期间的正当理由。

(二)诉讼时效的适用范围

诉讼时效一般仅适用于请求权。其包括:①基于合同债权的请求权,如履行请求权、损害赔偿请求权、违约金请求权、利息请求权;②基于侵权行为的请求权,主要是损害赔偿请求权;③基于无因管理的请求权;④基于不当得利的请求权;⑤其他债权请求权。

(三)诉讼时效期间

1. 诉讼时效期间的概念及特征。诉讼时效期间,是指权利人向人民法院请求保护其民事权利的法定期间。其特征是:①诉讼时效期间是法定期间,不是约定期间,不能由当事人通过协议延长或缩短;②诉讼时效期间是可变期间,诉讼时效期间内遇法定事由,可以中止、中断和延长;③超过诉讼时效期间,当事人的权利不受法院保护。

2. 诉讼时效期间的种类。其主要包括:

(1)普通诉讼时效。这是指在一般情况下普遍适用的诉讼时效。根据《民法通则》第135条,"向人民法院请求保护民事权利的诉讼时效期间为2年,法律另有规定的除外"。所以,违约损害赔偿请求权和侵权损害赔偿请求权的诉讼时效期间均为2年,自其知道或应当知道权利被侵害时起计算。

(2)特殊诉讼时效。《民法通则》第136条规定,下列的诉讼时效期间为1年:①身体受到伤害要求赔偿的;②出售质量不合格的商品未声明的;③延付或者拒付租金的;④寄存物品被丢失或者毁损的。此外,其他单行民事法律亦有特殊诉讼时效的规定。例如,《食品安全法》第40条第2款规定,损害赔偿的要求,应当从受害人或者其代理人知道或者应当知道被损害情况之日起1年内提出,超过期限的,不予受理。《合同法》第129条规定,因国际货物买卖合同和技术进出口合同争议提起诉讼或者申请仲裁的期限为4年,自当事人知道或者应当知道其权利受到侵害之日起计算。

3. 诉讼时效期间的起算、中止和中断。具体为：

(1) 诉讼时效期间的起算。根据《民法通则》第136条，诉讼时效自权利人知道或者应当知道权利被侵害时起计算。

在人身损害赔偿中，侵害当时即发现受伤的，从侵害当日起算；侵害当时未发现的，事后经检查确诊并证明是由该侵害引起的，从伤势确诊之日起算。

(2) 诉讼时效期间的中止。诉讼时效期间的中止，是指在诉讼时效的进行中，因一定的法定事由发生而使权利人无法行使请求权，暂时停止计算诉讼时效期间。从中止时效的法定事由消除之日起，诉讼时效期间继续计算。《民法通则》第139条规定："在诉讼时效期间的最后6个月内，因不可抗力或者其他障碍不能行使请求权的，诉讼时效中止。从中止时效的原因消除之日起，诉讼时效期间继续计算。"

根据我国《民法通则》，造成诉讼时效中止的法定事由有两种：一是不可抗力，二是其他障碍。其他障碍是指当事人不能控制的除不可抗力之外的其他事由。其他事由一般包括：①权利人死亡，尚未确定继承人；②权利人为无民事行为能力人或限制民事行为能力人，而又无法定代理人；③当事人双方有婚姻关系，婚姻关系的持续为时效中止的事由；④当事人有法定代理关系的，代理关系存续期间为时效中止的事由。

(3) 诉讼时效期间的中断。诉讼时效期间的中断，是指在诉讼时效进行中，因法定事由的发生致使已经进行的诉讼时效期间全部归于无效，诉讼时效期间重新计算。这种法定事由包括：①提起诉讼；②权利人主张权利（如受害人向侵权人提出赔偿请求）；③义务人同意履行义务。

4. 最长权利保护期限。《民法通则》第137条规定，从权利被侵害之日起超过20年的，人民法院不予保护。这是民事权利的最长保护期限。也就是说，即使权利人不知道也不应当知道其权利已经被侵害，从权利被侵害之日起超过20年的，其权利也失去法律的保护。

【责任保险承保的是被保险人对第三者的赔偿责任。被保险人与第三者之间的民事关系可能为侵权责任关系，也可能为违约责任关系。责任保险承保的主要是被保险人对第三者的侵权责任。在造成人身损害的情况下，第三者向被保险人请求赔偿的诉讼时效期间为一年，在其他情况下为两年。所以，在判断责任保险的被保险人是否应当对第三者承担赔偿责任、进而保险人是否需要对被保险人承担保险责任时，应当首先查明第三者的请求权是否已超过诉讼时效。超过的，被保险人对第三者的法律上的赔偿义务已经不存在，进而保险责任也不成立。

还需要注意的是，任何民事权利的最长保护期限不超过20年。在某些具有长尾责任的责任保险中，损害暴露的潜伏期很长，受害人有可能在很久以后才能发现损害，在这种情况下，从侵害发生之日起，而非受害人知道或应当知道侵害发生之日起，超过20年的，受害人的请求权这一实体权利不再存在，因而将无权向被保险人提出赔偿请求。】

第二章

责任保险合同

责任保险合同作为财产保险合同的一种,其成立、生效、变更、中止、解释、纠纷处理等,与一般财产保险合同并无不同,故本书对此不做介绍。责任保险合同的独特性表现在其内容上,与一般财产保险合同相比,责任保险在许多方面都有不同的做法。由于责任保险合同的内容主要由保险条款来承载和体现,因此本书对责任保险合同内容的介绍以责任保险条款介绍为主。

一个完整的责任保险条款通常都包含以下内容:总则、保险责任、责任免除、责任限额和免赔额、保险期间、保险费、保险人义务、投保人及被保险人义务、赔偿处理、争议处理、其他事项等共十一项。本章将分别对这些内容进行介绍。

第一节 总 则

总则部分通常有两条:

一、合同构成条款

在责任保险条款中,合同构成条款通常表述为:

"本保险合同由保险条款、投保单、保险单、保险凭证以及批单组成。凡涉及本保险合同的约定,均应采用书面形式。"

【简要说明:单证设计中若包括保险凭证,则应增加保险凭证一项。】

关于此条款,需要说明的内容有以下几点:

1. 合同构成。保险合同是抽象概念,凡保险合同双方当事人约定权利、义务关系的协议,均是保险合同的组成部分,这些组成部分一般包括保险条款、投保单和保险单。个别情况下有保险凭证时,保险凭证也是保险合同的组成部分。很多情况下,投保人和保险人之间会对标准保险条款作出更改,用批单形式记录,此时批单也是保险合同的组成部分。按照批单优于条款的原则,用批单形式约定的内容,其效力优于保险条款的约定,即批单约定的内容与保险条款的约定不一致时,以批单约定的内容为准;批单约定的内容在保险条款中未涉及的,以批单约定的内容为准。

2. 合同形式。合同的形式有口头合同和书面合同等,《保险法》没有规定保险合同必须采用书面形式,但如果采用口头合同,一旦发生纠纷,当事人在举证时面临较大困难,为避免纠纷,保险合同一般都采用书面形式,责任保险合同也不例外。

二、被保险人范围条款

在责任保险条款中,被保险人范围条款通常表述为:
"……,均可作为本保险合同的被保险人。"
【简要说明:对被保险人的资格有特殊要求时可以增加该条内容。】

责任保险的被保险人通常就是投保人。凡是民事主体,依法都有可能承担民事责任,都可以作为责任保险的被保险人。民事主体是指作为平等主体参与民事活动的人,包括自然人、法人和其他组织,在有些情况下,国家作为平等主体参与民事活动时,也是民事主体。关于各民事主体的含义,参见本篇第一章第五节内容。

第二节 保险责任

在责任保险条款中,保险责任部分通常有两条:

一、责任损失条款

责任损失条款一般表述为:

"A. 在保险期间内,被保险人在……的区域范围内从事……业务时,因过失导致……事故,造成……损失,依照中华人民共和国法律(不包括港澳台地区法律)(或依法)应由被保险人承担的经济赔偿责任,保险人按照本保险合同约定负责赔偿:

(一)……

(二)……

……

B. 在保险期间或保险合同载明的追溯期内,被保险人在……的区域范围内从事……业务时,因过失导致……事故,造成……损失,由……在保险期间内首次向被保险人提出损害赔偿请求,依照中华人民共和国法律(不包括港澳台地区法律)(或依法)应由被保险人承担的经济赔偿责任,保险人按照本保险合同约定负责赔偿:

(一)……

(二)……

……"

【简要说明:①A为"期内发生式"表述方式,B为"期内索赔式"表述方式,二者选其一。②对于有特别要求的险种,如出口产品责任险、涉外公众责任险等涉及涉外民事法律关系的险种,可以采用标有下画线的"依法"表述,而不采用"依照中华人民共和国法律……"的表述。③对于承担无过错责任的风险,"因过失导致……事故"可以更改。】

此条款是对于保险责任的约定,有期内发生式(A)和期内索赔式(B)两种表述方式。关于此条,需要说明的内容有以下几方面:

1. 被保险人的侵权责任范围。侵害第三者的人身权利或财产权利时,被保险人都可能承担侵权责任。但是侵害人身权利不仅仅表现为侵害第三者生命权、健康权、身体权造成其身体伤害、伤残、死亡等的情形,还包括侵害第三者的名誉权、姓名权、肖像权等非物质性人身权利产生的赔偿责任的情形。责任保险一般只承保被保险人造成第三者人身伤害的赔偿责任,不承保侵害其他人身权利但没有造成第三者身体伤害的赔偿责任。所以,一般责任保险的条款措辞多表述为:"……造成第三者人身伤害或财产损失,依法应由被保险人承担的赔偿责任,保险人依照本保险合同的约定负责赔偿。"

2. 被保险人的依法责任。责任保险承保的是被保险人依法对第三者的赔偿责任,此处涉及"依法"的内涵问题,即被保险人法定赔偿责任的产生基础是什么。

(1)"依法"与"依照中华人民共和国法律(不包括港澳台地区法律)"不同。"依法"是指依据一切法律,包括依照中华人民共和国法律、港澳台地区法律和外国法律。如果条款明确约定是"被保险人依法应承担的赔偿责任",则"依法"就不仅仅指依据中华人民共和国法律,还包括港澳台地区法律和外国法律。如果条款明确约定是"被保险人依照中华人民共和国法律(不包括港澳台地区法律)应承担的赔偿责任",则"依法"就仅指依据中国法律,不包括港澳台地区法律和外国法律。

根据《民法通则》,侵权行为的损害赔偿适用侵权行为地法律。侵权行为地法律包括侵权行为实施地法律和侵权结果发生地法律,二者不一致时,可以选其一适用。当事人双方国籍相同或者在同一国家有住所的,也可以适用当事人本国法律或者住所地法律。大部分责任保险所承保的侵权行为均发生在国内,因而确定被保险人对第三者的侵权责任时,依照的法律当然是中华人民共和国法律。被保险人造成第三者损害的行为发生在国外时,被保险人的侵权责任有可能要按照外国法律确定,这会给保险人带来极大的不确定性风险,特别是侵权行为发生在美国、加拿大这些对人身伤害赔偿金额很高的国家时,保险人将需要支付比国内高许多的赔偿金额。因此,在实践中为控制这种风险,保险条款一般都约定,保险人对被保险人的赔偿责任限于被保险人依照中华人民共和国法律确定的赔偿责任,这种约定一般表述为"依照中华人民共和国法律(不包括港澳台地区法律)被保险人应承担的赔偿责任,保险人按照本保险合同约定负责赔偿"。根据条款的这种约定,依照外国法律被保险人应对第三者承担责任,但是依照中国法律被保险人对第三者不应承担赔偿责任的,不属于保险责任;依照中国法律和外国法律,被保险人均应对第三者承担赔偿责任的,属于保险责任,但是在赔偿金额上,如果依据两种法律计算的赔偿金额有差别,则保险人的赔偿应当以依据中国法律计算的赔偿金额为准。例如,云南某客运公司承运国外游客从昆明出发至老挝,在老挝发生翻车事故,造成国外游客人身伤害,则被保险人有可能依据老挝法律对受害人承担赔偿责任,但是如果条款中写明"依照中华人民共和国法律(不包括港澳台地区法律)应承担的赔偿责任,保险人负责赔偿",则保险人对被保险人的赔偿要按照中国法律进行。

对于必然涉及涉外民事法律关系的责任保险,如出口产品责任保险、跨国酒店集团的公众责任保险,其发生的侵权责任必然是依据外国法律确定,因而这些险种就涉及依据什么样的法律确定被保险人的赔偿责任的问题,也即被保险人赔偿责任的产生基础问题。一般来说,这些条款在措辞上通常表述为"被保险人依法应承担的赔偿责任,保险人负责赔偿",这里的"依法"就表明不仅限于依照中华人民共和国法律,但是具体依据何种法律,保险人会在保险单中通过对"司法管辖"进行特别约定,明确保险人认可的法律依据。例如,产品责任险中,保险单一般约定保险人认可的三种法律依据:一是中华人民共和国法律;二是世界法律(美、加地区除外);三是世界法律。三种法律依据中,以第一种风险最低,以第三种风险最高。这里需要说明的是,要谨慎承保涉及美国、加拿大的法律责任。一般侵权责任法的目的是保护人们的合法权益,填补受害人的损失,但美国、加拿大法律有一个重要目的就是惩罚侵权行为人,除一般赔偿外,法院还会判决高额的惩罚性赔偿金,有时这种赔偿金甚至高达上亿美元。另外,美国的律师费用十分高昂,一般要占赔偿金额的1/3到1/2,法院在判决赔偿金额时都会考虑到这一点,把金额提高到至少足以补偿侵害人再加上律师费用的水平。所以,保险人对承保涉及美国、加拿大法律责任的责任保险时,都十分谨慎,在不得不承保时,也要将惩罚性赔偿除外,对于法院判决中无法区分惩罚性赔偿和其他补偿性赔偿的,一概予以免除。

(2)"依法"或"依照中华人民共和国法律"是指依照各种法律规范,而非仅仅依照全国人民代表大会或全国人民代表大会常务委员会制定的法律。"法律"一词有广义和狭义之分,狭义的法律仅指全国人民代表大会或全国人民代表大会常务委员会制定的法律,例如《民法通则》《侵权责任法》《产品质量法》等;广义的法律是指各种法律规范,包括宪法,法律,行政法规,最高人民法院的指导性文件,地方性法规和自治条例、单行条例,部门规章,地方规章,国际条约和国际惯例。前述各种法律规范的效力是不一样的。

①宪法。宪法的效力是各种法律规范中最高的,任何法律规范制定的内容如果与宪法相抵触,均无效。

②法律。这是指由全国人民代表大会或全国人民代表大会常务委员会制定的法律,其效力仅次于宪法。全国人民代表大会或全国人民代表大会常务委员会是我国的立法机关,前者制定和修改基本法律,如《刑法》《民法通则》《合同法》《物权法》等,后者制定和修改基本法律以外的其他法律,如《商标法》《环境保护法》《产品质量法》等。

③行政法规。这是指国务院根据宪法和法律制定的政治、经济、教育、科技、文化等各类法规,其效力低于法律,高于地方性法规,其内容与法律相抵触的,均无效。行为人违反行政法规,不仅要承担行政责任,如果同时构成侵权,还要承担民事责任。例如,2004年7月1日起施行的《道路运输条例》,2004年5月1日起施行的《道路交通安全法实施条例》。

④最高人民法院的指导性文件。最高人民法院是我国最高的审判机关,虽然不具有立法权,但其监督地方各级法院和各专门人民法院的审判工作,因而其在总结审判实践经验的基础上发布的各种司法解释性文件,对审判工作具有非常重要的规范意义,具有事实上的效力。各种司法解释性文件包括在审判工作中适用某个法律的具体意见(如最高人民法院《关于适用〈中华人民共和国国家赔偿法〉若干问题的解释》)和对具体案件如何适用法律作出的批复(如最高人民法院《关于审理人身损害赔偿案件适用法律若干问题的解释》《关于审理旅游纠纷案件适用法律若干问题的规定》等)。

⑤地方性法规和自治条例、单行条例。地方性法规是省级人民代表大会或人民代表大会常务委员会以及经国务院批准的较大的市的人民代表大会或人民代表大会常务委员会依据法律、行政法规制定的只在本辖区适用的各类法规,其效力低于法律和行政法规,其内容与法律或行政法规相抵触的,无效。自治条例和单行条例是民族自治地方的自治机关的人民代表大会制定的自治性地方法规,它可以在不违反宪法和法律基本精神的前提下,作出变通性规定。

⑥部门规章。这是指国务院各部、各委员会依据宪法、法律、行政法规,在权限内发布的命令、指示和规章。例如,商务部发布的《国际货物运输代理业管理规定实施细则》。部门规章在各部委业务管辖范围内生效,其效力低于地方性法规,其内容与法律、行政法规或地方性法规相抵触的,无效。部门规章只能作为人民法院审理行政案件的"参照",而非"依据"。规章并不属于立法,但在司法审判活动中也将其作为重要参考。

⑦地方规章。这是指省、自治区、直辖市人民政府以及省、自治区所在地的市和经国务

院批准的较大的市的人民政府根据宪法、法律、行政法规、地方性法规制定的地方性规范文件,名称有办法、细则、暂行规定等。其效力低于部门规章。同部门规章一样,地方规章并不属于立法,只能作为人民法院审理行政案件的"参照",而非"依据"。

⑧国际条约和国际惯例。我国有关涉外法律都规定(如《民法通则》《涉外经济合同法》等),我国缔结或者参加的国际条约同我国民事法律有不同规定的,适用国际条约的规定,但我国声明保留的条款除外;我国法律没有规定的或我国缔结或者参加的国际条约没有规定的,可以适用国际惯例,但是适用外国法律或者国际惯例的,不得违背我国的社会公共利益。

在责任保险实践中,在界定被保险人对第三者的赔偿责任时,如果发现有不同效力的法律规范都对相关责任作出规定,需要判断效力较低的法律规范的规定是否与效力较高的法律规范的规定相抵触,如果相抵触,只能依据效力较高的法律规范的规定来确定被保险人的责任。例如,根据《侵权责任法》,无民事行为能力人发生校园安全事故的,适用过错推定原则确定学校的侵权责任,限制民事行为能力人发生校园安全事故的,适用过错责任原则确定学校的侵权责任。但是,《上海市中小学校学生伤害事故处理条例》中,规定了适用公平原则认定学生伤害事故赔偿责任的条文,这就与《侵权责任法》的规定相抵触,这种规定应当无效,因而保险人在界定校园方责任保险的被保险人的赔偿责任时,就不能依据《上海市中小学校学生伤害事故处理条例》关于公平责任的规定,而应当依据《侵权责任法》。

3. 保险责任归属方式。本书在本篇第一章第三节已经介绍过,责任保险的保险责任归属方式也称为责任保险的承保基础,有两种:一种是期内发生式,一种是期内索赔式。

(1)期内发生式。其也称"以事故发生为基础"(Occurrence Basis),是指被保险人造成第三者人身伤亡或财产损失的事故发生在保险期间内,被保险人在诉讼时效期间内向保险人提出赔偿请求的,保险人承担赔偿责任,而在保险期间开始前或保险期间结束后发生第三者损害事故的,保险人不负责赔偿。期内发生式的条款约定一般表述为"在保险期间内,被保险人因从事……发生意外事故,造成第三者人身伤亡或财产损失,依法应由被保险人承担的赔偿责任,保险人按照本保险合同约定负责赔偿"。此处"依法"当然也可改为"依照中华人民共和国法律(不包括港澳台地区法律)"。

期内发生式保单一般适用于侵权行为和损害后果均比较容易在短时间内发现的侵权责任,例如,机动车肇事、广告牌坠落、安全生产事件突发、酒店内客人滑倒、电梯事故发生、锅炉爆炸等。这些事故"发生"的时间比较明确,受害人是否遭受人身伤亡或财产损失的损害后果也比较容易确定,可以立即判别是否发生在保险期间,保险人的责任成立与否比较容易认定。在这种以显性事故作为责任事件的情况下,采用期内发生式,所承担的责任与所收取的保费对价较为合理。

有的期内发生式保单承保的侵权责任也可能具有长尾风险,被保险人对第三者赔偿责任的确定有可能发生在保单终止之后,对此,保险人常用加批"日落条款"(Sun-set Clause)的方式来避免长尾责任风险。该条款规定,保险期间结束后一定时间内(例如1年内),被保险人未收到受害人索赔请求的,保险人不再承担赔偿责任。这样,保险人就将长期内可能承担的风险锁定在可预见的一定期间内。

(2)期内索赔式。其也称"以索赔提出为基础"(Claims Made Basis),是指不论造成第三者人身伤亡或财产损失的事故是在何时发生,只要第三者在保险期间内向被保险人第一次提出有效索赔,保险人就要依照保险合同承担赔偿责任。所谓第一次,是指在受到损害的第三者不止一个时,第一个提出索赔的第三者向被保险人提出索赔的时间在保险期间内的,就视为在保险期间内第一次提出有效索赔；或者特定的第三者向被保险人提出的索赔为系列索赔时，第一次提出索赔的时间在保险期间内的，就视为在保险期间内第一次提出有效索赔。

期内索赔式保单一般适用于侵权行为实施很长一段时间后才显现出损害后果的侵权责任，以及在一段时间内连续发生或重复发生的侵权行为的侵权责任。由于被保险人向保险人索赔的时效为两年，自其知道或应当知道保险事故发生之日起计算，而很多时候，侵权行为发生后无法立即知道是否有损害后果发生，所以被保险人在侵权事故发生时并不知道是否会承担侵权责任，因而也不会向保险人提出索赔。当事故发生后很长一段时间才显现出损害后果时，被保险人方才知道产生对第三者的赔偿责任，这时才会向保险人提出索赔，这样就使保险人仍然可能需要对多年前签发的一张保单负责，从而产生长尾责任。例如，医生给病人做手术，将手术刀遗留在病人体内，病人5年后做病因筛查时才发现，这时做手术这一侵权行为与病人损害后果的发现间隔了5年。如果用期内发生式保单，则即使受害人向被保险人提出索赔的时间早已超过了保单终止时间，保险人也得承担赔偿责任，这时保险人就面临"长尾巴"责任风险。还有的事故是一段时间内持续发生或重复发生，其事故发生于何时很难界定，通常会推算到事故发生的起始点。例如，雇员持续在危险环境下工作，10年后诊断为职业病，这时造成雇员人身损害的事故就推定为10年前，如果10年前的雇主责任险保单使用的是期内发生式，则应由签发这张保单的保险公司对雇员承担赔偿责任，从而使保险人面临"长尾巴"责任风险。

"长尾巴"责任给保险人的业务经营和管理带来极大困难，使用期内索赔式保单可以斩断保险人的长尾责任。期内索赔式项下保险人对于保险期间届满后的索赔案件不负赔偿责任，因而可免除"长尾巴"未了责任，被保险人若欲继续获得保险保障，需每年向同一被保险人续保。但此种承保方式可能会使保险人承受保险单生效之前已经发生的赔偿责任，为防止此种情况，保险人多在保险单中约定"追溯日"（Retroactive Date），约定保险人对于在该日期以前所发生的事故不负赔偿责任。从追溯日到当前保险单生效日之间的这段期间，就是追溯期，或者说，追溯期是指自当前保险单生效日起往前追溯的一定期间。发生在追溯期内的损害事故，只要受害人向被保险人索赔的时间落在保险期间之内，保险人就应当负责赔偿。一般新保业务，"追溯日"多与当前保险单生效日为同一日，而以后续保时，"追溯日"一般也与第一年保险单生效日为同一日。这样，第一年保险单生效日以后发生的损害事故，在当前生效保单的保险期间内被保险人收到第三者损害赔偿请求的，保险人都须负赔偿责任。有时，为了控制风险，保险人一般会将追溯期控制在3年至5年之内。

采用"期内索赔式"的责任保险单，若被保险人于保险单满期时不续保或中途退保，保险人对于保险单终止后的索赔案不负赔偿责任，可以切掉"长尾巴"责任，对保险人来说比较有利，但对于被保险人来说，则缺乏保障，为补救于是产生"延长报告期"（Extended Reporting Period）的约定。延长报告期是指保险单届满日起往后延长的一定期间，凡事故发生在"追溯日"以后保险单满期日以前，而受害人向被保险人的赔偿请求是在"延长报告期"内提出的，均视为在保险单满期前一天提出的请求，保险人需承担赔偿责任。

采用期内索赔式应当注意以下事项：

①追溯期的规定是期内索赔式保单归属保险责任时的必然要求，保险人对追溯期长短的规定是承保人控制风险的重要手段。

②第三者向被保险人提出索赔的时间必须以针对特定责任事故第一次提出索赔的时间

为准。

③第三者向被保险人提出的索赔必须符合民法关于索赔时效的规定,否则索赔为无效索赔。根据《民法通则》第 135 条、136 条的规定,受害人向侵权人索赔的诉讼时效期间为 2 年,但是身体受到伤害要求赔偿的,诉讼时效期间为 1 年,诉讼时效期间从知道或者应当知道权利被侵害之日起计算。第三者如果没有在受到损害后的 2 年(当身体受到伤害时,为 1 年)内向被保险人提出索赔,此后即使再提出索赔,被保险人也可以向第三者拒赔,从而保险人也无须向被保险人进行赔偿。

4. 保险事故。物质损失保险中,发生火灾、爆炸等意外事故,一般就是发生保险事故,意外事故和保险事故是同一概念。责任保险则不同,责任保险的损害事故(即被保险人因意外造成第三者人身伤害或财产损失的损害事故)和保险事故是不同的概念。在责任保险条款(包括期内发生式条款和期内索赔式条款)中,在保险责任的表述上均采用"发生……意外事故,造成……损失"的措辞,即采用的是损害事故概念,而非保险事故概念。

责任保险的保险事故到底含义为何,在理论和实践中一直存在争议。有的观点认为损害事故就是保险事故,这种观点直接等同于物质损失保险的保险事故,而没有考虑到责任保险的特点。由于保险事故发生是保险人承担保险责任的前提,责任保险的保险标的是被保险人对第三者依法承担的赔偿责任,仅有损害事故发生,第三者没有向被保险人提出索赔的,被保险人就无须承担赔偿责任,从而也不构成保险事故,保险人的保险责任也就无从谈起。因此,比较合理的观点是,责任保险的保险事故是指被保险人造成第三者人身或财产损害、第三者向被保险人提出索赔。需要注意的是,根据这一定义,期内发生式的保险责任条款措辞没有包含保险事故这一概念,保险责任成立的触发点是在保险期间内损害事故发生,当然,被保险人在向保险人进行索赔时,需要证明第三者向其提起索赔,但第三者的索赔不要求在保险期间内提出。期内索赔式条款则在保险责任的成立上包含了保险事故的含义,即损害事故发生在保险期间或追溯期内,而受害人向被保险人提出的首次索赔要求发生在保险期间内。

5. 归责原则。责任保险承保的侵权责任,大部分为过错责任,个别情况下有过错推定责任和无过错责任。当承保的侵权责任为过错责任和过错推定责任时,要求被保险人对第三者承担赔偿责任需有疏忽或过失;当承保的侵权责任为无过错责任时,则不要求被保险人有过错。因此,在责任保险条款中,一般使用的措辞是"被保险人在……的区域范围内从事……业务时,因过失导致……事故,造成……损失,……";对于承保无过错责任的保单,条款措辞可以改为"被保险人在……的区域范围内从事……业务时导致……事故,造成……损失,……"。

但是,不论承保的侵权责任是过错责任、过错推定责任,还是无过错责任,保险人在任何情况下都不承保被保险人故意造成的侵权责任,所承保的被保险人的侵权行为必须是意外的、偶然的、非故意的。

二、法律费用条款

法律费用条款一般表述为:

"A. 保险事故发生后,被保险人因保险事故而被提起仲裁或者诉讼的,对应由被保险人支付的仲裁或诉讼费用以及事先经保险人书面同意支付的其他必要的、合理的费用(以下简称"法律费用"),保险人按照本保险合同约定也负责赔偿。

责任保险

B. 保险事故发生后,被保险人因保险事故而被提起仲裁或者诉讼的,对应由被保险人支付的仲裁或诉讼费用以及其他必要的、合理的费用(以下简称"法律费用"),经保险人事先书面同意,保险人按照本保险合同约定也负责赔偿。"

【简要说明:A. 表述表明仲裁及诉讼费用以外的其他必要的、合理的费用必须经保险人事先书面同意,保险人才按约定承担赔偿责任;B. 表述表明,仲裁费用、诉讼费用以及其他必要的、合理的费用都必须经保险人事先书面同意,保险人才按约定承担赔偿责任。二者选其一。】

关于此条款,需要说明的是:

1. 法律费用的承保是责任保险区别于其他保险的一大特点。被保险人与受害人就赔偿金额不能达成一致时,受害人常常会向法院提起诉讼,因而责任保险不可避免地要涉及法律程序,必然要产生法律费用,包括诉讼费、仲裁费、律师费等。诉讼费用是指法院受理案件产生的案件受理费、公告费、送达费、翻译费、申请强制执行费用、法庭鉴定费、案件审理人员的调查费等。在经常使用的条款中,法律费用的承保有两种方式:一种是除诉讼费用、仲裁费用外,其他法律费用(如律师费、被保险人自行鉴定的鉴定费等)均需由保险人事先书面认可,保险人才负责赔偿;另一种是不论任何法律费用,均需事先经保险人书面认可,保险人才负责赔偿。因为费用的支出是为了减小损害、减少责任和损失,所以有些费用在支出前应得到保险人的书面认可,目的是认定其必要性和可行性,否则保险人有权拒绝赔偿。

2. 法律费用的限额通常有两种约定方式:一种是法律费用与被保险人对第三者的赔偿责任共用一个责任限额,如中国人民财产保险股份有限公司公众责任保险保单(1995年版);另一种是法律费用单独设置一个责任限额,在被保险人对第三者的赔偿责任之外另行赔偿,最高不超过法律费用责任限额,例如食品安全责任保险等。近年来的条款以采用第二种方式的居多。

3. 第三者向被保险人起诉的内容还可能包括不属于保险责任的其他责任,如果法律费用的支出包含超出保险责任以外的部分,则保险人应按比例赔付被保险人的法律费用。这些费用的支出必须是必要的、合理的,而且必须与保险责任直接相关,如果这些费用并非全部与保险责任有关,那么无关的部分就不能包括在保险人的赔款中。

4. 在国外,法律费用的额度非常高,特别是在美国,律师费是一笔高昂的费用。近年来,随着法律费用额度的逐年提高,保险市场上出现了单独承保法律费用的保险。例如,信达财险公司推出的专利侵权保险,只承保被保险人因获取证据而产生的调查费以及附带的交通费、住宿费、伙食补助费等相关费用。

5. 法律费用不是保险人必须承保的项目。在个别情况下,如果保险人认为客户没有产生法律费用的可能,或者客户发生法律费用的风险很高,也可以不予承保。

第三节 责任免除

责任免除,是指发生"保险责任"条款约定的责任,但属于"责任免除"条款约定的情形的,则保险人不承担责任。在责任保险条款中,责任免除条款通常分为两种:一种是原因免责条款;一种是损失免责条款。

一、原因免责条款

原因免责条款规定,发生"保险责任"条款约定的责任,但责任的发生完全是因为"原因免责"条款所列明的情形引起的,保险人不负责赔偿。如果"原因免责"条款所列情形是被保险人造成第三者人身伤害或财产损失的部分原因的,则保险人在"原因免责"条款所占的原因力程度内免于承担保险责任。一般来说,责任保险条款中对原因免责条款的表述通常为:

"下列原因造成的损失、费用和责任,保险人不负责赔偿:
(一)投保人、被保险人及其代表的故意行为、犯罪行为或重大过失行为;
(二)战争、敌对行动、军事行为、武装冲突、罢工、骚乱、暴动、恐怖活动;
(三)核辐射、核爆炸、核污染及其他放射性污染;
(四)大气污染、土地污染、水污染及其他各种污染;
(五)行政行为或司法行为;
(六)自然灾害;
……"

上述免责条款是比较通用的原因免责条款。关于此条款,有以下几点说明:

1. 投保人、被保险人及其代表的故意行为、犯罪行为或重大过失行为。

(1)故意行为。故意行为是投保人或被保险人主观上放任或希望损害发生的一种状态。任何故意行为都是保险人所不予承保的。

(2)犯罪行为。犯罪行为与故意行为不同,情节严重的故意行为可能构成犯罪,但犯罪不都是故意行为,过失犯罪主观上没有故意,但也是犯罪的一种。任何犯罪行为都是保险人不予承保的。

(3)重大过失行为。重大过失是指违反普通人的注意义务。如果行为人仅用一般人的注意即可预见之,但却怠于注意而不为相当准备,就存在重大过失。当法律要求负有较高的注意标准时,该行为人非但没有遵守这种较高的注意标准,而且连较低的注意标准也未达到,则构成重大过失。重大过失在主观上具有极大的过失,在程度上类似于故意,在侵权责任法上,受害人的故意或重大过失一般作为侵权人的免责事由,故在责任保险中,也将重大过失行为作为免责事由。

2. 战争、敌对行动、军事行为、武装冲突、罢工、骚乱、暴动、恐怖活动。这些现象为不可抗力,不可抗力是侵权行为的一般免责事由。被保险人造成他人损害系因不可抗力造成时,被保险人得以免责,故此保险人也无须承担赔偿责任。

3. 核辐射、核爆炸、核污染及其他放射性污染。核辐射、核爆炸、核污染及其他放射性污染造成的损害很难在短期内评估,损害如果系因这些原因造成,即使被保险人应对第三者负赔偿责任,保险人也不予赔偿。

4. 大气污染、土地污染、水污染及其他各种污染。大气、土地、水等生态环境的污染属于公共环境的污染,损失巨大且难以计量,同时土地、水等公共资源不属于任何第三者,在赔偿上难以确定赔偿对象,故一般责任险均将其作为责任免除,即便被保险人需对第三者承担赔偿责任,保险人也不予赔偿。在国外,有专门的环境污染责任保险承保此种风险,通常承保的是被保险人根据政府要求恢复环境所支付的费用。

5. 行政行为或司法行为。行政行为是政府部门的行为,例如政府征用。司法行为是司法机关的行为,例如法院的强制执行。由行政行为或司法行为导致的赔偿责任,即意味着导致第三者损害赔偿的近因是行政行为或司法行为,而非被保险人的行为,通常对于这种情况被保险人是不需承担赔偿责任的,相应地保险人也无须赔偿。

6. 自然灾害。地震、海啸、洪水等自然灾害通常被认为是不可抗力。不可抗力是侵权责任的一般免责事由,如果被保险人造成第三者损害的近因是不可抗力,则被保险人可以不以此为由拒绝向受害人承担赔偿责任。例如,某化工企业因地震导致所存储的危险化学品泄漏,造成第三者人伤和财产损失的后果,则该企业如果在厂房设施均满足国家相关抗震级别要求的情况下,可以不可抗力为由主张免除自己的赔偿责任。但如果该企业在厂房设施的抗震要求上不合格,而达到相关抗震级别就不会发生泄漏,在这种情况下,损失的近因是厂房不合格,而非地震,此时被保险人就应当对第三者承担赔偿责任。

构成不可抗力需要具备不能预见、不能避免并且不可克服等条件,如果自然灾害不能同时满足这些条件,则不能构成不可抗力。例如,降雨量很小的一场暴雨就不能构成不可抗力。

二、损失免责条款

损失免责条款规定,发生"保险责任"条款约定的责任,但造成的第三者损失是"损失免责"条款所列明的情形的,保险人不负责赔偿。一般情况下,责任保险条款中对损失免责条款的表述通常为:

"下列损失、费用和责任,保险人不负责赔偿:

(一)被保险人或其雇员的人身伤亡及其所有或管理的财产的损失;

(二)被保险人根据与他人签订的协议应承担的责任,但即使没有这种协议,被保险人依法仍应承担的责任不在此限;

(三)罚款、罚金及惩罚性赔偿;

(四)精神损害赔偿;

(五)被保险人的间接损失;

……

(…)本保险合同中载明的免赔额(或根据保险合同载明的免赔率计算的免赔额)。"

"其他不属于本保险责任范围内的损失、费用和责任,保险人不负责赔偿。"

上述免责条款是比较通用的损失免责条款。关于此条款,有以下几点说明:

1. 被保险人或其雇员的人身伤亡及其所有或管理的财产的损失。被保险人自身的人身伤亡或财产损失,不属于被保险人对第三者的赔偿责任,应由意外伤害保险或财产保险承保。被保险人对其雇员的人身伤亡的赔偿责任,应由雇主责任保险承保,在一般责任保险中均予以除外。

2. 被保险人根据与他人签订的协议应承担的责任,但即使没有这种协议,被保险人依法仍应承担的责任不在此限。被保险人根据与他人签订的协议应承担的责任,是指违约责任。这一条的含义是:当被保险人造成第三者损害的行为既构成侵权行为又构成违约行为时,保险人不承保被保险人违约产生的赔偿责任,但对侵权产生的赔偿责任仍然负责。例如,某写字楼业主招商时与承租的商户约定,业主保证写字楼的质量安全,如果写字楼发生火灾事故,业主除赔偿商户的所有损失外,另赔偿商户三个月的租金。如果写字楼发生火灾事故,造成商户财产损失,则业主的行为既构成侵权又构成违约,根据侵权责任,则业主仅需赔偿商户因火灾遭受的实际财产损失;根据违约责任,则业主不仅需要赔偿商户因火灾遭受的实际财产损失,而且还需赔偿对方三个月的租金,这三个月的租金就属于根据违约责任需要承担而根据侵权责任不需要承担的赔偿责任。如果该业主投保了公众责任保险,则该业主需赔偿的三个月租金就属于此条免责条款的范围,保险人不予负责。

3. 罚款、罚金及惩罚性赔偿。罚款是被保险人的侵权行为同时构成行政违法行为时缴纳给行政部门的,例如闯红灯缴纳的罚款。罚金是被保险人的侵权行为同时构成犯罪时缴纳给法院的,例如被保险人生产伪劣产品,构成生产伪劣产品罪,被处罚金1万元。责任保险不可能承保被保险人的此种损失。

惩罚性赔偿是产品侵权责任中的一种特殊赔偿责任。在产品责任中,被保险人明知产品存在缺陷仍然生产、销售,造成他人死亡或健康严重损害的,受害人可以向被保险人主张惩罚性赔偿。由于惩罚性赔偿的数额特别巨大,特别是在美国,惩罚性赔偿的数额要远远高于一般侵权损害赔偿的数额,所以对于这种风险,责任保险一般都不予承保。

4. 精神损害赔偿。被保险人因侵权行为造成第三者人身伤害或财产损失时,除赔偿第三者的人身损害和财产损害外,有些情况下还需要赔偿精神损害。与人身损害赔偿不同,精神损害赔偿是没有标准的,一般由法官自由裁量,因而责任保险中一般不承保精神损害赔偿。经过特别约定,保险人可以附加承保。

5. 被保险人的间接损失。在任何责任保险中,被保险人的间接损失都不予承保。

6. 保险合同中载明的免赔额或根据保险合同载明的免赔率计算的免赔额,保险人赔偿时将予以扣除。

第四节 责任限额与免赔额(率)

一、责任限额

在责任保险条款中,通常对责任限额的表述为:

"除另有约定外,责任限额包括累计责任限额、每次事故责任限额、每次事故每人人身伤亡责任限额、每次事故每人医疗费用责任限额、法律费用责任限额。

各项责任限额由投保人和保险人协商确定,并在保险合同中载明。"

物质损失保险的保险标的有具体的价值衡量标准,因而依据保险价值就可以确定保险金额,并且根据保险金额与保险价值的关系,就可以判断是否存在不足额投保或超额保险的问题。责任保险则不同,其保险标的是被保险人的法定赔偿责任,这种法定赔偿责任事先是无法计量的,没有确定的价值判断标准,所以责任保险中使用责任限额来代替保险金额,以作为保险人对被保险人承担最大赔偿责任的金额限制和计算保费的标准。责任限额由投保人和保险人根据投保人的支付能力和保险人的风险承受能力协商确定。由于责任限额不是根据具体的价值确定的,被保险人的最大可能赔偿责任事先也无法计量,因而责任保险中不存在不足额投保或超额保险的问题。

责任保险中常见的责任限额有:

1. 每次事故责任限额和累计责任限额。一般保单均会设置每次事故责任限额和累计责任限额,分别作为保险人对每次事故承担的最高赔偿金额和对整个保险期间承担的最高赔偿金额。在事故发生概率较小的情况下,也有只设置每次事故责任限额而不设置累计责任限额的情况,或者只设置累计责任限额而不设置每次事故责任限额的情况。多数情况下,累计责任限额是计算保费的标准;在只有每次事故责任限额而没有设置累计责任限额的情况下,每次事故责任限额就成为计算保费的标准。

2. 每次事故每人人身伤亡责任限额和每次事故每人医疗费用责任限额。随着人伤赔偿标准越来越高,保险人越来越多地在每次事故责任限额下设置每次事故每人人身伤亡责任限额,作为保险人对每一受害第三者承担赔偿责任的最高金额,而不论被保险人对第三者实际赔偿金额是多少。

发生人伤事故时,医疗费用往往是赔偿的主要项目,为控制此项风险,有时保险人会在每人人身伤亡责任限额下设置每人医疗费用责任限额,以进一步缩小保险人的赔偿责任。每人医疗费用责任限额也可以在每人人身伤亡责任限额之外单独设立,成为与每人人身伤亡责任限额相并列的限额。

3. 法律费用责任限额。对被保险人支出的法律费用,保险人一般在法律费用责任限额内单独赔偿。法律费用责任限额一般约定为累计责任限额的一定比例。

二、免赔额(率)

责任保险的免赔额一般针对医疗费和财产损失设置,可以使用免赔额,也可以使用免赔率。责任保险的免赔额一般是绝对免赔额。

第五节　保险期间

与其他财产保险合同一样,责任保险合同的保险期间一般也是1年。需要注意的是,保险期间与保险合同有效时间是两个不同的概念。保险期间是指从保险人开始承担保险责任起到保险人终止承担保险责任止的期间,保险期间没有开始前及保险期间结束后,保险人均不承担保险赔偿责任。保险合同有效时间是指保险合同具有法律效力的起止时间,即从保险合同生效时起至保险合同终止时止的时间。根据《合同法》,除非保险合同中特别约定了合同生效的条件或合同生效的期限,否则,依法成立的合同,从成立时起就生效,一般来说,保险人签发保险单的时间就是保险合同生效的时间。保险合同生效所发生的法律效果就是当事人应当按照合同约定履行各自的义务,如果没有按照约定履行义务,就应当承担合同约定的违约后果。例如,投保人应当在合同生效后支付保险费,如果没有支付保险费,保险人对保险费支付前发生的保险事故不承担赔偿责任,但是保险合同此时仍然有效,如果投保人补交保费,保险人可以对保险费支付之后发生的保险事故继续承担赔偿责任。保险合同生效后,保险期间没有开始前发生保险事故的,保险人不承担保险赔偿责任。

第六节　保险费

保险费率通常不会在保险条款中载明,而是在费率表中详细规定。对保险费收费方式有特别规定的,也可以在条款中进行约定。例如,要求分期支付保险费或者有最低保险费要求的,应当在保险条款中明确说明。

关于保险费率的厘定,详见本书第三篇定价篇。

第七节 保险人义务

保险合同是投保人和保险人约定双方权利、义务关系的协议。投保人的最主要义务是支付保险费,保险人的最主要义务是发生保险责任范围内的损失时,按照约定承担赔偿保险金的责任,这是保险合同的核心。围绕着这一核心,保险人、投保人及被保险人各自还应承担其他义务,以达到合同签订的目的。关于投保人及被保险人的义务,本书在下一部分介绍。保险人应履行的义务除按照约定承担赔偿保险金的责任外,还有及时签发保单义务、及时行使保险合同解除权义务、被保险人补足索赔证明资料的一次性通知义务、及时核定赔付义务以及先行赔付义务等,下面将一一述及。当然,根据《保险法》,保险人的义务还不仅限于这些,这些义务仅仅是能够在保险合同中进行约定的义务,除此以外,保险人还有一些其他无法在合同中进行约定,但《保险法》规定必须履行的法定义务。例如,对免除保险人责任条款的明确说明义务,不得采用格式条款加重投保人、被保险人责任的义务等等。

一、签发保险单义务

签发保单义务是《保险法》第13条规定的保险人的法定义务。一般在责任保险条款中,此项义务通常采用以下表述方式:

"本保险合同成立后,保险人应当及时向投保人签发保险单或其他保险凭证。"

保险合同属于诺成性合同,投保人和保险人意思表示一致,即可成立。保险合同也是非要式合同,理论上说,保险合同在保险单或其他保险凭证签发以前就已经成立,但是在保险业实践操作中,保险合同主要是以保险单或其他保险凭证等特定形式作为载体的,保险合同成立后,签发保险单或其他保险凭证是保险人的法定义务。

二、保险合同解除权行使期限

《保险法》第16条赋予了保险人在投保人违反如实告知义务、违背最大诚信原则时的保险合同解除权。同时也作了时间上的限制,要求解除权必须在规定的时间内行使,否则应承担不利后果。在责任保险条款中,此项义务通常采用以下表述方式:

"保险人依本保险条款第……条取得的合同解除权,自保险人知道有解除事由之日起,超过30日不行使而消灭。

保险人在保险合同订立时已经知道投保人未如实告知的情况的,保险人不得解除合同;发生保险事故的,保险人应当承担赔偿责任。"

【简要说明:此处"第……条"指的是"投保人、被保险人义务"部分的如实告知义务那一条。】

保险合同是最大诚信合同,投保人应当在投保时如实告知与保险合同有关的事项。我国保险法采用了询问告知义务,即保险人询问的,投保人才回答,没有询问的,可以不回答。投保人违反如实告知义务,保险人可以解除合同,免于承担保险责任。这既是保险人对自己正当利益的救济,也是针对被保险人索赔权的抗辩。但是,这种救济和抗辩权利不是无限的,如果保险人从知道有解除事由之日起超过30日还不行使,解除权归于消灭。

保险人在行使上述合同解除权时,被保险人也享有相应的抗辩权。即如果被保险人能够证明,保险人在合同订立时已经知道投保人未如实告知,则保险人不得解除合同,发生保险事故的,应当承担赔偿保险金的责任。

三、补充索赔证明和资料的一次性通知义务

此项义务是《保险法》第22条规定的保险人的法定义务。在责任保险条款中,此项义务通常采用以下表述方式:

"保险事故发生后,投保人、被保险人提供的有关索赔的证明和资料不完整的,保险人应当及时一次性通知投保人、被保险人补充提供。"

保险人接到被保险人的索赔请求后,首先需要确定被保险人造成第三者损害的事故是否发生、第三者是否向被保险人提出索赔、第三者提出的索赔是否已超过诉讼时效、损害发生原因、是否有其他责任方、被保险人和受害第三者或其他责任方各自在损害中的过错程度、被保险人对第三者可能的赔偿金额等等,而这些需要相应的证明资料来支持。保险合同在"投保人、被保险人义务"部分中规定了被保险人向保险人提出索赔时应提交的具体材料,对于这些材料,保险人认为不够或不完整的,应当一次性通知被保险人补充提供。《保险法》的此项规定意在防止保险人以索赔材料不齐全为由而拖赔的现象发生,有利于保护被保险人索赔权利的实现。

四、及时核定、赔付义务

及时核定、赔付义务是保险人的一项最主要义务,也是《保险法》第23条、24条规定的保险人的法定义务。此项义务体现的是对保险人理赔及时性的要求,至于具体的赔偿计算,一般保险合同在"赔偿处理"部分进行具体约定,所以此项义务应当联系"赔偿处理"部分来正确理解。在责任保险条款中,此项义务通常采用以下表述方式:

"保险人收到被保险人的赔偿请求后,应当及时就是否属于保险责任作出核定,并将核定结果通知被保险人。情形复杂的,保险人在收到被保险人的赔偿请求后30日内未能核定保险责任的,保险人与被保险人根据实际情形商议合理期间,保险人在商定的期间内作出核定结果并通知被保险人。对属于保险责任的,在与被保险人达成有关赔偿金额的协议后10日内,履行赔偿义务。

保险人依照前款的规定作出核定后,对不属于保险责任的,应当自作出核定之日起3日内向被保险人发出拒绝赔偿保险金通知书,并说明理由。"

本条是关于保险人核定理赔程序的规定。保险理赔程序一般包括:受理索赔申请,审核保险单证和有关证明资料,查勘现场评估损失,核定责任,确定保险赔付金额并进行保险金实际赔偿。根据本条,保险理赔要点如下:

1. 及时进行责任核定。保险人接到被保险人的保险事故发生通知,实务中一般先予立案,然后根据对方提供的有关证明和资料以及自己掌握的情况,进行现场查勘、损失评估和责任认定分析,确定保险事故是否属于保险合同约定的保险责任范围。责任核定一般应考虑:损害事故是否发生,被保险人是否在损害事故中有过错,被保险人是否应对第三者具有法定赔偿责任,损害事故发生时间或受害第三者向被保险人提出索赔的时间是否在保险期间内,损害事故是否在除外责任范围内等,这是保险理赔的关键和主要内容。对保险人核定期限的基本要求是"及时",即"合理且尽可能快",30日是合理期限的法定最上限。当然,如果个别案件情形复杂,难以在30日内作出核定的,双方当事人也可以约定合理期限。

2. 核实损失,确定赔偿金额,及时履行赔付义务。经过上述核定,确定保险事故属于保

险责任的,保险人应当将核定结果通知被保险人。接下来就是确定具体的赔偿金额。保险人和被保险人就赔偿金额达成一致后,应在10日内履行赔付义务。不属于保险责任的,应当自作出核定之日起3日内向被保险人发出拒赔通知书,并说明理由。

五、先行赔付义务

此项义务是《保险法》第25条规定的保险人的法定义务。在责任保险条款中,此项义务通常采用以下表述方式:

"保险人自收到赔偿保险金的请求和有关证明、资料之日起60日内,对其赔偿保险金的数额不能确定的,应当根据已有证明和资料可以确定的数额先予支付;保险人最终确定赔偿的数额后,应当支付相应的差额。"

为促进保险功能发挥,尽快弥补被保险人所受损害,保险法设有先行赔付制度,即保险人经过核定,认为属于保险责任范围,但是保险金赔偿数额尚不能最后确定的,保险人应当在60日内按照当下可以确定的数额向被保险人先予支付。最终赔偿金额确定后,保险人应当支付最终金额与先行赔付金额之间的差额。

第八节 投保人、被保险人义务

保险合同是对价合同,投保人、被保险人获得保险人赔偿的前提是遵守合同约定的义务,违反约定义务就要承担相应的违约责任。在责任保险条款中,通常会对违反不同的义务设置不同的违约责任。

一、如实告知义务

如实告知义务是保险合同最大诚信原则的要求,是《保险法》第16条规定的投保人的一项法定义务。在责任保险条款中,此项义务通常采用以下表述方式:

"投保人应履行如实告知义务,如实回答保险人就……以及被保险人的其他有关情况提出的询问,并如实填写投保单。

投保人故意或者因重大过失未履行前款规定的如实告知义务,足以影响保险人决定是否同意承保或者提高保险费率的,保险人有权解除合同。

投保人故意不履行如实告知义务的,保险人对于合同解除前发生的保险事故,不承担赔偿责任,并不退还保险费。

投保人因重大过失未履行如实告知义务,对保险事故的发生有严重影响的,保险人对于合同解除前发生的保险事故,不承担赔偿责任,但应当退还保险费。"

上述条款中第一款是对投保人、被保险人义务的要求,第二、三、四款是对不同情形下投保人、被保险人违反如实告知义务的违约责任的约定,这种违约责任表现为保险人提高保险费率、解除保险合同并且不承担赔偿责任、退还或者不退还保险费等。这些违约责任是根据《保险法》第16条的规定制定的,因而投保人、被保险人的上述义务同时也是法定义务,不论保险合同约定不约定,投保人、被保险人均必须履行。

二、交付保费义务

交付保险费是投保人的一项主要义务,也是《保险法》第14条规定的一项法定义务。在

责任保险条款中,此项义务通常采用以下表述方式:

"A. 投保人应在保险合同成立时交清保险费。保险费交清前发生的保险事故,保险人不承担赔偿责任。

B. 如未约定分期交付保险费的,投保人应当在保险合同成立时交清保险费。保险费交清前发生的保险事故,保险人不承担赔偿责任。

如约定分期交付保险费的,保险人按照保险事故发生前保险人实际收取保险费总额与投保人应当交付的保险费的比例承担保险责任,投保人应当交付的保险费是指截至保险事故发生时投保人按约定分期应该交付的保险费总额。"

【简要说明:A款适用于足交保险费的情形;B款适用于可能存在分期交付保险费的情形。A和B应二选一。】

交付保费与合同生效是两个不同的概念,交付保费并不是合同生效的必要条件,依法成立的合同,应自合同成立时起就生效。交付保险费是保险合同约定的义务,投保人没有交付保险费,就是违反了合同约定的义务,需要承担违约后果,这种违约后果就是保险人不承担赔偿责任。

合同约定保费一次性交付的,投保人全部一次性交清保费就是其义务,保费没有全部一次性交清前发生的保险事故,保险人不承担责任。合同约定分期交付保费的,按期交付每期保费就是其义务,没有按期交付的,投保人构成部分违约,保险人按照保险事故发生前保险人实际收取保险费总额与投保人应当交付的保险费的比例承担保险责任。

三、防灾义务

防灾义务是《保险法》第51条规定的一项被保险人的法定义务。在责任保险条款中,此项义务通常采用以下表述方式:

"被保险人应严格遵守……以及国家及政府有关部门制定的其他相关法律、法规及规定,加强管理,采取合理的预防措施,尽力避免或减少责任事故的发生。

保险人可以对被保险人遵守前款约定的情况进行检查,向投保人、被保险人提出消除不安全因素和隐患的书面建议,投保人、被保险人应该认真付诸实施。

A. 投保人、被保险人未按照约定履行上述安全维护义务的,保险人有权要求增加保险费或者解除合同。

B. 投保人、被保险人未遵守上述约定而导致保险事故的,保险人不承担赔偿责任;投保人、被保险人未遵守上述约定而导致损失扩大的,保险人对扩大部分的损失不承担赔偿责任。"

【简要说明:A款为保险法原文表述;B款为沿用此前框架表述。A和B应二选一。】

由于保险合同生效后,发生保险事故时,被保险人可以获得保险人支付的赔偿金,因而被保险人可能会疏于日常管理,对于避免责任事故的发生不太重视。但事实上,被保险人即使有保险人的经济补偿,社会财富最终还是由于事故的发生而减少。因此,被保险人并不能因为投保了责任保险就放松其日常管理,而仍应像没有参加保险那样做好日常管理,尽力避免责任事故发生,最大限度减少损失。

保险人对被保险人遵守上述约定的情况享有进行检查和建议的权利,原因基于两点:一是保险人出于对被保险人赔偿责任的关注和自身利益的考虑;二是若可以将保险事故扼杀在萌芽状态,保险人可以免除不必要发生的保险责任,势必可以避免或减少社会财富的损失。如果被保险人没有按照约定履行其义务,则保险事故发生的可能性会加大,保险人的有关维护费用就会增加,从权利义务对等角度来说,保险人有权要求投保人增加保险费,如投保人不同意,保险人有权解除合同。

四、危险程度显著增加通知义务

危险程度显著增加的通知义务也是《保险法》第52条所规定的一项法定义务。在责任保险条款中,此项义务通常采用以下表述方式:

"在保险期间内(或在合同有效期内),如……或其他足以影响保险人决定是否继续承保或是否增加保险费的保险合同重要事项变更,被保险人应及时书面通知保险人,保险人有权要求增加保险费或者解除合同。

被保险人未履行通知义务,因上述保险合同重要事项变更而导致保险事故发生的,保险人不承担赔偿责任。"

保险交易建立在精算科学基础上,通过"大数法则"来确定事故发生概率,进而对每一保险产品合理地确定其保险费以及赔付的金额。保险合同成立时,投保人所支付的保险费与保险人的承保责任是一种对价关系。当保险标的面临的危险程度显著增加,超出保险合同成立当时保险人所承保风险的程度时,保险人赔付保险金的概率也随之增加,如果这时仍按照合同原先设定的权利和义务履行,显然对保险人产生极其不利并有失公允的后果。因此,根据民法上的"情事变更原则",为恢复当事人之间的对价平衡关系,被保险人应当有义务将危险程度显著增加的情况通知保险人,保险人根据对保险标的的现实状况所重新作出的合理估量,决定是否继续承保或者变更承保的条件。

对于责任保险来说,保险标的危险程度显著增加的情况,是指被保险人可能承担法定赔偿责任的情形增加的情况。例如,产品责任险中,产品销售区域从国内销售转为向海外销售,产品生产所使用的原材料由原先的环保型改为非环保型,产品目标客户群由年轻人改为中老年人,等等,都是影响被保险人法定赔偿责任的重大因素。

五、损害事故通知义务

《保险法》第21条规定了发生保险事故时被保险人的及时通知义务,目的是让保险人能够尽早赶赴事故现场进行施救和查勘。第57条规定了发生保险事故时被保险人的施救义务,目的是尽量减少损失。《保险法》的这些规定对物质损失保险是没有问题的,但责任保险的保险事故是指被保险人造成第三者损害后,第三者向被保险人提出索赔,与物质损失保险的保险事故的含义不同。相对来说,责任保险的损害事故更贴近物质损失保险的保险事故的含义,因而为了达到《保险法》的立法意图,根据责任保险的特点,责任保险中将此项义务变更为损害事故通知义务。在责任保险条款中,对损害事故通知义务的表述通常为:

"被保险人一旦知道或应当知道可能引起本保险项下索赔的损害事故发生,应该:

(一)尽力采取必要、合理的措施,防止或减少损失,否则,对因此扩大的损失,保险人不承担赔偿责任;

(二)立即通知保险人,并书面说明事故发生的原因、经过和损失情况;故意或者因重大过失未及时通知,致使保险事故的性质、原因、损失程度等难以确定的,保险人对无法确定的部分,不承担赔偿责任,但保险人通过其他途径已经及时知道或者应当及时知道保险事故发生的除外;

(三)保护事故现场,允许并且协助保险人进行事故调查;对于拒绝或者妨碍保险人进行事故调查导致无法确定事故原因或核实损失情况的,保险人对无法确定或核实的部分不承担赔偿责任。"

本条第一款规定的被保险人的施救减损义务,是指被保险人在损害事故发生时,为防止可能承担的赔偿责任进一步扩大,有义务实施积极的救助行为,以减少损失的程度或范围。事实上,即便《保险法》和保险合同没有对这项义务作出规定和约定,被保险人对他人产生伤害时,也必然应当对对方进行积极的救助。没有积极救助的,对因此扩大的损失,保险人不应承担保险赔偿责任。

第二款规定的被保险人的损害事故通知义务,是指损害事故发生,被保险人知道或应当知道有可能引起对第三者的赔偿责任时,应当立即通知保险人。设定该义务的目的在于:一是让保险人能够及时知晓损害事故发生,可以运用其危险管理经验和技术,采取措施或者指示被保险人采取必要措施,防止第三者的损失和被保险人可能的赔偿责任进一步扩大;二是使保险人能够及时进行查勘定损,以利于确定是否属于保险责任,在属于保险责任的情形下,收集保存证据资料,以利于帮助被保险人对第三者进行抗辩,并有助于最终理算和确定被保险人的赔偿责任;三是鼓励督促被保险人一方合理、适当、勤勉地履行义务,否则将承担不利后果。

第三款规定的是被保险人的协助查勘义务。发生损害事故后,在能够保留事故现场的情况下,应当尽量保留,并允许保险人进行现场查勘。例如,道路客运承运人责任保险中,客运承运人发生道路交通事故后,虽然伤者已被紧急送往医院,但被保险人仍应保留事故现场,以便保险人查明损害事故是否属于保险责任,并且也有利于保险人根据现场情况提供专业意见帮助被保险人进行抗辩。

六、损害赔偿请求通知义务以及协助抗辩义务

被保险人造成第三者损害的事故发生后,第三者不一定在损害事故发生当时就向被保险人提出索赔要求,有的情况下第三者甚至放弃索赔,因此在损害事故发生时,被保险人无法确定是否需对第三者承担赔偿责任,此时保险事故尚未成立。当被保险人接到第三者的索赔请求时,才意味着责任保险的保险事故发生,对符合保险责任约定的保险事故,保险人应当承担保险赔偿责任。因此,被保险人应及时将第三者索赔的情况通知保险人;当第三者起诉时,被保险人应立即通知保险人,以便保险人协助被保险人抗辩。

损害赔偿请求通知义务和协助抗辩义务是两条密切相关的义务。在责任保险条款中,关于这两项义务的表述通常为:

"被保险人收到……的损害赔偿请求时,应立即通知保险人。未经保险人书面同意,被保险人对……作出的任何承诺、拒绝、出价、约定、付款或赔偿,保险人不受其约束。对于被保险人自行承诺或支付的赔偿金额,保险人有权重新核定,不属于本保险责任范围或超出应赔偿限额的,保险人不承担赔偿责任。在处理索赔过程中,保险人有权自行处理由其承担最终赔偿责任的任何索赔案件,被保险人有义务向保险人提供其所能提供的资料和协助。"

"被保险人获悉可能发生诉讼、仲裁时,应立即以书面形式通知保险人;接到法院传票或其他法律文书后,应将其副本及时送交保险人。保险人有权以被保险人的名义处理有关诉讼或仲裁事宜,被保险人应提供有关文件,并给予必要的协助。

对因未及时提供上述通知或必要协助引起或扩大的损失,保险人不承担赔偿责任。"

关于这两项义务,需要说明的是:

1. 当被保险人接到第三者的索赔请求后,应当立即通知保险人,以便保险人及时与被保险人、第三者进行协商并进行定损、理算等一系列理赔工作。

2. 责任保险的一大特点就是保险人对于索赔纠纷的提前介入。由于保险人对被保险人的赔偿以被保险人对第三者的赔偿为前提,而被保险人多数情况下与保险人相比,处理索赔的经验比较少,可能会与受害人达成高于合理赔偿额度的赔偿协议,进而使保险人支付更多的赔款,因此,为了避免这种情况,保险人常常提前介入被保险人与第三者的协商谈判。在责任保险合同中通常都会规定,未经保险人许可,被保险人不得自行与受害人进行有关赔偿的协商(包括承诺、拒绝、出价、约定、付款或赔偿),否则保险人可以不予认可,保险人有权重新核定赔偿责任范围和损失赔偿金额,不属于或超出保险人的承保范围的,保险人不予赔偿。如果被保险人对第三者的赔偿责任最终全部由保险人承担,则意味着保险人代替被保险人履行侵权赔偿之债,继而与债随附的权利和义务相应全部转嫁给保险人,保险人得以自行处理与第三者的赔偿事宜,包括与第三者的协商谈判,以及第三者起诉后代替被保险人进行抗辩等等。保险人对索赔纠纷的提前介入,既是保险人的一种权利,目的是最终减少赔款支出,同时也是保险人为被保险人提供的一项服务,因为与被保险人相比,责任保险人通常具有更强的法律专业能力或者具有更丰富的法律和律师资源,可以帮助被保险人进行抗辩,避免被保险人承担不必要的责任。在国外,有些保单直接就规定保险人有义务代替被保险人进行抗辩,例如董事、监事及高级管理人员责任保险。

七、单证提供义务

被保险人正式向保险人提出索赔时,必然需要向保险人提供必要的证据,以证明被保险人的赔偿要求是合法合理的,这就是被保险人的单证提供义务。在责任保险条款中,此项义务通常采用以下表述方式:

"**被保险人向保险人请求赔偿时,应提交受害人向被保险人提出索赔的书面证明材料、被保险人已经向第三者支付赔偿金的书面证明材料、保险单正本……以及投保人、被保险人所能提供的其他与确认保险事故的性质、原因、损失程度等有关的证明和资料。**

投保人、被保险人未履行前款约定的单证提供义务,导致保险人无法核实损失情况的,保险人对无法核实部分不承担赔偿责任。"

被保险人向保险人索赔时,应当提供的资料包括:

1. 保险单、索赔申请书、损害事故证明。
2. 第三者向被保险人提出索赔的证明材料。
3. 造成受害人人身伤害的,应包括:受害人的病历、诊断证明、医疗费等医疗原始单据;受害人的人身伤害程度证明;受害人伤残的,应当提供具备相关法律法规要求的伤残鉴定资格的医疗机构出具的伤残程度证明;受害人死亡的,公安机关或医疗机构出具的死亡证明书。
4. 造成受害人财产损失的,应包括损失、费用清单。
5. 被保险人与受害人所签订的赔偿协议书或和解书;经判决或仲裁的,应提供判决文书或仲裁裁决文书。
6. 投保人、被保险人所能提供的与确认保险事故的性质、原因、损失程度等有关的其他证明和资料。

投保人或被保险人无法提供上述资料的,应当承担相应的不利后果。

八、协助追偿义务

协助追偿义务是《保险法》第60、61、62、63条规定的被保险人的法定义务。在责任保险条款中,此项义务通常采用以下表述方式:

"发生保险责任范围内的损失,应由有关责任方负责赔偿的,被保险人应行使或保留向该责任方请求赔偿的权利。

保险事故发生后,保险人未履行赔偿义务之前,被保险人放弃对有关责任方请求赔偿的权利的,保险人不承担赔偿责任。

保险人向被保险人赔偿保险金后,在赔偿金额范围内代位行使被保险人对有关责任方请求赔偿的权利,被保险人未经保险人同意放弃对有关责任方请求赔偿的权利的,该行为无效。

在保险人向有关责任方行使代位请求赔偿权利时,被保险人应当向保险人提供必要的文件和其所知道的有关情况。

由于被保险人的故意或者重大过失致使保险人不能行使代位请求赔偿的权利的,保险人可以扣减或者要求返还相应的赔偿金额。"

关于协助追偿义务,需要说明的有以下几点:

1. 责任保险中,下列几种情况下,保险人可以行使代位追偿权:

(1)造成第三者损害的侵权人除被保险人之外还有其他共同侵权人时,被保险人向第三者履行全部赔偿义务之后有权向其他侵权人进行追偿。保险人向被保险人赔偿之后,在赔偿金额范围内取得代位追偿权,可以行使向其他共同侵权人追偿的权利。

(2)在适用无过错责任归责原则的侵权责任中,赔偿责任的承担不以被保险人的过错为前提,只要发生第三者损害的事故,在不存在法定免责事由的情况下(通常这些免责事由为损害系由不可抗力、受害人故意造成),即便损害是由其他责任方造成的,被保险人也需赔偿受害人,被保险人赔偿之后可以向负有责任的其他责任方追偿。例如,环境污染责任、产品侵权责任、医疗产品侵权责任、高度危险作业责任等均如此。此种情况下,保险人向被保险人赔偿之后,在赔偿金额范围内取得向其他负有责任的侵权人追偿的权利。

(3)当第三者的损害是被保险人的雇员造成时,根据《侵权责任法》第34条的规定,应由用人单位对第三者承担赔偿责任。但根据《最高人民法院关于审理人身损害赔偿案件适用法律若干问题的解释》第9条,雇员因故意或者重大过失致人损害的,应当与雇主承担连带赔偿责任,雇主承担连带赔偿责任的,可以向雇员追偿。因而,被保险人的雇员故意造成第三者损害时,被保险人可以向该雇员追偿。此种情况下,保险人向被保险人赔偿后,根据《保险法》第61条的规定,保险人可以向有故意行为的雇员行使代位追偿权。

(4)有的案件中,侵权人除被保险人之外还有其他责任方,有时被保险人为快速解决纠纷或维护自身声誉,经保险人同意,主动代替其他责任方先行向受害第三者进行赔偿。此时,被保险人对第三者的赔偿就超出了法律规定的赔偿金额,其他责任方产生不当得利,被保险人有权就其多支付的赔偿部分向其他责任方请求返还,这种请求权的基础是对其他责任方的不当得利的请求权。保险人向被保险人赔偿之后,就在赔偿金额范围内取得向其他责任方请求返还被保险人多支付赔款部分的权利。例如,某中等职业学校学生在某实习单位实习过程中,尽管其师傅对其进行了详细讲解,但该学生没有按照师傅的指示进行操作,结果导致手臂被轧伤。在对学生的赔偿上,实习单位与学校产生纠纷,实习单位认为学校没有对学生尽到教育义务,并且学生本人也有过错,学校认为实习单位没有尽到安全保障义务。最后,学校为息事宁人,除学生自行承担的部分外,剩余部分全部由学校先行对学生进行了赔偿,学校的赔偿由保险公司承担。此案中,学生、学校和实习单位均有过错,本应按照各自的过错程度承担赔偿责任,但学校为维护声誉,对学生自担部分之外的赔偿部分全部承担,实习单位此时有不当得利,学校有权就其多支付的赔偿部分向实习单位要求返还。保险人赔偿学校后,此种不当得利请求权就转移给保险人。

2. 保险事故发生后,保险人赔付保险金之前,保险人并不享有代位追偿权,被保险人可以任意处分其对其他责任方的请求权,并且仍有权依据保险合同向保险人请求赔偿。但此时,其之前的处分行为势必会影响到保险人在赔付保险金后向其他责任方的追偿,因此,为保护保险人的利益,《保险法》规定,保险人未赔偿保险金之前,被保险人放弃对其他责任方请求赔偿的权利的,保险人不承担保险赔偿责任。但是,该规定在适用中应注意,其他责任方对损害事故的发生仅承担部分责任,或者其他责任方对损害事故的发生负全部责任,当被保险人仅部分放弃追偿权时,保险人仅在被保险人放弃对其他责任方的追偿权致使其不能行使代位追偿权的范围内,不承担保险赔偿责任。

被保险人受领保险赔偿金后,其在保险赔偿金数额范围内对其他责任方的追偿权,依法直接转移给保险人,被保险人不再享有对其他责任方的追偿权,也自然不应有抛弃或免除该追偿权的权利。

3. 保险人行使代位追偿权时,被保险人有义务向保险人提供必要的协助,包括:向保险人提供所能提供的、与代位追偿权行使有关的必要证明材料,如保险单或保险凭证、账册、收据、发票等原始记录,损害事故调查报告、受害第三者向被保险人索赔的证明书及损失鉴定证明等确定被保险人赔偿责任的原因及赔偿金额的材料;必要时,应保险人要求,出具权益转让书或类似文件;向保险人详细提供所知道的与保险代位追偿权有关的情况,如其他责任方侵权的事实及其赔偿能力等,以利于保险人获取信息,向其他责任方求偿。

被保险人因故意或重大过失违反协助追偿义务,导致保险人不能行使代位追偿权的,保险人可以依据《保险法》第61条的规定,在受影响的范围内,请求被保险人返还相应数额的保险金或者直接扣减应付赔偿金。

第九节 赔偿处理

"赔偿处理"部分对保险人的赔偿项目和赔偿金的计算作了具体约定。按照逻辑顺序,该部分约定的内容包括确定被保险人对第三者赔偿责任的基础、确定被保险人已经向第三者进行赔偿(受害第三者依法直接向保险人索赔的情形除外)、损害事故损失赔偿金额计算、法律费用赔偿金额计算、重复保险处理、诉讼时效。

一、确定被保险人对第三者赔偿责任的基础

发生损害事故后,首先要明确依据何种方式来确定被保险人对第三者的法定赔偿责任,在责任保险条款中,对此的约定一般为:

"保险人以下列方式之一确定的被保险人的赔偿责任为基础,按照保险合同的约定进行赔偿:

（一）被保险人和向其提出损害赔偿请求的……协商并经保险人确认；

（二）仲裁机构裁决；

（三）人民法院判决；

（四）保险人认可的其他方式。"

确定被保险人对第三者的损害赔偿责任的方式通常为以下几种：

一是三方协商。这是指被保险人、受害第三者和保险人协商确定。在协商确定过程中，保险人、被保险人根据核定认为被保险人确实应对第三者承担法定赔偿责任的，则被保险人对第三者的法定赔偿责任成立。当然保险人在协商过程中应当发挥专业优势，公正、合理地帮助被保险人抗辩，避免被保险人因为有保险支持而向受害第三者承诺承担不必要、不合理的责任。

二是仲裁裁决。仲裁裁决是具有法律效力的法律文书，仲裁裁决的结果为最终结果，当事人应当履行，对仲裁结果不满的，不得提起诉讼。凡是仲裁裁决被保险人对第三者的赔偿责任，保险人均予认可。保险人在仲裁裁决的基础上，根据保险合同的约定，对属于保险责任范围内的被保险人法定赔偿责任进行赔偿。

三是法院判决。法院判决是最有效的、被保险人应当承担法定责任的证明。保险人在法院判决的基础上，根据保险合同的约定，对属于保险责任范围内的被保险人法定赔偿责任进行赔偿。

四是保险人认可的其他方式。实践中，行政主管部门的调解、第三方调解机构的调解，有时也成为保险人认可的、确定被保险人赔偿责任的依据。例如，医疗责任保险经营中，多数保险公司认可外部调解委员会出具的医疗机构与患者之间的调解协议；旅行社责任保险统保示范项目中，专门设有第三方调处中心，负责调处索赔案件，保险人认可调处中心出具的旅行社和游客之间的调解协议。

二、向被保险人理赔的前提

在责任保险条款中，对此部分的约定通常为：

"被保险人给第三者造成损害，被保险人未向该第三者赔偿的，保险人不负责向被保险人赔偿保险金。"

此条约定来源于《保险法》第65条。一般来说，保险合同是保险人与投保人、被保险人之间的协议，与任何第三者无关，根据合同相对性原理，一般向保险人提起索赔的应是被保险人，任何受害第三者不是合同当事人，不得向保险人直接索赔。但是，在责任保险中例外，根据《保险法》第65条规定："保险人对责任保险的被保险人给第三者造成的损害，可以依照法律的规定或者合同的约定，直接向该第三者赔偿保险金。责任保险的被保险人给第三者造成损害，被保险人对第三者应负的赔偿责任确定的，根据被保险人的请求，保险人应当直接向该第三者赔偿保险金。被保险人怠于请求的，第三者有权就其应获赔偿部分直接向保险人请求赔偿保险金。责任保险的被保险人给第三者造成损害，被保险人未向该第三者赔偿的，保险人不得向被保险人赔偿保险金。"根据该条，保险人赔偿保险金的方式有以下几种：一是保险人直接向受害第三者赔偿保险金；二是被保险人要求第三者直接向保险人索赔的，保险人应直接向第三者支付保险赔偿金；三是被保险人既不向保险人索赔，也不要求第三者向保险人索赔的，视为被保险人怠于行使索赔权，此时第三者在能够证明被保险人怠于行使索赔权的情况下，可以直接向保险人索赔，保险人应直接向第三者支付保险赔偿金；四是被保险人向保险人索赔的,保险人应向被保险人赔偿保险金,但是需要确定被保险人已经向第三者赔偿。法律作此规定的原因,是为了防止被保险人获得保险赔偿金后,并没有将保险赔偿金支付给第三者,从而损害第三者合法权益、使第三者得不到保障的情况发生。

三、事故损失赔偿金额计算

根据保险责任的约定,保险人对被保险人的赔偿责任包括两项:一是被保险人对第三者的损害赔偿,二是被保险人支出的法律费用。本条是就被保险人对第三者的损害赔偿的计算方式所作的约定。在责任保险条款中,对事故损失赔偿金额计算的约定通常为:

"发生保险责任范围内的损失,保险人按以下方式计算赔偿:

(一)对于每次事故造成的损失,保险人在每次事故责任限额内计算赔偿,其中对每人人身伤亡的赔偿金额不得超过每次事故每人人身伤亡责任限额,对每人医疗费用的赔偿金额不得超过每次事故每人医疗费用责任限额;

(二)A.在依据本条第(一)项计算的基础上,保险人在扣除每次事故免赔额后进行赔偿;

B.在依据本条第(一)项计算的基础上,保险人在扣除按本保险合同载明的每次事故免赔率计算的每次事故免赔额后进行赔偿;

(三)在保险期间内,保险人对多次事故损失的累计赔偿金额不超过累计责任限额。"

【简要说明:A适用约定了免赔额的情况,B适用约定了免赔率的情况,二者选其一。】

从第一章第五节我们已经知道,被保险人造成第三者损害后,需赔偿第三者的人身损害、财产损害和精神损害。人身损害赔偿金额的计算按照《侵权责任法》和《最高人民法院关于审理人身损害赔偿案件适用法律若干问题的解释》进行;财产损害按照第三者受到损害财产在损害发生时的市场价值计算;在造成第三者严重精神损害的情况下,第三者可以向被保险人主张精神损害赔偿,赔偿金额没有固定的标准,由法院自由裁量。对于人身损害赔偿、财产损害赔偿、精神损害赔偿的具体计算,我们已经在第一章第五节中"侵权损害赔偿"部分作了详细介绍,此处不再重复介绍。保险人在向被保险人赔偿时,应先按照前述计算办法计算出被保险人对第三者的法定赔偿责任总额,再在保险合同约定的各项责任限额内,按照被保险人实际应支付给第三者的赔偿金额进行赔偿,即保险人的赔偿金额应当是各项责任限额与被保险人实际应支付给第三者的赔偿金额中的较低者。具体来说:

1.对于被保险人应支付给第三者的人身损害赔偿金,保险人按照被保险人实际应承担的法定赔偿金额计算保险赔偿金额;保险合同约定了每人人身伤亡责任限额的,保险人的赔偿金额还需不超过每人人身伤亡责任限额。其中,对于被保险人对第三者应承担的医疗费用赔偿金额,保险人按照第三者实际花费的医疗费用计算保险赔偿金额,保险合同约定了每人医疗费用责任限额的,保险人的赔偿金额还需不超过每人医疗费用责任限额;保险合同约定保险人只承保基本医疗保险范围内的医疗费用的,保险人在赔偿时还需要剔除掉三者花费的基本医疗保险范围以外的医疗费。

2.对于被保险人应支付给第三者的财产损害赔偿金,保险人按照损害财产的实际价值计算保险赔偿金额。保险合同约定了每人财产损失责任限额的,保险人的赔偿还需不超过每人财产损失责任限额。

3.对于一次事故中被保险人造成的第三者损失,不论第三者有几个,也不论被保险人对第三者的总赔偿金额是多少,保险人的赔偿金额不超过每次事故责任限额。

4. 对于保险期间内被保险人造成的所有第三者损失,保险人的赔偿金额不超过累计责任限额。

四、法律费用赔偿金额计算

如果保险合同承保了法律费用,则保险人对被保险人支出的法律费用也应当赔偿,在责任保险条款中,对法律费用赔偿金额计算的约定一般为:

"对每次事故法律费用的赔偿金额,保险人在第……条计算的赔偿金额以外按本保险合同的约定另行计算。"

【简要说明:"第……条"指的是"损害事故损失赔偿金额计算"的条数。】

法律费用通常会有单独约定的责任限额,一般为累计责任限额的一定比例(通常为30%),或者为一个具体的数额。对于被保险人支出的法律费用,保险人在事故损失赔偿金额之外另行按照其实际支出计算赔偿,最高不超过法律费用责任限额。

五、重复保险的处理

责任保险的重复保险分摊是个比较复杂的问题。一般在责任保险条款中,对重复保险处理的约定为:

"发生保险事故时,如果存在重复保险,则本保险人按照本保险合同的责任限额与所有有关保险合同的责任限额总和的比例承担赔偿责任。其他保险人应承担的赔偿金额,本保险人不负责垫付。

被保险人在请求赔偿时应当如实向保险人说明与本保险合同保险责任有关的其他保险合同的情况。未如实说明导致保险人多支付保险金的,保险人有权向被保险人追回多支付的部分。"

对于重复保险,需要说明以下几个问题:

1. 责任保险也存在重复保险问题。《保险法》第56条规定:"重复保险是指投保人对同一保险标的、同一保险利益、同一保险事故分别与两个以上保险人订立保险合同,且保险金额总和超过保险价值的保险。各保险人赔偿保险金的总和不得超过保险价值。"责任保险虽然没有保险价值这一概念,但是责任保险仍然存在重复保险问题。因为发生具体的保险事故后,被保险人对第三者的法定赔偿责任总是有具体金额的,当投保人重复投保时,各保险人对被保险人的赔偿金额总和不应超出这个金额,否则被保险人就有不当得利。各个保险人之间需要按照一定的方式分摊被保险人对第三者的法定赔偿责任。

2. 责任保险的重复保险分摊方式。物质损失保险中是否构成重复保险,要看各保险人的保险金额总和是否超过保险价值,保险价值是重复保险的衡量标准。由于责任保险中没有保险价值这一确定的衡量标准,而且限额种类比较多,在重复保险分摊上就存在许多理论上的难点,至今仍没有特别理想的方式。实践中为简化操作,比较常见的分摊方式有:

(1)限额比例法。限额比例法是按照每个保险合同的每次事故责任限额与所有保险合同的每次事故责任限额之和的比例来分摊被保险人实际损失的方法,大多数责任保险合同的重复保险均使用此种处理方法。在责任保险条款中,这种分摊方式一般采用以下表述:

"发生保险事故时,如果存在重复保险,则本保险人按照本保险合同的责任限额与所有有关保险合同的责任限额总和的比例承担赔偿责任。其他保险人应承担的赔偿金额,本保险人不负责垫付。

被保险人在请求赔偿时应当如实向保险人说明与本保险合同保险责任有关的其他保险合同的情况。对未如实说明导致保险人多支付保险金的,保险人有权向被保险人追回多支付的部分。"

在责任保险的保险合同中,通常都设有每次事故责任限额和累计责任限额,但有的合同只设立每次事故责任限额而没有累计责任限额,有的合同中只设立累计责任限额而无每次事故责任限额,此类合同默认每次事故责任限额等同于累计责任限额,在这些合同中,发生重复保险时,以每次事故责任限额作为分摊的基础是比较合理的,因为它是各保险人对于该次事故赔偿责任的分摊,具有单次事故保险金额的性质。限额比例法分摊方式为:

$$特定保险人的赔偿金额 = \frac{特定保险人的每次事故责任限额}{所有保险人每次事故责任限额之和} \times 被保险人对第三者的赔偿金额$$

在责任保险中,单独使用累计责任限额或单独使用每次事故责任限额的情况越来越少,倘若有的保险单还规定了每人人身伤亡责任限额,或者每人医疗费用责任限额,则当伤亡人数众多时,继续按照限额比例法分摊既不可能,也不合理。还有一个困难是,如果某个保险人是以无限额方式承保的,按限额比例法分摊则无法操作。所以,保险界和法律界又提出了独立责任比例分摊法。

(2)独立责任比例分摊法。这种方法是先计算出各重复保险的保险人假设在没有其他保险人的情况下各自应承担的保险责任,即独立责任,然后各保险人按照各自应负的独立责任与所有保险人应负独立责任之和的比例来分摊被保险人的实际损失,即:

$$特定保险人的赔偿金额 = \frac{特定保险人的独立赔偿责任}{所有保险人的独立赔偿责任之和} \times 被保险人对第三者的赔偿金额$$

独立责任比例分摊法适用于保险合同约定了多种责任限额的情况。举例如下:

表1-2-1 应用独立责任比例分摊法的责任保险的重复保险分摊

保险人	A	B	C
每次事故责任限额	100万元	200万元	500万元
损失90万元时的独立责任	90万元	90万元	90万元
损失300万元时的独立责任	100万元	200万元	300万元

根据独立责任比例分摊方式,在被保险人对第三者的赔偿金额为90万元时,每个保险人的应付赔款如下:

$$A 保险人的赔偿金额 = \frac{90 万元}{90 万元 + 90 万元 + 90 万元} \times 90 万元 = 30 万元$$

$$B 保险人的赔偿金额 = \frac{90 万元}{90 万元 + 90 万元 + 90 万元} \times 90 万元 = 30 万元$$

$$C 保险人的赔偿金额 = \frac{90 万元}{90 万元 + 90 万元 + 90 万元} \times 90 万元 = 30 万元$$

在被保险人对第三者的赔偿金额为300万元时,每个保险人的应付赔款如下:

$$A 保险人的赔偿金额 = \frac{100 万元}{100 万元 + 200 万元 + 300 万元} \times 300 万元 = 50 万元$$

$$B 保险人的赔偿金额 = \frac{200 万元}{100 万元 + 200 万元 + 300 万元} \times 300 万元 = 100 万元$$

$$C 保险人的赔偿金额 = \frac{300 万元}{100 万元 + 200 万元 + 300 万元} \times 300 万元 = 150 万元$$

独立责任比例分摊方式是比较合理的一种分摊方法,对于大多数责任保险的重复保险都适用。

（3）超额赔偿法。超额赔偿法是由保险合同事先约定发生保险事故时，如果存在重复保险，则应由其他保险先赔偿，本保险只承担其他保险赔偿不足的部分。例如，《中国人民财产保险股份有限公司环境污染责任保险附加超额赔偿特别约定条款》约定，发生重复保险时，本保险只承担其他保险赔偿不足的部分。这种约定就是超额赔偿法。根据这一约定，如果某化工企业既投保了安全生产责任保险，也投保了环境污染责任保险，则发生突发环境污染事故时，被保险人对第三者的赔偿责任既可以从安全生产责任保险项下获得赔偿，也可以在环境污染责任保险项下获得赔偿，从而构成重复保险，此时在赔偿顺序上应当先由安全生产责任保险赔偿，超过安全生产责任保险赔偿限额的部分，才由环境污染责任保险赔偿。

采用超额赔偿法的一个难点是如何合理厘定费率。承担超额赔偿责任的保险人在每一具体赔案中承担多大的赔偿责任，取决于第一位承担赔偿责任的保险人的赔偿限额是多少，这在事前是很难估计的，费率因此而难以准确厘定，所以这种方法较少被采用。

六、被保险人索赔的诉讼时效

根据《保险法》的规定，在责任保险条款中，被保险人向保险人请求赔偿的诉讼时效的约定一般表述为：

"被保险人向保险人请求赔偿的诉讼时效期间为2年，自其知道或者应当知道保险事故发生之日起计算。"

责任保险涉及两种诉讼时效：一种是被保险人向保险人请求赔偿的诉讼时效，另一种是受害第三者向被保险人请求赔偿的诉讼时效。前者依据合同产生，解决的是保险人是否应承担保险赔偿责任的问题；后者依据侵权产生，解决的是被保险人对第三者的赔偿责任是否成立继而保险责任是否成立的问题。二者是两种不同的诉讼时效，有必要分别进行说明：

1. 被保险人向保险人请求赔偿的诉讼时效。被保险人依据保险合同享有向保险人请求赔偿的权利，被保险人应在法律规定的诉讼时效期间内向保险人行使该权利，超过这个期间的，保险人可以拒绝赔偿，此时被保险人向法院起诉保险人，法院将不保护其权利。该诉讼时效期间为2年，自被保险人知道或应当知道保险事故发生之日起算。被保险人的诉讼时效适用民法诉讼时效的中止、中断、终止的规定。关于诉讼时效的相关法律规定，本书已经在本篇第一章第五节作了详细介绍，这里不再赘述。

2009年10月1日之前的《保险法》对被保险人索赔权利的规定使用了索赔时效的概念，这一概念在实践中产生两种理解，一种认为索赔时效是诉讼时效，即胜诉权的消灭时效，超过该期间的，被保险人只是丧失胜诉权，其实体请求权仍然存在；另一种认为索赔时效是实体请求权的消灭时效，过了索赔时效，被保险人的实体请求权即告消灭。新《保险法》对此作了明确，将保险索赔时效明确规定为诉讼时效，从立法上解决了上述分歧。

2. 受害第三者向被保险人索赔的诉讼时效。受害第三者依据被保险人侵权的事实享有向被保险人索赔的权利，受害第三者应当在法律规定的诉讼时效期间内向被保险人行使该权利，超过这个期间的，被保险人可以拒绝向其赔偿，此时受害人向法院起诉被保险人，法院将不保护其权利。该诉讼时效期间一般为2年，但是受害人身体受到伤害的情况下，诉讼时效期间为1年，自受害人知道或应当知道其权利受到侵害之日起算。同样地，受害人向被保险人的诉讼时效期间也适用民法诉讼时效的中止、中断、终止的规定。

受害第三者对被保险人索赔的诉讼时效关系到保险责任是否成立。如果第三者向被保险人索赔时已经超过了诉讼时效,则被保险人无须对受害第三者承担赔偿责任,从而保险责任也就不成立。

第十节 争议处理

当被保险人与保险人就保险合同的履行发生争议时,处理的方式是:首先由保险人与被保险人进行协商,协商不一致时,可以提交诉讼或仲裁。在责任保险条款中,对争议处理的规定一般表述为:

"因履行本保险合同发生的争议,由当事人协商解决。协商不成的,提交保险单载明的仲裁机构仲裁;保险单未载明仲裁机构且争议发生后未达成仲裁协议的,依法向中华人民共和国人民法院起诉。"

"本保险合同的争议处理适用中华人民共和国法律(不包括港澳台地区法律)。"

关于争议处理,需要说明的是:

1. 根据上面的约定,不论投保人、被保险人是中国人还是外国人,保险合同争议处理适用的法律均是中华人民共和国法律(不包括港澳台地区法律),也就是说,合同约定的某些事项发生争议,当事人应当按照中华人民共和国法律对合同进行解释和处理,当事人达不成一致提交诉讼或仲裁时,法院或仲裁机构应当依据中华人民共和国法律(不包括港澳台地区法律)来审理。根据这一约定,当投保人、被保险人是外国人时,就不能适用被保险人住所地法律来解释和审理合同。

2. 本条虽然只约定了争议发生时应当适用中华人民共和国法律,但实际上,保险合同是在中国境内签订的,合同的履行也在中国境内,因此合同的争议处理也自然应当按照中华人民共和国法律进行。

第十一节 其他事项

"其他事项"部分主要是关于投保人中途退保和保险人中途解除保险合同的约定。在责任保险条款中一般采用以下表述方式:

"保险责任开始前,投保人要求解除保险合同的,应当向保险人支付相当于保险费__%的退保手续费,保险人应当退还剩余部分保险费;保险人要求解除保险合同的,不得向投保人收取手续费并应退还已收取的保险费。

保险责任开始后,投保人要求解除保险合同的,自通知保险人之日起,保险合同解除,保险人按短期费率计收保险责任开始之日起至合同解除之日止期间的保险费,并退还剩余部分保险费;保险人也可提前15日向投保人发出解约通知书解除本保险合同,并按保险责任开始之日起至合同解除之日止期间与保险期间的日比例计收保险费后,退还剩余部分保险费。"

根据《保险法》第54条,保险责任开始之前和保险责任开始之后投保人退保的后果是不一样的,前者保险人可以收取退保手续费,后者则不可以。

1. 保险责任开始之前,投保人要求解除合同的,保险人可以收取退保手续费,退保手续费一般为5%;保险人要求解除合同的,应当全额退还投保人的已交保费并且不能向投保人收取手续费。收取退保手续费是因为保险人在订立合同的过程中已经付出了成本,如销售人员为投保人定制方案、印送保单等费用,投保人中途退保是一种违约行为,这些已经发生的费用理当由投保人承担,退保手续费带有违约金的性质。

2. 保险责任开始之后,投保人要求解除合同的,保险人不能收取退保手续费,而是应当按照短期费率计算合同生效期间的应收保费,剩余部分退还投保人。实践中,短期费率通常并非按照已承保时间的比例制定,而是考虑了保险人前期已付出的成本和投保人违约的因素,例如,常用的短期费率表为:

表1-2-2 责任保险常用的短期费率表

保险期间	1个月	2个月	3个月	4个月	5个月	6个月	7个月	8个月	9个月	10个月	11个月	12个月
年费率的百分比	10	20	30	40	50	60	70	80	85	90	95	100

注:保险期间不足1个月的部分按1个月计收。

从这个表中我们可以看出,已承保期间为1个月时,短期费率为年费率的1/10,而非年费率的1/12,同样,已承保期间为2个月时,短期费率为年费率的2/10,而非2/12,依次类推,越接近保险期间届满,短期费率与已承保时间的比例越一致,当已承保时间为12个月时,二者达到一致。这里就体现了短期费率的违约金性质。

短期费率应当依据具体所承保风险的时间分布规律来制定。如果风险集中在保险期间最初几个月,那么最初几个月的短期费率就应当较高,因为保险人在这几个月基本上已将被保险人的所有风险承保完毕,此时退保,保险人应收取的保费应当基本上等同于整个保险期间的保费。风险集中在保险期间的其他时段的,道理相同。例如,某夏季旅游景点的旺季是每年的7~9月,此段期间的游客占全年游客的95%,其他时间游客稀少,则该旅游景点对游客伤亡的赔偿责任风险就集中在7~9月份,如果该旅游景点在6月底向保险人投保风景名胜区责任保险,则前3个月的短期费率就应当较大幅度提高。

3. 保险责任开始之后,保险人要求解除合同的,相当于保险人违约,此时,保险人就只能按照已承保的时间收取应收保费,剩余部分退还投保人,而不能再按照短期费率收取应收保费,否则将对投保人不公平。保险人按照已承保时间收取应收保费时,可以采用多种计算标准,例如,日比例、月比例,由于采用月比例时,通常承保时间不足1个月的,都按1个月计算,这是不利于投保人的,所以从最有利于投保人的角度来说,采用日比例计算应收保费是比较合理的。

第三章

责任保险的历史与发展

西方保险界认为,保险业的发展可以划分为三个大的阶段:第一阶段是传统的海上保险和火灾保险(后来扩展到一切财产保险);第二阶段是人寿保险;第三阶段是责任保险。责任保险既是法律制度走向完善的结果,又是保险业直接介入社会发展的具体表现,它在保险业有很高的地位,属于保险产业的前沿领域[①]。保险业由承保物质利益风险,进而扩展到承保人身风险后,必然会扩展到承保各种法律责任风险,从而推动责任保险的兴盛发展,这是保险产业发展的一般规律。

第一节 责任保险的起源

依照通说,责任保险起源于法国。在19世纪初期拿破仑法典颁布并规定了赔偿责任后,法国于1882年率先开办了雇主责任保险。然而,由于采用责任保险被认为是一种不道德的、企图逃避法律责任的行为,法国1882年产生的责任保险只能算是处于一种事实存在状态,并没有法律支持,因此不具备样本意义。1898年,法国制定了《劳工补偿法》,规定了工业事故的无过失责任,据此,工人在工作时遇到不测事件,雇主应该依法给予雇员相应的赔偿,赔偿金额依据法律以工资为基础予以确定,工人只要证明不测事件,而雇主即使能证明工人过失或笨拙也不能不负责任,只有证明工人故意自愿伤害时才能避免责任。该法案经1906年的法律扩张后成为完备制度,适用范围随之扩展到交通事故领域。1930年法国《保险契约法》出台,其有专门章节对责任保险作出规定,从而标志着责任保险在法国开始法律化、制度化。对于其他种类的责任保险,起初都是以附加责任的方式承保,随后才逐渐以新险种的方式出现。

但是,也有人认为,早期的责任保险出现于19世纪的英国。在火车出现后,由于不断有意外事故发生,1855年英国最早开办人身意外伤害保险业务的铁路公司向曼彻斯特和林肯铁路系统提供意外事故责任保险;1880年英国通过雇主责任保险法令并成立雇主责任保险公司;1889年北方意外保险公司对药剂师开错药方的过失提供职业损害补偿,开创职业责任保险的先河;1890年海上事故保险公司就啤酒含砷引起的第三者中毒向特许售酒商提供保险,这是较早的产品责任保险。

20世纪30年代的美国出现了专门以公司经营者的赔偿责任为对象的保险产品,这是董事责任保险的最初形式,劳合社此后也出现了专门承保董事责任险的辛迪加。董事责任保

[①] 参见郑功成,许飞琼.财产保险[M].3版.北京:中国金融出版社,2005,359页.

险在60年代后期在美国得到了较快发展,法律实践的重心也相应地由补偿转向保险①;此外,随着环保浪潮的掀起,环保赔偿和诉讼费用的急速增加,美国在20世纪60年代开始在公众责任险项下扩展环境污染责任,1973年,世界第一份综合污染保单在美国签发,环境污染责任险作为一个独立险种开始出现。

20世纪下半叶以来,责任保险在世界各国普及起来,尤其是近二、三十年,西方国家责任保险的发展速度大大超过其他财产保险,现今责任保险已经成为一个具有相对独立理论体系和运作系统的保险制度,责任保险能取得如此辉煌的业绩,可以归功于以下两方面的因素:

其一,社会经济发展。随着社会经济生活的日益复杂,每个人接触不安全因素的可能性随之提升,对第三者的民事责任也日益明晰,使得人们开始用投保责任保险的方式来保护自己的利益。正如台湾学者吴荣清所言②:"当今社会,权利义务的观念,日益彻底而发达;各项活动范围日益扩大,一个人的行为,在有意或无意中加害他人的可能性随着增加。责任保险应该随着发展,以发挥其效能。"

其二,无过失责任在民事责任制度领域取得了长足的发展。民事赔偿责任传统上采取过错责任原则,在19世纪发展到鼎盛,但同时也遭受到了重大压力,此项压力主要来自于工业灾难和铁路交通事故。随着意外事故的急剧增加和损害补偿的需要,无过失责任也由原先的特别法领域渐次扩张,迄至今日,已成为与过失责任具有同等重要地位的损害赔偿归责原则。以无过失责任制度为基础的责任保险机制被作为社会稳定器得到政府机构以及行业管理部门的关注和支持,在关系国计民生和社会公众利益的多个行业、领域迅速发展。

由于责任保险的蓬勃发展与无过失责任的引入联系密切,正如有学者认为的那样:"无过失责任的发展是与责任保险联系在一起的,责任保险制度成功地减轻并分散了加害人的负担,为无过失责任制度的发展提供了坚实的社会基础",责任保险在其创立伊始,受到舆论的广泛指责③。民众认为开办责任保险会助长道德沦丧,这与法律追求的公平正义相左,同时使得人们对注意义务有所懈怠,助长反社会行为,有悖社会公益。

虽然有如此众多的批评,但是并未能阻止责任保险的发展,依照台湾学者王泽鉴④的观点,其原因有三点:

1. 19世纪以来,意外灾难事故频繁,加害者个人负担沉重,受害人也难获赔偿,责任保险制度有助于填补受害人的损失,符合社会公益;

2. 责任保险制度并未助长反社会的行径,行为人并未因投保责任保险而降低其注意义务,"事故一旦发生,加害者自己不但常难逃灾祸,而且在刑事上或行政上尚须受到一定之制裁";

3. 保险制度的发展可以避免加害人借责任保险逃避民事责任的承担,"例如对某种范围之保险人可以提高保险费率,依法规或契约之规定,更可使保险公司对于故意(或重大过失)

---

① 据美国Tillinghast – Towers Perrin公司2000年的一份调查报告显示,在接受调查的2059家美国和加拿大公司中,96%的美国公司和88%的加拿大公司都购买了董事责任保险,其中的科技、生化科技类和银行类公司的董事责任保险购买率更是高达100%。在我国香港地区,董事责任保险的购买率也达到了60%至70%。
② 参见吴荣清.财产保险概要[M].台北:三民书局,1992,第225页。
③ 参见Jan Hellner. Tort Liability and Liability Insurance[J]. Scandinavian Studies In Law,1962,Volume 6,p.161.
④ 参见王泽鉴.民法学说与判例研究(第四册)[M].修订版.北京:中国政法大学出版社,2005.

肇事损失者,有求偿权"。但王泽鉴先生同时也认为①:"在责任保险制度之下,民事责任仅系烟幕,损害赔偿实际由保险公司支付"。

通过责任保险,将损失分散于大众,做到损害赔偿社会化,可以提高加害人填补受害人损失的赔偿能力,有助于受害人利益的满足,具有安定社会秩序的功能,符合社会公益。但是,虽然存在上述需要和优势,对受害第三人的补偿不可能抛弃侵权责任而单独适用责任保险合同:"认定侵权责任之构成、确定实际损害的范围仍然需要借助侵权行为法,而保险合同不过在责任的最终分担(由保险公司)方面起到一定作用",法律制度始终是责任保险存在和发展的基石。

第二节 责任保险在国外的发展

一、发达国家责任保险的发展历程

纵观责任保险百余年的发展史,可以将其大致划分为三个发展阶段:

(一)第一阶段(19 世纪末~20 世纪 30 年代):责任保险的萌芽阶段

现代责任保险的主要险种——雇主责任险、职业责任险、产品责任险的雏形都在此阶段产生。这一阶段的责任保险种类虽然远没有能够覆盖到社会生活的各个方面,却基本涵盖了责任保险的各个大类,是此后责任保险蓬勃发展的基础。然而,在这个阶段,责任保险存在的合理性却饱受质疑,主要表现在以下三个方面:一是认为责任保险代替致害人承担赔偿责任,不符合社会公共道德准则;二是认为责任保险是在鼓励人们去犯罪;三是削弱了民事责任法律制度的惩戒作用②。

(二)第二阶段(20 世纪 40 年代~70 年代):责任保险获得广泛接受的阶段

到 20 世纪 40 年代,一些国家将机动车第三者责任保险规定为法定保险,以后更多的国家继起仿效,使得责任保险以前所未有的方式融入人们的日常生活,民众的保险意识不断提高,人们逐渐认识到,责任保险制度有助于提高加害人填补受害人损失的赔偿能力,有助于弥补受害人的利益,具有辅助和促进社会管理的功能,从而使民事赔偿社会化,符合公众利益;而且责任保险制度并没有助长反社会的行为,行为人并不因投保责任保险而降低其注意义务,加之生产的高度社会化,意外灾难事故频繁,加害者个人负担沉重,传统补偿制度下受害人也难获得赔偿,促使社会化的补偿机制——责任保险制度得到空前的发展③。

(三)第三阶段(20 世纪 70 年代至今):挑战与机遇并存的现代发展阶段

20 世纪 70 年代,随着董事责任险、环境污染责任险以及博彩保险、投资补偿保险等特殊领域的责任保险相继兴起和发展,为保险业开辟了无限的增长空间,责任保险成为财产保险市场增长最快的领域,甚至成为一些传统综合性保险公司持续成长的主要部门,在欧美等发达国家其份额占到整个财产险市场的 40% 以上。

与其他险种的发展历程明显不同的是,欧美国家的责任保险在第三阶段的前半段,经历过严重的"责任保险危机"时期,责任保险的发展因此受到严重的阻碍。这一危机的表

---

① 参见王泽鉴,《侵权行为法之危机及其发展趋势》,《民法学说与判例研究·第二册》。
② 参见许飞琼.责任保险[M].北京:中国金融出版社,2007。
③ 参见张洪涛,王和.责任保险理论、实务与案例[M].北京:中国人民大学出版社,2006。

◎ 责任保险

现是:加害人的民事责任不断膨胀,法院裁决的赔偿金额大幅增加,保险赔款惊人增长,超过 GDP 增速(见表 1-3-1 及图 1-3-1),保险公司不得不大幅度提高责任险保费,甚至一度退出某些责任保险市场,进而导致投保人难以获得保险,或者需要付出很高代价才能获得保险。

责任保险危机在美国的董事责任险、医疗责任险和产品责任险等领域表现得尤为突出。如在董事责任险领域,20 世纪 80 年代中期,为打击证券欺诈等行为,美国的法院判决了众多的高额赔偿案件,保险公司为弥补亏损,不得不大幅提高保费,保险市场发生了剧烈变化,1987 年美国、加拿大等国董事责任险的保费猛增,上涨幅度在 200%~2000% 之间。在医疗责任险领域,1976~2000 年,由于法院对医疗事故的受害人过分保护,医疗赔偿费用大幅上升,保险赔款支出不断增长,导致保险公司不断提高费率水平[1],或者直接退出该市场。在产品和雇主责任险领域,著名的"石棉责任危机"构成整个责任保险危机最重要的组成部分,根据美国 Tillinghast-Towers Perrin 公司的一项统计,2003 年,美国因石棉有关的赔偿金额上升了 125 亿美元,而在高额的石棉相关赔偿面前,保险公司也遭受了巨大损失:1999~2003 年,美国保险业为石棉支付的赔款达 200 亿美元,石棉案件成为一个严重的社会问题,与石棉有关的索赔金额居高不下,石棉生产商不断破产、倒闭,保险公司和再保公司也因石棉案件而导致经营困难,引发了新一轮责任保险危机[2]。

针对责任保险索赔不断膨胀进而引发责任保险危机的问题,各国已经采取应对措施。Swiss Re 指出了政治措施和保险业自身稳健经营的重要性[3];美国启动了民事侵权制度改革,努力限制律师费用以及非经济的补偿,包括惩罚性的损失赔偿;保险公司也开始在承保过程中始终关注于保持对风险和基础盈利性的控制,试图通过修改措辞、条款和调整经营策略来重新调整民事侵权立法中的不平等。

表 1-3-1 主要市场责任险的长期索赔趋势

	美国[1]	加拿大[1]	英国[1]	德国	法国	意大利	日本[2]
时间段	1955-2003	1975-2002	1983-2002	19701-2002	1971-2002	1970-2002	1970-2002
复合年增长率							
责任索赔	10.6%	11.3%	8.8%	7.4%	9.4%	15.9%	13.8%
名义 GDP	7.1%	7.3%	6.7%	5.2%	8.0%	11.6%	6.1%
健康保健支出	10.2%	9.4%	8.7%	7.4%	10.2%	na.	8.3%
责任索赔的弹性系数[3]							
名义 GDP	1.51	1.55	1.31	1.43	1.17	1.38	2.24
健康保健支出	1.04	1.19	1.02	1.01	0.93	na.	1.66

[1]再保险后的净额,[2]支付的索赔额,[3]当名义 GDP 或者医疗保健费增长 1% 的时候,责任索赔增加的百分比。
资料来源:责任索赔的数据来自于保险管理局,GDP 来自于牛津经济预测,医疗保健数据来自于 OECD 2004 年的医疗保健数据。

---

[1] 据统计资料表明,这段时期全美医疗责任险的平均费率上升了 505%,其中佛罗里达州上升 2654%,部分高风险的领域(如妇产科、脑精神外科),费率上升的幅度更加惊人。
[2] 参见张洪涛,王和. 责任保险理论、实务与案例[M]. 北京:中国人民大学出版社,2006。
[3] 参见 Rudolf Enz, Thomas Holzheu. 责任保险损失的经济学:如何承保日益增长的责任风险[J]. Sigma,2004。

[1] 净索赔

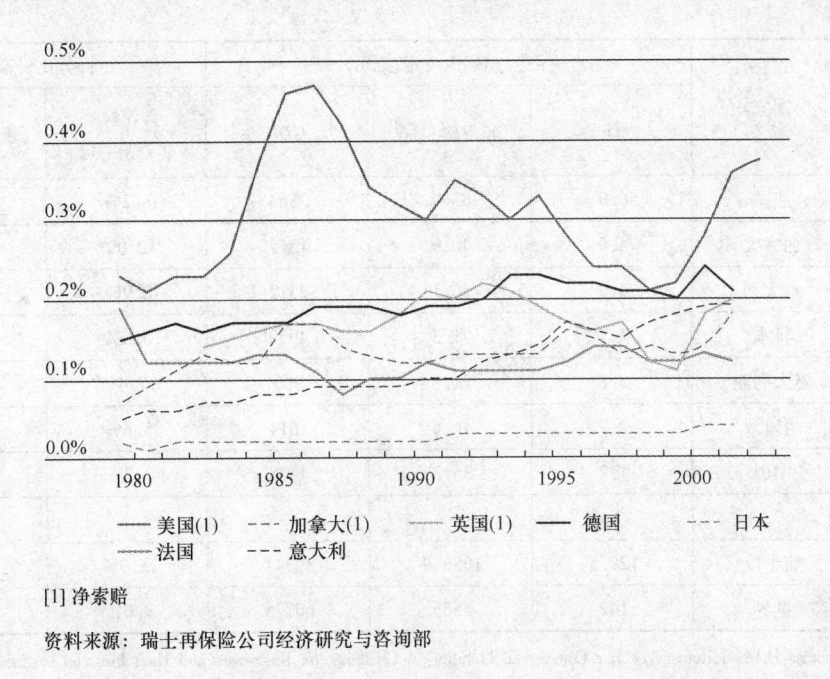

资料来源：瑞士再保险公司经济研究与咨询部

图 1-3-1　1980-2002 年商业责任险的索赔占 GDP 的百分比

尽管遭遇了责任保险危机，这一阶段责任保险的发展并未因此停滞，在后半段，随着发达国家创新产品的推出，以及亚洲新兴市场的发展，为国际责任保险市场注入了新的动力。无论是发达市场还是新兴市场，责任保险在社会风险管理中正在起到不可忽视的积极作用。

二、主要国家责任保险发展现状

如表 1-3-2 显示，2008 年，全球企业在责任保险上花费了约 1420 亿美元。美国作为目前最大的市场，保费达到 770 亿美元，占到全球商业责任险保费总额的一半以上；英国是世界第二大市场，2008 年商业责任险保费总额为 120 亿美元。在新兴市场中，中国的商业责任险举足轻重，2008 年保费收入约为 10 亿美元，2010 年达到 18 亿美元，自 2000 年以来的增长十分强劲，年平均增长率达到 22%，但是渗透率依然很低[1]，2010 年的保险深度为万分之二点九，远低于美国等发达国家的水平（但是其中也有统计口径不一致、经济发达程度不同、社会制度不同等不可比的因素）。

表 1-3-2　2008 年全球商业企业责任保险市场

排名	国家	保费与GDP（十亿美元）			百分比份额	
		责任险	非寿险总额	GDP	责任险/非寿险总额	责任险/GDP
1	美国	77.2	492.9	14301	15.7%	0.54%
2	英国	11.7	107.0	2673	10.9%	0.44%
3	德国	11.5	132.1	3684	8.7%	0.31%

① Thomas Holzheu, Roman Lechner. 商业责任险：对企业及其保险公司的挑战[J]. sigma, 2009。

续表

排名	国家	责任险	非寿险总额	GDP	责任险/非寿险总额	责任险/GDP
4	法国	6.9	83.9	2864	8.2%	0.24%
5	加拿大	4.9	40.9	1517	12.0%	0.32%
6	意大利	4.9	55.1	2312	8.9%	0.21%
7	日本	4.7	71.3	4932	6.6%	0.10%
8	澳大利亚	3.8	21.8	966	17.4%	0.39%
9	西班牙	2.7	46.6	1614	5.8%	0.17%
10	中国	1.2	35.3	4478	3.3%	0.03%
	前十位	129.5	1086.9	39341	11.9%	0.33%
	世界	142	1585	60775	9.0%	0.23%

数据来源：Thomas Holzheu, Roman Lechner. Commercial Liability: A Challenge for Businesses and Their Insurers[J]. Sigma, 2009, p.10.

（一）美国

美国2008年责任险的密度为0.54%，高于其他经济体。一般责任险（包括错误与遗漏责任险和董事责任险）保费收入为500亿美元，商业一揽子保单占130亿美元，医疗责任险110亿美元，产品责任险30亿美元。强大的经济实力是责任保险高发展水平的基础，并且美国的侵权制度已经由损害赔偿制度逐步演变为涉及财富分配的制度，民事侵权法律制度成为责任险需求的重大推动力。大公司，尤其是遭受过重大责任损失的公司倾向于投保高额的责任保险。但是，美国也是遭遇责任保险危机冲击最大的国家：20世纪70年代中期，美国侵权法律的变化将责任险带入一个高诉讼、高索赔的时代，以石棉责任索赔危机为代表，各类职业责任、医疗责任和产品责任的高额判例使整个责任保险业务经营陷入困境；80年代后半期，由于产品定价和承保条件过于宽泛，财产险公司再次遭遇大规模承保的损失；本世纪初，责任险经营状况一度较为乐观，但自2008年金融危机以来，伴随着资本市场的疲软和证券市场集体诉讼的急剧增加，美国责任险市场再度陷入低迷。

（二）加拿大

同属北美的加拿大是全球第五大责任险市场。加拿大人口仅为美国的1/9，责任险保费收入为49亿美元，以平均水平计算，其责任险发展水平在发达国家是比较高的。同时，加拿大责任险保费自2000年以来实现了15%的年均增长率。

（三）英国

英国是世界第二大责任险市场，传统雇主责任险占据30%的市场份额，体现了政府对劳工保护和员工福利的重视。作为国际商业保险和再保险的主要市场，伦敦市场的劳合社和其他保险公司国际业务收入约为70亿美元。

（四）其他发达国家

欧洲大陆的德国、法国、意大利和西班牙也是重要的责任险市场。由于各国环境和历史传统的差异，责任险产品的保单类型和承保范围有所不同：德国的职业责任险（包括董事责任险)主要基于期内发生制,而意大利和法国则基于期内索赔制;西班牙、法国的建筑工程质量责任保险较为发达,但董事责任险规模较小。此外各国发展路径也各有特色:法国的经验是大规模、多险种的强制保险,尤其是职业责任险,包括律师、审计师、医护人员、公证员等多达80余种;德国责任险的显著特点在于环保的理念,早在1991年,德国就开始实行强制环境责任保险,要求所有工商业者必须投保该险种,近年来又在推行环境损害保险。

在亚太地区,日本和澳大利亚是主要的责任险市场。日本的规模约为47亿美元,责任险深度为0.1%,在发达市场中比较低,落后于日本保险业整体发展水平;澳大利亚责任险深度为0.4%,市场规模庞大,这得益于其英美法系的法律框架,以及某些领域的强制责任险,如航空、海洋石油污染和住宅建筑质量责任保险。

由于责任险具有承保风险复杂和发生巨额损失的可能性,同时严重依赖于民事侵权法律环境,这就要求责任险保险人具备雄厚的实力。大公司在偿付能力、国际经验、资金运用效率、再保险能力与金融市场运作能力等方面的优势使他们在主观上更符合承保复杂责任风险和高额保单的条件,导致了责任保险即使在发达国家市场也呈现出市场集中度高的现状。同时,发达国家责任险的经营并未呈现出较强的专业经营特征,占据市场份额较大的公司并不以责任险为主要业务[①]。

(五)新兴市场国家

新兴市场是一个相对概念,指相比于发达国家正处于发展阶段、经济水平比较落后的国家或地区,从地域上看主要集中于亚洲、拉丁美洲和东欧等地区。韩国是新兴市场中责任保险发展水平较高的国家,被称为"亚洲的加利福利亚";俄罗斯、巴西分别是东欧、拉丁美洲新兴市场国家的典型代表,其中俄罗斯截止到2006年注册保险公司达到2 600多家,但是大型保险公司占据绝对优势,尤其是责任险方面,俄罗斯前10家最大的保险公司占据市场份额达到近70%,而前20家最大公司更是占据了近85%。巴西的责任险广泛与其他险种捆绑或搭配销售,缺乏独立的险种,因此造成巴西的责任险深度在整个拉丁美洲是最低的。印度虽然责任险发展水平不高,人均产寿险加在一起不足30美元,但其责任险的发展历史在所有新兴市场国家之中是最长的,约有200多年的历史,最先发展起来的责任险险种同发达国家一样是雇主责任险,这主要是由英国在印度殖民地设立的东印度等公司雇佣当地民工从事商业活动而产生。虽然近年来发生了席卷全球的金融危机,造成了股市下跌,并且地震、海啸等自然灾害肆虐,使得2008年全球非寿险保费收入下降0.8%,总额近17 800亿美元,但是拖累增长的最主要原因是北美(-2.8%)和德国、英国、意大利等工业化国家,而新兴市场国家的非寿险保费收入虽略有下降但仍保持着稳定增长。

责任险主要险种在各新兴市场国家发展的重要性排序见表1-3-3:

表1-3-3 责任险主要险种在各新兴市场国家的重要性

国家	一般商业责任险	产品责任险	董事责任险	产品召回	专业赔偿责任险	个人责任险
韩国	++	++	+	+	+	+
新加坡	++	++	+	+	+	+
印度	+	+	+	+	+	+

[①] 参见南开大学,《责任保险"十二五"规划》课题研究报告,2010年。

续表

国家	一般商业责任险	产品责任险	董事责任险	产品召回	专业赔偿责任险	个人责任险
巴西	+++	++	++	+	+	+
阿根廷	+++	+++	+	+	++	+
波兰	+++	+++	+	+	++	+
南非	+++	+++	++	+. +	+. +	++
土耳其	+++	++	+	++	+	+

注：+较小重要性0－10%；++中等重要性10%~35%；+++较高重要性35%以上。

数据来源：瑞士再保险公司经济研究与咨询部。

第三节 责任保险在我国的发展

一、我国责任保险的法律及政策环境

责任保险作为以损害赔偿责任为保险标的的保险制度，与民事损害赔偿法律制度息息相关、相辅相成，与一国的社会、经济政策运行的方式也密不可分。20世纪末，伴随着我国社会主义市场经济体制的确立，保险领域各项改革逐步深化，法制环境也日臻完善，我国责任保险市场步入了快速发展的轨道，如《民法通则》《道路交通安全法》《煤炭法》《产品质量法》《建筑法》《消费者权益保护法》以及《最高人民法院关于审理人身损害赔偿的司法解释》《侵权法》等有关损害赔偿的民事法律法规陆续出台，社会公众的法律观念和维权意识逐步增强，国家对责任保险的扶植力度也一再加大，为责任保险市场的发展奠定了必备的法律、政策基础。2006年底，国务院颁布的《关于保险业改革发展的若干意见》（国发〔2006〕23号）提出"采取市场运作、政策引导、政府推动、立法强制等方式，发展安全生产责任、建筑工程责任、产品责任、公众责任、执业责任、董事责任、环境污染责任等保险业务"，"大力发展责任保险，健全安全生产保障和突发事件应急机制"，进一步推动了政府职能部门利用责任保险机制化解社会纠纷、促进政府职能转变的积极性，成为责任险持续发展的强劲动力，此后，中国保监会会同公安部、安监总局、环保部、国家旅游局、建设部、卫生部、教育部等10多个部委联合发布了一系列指导意见，火灾公众责任险、校园方责任险、承运人责任险、安全生产责任险、旅行社责任险、环境污染责任险、自然灾害公众险责任险等一系列具有中国特色的责任保险产品得到迅速推广，促进了我国责任保险的快速发展。

这个阶段有关责任保险的法律、法规、规章、规范性文件出台的主要情况见附表1－3－1。

二、我国责任保险市场现状

（一）市场规模

自国务院2006年发布《关于保险业改革发展的若干意见》，提出"大力发展责任保险，健全安全保障和突发事件应急机制"以来，我国责任保险市场得到了前所未有的发展，见表1－3－4。

表1-3-4 近年来我国责任险市场发展状况

年份	财产险市场保费规模(亿元)	同比增长(%)	责任险保费规模(亿元)	同比增长(%)	责任险占财险业务比重(%)
2006	1 580.35	23.20	56.44	24.2	3.57
2007	2 086.48	32.28	66.73	18.92	3.20
2008	2 446.25	17.24	81.75	22.74	3.34
2009	2 992.85	22.35	92.21	12.8	3.08
2010	4 026.89	34.55	115.88	25.67	2.88
2011	4 779.06	18.68	148.01	27.73	3.1
2012	5 529.88	15.71	183.77	24.16	3.32
2013	6 481.16	17.2	216.63	17.88	3.34

从上表可以看出，2006年以来，除个别年份外，我国责任险市场保持了高于财险市场增速的发展趋势，责任险保费占财产险保费的比重基本维持在3%~3.5%之间，2009年和2010年比重有所下降主要是由于国内车险业务发展迅猛，其实这一时期责任保险也呈现出快速增长的局面。

(二)主体结构

1995年实施的《保险法》确立了我国保险业分业经营、分业监管的制度，责任保险隶属于财产险业务，由财产险公司专营。2004年以来，我国财产险市场主体迅速增加，截止到2013年底，国内市场上有59家财产险公司，其中1家责任险专营公司(长安责任险公司)，1家相互制保险公司(黑龙江阳光农业相互保险公司)、36家中资公司、21家外资公司，除中国出口信用险公司专营信用险、个别公司处于筹备阶段尚未营业外，其他财险公司都已经进入责任险市场，展开了激烈竞争。2013年责任险市场前四大主体分别是人保财险、太保财险、平安财险、国寿财险，其经营状况见表1-3-5。

表1-3-5 2013年我国责任险市场主体保费及增速

公司名称	人保财	太保财	平安财	国寿财
保费收入(亿元)	84.43	27.6	26.05	8.81
市场份额(%)	38.97%	12.74%	12.03%	4.07%

从该表可以看出，中国人民财产保险股份有限公司、中国太平洋财产保险股份有限公司、中国平安财产保险股份有限公司居于我国责任险市场的前三位，国寿财作为新加入的公司，凭借其较强的网络、品牌、股东优势，有后来居上之势，竞争力较强。国有老牌公司在责任险市场上居于主导地位，美亚、丘博、三井住友等外资财险公司在高端责任险领域有一定优势，但近年发展较慢。此外，当前我国责任险市场主体表现出两个明显特征，这些特征表明我国责任险发展空间、经营管理水平提升空间还存在巨大的潜力，竞争还将进一步加剧：

一是责任险市场集中度下降速度高于传统财产险及车险市场。我国保险市场的集中度较高，市场上排名前三的保险公司——人保财险、太保财险和平安财险占财险市场的总份额在60%以上,但是,也可以看到,这三家保险公司的主要优势在于机构网点和理赔服务,对车险的影响要大于非车险,因此随着市场竞争的加剧,车险市场集中度的下降速度要慢于责任险和企财险,尤其是责任险市场集中度下降速度更快,与2011年相比,2013年下降了5个多百分点,而同期企财险下降了3个百分点,车险市场集中度下降了1个多百分点,总的集中度下降了不到2个百分点,表明品牌大公司在责任险等非车险领域必须重新建立新的竞争优势,否则将更快地失去市场份额(见表1-3-6)。

表1-3-6(1) 2013年我国财险市场集中度

	总份额	企财险份额	车险份额	责任险份额
人保	34.41%	32.44%	34.59%	38.98%
太保	12.59%	15.06%	13.52%	12.74%
平安	17.80%	14.19%	19.05%	12.03%
前三家份额	64.80%	61.69%	67.17%	63.74%

表1-3-6(2) 2011年我国财险市场集中度

公司名称	总份额	企财险份额	车险份额	责任险份额
人保财	36.28%	35.09%	36.52%	43.48%
太保财	12.89%	14.79%	13.53%	13.25%
平安财	17.44%	14.84%	18.58%	12.07%
前三家份额	66.60%	64.72%	68.63%	68.80%

二是外资公司责任险业务比重高于中资公司。就责任险业务占公司整体业务的比重来看,中资公司的比重一般在4%以下,相比之下,境内外资公司的比重则大得多,如2011年丘博占比为36.07%,美亚为31.23%,安联为22.74%。外资公司责任险业务比重如此之高,分析其原因主要有以下几方面:其一,公司定位不同。外资公司在境内开设分支机构,很大一部分是为了给本国在中国的企业提供保险。企业责任保险与该国的法律制度关系密切,外资公司对本国法律制度的熟悉程度要明显高于其他公司,企业投保责任险往往倾向于向熟悉本国法律情况的具有本国背景的保险企业投保;其二,公司面临的市场环境不同。外资公司进入中国时间较短,主要在上海、北京等中心城市开设分支机构,经济发达地区的责任险保源较为集中,责任险需求相对较大;其三,责任险专业化较强,外资公司专业优势明显,如美亚、丘博等公司在进入中国市场前,其母公司已经经营了几十年甚至上百年之久,在责任险方面,无论是产品开发、核保理赔,还是风险管控体系、信息系统,都形成了一套先进的机制,相比之下,本土保险公司由于在责任险领域经营时间较短,在这种专业性较强的险种上竞争力不如外资公司;其四,外资公司在经营范围上存在政策制约。2005年底以前,外资保险公司在经营范围和机构扩张上受到限制,比如寿险公司不能经营团险,产险公司不能经营车险的第三者责任险等,截至2010年,交强险仍未对外资公司开放,致使外资公司在业务发展中主要倾向于寻找国内的市场空白点,特别是将责任险等新兴高端业务作为切入点,这也导致其责任险占比较大。

(三)区域结构

就我国区域责任险市场发展情况来看,在责任险保费规模与比重(保险深度)方面,由于责任保险市场受经济资源、法制意识等因素影响,业务大多集中于发达地区,且存在区域份额高于财产险整体区域份额的情况(区域份额是指当地市场规模占全国市场规模的比重),经济发达地区财险市场的增长一定程度上体现为责任险等新兴市场的增长。责任险市场的区域份额要高于当地财产险市场的区域份额,以北京、上海、江苏、广东、湖北、湖南、四川、贵州、新疆9个省(自治区、直辖市)2013年的数据为例,见表1-3-7,因为责任险发展空间广阔,其区域占比的趋势是越来越高,加上其对网络、机构的依赖性不强,将是未来中西部发展的主要领域,责任险在区域保险市场的重要性日益显现。

表1-3-7 2013年我国财险市场和责任险市场区域结构

区域	财产险市场总量(亿元)	区域占比	责任险市场总量(亿元)	区域占比
北京市	298.26	0.046	14.97	0.069
上海市	304.83	0.047	19.40	0.09
江苏省	539.87	0.083	19.21	0.089
广东省	509.53	0.079	19.44	0.070
湖北省	181.86	0.028	6.63	0.031
湖南省	184.67	0.028	6.78	0.030
四川省	333.12	0.051	11.36	0.052
贵州省	93.49	0.014	3.78	0.017
新疆	124.86	0.019	4.63	0.021

在责任险人均保费(保险密度)方面,则体现出另外一种情况:沿海发达地区、中心城市等人均GDP高的地区责任险密度大,但是人均GDP低的区域责任险密度则呈现出不同的趋势——部分西部地区责任险密度较高,而一些经济发展较快的人口大省在责任险密度上反而较低,如根据2009年统计数据,上海的责任险密度为84.75元,北京为35.06元,广东为8.67元,福建为9.36元,吉林只有3.05元,但新疆、西藏、青海等经济欠发达地区责任险密度保持在7~8元。这一现象与区域险种结构及我国责任保险市场所处的阶段有关。"十一五"以来,我国责任险市场的发展承载着较多的社会管理功能,因此该阶段责任险的发展主要还是以政府推动为主,如旅行社责任险、自然灾害公众责任险、医疗责任险、安全生产责任险、校园方责任险,因此政府部门重视、推动力度较大的区域发展速度相对较快,当前有助于社会稳定和促进政府职能转变的险种在这些区域发展也相对较快,从而形成了目前的状况。

(四)险种结构

"十一五"前,我国市场上责任保险产品主要集中在公众责任险、雇主责任险、产品责任险"老三样"。"十一五"期间,特别是加入WTO和国务院23号文发布后,我国责任保险市场取得了长足进步,各类险种均有所发展,赎金保险、艺术品保险、促销保险、电影保险、董监事及高级管理人员责任险、错误和遗漏责任险、环境污染责任险、自然灾害公众责任险等多种新产品也逐渐进入中国,责任保险市场对于创新人才的需求也越来越急迫。

附表1-3-1　责任保险相关法律、法规、规章、规范性文件一览表

分类	法律名称	时间	与责任保险有关的措辞或描述
上位法	民法通则	1986	对各类民事损害赔偿责任进行归责。
	人身损害赔偿的司法解释	2004	对民事赔偿有关归责原则及赔偿具体标准进行了明确。
	侵权责任法	2009	对责任的构成和方式、侵权赔偿标准、责任主体的特殊规定、产品责任、机动车交通事故责任、医疗损害责任、学校事故责任、环境损害责任、高危行业损害赔偿责任等进行归责。
	关于审理人身损害赔偿案件适用法律若干问题的解释	2004	从事住宿、餐饮、娱乐等经营活动或者其他社会活动的自然人、法人、其他组织,未尽合理限度范围内的安全保障义务致使他人遭受人身损害,赔偿权利人请求其承担相应赔偿责任的,人民法院应予以支持。
	工伤保险条例	2009	规定了雇主承担责任的情形和方式。
	保险法	2009	立法规定了责任保险定义、保险标的、责任保险索赔和赔偿、追偿等因素。
	合同法	1999	承运人应当对运输过程中旅客的伤亡承担赔偿责任,但是伤亡是旅客自身健康原因造成的,或者承运人证明死亡是旅客故意、重大过失造成的除外。
公众责任保险专业法	消防法	2008	国家鼓励、引导公众聚集场所和生产、储存、运输、销售易燃易爆危险品的企业投保火灾公众责任险,鼓励保险公司承保火灾公众责任险。
	道路交通安全法	2008	国家实行机动车第三者责任强制保险制度,设立道路交通事故社会救助基金。
	水路运输管理条例	2012	水路旅客运输业务经营者应当为其客运船舶投保承运人责任保险或者取得相应的财务担保。
	无船承运业务经营者保证金责任保险制度操作办法	2013	无船承运业务经营者保证金责任保险方式与无船承运业务保证金方式、保证金保函方式,均为无船承运业务经营资格申请人可采纳的财务责任证明形式
	娱乐场所管理条例	2006	娱乐场所及其从业人员与消费者发生争议的,应当依照消费者权益保护的法律规定解决;造成消费者人身、财产损害的,由娱乐场所依法予以赔偿。
	营业性演出管理条例实施细则	2009	举办营业性演出,举办单位或者个人可以为演出活动投保安全责任保险。
	养老机构管理办法	2013	鼓励养老机构投保责任保险,降低机构运营风险。
	关于推进养老机构责任保险工作的指导意见	2014	积极争取通过补贴保险费等政策,鼓励和引导养老机构自愿参加责任保险,有效化解运营风险。
	旅游法	2013	国家根据旅游活动的风险程度,对旅行社、住宿、旅游交通以及本法第四十七条规定的高风险旅游项目等经营者实施责任保险制度。
	旅行社条例	2009	旅行社应当投保旅行社责任保险。旅行社从事旅游业务经营活动,必须投保旅行社责任保险。
	特种设备安全监察条例	2009	如果特种设备造成他人人身伤害、财产损失的,特征设备的所属单位要承担相应民事损害赔偿责任,国家鼓励实行特种设备责任保险制度,以提高事故赔付能力。
	道路运输条例	2004	客运经营者、危险货物运输经营者应当分别为旅客或者危险货物投保承运人责任险。
	道路旅客运输及客运站管理规定	2009	客运经营者应当为旅客投保承运人责任险。

续表

法律名称		时间	与责任保险有关的措辞或描述
公众责任保险专业法	校车安全管理条例	2012	取得校车使用许可的条件之一是：已经投保机动车承运人责任保险。
	特种设备安全法	2013	国家鼓励投保特种设备安全责任保险。
	关于积极推进火灾公众责任保险，切实加强火灾防范和风险管理工作的通知	2006	充分认识发展火灾公众责任保险的紧迫性和必要性，认真开展防灾防损工作，加强火灾防范和风险管理，积极促进开展火灾公众责任保险。
	全民健身条例	2009	县级人民政府对向公众开放体育设施的学校给予支持，为向公众开放体育设施的学校办理有关责任保险。国家鼓励全民健身活动组织者和健身场所管理者依法投保有关责任保险。
产品责任保险专业法	产品质量法	1993	生产者应当对其生产的产品质量负责；由于销售者的过错使产品存在缺陷，造成人身、他人财产损害的，销售者应当承担赔偿责任。销售者不能指明缺陷产品的生产者也不能指明缺陷产品的供货者的，销售者应当承担赔偿责任。
	消费者权益保护法	1994	消费者因购买、使用商品或接受服务受到人身、财产损害的，享有依法获得赔偿的权利。
	食品安全法	2009	造成人身、财产或者其他损害的，依法承担赔偿责任。
	工业企业法	1988	企业因生产、销售质量不合格的产品，给用户和消费者造成财产、人身损害的，应当承担赔偿责任；构成犯罪的，对直接责任人依法追究刑事责任。造成人身、财产或者其他损害的，依法承担赔偿责任。
	工业产品质量责任条例	1986	产品的生产、储运、经销企业必须按照本条例的规定，承担产品质量责任。
	关于进一步加强建筑工程质量监督管理的通知	2009	推行工程质量保险制度。制定《关于在房地产开发项目中推行工程质量保证保险的若干意见（试行）》，加快推进住宅工程质量保险工作，强化住宅工程质量保障机制。
	工业企业法	1988	企业因生产、销售质量不合格的产品，给用户和消费者造成财产、人身损害的，应当承担赔偿责任；构成犯罪的，对直接责任人依法追究刑事责任。
雇主责任保险专业法	职业病防治法	2003	用人单位应当建立、健全职业病防治责任制，加强对职业病防治的管理，提高职业病防治水平，对本单位产生的职业病危害承担责任。规定了雇员受到伤害后可以获得的赔偿的情形及金额。
	安全生产法	2002	规定雇主应当承担的义务和承担民事赔偿责任的情形。
	煤炭法	1996	规定了煤矿企业必须为煤矿井下作业职工的意外伤害办理保险，支付保险费。
	关于大力推进安全生产领域责任保险，健全安全生产保障体系的意见	2006	引导、鼓励有关生产经营单位，首先是采掘业、建筑业等高危行业和公众聚集场所等领域投保责任保险。
	非煤矿山企业安全生产许可证实施办法	2009	非煤矿山企业申请领取安全生产许可证，应当提交为从业人员交纳工伤保险费的证明材料；因特殊情况不能办理工伤保险的，可以出具办理安全生产责任保险或者雇主责任保险的证明材料。
	关于在高危行业推进安全生产责任保险的指导意见	2009	规定了安全生产责任保险的重要意义、基本原则和指导思想，处理好推进安全生产责任保险中的一些重点问题，推进安全生产责任保险的基本要求。
	关于加强渔业安全生产工作的通知	2008	完善渔业安全风险保障机制。要充分发挥保险对分散和降低渔业安全生产风险的作用，鼓励渔船雇主购买船东责任保险，引导和鼓励渔民积极参加保险。

续表

	法律名称	时间	与责任保险有关的措辞或描述
职业责任保险专业法	律师法	2007	律师违法执业或者因过错给当事人造成损失的,由其所在的律师事务所承担赔偿责任。律师事务所赔偿后,可以向有故意或者重大过失行为的律师追偿。
	律师事务所管理办法	2008	律师事务所应当按照规定,建立执业风险、事业发展、社会保障等基金。律师违法执业或者因过错给当事人造成损失的,由其所在的律师事务所承担赔偿责任。律师事务所赔偿后,可以向有故意或者重大过失行为的律师追偿。
	律师事务所从事证券法律业务管理办法	2007	鼓励已经办理有效的执业责任保险的律师事务所从事证券法律服务。律师事务所应当按照规定,建立执业风险、事业发展、社会保障等基金。
	企业破产法	2007	第24条确立了个人破产管理人执业责任强制保险制度,个人担任管理人的,应当参加执业责任保险。
	最高人民法院关于审理企业破产案件指定管理人的规定	2007	第8条要求个人申请编入管理人名册的应当提交执业责任保险证明。第24条确立了个人破产管理人执业责任强制保险制度,个人担任管理人的,应当参加执业责任保险。律师事务所应当按照规定,建立执业风险、事业发展、社会保障等基金。
	公证法	2006	第15条规定公证机构应当参加公证执业责任保险。第8条要求个人申请编入管理人名册的应当提交执业责任保险证明。鼓励已经办理有效的执业责任保险的律师事务所从事证券法律服务。
	资产评估机构职业风险基金管理办法	2009	资产评估机构可以在机构所在省通过购买职业责任保险的方式,提高抵御职业责任风险的能力。资产评估机构购买责任保险符合本办法规定的,可不再提取购买保险年度的职业风险基金。
	老年人权益保障法	2012	国家鼓励养老机构投保责任保险,鼓励保险公司承保责任保险。
	注册会计师法	1993	会计师事务所按照国务院财政部门的规定建立职业风险基金,办理职业保险。资产评估机构可以在机构所在省通过购买职业责任保险的方式,提高抵御职业责任风险的能力。
	会计法	2000	对注册会计师的民事赔偿责任进行了原则规定。会计师事务所按照国务院财政部门的规定建立职业风险基金,办理职业保险。
	公司法	1993(1999、2013年修订)	董事、监事、高级管理人员执行公司职务时违反法律、行政法规或者公司章程的规定,给公司造成损失的,应当承担赔偿责任;损害股东利益的,股东可以向人民法院提起诉讼。
	证券法	2005	为证券的发行、上市或者证券交易活动出具审计报告、资产评估报告或者法律意见书等文件的专业机构,就其所应负责的内容弄虚作假……造成损失的,承担连带责任。董事、监事、高级管理人员执行公司职务时违反法律、行政法规或者公司章程的规定,给公司造成损失的,应当承担赔偿责任;损害股东利益的,股东可以向人民法院提起诉讼。
	上市公司治理准则	2002	董事、监事、经理执行职务时违反纪律、行政法规或者公司章程的规定,给公司造成损害的,应承担赔偿责任。股东有权要求公司依法提起要求赔偿的诉讼。为证券的发行、上市或者证券交易活动出具审计报告、资产评估报告或者法律意见书等文件的专业机构,就其所应负责的内容弄虚作假……造成损失的,承担连带责任。对注册会计师的民事赔偿责任进行了原则规定。
	建设工程质量管理条例	2000	规定了建设、勘察、设计、施工、监理等单位依法对建设工程质量负责,违反《建筑法》及本《条例》的后果及造成他人损失需承担民事赔偿责任的情形。

续表

	法律名称	时间	与责任保险有关的措辞或描述
职业责任保险专业法	建设工程勘察设计合同条例	1983	对于因勘察设计错误而造成工程重大质量事故者,勘察设计单位除免收受损失部分的勘察设计费外,还应付与直接受损失部分勘察设计费相等的赔偿金。规定了建设、勘察、设计、施工、监理等单位依法对建设工程质量负责,违反《建筑法》及本《条例》的后果及造成他人损失需承担民事赔偿责任的情形。
	医疗事故处理条例	2002	医疗事故赔偿费用实行一次性结算,由承担医疗事故责任的医疗机构支付。
	关于推动医疗责任保险有关问题的通知	2007	要求相关部门落实国务院《关于保险业改革发展的若干意见》大力开展医疗责任保险工作,充分发挥政策导向作用,积极引导医疗机构和医务人员筹资参加医疗责任保险,靠第三方化解医疗风险,减少医疗纠纷,改善医疗执业环境。
	关于印发公立医院改革试点指导意见的通知	2010	积极发展医疗意外伤害保险和医疗责任保险,建立并完善医患纠纷第三方调解机制,充分发挥社会各方面对公立医院的监督作用
	关于加强医疗纠纷人民调解工作的意见	2010	各级卫生行政部门组织公立医疗机构参加医疗责任保险,鼓励和支持其他各级各类医疗机构参加医疗责任保险。保监部门鼓励、支持和引导保险公司积极依托医疗纠纷人民调解机制,形成医疗纠纷人民调解和保险理赔互为补充、互相促进的良好局面。
环境污染责任险专业法	海洋保护法	2000	国家完善并实施船舶油污损害民事赔偿责任制度;按照船舶油污损害赔偿责任由船东和货主共同分担风险的原则,建立船舶油污保险、油污损害赔偿基金制度。
	内河交通管理条例	2002	按照国家规定必须取得船舶污染损害责任、沉船打捞责任的保险文书或者财务保证书的船舶,其所有人或者经营人必须取得相应的保险文书或者财务担保证明,并随船携带其副本。
	关于环境污染责任保险工作的指导意见	2007	提出开展环境污染责任保险工作的指导原则与工作目标,以及近期工作重点,明确了国家建立环境污染责任保险制度的要求。
	关于开展环境污染强制责任保险试点工作的指导意见	2013	上述行业内涉及重金属污染物产生和排放的企业,应当按照国务院有关规定,投保环境污染责任保险。 地方性法规、地方人民政府制定的规章或者规范性文件规定应当投保环境污染责任保险的企业,应当按照地方有关规定,投保环境污染责任保险。 鼓励下列高环境风险企业投保环境污染责任保险。
	环境保护法	2014	国家鼓励投保环境污染责任保险。
	船舶油污损害民事责任保险实施办法	2010	在中华人民共和国管辖海域内航行的载运油类物质的船舶和1000总吨以上载运非油类物质的船舶,其所有人应当按照本办法的规定投保船舶油污损害民事责任保险或者取得相应的财务担保。
校园方责任保险专业法	学生伤害事故处理办法	2002	对预防和处理在校学生伤害事故、保护学生学校的合法权益有积极的作用,同时也明确了学生伤害事故的责任主体及承担责任的情形。
	关于加强学校保险教育有关工作的指导意见	2006	将保险教育纳入国民教育体系,增强学生的保险意识;加强保险专业教育,为保险业发展提供人才支持;加强保险创新,努力为教育发展服务;加强保险业与教育部门的合作。对预防和处理在校学生伤害事故、保护学生学校的合法权益有积极的作用,同时也明确了学生伤害事故的责任主体及承担责任的情形。
	关于加强青少年体育、增强青少年体质的意见	2007	所有学校都要建立校园意外伤害事件的应急管理机制。建立和完善青少年意外伤害保险制度,推行由政府购买意外伤害校方责任险的办法。
	关于推行校方责任保险,完善校园意外伤害事故风险管理机制的通知	2008	对各地推行校方责任保险工作提出了基本原则和要求,"九年制义务教育阶段学校投保校方责任保险所需的费用,由学校公用经费中支出",明确了财政补贴保费的政策。所有学校都要建立校园意外伤害事件的应急管理机制。建立和完善青少年意外伤害保险制度,推行由政府购买意外伤害校方责任险的办法。

◎ **责任保险**

续表

	法律名称	时间	与责任保险有关的措辞或描述
校园方责任保险专业法	中等职业学校学生实习管理办法	2007	实习期间学生人身伤害事故的赔偿,应当依据教育部《学生伤害事故处理办法》等有关规定处理。学校和实习企业必须为实习学生购买意外伤害保险等相关保险。
	关于在中等职业学校推行学生实习责任保险的通知	2009	明确了在中等职业院校开展实习责任保险的意义、方案和推动步骤。实习期间学生人身伤害事故的赔偿,应当依据教育部《学生伤害事故处理办法》等有关规定处理。

第二篇　产品篇

第一章

公众责任保险

第一节　公众责任风险与保险

一、公众责任的定义

在日常生产经营活动中,一些单位和个人在客观上可能对社会公众的利益造成损害,在这种情况下,经营者(或实际拥有者)在法律上有义务或责任对他人造成的伤害或损失承担责任,由此便产生了公众责任问题。所谓公众责任,是指单位或个人(致害人)因自身侵权行为致使他人的人身或财产遭受损害,依法应由致害人承担的对受害人的经济赔偿责任。由于责任人的行为损害了公众利益,所以这种责任被称为公众责任。公众责任有两个主要特征:一是致害人所损害的对象不是事先特定的某个人或某些人;二是损害行为是对社会大众利益的侵犯。公众责任的构成,必须以法律上负有的责任为前提。

二、公众责任的法律依据

公众责任源于法律法规的规定。一般而言,公众责任的法律依据是各国的民事法律和各种有关单行法规,如英国根据习惯法确定的损失赔偿原则,颁布了许多适用范围不同的单行法,包括1956年颁布的《旅馆所有人法》,1957年颁布的《住宅法》,1971年颁布的《动物法》等等。我国《民法通则》《侵权责任法》和其他单行法律法规对公众损害赔偿责任均有相应的规定,如《侵权责任法》第37条规定:"宾馆、商场、银行、车站、娱乐场所等公共场所的管理人或者群众性活动的组织者,未尽到安全保障义务,造成他人损害的,应当承担侵权责任。"另外《消费者权益保护法》《消防法》《道路交通安全法》《环境保护法》《娱乐场所管理条例》《道路运输条例》《公众场所卫生管理条例》《特种设备安全监察条例》《物业管理条例》《最高人民法院关于审理人身损害赔偿案件适用法律若干规定的解释》等国家法律、法规、司法解释等对单位和个人应负的民事责任有着明确而详细的规定。

从世界各国对公众责任事故赔偿的司法实践来看,责任事故的处理原则不是一成不变的,而是随着生产力的发展和维护公众权益呼声的日益高涨而从有利于致害方逐步向有利于受害方演变,公众侵权责任归责原则也从过去完全的过错归责原则发展到现在以过错原则为主、以过错推定和无过错归责原则为辅。我国在《侵权责任法》出台后,对某些特定领域的侵权责任归责原则进行进一步的明确。如校(园)方侵权责任,《侵权责任法》第38条规定:"无民事行为能力人在幼儿园、学校或者其他教育机构学习、生活期间受到人身损害的,幼儿园、学校或者其他教育机构应当承担责任,但能够证明尽到教育、管理职责的,不承担责任。"本条是为保护无民事行为能力人在教育机构学习、生活期间的人身权、健康权而制定的。当教育机构不能证明自己已尽到教育、管理责任时,即推定其有过错并承担责任。另外,如对环境侵权责任,《侵权责任法》第65条规定:"因污染环境造成损害的,污染者应当承担侵权责任。"根据《民法通则》第124条的规定,因违反国家保护环境防止污染的规定而造成的损害,污染者应当承担侵权责任。而本条中取消了"因违反国家保护环境防止污染的规定"这一限定,无论有无违反国家相关规定,只要因环境污染造成损害的,污染者都应承担侵权责任。可以说这一变化,更体现了环境污染侵权责任的无过错归责原则。

三、公众责任风险

公众责任风险是普遍存在的,在各种公众场所,如工厂、商店、饭店、办公楼、体育场馆、学校、医院、车站、娱乐场所,或旅游公司、运输公司、广告公司、建筑公司,或者举行展览、比赛、表演、庆祝、游览、促销等有社会公众参加的活动过程中,都有可能因其疏忽、过失或意外事故的发生造成第三者的人身损害或财产损失,致害人依照相关法律法规将承担相应的民事赔偿责任。随着我国法律法规的不断健全和完善,公众法律意识和维权意识不断提升,对公众责任风险进行分散、转嫁的需求越来越多,这为各种公众责任保险产品的产生、快速发展奠定了基础。

从风险特点看,公众责任风险通常可以分为场所类公众责任风险和运营类公众责任风险。场所类公众责任风险指经营者在固定场所内(包括可以明确的场所周边范围)从事生产经营活动时,由于场所结构上的缺陷或管理不善,或者因疏忽而发生意外事故造成第三方人身损害或财产损失,依法应承担的民事赔偿责任,也就是说经营者只需对在固定场所内发生的侵权行为承担赔偿责任。这类风险普遍存在于酒店、宾馆、商场、医院、学校等固定经营场所。而运营类公众责任风险顾名思义已突破了固定场所的范畴,其所面临的公众责任风险已贯穿到整个生产经营活动中,面临这些风险的单位往往其生产经营场所无法明确界定,或法律对其所需承担的侵权责任的规定已突破了固定场所范畴,如供电企业、管道燃气公司、客运企业、旅行社等。

四、公众责任保险

(一)公众责任保险概念

公众责任保险(Public Liability Insurance)来自英语,在西方国家一般称为普通责任保险或综合责任保险(General Public Liability),在中国台湾地区被称为一般责任保险。公众责任保险覆盖了单位和个人面临的大部分责任风险,它是责任保险中独立的、适用范围极为广泛的保险类别。"公众责任一词意欲包含除雇主对雇员责任以及因拥有或使用汽车、飞机或船舶而产生的责任之外,个人和企业所面临的全部责任风险"[1],"它不仅承保场所与经营责任风险,还包括产品与已完工工程责任以及其他各种侵权行为引起的责任风险"[2],这就是国际学术界普遍采用的广义上的公众责任保险;与之相应的是狭义上的公众责任保险,狭义上的公众责任保险主要承保企事业单位、社会团体、家庭或个人以及各种活动组织者在固定场所从事生产经营等活动或日常生活中由于意外事故造成他人人身伤害或财产损失,依法应由被保险人所承担的各种损害赔偿责任[3]。由此可见,狭义上的公众责任保险主要承保的是场所类公众责任风险。笔者认为我国的公众责任险起步于狭义上的公众责任保险,而经过近30年的发展从某种意义上已经突破了狭义上的公众责任保险范畴,目前国内各财产保险公司推出的公众责任保险产品承保范围已不局限于固定场所,而已逐步扩展到企业整个生产经营活动中,不仅承保场所类公众责任风险,也承保运营中的公众责任保险,在承保范围上有了很大的扩展,但与欧美国家广义上的公众责任保险承保范围相比还有不小的差距。本章所介绍的主要是场所类公众责任保险和运营类责任保险。

（二）公众责任保险的特点

公众责任保险与雇主责任保险、产品责任保险和职业责任保险等其他类责任保险相比较,具有以下三方面的特点:

1. 受害方的不确定性。在公众责任保险中的受害人可以是单位,也可以是个人,不具有一定的群体特征,这是公众责任险最根本的特征。在雇主责任保险中,受害人仅限于与雇主有雇佣关系的雇员;在产品责任保险中,受害人大多人为产品的直接使用者或消费者;在职业责任保险中,受害人一般是接受职业技术服务的特定对象。而公众责任险的受害方却可能是任何法人或自然人。

2. 适用范围的广泛性。公众责任保险不仅广泛适用于工厂、办公楼、旅馆、住宅、商店、医院、学校、影剧院、展览馆等各种公众活动的场所,也同时适用于个人的日常生活。可见公众责任保险的投保人可以是法人,也可以是个人。而雇主责任保险、产品责任保险和职业责任保险等的投保人一般为法人。

3. 表现形式的多样性。公众责任保险是一个统括性概念,根据其自身内涵和社会责任风险的现实需要,将风险进行了细分,衍生出具体公众责任保险类别,如场所类责任保险、供电责任保险、旅行社责任保险、环境污染责任保险等。

（三）公众责任保险的作用

公众责任保险顾名思义是保护广大民众利益的保险,与其他责任保险相比,具有较强的社会公益性,突出体现了保险的经济补偿和社会管理功能,在我国社会安全保障体系建设中具有举足轻重的作用。

1. 有利于维护人民群众的利益。承保公众责任保险后,保险公司可以直接介入责任事故的事后救助和善后处理,受害人可以迅速获得赔偿,降低致害人受意外事故的影响程度,可以尽快恢复正常生产秩序。特别是一些重大责任事故发生后,在责任人无力赔偿的情况下,通过公众责任保险机制,可以使受害者得到基本保障,使人民群众的生命和财产利益得

---

[1] Solomons. Huebner, Kenneth Black, Jr., Rernard L. Webb. Property and Liability Insurance[M]. 4th Edition. New Jersey: Prentice Hall, 1996, p.387.

[2] Donald S. Malecki, Arthru L. Flitner. Commercial Liability Insurance & Risk Management[M]. 4th Edition. American Institute For CPCU, 1998, p73.

[3] 郑功成. 责任保险理论与经营实务[M]. 北京:中国金融出版社,1991,第25页.

到有效保护。

2. 有利于维护社会稳定。通过公众责任保险制度，引入风险分摊机制，由政府、企业和保险公司等共同编织责任事故安全网络，可以增强社会抗风险能力，保障正常的社会秩序。特别是在处理突发性重大责任事故方面，公众责任保险为社会提供的不仅仅是保险产品和服务，而是一种有利于社会和谐发展的制度安排。

3. 有利于辅助社会管理。国外经验证明，随着社会经济的不断发展，公众责任保险已经成为灾害处理的一种重要方式，成为政府履行社会管理职能的重要辅助手段之一。而在我国，对突发性事件的应急处理上主要以政府主导为主。近年来，一些生产经营者常常在发生重大责任事故后躲藏逃匿，把抢救和事故善后处理工作全部推给了地方政府，对政府财政造成很大的压力。公众责任保险的介入，可以有效减轻政府负担，同时更好地保障广大人民群众的切身利益。通过公众责任保险向受害人直接进行赔偿，可以及时解决民事赔偿纠纷，有效化解社会矛盾，促进社会和谐发展。

（四）公众责任保险与第三者责任保险的区别

西方国家采用的广义上的公众责任保险包括第三者责任保险，在我国法学界，习惯将公众责任保险称为第三者责任保险；在保险界，也有人经常将公众责任保险与第三者责任保险相混淆。虽然两者承保的都是被保险人对公众或第三者依法承担的经济赔偿责任，但在我国责任保险经营实践中还是存在一定的区别，主要表现在：

1. 承保方式不同。公众责任保险一般采用完成独立的保单承保，即每一笔业务都有独立的保险合同，而第三者责任保险通常与一般财产保险具有不可分割的关系，大多采用附加险方式承保，没有独立的保险合同，一般只在特定财产保险单的基础上以附加条款形式承保，如建筑工程第三者责任保险等等；有的即使可以独立承保的业务，其条款也一般列入特定财产保险条款中，与特定财产保险有着不可分割的关系，如机动车辆商业第三者责任保险等。

2. 理论体系不同。在我国保险界，通常将公众责任保险列入责任保险理论体系。而第三者责任保险在本质上属于责任保险业务，但在保险监管和实践操作中将其作为财产保险中特定财产保险理论的组成部分，更强调与特定财产保险的相通性。如飞机第三者责任保险一般作为飞机保险的一部分，建筑安装工程第三者责任保险作为工程保险的一部分，机动车辆第三者责任保险作为车辆保险的一部分。在各家保险公司的业务统计和考核上，也将其分别计入不同财产保险业务类别中。

（五）公众责任保险的发展

作为最具广泛影响力的责任保险业务，公众责任保险始于1855年英国铁路旅客保险公司向铁路部门提供的承运人责任保险。19世纪80年代，相继出现了承包人责任保险，升降梯责任保险，业主、房东、住户责任保险等。到20世纪40年代，公众责任保险在工业化国家开始进入家庭，家庭和个人责任保险从而得到发展，也标志着公众责任保险开始逐渐成熟。进入70年代，由于公众对损害事故索赔意识的增强和法制的不断完善，公众责任保险在工业化国家尤其是欧美发达国家，已经成为机关、企业、团体以及各种游乐场所、公众活动场所乃至家庭或个人的必需保障。公众责任保险不仅已被广大民众所普遍接受，有些还列入了法定保险的范畴。在西方保险学术界，有人提出保险业发展的三阶段理论，即传统的海上保险是第一阶段，人身保险是第二阶段，责任保险是第三阶段，也就是保险发展的最高阶段。责任保险的发达与否，已成为一国保险业发达与否的标志。

我国在20世纪50年代初期，曾开办了汽车公众责任保险业务，但由于历史的原因，这项业务几年后就被停办。一直到80年代初,我国才开始推出公众责任保险,但发展十分缓慢。进入20世纪90年代,随着我国市场经济的不断推进,经济法制建设明显加快,社会权益保障观念和索赔意识快速提高,各机关企业、社会团体在生产经营活动中所面临的责任风险也日渐加大。为了满足日益增长的外部市场需求,保险人积极改造、开发和推广公众责任保险产品,业务取得了较快发展。2000年以后,随着政府转变职能及法律法规不断健全,公众责任保险迎来了快速发展阶段。2004年7月1日《中华人民共和国道路运输条例》正式实施,该条例第36条明确规定:"客运经营者、危险货物运输经营者应当分别为旅客或者危险货物投保承运人责任险。"这使承运人责任保险成为我国公众责任保险领域第一个真正意义上的强制保险。此后,承运人旅客责任保险和道路危险货物责任保险在全国得到迅速发展,目前已成为公众责任保险领域的第一大险种。近年来,公安部、教育部、国家安监总局、国家旅游总局、国家环保总局等国家部委相继出台了推动公众责任保险的政策和配套措施,新《消防法》和《特种设备安全监察条例》等法律法规也相继将火灾公众责任险、特种设备第三者责任险等内容进行要求和明确,政策环境和法律环境的不断改善,我国公众责任保险迎来了难得的发展机遇。

第二节　公众责任保险主要产品

一、场所类责任保险

(一)场所类责任保险概述

场所类责任保险承保的是固定场所(包括房屋、建筑物及其设备、装置等)因存在结构上的缺陷或管理不善,或者被保险人在被保险场所内进行生产经营活动时因疏忽而发生意外事故,造成他人人身伤亡或财产损害的经济赔偿责任。

场所类责任保险是公众责任保险的主要业务来源,广泛适用于商场、酒店、超市、写字楼、学校、展览馆、影剧院、公园、游乐场等各种公共场所,生产型企业可就企业周围一定区域投保公众责任保险,以转嫁其生产过程中发生事故造成周围第三者损失的风险。在我国,场所类责任保险通常用普通公众责任保险条款承保,或通过普通公众责任险附加险形式化承保,也可用专用的场所责任保险来单独承保,目前国内保险市场上专用的场所类责任保险险种主要有火灾公众责任保险、餐饮场所责任保险、停车场责任保险、电梯责任保险、风景名胜区责任保险、校园方责任保险等。

(二)场所类责任保险法律依据

在我国,对公众场所应负的法律责任在《民法通则》《侵权责任法》《消费者权益保护法》和最高人民法院《关于审理人身损害赔偿案件适用法律若干问题的解释》等法律法规中均有体现。《侵权责任法》第37条规定:"宾馆、商场、银行、车站、娱乐场所等公共场所的管理人或者群众性活动的组织者,未尽到安全保障义务,造成他人损害的,应当承担侵权责任。"第38条规定:"无民事行为能力人在幼儿园、学校或者其他教育机构学习、生活期间受到人身损害的,幼儿园、学校或者其他教育机构应当承担责任,但能够证明尽到教育、管理职责的,不承担责任。"《关于审理人身损害赔偿案件适用法律若干问题的解释》第6条第1款规定:"从事住宿餐饮娱乐等经营活动或其他社会活动的自然人、法人、其他组织,未尽合理限度范围内的安全保障义务致使他人遭受人身损害,赔偿权利人请求其承担其相应赔偿责任的,人民法院应予以支持。"总之,场所管理者或经营者违法安全保障义务,根据我国法律法规的规定,应当承担损害赔偿责任。

需要注意的是,按照《侵权责任法》相关规定,学校对无民事行为能力的学生承担的损害责任、物件致人损害责任、地面施工、地下设施侵权责任等采用的是过错推定归责原则;从事高空、高压、易燃、易爆、剧毒、放射性、高速运输工具等对周围环境有高度危险的作业造成他人损害责任采用的是无过错归责原则。

(三)场所类责任保险主要险种

1. 火灾公众责任保险。

(1)火灾公众责任保险概述。近几年来,随着我国大型商场、宾馆饭店、歌舞娱乐场所内的人员及财产密集程度日益增加,火灾事故发生频率在加快,造成的损失日益严重,给社会公众安全带来了极大的威胁。据统计,仅2011年,全国共接报火灾12.5万起,死亡1 106人,受伤572人,直接财产损失18.8亿元。在造成严重损失时,责任人往往无力赔偿,受害人的利益难以得到充分保障,政府部门处理事故时经常面临极大的财务压力,建立健全火灾保险制度成为最佳选择。2006年3月19日公安部和中国保险监督管理委员会联合下发了《关于切实推进火灾公众责任保险切实加强火灾防范和风险管理工作的通知》,同年6月15日,国务院在下发的《国务院关于保险业改革发展的若干意见》中,进一步强调要重点发展火灾公众责任保险,健全安全生产保障和突发事件应急机制。2009年5月1日实施的新《消防法》第33条规定:"国家鼓励、引导公众聚集场所和生产、储存、运输、销售易燃易爆危险品的企业投保火灾公众责任保险;鼓励保险公司承保火灾公众责任保险。"这一切为我国推动火灾公众责任保险提供了法律和政策依据。

为了满足市场需求,保险公司开发了火灾公众责任保险,承保的是被保险人在保险合同载明的场所内依法从事生产、经营等活动时,因该场所内发生火灾、爆炸造成第三者人身损害,依法应由被保险人承担的经济赔偿责任。该险种有利于发挥保险的社会管理职能,具有较强的公益性。

(2)火灾公众责任保险责任范围。火灾事故造成人身伤亡,是社会关注的焦点。火灾公众责任保险主险主要承保在保险期间内,被保险人在保险合同载明的场所内依法从事生产、经营等活动时,因过失导致火灾、爆炸造成第三者人身伤亡,依照中华人民共和国法律应由被保险人承担的人身损害经济赔偿责任及保险事故发生后需支付的法律费用和其他必要、合理费用。

(3)火灾公众责任保险除外责任。火灾公众责任保险除一般除外责任外,还包括:

①被保险人从事与保险合同载明的经营范围不符的活动或违法违规经营;

②被保险人或其雇员的人身损害;

③火灾、爆炸事故造成的任何直接或间接财产损失;

④未经有关消防及安全监督管理部门验收或经验收不合格的固定场所或设备发生火灾、爆炸事故造成的损失。

(4)火灾公众责任保险的赔偿限额。除投保人和保险人另有约定外,餐饮场所责任保险合同一般设累计赔偿限额和每人赔偿限额。以上两项责任限额由投保人和保险人协商确定,并在保险合同中载明。

(5)火灾公众责任保险的附加险。目前火灾公众责任保险的附加险主要有以下两个:

①附加第三者财产损害保险。该附加险扩展承保在保险期间内,被保险人在保险合同

载明的场所内依法从事生产、经营等活动时,因主险责任范围内的火灾、爆炸造成第三者直接财产损失,依照中华人民共和国法律应由被保险人承担的经济赔偿责任。

②附加工作人员人身伤亡责任保险。该附加险扩展承保在保险期间内,被保险人在保险合同载明的场所内依法从事生产、经营等活动时,因主险责任范围内的火灾、爆炸造成被保险人的工作人员的人身伤亡,依照中华人民共和国法律应由被保险人承担的经济赔偿责任。

2. 餐饮场所责任保险。

(1) 餐饮场所责任保险概念。我国是餐饮文化大国,餐饮行业是第三产业的重要组成部分,但我国餐饮业连锁经营、集团化发展的大型企业所占比重较低,抗风险能力较低的个体、私营的中小型企业占了绝大多数。投保责任保险成为餐饮业专家经营风险、保障企业健康发展的明智选择。

餐饮场所责任保险承保的是被保险人在保单列明的餐饮场所内提供与其营业性质相符的食品时,因疏忽或过失造成人身损害,依法应承担的经济赔偿责任。凡依法设立、有固定场所的餐饮单位,均可作为该保险合同的被保险人。

(2) 餐饮场所责任保险范围。餐饮场所责任保险的保障范围主要包括:

①在保险期间内,被保险人在保险单载明的餐饮场所内提供与其营业性质相符的食品时,因疏忽或过失造成第三者食物中毒或其他食源性疾患或人身伤亡,依法应由被保险人承担的经济赔偿责任,保险人按照保险合同的约定负责赔偿。

②在保险期间内,被保险人在保险单载明的餐饮经营场所范围内,由于发生火灾、爆炸,经营场所设施维护不当,经营场所存在缺陷等原因,或被保险人雇员的过失造成第三者人身伤亡和财产损失,依法应由被保险人承担的经济赔偿责任,保险人按照保险合同的约定也负责赔偿。

③保险事故发生后,被保险人因保险事故而被提起仲裁或者诉讼所支付的仲裁费用、诉讼费用以及事先经保险人书面同意支付的其他必要的、合理的费用,保险人按照保险合同约定也负责赔偿。

(3) 餐饮场所责任保险的除外责任。餐饮场所责任保险的除外责任除一般除外责任外,主要还包括:

①被保险人被主管部门吊销卫生许可证或责令停业整改而仍继续营业所造成的损失、费用和责任,保险人不负责赔偿。

本条可视为被保险人的故意行为所致的责任,保险人不负责赔偿。

②第三者自身原因造成的人身伤亡。

③被保险人或其代表、雇佣人员的人身伤亡。

(4) 餐饮场所责任保险的赔偿限额。除投保人和保险人另有约定外,餐饮场所责任保险合同一般设累计赔偿限额、每次事故赔偿限额和每人赔偿限额。以上各项责任限额由投保人和保险人协商确定,并在保险合同中载明。

3. 校(园)方责任保险。

(1) 校(园)方责任保险概述。据教育部不完全统计,我国每年大约有1.6万名中小学生非正常死亡,平均每天有40多人,如何保障在校学生的人身安全、保障学校正常教学秩序,长期以来是各级教育行政管理部门和学校、社会各界关注的焦点。学生安全事故与校方责任密切相关,这类纠纷案件数不胜数。校园安全事故的特征有:一是低年级学生更容易发生意外伤害。各类中小学校园安全事故,45%左右发生在小学,35%左右发生在初中,10%左右发生在高中。二是学生伤害事故纠纷增多。校方面临的压力进一步增加。学生发生伤害事故后,家长与校方就责任归属问题的纠纷日益增加。以北京为例,未成年人伤害事故纠纷中与学校有关的占到40%。

《侵权责任法》第38条规定:"无民事行为能力人在幼儿园、学校或者其他教育机构学习、生活期间受到人身损害的,幼儿园、学校或者其他教育机构应当承担责任,但能够证明尽到教育、管理职责的,不承担责任。"第39条规定:"限制民事行为能力人在学校或者其他教育机构学习、生活期间受到人身损害,学校或者其他教育机构未尽到教育、管理职责的,应当承担责任。"由此可见,《侵权责任法中》校(园)方对无民事行为能力的学生采用的是过错推定归责原则,对限制民事行为能力的学生采用的是过错责任归责原则。

校(园)方责任保险是指在学校实施的教育教学活动或学校组织的校外活动中,在校学生发生人身伤害事故,依法应由学校承担的经济赔偿责任,由保险公司在赔偿限额内负责赔偿的保险。各类从事教育管理的社会机构,包括大、中、小学普通学校,幼儿园,以及专门性培训机构,均可以作为该保险的被保险人。

(2)校(园)方责任保险的保障范围。2002年教育部颁发了《学生伤害事故处理办法》,该办法详细规定了校方对学生伤害事故应当承担赔偿责任的过错责任情形。但国内司法判例的实际情况是,对于某些学生伤害事故,校方即使无过错,也被法院根据公平原则,判由校方承担部分赔偿责任,因此市场对"过错责任制+公平责任制"的校方责任的需求越来越高。基于上述原因,校园方保险产品的主险保障包括两部分:

第一部分采用过错责任制:

在保险期间内,在中华人民共和国境内(港澳台地区除外),在被保险人的在校活动中或由被保险人统一组织或安排的活动过程中,因被保险人疏忽或过失发生下列情况导致学生的人身伤亡,依法应由被保险人承担的经济赔偿责任,保险人按照保险合同的约定负责赔偿:

①被保险人的校舍、场地、其他公共设施,以及提供给学生使用的学具、教育教学和生活设施、设备不符合国家规定的标准,或者有明显不安全因素;

②被保险人的安全保卫、消防、设施设备管理等安全管理制度有疏漏,或者管理混乱,存在安全隐患,而未及时采取措施;

③被保险人向学生提供的药品、食品、饮用水以及玩具、文具或者其他物品不符合国家、行业和被保险人所在地市的卫生、安全标准;

④被保险人组织学生参加教育教学活动或者校外活动,未按规定对学生进行必要的安全教育,并未在可预见的范围内采取必要的安全措施;

⑤被保险人的教师或者其他工作人员患有不适宜担任教学工作的疾病,但被保险人未采取必要措施;

⑥被保险人违反有关规定,组织或者安排未成年学生从事不宜未成年人参加的劳动、体育运动或者其他活动;

⑦学生有特异体质或特定疾病,不宜参加某种教学活动,被保险人知道或者应当知道,但未予以必要注意;

⑧学生在校期间突发疾病或者受到伤害,被保险人发现,但未根据实际情况及时采取相应措施,导致不良后果加重;

⑨教师或者其他工作人员在负有组织、管理未成年学生的职责期间,发现学生行为具有危险性,但未进行必要的管理、告诫或者制止;

⑩教师或者其他工作人员侮辱、殴打、体罚或者变相体罚学生;

⑪教师或者其他工作人员擅离工作岗位,不履行职责,或者虽在工作岗位但未履行职责,或者违反工作要求、操作规程或职业道德;

⑫对未成年学生擅自离校等与学生人身安全直接相关的信息,被保险人发现或者知道,但未及时告知未成年学生的监护人,导致未成年学生因脱离监护人的保护而发生伤害;

⑬被保险人知道或者应当知道学生患有传染性疾病,未采取必要的隔离防范措施导致其他学生感染。

第二部分采用公平责任制:

在保险期间内,在中华人民共和国境内(港澳台地区除外),发生下列情形导致被保险人的学生遭受人身伤亡,尽管被保险人已经履行了相应职责、行为并无不当,但法院或仲裁机构仍判决或裁决被保险人需对受伤害学生给予经济补偿时,保险人也负责赔偿:

①学生在代表被保险人参加各项比赛,或者在参加被保险人统一组织的体育竞赛活动中发生意外事故;

②火灾、爆炸、煤气中毒所造成的意外事故;

③高空物体坠落所造成的意外事故;

④学生拥挤所造成的意外事故。

另外,条款还规定,被保险人的学生发生人身伤亡事故后,被保险人因此而被提起仲裁或者诉讼的,对应由被保险人支付的仲裁或诉讼费用以及其他必要的、合理的费用,保险人按照保险合同的约定也负责赔偿。

(3)校(园)方责任保险的除外责任。校(园)方责任保险的除外责任除一般除外责任外,主要还包括:

①被保险人默许或放任其教师或其他工作人员殴打、体罚学生的行为;

②被保险人知道其教学、建筑设施不安全,仍继续使用;

③被保险人统一组织或安排的活动宣布结束,学生已脱离被保险人管理范围;

④学生自伤、自杀,被保险人及其教职员没有过错的;

⑤学生有打架、斗殴、吸毒等违法犯罪行为,但学生在学校范围内被殴打时的正当防卫行为除外;

⑥学生有特异体质、特定疾病或者异常心理状态,被保险人不知道或者难以知道的;

⑦学生突发疾病,被保险人采取的救护措施并无不当的;

⑧学生本人或他人过错,而被保险人的行为并无不当的;

⑨自然灾害及其他人力不可抗拒的破坏力强大的自然现象;

⑩学生在被保险人安排的实习单位实习期间遭受人身伤害导致的任何损失、费用和责任。

但随着市场的发展,对校(园)方提供全面风险保障的需求越来越旺盛,以上除外责任基本上都可以通过附加险的方式扩展承保。

(4)校(园)方责任保险的赔偿限额。除投保人和保险人另有约定外,校(园)责任保险合同一般设累计赔偿限额、每次事故赔偿限额和每人赔偿限额。以上各项责任限额由投保人和保险人协商确定,并在保险合同中载明。

(5)校(园)方责任保险的附加险。目前校(园)方责任保险常用附加险有以下三个：

①附加境外责任保险条款。该附加险扩展承保在保险期间内，被保险人在统一组织并带领下的出境(包括港澳台地区)活动中，由于疏忽或过失造成其注册学生的人身伤亡或财产损失，依法应由被保险人承担的经济赔偿责任。②附加注册学生第三者责任保险条款。该附加险扩展承保在保险期间内，在被保险人的校(园)内或由其统一组织并带领下的校(园)外(限中国境内，港澳台地区除外)活动中，由于被保险人的注册学生的疏忽或过失造成其他第三者的人身伤亡或财产损失，依法应由被保险人承担的经济赔偿责任。③附加校(园)无过失责任保险条款。该附加险扩展承保在保险期间内，在承保区域范围内，因自然灾害、学生自身原因、学生体质差异、校外的突发性侵害而导致被保险人的在校学生发生人身伤亡，被保险人已履行相应职责，行为并无不当，但依法仍需对受伤害学生承担的经济赔偿责任。

二、道路客运承运人责任保险

(一)道路客运承运人责任保险概述

《中华人民共和国道路运输条例》(以下简称《条例》，2004年4月14日国务院第48次常务会议通过、自2004年7月1日起施行)第36条规定："客运经营者、危险货物运输经营者应当分别为旅客或者危险货物投保承运人责任险。"同时第68条规定："违反本条例的规定，道路客运经营者未按规定投保承运人责任险的，由县级以上道路运理机构责令限期投保；拒不投保的，由原许可机关吊销道路运输经营许可证。"

该项行政法规将道路客运承运人责任险纳入强制保险的范围，客运承运人必须投保道路客运承运人责任险。目前已成为国内公众责任保险领域业务规模最大的险种。

道路客运承运人责任保险是配套《条例》的实施而开发的险种，它是承保道路客运承运人在运输过程中发生交通事故或其他事故，致使旅客遭受人身伤亡和直接财产损失，根据有关法律法规规定，应由承运人承担的赔偿责任以及相关法律费用的保险。由于《条例》规定了承运人的投保义务，所以该险种具有一定的强制性，属于强制保险。

(二)道路客运承运人责任保险的法律依据

承运人责任，顾名思义，是承运人对乘客依法应当承当的民事赔偿责任。道路客运承运人责任，就是从事道路(公路)客运经营的承运人对乘客依法应承担的民事赔偿责任。根据运管部门的相关规定，道路(公路)客运一般包括班车客运、包车客运、旅游客运、出租客运四种类型。班车客运是指城市之间、城镇之间、乡镇之间定期开行的客运方式。按运行区域分为五类：县内班车客运、县际班车客运、市际班车客运、省际班车客运、出入境班车客运。包车客运是指按行驶里程或包车时间计费的一种运输方式。旅游客运是指以运送旅游者游览观光为目的的旅客运输方式。出租汽车客运是指以小型客车为主要运输工具，按乘客意愿呼叫、停歇、上下、等待，按里程或时间计费的一种区域性立刻运输。

我国没有专门的道路客运承运人责任法，规范承运人与旅客之间的法律责任关系的法律依据主要是《合同法》、《消费者权益保护法》和《道路运输条例》等法律法规。《合同法》第302条规定，承运人应当对运输过程中旅客的伤亡承担损害赔偿责任，但伤亡是旅客自身健康原因造成的或者承运人证明伤亡是旅客故意、重大过失造成的除外。该法第311条规定："承运人对运输过程中货物的毁损、灭失承担损害赔偿责任。"《消费者权益保护法》第11条规定:"消费者应购买、使用商品或接收服务受到人身、财产损害的,享受依法获得赔偿的权利。"可以看出,承运人对旅客伤害的责任,是居于运输合同的存在,承担的是违约责任,该责任为无过错责任,不以承运人主观过错为前提,只要承运人没有将旅客安全运达目的地,而又不属于承运人免责事由的,承运人就违反了运输合同的约定,要承担相应的违约责任。按照《合同法》第302条规定,承运人责任的免责事由有三个:一是伤亡是旅客自身健康原因造成,即与承运人运输行为无关的旅客的特异体质、突发疾病等原因。二是旅客的故意行为。为推定过错责任,举证责任在承运人。三是旅客的重大过失造成。为推定过错责任,举证责任在承运人。

承运人承担违约责任大小的标准,《合同法》没有规定,但是《道路运输条例》(国务院令第406号)第21条规定,客运经营者在运输过程中造成旅客人身伤亡,行李毁损、灭失,当事人对赔偿数额有约定的,依照其约定;没有约定的,参照国家有关港口间海上旅客运输和铁路旅客运输赔偿责任限额的规定办理。《道路旅客运输及客运站管理规定》(2005年8月1日起实施、2009年4月20日修订)第54条也有相同规定。

2007年9月1日起实施的《铁路交通事故应急救援和调查处理条例》第33条规定:"事故造成铁路旅客人身伤亡和自带行李损失的,铁路运输企业对每名铁路旅客人身伤亡的赔偿责任限额为人民币15万元,对每名铁路旅客自带行李损失的赔偿责任限额为人民币2 000元。"但是,随着我国人民群众维权意识的不断提高,特别是侵权责任法出台以后,公众对交通事故造成旅客伤亡的赔偿,大多要求按照侵权责任法和《司法解释》进行计算,赔偿标准大大提高。

如温州"7·23"动车事故,铁道部最初提出的赔偿标准为17.2万元,即铁路运输企业对每名铁路旅客人身伤亡的赔偿责任限额人民币15万元,加每名铁路旅客自带行李损失的赔偿责任限额人民币2 000元,再加2万元的铁路旅客意外伤害强制保险的保险赔偿金2万元,合计为17.2万元。但是,由于社会影响较大,最终还是基本上按照侵权责任法和《司法解释》进行计算赔偿,每人赔款金额约91.5万元。由于赔偿金额相对较高,有利于妥善、及时处理本次特大事故,有利于取得较好的社会效果,所以当发生较大的责任事故时,考虑到社会稳定,政府部门一般较为支持采用较高的标准进行赔偿。

2012年11月16日,中国政府网公布的国务院第628号令显示,从2013年1月1日起,实施61年的《铁路旅客意外伤害强制保险条例》将被正式废止,这意味着铁路乘客以后在乘坐火车过程中不再被强制收取2%票价的意外险。铁道部对应急救援出台的铁路旅客人身伤亡赔偿15万元的上限也一并被废止。这可以看出几个趋势:一是从2013年1月1日起,铁路交通事故的合同责任大小将不再执行15万元的规定限额,将与《侵权责任法》和《司法解释》计算的赔偿金保持一致;二是铁路交通事故的责任风险出现系统性风险,大幅增加,寻求责任风险转嫁的需求大大增加,铁路承运人责任险的发展面临良好的发展机遇;三是道路客运承运人对交通事故承担责任的大小,从法律规定上将不再为15万元,而是与实际操作一致,即与《侵权责任法》和《司法解释》计算的赔偿金保持一致。

(三)道路客运承运人责任保险的保险责任

道路客运承运人责任保险的保障范围由以下两方面组成:

1. 在保险期间内,旅客在乘坐被保险人提供的客运车辆(不包括出租车、城区公共汽车)的途中遭受人身伤亡或财产损失,依照中华人民共和国法律应由被保险人承担的经济赔偿责任。

2. 保险事故发生后,被保险人因保险事故而被提起仲裁或者诉讼的,对应由被保险人支付的仲裁或诉讼费用以及事先经保险人书面同意支付的其他必要的、合理的费用。

该险种承保的旅客,是指持有效运输凭证乘坐客运汽车的人员、按照运输主管部门有关规定免费乘坐客运车辆的儿童以及按照承运人规定享受免票待遇的人员,其他人员不能算作承运人的旅客,比如送人上车的人员、司乘人员等。司乘人员可以通过附加险的方式扩展承保。

(四)道路客运承运人责任保险的除外责任

道路客运承运人责任保险除一般的除外责任外,主要还包括:

1. 被保险人或其雇员的人身伤亡及其所有或管理的财产损失;
2. 被保险人应该承担的合同责任,但无合同存在时仍然应由被保险人承担的法律责任不在此限;
3. 罚款、罚金及惩罚性赔偿;
4. 精神损害赔偿;
5. 被保险人的间接损失;
6. 无有效驾驶执照的驾驶人员驾驶承运人的客运车辆时造成的损失或责任;
7. 旅客因疾病(包括因乘坐客运车辆感染的传染病)、分娩、自残、殴斗、自杀、犯罪行为造成的人身伤亡和财产损失;
8. 旅客在客运车辆外遭受的人身伤亡和财产损失;
9. 旅客随身携带物品或者托运行李本身的自然属性、质量或者缺陷造成的损失。

(五)道路客运承运人责任保险的赔偿限额

除投保人和保险人另有约定外,道路客运承运人责任保险合同一般设累计责任限额、每座责任限额、每人财产损害责任限额、每次法律费用责任限额和累计法律费用责任限额。一般每次法律费用责任限额按累计责任限额的5%确定,累计法律费用责任限额按累计责任限额的30%确定。以上各项责任限额由投保人和保险人协商确定,并在保险合同中载明。

(六)道路客运承运人责任保险的附加险

目前道路客运承运人责任保险常用附加险有以下四个:

1. 附加司乘人员责任保险条款。该附加险扩展承保被保险人所聘用的驾驶人员和乘务人员(以下简称"司乘人员")在本保险单列明的客运车辆上从事司乘工作时遭受人身伤亡和财产损失,依照中华人民共和国法律应由被保险人承担的经济赔偿责任,保险人按照本保险合同约定负责赔偿。但是,有两项责任免除:一是司乘人员因自身疾病(包括因乘坐客运车辆感染的传染病)、分娩、自残、殴斗、自杀、犯罪行为造成的人身伤亡和财产损失;二是司乘人员在客运车辆外遭受的人身伤亡。

2. 附加三轮车责任保险。该附加险扩展承保乘客在乘坐被保险人提供的城区营运三轮车的途中遭受人身伤亡,依照中华人民共和国法律应由被保险人承担的经济赔偿责任。

3. 附加通勤车责任保险。该附加险扩展承保乘客在乘坐被保险人提供的通勤车客运服务途中遭受人身伤亡,依照中华人民共和国法律应由被保险人承担的经济赔偿责任。

4. 附加精神损害赔偿责任保险。该附加险扩展承保旅客在乘坐被保险人提供的客运车辆的途中因被保险人的侵权行为遭受精神损害,依照中华人民共和国法律应由被保险人承担的精神损害抚慰金赔偿责任。

三、供电责任保险

(一)供电责任保险概述

电力工业是国民经济发展中最重要的基础能源产业,是国民经济的第一基础产业,是关系国计民生的基础产业,是世界各国经济发展战略中的优先发展重点。电力行业与社会经济和社会发展有着十分密切的关系,它不仅关系国家经济安全,而且与人们的日常生活、社会稳定密切相关。随着中国经济的飞速发展,电力供应的重要性日益显现,供电责任保险对于保障电力供应稳定性、妥善处理供电纠纷可以起到积极的作用。

供电责任保险是专门为供电企业提供保障的险种,它是以供电企业在供电过程中给第三者造成损害,依法应负的赔偿责任为保险标的的保险。电力企业所承担的责任实行无过错责任归责原则,即不以过错为承担民事责任的要件,不论行为人主观上是否有过错,都应就损害后果承担民事责任。

(二)供电责任保险法律依据

在我国,对供电企业应承担的民事责任在《民法通则》《中华人民共和国电力法》和最高人民法院《关于审理触电人身损害赔偿案件若干问题的解释》中均有明确的规定。《民法总则》第123条规定:"从事高空、高压、易燃、易爆、剧毒、放射性、高速运输工具等对周围环境有高度危险的作业造成他人损害的,应当承担民事责任。"《电力法》第九章"法律责任"第60条规定:"因电力运行事故给用户或者第三者造成损害的,电力企业应当依法承担赔偿责任。"《侵权责任法》第73条规定:"从事高空、高压、地下挖掘活动或者使用高速轨道运输工具造成他人损害的,经营者应当承担侵权责任,但能够证明损害是因受害人故意或者不可抗力造成的,不承担责任。"

(三)供电责任保险的保险责任

供电责任保险承保在保单列明的供电区域内,由被保险人所有或管理的供电设备及供电线路,因下列原因导致第三者人身伤亡或财产损失依法应由被保险人承担的民事赔偿责任:

1. 被保险人工期期间的疏忽或过失行为;
2. 被保险人造成供电线路断路、短路、搭错线;
3. 被保险人造成的供电线路电压不符合国家规定的质量标准;
4. 被保险人及其设备由于其内部原因造成机器损害,从而造成运行事故。

同时,保险人也承担事先经保险人书面同意的诉讼费用以及发生保险责任事故后,被保险人为缩小或减少对第三者人身伤亡或财产损失的赔偿责任所支付必要的、合理的费用。

(四)供电责任保险的除外责任

供电责任保险除一般除外责任外,主要还包括以下几个方面:

1. 地震、雷击、暴雨、洪水、台风等自然灾害及其次生灾害;
2. 供电设备和供电线路的正常磨损或超过使用年限;
3. 被保险人有计划的安排停电、限电、调整负荷;
4. 被保险人按规定应淘汰的设备和超龄设备;
5. 被保险人管辖以外的电网故障。
6. 一般情况下被保险人的下列损失,保险人不负责赔偿:

(1)因保险事故造成产品、贮藏物品的损坏和报废;

(2)由于第三方故意破坏、盗窃而给造成事故的第三方本身带来的损失;
(3)因保险事故造成第三者停工、停产等一切间接损失;
(4)被保险人或其代表、雇佣人员的人身伤亡;
(5)被保险人或其代表、雇佣人员所有的或由其保管、控制的财产损失。

(五)供电责任保险的赔偿限额

除投保人和保险人另有约定外,供电责任保险合同一般设累计责任限额、每次事故赔偿限额和人身伤亡每次事故赔偿限额。以上各项责任限额由投保人和保险人协商确定,并在保险合同中载明。

(六)供电责任保险的附加险

目前供电责任保险常用附加险(扩展类)主要有以下三个:

1. 无过失(错)条款。该附加险扩展承保以下因发生第三者人身伤亡及财产损失而依法应由被保险人承担的赔偿责任(含诉讼费用),为使赔偿责任范围更加明确,仅限于以下情况:

(1)由于第三方有意或无意破坏、盗窃等原因造成电力设施损坏或灭失而给他人带来的损失;
(2)十四岁以下无行为能力的儿童攀爬供电设备;
(3)垂钓者触碰供电设备;
(4)外力撞击电杆且无法找到肇事者;
(5)牲畜碰触供电设备造成伤亡。

2. 索赔费用条款。保险单中列明的财产发生保险事故后,被保险人查明和确定保险事故的性质、原因和保险标的的损失程度所支付的必要合理的费用(包括提供索赔材料单证而支付的费用),经保险人认可后,均由保险人承担。上述费用包括但不限于公安、交警、消防、气象等部门的查勘及证明费用、相关专业部门的鉴定费等。

3. 自然灾害条款。该附加险扩展承保由于自然灾害(构成不可抗力的除外)造成电力设施受损而导致的第三者人身伤亡及财产损失,依法应由被保险人承担的赔偿责任(含诉讼费用)。

《电力法》第60条规定,由于不可抗力造成电力运行事故的,电力企业不承担赔偿责任。因此,本附加险将不可抗力作为除外责任。不可抗力是指不能预见、不能避免及不能克服的客观情况。通常较低等级的自然灾害应属于可以克服的范围,不能视为不可抗力,只有超过了国家规定的防震、抗洪等标准的自然灾害才可视为构成不可抗力。

四、环境污染责任保险

(一)环境污染责任保险概述

在工业化、城市化加速发展的阶段,中国已经进入环境风险的高发期,采取科学有效的综合手段解决环境问题迫在眉睫。建立环境污染责任保险制度,利用经济手段,不仅能够通过费率杠杆机制调节企业生产行为,促进企业加强风险管理,增强安全防范措施,而且能够通过费率杠杆、防灾防损、经济补偿等机制,监督企业的生产行为,控制污染排放,降低污染风险。最重要的是,该制度能够实现事后及时有效的赔付和污染清理,维护第三者利益,减轻政府压力,是市场机制下化解环境污染事故风险的一种有效的社会化、商业化手段。

环境污染事故一般具有以下几个特点:

一是具有发展的不确定性。环境污染事故的发生不分时间段,也不分区域,随时有可能发生。

二是具有类型成因的复杂性。环境污染事故成因复杂,既可能因交通事故引发,也可能因安全生产事故引发,自然灾害、违法排污、操作失误等都可能导致污染事故,必须综合管理。

三是具有时空分布的差异性。环境污染事故在经济发达地区呈现高发性,在人群密度低、经济较为贫困的地区频率较低。

四是具有侵害对象的公共性。环境污染具有较大的外部性,从污染中获益的是企业,而其受害者往往是无辜的第三者,而且波及面可能非常广泛。

五是具有危害后果的严重性。环境污染可能造成民众身体与财产受损、企业破产、生态破坏等严重后果,而且因为波及面广,其损失无法预计,其将可能是灾难性的。

近年来中国发生了诸如松花江污染、无锡蓝藻污染、重庆开县井喷事故造成的污染等多起重大环境污染事故,成因复杂、波及面广,群众受害大,经济与社会影响都很大。环境污染责任保险又称为"绿色保险",它是以企业发生污染事故对第三者造成的损害依法应承担的赔偿责任为标的的保险。不同国家基于法律及习惯的不同,环境污染责任保险承担不同的责任,适用的产品类型多样,如英国一般包含环境损害责任保险和属地清除责任保险两类,美国分为环境损害责任保险和自有场地治理责任保险两类。

(二)环境污染责任保险法律依据

在我国,对环境污染引发的民事赔偿责任在《民法通则》、《侵权责任法》、《环境保护法》、《水污染防治法》和《海洋环境保护法》等法律中都有明确的规定。《民法通则》第124条规定:"违反国家保护环境防止污染的规定,污染环境造成他人损害的,应当依法承担民事责任。"《侵权责任法》第65条规定:"因污染环境造成损害的,污染者应当承担侵权责任。"《环境保护法》第41条规定:"造成环境污染危害的,有责任排除危害,并对直接受到损害的单位或者个人赔偿损失。"《海洋环境保护法》第90条规定:"造成海洋环境污染损害的责任者,应当排除危害,并赔偿损失。"《侵权责任法》第65条规定:"因污染环境造成损害的,污染者应当承担侵权责任。"第66条规定:"因污染环境发生纠纷,污染者应当就法律规定的不承担责任或者减轻责任的情形及其行为与损害之间不存在因果关系承担举证责任。"第67条规定:"两个以上污染者污染环境,污染者承担责任的大小,根据污染物的种类、排放量等因素确定。"第68条规定:"因第三人的过错污染环境造成损害的,被侵权人可以向污染者请求赔偿,也可以向第三人请求赔偿。污染者赔偿后,有权向第三人追偿。"

因此,企业在从事生产经营业务时,有承担环境污染赔偿责任的风险。但本保险承保的环境污染责任,仅指发生环境污染事故,导致人身伤亡或直接财产损失的赔偿责任,不包括对大气、土地、水等自然资源和生态环境的损害责任。

(三)环境污染责任保险的保险责任

环境污染责任保险保障范围一般由以下三部分组成:

1. 第三者人身伤亡及财产损失的责任。在保险期间或本保险合同载明的追溯期内,被保险人在保险单列明的保险地址内依法从事生产经营活动时,由于突发意外事故导致有毒有害物质释放、散布、泄漏、溢出或逸出,造成本保险合同列明的承保区域内的第三者遭受人身伤亡或直接财产损失,经国家县级以上(含县级)人民政府环境保护管理部门或具有相关资质的鉴定机构认定为突发意外环境污染事故,由第三者在保险期间内首次向被保险人提

◎ 责任保险

出损害赔偿请求,依照中华人民共和国法律(不包括港澳台地区法律)应由被保险人承担的经济赔偿责任,保险人按照本保险合同的约定负责赔偿。

根据环保部应急管理中心的定义,突发环境事件是指突然发生,造成或可能造成严重环境污染危害,需要采取应急处置措施予以应对的环境污染事件。其成因包括安全生产事故、交通事故、违法排污、自然灾害、超负荷发展等等。在承保本业务时要注意:

(1)突发意外环境事故必须有几个条件:一是突然发生的(sudden);二是非故意的(unintentional);三是不可预料的(unexpected);四是非渐进的(ungradual)。

(2)污染事故必须由县级以上(含县级)人民政府环境保护管理部门或具有相关资质的鉴定机构认定。但是,如果业务有特殊要求,环境污染事故不以政府部门的认定为前提,则可以通过附加《环境污染责任事故特别约定条款》满足这一需求。

(3)为控制"长尾责任",本保险采用期内索赔式,即突发环境污染事故发生在保险期间或追溯期内,受害人向被保险人的索赔在保险期间内提出的,保险人予以赔偿。但被保险人向保险人提出索赔的期限不应超出保险法规定的时效期间(详见本条款第三十三条)。

(4)保险地址一般是指被保险人的生产、经营场所;承保区域是指保险地址外的一定范围内的场所,一般根据被保险人企业所属行业的要求、地理位置和周围区域的安全性,以及污染源处置方式,由保险双方约定。不同的承保区域范围收费不一样。保险地址必须是连续、成片的区域,不可分割,对于在地理上不连续的保险地址,被保险人必须分区域分别投保。

(5)第三者是指除保险人和被保险人及其代表、雇员以外的第三方。

2.清污费用。被保险人因发生保险事故而对承保区域内非自有场地的支出的合理的、必要的清污费用。

这里清污费用是指为排除环境污染损害而发生的检验、检测、清除、处置、中和等费用。

3.法律费用。保险事故发生后,被保险人因保险事故而被提起仲裁或者诉讼的,对应由被保险人支付的仲裁或诉讼费用以及事先经被保险人书面同意支付的其他必要的、合理的费用,保险人按照本保险合同约定也负责赔偿。

本条规定了保险人负责赔付的法律费用,包括诉讼费、仲裁费、律师费、鉴定费等,除诉讼费、仲裁费外,其他费用的支出须经保险人事先认可。法律费用部分不能单独投保,必须在投保第三者责任部分的前提下投保本部分责任。

(四)环境污染责任保险的除外责任

1.原因除外条款。

(1)投保人、被保险人或其工作人员的故意行为、犯罪行为或重大过失行为。

(2)战争、敌对行动、军事行为、武装冲突、罢工、骚乱、暴动、恐怖活动、盗窃、抢劫。

(3)核反应、核子辐射、电磁辐射、核污染及其他放射性污染和光电、噪声、微生物质污染。

(4)硅、石棉、转基因物质及其制品引起的索赔。

以上为潜在风险较大、容易导致系统性风险的因素,而且这些物质造成不良后果的显现时间较迟,从污染事件发生到发现一般时间很长,不易准确鉴定事故发生原因并确定责任,因此一般不予承保。

(5)行政行为或司法行为。

(6)自然灾害。

自然灾害导致的污染事故一般为不可保风险,如投保人有特殊需要,可以通过投保附加自然灾害责任保险来获得保障。

(7)因交通工具导致的任何索赔。

(8)因酸雨导致的任何索赔。

酸雨导致的污染损失很难确定是否属于被保险人的突发意外环境污染事故造成,并且损失不易衡量,因而国际上通常作为责任免除。

(9)投保人、被保险人在投保之前已经知道或可以合理预见的索赔。

(10)被保险人从事业务活动过程中因业务的需要所进行的经常性排污行为所导致的渐进性污染。

被保险人日常生产、经营过程中产生的在标准范围内的一些污染累积起来后导致的突发事故的发生几乎是必然的,对于必然发生的损失,保险人不予承保。

2.损失、费用和责任除外。

(1)被保险人或其工作人员的任何损失或赔偿责任。

(2)水体、大气、土壤等自然资源的损失以及其他生态损害。

因污染导致自然资源及其他生态环境的损失是无法估量的,故不予承保。

(3)由于石油、天然气勘探、开采所造成的任何损失、费用、责任。

石油、天然气的勘探、开采的污染风险可通过其他专门产品得到保障,故不纳入本保险保障范围。

(4)由于船舶上的油或其他有害物质的排放或泄漏,或由于存在这种威胁而导致的任何损失、费用、责任。

船舶油污风险可通过其他专门产品得到保障,故不纳入本保险保障范围。

(5)保险单列明的追溯日期之前发生的污染事故引起的损失、费用和责任。

(6)由于被保险人所生产或销售的产品自身的原因导致保险地址之外发生的任何污染损失、费用和责任。

(7)被保险人应该承担的合同责任,但无合同存在时仍然应由被保险人承担的法律责任不在此限。

(8)因环境污染间接受损的第三者的人身伤亡和财产损失。

3.情形除外。

以下是情形除外条款,即发生突发环境污染事故时,只要存在下列情形,不论该情形是否是构成保险事故发生的近因,保险人均不予赔偿。

(1)生产设备、生产装置、仓储等未依法批准建造,或擅自改变设施且未依法办理相应手续的;

(2)生产设备、装置、仓储或承保区域被转让、弃置、赠予或被查封,或不在被保险人控制范围内的。

(五)环境污染责任保险的责任限额

除投保人和保险人另有约定外,环境污染责任保险合同一般设每次事故第三者责任限额、每次事故清污费用责任限额、累计责任限额、每次事故法律费用责任限额和法律费用累计责任限额。除另有约定外,每次事故第三者责任限额项下设每次事故每人人身伤亡责任限额和每次事故每人财产损失责任限额,每次事故每人人身伤亡责任限额项下设每次事故每人医疗费用责任限额。以上各项责任限额由投保人和保险人协商确定,并在保险合同中载明。

第二章

雇主责任保险

第一节 雇主责任风险与保险

一、雇主责任的含义

雇主责任,是指雇主对从事与雇佣有关活动的雇员依法应承担的民事赔偿责任。广义的雇主责任有两个层面的内容:一是雇员受害责任,即雇主对雇员在从事雇佣有关活动时遭受身体损害应承担的赔偿责任;二是雇员致害责任,即雇主对雇员在从事雇佣有关活动时致第三人损害应承担的赔偿责任。狭义的雇主责任仅指雇员受害责任。

二、雇主责任的法律依据

我国调整雇主与雇员之间民事法律关系的相关法律主要有《民法通则》、《劳动法》(1994年7月5日通过,1995年1月1日起施行)、《劳动合同法》(2007年6月29日通过,2008年1月1日起施行)、《最高人民法院关于审理人身损害赔偿案件适用法律若干问题的解释》(2003年12月26日公布,法释〔2003〕20号,自2004年5月1日起实行,以下简称"司法解释")和《侵权责任法》(2009年12月26日通过,2010年7月1日起施行)、《社会保险法》(2010年10月28日通过,2011年7月1日实行)、《工伤保险条例》(2003年出台,2010年修订),不同层次的雇主责任,所适用的法律不同。目前,除了民法通则外,《司法解释》《社会保险法》《工伤保险条例》对雇员受害责任的承担进行了明确规定,《司法解释》《侵权责任法》同时对雇员致害责任的承担进行了明确规定。

(一)雇员受害责任

一般情况下,雇主对员工受害的责任,可能来源于以下几种情形:一是雇主本人的过失行为;二是未能注意选聘适任的雇员;三是未能注意提供足够安全的工作地址;四是未能注意提供足够安全良好的机器、厂房及设备,或使之处于足够安全的工作状态;五是未能制定并执行安全生产(或工作)的规章制度[1]。

但我国雇主对员工的受害责任不并局限于以上情形,《司法解释》第11条规定:"雇员在从事雇佣活动中遭受人身损害,雇主应当承担赔偿责任。雇佣关系以外的第三人造成雇员人身损害的,赔偿权利人可以请求第三人承担赔偿责任,也可以请求雇主承担赔偿责任。雇主承担赔偿责任后,可以向第三人追偿。"明确了雇主对雇员受害应该承担无过

---

[1] 张洪涛,王和.责任保险理论、实务与案例[M].北京:中国人民大学出版社,2005,第376页.

错责任原则,即雇主对雇员受害责任不以雇主是否存在主观过错为前提,雇员在受雇过程中遭受人身侵害,只要不属于雇主的免责事由,雇主都要承担赔偿责任。《司法解释》第12条规定:"依法应当参加工伤保险统筹的用人单位的劳动者,因工伤事故遭受人身损害,劳动者或者其近亲属向人民法院起诉请求用人单位承担民事赔偿责任的,告知其按《工伤保险条例》的规定处理。"雇主承担赔偿责任的方式、程度,按照《社会保险法》《工伤保险条例》标准执行。

(二)雇员致害责任

《民法通则》第43条规定:"企业法人对它的法定代表人和其他工作人员的经营活动,承担民事责任。"《司法解释》第9条规定:"雇员在从事雇佣活动中致人损害的,雇主应当承担赔偿责任;雇员因故意或者重大过失致人损害的,应当与雇主承担连带赔偿责任。雇主承担连带赔偿责任的,可以向雇员追偿。"《侵权责任法》第34条规定:"用人单位的工作人员因执行工作任务造成他人损害的,由用人单位承担侵权责任。"均明确了雇主对雇员致害应该按照无过错原则承担赔偿责任。

其他类似规定还包括《最高人民法院关于贯彻执行〈中华人民共和国民法通则〉若干问题的意见(试行)》(法(办)发〔1988〕6号)第58条规定:"企业法人的法定代表人和其他工作人员,以法人名义从事的经营活动,给他人造成经济损失的,企业依法应当承担民事责任。"《最高人民法院关于适用〈中华人民共和国民事诉讼法〉若干问题的意见》(法发〔1992〕22号)第45条规定:"个体工商户、农村承包经营户、合伙组织雇佣的人员在进行雇佣合同规定的生产经营活动中造成他人损害的,其雇主是当事人"。

三、雇主责任的免责事由

在雇主责任中,雇主虽然承担无过错责任,但并非雇主对雇员所受的任何伤害都承担责任,如果雇主能够证明存在免责事由,则雇主也可以不承担责任。我国关于雇主责任的免责事由尚无明确法律规定,但根据《侵权责任法》和《司法解释》,应该至少包括以下两项:一是受害人故意;二是不可抗力[1]。

《工伤保险条例》不能认定为工伤的情形,是对受害雇员故意行为的一种解释:一是故意犯罪;二是醉酒或者吸毒的;三是自残或者自杀的。

四、第三人致害的责任认定

《侵权责任法》第28条规定:"损害是因第三人造成的,第三人应当承担侵权责任。"因此,对于雇员受害是第三者造成的情形,第三人作为直接侵权人,应是第一位的赔偿义务人,雇主虽然承担连带责任或者补充赔偿责任,只有在侵权人未赔偿、无力赔偿、赔偿不足或无法确定时才承担第二位的赔偿责任,雇主赔偿以后可以向直接侵权人追偿。

《社会保险法》第42条规定:"由于第三人的原因造成工伤,第三人不支付工伤医疗费用或者无法确定第三人的,由工伤保险基金先行支付。工伤保险基金先行支付后,有权向第三人追偿。"明确了第三人致害雇员时,应该先由侵权责任人承担责任,侵权责任人无法承担的,才由工伤保险基金承担,并取得追偿权。

---

[1] 范围.雇主责任与工伤保险法律应用指南[M].北京:法律出版社,2010,第6页.

五、雇主责任风险与保险

（一）雇主责任保险的概况

雇主责任风险，就是因雇主责任带来的损失的不确定性。由于雇主存在着对雇员依法应承担的赔偿责任风险，所以，相关保险保障需求也随即产生。雇主责任保险与法律息息相关，不同的法律体系下，雇主责任保险的开办是完全不同的。从国际上看，由于各国关于雇主责任的法律制度差异和立法完备程度不同，其法律依据也存在较大的差别。总体上全球有三种主要模式：[1]

一是民事成文法及判例、劳工法、雇主责任法同时并存模式，雇主责任法就是雇主责任险的直接法律基础。如英国、美国等西方发达国家。

二是只有劳工法、没有雇主责任法的模式，雇主责任保险的法律依据就是劳工法及雇主与雇员之间的雇佣合同。如日本采取强制劳工责任保险与雇主自愿责任保险相结合模式，中国香港地区的劳工责任保险与雇主责任保险合并经营的模式等。

三是没有劳工法和雇主责任法的模式，以民事法律或判例作为法律基础，以雇主与雇员间的雇佣合同作为法律依据。

（二）全球主要国家雇主责任保险和工伤保险模式

1. 英国的雇主责任保险[2]。英国的雇主责险业务发展依赖于成熟的雇主责任法律制度。英国在1880年就颁布了《雇主责任法》，明确了雇主对雇员伤害的赔偿责任，与以往相比，雇主的责任大为增加。同年，英国成立了世界上第一家专营雇主责任险的保险公司，开创了欧美雇主责任保险市场。1897年颁布的《劳工补偿法》，规定受害雇员及其同伴和第三者对事故损害互有过错，雇主虽无过错也应承担赔偿责任。1969年颁布的《雇主责任保险法》，规定每个在大不列颠的雇主对雇员在其境内因受雇期间得病或遭受人身伤害承担责任，并向授权保险人投保雇主责任险。1971年颁布的《雇主责任保险条例》，对雇主责任险进行了极为详尽的规定。

英国雇主责任险随着法律的不断变化日趋完善和成熟，最重要的特点就是法律强制性。正因为如此，目前雇主责任险是英国责任保险人的主要业务来源之一，雇主责任险占全部责任险业务的1/3。

2. 美国的雇主责任保险制度[3]。美国的工伤保险制度在发达国家中起步较晚，但发展迅速，目前在规模上仅次于其社会保障伤残保险和医疗保险。美国工伤保险立法的发展过程可分为三个阶段：

《工伤事故普通法》阶段，该法于1837年颁布，规定：凡受到工业伤害的雇员若要得到赔偿金，需提供雇主疏忽大意的证据，方可起诉雇主；雇主也有权运用辩护条款证明工伤是由工人自己或其同事的过失造成的，从而免除赔偿责任。另外，受伤的工人如果事先知道有关风险，即使雇主有过失也可以不予赔偿。由于这项条款不利于工人的利益，使大量因工伤残工人得不到应有的赔款和医疗费用，造成他们生活上的困难。

《雇主责任法》阶段。由于工伤事故普通法存在一些缺陷，美国大多数州分别制定了雇主

---

[1] 许飞琼.责任保险[M].北京：中国金融出版社，2007，第268页.
[2] 许飞琼.责任保险[M].北京：中国金融出版社，2007，第282页.
[3] 许飞琼.责任保险[M].北京：中国金融出版社，2007，第284页.

责任法。该法对工人提出的条款放松了限制,改善了受伤工人的法律地位。《雇主责任法》以"相对过错责任原则"代替了《工伤事故普通法》"过错责任原则",但因工伤残工人面临的根本问题依然存在,因为把雇主的过失诉诸法庭,诉讼程序冗长,费用昂贵,且结果很难预料。

《劳工伤害赔偿法》阶段。美国社会从农业经济向工业经济转变的过程中,因工受伤、致残、死亡的人数急剧增长。一些州为了妥善解决这些问题,着手建立劳工伤害赔偿法,实行社会保险。美国联邦政府于1908年颁布《劳工伤害赔偿法》,从而推动了美国各州工伤立法的正式实施,直到1949年,美国各州都颁布了劳工赔偿法。此后,美国国会多次在修订《社会保障法》时,对工伤保险制度也做了修订。1956年,对因工致残的条款进行了修订,1984年国会通过了《伤残津贴改革法案》,1996年美国又对工伤保险计划的基本内容做了修改,规定从1996年3月29日起,因麻醉药品和毒品或酒精中毒而导致伤残的人不能享有工伤保险金,但因治疗疾病引起药物或酒精中毒而导致伤残的人,可以申请工伤保险金。美国工伤保险制度随着社会、政治、经济的发展而不断得到完善。

除少数几个州外,美国绝大部分州都规定劳工补偿为强制性的,无论雇主有无过错,只要是因工受到伤害,雇主必须赔偿。同时,每年,美劳工部要求市各级政府在发放或更新企业经营执照、检查薪资税时,都要审查雇主是否按规定投保了劳工保险或雇主责任保险。如果雇主没有投保,将被罚款甚至被监禁。基于严格的法律,美国雇主只能通过四种途径来化解雇主责任法律风险:一是向商业保险公司购买劳工保险或雇主责任保险;二是通过州立劳工赔偿基金或私营保险公司购买保险;三是从垄断的州基金或联邦代理机构购买劳工保险;四是自保。约2/3的雇主选择向商业保险公司投保。

美国的工伤制度在其运行过程中体现出以下几个显著的特点:

一是联合运用私营和公共的保障系统,促进工伤预防。美国没有全国统一的工伤保险立法,联邦政府只负责造船工人、港口工人、公务员和矽肺病人的工伤保险,其他领域的工伤保险由各州自行立法。州政府劳工局作为工伤保险的管理机构,主要负责确定工伤保险费率、审查工伤保险基金收支情况、处理工伤申请、申诉、仲裁等。虽然美国法律明确规定了"州立法不能抵触联邦政府立法"的立法原则,但是,这种分散的工伤保险立法模式仍然导致美国各州建立的工伤保险运行模式的不一。总体而言,美国的工伤保险运行模式中,私营机构和政府部门均发挥了各自的作用。

二是工伤认定主体多元化,扩大救济途径。美国行政机关作出的工伤认定,属于行政行为;当事人不服,可以该行政机关为被告提起诉讼,法院审查的对象是该行政决定。但不同的是,在美国,对于行政机关作出的包括工伤认定在内的行政决定,法院具有重新审查并直接作出认定判决的权力。

三是高度重视工伤康复。美国在初期实行的是将工伤人员与疾病人员合为一体的公共康复,其结果是许多工伤人员未能受到正常的照顾或同等待遇。康复需求的增加,导致私人康复行业的出现和保险康复的发展,形成了私立的职业康复机构与保险公司合作的一种以私营为主的"私人康复企业"型工伤康复模式。

3. 日本雇主责任保险制度[①]。工伤保险或雇主责任保险在日本统称为"劳动灾害保险"。日本的《工伤补偿保险法》制定于1947年,这部法律的第一条指出,制定这部法律的目的是"对工人因业务上的事由或因上班造成负伤、生病、残疾或死亡者,予以迅速且公正的保

[①] 许飞琼. 责任保险[M]. 北京:中国金融出版社,2007,第287页.

◎ 责任保险

护,实行必要的保险给付。同时,谋求促进这些因业务上的事由或上班而病残的工人重返社会、救援该工人及其遗族、确保工人的劳动条件,以利于工人福利的改善"。日本政府先后颁布了《雇用保险法》、《劳动者安全卫生法》、《劳动审查官及劳动保险审查会法》、《独立行政法人劳动者健康福利法》和《工伤保险费征收法》等法律法规,进一步完善了工伤预防、补偿的法律保障体系。

在日本,工伤保险由政府主管,平时由专门的审议会负责处理具体的工伤保险事务,主要是各种保险支付。审议会的委员由劳动大臣任命,其中工人代表、雇主代表和公益代表各占1/3。政府依据《工伤保险费征收法》,向相关的企业主征收工伤保险费。另外,根据《工伤补偿保险法》的规定,国库也可以在预算范围内补助一部分费用。此外,政府还负责举办各种劳动福利活动等。

日本的雇主责任险,实际上有两部分构成:一是政府举办的雇主责任保险,以《劳工标准法》《工伤补偿保险法》等为依据,采用严格责任原则,属于强制性责任保险,分为两类,一类是在工作时间内发生伤亡、疾病等事故的赔偿,另一类是上班途中发生伤亡、疾病等事故的赔偿;二是商业保险机构开办的雇主责任险,承保雇主依据民法或雇佣合同对雇员应负的超过政府强制雇主责任保险赔偿标准的补充性赔偿责任。

日本的雇主责任险有两个特点:一是强制与自愿结合。雇主依劳工法承担的雇员责任为强制投保,雇主依民法与雇佣合同承担的超过劳工法规定赔偿标准的部分自愿投保。二是社会保险与商业保险结合。政府举办的强制性雇主责任险,具有社会保障性质,目的在于提供基本保障和服务而不是盈利,商业保险的保险人要考虑经营效益。

4. 加拿大雇主责任保险制度。加拿大是较早实行社会工伤保险制度的国家之一。在加拿大,工伤保险立法权属于各个省。在20世纪初,魁北克省就最早颁布了《雇主责任法》,这一法律规定,雇主必须承担工伤事故所造成的后果,即使责任并不在雇主。1914年,高度工业化的安大略省,率先制定了工伤保险法案,并建立了工伤保险计划。在后来的几年里,几乎所有的省都先后进行了此方面的立法,魁北克省虽是最早颁布《雇主责任法》的,但直到1931年才通过工伤保险法案,是加拿大最后一个制定工伤保险法案的省。

加拿大政府颁布的《工伤补偿法》规定,职工因工受伤应得到赔偿。工伤保险由政府(联邦政府和省政府)主管,其资金大部分来源于政府税收、雇主与雇员缴纳的费用和一些私人基金会。每个省都有自己的工伤保险计划,并由劳工赔偿局或委员会来管理。此外,还有属于联邦立法权限范围内的、专门为那些特殊行业的工人制订的联邦性立法计划,联邦政府自己的雇员则属于政府雇员补偿法案的保障范围,但其申请权行政上归属于各省的工伤保险计划。工伤补偿局具体贯彻执行,该局每年按规定向雇主征收费用,以赔偿受伤工人。发生工伤后,除紧急救助外,雇主应立即向当地工伤补偿局报告。

5. 香港雇主责任保险制度[①]。中国香港地区对于劳工的权益保障相当重视,自1984年到1993年间,香港政府共制定了119项劳工法例。1997年更是制定和修订了多项劳工法例,其中雇员补偿条例是50年代制定并经过多次修订的最重要的劳工法律之一,以该法律为主要依据,形成了有香港特色的工伤保障制度即雇主责任制,并成为香港社会保障体系的重要组成部分。

香港的雇主责任保险,又叫雇主责任暨劳工赔偿保险,它是根据《雇员补偿条例》开办

[①] 许飞琼. 责任保险[M]. 北京:中国金融出版社,2007,第288页.

的,其实质就是劳工责任保险与雇主责任保险合并经营,同受其劳工赔偿法规范。由于法律强制实施,香港的雇主责任险覆盖全面,业务量大,在香港保险市场上占有相当大的比例。

香港的雇主责任保险制度有以下内容:

(1)立法规范。除颁布并多次修订雇员补偿条例外,还颁布了《职业安全及健康条例》《雇佣条例》《肺尘埃沉着(补偿)条例》等多个与劳工权益有关的法律法规,法律制度较完备。

(2)全面强制实施。雇主必须对雇员的职业伤害负赔偿责任,获得雇主赔偿是劳工的法定权利。《雇员补偿条例》还规定,任何雇主必须为全体雇员投保雇主责任保险,并约定了最低投保金额。如果不履行投保义务,最高可判处雇主第六级罚款(港币10万元)及监禁2年。严格的法令和成熟的管理制度,使得雇主责任保险在香港得到全面覆盖。

(3)政府统一管理。香港政府中的劳工处负责统一管理并履行监督职责。雇员受伤或死亡后,由雇员或其代理人通知雇主或劳工处,法律规定雇主必须向劳工处或警署报告发生的事故,经过调查和身体检查程序后进入理赔程序。此外,香港还设有劳资仲裁处,该机构属于司法机构,可对劳资纠纷进行仲裁调解。

(4)商业保险公司承办。香港地区的雇主责任保险,并不是由政府机构具体经办,而是由有关的商业保险公司依法承担具体的业务,属于政府强制推行、商业保险公司受托承办的操作模式。

(5)雇员补偿条例与雇主责任保险赔偿范围有所不同。香港商业保险公司的雇主责任保险条款约定的保险责任范围小于《雇员补偿条例》规定的雇主应赔偿责任范围,因此小部分雇主责任保险无法赔付的损失仍由雇主承担。

(三)我国的雇主责任保险模式

2003年4月27日国务院第375号令公布了《工伤保险条例》(以下简称《条例》),该条例取代了1996年8月由劳动部颁发的《企业职工工伤保险试行办法》,并于2004年1月1日起正式实行。与《试行办法》相比较,《条例》提高了工伤保险的立法层次,增强了执法的强制力和约束力;扩大了适用范围,将境内的各类企业、有雇工的个体工商户都纳入工伤保险体系;采用行业间和行业内差别费率,费率厘定更为科学。

2010年10月28日《社会保险法》出台,进一步明确了基本养老保险、基本医疗保险、工伤保险、失业保险、生育保险等社会保险制度。2010年12月8日,国务院通过了新版《工伤保险条例》,新条例扩大了工伤保险适用范围,简化了工伤认定、鉴定和争议处理程序,提高了赔偿标准,增加了保障项目,加大了对应参保而不参保单位的处罚力度。《社会保险法》出台后,第一次以法律的形式确立了包括工伤保险在内的全面的社会保险制度,具有非常重要的里程碑意义,可以说,该法确立了我国劳工工伤补偿制度,与新《工伤保险条例》一起,构成了规范和约束我国雇员工伤保障的法律依据。我国的雇主责任保险经营模式将发生重大变化,与日本模式将趋于相同,强制性的工伤保险和自愿投保的雇主责任险相结合,商业雇主责任险将以补充工伤保险的方式存在。

雇主依法应承担的经济赔偿责任,就是工伤保险条例约定的相关赔偿标准,包括工伤保险基金支付的部分和用人单位自己承担的部分。因此,在雇主没有参加工伤保险而是投保雇主责任险的情形下,雇主责任的大小是多少?雇主责任险的赔偿依据是什么?笔者认为应该按《工伤保险条例》标准计算,所谓依法,即为依照《工伤保险条例》。

当然,由于中国人民财产保险股份有限公司1999年版雇主责任险按照责任限额定额赔付,所以,该险种可以不考虑工伤保险条例的计算,而直接采用定额方式赔付。其他不是定额赔付的险种(如中国人民财产保险股份有限公司2004年版雇主责任险)的赔偿标准和依据,应该按照《工伤保险条例》的标准计算和执行。

同时,由于新《工伤保险条例》将一次性工亡补助金标准提高到上一年度全国城镇居民人均可支配收入的20倍。按照2013年人均26955元计算,仅每人的工亡标准就提高到53.91万元,工伤赔偿标准大大提高,一定程度上会影响雇主责任险发展的空间。但是,由于现阶段我国《社会保险法》和《工伤保险条例》还没有完全贯彻执行,部分地区工伤保险待遇的赔偿细则还没有进一步落实,仍然存在大量未参加工伤保险的单位,这一部分企业具有一定的投保商业雇主责任险的需求,雇主责任保险仍然有较大的保险需求。已经参加工伤保险的企业,由于工伤赔偿标准的提高,投保商业雇主责任险的需求将会下降,仅对补充工伤责任保险存在风险转嫁需求。随着工伤保险的不断深入推进,一是不投保社会保险性质的工伤保险的企业将会越来越少,工伤保险的实际赔偿将逐渐规范到工伤保险条例赔偿标准,投保了工伤保险的雇主在工伤保险基金外自己承担的部分很小,投保商业化运作的雇主责任保险需求将减少,雇主责任保险将面临发展挑战。考虑到该险种的发展生命力,近期一些保险公司在对条款和赔付进行进一步的调整和改造,以更适应市场的变化,各地在提高服务水平、扩大服务领域(如季节性、临时性用工)等方面作出了很多好的探索。

六、雇主责任险与其他责任类似保险产品的区别

雇主责任险因为其特殊性,与市场上的一些保险产品有些相似,容易引起混淆,下面简单加以区分:

(一)雇主责任险与工伤保险的区别

1. 保险性质不同。工伤保险是我国社会保险的一种,具有社会强制性。雇主责任保险属于商业保险,由企业自愿投保。

2. 保险责任不同。雇主责任险的保险责任一般采取非列明方式;工伤保险的保险责任采取细分式,包括因工作原因受到事故伤害的,因履行工作职责受到暴力等意外伤害的,患职业病的,因工外出期间由于工作原因受到伤害或者发生事故下落不明的等情形。

3. 投保方式不同。雇主责任险没有限定必须采用记名投保,在实务中,如果投保人数过多,可以采用不记名方式承保;工伤保险一般必须采用记名的投保方式。

4. 赔偿方式不同。雇主责任险的赔偿先赔付给企业,由企业赔付给雇员;工伤保险规定由工伤保险基金支付的部分,直接支付给雇员。

5. 计费基础不同。工伤保险通常是按照企业工资总额计收保费,同时,雇主、雇员都要承担一定比例的保险费;雇主责任保险既可按照工资总额,也可按照责任限额计收保费,完全由雇主承担保险费。

6. 赔偿限额标准不同。雇主责任险一般是在赔偿限额以内据实赔付,购买的限额越高,则同等伤残等级下可以获得的补偿则越高;工伤保险则是按照平均工资水平在法律规定的限额内进行赔偿。

7. 自担风险程度不同。雇主责任险中,雇主可以按照投保意愿选择无免赔额的承保条件,一旦出险,在责任限额内雇主可以获得更多的保险保障。工伤保险中,企业自担风险是法律已经约定的,应由用人单位支付的部分有:治疗工伤期间的工资福利;五级、六级伤残职工按月领取的伤残津贴;终止或者解除劳动合同时,应当享受的一次性伤残就业补助金等。

这里需要注意的是,雇主如果同时为员工办理了工伤保险,又投保了雇主责任险时,就

存在赔偿责任分摊的问题。如依据中国人民财产保险股份有限公司2004年版的雇主责任保险条款(2009年9月18日中国保险监督管理委员会核准备案,编号:人保(备案)〔2009〕N397号)第34条的规定,保险公司在雇主责任险保单条款下仅承担差额责任。条款第34条约定:"保险事故发生时,如有其他相同保障的保险(包括工伤保险)存在,不论该保险赔偿与否,保险人仅承担差额责任。"理论上,责任保险为补偿性保险,存在上述重复保险时,对工伤保险及其他保险应承担的赔偿责任进行扣除依据充分。但是随着工伤保险覆盖面的扩大和赔偿标准的提高,扣除工伤保险后,雇主可获得商业雇主责任险的赔偿将大幅减少,考虑到实际业务发展和产品生命力,一些保险公司与时俱进、加大创新,正在开发新版雇主责任险,保险赔偿责任修订为定额赔偿,只要符合保险责任范围,即按照保险条款约定的责任限额进行赔偿。

(二)雇主责任险与意外险的区别

1. 需求的产生基础不同。人身意外伤害保险产生的基础是人们生活水平的提高,以及人们为追求更高的生活水平,对自己生命、身体产生保障需求;雇主责任保险产生的基础是法律制度,法律责任的健全和完善产生了法律责任风险,继而产生了责任保险需求,责任保险能够促进法律的执行和落实。

2. 保险标的不同。人身意外伤害保险以人的生命或身体为保险标的,保险标的都是看得见摸得着的,而责任保险的保险标的是被保险人在法律上对他人的损害赔偿责任,是一种无形的法律风险,是没有实体的,看不见摸不着。责任保险只能在承保时采取保险双方协商确定一个赔偿限额的做法来控制保险责任,这个赔偿限额只能表明被保险人转嫁了多大的风险,并不能代表被保险人可能发生的风险大小,两者很可能是不等同的。

3. 投保目的不同。人身意外伤害保险是为了补偿因意外事故造成被保险人自己的生命、身体伤害的直接损失;被保险人是个人,赔款直接支付给个人。企业投保团体人生意外伤害险,被保险人为员工,可视为企业为员工提供福利。发生工伤事故,员工获得意外险赔偿后,仍有权利向企业进行索赔,法律上支持员工的索赔行为。

雇主责任保险的被保险人是投保企业,赔款应支付给投保企业,但被保险企业应对受害人负责赔偿,所以赔款实际上最终支付给受害人,实际受益人是第三者(受害人)。因此,责任保险的受益者有两个,被保险人和受害人。被保险人通过雇主责任保险转嫁了其应承担的经济赔偿责任,受害人得到了实际赔偿,多方利益得到保障。

4. 保障项目不同。基于责任险转嫁被保险人责任风险的性质,责任险可以承担企业依法应承担的搜救费用(安全生产责任险)、法律费用,以及员工住院期间的床位费、陪护费、伙食费、取暖费、空调费等。意外险不承担上述责任。

雇主责任险对于职业病、抢险救灾和公益活动的意外伤害、工作期间突发疾病48小时死亡、服役时旧伤复发等情形也承担赔偿责任。意外险一般对职业病、疾病、非意外伤害事故不承担责任。

第二节 主要产品

一、主要产品介绍

雇主责任保险,是以被保险人对雇员在从事职务工作时遭受意外导致伤亡或患有职业性疾病而依法应承担的经济赔偿责任为承保保险标的的一种责任保险。投保人和被保险人都是雇主,但最终受益人是具有雇佣关系的雇员。商业性雇主责任保险的发展与社会工伤事故保障制度的发展密切相关。中国人民财产保险股份有限公司从1989年起即开办了雇主责任险,并在长期的业务发展中日益成熟,该险种已经成为责任险业务的支柱型险种,且在该领域一直占据市场主导地位。

中国人民财产保险股份有限公司雇主责任险产品非常丰富,主要有以下几款:雇主责任险1995年版、雇主责任险1999年版、雇主责任险2004年版、工伤责任保险、建筑施工企业雇主责任险、安全生产责任险、教职员工校园方责任险、渔工责任险、职业院校实习生责任险等。

1995年版雇主责任保险条款,是在70年代末、80年代初国内恢复保险业务时最早开发的产品的基础上修改演变而来的。在当时计划经济的年代下,社会主要的经济实体均为国营企业和集体所有制企业,企业的员工基本享有公费医疗制度,而当时新兴的外商投资企业的雇员无法享受公费医疗制度。为此,公司借鉴国际上同类产品开发了雇主责任保险条款,为国内的外商投资企业提供雇员的工伤意外事故的保障。

1999年版雇主责任保险的出台,主要是为了解决随着市场经济的发展和我国经济体制改革的过程中大量出现的私营企业、合作企业、股份企业、租赁企业中的劳动者的劳动权益保障问题。同时也是为了配合劳动用工制度的改革,对未受到劳保制度保障的合同工、季节工、临时工和个体劳动者提供保障。

2004年版雇主责任保险的出台,是为适应旧《工伤保险条例》出台后对雇主责任产生的影响,将原有条款保险责任部分比照旧条例进行修改,使其更加符合当时的市场需求。

下面结合几款保险产品的特点,简要概述雇主责任保险的主要内容。

二、保险责任

(一)保险责任范围

雇主责任险的保险责任,是在保险期间内、雇员在受雇过程中,从事业务工作而遭受意外或患与业务有关的国家规定的职业性疾病,所致伤、残或死亡,对被保险人根据劳动合同和中华人民共和国法律、法规,须承担的医疗费及经济赔偿责任,保险人依据保险合同的约定,对被保险人应付索赔人的诉讼费用以及经保险人书面同意负责的其他费用,保险人负责在约定的分项赔偿限额内赔偿。雇主责任保险基本责任包括以下四个方面的内容:

1. 受雇员工的因工致死、致残责任。1999年版雇主责任险(以及建筑施工企业雇主责任险)是根据责任限额的一定比例定额赔付,其余雇主责任险一般根据《工伤保险条例》来计算雇主依法应承担的责任大小。

2. 受雇员工的职业病致死、致残责任。与第一条相同,1999年版雇主责任险(建筑施工雇主责任险)为根据限额定额赔付,其余雇主责任险一般根据《工伤保险条例》来计算雇主依法应承担的责任大小。

3. 医疗费用。该项责任以雇员遭受工伤或职业病为前提,一般包括挂号费、治疗费、手术费、床位费、检查费等部分。

4. 法律费用。被保险人依法应支付的有关诉讼费用。

(二)主要条款之间的差异和特点

1. 1995年版雇主责任险。一是保险责任为非列明责任。二是医疗费用在伤亡限额范围内赔偿,与伤亡赔偿共用限额。三是没有限制医疗费用赔偿范围。四是死亡、残疾赔偿限额按若干月工资确定。

2.1999年版雇主责任险(建筑施工雇主责任险)。一是保险责任为非列明责任。二是医疗费用为单独投保的单项限额,没有投保则不予赔付。三是医疗费用有限制。其包括挂号费、治疗费、手术费、床位费、检查费(以300元为限)及非自费药费部分,但不包括受伤员工的陪护费、伙食费、营养费、交通费、取暖费、空调费及安装假肢、假牙、假眼和残疾用具费用。四是对死亡、残疾赔偿采用定额赔付方式,可以不按照相关法律计算相应赔偿金,而在限额内予以赔付。

3.2004年版雇主责任险。一是保险责任为列明责任。该条款与2004年工伤保险条例配套开发,所以保险责任列明为工伤保险的保险责任。二是医疗费用为单独投保的单项限额,没有投保则不予赔付。三是医疗费用几乎没有限制。其既负责挂号费、治疗费、手术费、检查费、医药费,也包括住院期间的床位费、陪护费、伙食费、取暖费、空调费、交通费、急救车费。四是对死亡、残疾赔偿采用限额内据实赔付方式,应该按照工伤保险条例计算雇主应承担的赔偿责任,在限额内予以赔付。

4.工伤责任保险。与旧《工伤保险条例》配套开发的险种,保险责任为《工伤保险条例》中规定的工伤事故,负责赔偿《工伤保险条例》中规定应由用人单位负责赔偿的部分。

三、除外责任

雇主责任保险通常不承保以下责任:

一是战争、暴动、罢工、核风险等引起雇员的人身伤害;

二是被保险人的故意行为或重大过失;

三是被保险人对其承包人的雇员所负的经济赔偿责任;

四是被保险人的合同项下的责任;

五是被保险人的雇员因自己的故意行为、自加伤害、违法行为导致的伤害;

六是被保险人的雇员由于疾病、传染病、分娩、流产以及由此而施行的内、外科手术所致的伤害等。

同时,对下列各项损失,保险人一般也不负责赔偿:

一是被保险人及其雇员所有或保管的财产的损失;

二是精神损害赔偿责任;

三是因保险责任事故造成的任何性质的间接损失;

四是罚款或惩罚性赔款。

不同条款之间的差异较小,不分项叙述。

四、计费基础及赔偿限额

一般来说,雇主责任险要设定每人伤亡责任限额、每人医疗费用责任限额、每次事故法律费用责任限额、累计责任限额。伤亡责任、法律费用、医疗费用单独设限,单独投保。

不同条款之间的差异和特点:

1.1995年版雇主责任险。以员工年工资额度为计算保费的基础。赔偿时分为死亡和伤残两项,一般选择死亡赔偿的月员工资数为36个月,伤残赔偿48个月员工资数。

2.1999年版雇主责任险。以伤残、死亡限额、医疗费和法律费用限额为计算保费的基础。一般伤亡每人 20 万元~50 万元,医疗费为伤亡限额的 40%~60%,诉讼费用为伤亡限额的 20%~25%。

3. 2004 年版雇主责任险。以伤残、死亡限额、医疗费和法律费用限额为计算保费的基础。限额确定方式同 1999 年版,不低于 3 万;每人医疗费用责任限额不超过每人伤亡责任限额的 50% 并且不高于 5 万元人民币,法律费用责任限额为伤亡责任限额的 20%。

4. 建筑施工企业雇主责任险。以建筑项目投资总额为计算保费的基础。每次事故每人人身伤亡责任限额分九档,范围为 3 万元~40 万元,累计责任限额为工程造价的 15%,每次事故每人医疗费(包括抢救费)责任限额以每次事故每人人身伤亡责任限额的 40% 来确定。

具体承保方案可以视客户需求和业务管控确定。

五、安全生产责任险简介

安全生产责任险是雇主责任险的派生险种,是承保境内合法成立的煤矿、非煤矿、化学危险品、烟花爆竹等高危行业及其他生产经营企业,在从事生产、储存、经营等活动过程中,因遭受条款约定的生产安全事故,造成从业人员(或雇员,下同)或第三者人身伤亡,依法应由被保险人承担的经济赔偿责任及必要的、合理的紧急抢险救援费用等责任的一种责任保险,可视为公众责任险、雇主责任险与紧急救援费用保险的组合保险。

中国人民财产保险股份有限公司安全生产责任险产品非常丰富,先后开发了统颁的《煤矿企业安全生产责任保险条款》《非煤矿企业安全生产责任保险条款》《烟花爆竹企业安全生产责任保险条款》《危险化学品企业安全生产责任保险条款》及多个区域性产品。

但是总颁安全生产责任险与雇主责任险相比,有以下明显特点:

一是承保对象主要是属于高危行业的煤矿、非煤矿、化学危险品、烟花爆竹等企业。

二是保险责任为列明责任,而且与从事行业的安全事故密切相关,如煤矿企业的保险责任列明为瓦斯爆炸、火灾、矿井水害、煤尘爆炸、冒顶等顶板事故及其他安全生产事故。

三是主险承保安全事故造成的从业人员及第三者死亡及援救费用责任,附加险承保从业人员及第三者的伤残责任。

四是能够承担救援费用保险责任,当发生生产安全事故导致被保险人从业人员或第三者发生意外,应由被保险人负担的必要、合理的救援费用,保险人按照约定负责赔偿。

第三章

产品责任保险

第一节 概述

一、产品与产品责任

(一)产品的概念

产品(Product)的含义十分广泛,随着法律制度的演变,由于立法宗旨和保护对象的不同,世界各国的法律制度对产品概念的定义存在一定差异。一般来说,所有工业、农业、手工业生产、制造的供人们消费、使用的物品,都是产品。

《产品责任法律适用公约》(Convention on the Law Applicable to Products Liability)是海牙国际私法会议[①]对侵权行为制定的法律适用公约之一,目的在于解决产品责任的法律冲突问题。该公约由1972年第12届海牙国际私法会议制定,于1977年10月1日生效。公约中规定:"所谓产品是指一切有经济价值能供使用或消费的物品,包括天然产品及工业产品,不论是制成品、原料、动产、不动产均在公约产品范围以内,但对于未加工的农产品,缔约国在签字批准或加入时,有权保留不受公约拘束。"

《欧共体产品责任指令》第2条规定:产品是指初级农产品和狩猎物以外的所有动产,即使已被组合在另一动产或不动产之内。初级产品是指种植业、畜牧业、渔业产品,不包括经过加工的这类产品。产品也包括电。

美国产品责任法对产品的定义较为宽泛、灵活,其《统一产品责任示范法》指出,产品是具有真正价值的,为进入市场而生产的,能够作为组装整件或者作为部件、零售交付的物品,但人体组织、器官、血液组成成分除外。

我国《产品质量法》第2条规定:"产品是指经过加工、制作,用于销售的产品。建设工程不适用本法规定。"采用的是概括式的规定,适应性较强。按照其规定,产品必须具备两个条件首先,必须经过加工、制作。这就排除了未经过加工的天然品(如原煤、原矿、天然气、石油等)及初级农产品(如未经加工、制作的农、林、牧、渔业产品和猎物)。其次,用于销售。这是区分产品责任法意义上的产品与其他物品的又一重要特征。这样,非为销售而加工、制作的物品被排除在外。

综上所述,所谓产品是指经过加工、制作,用于销售的动产。世界各国对产品的定义存

---

① 海牙国际私法会议(Hague Conference on Private International Law)成立于1893年,是研究和制订国际私法条约的专门性政府间国际组织,因会议地址在荷兰海牙而得名。

在以下特点:一是产品是指动产;二是多数国家立法未将初级农产品列入产品责任法范围,源于农产品的潜在缺陷难以确定,易受自然环境因素影响,多数农产品目前尚无明确的质量标准,缺陷来源也无法界定;三是产品一般是指有形的物品。

(二)产品责任

1. 产品责任的概念。产品责任(Product Liability)又称产品侵权损害赔偿责任,是指产品存在可能危及人身、财产安全的不合理危险,造成消费者人身或者除缺陷产品以外的其他财产损失后,缺陷产品的生产者、销售者应当承担的特殊的侵权法律责任。

产品责任一般有广义责任和狭义责任两种划分方法,广义的产品责任既包括因产品缺陷造成的损害应承担的民事赔偿责任(侵权责任),又包括因产品质量不合格所导致的合同责任(违约责任)。狭义的产品责任只包括侵权责任。本章的产品责任是狭义的产品责任。在产品责任保险业务中,产品责任是指由于产品存在缺陷,造成使用、消费该产品的人或第三者的人身伤害、疾病、死亡或财产损失,产品的生产者或销售者依法应承担的经济赔偿责任。

2. 产品缺陷。产品存在缺陷是构成产品责任的前提条件。产品没有缺陷,产品的提供者就不需承担产品责任,产品缺陷的造成者,即是产品责任的承担者。所谓产品缺陷,是指产品存在不合理危险性或不符合国家有关质量、安全的强制性标准,或违反明示担保或默示担保而形成的,可能会造成人身伤害或财产损失的产品瑕疵。我国《产品质量法》第34条规定,本法所指缺陷,是指产品存在危及人身、他人财产安全的不合理的危险;产品有保障人体健康及人身、财产安全的国家标准、行业标准的,是指不符合该标准。

根据各国法律和判例,依产品的生产、制造过程,将缺陷大致分为以下几种:

一是产品设计缺陷。设计缺陷(Defect in Design)是指产品设计存在着不合理的危险性,是生产者在制造产品之前,由事先形成的对产品的构思、方案、图样等设计上的事项而造成的产品缺陷。产品设计时,因对产品的可靠性、安全性考虑不周,导致产品在设计上存在不安全、不合理的因素,可能导致产品责任事故。例如,对结构设置不合理,没有附加必要的安全装置,就可能导致产品安全责任事故。对生产者来说,关于设计缺陷的索赔请求可能是压倒一切的。它可能意味着产品必须全部(而不是部分)停止生产,此外还有很多重大后果,前面已提到,由于这种缺陷的影响所及不仅仅是单个产品,而是整个生产线,随之而来的很可能是大量的受害用户请求赔偿,"潜在的索赔请求大量增多",因此其在商业上的牵连是深远的。尤其药品领域是一个特别容易产生设计问题的产品领域,此类缺陷是很难得到保险公司保险的。

二是产品原材料缺陷。原材料缺陷(Material Defect)是指制造产品使用的原材料不符合卫生、安全标准而造成的产品缺陷,这种商品缺陷产生的危害后果由生产者承担赔偿责任后,生产者还可要求原材料供应者承担合同违约责任。原材料选择的好坏对产品质量影响很大,如电器产品材料绝缘性能差而漏电伤人,化纤衣料未经阻燃处理可能引起烧伤等。

三是产品制造缺陷。制造缺陷(Manufacturing Defect)是指由于产品装配不当或不符合标准造成的产品缺陷,使产品存在危及人身健康,财产安全的不合理危险。产品在加工、制作、装配过程中,不符合设计规范,或不符合加工工艺要求,没有完善的控制和检验手段,致使产品存在不安全的因素。

四是产品指示缺陷。指示缺陷(Inadequate Instructions or Warnings)是指产品提供者对产品的危险性没有提供真实完整、符合要求的产品使用说明和警示说明或使用方面的指导,从而对使用者构成的安全危害。这种缺陷往往存在于产品的广告、说明书、标签中,而且与生产经营者的告知义务(责任)直接相关。有些产品本身并没有缺陷,但如果使用不当也会有危险,因此生产者或销售者应当向消费者明确告知,如产品使用说明书没有明确产品的警示说明或产品使用指示标准告知不清楚,或者产品使用了不真实、不恰当的甚至虚假的说明等,则存在指示缺陷,消费者一旦发生危险,销售者、生产者就应承担赔偿责任。

另外,还有一种缺陷称为发展上的缺陷(Development of Defect)。发展上的缺陷又称开发缺陷,是指产品在制造品投入流通时,根据当时的科学技术水平难以发现产品具有不合理的危险性,而在使用一定时期后,证明产品存在着一定的不合理危险性。开发缺陷的特点有两个:一是该缺陷属于相对缺陷,是以科学技术的发展水平来衡量的缺陷,当科学技术难以发现时,该产品视为无缺陷产品;二是该缺陷不属于具体缺陷。当科学技术水平发展到足以认识这一缺陷的时候,该缺陷才能判定为具体的缺陷,如设计缺陷、原材料缺陷、制造缺陷或指示缺陷。由于生产经营者在当时是无法预见和难以克服此类缺陷的,因而,为了保障生产的发展和鼓励生产经营者积极利用科学技术开发新产品,世界上绝大多数国家的立法均将此缺陷规定为产品责任的免责事由。我国的《产品质量法》第29条第2款规定,生产者能够证明产品投入流通时的科学技术水平尚不能发现缺陷存在的可以不承担赔偿责任,也是基于以上理由。

3. 产品责任构成的要件。产品责任的构成要件,是指生产者或销售者承担产品责任的法律要件。按照各国产品责任法的规定,产品责任的构成要件因归责原则的不同而有所差异。产品责任一般适用严格责任原则,要求生产者、销售者等承担产品责任必须同时具备以下三个要件:一是须有缺陷产品;二是须有人身、财产损害事实;三是产品缺陷与损害事实之间须有因果关系。

缺陷是确定产品责任的首要条件。在产品质量法中规定了以下三种情形:一是不具备产品应当具备的使用性能而事先未作说明;二是不符合在产品或其包装上注明采用的产品标准;三是不符合以产品说明、实物样品等方式表明的质量状况。

4. 产品侵权责任与产品质量违约责任的区别。因产品质量问题导致的民事责任,可以分为产品责任(侵权责任)和产品质量违约责任(合同责任)两个方面,二者都属于因产品质量原因造成的损害,往往容易混淆。根据《产品质量法》第26条规定,产品质量应当符合下列要求:一是不存在危及人身,财产安全的不合理危险,有保障人体健康和人身、财产安全的国家标准、行业标准的,应当符合该标准;二是具备产品应当具备的使用性能,但是,对产品存在使用性能的瑕疵作出说明的除外;三是符合在产品或者其包装上注明采用的产品标准,符合以产品说明、实物样品等方式表明的质量状况。该条款对产品质量规定了三项要求,不符合要求的为不合格产品,因此产品质量责任是指因产品质量不符合国家的有关法规、质量标准以及合同规定的产品适用、安全和其他特性的要求,给用户造成损失后,由产品的生产者和经销者所承担的民事责任。这里的损失既包括不合格产品对用户的经济效益的影响,也包括不合格产品给用户及他人的人身和财产造成的损害。因此,这种民事责任既包括违反合同的民事责任,即产品质量违约责任,又包括因产品质量问题而引起的一种特殊的损害赔偿责任,即产品侵权责任。

产品侵权责任是指消费者从销售者处购买产品后,产品存在质量缺陷,并因为该缺陷而导致消费者或者第三人的人身以及缺陷产品以外的其他财产的损失时,消费者向销售者或者生产者主张的损害赔偿责任,承保产品侵权责任风险的保险产品属于责任保险。产品质量违约责任是指消费者从销售者处购买产品,该产品并不能达到消费者购买该产品时所预期的目的,从而丧失了该买卖合同的预期利益,此时销售者所应承担的退、换货或维修等责任,承保产品质量违约责任风险的保险产品属于保证保险。产品侵权责任与产品质量违约责任在责任主体、归责原则、举证责任、诉讼时效方面都有着显著的区别。

第一,两者的责任主体不同。产品质量责任以事先签订合同为前提,当合同当事人一方提供的产品质量不符合合同规定时即引起产品质量责任,它是一种违约责任。产品质量违约责任的责任主体为合同当事人中提供不合格产品的一方,受害人是合同当事人中质量违约方的相对方。产品侵权责任则不同,当发生产品侵权时,消费者以及消费者以外的第三人都可以作为原告,被告则既可以是销售者,也可以是生产者,且销售者和生产者可以作为共同被告应诉(有时还包括检验机构、认证机构等),这是由于侵权责任的性质所决定的。

第二,两种责任的归责原则有所不同。产品质量违约责任是一种违约责任,采用严格责任原则,即只要有违约行为并且没有法定的免责事由出现时,违约方就应该承担该责任。产品侵权责任则因生产者和销售者有所区分,对于生产者,其承担的是无过错责任,只有当存在法定的免责事由时才可以不承担责任;对于销售者,其承担的是过错推定责任,当其不能指明生产者时应当承担全部责任。

第三,两者在举证责任方面不同。对于产品质量违约责任,当产品不能达到消费者购买产品时所预期的目的时,消费者应当对该产品不符合产品质量要求或存在缺陷或未能达到销售者承诺的产品特性负举证责任。对于产品侵权责任,当产品因存在缺陷而造成他人人身、缺陷产品以外的其他财产损失时,由生产者按照法定免责事由举证,销售者则应对其无过错承担举证责任。《侵权责任法》第42条关于举证方面的规定是:"因销售者的过错使产品存在缺陷,造成他人损害的,销售者应当承担侵权责任。销售者不能指明缺陷产品的生产者也不能指明缺陷产品的供货者的,销售者应当承担侵权责任。"

第四,两者的诉讼时效不同。产品侵权责任的诉讼时效为《产品质量法》第45条规定的2年。产品违约责任,诉讼时效为《民法通则》第136条规定的1年。

二、产品责任法概述

产品责任法是有关产品责任的法律,它最先以判例的形式出现在工业化进程最早的国家——英国。产品责任与产品责任法律制度紧密相关,世界上关于产品责任的立法模式,大体有三种:一是扩大解释,适用于合同法、侵权法中的有关规则,如法国、荷兰等;二是在相关的立法中,对产品责任作出若干规定,如英国、加拿大等国颁布的《消费者保护法》;三是制定专门的产品责任法,如原联邦德国、意大利、丹麦、挪威、日本等国。

而美国的产品责任法与其他国家差异较大,包括判例法和制定法。美国商务部1979年公布了专家建议文本《统一产品责任示范法》。此外,联邦政府还通过了《联邦食品、药品、化妆品法》《消费品安全法》等单行法。

在我国,《民法通则》《产品质量法》和《消费者权益保护法》《侵权责任法》等构筑起产品责任法律制度的框架。另外,还制定了一系列相关的法律法规,如《工业产品质量责任条例》《药品管理法》《食品安全法》等。最高人民法院的有关司法解释也是产品责任法律制度的内容之一。

伴随着经济全球化进程的加快,产品责任立法愈益显示出国际化趋势。产品责任方面的区域性和国际性公约有:欧共体于1977年和1985年制定的《关于人身伤害和死亡的产品责任欧洲公约》和《欧共体产品责任指令》;1972年海牙国际私法会议制定的《关于产品责任的法律适用公约》,这是解决侵权性产品责任案件的一个国际性公约。

（一）产品责任归责原则的发展过程

产品责任的归责原则是产品责任法律制度的核心,产品责任的归责原则,是指缺陷产品的制造者和销售者承担赔偿责任的责任基础。在产品责任法的发展过程中,先后形成了合同关系责任、疏忽责任、担保责任、严格责任四种归责原则。

1. 合同关系责任。早期的产品责任属于合同责任范畴。1842年英国"温特博姆诉莱特案",确立了"无合同无责任原则",原告温特博姆是一驿站长雇佣的马车夫,该驿站长与被告莱特订有一份提供合格安全的马车用于运送邮件的合同。当原告驾驶被告提供的马车运送邮件时因车轮突然塌陷而受伤,原告向被告提起了索赔之诉。被告以原告不是提供车的合同的当事人为由而提起抗辩。法院以原告与被告之间不存在合同关系为由判决原告败诉。从此以后,"无合同无责任"原则在产品责任领域流行起来,以合同为基础对产品承担责任的原则得以确立。根据合同关系责任原则,制造者和销售者承担产品责任以受其产品伤害的消费者有合同关系为前提。但是在实际生活中,产品的最后消费者往往和制造者或销售者之间没有合同关系,从而无权向制造者或销售者索赔,这种法律制度显然对受害者不利。

2. 疏忽责任。随着经济的发展,产品责任以合同关系为前提的法律已不能满足生产与消费关系的需要。1916年美国"麦克弗森诉别克汽车公司案"突破合同关系之限,确立了"疏忽责任原则",使合同关系以外的第三人也可以对制造者或销售者提起诉讼,是产品责任法的一个进步。该案中,原告麦克弗森从零售商处购买了一辆由被告别克公司制造的汽车,当原告驾驶该车行驶时,因车轮爆裂,汽车突然倾覆,原告被抛出车外而受伤,事故原因在于有缺陷的车轮。原告麦克弗森提起诉讼,要求别克公司赔偿损失。该案中,麦克弗森与别克公司无合同关系,但法官在审理该案时声明:"任何产品制造上具有的疏忽,依其本质足以危害人的生命健康者,即属危险品……无论有无合同关系,制造者对该项危险的制造,均负有注意义务;制造者未经注意的,就所致的损害,应负赔偿责任。"最后法院判决别克公司败诉。由此,传统侵权法中的疏忽责任引入产品责任领域。当原告以疏忽为由向法院起诉要求被告赔偿其损失时,原告必须提出证据证明以下两点:第一,被告没有做到"合理的注意",即被告有疏忽之处;第二,由于被告的疏忽直接造成了原告的损失。疏忽责任的焦点在于制造者或销售者的行为,举证责任在受害者。

疏忽责任使产品责任法律制度更趋合理。但在现代化大生产的条件下,产品的加工工艺、制作方法日益复杂,要证明某种产品有缺陷并且制造者或销售者存在主观疏忽往往是很困难的,这是消费者在以疏忽为理由起诉制造者和销售者时所遇到的一个难题。

3. 担保责任。担保责任是严格责任形成之重要基础。担保责任是指制造者或销售者因违反了对产品的明示担保或默示担保而应承担的责任。

明示担保是关于产品的性能、质量或产品适合某种预期目的的声明或陈述,一般多见于制造者或销售者证明其产品符合规定标准的说明,或产品的标签、广告、目录和使用说明书上。1932年美国"巴克斯特诉福特汽车公司案"是担保责任中明示担保的典型案例,在该案中,被告福特汽车在其广告中声称汽车挡风玻璃不易破碎,原告信赖其广告中的质量担保而购车,但原告驾车外出时,一块小石子击中挡风玻璃,玻璃碎片伤及原告的眼睛并导致失明。原告向被告提起损害赔偿之诉,法院判决被告福特汽车公司因违反明示担保而应承担赔偿责任。

默示担保是依法产生的,无须制造者或销售者的口头或书面约定。一般分为适合销售默示担保和适合特定用途的默示担保。与明示担保相比,默示担保对于产品责任的发展更具重要性。默示担保最初产生于食品的产品责任领域,法院以食品制造者违反关于食品安全的默示担保责任,判处食品制造者承担赔偿责任。

担保责任比起疏忽责任是一个进步,它避免了疏忽责任中原告对于被告疏忽的举证负担,受害人只要证明存在担保、生产者违反担保以及违反担保给受害人造成损害即可。

4. 严格责任。1944年美国"埃斯科拉诉可口可乐瓶装公司案"中最早提出了"严格责任"的概念。在该案中,原告埃斯科拉因一可乐瓶爆炸而受伤,原告要求赔偿,但没能提出被告有主观疏忽的证据。被告提出瓶子的制造及可乐的装瓶都已经尽了合理的注意,而且符合操作程序,如果按照疏忽责任原则,原告则无法获得赔偿。但法院没有采纳被告的申辩,依据了与严格责任相近的"事实自证"判决被告败诉,并首次提出"产品缺陷造成损害时,应由制造者承担一种严格责任"的理论。1963年美国"格林曼诉尤巴电力公司案"则是严格责任发展史上的里程碑。原告格林曼在使用电力工具时,一块木片从机器中飞出砸伤其前额,原告提起诉讼。加州最高法院判决原告胜诉,并在判决中确认"当制造者将其产品投入市场时,知悉该产品将不经检查是否存在缺陷而被使用,则制造者对由于产品的缺陷所致的人身伤害要负严格责任"。严格责任原则得以确立。

按照严格责任原则,受害者证明了"第一,产品确实存在缺陷;第二,正是由于产品的缺陷给使用者或消费者造成了损害;第三,产品所存在的缺陷是在制造者或销售者把该产品投入市场时就有的"这三点,制造者或销售者就要承担损害赔偿责任,虽然制造者或销售者已经做到了一切可能做到的注意。由此可见,相对于疏忽责任,严格责任关注的是产品本身,以及产品是否存在缺陷,举证责任在制造者或销售者,相对于担保责任,严格责任不以担保的存在为构成要件,可以不受担保的限制。因此,严格责任原则更有利于对消费者权益的保护。

严格责任是一种无过失责任,但并不是绝对责任。各国产品责任法对生产者都规定了一定的抗辩事由,主要包括:第一,未将产品投入流通。产品未进入流通,不可能对消费者产生损害。第二,产品投入流通时缺陷尚不存在。缺陷是在产品脱离生产者控制后,由其他人造成的。第三,为使产品符合强制性法规而导致缺陷。第四,产品投入流通时的科学技术尚不能发现缺陷存在。这是对发展风险免除责任的。

(二)国际产品责任法的发展概况

1. 美国产品责任法的发展概况。美国产品责任的立法表现形式多样,既有司法判例累积的习惯法,又有成文法。美国的产品责任法主要是州法,产品责任法在50个州和华盛顿特区各不相同。1965年美国法学会出版了《第二次侵权法重述》,其中的第402条A款所确立的严格责任原则被美国大多数州的产品责任法所采纳。

为了统一各州的产品责任法,1979年美国商务部公布了《统一产品责任示范法》作为专家建议文本,供各州自愿采用。但是该法未能达成法律的统一,仅被几个州所采用。1997年美国法学会通过《第三次侵权法重述—产品责任》,标志着美国产品责任法的发展进入了一个新的阶段。

2. 世界上其他国家产品责任法的发展概况。美国确认和采用的严格责任对世界上其他国家产品责任问题产生了巨大影响。在欧洲,自70年代开始,许多国家即开始研究产品责任问题,并着手制定了一系列产品责任法律规范,其中以1985年《欧共体产品责任指令》的立法成果最为显著。欧共体各成员国均按照指令的要求,先后制定了本国的产品责任法或消费者保护法,实行严格产品责任制。此外,非欧共体的国家如澳大利亚、日本等也深受指令影响,纷纷制定了各自的产品责任法。由此可见,通过立法形式将产品责任纳入法制轨道,确立产品严格责任制,保护消费者权益,是现代产品责任法的发展趋势。

3. 关于产品责任的国际公约。由于各国制定的产品责任法律不尽相同,必将产生所谓的法律冲突。制定一个普遍接受的国际公约已成为当代产品责任法发展的一个新课题。1972年海牙国际私法会议制定的《关于产品责任的法律适用公约》,是目前国际上唯一的产品责任方面的统一的冲突法公约,其宗旨是在国际范围内解决产品责任法律适用的问题。

(三)我国产品责任法的发展概况

我国目前尚无专门的产品责任法,《民法通则》、《侵权责任法》、《产品质量法》和《消费者权益保护法》等构筑起我国产品责任法律制度的基本框架。《关于处理侵害消费者权益行为若干规定》《最高人民法院关于确定民事侵权精神损害赔偿责任若干问题的解释》《最高人民法院关于审理人身损害赔偿案件适用法律若干问题的解释》等为产品责任侵权行为的具体实施办法做了有效的补充。

我国自1979年开始实行经济体制改革和对外开放的政策,逐步转向市场经济,至80年代中期,相继发生啤酒瓶爆炸、电视机显像管喷火、燃气热水器泄漏、食品中毒等致消费者伤害、死亡的事件。在这种背景下,1986年4月12日第六届全国人民代表大会通过的《民法通则》,第一次将产品责任问题规定在民事基本法中,使产品责任立法进入一个新的阶段。《民法通则》第122条规定:"因产品质量不合格造成他人财产、人身损害的,产品制造者、销售者应当承担民事责任。"

20世纪80年代至90年代初,产品质量问题愈益严重,成为危害消费者人身财产安全、危害整个国民经济发展的公害。在这种背景下,1993年2月22日第七届全国人民代表大会常务委员会第三十次会议通过《中华人民共和国产品质量法》,这标志着中国的产品责任法上了一个新台阶。《产品质量法》于2000年进行了进一步的修改与完善。我国的《产品质量法》对于产品生产者和产品销售者采用不同的归责原则。《产品质量法》第41条关于生产者的责任规定:"因产品存在缺陷造成人身、缺陷产品以外的其他财产(以下简称他人财产)损害的,生产者应当承担赔偿责任。"《产品质量法》第42条第1款规定对于销售者的责任:"由于销售者的过错使产品存在缺陷,造成人身、他人财产损害的,销售者应当承担赔偿责任。""销售者不能指明缺陷产品的生产者也不能指明缺陷产品的供货者的,销售者应当承担赔偿责任。"

除此以外,《消费者权益保护法》《药品管理法》《食品卫生法》及最高人民法院的有关司法解释等也是我国产品责任法律制度的内容之一。值得一提的是,2004年5月1日起实施的《最高人民法院关于审理人身损害赔偿案件适用法律若干问题的解释》细化了对人身损害的赔偿责任,该解释的实施将使我国产品的生产者、销售者对人身损害的赔偿责任明显加大。

2010年颁布的《侵权责任法》第五章"产品责任"专门对产品侵权责任做了详尽的规定,其中第47条规定,"明知产品存在缺陷仍然生产、销售,造成他人死亡或者健康严重损害的,被侵权人有权请求相应的惩罚性赔偿"。进一步明确了产品责任的惩罚性赔偿制度。

(四)产品责任承担的主体

产品责任主体是指产品责任的承担者。从各国立法和国际立法的规定来看,有两种产品责任主体说:一是单一主体说。以《欧共体产品责任指令》为代表,认定产品生产者为产品责任承担者,并对生产者做扩大解释,以涵盖销售者、进口商等责任人。二是复合主体说。以美国为代表,认定产品制造者或销售者为产品责任人,并分别界定其范围。美国的产品责任法关于产品责任主体规定的范围要广得多。

在实践中,某些案件的受害人虽能证明损害是由某一特定缺陷产品引起的,但难以确认产品的生产者,因为同时有多个生产者生产同类产品投放市场。20 世纪 70 年代末美国法院曾判决同类产品生产者均为被告,各被告根据其产品占有的市场份额承担赔偿责任。所占市场份额越大,其所获利润越多,承担的赔偿数额也就越大。这表明严格责任原则得到进一步发展。

根据我国《产品质量法》的规定,中国产品责任主体与各国基本一致,即包括生产者和销售者,但没有对其范围作出规定。在确定产品缺陷责任时,规定采用不同的归责原则。对生产者采用严格责任,对销售者则实行过错责任。一般情况下,销售者有过错的才承担责任。另外,销售者在不能指明产品的生产者或提供者时,也要求其承担责任。后一种情况可认为是过错推定,过错推定仍属于过错责任,是过错责任原则的一种运用方式。此外,《产品质量法》还规定了生产者和销售者相互之间的追偿权:属于生产者的责任而销售者赔偿的,销售者有权向生产者追偿;属于销售者的责任而生产者赔偿的,生产者有权向销售者追偿。如此规定有利于充分保护消费者的利益。

第二节 产品责任保险

产品责任保险是承保被保险人因制造、销售有缺陷的产品,致使第三者遭受人身伤亡或财产损失而依法应由被保险人承担经济赔偿责任的一种责任保险。

产品责任保险对推动社会经济的发展具有重要的现实意义。首先,它满足产品制造者、经销商转嫁产品责任风险的需要。特别是广大出口企业是在快速融入经济全球化进程中最大的受益者,通过产品责任保险的保险保障,满足了购货方在产品消费风险方面的需求。其次,产品责任保险有利于增强被保险人的赔偿能力,使产品缺陷的受害人及时得到赔偿,从而保护消费者的合法权益。最后,产品责任保险能够提高企业产品的创新能力及在国内外市场竞争力。

一、产品责任保险的发展

(一)国际产品责任保险的发展

产品责任险最早产生于英国,早期的产品责任保险主要是承保一些与人体健康密切相关的产品,如食品、饮料、药品和化妆品,以后,随着对产品责任保险需求的逐步上升,逐渐扩大到承保机械、电子、化工、轻纺等工业产品。随着产品严格责任制的确立,产品责任保险在北美、欧洲、澳洲、日本等发达国家迅速发展,成为西方发达国家责任保险中的主要业务之一。

美国是产品责任保险业务量最大、索赔案件最多、赔偿金额最高的国家。美国特殊的法律制度导致其对产品责任保险的需求远远高于其他国家外。除了实行严格责任的法律之外,以下因素也是美国产品责任保险需求较大的重要因素:第一,实行陪审团制度。陪审团的决定对美国产品责任诉讼中形成高额的裁决起着直接的作用。陪审团成员由普通的消费者构成,在审理产品责任案件时,陪审团成员主要针对控辩双方的陈述和辩论来决定最后作出何种裁决,其最后决定很大程度上包含有同情受害方的成分,尤其是涉及人身伤害的案件,陪审团成员很容易作出倾向于原告(消费者)的判决。第二,实行律师收费制度。产品责任诉讼中原、被告律师的收费是不一样的,被告(经营者)律师一般是按小时收费,而原告(消费者)律师则实行"或有收费制度(Contingency Fee System)"。律师如果不能打赢官司,原告(消费者)不需支付给他任何费用;如果官司打赢了,原告(消费者)则要将法庭所判决金额的一定比例支付给律师作为律师费。该比例通常为30%,高的甚至达到50%~60%。律师胜诉后可以获得高额的酬金的机制在客观上引发了大量的诉讼。第三,缺乏国家健保福利,受害者的医疗费用和丧失工作能力的损失得不到政府的补助,受害者只能期望通过诉讼得到高额的经济赔偿。第四,美国消费者索赔的意识极强。

世界上产品责任保险最发达的国家是美国。在美国,产品责任险是一种强制性保险,它采取的是严格或无过失责任原则。赔偿金往往也是世界上最高的。不仅美国的各种产品需要投保产品责任保险,而且各国出口到美国的各种产品也必须以投保产品责任险为条件。加拿大和日本也强制要求在当地销售产品的厂商全部投保产品责任险,欧洲国家也大力提倡厂商投保。我国台湾地区近年也修订相关法令,强制了某些产品必须投保,违者将处以罚款。

美国在20世纪80年代,由于产品责任领域严格责任适用范围的不断扩大和赔偿金额的不断攀升,引发了产品责任保险的危机,致使200多家保险公司倒闭,许多保险公司经营出险亏损。世界上其他国家承保美国产品责任险的保险公司和再保险公司也一同经历了产品责任保险危机。

为避免美国产品责任诉讼中出现的高额赔偿金所带来的问题,欧洲各国在立法中采取规定损害赔偿的最高限额和最低限额的做法。并且,与美国不同的是,欧洲国家的产品责任案件通常是由专业法官裁决,败诉的一方通常要支付诉讼案件中双方的律师费用,欧洲的消费者承担着更高水平的个人责任,并且受到了强有力的社会保障体系的保护,这些因素都阻止了产品责任保险危机在欧洲的爆发。

(二)我国产品责任保险的发展

我国承保产品责任险的历史相对较短。1980年,中国人民保险公司作为国内唯一一家保险公司开始试办产品责任保险,源于我国出口到美国的烟花爆竹发生产品责任事故而引起巨额索赔和诉讼纠纷,导致美国进口商对我国出口产品提出了投保产品责任险的要求。产品责任险开办初期,涉外业务承保了包括烟花爆竹、汽车轮胎、自行车、儿童玩具等商品在内的约10大类的产品。国内业务主要承保包括家用电器在内的产品。

目前我国的产品责任险市场还不很发达,多数企业对这个险种的需求还不是很积极,原因之一就是法律空白比较多,消费者维权诉讼困难重重,厂商没有赔偿的压力,也就没有投保的动力。当今世界上责任保险最发达的国家或地区,必定同时是各种民事法律制度最完备、最健全的国家。随着我国对外经贸的发展,产品责任法律制度的逐步完善,出口产品责任保险的需求逐渐扩大。国外进口商在与我国出口商进行贸易合作时,考虑到产品在市场上面临着潜在的安全风险,国外进口商通常要求我国出口商投保产品责任险,并将它们列为附加被保险人共享保险利益。一般的做法是:国外进口商将购买产品责任险作为开具信用证的条件之一,如果我国出口商未能购买产品责任险,国外进口商将有权利拒绝结汇。在国内,随着消费者的索赔意识的逐步提高和国内产品责任法律制度的逐步完善,以及《侵权责任法》的实施,国内产品责任保险的需求也会同步增加,今后,产品责任保险有着广阔的发展空间。

二、我国产品责任保险主要产品

我国目前市场上开办产品责任险业务常用的保险产品主要有产品责任保险(Product Liability)条款及商业综合责任保险条款(Commercial General Liability)等,其中CGL保单将在第三节作详细介绍。通常外资公司如美亚、安联等多使用CGL保单,这种条款比人保公司的条款承保范围宽,除了保障产品责任外,其他的如个人及广告责任等责任范围也包括在内。

下面以《中国人民财产保险股份有限公司产品责任保险条款》(以下简称《人保条款》)为例,对产品责任保险条款加以解读。中国人民财产保险股份有限公司目前有两款产品责任保险条款并行,1993年版产品责任保险条款适用于国内的产品,1995年版产品责任保险条款主要适用于出口产品,两套条款除去一些条款措辞的区别外,保险责任大体相同。

(一)保险责任范围

产品责任保险的责任范围是保险合同的核心组成部分,其责任范围的大小直接关系到投保人的保险需求和消费者的权益保障,保险人对保险责任范围的界定需要在保险合同中作详尽的描述和确定。

产品责任保险的责任范围:在保险有效期内,由于被保险人所生产、出售的产品或商品在承保区域内发生事故,造成使用、消费或操作该产品或商品的人或其他任何人的人身伤害、疾病、死亡或财产损失,依法应由被保险人承担的经济赔偿责任,保险人在约定的责任限额内赔偿。包括被保险人应负索赔人的诉讼费用以及经保险人书面同意的相关法律费用,保险人也负责赔偿,但本项费用与责任赔偿金额之和以保险单明细表中列明的责任限额为限。

以上对责任范围的描述包含以下要点:一是产品责任保险以事故发生为索赔基础,即保险人承担的是在保险期限内发生的保险事故造成对第三者的损害赔偿责任,无论产品何时生产、出售,其对索赔时限没有要求。对保险人而言,为了有效控制风险,通常在业务操作中与投保人协商,通过加批"以索赔提出为基础条款"对索赔时效加以限制,以达到降低风险的目的。同时,对保险人而言,尽管保险期间通常为1年,随着续保的连续性,投保产品的逐年累积增加,被保险人的产品责任风险也在逐年加大,保险人在承保产品责任保险时需关注投保产品的成长情况及产品的生产销售情况,以便更好地掌控产品风险情况。二是承保区域限制。只有当保险产品的责任事故发生在保单约定的承保区域内时,保险人才承担相应的责任。产品的销售区域往往并不完全是产品的承保区域,对保险人而言,在产品责任保险的承保条件中,对承保区域的要求是非常严格的,因为不仅仅涉及保险费率报价的高低,而且对该产品的销售区域内的法律环境需加以评估,往往对法律环境相对不好的地区限制承保。产品责任事故的法律适用问题又叫司法管辖权,是保险条款的主要内容,是保险人可接受并认可的法律适用,司法管辖权在保单上需写明。三是赔偿范围的界定。产品责任保险的赔偿是依法赔偿,包括人身伤害、疾病、死亡或财产损失及相关的法律费用。也就是说,是指现有的法律法规规定的赔偿范围,而且赔偿是对第三者的赔偿,不包括产品生产者、销售者本身。四是赔偿限额的约定。如前所述,产品责任险赔偿是依法赔偿,而由于适用法律不同,造成产品责任事故的索赔、判决结果差异很大,尤其是个案涉及的部分精神损害的赔偿与惩罚性赔偿涉案金额是非常悬殊的,法庭判决上结果差异更大,而保险人对此项赔偿依据保险合同通常是不予赔付的,因此对赔款的支付项目也须在保单约定的赔偿限额之内,且赔款和诉讼费用之和不得超过保单所列的责任限额。在产品责任事故的赔偿中,既包括损害赔款也包括经保险人书面同意的相关法律费用,上述费用如果没有加以明确,按国际惯例往往可以使用两个赔偿限额,而人保条款中明确该项费用使用一个限额的规定,避免高额法律带来的额外赔偿。

同时,产品责任保险的赔偿责任范围还应关注以下内容:一方面是对于保险事故而言,保险人负责的产品责任事故强调的是"意外和偶然性";另一方面对保险产品的界定必须是所有权已经转移至消费者或使用者,如产品或商品的所有权尚未转移,保险人不予赔偿。

(二)责任免除

产品责任保险免责一般由以下14款组成,与英美等国的产品责任保险的除外条款大致相同,主要分三类:第一类,一般性除外责任,如战争、核风险、罢工、暴动、被保险人故意违法行为等;第二类,特定的除外责任,包括罚款、罚金即惩罚性赔款,保险产品造成大气、土地等的污染;保险产品对飞机或轮船的损害,产品退换回收的损失等;第三类,应在其他保险中承担的责任,如被保险人对雇员所承担的责任、保险产品本身的损失、被保险人自有财产等。

1. 被保险人根据与他人的协议应承担的责任,但即使没有这种协议,被保险人仍应承担的责任不在此限。该条款与英国和美国等保单的除外条款一致。在责任保险中,合同责任是一项常规的除外责任。由于产品销售合同约定,被保险人可能对第三者承担了本可以不承担的责任,或承担加大了的法律责任,但是这种合同责任不应该转嫁给保险公司,所以应予以除外。但在没有合同的存在,被保险人仍需对他人承担法律责任时,保险公司还是应该负责的。

这条除外条款并不是绝对除外的,如果被保险人要求取消,可在承保时要求被保险人申报所有的合同责任,由保险公司根据责任的大小,确定加收合理的保险费后,出具批单加保。

2. 根据劳动法应由被保险人承担的责任。通常这条除外条款被保险人可通过投保雇主责任险来转嫁这部分保险责任,不属于产品责任险承担的责任范围,因此该条款为产品责任险的常规除外条款。

3. 保险产品本身的损失。此项损失可以通过投保产品质量保证保险获得赔偿,不属于产品责任保险的保障范畴,因产品责任保险有两项重要的限制,一项是不负责因修理或置换有缺陷产品的费用,另一项就是只限于对第三者造成的人身伤害和财产损失。

4. 产品退还回收的损失。产品退还回收的损失是应由被保险人自行承担的行业风险,被保险人可以通过投保产品质量保证保险或产品召回保险来转嫁该项风险。

5. 被保险人所有、保管或控制的财产的损失。该项损失应由被保险人在其他财产险项下承保,不属于第三者的财产损失。

6. 被保险人故意违法生产、出售的产品或商品造成任何人的人身伤害、疾病、死亡或财产损失。从法律的角度来说,保险合同不能保护违法利益,因此被保险人故意违法生产和销售的产品造成的责任事故不属于"意外的"和"偶然的",产品责任保险项下不予负责。

7. 保险产品造成的大气、土地及水污染及其他各种污染所引起的责任。通常是投保环境污染责任保险转嫁该类风险。大气、土地、水等生态环境的污染属于公共环境的污染,损失巨大且难以计量,同时土地、水等公共资源不属于任何第三者,在赔偿上难以确定赔偿对象,故一般责任险均将其作为责任免除,即便被保险人需对第三者承担赔偿责任,保险人也不予赔偿。随着环境污染立法的完善,有专门的环境污染责任保险承保此种风险,通常承保的是被保险人根据政府要求恢复环境所支付的费用。

8. 保险产品造成对飞机或轮船的损害责任。由于此类损害责任往往损失金额巨大,通常的产品责任保险均将此类损害列为除外。

9. 出于战争、类似战争行为、敌对行为、武装冲突、恐怖活动、谋反、政变直接或间接引起的任何后果所致的责任。

10. 由于罢工、暴动、民众骚乱或恶意行为直接或间接引起的任何后果所致的责任。

以上9、10条所列现象为不可抗力,不可抗力是侵权行为的一般免责事由。被保险人造成他人损害系因不可抗力造成时,被保险人得因免责,故此保险人也无须承担赔偿责任。

11. 由于核裂变、核聚变、核武器、核材料、核辐射及放射性污染所引起的直接或间接的责任。核辐射、核爆炸、核污染及其他放射性污染造成的损害是很难在短期内评估的,损害如果系因这些原因造成时,即使被保险人应对第三者负赔偿责任,保险人也不予赔偿。

12. 罚款、罚金、惩罚性赔款。通常,该类惩罚性赔款在责任保险中均予以剔除,不鼓励违法违规行为造成的惩罚性损失得到补偿。惩罚性赔偿是产品侵权责任中的一种特殊赔偿责任。在产品责任中,被保险人明知产权缺陷仍然生产、销售,造成他人死亡或健康严重损害的,受害人可以向被保险人主张惩罚性赔偿。由于惩罚性赔偿的数额特别巨大,特别是在美国,惩罚性赔偿的数额要远远高于一般侵权损害赔偿的数额,所以对于这种风险,责任保险一般都不予承保。

13. 保险单明细表或有关条款中,规定应由被保险人自行负担的免赔额。

(三)附加险条款

产品责任保险常见的附加险条款,主要包括:

1. 以索赔提出为基础条款(Claim Made Basis Clause)。兹经双方同意修正:

(1)本保险仅在下列条件下适用于本保险单明细表中列明的追溯期开始后发生的事故引起的"人身伤害"和"财产损失":

①由于"人身伤害"和"财产损失"引起的任何索赔,必须在本保险单有效期限内以书面形式向任一被保险人提出第一次索赔;

②任何被保险人在本保险单生效之日对事故的发生都不知道或不能合理预见。

(2)本批单中"任何索赔"和"全部索赔"含义如下:

①任何个人或组织寻求损失补偿的"任何索赔",在任一被保险人或公司收到书面通知后(以先收到为准),视为该索赔已经提出;

②同一个人在任何一次事故中因人身伤害而向任何被保险人第一次提出索赔时,即被视作"全部索赔"已经提出;

③任何个人或组织在任何一次事故中因财产损失而向任何被保险人第一次提出索赔时,即被视作"全部索赔"已经提出。

2. 发现期条款(Discovery Clause)。根据本保险单所收取的保费情况,本公司同意,一旦由于本公司未予续保导致保单到期,或由于本公司的注销导致保单终止,则本保险单在自本保单到期或终止起期＿个月内,根据其条款、规定、责任限额、除外责任、总则对所保险产品引起向被保险人的索赔予以负责,但仅限于对自＿＿＿＿年＿＿月＿日起并在上述期限内。

此条款只可以用于以索赔提出为基础的保单中,即该条款可能与以赔款提出为基础的条款联用。附加这一条款旨在给予被保险人一定的宽限期。再用以索赔提出为基础的保单时,一旦保单到期或注销,那么被保险人立即就会丧失有效索赔的机会。附加这一条款后,即使保单到期货注销,只要被保险人在条款规定的发现期内提出索赔,索赔仍然有效。

3. 增加被保险人条款(Venders-Broad Form)。根据附加被保险人是否列明,可以分为以下两种附加条款:

(1)附加被保险人条款—列明销售商格式(Additional Insurance Clause-Vendor's Designated Form)。

(2)附加被保险人条款—不列明销售商格式(Additional Insurance Clause-Vendor's Broad Form)。

因产品在生产及流通中会经过制造商、进出口商、批发商和零售商等许多环节,经投保人申请获承保人同意,可以将保单中的"被保险人"扩展包括参与被指明保险产品的正常批发或零售过程中的个人或机构(指销售商)。如在生产商投保产品责任保险时,通过加批该条款,可以将参与被保险产品的正常批发或零售过程的销售商扩展为被保险人,从而避免销售商购买单独的产品责任保险。

4. 产品完工条款(Product-Completed Operation)。一般适用于需要安装或者维修的产品,如钢结构框架厂房,附加该条款后,可将生产商或销售商的安装、维修责任扩展在内。

此外常见的限制性附加险条款还包括:功效除外条款、铅除外条款、石棉除外条款、硅除外条款、所有索赔处理费用(适用自负额)包含在赔偿限额内特别约定、战争及恐怖主义除外条款、污染除外条款、核能责任除外条款、同一原因引起的一系列事故视作一次事故特别约定、电磁波辐射及无线电波除外条款、模具除外条款、基因改变除外条款、过敏症除外条款、传染病除外条款、霉菌除外条款、惩罚性赔偿/罚金除外条款、产品完工条款、雇员人身伤害除外条款、网络风险除外条款、职业责任除外条款、法律费用条款、指定公估人条款、交叉责任条款、产品召回除外条款、因恐怖主义引起的污染爆炸除外条款等。

三、与产品责任相关联的保险产品介绍

与产品保障有一定关联性的保险产品,除产品责任保险外,还有两个险种往往容易混淆,在本节的最后,介绍两个与产品责任保险有一定关联性的险种:产品召回保险和产品质量保证保险。

(一)产品召回保险

产品召回是指生产商将已经送到批发商、零售商或最终用户手上的产品收回。产品召回的典型原因是所售出的产品被发现存在缺陷。产品召回制度和一般的三包产品退换货是两个概念。三包产品退货换货是针对个体消费者,而且不能必然说明产品本身有任何问题;而产品召回制度则是针对厂家原因造成的批量性问题采取的处理办法。其中,对于质量缺陷的认定和厂家责任的认定是最关键的核心。在发达国家,产品召回方式有两种,一种是"自愿认证,强制召回",一种是"强制认证,自愿召回"。产品召回保险承保的是产品因存在缺陷而导致或可能导致消费者或他人人身伤亡或财产损失所引起的"召回费用",包括告知费用、运输费用、仓储费用、销毁费用、雇佣额外劳动力的费用、员工加班费用、从新配送费用、聘请专业顾问进行危机处理的费用以及其他约定的费用。它属于费用损失保险,不属于责任保险范畴,但与产品责任保险又有一定的联系。世界各国对在本国境内销售的各种产

品的安全性制定了各种安全标准和法律规定,并且对如何处理具有安全隐患的产品作出了详细的规定,产品召回保险正是针对这种风险而设计的。在国外,产品召回保险往往和产品责任保险一起捆绑销售。对产品责任保险人来说,制作者和销售者若已制订完备的产品召回计划并能在发现产品可能存在缺陷时及时启动召回计划,将有效地降低产品责任保险事故发生的概率。而且,伴随着经济全球化进程的加快以及各项法律制度的完善,对产品召回保险的需求也将越来越大。

(二)产品质量保证保险

产品责任保险和产品质量保证保险是两个非常容易混淆的险种。在本章第一节中已对产品侵权责任与产品质量违约责任的区别进行了阐述,尽管这两者都与产品直接相关,其风险都存在于产品本身且均需要产品的制造者、销售者、修理者承担相应的法律责任,但作为两类不同性质的保险业务,它们仍然有本质的区别[①]。

第一,定义不同。产品质量保证保险(Product Quality Bond Insurance)是指承保制造商、销售商或修理商因制造、销售或修理的产品保险本身的质量问题而造成致使使用者遭受的如修理、重置等经济损失赔偿的一种保证保险。

第二,风险性质不同。产品责任保险承保的是被保险人的侵权行为,且不以被保险人是否与受害人之间订有合同为条件。它以各国的民事法律制度为依据。而产品质量保证保险承保的是被保险人的违约行为,并以合同法供给方和产品的消费方签订合同为必要条件。它以经济合同法律制度为依据。

第三,处理原则不同。产品责任事故的处理原则,在许多国家用严格责任原则。即只要不是受害人故意或自伤所致,便能够从产品的制造者、销售者或修理者等处获得经济赔偿,并受到法律的保护。而产品质量保险的违约责任只能采取过错责任原则进行处理。即产品的制造者、销售者或修理者等存在过错是其承担责任的前提条件,可见,严格责任原则与过错责任原则是有很大区别的,其对产品责任保险和产品质量保险的影响也具有很大的直接意义。

第四,自然承担者与受损方的情况不同。从责任承担方的角度看,在产品责任保险中,责任承担者可能是产品的制造者、修理者或消费者,也可能是产品的销售者甚至是承运者。其中,制造者与销售者负连带责任。受损方可以任择其一提出赔偿损失的要求,也可以同时向多方提出赔偿请求,在产品质量保证保险中,责任承担者仅限于提供不合格产品的一方,受损人只能向他提出请求。产品责任保险的受损方既可以是产品的直接消费者或用户,也可以是与产品没有任何关系的其他法人或者自然人,即只要因产品造成了财产或人身损害,就有向责任承担者取得经济赔偿的法定权益。而在产品质量保险中,受损方只能是产品的消费者。

第五,承担责任的方式与标准不同。产品责任事故的责任承担方式,通常只能采取赔偿损失的方式,即在产品责任保险中,保险人承担的是经济赔偿责任,这种经济赔偿的标准不受产品本身的实际价值的制约。而在产品质量保险中,保险公司承担的责任一般不会超过产品本身的实际价值。

第六,诉讼的管辖权不同。产品责任保险所承保的是产品责任事故,因产品责任提起诉讼的案件应由被告所在地或侵权行为发生地法院管辖,而产品质量保险违约责任的案件由

[①] 许飞琼.责任保险[M].北京:中国金融出版社,2007,第202页.

合同签订地和履行地的法院管辖。

第七，保险的内容性质不同。产品责任保险提供的是代替责任方承担的经济赔偿责任，属于责任保险。产品质量保险提供的是带有担保性质的保险，属于保证保险的范畴。

由于这两者的本质差异，保险公司在经营这两类保险业务时，必须严格区分。以避免因顾客的不了解而产生不必要的纠纷。不过，在欧美国家的产品保险市场上，被保险人一般同时投保产品责任保险和产品质量保证保险，以此达到控制风险和避免纠纷的目的。

第四章

职业责任保险

第一节 职业责任风险与保险

一、职业责任与职业责任风险

(一)职业责任含义

职业责任是民事责任制度的特殊领域,在民法和侵权法领域,往往被称为专家责任,是指其具备专业知识或者专门技能,依法取得国家认可的专业资格和执业证书,向公众提供专业服务的专业人士在执业过程中,因故意或过失造成委托人或第三人损害时,依法应当承担的责任[①]。这里指的专业人士,是指具有专业知识或技能,得到执业许可证或资格证书,并向公众提供专门服务的律师、医生、注册会计师、建筑师、公证人等。各类专业人士的具体职能各不相同,但利用自身专业知识和技能为社会服务,却是专业人士的最基本职能。笔者认为,专业人士至少要具备以下特征:

1. 具有专业服务的资格。具有专业服务资格是对专业人士从业的基本要求。专业人士需通过行政主管部门、行业协会或其他相应单位组织的职业资格考试,职业资格考试合格的人员,由国家授予相应的职业资格证书。专业人员一般实行注册登记制度,注册是对专业人士执业管理的重要手段,未经注册的,不得使用相应名称和从事相关工作。

2. 具有高度的专门性。专业人员在经过专业学习或培训并通过有关资格考试后,就可以从事与其专业相关的专业服务活动。在具体工作过程中,专业人员要运用其专业技能和知识提供专业服务。专业服务质量标准按照公认的行业准则来判断,这些准则是判断专业人员工作成效的基本依据。专业服务本质上是精神的、脑力而非体力的工作。

3. 社会对专业人士存在特殊依赖性。基于对专业人士工作技能和水平的信任,社会公众与专业人士或其执业机构存在特殊的依赖性。如注册会计师对上市公司年报进行审计后出具的审计报告,成为投资者进行投资决策的重要依据。这就决定了专业人士应当依据专业准则,充分运用自身的专业知识和技能完成专业服务工作,为委托人和其他相关第三人创造最大的效益。

(二)职业责任保险的法律依据

职业责任源于法律责任,根据民事违法行为的性质,职业责任可以分为违约责任和侵权责任两大类型。

---

① 张新宝.侵权责任法原理[M].北京:中国人民大学出版社,2006,第219页.

1. 违约责任。违约责任又称合同责任,在职业民事责任领域,由于委托人与专业人士或执业机构之间存在服务合同关系,专业人士或其执业机构违反合同的约定,应对委托人承担违约责任。我国《民法通则》第66条规定,"代理人不履行职责而给代理人造成损害的,应当承担民事责任";《合同法》第107条规定:"当事人一方不履行合同义务或者履行合同义务不符合约定的,应当承担继续履行、采取补救措施或赔偿损失等违约责任。"

2. 侵权责任。专业人士或执业机构因违反法律规定或专业服务规范,违法侵害委托人或其他第三人人身、财产利益的,权利人可依侵权行为法要求专业人士或其执业机构承担侵权责任。《侵权责任法》第34条规定,"用人单位的工作人员因执行工作任务造成他人损害的,由用人单位承担侵权责任"。

3. 责任竞合。我国《合同法》第122条规定:"因当事人一方违约行为,侵害对方人身、财产权益的,受损害方有权选择依照该法要求其承担违约责任或者依照其他法律要求其承担侵权责任。"因此,当专业人员或其执业机构的行为符合侵权责任和违约责任要件时,委托人可根据合同的约定提起违约诉讼,也可以根据法律有关规定提起侵权诉讼。

在我国司法实践中,职业责任的法律依据除了上述一般民事责任规定之外,还要以各类职业相关法律为依据,例如,律师职业责任要以《中华人民共和国律师法》为依据、注册会计师职业责任要以《中华人民共和国注册会计师法》为依据等。具体法律依据条文在主要险种介绍中进行阐述。

(三)职业责任风险

职业责任风险是指从事各种专业工作的单位或个人可能因工作上的失误导致的民事损害赔偿责任风险。它是职业责任保险的承保对象,也是职业责任保险存在和发展的基础。由于现代科学技术发展的局限性和人类知识和经验的局限性,专业人士,如医生、建筑师、会计师、律师、药剂师、美容师等在从事专业技术工作中,由于工作中的失误、错误,或由于他们的雇员或合伙人的过失或错误,对他们的当事人或其他第三者造成经济上的损失或人身损害,这类责任事故是不可能完全避免的。人们对于职业责任风险,除采取各种预防措施,积极地防范并加强工作责任心外,还应该通过职业责任保险来转嫁、分散风险,减少各种由于职业责任所产生的矛盾和纠纷。

二、职业责任保险

职业责任保险是指承保各种专业技术人员因在从事职业技术工作时的疏忽或过失造成委托方经济利益损失的保险。其中,专业技术人员是指掌握了某一领域的专业知识,能为他人提供技术上的服务、技能、咨询和帮助的人员。一般而言,职业责任保险是由雇佣专业技术人员的单位(如医院、建筑设计院、律师事务所、会计师事务所、美容院、保险经纪人、保险代理人等)投保的团体业务,《民法通则》第43条规定,"企业法人对它的法定代表人和其他工作人员的经营活动,承担民事责任",《侵权责任法》第34条规定,"用人单位的工作人员因执行工作任务造成他人损害的,由用人单位承担侵权责任"。在我国,承担职业责任损害赔偿的主体是法人,职业责任保险的被保险人是法人。

由于职业技术工作通常具有极强的专业性,专业技术人员在工作中发生疏忽或过失,作为非专业技术人员的委托人很难及时发现问题,保险人如果以"事故发生"方式承保职业风险,将可能面临严重的"长尾风险"。另外,职业技术工作还具有连续性的特点,如果造成同一事故的专业技术人员的疏忽、过失行为,在多张职业责任保险保单的保险期间均有发生的话,以"事故发生"为索赔基础承保职业风险,将很难在多张保单之间分摊责任。按照惯例,职业责任险基本上都以"索赔提出"作为承保基础。

三、职业责任保险的历史发展

职业责任保险最早始于19世纪末20世纪初,最初基本上只保障合同责任风险,但随着法律制度的发展,对侵权行为中的第三人所承担的赔偿责任也纳入了保险范围。1896年,英国北方意外保险公司对药剂师开错处方的过失提供了职业损害保险,之后又发展了独立的会计师职业责任保险等业务。随着法制的不断健全,人们对于自身权益的保护意识逐渐增强,以职业疏忽为名的诉讼案件在20世纪60年代后期开始增多,从事各种专业技术职业的人面临的职业责任风险越来越大,客观上产生了对职业责任保险的需求。保险人正是适应这一变化,陆续开办了针对药剂师、兽医、教师、保险经纪人、保险代理人、心里学家等80多种专业技术人员及其他服务项目提供者的不同类型的职业责任保险业务。目前,在西方国家,职业责任保险已成为普及型的保险产品,在责任保险中占有重要地位。在美国,医疗责任保险、董监事责任保险、注册会计师职业责任保险等险种已发展成为责任保险市场的主要产品,乃至在美国非寿险市场具有举足轻重的地位。与之相比,我国的职业责任保险发展相对滞后,业务面较窄。各家保险公司的职业责任保险业务构成中,主要以医疗责任保险为主。近年来,随着人们风险和保险意识的不断增强,各种专业技术人员面临的职业损害赔偿责任日益增大,我国职业责任保险取得了一定的发展,除医疗责任保险外,保险公司相继推出了律师责任保险、会计师责任保险、美容师责任保险、建筑勘察设计师责任保险、保险代理人责任保险、保险经纪人责任保险、保险公估人责任保险、认证认可责任保险等产品,为各类专业技术人员提供更加全面、细致的风险保障,但至今大部分职业责任保险仍未形成一定的规模。

第二节 职业责任保险主要产品

一、医疗责任保险

(一)医疗责任保险概述

医疗行业是具有高技术性、高风险性、高实践性、高未知性的行业,大量医疗纠纷难以避免。随着社会的发展、相关法律法规的健全,人民群众的维权意识不断提高,医疗纠纷及医疗事故带来的索赔金额日益增加,同时由于医患纠纷引发的扰乱医疗秩序、伤害医务人员的事件也呈上升趋势。2010年7月1日,新《侵权责任法》正式实施,统一医疗损害赔偿标准,解决了医疗鉴定和法律适用的"二元化"问题,从一定程度上加重了医疗机构的经济赔偿责任。医疗机构为缓解医患矛盾,对自身风险的转嫁需求越来越迫切。

医疗责任保险是以医疗机构的医务人员在诊疗护理活动中,因执业过失造成患者人身损害的经济赔偿责任为保险标的的保险,是目前我国职业责任保险中占主导地位的险种。医疗责任保险的保险对象为依照中华人民共和国法律设立、有固定场所并取得《医疗机构执业许可证》的医疗机构,包括中资、合资、外资的综合性医院、专业医院、中医医院、康复医院、个体诊所等。

(二)医疗责任保险法律依据

在我国,《民法通则》《医疗事故处理条例》《医疗机构管理条例及实施细则》《中华人民共和国执业医师法》《医疗事故分级标准》《最高人民法院关于参照〈医疗事故处理条例〉审理医疗纠纷民事案件的通知》等法律、法规和规定均对医疗侵权行为应承担的民事责任进行了规定。近年来,医疗损害赔偿案件被公认为侵权损害赔偿案件中的难点,在司法实践中存在法律适用"二元化"问题:既有适用《医疗事故处理条例》确定损害赔偿项目和数额的,又有适用《民法通则》和最高人民法院《关于审理人身损害赔偿案件适用法律若干问题的解释》的规定确定损害赔偿项目和数额的。这种二元体制,导致在实践中出现医院过错较重,患者损失较大的现象。由于鉴定为医疗事故,参照《医疗事故处理条例》标准赔偿,赔偿额比较低;而医方过错较轻,患者损害较小,不构成医疗事故但有医疗过错,则适用《关于审理人身损害赔偿案件适用法律若干问题的解释》的规定,反而赔偿数额更高。二元体制破坏了国家法制的统一,影响了法律的权威性和严肃性。2010年7月1日《侵权责任法》的正式实施在一定程度上解决医疗侵权法律适用"二元化"问题,目前司法部门主张按照《侵权责任法》处理医疗纠纷的情况越来越多。《侵权责任法》第七章共11条对医疗损害责任进行了详细和明确的规定。

(三)医疗责任保险的保险责任

医疗责任保险的保险责任是:在保险单列明的保险期间或追溯期及承保区域范围内,在保险单中载明的被保险人的医务人员在诊疗活动中,因执业过失造成患者人身损害,在本保险期间内,由患者或其近亲属首次向被保险人提出索赔申请,依法应由被保险人承担民事赔偿责任时,保险人按照保险合同的约定负责赔偿。

发生保险事故后,事先经保险人书面同意的法律费用和其他必要、合理费用,保险人也负责赔偿。

(四)医疗责任保险的除外责任

医疗责任保险的除外责任除一般除外责任外,主要还包括:

1. 医疗机构的违法和故意行为所致责任。这具体包括以下情形:

(1)未经国家有关部门认定合格的医务人员进行诊疗工作;

(2)被保险人或其投保医务人员从事未经国家有关部门许可的诊疗工作;

(3)被保险人或其投保医务人员被吊销执业许可或被取消执业资格以及受停业、停职处分后仍继续进行诊疗工作;

(4)被保险人或其投保医务人员在饮酒、吸毒或药剂麻醉状态下进行诊疗工作;

(5)因药品、消毒药剂、医疗器械的缺陷,或者输入不合格的血液,或药品不良反应造成患者损害;

(6)被保险人或其投保医务人员使用未经国家有关部门批准使用药品、消毒药剂和医疗器械,但经国家有关部门批准进行临床实验所使用的药品、消毒药剂和医疗器械不在此限;

(7)被保险人或其投保医务人员在正当的诊断、治疗范围外使用麻醉药品、医疗用毒性药品、精神药品和放射性药品。

2. 其他免除责任的情形。这具体包括以下情况:

(1)临床试验性检查、治疗以及其他不以治疗为目的的诊疗活动造成患者的人身损害,包括但不限于整形美容、体检;

(2)被保险人医务人员在抢救生命垂危的患者等紧急情况下已经尽到合理诊疗义务;

(3) 被保险人医务人员限于当时的医疗水平难以诊疗;
(4) 患者或者其近亲属不配合医疗机构进行符合诊疗规范的诊疗,被保险人及其医务人员没有过错。

(五) 医疗责任保险的责任限额

除投保人和保险人另有约定外,医疗责任保险责任限额一般包括医疗责任每人责任限额、精神损害每人责任限额、医疗责任累计责任限额、法律费用每次事故责任限额、法律费用累计责任限额。除另有约定外,精神损害每人责任限额为医疗责任每人责任限额的30%,并包含在医疗责任每人责任限额之内。各项责任限额由投保人和保险人协商确定,并在保险合同中载明。

二、建设工程设计责任保险

(一) 建设工程设计责任保险概述

建设工程项目特别是大中型建设工程项目,由于其投资大、工期长,在勘察、设计和施工建设过程中不可预见的因素较多,一旦发生责任事故,将造成巨大的经济损失和人员伤亡,由此可见,建设工程设计单位面临很大的责任风险。例如,投资4亿元的宁波招宝山大桥1998年9月24日发生主梁体断裂事故,就是因为设计施工经验不足造成的一起技术质量事故;再如,上海轨道交通4号线工程于2003年7月1日发生坍塌事故,造成1.5亿元的重大经济损失也与工程设计有关。可见,规避风险,提高管理水平,开展建设工程设计责任保险十分必要。在西方国家,建设工程投保设计保险是一种惯例,在我国,2004年建设部下发了《关于积极推进工程设计责任保险工作的指导意见》,并在河北、深圳、宁波等省市进行了试点。目前全国很多省市,如北京、深圳、山东等已将建设工程设计责任保险作为设计单位参与当地项目招标的准入条件之一。

建设工程设计责任是设计单位从事工程设计的设计师因设计过失造成事故引起的一种赔偿责任。因此,该责任通常也被称为专家责任。在一些国家和地区,又被称为建筑师工程师专业责任或建筑师工程师职业责任。建设工程设计责任保险承保的是建设工程设计单位对于工程设计人员因工作上的疏忽或过失造成建设工程本身的物质损失、第三者人身伤亡或财产损失所应承担的经济损害赔偿责任。建设工程设计责任保险是我国最早开办的职业责任保险险种之一。

建设工程设计责任保险的保险对象主要是经国家行政主管部门批准,取得相应资质证书并经工商行政管理部门注册登记依法成立的建设工程设计单位。

(二) 建筑工程设计责任保险法律依据

在我国,《建筑法》《合同法》《建筑工程质量管理条例》《建筑工程勘察设计管理条例》《建筑工程施工质量验收统一标准》《房屋建筑工程质量保修办法》等法律法规中,都有关于设计造成工程质量损失应由设计单位全额赔付的规定。例如,《建筑法》第73条规定:"建筑设计单位不按建筑工程质量、安全标准进行设计,造成工程质量事故损失的,承担赔偿责任。"该法第80条规定:"在建筑物的合理使用寿命内,因建筑工程质量不合格受到损害的,有权向责任方要求赔偿。"

(三) 建设工程设计责任保险的保险责任

建设工程设计责任保险主要承保被保险人在保险单载明的追溯期或保险期间内,在中华人民共和国境内(港澳台地区除外)完成设计的建设工程,由于设计的疏忽或过失而引发的工程质量事故造成建设工程本身的物质损失或第三者人身伤亡或财产损失,依法应由被保险人承担经济赔偿责任。

发生保险事故后,事先经保险人书面同意的法律费用和其他必要、合理费用,保险人也负责赔偿。

(四)建设工程设计责任保险的除外责任

建设工程设计责任保险的除外责任,除了一般责任保险的除外责任外,还包括以下内容:

1. 委托人提供的账册、文件或其他资料的损毁、灭失、盗窃、抢劫、丢失;
2. 他人冒用被保险人或与被保险人签订劳动合同的人员的名义设计的工程;
3. 被保险人将工程设计任务转让、委托给其他单位或个人完成的;
4. 被保险人承接超越国家规定的资质等级许可范围的工程设计业务;
5. 被保险人的注册人员超越国家规定的执业范围执行业务;
6. 未按国家规定的建设程序进行工程设计;
7. 委托人提供的工程测量图、地质勘察等资料存在错误的;
8. 由于设计错误引起的停产、减产等间接经济损失;
9. 因被保险人延误交付设计文件所致的任何后果损失;
10. 被保险人在本保险单明细表中列明的追溯期起始日之前执行工程设计业务所致的赔偿责任;
11. 未与被保险人签订劳动合同的人员签名出具的施工图纸引起的任何索赔;
12. 被保险人或其雇员的人身伤亡及其所有或管理的财产的损失;
13. 因勘察而引起的任何索赔。

(五)建筑工程设计责任保险赔偿限额

除投保人和保险人另有约定外,建筑工程设计责任保险责任限额一般包括累计赔偿限额、每次事故赔偿限额和每次事故第三者人身伤亡每人赔偿限额。各项赔偿限额由投保人和保险人协商确定,并在保险合同中载明。

(六)单项工程设计责任保险

建设工程设计责任保险通常按照年度承保,其承保基础是"索赔提出式",即只要委托人(建设单位)首次向保险人提出的赔偿要求及就该赔偿事宜由被保险人向保险人提出的索赔是在本保险期限内,保险人就负责赔偿,而不管被保险人是在保险期限内还是在保险单载明的追溯期内由于疏忽或过失设计的建设工程引发的工程质量事故。

单项工程设计责任保险则仅承保在保险单中载明的单个建设工程项目,通常保险期间大于1年。

三、律师职业责任保险

(一)律师责任保险概念

律师是指依法取得律师执业证书,为社会提供法律服务的执业人员。律师在执业中处理大量的诉讼和非诉讼事务,很有可能因过错或疏忽等而致使委托人遭受经济损失,从而存在较大的民事责任风险。据统计,目前我国13 000多家律师事务所中,70%以上为合伙制律师事务所,对外依法承担无限连带责任,这就意味着一个金额较大的赔偿案件,就有可能让律师事务所和律师遭受重大的损失,因此律师行业需要一种机制来降低这种风险,投保律师职业责任保险就是一种很好的降低风险的办法。律师职业责任保险承保的是律师机构的工作人员在提供法律服务过程中，因工作过错给其委托人或利害关系人造成的直接经济损失时，依法应承担的经济赔偿责任。

德国于20世纪50年代末最早开始对律师执业责任保险进行研究，但当时没有以法律的形式对律师责任保险进行规范。1974年英国通过立法强制事务所的律师参加职业责任保险。在我国香港地区，没有上千万的律师责任保险，律师事务所很难获得开业批准。除此之外，香港律师协会还建立了专门的赔偿基金，以确保在执业过程中因律师原因给当事人造成损失当事人能得到有效赔偿。律师职业责任保险于1994年进入我国，当时上海建纬律师事务所向美国友邦保险公司购买了我国第一份律师执业责任保险。此后，我国湖南、北京、浙江等省市相继由当地律师协会出面集中向保险公司购买律师职业责任保险，律师职业责任保险得到了较快发展，目前已基本遍布我国各主要城市。

(二)律师责任保险法律依据

在我国，律师责任的法律依据主要有《民法通则》、《合同法》和《律师法》。如《民法通则》第66条第2款和第3款规定："代理人不履行职责而给被代理人造成损害的，应当承担民事责任。代理人和第三者串通，损害被代理人利益的，由代理人和第三者负连带责任。"该法第67条规定："代理人知道被委托代理的事项违法仍然进行代理活动的，或者被代理人知道代理人的代理行为违法不表示反对的，由被代理人和代理人负连带责任。"《合同法》第406条第1款规定："有偿的委托合同，因受托人的故意或者重大过失给委托人造成损失的，委托人可以要求赔偿。"该法第107条还规定："当事人一方不履行合同义务或者履行合同义务不符合规定的，应当承担继续履行、采取补救措施或者赔偿损失等违约责任。"我国《律师法》第49条规定："律师违法执业或者因过错给当事人造成损失的，由其所在律师事务所承担赔偿责任，律师事务所赔偿后，可以向有过失或者重大过失行为的律师追偿。律师和律师事务所不得免除或者限制因违法执业或者因为过错给当事人造成损失所应承担的民事责任。"

(三)律师责任保险的保险责任

律师责任保险的保险主要承保被保险人在本保险单明细表中列明的追溯期或保险期限内，在中华人民共和国境内(港澳台地区除外)从事诉讼或非诉讼律师业务时，由于疏忽或过失造成委托人的经济损失，并在保险期限内由委托人首次向被保险人提出索赔申请，依法应由被保险人承担经济赔偿责任的，保险人负责赔偿。

发生保险事故后，事先经保险人书面同意的法律费用和其他必要、合理费用，保险人也负责赔偿。

(四)律师责任保险的除外责任

律师职业责任保险除一般除外责任外，还包括：

1. 违法或故意行为所致责任

(1)被保险人无有效律师执业证书，或未取得法律法规规定的应持有的其他资格证书办理业务的；

(2)未经被保险人同意，被保险人的在册执业律师私自接受委托或在其他律师事务所执业；

(3)被保险人与对方当事人或对方律师恶意串通，损害当事人利益的；

(4)被保险人被指控对委托人诽谤，经法院判决指控成立的。

2. 其他免除责任情形

(1)委托人提供的有关证据文件、账册、报表等其他资料的损毁、灭失或盗窃抢夺,但经特别约定加保的不在此限;

(2)被保险人在本保险单明细表中列明的追溯日期之前发生的疏忽或过失行为;

(3)被保险人对委托人的身体伤害及有形财产的损毁或灭失。

(五)律师责任保险赔偿限额

除投保人和保险人另有约定外,律师责任保险责任限额一般包括每次事故赔偿限额和累计赔偿限额,累计赔偿限额一般为每次事故赔偿限额2倍。法律费用每次事故赔偿金额包含在每次事故赔偿限额之内。各项赔偿限额由投保人和保险人协商确定,并在保险合同中载明。

四、注册会计师责任保险

(一)注册会计师责任保险概念

当今社会,注册会计师承担着评估企业经营状况、判断企业资信实力、提供资信证明等责任,其提供的意见已成为企业经营者作出经营决策、投资者作出投资决策及政府制定政策的重要依据。因此,注册会计师责任范围涉及面广、风险程度高。注册会计师民事赔偿责任的主要类型包括违约责任和侵权责任。注册会计师职业责任保险一般由会计师事务所进行投保,当其注册会计师在执业过程中因过失行为,导致会计师事务所依法需对受害人承担民事赔偿责任时,保险公司依照合同的约定承担赔偿责任。

注册会计师责任保险承保的是注册会计师在执行审计业务或者其他相关业务过程中,因疏忽或过失行为造成委托人或者其他利害关系人直接经济损失而依法应承担的民事损害赔偿责任。在理解注册会计师责任保险概念时应注意以下几个问题:第一,保险合同中的被保险人是依法设立的会计师事务所,而不是单个的注册会计师;第二,利害关系人指的是按照法律法规的规定有关使用注册会计师审计报告的投资人、债权人等;第三,注册会计师责任保险承保的范围不但包括审计服务,还可根据注册会计师风险转移需要扩展到会计咨询等相关领域。

(二)注册会计师责任保险法律依据

在我国,除了《民法通则》和《合同法》等法律一般规定外,就注册会计师这一行业或相关行业,我国还相继出台了《注册会计师法》《公司法》《证券法》《中华人民共和国刑法》等法律,以及法函〔1996〕56号、法释〔1997〕10号、法释〔1998〕13号和《最高人民法院关于受理证券市场因虚假陈述引发的民事侵权纠纷案件有关问题的通知》《关于审理证券市场因虚假陈述引发民事赔偿案件的若干规定》《首次公开发行股票并上市管理办法》等规定。其中,《注册会计师法》第42条规定:"会计师事务所违法该法规定,给委托人、其他利害关系人造成损失的,应当承担赔偿责任。"《证券法》第202条规定:"为证券的发行、上市或者证券交易出具审计报告、资产评估报告或法律意见等文件的专业机构,就其所应负责的内容弄虚作假……造成损失的,承担连带赔偿责任。"

(三)注册会计师责任保险的保险责任

注册会计师责任保险承保在保险单载明的保险期间或追溯期内,因被保险人的注册会计师在中华人民共和国境内承办下列业务而出具的相关报告不实,造成委托人或其他利害关系人的经济损失,由委托人或其他利害关系人在保险期间内首次向被保险人提出赔偿请求,依法应由被保险人承担的民事赔偿责任。

(1)审计企业会计报表,出具审计报告;

(2)验证企业资本,出具验资报告;

(3)办理企业合并、分立、清算事宜中的审计业务,出具有关的报告;

(4)法律、行政法规规定的其他审计业务;

(5)会计咨询业务和会计服务业务。

发生保险事故后,事先经保险人书面同意的法律费用和其他必要、合理费用,保险人也负责赔偿。

(四)注册会计师责任保险的除外责任

除一般除外责任外,下列原因造成的损失、费用和责任,保险人不负责赔偿:

(1)被保险人或其注册会计师的故意行为、重大过失行为或非执业行为;

(2)委托人提供的账册、报表、文件或其他资料的损毁、灭失、被盗、被抢、丢失,但本保险合同另有约定的除外;

(3)被保险人或其注册会计师被指控诽谤委托人或泄露委托人的商业秘密,经人民法院判决指控成立的;

(4)被保险人的注册会计师私自接受委托业务或在其他会计师事务所执行的业务;

(5)被保险人或其注册会计师执行依法注册的承办业务范围之外的业务;

(6)被保险人或其注册会计师对外担保所承担的连带责任;

(7)他人冒用被保险人或其注册会计师的名义执行业务;

(8)被保险人或其注册会计师对委托人或其他利害关系人的身体伤害及有形财产的毁损或灭失。

(五)注册会计师责任保险的赔偿限额

除投保人和保险人另有约定外,注册会计师责任保险的赔偿限额一般包括每次事故赔偿限额和累计赔偿限额,也可以不设每次事故赔偿限额,仅设定累计赔偿限额。各项赔偿限额由投保人和保险人协商确定,并在保险合同中载明。

(六)注册会计师责任保险附加险

目前国内保险市场上,注册会计师责任保险通常有以下两个附加险:

1. 附加账册、文件丢失险条款。扩展承保被保险人的注册会计师在依法执业过程中因过失造成委托人提供的账册、报表、文件或其他会计资料的损毁、灭失和丢失,而发生的寻找和恢复这些账册、报表、文件或其他会计资料的费用。

2. 首次投保追溯期扩展条款。其内容是:兹经保险合同双方特别约定且投保人已支付相应的保险费,保险人同意将首次投保的追溯期扩展至投保人约定的时间,但首次投保的追溯期扩展的时间最长不得超过5年。

第五章

其他责任保险

第一节 物流责任保险

一、物流责任保险概述

(一)物流

1. 物流的概念。最早出现于美国的物流概念是以"Physical Distribution"表示的。1915年阿奇·萧在《市场流通中的若干问题》一书中提出了物流(Physical Distribution)的概念。在第二次世界大战(以下简称"二战")中,围绕战争物资供应,美国军队建立了"后勤"(Logistics)理论。当时的"后勤"是指将战时物资生产、采购、运输、配给等活动作为一个整体进行统一布置,以求战略物资补给的费用更低、速度更快、服务更好。二战后,"物流"一词被美国人借用到企业管理中,被称作"企业物流(Business Logistics)",并逐步演变为今天的物流(Logistics)。

物流是指为了满足客户的需求,以最低的成本,通过运输、保管、配送等方式,实现原材料、半成品、成品或相关信息进行由商品的产地到商品的消费地的计划、实施和管理的全过程,包括物体的运输、配送、仓储、包装、搬运装卸、流通加工,以及相关的物流信息等环节。物流活动的具体内容包括以下几个方面:用户服务、需求预测、订单处理、配送、存货控制、运输、仓库管理、工厂和仓库的布局与选址、搬运装卸、采购、包装、情报信息等。

在我国国家标准《物流术语》的定义中指出:物流是物品从供应地到接收地的实体流动过程,根据实际需要,将运输、储存、装卸、搬运、包装、流通加工、配送、信息处理等基本功能实施有机的结合。2001年3月1日,原国家经济贸易委员会制定《关于加快我国现代物流发展的若干意见》,其中对现代物流的定义是:现代物流泛指原材料、产成品从起点至终点及相关信息有效流动的全过程。它将运输、仓储、装卸、加工、整理、配送、信息等方面有机结合,形成完整的供应链,为用户提供多功能、一体化的综合性服务。

国际上关于物流的定义各有差异,2002年1月,美国物流协会对物流概念进行了重新定义,将物流与供应链联系起来:"物流是供应链运作中,以满足客户要求为目的的,对货物、服务和相关信息在产出地和销售地之间实现高效率和低成本的正向和反向的流动和储存所进行的计划、执行和控制的过程。"所谓供应链,其实就是由供应商、制造商、仓库、配送中心和渠道商等构成的物流网络。根据我国国家标准《物流术语》的定义,供应链(Supply Chain)是指生产及流通过程中,涉及将产品或服务提供给最终用户活动的上游与下游企业之间形成的网链结构。

物流的发展经过了三个阶段:20世纪70年代之前的产品配送阶段(Physical Distribution),20世纪七八十年代的综合物流阶段(Integrated Logistics Management),20世纪90年代至今的供应链管理阶段。

2.物流的基本功能。物流具有以下基本功能:

(1)运输功能。运输是指用设备和工具,将物品从一地点向另一地点运送的物流活动,是从供应者到使用者的运输、包装、保管、装卸搬运、流通加工、配送以及信息传递的过程,其中包括集货、分配、搬运、中转、装入、卸下、分散等一系列操作。因此,运输功能是指借助运输工具,通过一定的线路,实现物品的空间移动,克服生产和需要的空间分离,创造空间效用的活动。主要运输方式包括公路、铁路、飞机、水路及管道运输。

(2)储存功能。储存是指保护、管理、储藏物品的活动。储存与以下几个概念之间具有类似性:一是保管,是指对物品进行保存和数量、质量管理控制的活动;二是物品储备,是指储存以备需的物品,有当年储备、长期储备、战略储备之分;三是库存,是指处于储存状态的物品,广义的库存还包括处于加工状态和运输状态的物流。

储存作为一种基本物流功能,具有保管、调节、节约等功能。在物品储存期间内可以对储存品进行检验、整理、分类、保管、包装、加工、集散、转换运输方式等作业。因此,储存在物流中具有重要的作用,与运输并列成为物流的支柱。

(3)装卸搬运功能。装卸搬运是指在同一地域范围内,改变货物存放状态和空间位置的作业活动。装卸搬运是随运输和保管而产生的必要物流活动,是对运输、保管、包装、流通加工等物流活动进行衔接的中间环节,以及在保管等活动中为进行检验、维护、保养所进行的装卸活动,如货物的装上卸下、移送、拣选、分类等。装卸作业的代表形式是集装箱化和托盘化,使用的装卸机械设备有吊车、叉车、传送带和各种台车等。在物流活动的全过程中,装卸搬运活动是频繁发生的,因而是产品损坏的重要原因之一。

(4)包装功能。包装是指为在流通过程中保护产品、方便贮运、促进销售,按一定技术方法而采用的容器、材料及辅助物等的总体名称,也指为了达到上述目的而采用容器、材料和辅助物的过程中施加一定技术方法等的操作活动。按照包装在物流中发挥的不同作用,包装可以分商品包装和工业包装两种。商品包装,或称消费包装或内包装,主要目的是为了吸引消费者,便于最后的销售。工业包装,或称运输包装或外包装,是指为了在商品的运输、存储和装卸过程中保护商品所进行的包装。

(5)流通加工功能。流通加工功能是在物品从生产领域向消费领域流动的过程中,为了促进产品销售、维护产品质量和实现物流效率化,对物品进行加工处理,使物品发生物理或化学性变化的功能。这种在流通过程中对商品进一步的辅助性加工,可以弥补企业、物资部门、商业部门生产过程中加工程度的不足,更有效地满足用户的需求,更好地衔接生产和需求环节,使流通过程更加合理化,是物流活动中的一项重要增值服务,也是现代物流发展的一个重要趋势。

流通加工的内容有装袋、定量化小包装、拴牌子、贴标签、配货、挑选、混装、刷标记等。流通加工功能的主要作用表现在:进行初级加工,方便用户;提高原材料利用率;提高加工效率及设备利用率;充分发挥各种运输手段的最高效率;改变品质,提高收益。

(6)配送功能。配送是指在经济合理区域范围内,根据客户要求,对物品进行拣选、加工、包装、分割、组配等作业,并按时送达指定地点的物流活动。配送的要素包括集货、分拣、配货、配装、配送运输、送达服务等。集货是将分散的或小批量的物品集中起来,以便进行运输、配送的作业。分拣是将物品按品种、出入库先后顺序进行分门别类堆放的作业。配货是使用各种拣选取设备和传输装置,将存放的物品,按客户要求分拣出来,配备齐全,送入指定发货地点。配装是指集中不同客户的配送货物,进行搭配装载以充分利用运能、运力的活动。配送运输是将配装和路线有效搭配,实现较短距离、较小规模的运输形式。送达服务是选择卸货地点、卸货方式以圆满地实现货物运到之后的移交,并有效地、方便地处理相关手续并完成结算的活动。

(二)物流风险与相关法规

1. 物流风险。传统物流业的业务范围比较窄,通常只是运输和仓储,现代物流业不仅涉及运输和仓储,还包括对存货管理、加贴商标、订单实现、属地交货、包装等提供服务,并且按照客户的经营战略去谋划物流。因此,现代物流业是一个集多种业务于一身的综合性大型服务业。由于物流业的综合性的特点,物流企业的经营风险远远高于一般行业,这种风险来源于物流业内部与外部之间,主要包括:

(1)与托运人之间可能产生的风险。其具体包括:

①货物损毁带来的赔偿风险。包括货物的灭失和损坏。这种风险可能发生在运输、仓储、装卸搬运和配送环节。发生的原因可能有客观因素,也可能有主观因素。客观因素主要有不可抗力、火灾、运输工具出险等,主观因素主要有野蛮装卸、偷盗等。有时,物流经营人迫于竞争压力而接受诸如"不可享受豁免条款""无赔偿责任限制条款"等苛刻条款,在此情况下,一旦发生货物损失,即使物流经营人无任何过失,也得承担无限责任,加大了风险。

②延时配送带来的责任风险。现代物流对时间性的要求很高,要适时配送,协助客户控制好存货,做到在正确的时间内将完好的货物以精确的数量送到准确的地点,甚至直接上架销售,延时配送往往导致客户索赔。从实践中看,客户索赔的依据大多是物流服务协议。也就是说,此时第三方物流企业承担的是违约赔偿责任。

③错发错运带来的责任风险。有些时候,物流企业因种种原因导致分拨路径发生错误,致使货物错发错运,由此给客户带来损失。一般而言,错发错运往往是由于手工制单字迹模糊、信息系统程序出错、操作人员马虎等原因造成的,由此给客户带来的损失属于法律上的侵权责任。但同时,物流服务协议中往往还约定有"准确配送条款",因此客户也可以依据该条款的约定提出索赔。此时便存在侵权责任和违约责任的竞合,我国《合同法》规定当事人得享有提起侵权责任之诉或违约责任之诉的选择权。

(2)与分包商之间可能产生的风险。其具体包括:

①传递性风险。传递性风险是指第三方物流企业能否通过分包协议把全部风险有效传递给分包商的风险。例如,第三方物流企业与客户签订的协议规定赔偿责任限额为每件2 000元,但第三方物流企业与分包商签订的协议却规定赔偿责任限额为每件1 000元,差额部分则由第三方物流企业买单。在这里,第三方物流企业对分包环节造成的货损并没有过错,但依据合同不得不承担差额部分的赔偿责任。由于目前铁路、民航、邮政普遍服务等公用企业对赔偿责任限额普遍规定较低,因此第三方物流企业选择由公用企业部门分包将面临不能有效传递的风险。

②诈骗风险。物流经营人是所有供应链物流的组织者,其中有的环节自己负责,有的环节需要委托分包商来具体实施。由资质差的分包商,尤其是一些缺乏诚实信用的个体户运输业者配载货物后,有时会发生因诈骗而致货物失踪的风险,俗称"飞货"。

(3)与信息系统提供商的合同责任风险。随着软件技术飞速发展、硬件成本不断降低,信息技术在现代物流业中得到了广泛运用,信息的提供越来越重要,不但物流经营人依赖它来掌握与控制其货物,客户也需要通过它随时掌握货物的动态情况。物流经营人在利用信息技术时主要面临着两个问题:一是信息系统出现故障;二是商业秘密受到侵犯。解决此类纠纷,合同约定是否明确成为关键因素。

(4)第三者责任风险。物流合同当事人一方对合同当事人以外的第三者造成人身伤亡或财产损失时,应当承担侵权责任。物流侵权风险在运输、仓储、装卸等环节普遍存在,承担这些风险的主体一般是物流服务提供商。这种风险也称为第三者责任风险,如发生交通事故造成其他车辆损失,船舶对码头、桥梁、其他船舶、人员的碰撞责任,仓库发生火灾、爆炸造成周围的财产损失或人身伤亡,运送危险品过程中发生泄漏造成环境污染等。

2. 物流法规。物流的法律框架是由物流活动本身的内涵和外延决定的。物流跨越众多行业,涉及面非常广。物流与供应链的结合更使物流外延触及厂商的供应和销售。物流法规具有涉及领域广泛性、形式多样性、综合性及专门立法的困难性等特点。在构成物流活动的系统和子系统中,各项活动所涉及的法律、法规和公约有如下几个部分,它们构成了物流活动的法律框架。

(1)与厂商供货和销售相关的物流法规。货物销售是物流产生的主要前提和基础,物流活动离不开销售。针对物流中这一部分活动的法规主要是物流与供应链相结合形成的与物资的供应和销售相关的法律法规的集合,其中主要涉及国际贸易相关的国内法律、法规与国际公约、惯例,同时涉及与内贸物资流通相关的货物买卖双方的行为规范。

法律层面的规定,主要有《对外贸易法》《合同法》《产品质量法》《进出口商品检验法》等。

国际公约有《联合国国际货物销售合同公约》,国际惯例有《国际贸易术语解释通则》《跟单信用证统一惯例》等。

(2)与包装、仓储、流通加工相关的物流法规。这部分适用的法规有很多,但都不具备针对性的特点。如仓储方面在《合同法》有专门的分则,此外也有国家标准,流通加工则主要适用《合同法》关于承揽合同的规定。

涉及包装、仓储、流通加工的法律、法规、标准、公约主要有《合同法》《海商法》《铁路法》《航空法》《水路危险货物运输规则》《危险化学品安全管理条例》《一般货物运输包装通用技术条件》《危险货物运输包装通用技术条件》《危险货物包装标志》《包装储运图示标志》《运输包装基本试验》《联合国国际货物销售合同公约》《国际贸易术语解释通则》《国际海运危险货物规则》等。

(3)与装卸、搬运相关的物流法规。装卸、搬运是仓储、运输和其他物流活动开展的前后进行的作业活动。因此,装卸、搬运较少有独立的针对性的法律、法规,多数是与运输、仓储等适用的法律、法规相关。如《海商法》《铁路法》《航空法》《合同法》《铁路货物运输管理规则》《汽车货物运输规则》《国内水路货物运输规则》等。较有针对性的法规、标准或公约有《港口货物作业规则》《铁路装卸作业安全技术管理规则》《铁路装卸作业标准》《汽车危险货物运输、装卸作业规程》《国际贸易运输港站经营人赔偿责任公约》等。

(4)与运输相关的物流法规。运输是传统物流最重要的组成部分,有关运输的法律、法规比较健全,体系也很庞大。除了有关运输通道、运输工具管理方面的法规外,主要的法律有《海商法》《铁路法》《航空法》《合同法》运输合同分则。相应的法规主要有《国际海运条例》及其实施细则、《国际水路货物运输规则》《铁路货物运输管理规则》《汽车货物运输规则》《中国民用航空货物国际运输规则》《国际货运代理业管理规定》及其实施细则等。

相关的国际公约包括《海牙规则》《维斯比规则》《汉堡规则》《铁路货物运输国际公约》《国际公路货物运输合同公约》《华沙公约》《海牙议定书》等。

(5)与口岸监督与管理相关的物流法规。口岸监督、管理涉及国家重大利益,相关的法律有《海关法》《国境卫生检疫法》《食品卫生法》《进出境动植物检疫法》《进出口商品检验法》。法规主要有《海关法行政处罚实施细则》《进出口关税条例》《海关稽查条例》《保税区海关监管办法》《海关关于转关运输货物监管办法》《海关对暂时进口货物监管办法》《关于大型高新技术企业使用便捷通关措施的审批规定》《国境卫生检疫法实施细则》《进出境动植物检疫法实施条例》《进口许可制度民用商品入境验证管理办法》《进出境集装箱检验检疫管理办法》《商品检验法实施条例》《出口食品卫生管理办法》等。

口岸管理有关的国际公约有《国际卫生条例》《商品名称及编码协调制度的国际公约》《关于货物暂准进口的 ATA 单证册海关公约》《伊斯坦布尔公约》《关于货物实行国际转运或过境运输的海关公约》《国际公路车辆运输规则》《1972年集装箱关务公约》《关于简化和协调海关业务制度的国际公约》及其《附约》《关于设立海关合作理事会的公约》等。

随着物流的进一步发展,相关的法律、法规、公约等的内容将更加丰富、完善。不过,物流活动毕竟涉及面太广,出台专门的调整物流活动各关系方的权利、义务和责任的法规尚不具可行性。

二、主要保险产品

物流活动涉及面广泛,在物流活动关系方中,货主或托运人等可以投保货物运输保险,物流经营人可以就交通工具投保机动车辆保险、船舶保险或飞机保险,码头经营人可以投保码头综合保险等,为转嫁责任风险,物流经营人还可以投保物流责任保险、国际货运代理人责任保险或国际货运提单责任保险,本文将主要介绍物流责任相关保险产品。

(一)物流责任保险

物流责任保险承保的是物流企业在经营物流业务过程中发生物流货物损失时,依法应由被保险人承担的经济赔偿责任以及相关费用损失。2004年,中国人民财产保险股份有限公司推出了《物流责任保险条款》,从而填补了我国物流企业综合责任保险的空白。

1.保险责任。物流责任保险条款通过列明原因的方式规定了主险的保险责任范围:

在保险期间,被保险人在经营物流业务过程中,由于下列原因造成物流货物的损失,依法应由被保险人承担赔偿责任的,保险人根据本保险合同的约定负责赔偿:

(1)火灾、爆炸;

(2)运输工具发生碰撞、出轨、倾覆、坠落、搁浅、触礁、沉没,或隧道、桥梁、码头坍塌;

(3)碰撞、挤压导致包装破裂或容器损坏;

(4)符合安全运输规定而遭受雨淋;

(5)装卸人员违反操作规程进行装卸、搬运。

此外,主险的保险责任还包括法律费用:保险事故发生后,被保险人因保险事故而被提起仲裁或者诉讼所支付的仲裁费用、诉讼费用以及事先经保险人书面同意支付的其他必要的、合理的费用,保险人根据保险合同的约定负责赔偿。

2.责任免除。责任免除,也称除外责任,规定或强调保险人不承担保险责任的范围。除外责任可以分为三类:第一类是原因除外责任,即在合同中约定因何种原因造成保险标的的损失,保险人不承担经济赔偿责任;第二类是损失除外责任,即在合同中约定保险人对何种损失、费用或责任不负责赔偿;第三类是情形除外责任,即在合同中约定只要存在何种情形时,无论该情形是否为造成损失的原因,保险人均不负责赔偿。

物流责任保险条款的责任免除内容共四条26项,可以分为原因除外和损失除外两种类型。

(1)原因除外责任。条款第六条规定,"下列原因造成的损失、费用和责任,保险人不负责赔偿:

a.自然灾害。(本保险合同所称自然灾害是指雷击、暴风、暴雨、洪水、暴雪、冰雹、沙尘暴、冰凌、泥石流、崖崩、突发性滑坡、火山爆发、地面突然塌陷、地震、海啸及其他人力不可抗拒的破坏力强大的自然现象);

b.被保险人的故意或重大过失行为;

c.战争、外敌入侵、敌对行动(不论是否宣战)、内战、反叛、革命、起义、罢工、骚乱、暴动、恐怖活动;

d.核辐射、核爆炸、核污染及其他放射性污染;

e.执法行为或司法行为;

f.公共供电、供水、供气及其他公共能源中断;

g.大气、土地、水污染及其他各种污染。

上述七项内容基本上属于不可抗力或巨灾性原因,保险人难以承保。b项内容中的重大过失行为,民法理论上的解释为"行为人因疏忽或过于自信不仅没有遵守法律对他较高的注意之要求,甚至连人们一般应该注意并能够注意的要求都未达到,以致造成某种损害后果"。

条款第七条规定,下列原因造成的损失和费用,保险人不负责赔偿:

a.被保险人自有的运输或装卸工具不适合运输或装载物流货物,或被保险人自有的仓库不具备存储物流货物的条件;

b.物流货物设计错误、工艺不善、本质缺陷或特性、自然渗漏、自然损耗、自然磨损、自燃或由于自身原因造成腐烂、变质、伤病、死亡等自身变化;

c.物流货物包装不当,或物流货物包装完好而内容损坏或不符,或物流货物标记错制、漏制、不清;

d.发货人或收货人确定的物流货物数量、规格或内容不准确;

e.物流货物遭受盗窃或不明原因地失踪。

规定a项的背景是:在第三方物流过程中,被保险人多以自有的运输或装卸工具或自有的仓库完成物流过程,在这种情况下,被保险人将对运输工具的适航及适货性或装卸工具或仓库的适货性必须有必要的注意和义务,因此需将处于被保险人掌控中的运输工具或装卸工具以及仓库造成物流货物的损失排除。

b项将物流货物由于自身原因导致的损失排除在外。其中,物流货物的腐烂、变质、伤病、死亡主要针对的是鲜活货物及冷藏货物。

适当的包装是将货物安全运抵目的地的前提,属于委托人的责任,作为承保物流责任风险的保险人不应当承担委托人责任造成的货物损失。物流过程中的包装不当也属于被保险人的重大过失,不在承保范围之内。另外,包装完好但所装内容与包装指示不一致,或标记错制、漏制、不清属于物流开始前就存在的风险,不属于物流过程中的外来风险,保险人也不负责赔偿。因此,规定了 c 项的责任免除内容。

d 项不属于物流企业的责任,因此,保险人不负责赔偿。

鉴于物流过程中货物被偷、被盗或不明原因丢失的风险比较大,为了更好地控制风险,将盗窃和提货不着在物流责任保险主险中除外,而放在附加险项下承保。如投保人有该需求,可重新交费在附加险项下投保。

(2)损失除外责任。条款第八条规定,下列物流货物的损失,依法应由被保险人承担赔偿责任的,保险人不负责赔偿。但由保险人向被保险人事先提出申请并经被保险人书面同意的不在此限:

a. 金银、珠宝、钻石、玉器、贵重金属;

b. 古玩、古币、古书、古画;

c. 艺术作品、邮票;

d. 枪支弹药、爆炸物品;

e. 现钞、有价证券、票据、文件、档案、账册、图纸。

上述财产通常价值极高或难以鉴定价值,风险相对较高,在财产保险条款中属于常见的除外内容。如投保人有该需求,经保险人评估同意后,可通过交纳额外的保险费来扩展投保。

条款第九条规定,下列损失、费用和责任,保险人不负责赔偿:

a. 被保险人及其雇员的人身伤亡或所有的财产损失;

b. 储存在露天的物流货物的损失或费用;

c. 盘点时发现的损失,或其他不明原因的短量;

d. 在水路运输过程中存放在舱面上的物流货物的损失和费用,但集装箱货物不在此限;

e. 精神损害赔偿;

f. 被保险人的各种间接损失;

g. 罚款、罚金或惩罚性赔偿;

h. 发生在中华人民共和国境外的财产或费用的损失;

i. 本保险合同中载明的免赔额。

物流责任保险只承保物流货物的损失,其他人身伤亡或财产损失不属于保险责任。被保险人及其雇员的人身伤亡或所有的财产损失,可以通过投保雇主责任保险或财产保险来分散风险。

存放露天的物流货物风险较大,尤其物流责任保险的目标客户是仓库设施优良,管理完善的物流企业,因此规定了 b 项,对物流货物露天存放期间的损失予以免除。

舱面货物风险较大,因此对物流货物存放在舱面期间的损失予以免除,但存放在舱面的集装箱货物可以承保。

物流责任保险承保的是国内物流业务的责任风险,对于境外物流,由于实际操作方式和法律依据的不同,目前暂不涉及,因此规定了 h 项责任免除内容。

此外,条款还规定了兜底性的责任免除,即"第十条:其他不属于本保险责任范围内的损失、费用和责任,保险人不负责赔偿。

(二)国际货运代理人(提单)责任保险

国际货运代理是指代表进出口商完成货物的装卸、储存、安排内地运输、收取货款等业务的代理机构。我国货运代理行业起步较晚,历史较短,但是由于国家重视,政策鼓励,发展十分迅速。中国人民财产保险股份有限公司于 2007 年开发了国际货运代理人责任保险及国际货运代理提单责任保险两款产品。

1. 保险责任。国际货运代理人责任保险条款第 4 条采用列明方式规定了保险责任:在保险期间内,被保险人及其代理人作为国际货物运输代理人接受委托人的委托,提供国际货物运输代理业务服务过程中,发生下列情况导致委托人的直接损失,依法应由被保险人承担的经济赔偿责任,保险人按照保险合同的约定负责赔偿。

(1) 由于安排货物运输代理业务时未发、错发、错运、错交货物,造成额外运输费用损失,但不包括因此产生的货物损失;

(2) 由于遗漏、错误缮制和签发有关单证(不含无船承运人提单)、文件而给委托人造成的相关费用损失;

(3) 事先以书面形式约定货物交付日期或时间的,因被保险人不作为导致货物延迟交付所造成的运输费用损失;

(4) 在港口或仓库(包括被保险人自己拥有的仓库或租用、委托暂存他人的仓库、场地)监装、监卸和储存保管工作中给委托人造成货物的损失(包括因盗窃、抢劫造成的损失);

(5) 在采用集装箱运输业务中因拆箱、装箱、拼箱操作失误给委托人造成的货物损失;

(6) 因受托包装、加固货物不当或不充分,而给委托人造成的货物损失;

(7) 在报关过程中,由于被保险人过失造成违反国家有关进出口规定或报关要求,被当局征收的额外关税。

此外,国际货运代理人责任保险对于施救费用及法律费用,也负责赔偿。

除了包括国际货运代理人责任保险的保险责任的全部内容以外,针对国际货运代理签发提单时应承担的独立经营人责任风险,国际货运代理提单责任保险的保险责任还包括:

在保险期间,被保险人及其代理人从事货物运输代理业务过程中,签发在商务主管部门备案的国际货运代理提单、货运单、航空货运分运单等运输单证(不含无船承运人提单)或承担独立经营人责任,除第 4 条规定的各项责任外,因下列事件造成上述运输单证项下货物的直接损失,依法应由被保险人承担的经济赔偿责任,保险人根据保险合同的约定也负责赔偿:

(1) 火灾、爆炸;

(2) 偷窃、提货不着、抢劫;

(3) 运输工具发生碰撞、出轨、倾覆、坠落、搁浅、触礁、沉没,或道路、隧道、桥梁、码头坍塌;

(4) 货物遭受震动、碰撞、挤压、坠落、倾覆导致破碎、弯曲、凹瘪、折断、散落、开裂、渗漏、沾污、包装破裂或容器的损坏;

(5) 装卸人员违反操作规程进行装卸、搬运;

(6) 符合运输安全管理规定而遭受水损;

(7) 错发、错运、错交导致货物无法追回或追回费用超过货物自身价值;

(8) 装箱、拆箱、拼箱、交付/接收货物、配载、积载、装卸、存储、搬移、包装或加固不当;

(9) 交接货物时发现数量短少、残损;

(10) 冷藏机器设备原因导致货物腐烂变质;

(11) 机械操作不当或使用的机械故障。

2. 责任免除。国际货运代理人责任保险列明的原因除外责任包括:

(1) 被保险人及其代表和雇员的故意行为;
(2) 行政行为或司法行为;
(3) 被保险人或其代理人的违法行为;
(4) 自然灾害;
(5) 托运的货物本身的自然特性、潜在缺陷或固有的包装不善所致变质、霉烂、受潮、生锈、生虫、自然磨损、自然损耗、自燃、褪色、异味;
(6) 战争、类似战争行为、敌对行动、军事行动、武装冲突、罢工、骚乱、暴动、政变、谋反、恐怖活动;
(7) 核辐射、核裂变、核聚变、核污染及其他放射性污染;
(8) 大气、土地、水污染及其他各种污染;
(9) 因签发无船承运人提单而引发的损失;
(10) 因无单放货、倒签提单、预借提单造成的损失。

《海商法》第71条明确规定提单是"承运人保证据以交付货物的单证",凭单放货是一项法定义务,也是各国接受和公认的国际贸易惯例。但在船速提高、短航或提单转让过程延迟的情况下,货物一般先于提单到达目的港,严格凭单放货会导致压货、压船、压仓、压港,承运人或其代理人往往被无正本提单的收货人或说服或担保提取了货物。由于无单放货既违反了运输合同正确交货的义务,又侵犯了提单所表彰的物权,因而无单放货的责任也是违约责任与侵权责任的竞合,提单持有人既可提起侵权之诉,也可选择违约之诉。我国《海商法》及海牙、维斯比规则均规定,不论以合同或侵权起诉承运人,一律同等对待。只要无免责事由,承运人就应该对无单放货承担全部责任。无单放货的交易风险过高,是国际贸易诈骗活动的重要方式之一,保险人无法控制该交易风险,因此将无单放货等行为作为除外责任。

为了控制单价极高或难以鉴定价值的货物带来的风险,国际货运代理人责任保险规定,除非被保险人事先申报并经保险人书面同意承保外,对以下货物所引起的赔偿责任,保险人不负责赔偿:
(1) 金银、珠宝、钻石、玉器、贵重金属;
(2) 古玩、古币、古书、古画;
(3) 艺术作品、邮票;
(4) 枪支弹药、爆炸物品;
(5) 现钞、支票、信用卡、有价证券、票据、文件、档案、账册、图纸;
(6) 核材料;
(7) 计算机及其他媒介中存储的各类数据、应用软件和系统软件;
(8) 活动物、牲畜、禽类和其他饲养动物及有生植物。

如上述货物需要投保时,须向保险人申报。
国际货运代理人责任保险列明的除外责任还包括:
(1) 任何人身损害、精神赔偿;
(2) 被保险人与委托人或其他第三方签订的协议中所约定的责任,但即使没有这种协议依法仍应由被保险人承担的责任不在此限;
(3) 除第四条第(七)款之外的罚款、罚金及惩罚性赔偿;
(4) 本保险合同中载明的免赔额;
(5) 被保险人自有的或拥有实际所有权或使用权的任何财产损失及责任;

(6)被保险人无有效的国际货物运输代理业务经营资格或超过许可经营范围从事国际货物运输代理业务;

(7)被保险人超越代理权限从事国际货物运输代理业务;

(8)被保险人将有关业务委托给不合法或无相应的经营资格的代理人、承运人、仓库出租人、船务公司等主体;

(9)属于国际公约、《国内水路货物运输规则》、《汽车货物运输规则》及《铁路货物运输管理规则》及其他相关法律法规规定的国际货物运输代理人免责范围的责任,保险人不负责赔偿。

除了国际货运代理人责任保险的责任免除的全部内容以外,国际货运代理提单责任保险的责任免除还包括:

(1)储存在露天的货物的损失或费用,但符合行业惯例储存在露天的货物不在此限;

(2)在水路运输过程中按行业要求应存放在船舱内的货物存放在舱面上导致的损失和费用。

三、无船承运业务经营者保证金责任保险

无船承运经营业者,即以承运人身份接受货主(托运人)的货载,同时以托运人身份委托班轮公司完成国际海上货物运输,根据自己为货主设计的方案路线开展全程运输服务的经营业者。无船承运人是承担承运人责任的国际海上运输经营活动主体。自2001年我国无船承运人市场开放以来,我国无船承运人市场逐渐繁荣起来。特别是2002年1月1日,我国颁布实施《国际海运条例》正式引入无船承运人(即"NVOCC")之后,我国无船承运人发展迅速。

《中华人民共和国国际海运条例》第8条规定,无船承运业务经营者交存保证金金额为80万人民币,每增设一个分支机构,增加保证金20万人民币。为了减轻企业缴纳保证金的负担,充分发挥保险业经济补偿和社会管理的功能,为无船承运人市场提供配套服务,交通部2010年下发《关于试行无船承运业经营者保证金责任保险的通知》,明确在无船承运业务保证金方式外,实行无船承运业务经营者保证金责任保险制度,供无船承运人选择。中国人民财产保险股份有限公司于2010年开发了无船承运业务经营者保证金责任保险产品。

1. 保险责任。无船承运业务经营者保证金责任保险的保险责任是:在保险期间或保险合同载明的追溯期内,被保险人在从事无船承运业务经营过程中,由于不履行承运人义务或者履行义务不当造成委托人的损失,经司法机关判决或司法机关裁定执行的仲裁机构裁决应由被保险人承担经济赔偿责任,并在保险期间内经司法程序向国务院交通运输主管部门要求协助执行的,保险人在接到国务院交通运输主管部门的书面付款通知后按照本保险合同约定负责赔偿。

根据《中华人民共和国国际海运条例》,无船承运业务经营者缴纳的保证金"用于无船承运业务经营者清偿因其不履行承运人义务或者履行义务不当所产生的债务以及支付罚款"。虽然无船承运业务经营者保证金责任保险的开发是基于与保证金的等效替换原则,但是,如果由保险人通过保险产品承担"支付罚款"的责任,则既违背了社会道德,又不能让被保险人感受到政府部门处以罚款的强制性、惩罚性作用,进而削弱了政府部门的权威,因此,保险人不承担保证金"支付罚款"的责任。

2. 责任免除。在责任免除部分,该条款规定原因损失除外责任包括:

(1)战争、敌对行动、军事行为、武装冲突、罢工、骚乱、暴动、恐怖活动;
(2)核辐射、核爆炸、核污染及其他放射性污染;
(3)政府或者主管部门的行为、检疫限制或者司法扣押;
(4)委托人的行为;
(5)被保险人从事政府主管部门核定的无船承运业务以外的其他经营活动;
(6)货物的自然特性或者固有缺陷;
(7)货物包装不良或者标志欠缺、不清;
(8)被他人冒用被保险人的名义执行业务;
(9)被保险人与委托人订立的无船承运合同被依法认定无效或被撤销;
(10)《中华人民共和国海商法》《中华人民共和国国际海运条例》及其他相关法律法规规定的被保险人可以免除责任的其他情形。

无船承运业务经营者保证金责任保险条款的损失除外责任包括:
(1)被保险人对委托人的身体伤害;
(2)被保险人对委托人的精神损害赔偿;
(3)罚款、罚金及惩罚性赔偿;
(4)被保险人应该承担的合同责任,但即使无该合同存在时仍应由被保险人承担的法律责任不在此限。

第二节 董事责任保险

一、董事责任保险概述

(一)董事责任保险的发展历史和现状

董事及高级管理人员责任保险(Directors and Officers Liability Insurance,D&O Liability Insurance),是指董事、高级职员(经理、监事、公司秘书、财务负责人等)在行使职权. 权时因工作疏忽(Negligence)或行为不当(Misconduct,恶意、违背忠诚义务,信息披露中故意虚假或误导性陈述,违反法律法规的行为等除外),导致公司和第三者(股东、债权人、雇员等)遭受经济损失而依法应承担民事赔偿责任时,由保险人按保险合同的约定支付该董事进行抗辩所支出的有关法律费用,并代为偿付其应当承担的民事赔偿责任的一种职业责任保险。

美国是董事责任保险制度的发源地,其董事责任保险制度在世界各国中最为发达。20世纪30年代美国股票市场大崩溃后,随着美国证券交易委员会的设立以及联邦证券法律的通过,董事和高级管理人员承担的经营风险陡然增大。英国劳合社保险人敏锐地观察到了市场的需求,在美国市场上推出了第一张董事责任险保单。但当时大部分董事和高级管理人员对通过保险转移风险的认识不足,加之保险费较为昂贵,购买董事责任保险的人数有限。20世纪60年代后,随着证券法律制度的不断完善,董事和高级管理人员面临的风险越来越大,对董事责任保险的市场需求相应提高。当时,以美国特拉华州为首,有关学者就董事责任保险应由公司还是个人支付保险费等问题进行了广泛讨论并推动修改了公司法,规定公司可以替董事购买责任保险,推动了董事责任保险制度的发展。

在美国等普通法国家,基于责任保险对于社会生活的巨大影响,有无责任保险已经成为给予受害人何种程度赔偿的重要根据。另外,英美国家律师通常采用"无效果,无报酬"的

"胜诉酬金"制度,客观上助长了当事人动辄向法院提起诉讼的习惯,20世纪80年代,以 Smith V. Van Gorkom 和其他类似案件的判决为开端,董事和高级管理人员的个人赔偿风险和索赔案件大幅度增加,导致董事责任保险的费率飙升,免赔额提高。由于获取成本急剧上升,普通的公司已经难以承受昂贵的董事责任保险,引发了一场"董事责任保险危机"。为消除这一消极影响,美国特拉华州率先通过在公司立法中规定了免除或限制董事责任的条款,允许公司在其章程中规定免除或限制董事和高级管理人员因违反注意义务对公司或股东应承担的个人赔偿责任。20世纪90年代,美国国会制定了"民事证券起诉改革法案",对起诉董事和高级管理人员规定了严格的条件,提高了起诉门槛。

进入21世纪,由于安然、世通等美国证券市场上市公司财务丑闻不断,加上美国颁布了对上市公司要求更为严格的"萨班斯—奥克斯利法案",证券投资者对上市公司董事和高级管理人员的起诉案件数量和索赔金额不断增多,董事责任险的市场需求更为旺盛,但由于保险市场承保能力过剩,2003年后,董事责任保险市场费率甚至有所下降。据统计,美国和欧洲地区99%的上市公司投保了D&O责任险,该险在加拿大的投保率也达到80%,其中的科技、生化科技类和银行类公司的董事责任保险购买率更是高达100%。在美国,AIG 和 Chubb 占有主要的董事责任保险市场份额,2005年,AIG 的董事责任保险保费占市场的36%,Chubb 的董事责任保险保单数量占市场的21%;在董事责任险的超额责任(Excess Layer)方面,Chubb 和 XL 分别在保单数量和保费规模方面处于市场领先地位。

董事责任保险制度产生并发展于美国、加拿大等判例法国家,20世纪八九十年代,通过保险业的推动,该制度被引入大陆法国家。由于针对董事和高级管理人员的诉讼案件不断增多,公司的董事和高级管理人员风险防范意识不断增强,20世纪80年代,德国出现了第一张董事责任保险保单。日本保险行业在80年代初就曾考虑开发董事责任保险,但当时业内认为市场条件尚未成熟,直到90年代中期,市场上才出现董事责任保险保单。由于日本经济衰退,追究董事和高级管理人员的责任成为社会关注的焦点,董事责任保险也逐渐被市场重视,最终促成了董事责任保险制度的建立和成熟。在韩国,1997年金融危机以后,法院开始越来越多强调董事们的受信责任,金融监管机构也加强了对上市公司的监管,针对公司管理层的诉讼数量不断增长,韩国也从一个害怕打官司的儒家文化传统国家转变为"亚洲的加利福尼亚"。据韩国金融监督院透露数据显示,韩国最大10家商业集团的62家上市公司在2005年共支付400.8亿韩元为董事投保董事责任险,保额总计达16 600亿韩元,以保护它们的董事免于遭受与有价证券相关的集体诉讼。

(二)董事责任保险在国内市场实践的现状

随着我国市场经济的发展,政府从不同的角度强化董事和高级管理人员的义务和职责,以促使其经营管理活动符合公司、股东、债权人等方面的利益。1999年施行的《证券法》第63条规定,"发行人、承销的证券公司公告招股说明书、公司债券募集办法、财务会计报告、上市报告文件、年度报告、中期报告、临时报告,存在虚假记载、误导性陈述或者有重大遗漏,致使投资者在证券交易中遭受损失的,发行人、承销的证券公司应当承担赔偿责任,发行人、承销的证券公司负有责任的董事、监事、经理应当承担连带赔偿责任"。第207条规定,"违反本法规定,应当承担民事赔偿责任和缴纳罚款、罚金,其财产不足以同时支付时,先承担民事赔偿责任"。2001年8月颁布的《关于在上市公司建立独立董事制度的指导意见》中建议"上市公司可以建立必要的独立董事责任保险制度,以降低独立董事正常履行职责可能引致的风险"。我国内地第一次明确上市公司董事对公司承担赔偿责任是2002年1月7日发布的《上市公司治理准则》,其第38条规定:"董事会决议违反法律、法规和公司章程的规定,致使公司遭受损失的,参与决议的董事对公司承担赔偿责任。但经证明在表决时曾表明异议并记载于会议记录的董事除外。"对于保险费用问题,第39条规定:"经股东大会批准,上市公司可以为董事购买责任保险。但董事因违反法律法规和公司章程规定而导致的责任除外。"2002年1月15日,最高人民法院发出了《关于受理证券市场因虚假陈述引发的民事侵权纠纷案件有关问题的通知》(以下简称"1·15通知"),其中第21条、第28条均对公司董事和高管人员应该履行的责任作出相关界定,即董事和高管人员在履行职务过程中的过失行为,如果给公司或者第三人造成损失,董事个人要承担经济赔偿责任。2002年1月至8月,股民状告大庆联谊、ST圣方科、ST渤海、ST嘉宝、ST红光、ST九州、ST同达、三九医药、ST银广夏等上市公司的案件分别被各地法院受理。国内几大财产保险公司——中国人保、平安、美国美亚、华泰财产保险公司等以此为契机,相继推出了董事责任保险。

上述法律法规对于如何确定董事的个人经济赔偿责任并没有明确的说法,也给相关司法实践带来了一定困难。2002年11月,彭淼秋女士诉ST嘉宝及董事等证券民事赔偿案和解,彭淼秋最终拿到了ST嘉宝董事陈伯兴给她的800元补偿款,彭淼秋也成为中国证券民事赔偿案中获得赔偿款项的第一人。但庭外和解意味着陈伯兴的责任模糊化了,"赔偿"也就变成了"补偿"。2002年,银川市中院在受理了6起股民诉银广夏虚假证券信息披露侵权纠纷案,但法院立案后一直不予审理。此后,其余投资者的起诉均被银川市中级人民法院以需等待行政复议、行政诉讼或刑事判决的结果为由而拒绝立案受理。2007年2月,悬置了5年之久的中小股东诉银广夏虚假陈述案,以该公司的赔偿公告作为了断,对于相关法院作出的终审判决,原告律师感到"有失公允"和"非常遗憾"。2002年,哈尔滨市中院受理了3名小股东诉大庆联谊、申银万国、哈尔滨会计师事务所以及公司原董事等15个被告的案件,之后又受理了一系列证券民事诉讼案。2005年,黑龙江省高院对相关上述案件作出终审判决,大庆联谊因虚假陈述赔偿原告829万元,第二被告申银万国对赔偿金额中的585万元承担连带责任,董事和高级管理人员则得以幸免。

继"1·15通知"之后,2003年1月9日,最高人民法院发布了《最高人民法院关于审理证券市场因虚假陈述引发的民事赔偿案件的若干规定》(以下简称"若干规定"),就证券民事赔偿中的管辖、诉讼方式、因果关系的确定、侵权责任的确定、损失赔偿的计算等作了明确的规定,证券民事赔偿制度初步建立。2005年,13名原告起诉湖北江湖生态农业股份有限公司(原湖北蓝田)虚假陈述民事赔偿案,由湖北武汉中院受理。列入被告的包括湖北江湖生态农业、大股东洪湖蓝天和华伦会计师事务所3家单位以及原董事长、总经理、总会计师、财务处长和其他有关董事、副总经理、董事会秘书等8人,这也是若干规定发布施行以来被告最多的一次证券民事赔偿案件。

2006年1月1日生效的《证券法》第68条规定:"上市公司董事、高级管理人员应当对公司定期报告签署书面确认意见;上市公司监事会应当对董事会编制的公司定期报告进行审核并提出书面审核意见;上市公司董事、监事、高级管理人员应当保证上市公司所披露的信息真实、准确、完整。"同样2006年1月1日生效的新《公司法》第148条规定:"董事、监事、高级管理人员应当遵守法律、行政法规和公司章程,对公司负有忠实义务和勤勉义务。"除法律制度不断完善外,股民维权意识增加也使得上市公司高管们所面临的责任较过去加大。有越来越多的上市公司被股民告上了法庭,民不告官不究的情形正在消失。据证券机构的研究,目前在 1 400 家上市公司中,已有几十家上市公司面临诉讼或索赔。

随着国内企业在海外上市数量的增多,走出国门的中国企业时常要面对来自投资者和监管机构的诉讼和调查。在美国上市的网易、中华网、UT 斯达康、中航油、前程无忧网站、新浪、空中网、亚信、中国人寿等多家公司陆续遭遇"提供虚假信息"和"隐瞒重大事实"的集体诉讼。以中国人寿为例,由于"审计事件"曝光后中国人寿股票遭遇抛售,2004 年 3 月至 5 月 14 日,先后有美国投资者向美国纽约南区联邦法院提交了针对中国人寿及其部分高管和董事的九项集体诉讼,业内人士估算,中国人寿可能支付的赔偿金额约是 4 000 万 ~ 6 000 万美元。这些案例在一定程度上反映了董事和高级管理人员在企业经营中面临的风险。国内公司海外上市过程中,由于对海外法律法规不熟悉,加之融资顾问通常会根据情况提醒公司考虑购买董事责任险,通常都选择投保董事责任保险。2006 年招行在 7 月 20 日发布的公告中称,招行审议通过了公司《关于购买董监事及高级管理人员责任险的议案》,同意购买"董监事及高级管理人员责任保险"和"招股说明书责任险",保额各不超过 3 000 万美元,同时公司决定于发行 H 股路演之前起保。

目前国内的司法实践中尚未出现上市公司高管个人支付赔偿金的案例,因此,上市公司高管们转移经营责任风险的意识并不强。据中国董事学会秘书长朱长春介绍:"在目前中国所有公司中,有 920 万人身兼董事身份,而在上市公司中,有 1.33 万名董事,其中上市公司董事投保董事责任险的不超过 2%。"

(三)董事和高级管理人员的赔偿责任和相关法律

董事和高级管理人员在履行职务时的个人责任风险,是董事责任保险制度存在的重要基础。董事和高级管理人员的基本义务和责任是由其在公司的地位所决定的,其对公司的基本义务包括忠实义务和注意义务,根据董事和高级管理人员义务所指向对象的不同,可以将其责任划分为对公司的责任、对股东的责任以及对第三者的责任(包括竞争者、雇佣者、债权人等)。由于各国公司法多只明确规定董事的义务和责任,公司高级管理人员的义务和责任则准用董事的有关规定。

所谓忠实义务,是指董事和高级管理人员对公司所负有忠诚尽力、个人利益服从公司利益的义务。忠实义务是要求董事和高级管理人员恪尽职守、勤勉善意,毫无保留地为公司的最大利益而努力工作,当其自身利益与公司整体利益发生矛盾或冲突时,个人利益应服从公司利益,禁止从事损害公司利益的行为。履行忠实义务是董事和高级管理人员服务于公司的基本前提,是对其最起码的道德要求。只有在忠实于公司的前提下,才能考虑董事和高级管理人员是否尽到了注意义务。我国新的《公司法》第 148 条规定,"董事、监事、高级管理人员不得利用职权收受贿赂或者其他非法收入,不得侵占公司的财产"。《公司法》第 149 条规定,"董事、高级管理人员不得有下列行为:(一)挪用公司资金;(二)将公司资金以其个人名义或者以其他个人名义开立账户存储;(三)违反公司章程的规定,未经股东会、股东大会或者董事会同意,将公司资金借贷给他人或者以公司财产为他人提供担保;(四)违反公司章程的规定或者未经股东会、股东大会同意,与本公司订立合同或者进行交易;(五)未经股东会或者股东大会同意,利用职务便利为自己或者他人谋取属于公司的商业机会,自营或者为他人经营与所任职公司同类的业务;(六)接受他人与公司交易的佣金归为己有;(七)擅自披露公司秘密;(八)违反对公司忠实义务的其他行为。董事、高级管理人员违反前款规定所得的收入应当归公司所有"。追究违反忠实义务的董事和高级管理人员责任时,可直接推定其存在故意,因此,董事责任保险通常将违反忠实义务作为除外责任。

董事和高级管理人员对于公司的注意义务要求其履行职责时必须出于诚信,并且其合理地相信是为了公司的最佳利益行事,尽到一个普通谨慎的人在相同情况下所应有的合理的注意。所谓"合理的注意"是指董事和高级管理人员在处理公司事务时要像与其有同样学识、地位及经验的人处理自己的事务一样给予同样的注意程度。对于注意的程度,大多数国家和地区是通过司法实践而定。《美国示范标准公司法》第 8.30 条规定,"董事履行义务应当:1. 怀有善意(In Good Faith);2. 以处于同等地位普通谨慎之人(Ordinarily Prudent Person)在类似情况下所应有的谨慎履行其职责;3. 采用良好的方式,这是他有理由相信是为了公司的最佳利益的方式"。英美法系国家在司法实践过程中逐渐形成了董事和高级管理人员注意义务的判例法规则——经营判断准则(Business Judgment Rule)。尽管有大量精彩案例诠释了经营判断准则,鉴于其复杂性,该准则尚未被固定为成文法则。美国法学研究学会在该准则的成文化方面进行了一些尝试,在该学会起草的《公司管理项目》第 4.01 条(C)中为经营判断原则所示的定义是:"如果作出经营判断的董事或高级管理人员符合下列条件,就应被认为诚实地履行了其义务:1. 其与该项交易无利害关系;2. 其有正当理由相信所掌握的有关经营判断的信息,在当时情况下是妥当的;3. 有理由认为其经营判断符合公司的最佳利益。"

我国 2006 年 1 月 1 日生效的《公司法》第 148 条规定:"董事、监事、高级管理人员应当遵守法律、行政法规和公司章程,对公司负有忠实义务和勤勉义务。"尽管新《公司法》第 148 条没有对勤勉的含义作出解释,"勤勉义务"实际上就是英美法上的"Duty of Care"的含义,只不过我国学者有的将其翻译成"注意义务",有的则翻译成"尽职的义务""谨慎义务""善管义务"等。新《公司法》第 150 条规定:"董事、监事、高级管理人员执行公司职务时违反法律、行政法规或者公司章程的规定,给公司造成损失的,应当承担赔偿责任。"第 153 条规定:"董事、高级管理人员违反法律、行政法规或者公司章程的规定,损害股东利益的,股东可以向人民法院提起诉讼。"应当说,这些规定从原则上明确了董事、监事、高级管理人员的注意义务,但没有对此予以具体规定。目前我国法学界对董事和高级管理人员的注意义务已经有了相当多的研究,然而要在实践中得到很好的运用,还需要进一步积累司法实践经验,逐渐形成比较成熟的做法,才能使上述法律的原则落到实处。

(四)董事责任保险的意义

董事责任保险是随着公司制度的发展和演变逐渐产生的。市场经济的不断发展,使公司的所有权和经营权不断分离,掌握公司经营管理大权的董事和高级管理人员日益成为公司治理的绝对权利者,最终形成了所谓的"董事会中心主义",经营管理者在缺乏约束条件下的道德风险越来越多地爆发出来,严重打击了投资者的信心。在这种背景下,各国为了遏制董事和高级管理人员权利膨胀,纷纷修改法律加重董事和高级管理人员的义务和责任。同时,为了更好地保护公司、股东、债权人等方面的利益,法律也为股东和其他利益相关者建立了程序上的保障,使这些主体在利益受损时能通过诉讼追究董事和高级管理人员的赔偿责任,降低自身的损失。

董事责任保险对促进董事和高级管理人员职能的发挥、对公司治理机制的完善都具有十分积极的意义。董事责任保险的激励作用体现在:第一,在激烈的市场竞争中,管理者只有发挥潜能、不断创新、大胆经营才能使公司具有旺盛的生命力,同时也意味着管理者要承担一定的风险。董事责任保险制度将董事和高级管理人员的一部分任职风险转移到保险公司,可以减少其后顾之忧。第二,董事责任保险能够促使优秀的精英人才充实到董事和高级管理人员中来。面对股东、雇员等方面的索赔压力,很多优秀人才曾将董事和高级管理人员职业视作畏途。董事责任保险则充分发挥了保险业分散管理风险的功能,在全社会建立起董事责任保险制度,使董事和高级管理人员职位始终保持对社会精英的强大吸引力。董事责任保险制度的约束作用在于:第一,根据董事责任保险合同,保险人可以通过多方面、多渠道了解被保险人企业的经营以及董事和高级管理人员的相关情况,保险人间接起到了监督作用。第二,董事责任保险与其他职业责任保险类似,设计了严格的除外责任、责任限额、免赔额等,投保后的董事和高级管理人员仍不能放松其经营管理要求。第三,在董事责任保险制度成熟的国家和地区,如果公司不能提供董事责任保险,董事和高级管理人员的职位很可能被拒绝,另一方面,如果保险人拒绝为职业记录较差的人提供董事责任保险,其也很难在大公司找到董事和高级管理人员的职位。

(五)董事责任保险的风险趋势

董事责任保险尽管只承保董事、高管人员因违反勤勉或注意义务导致公司和第三者(股东、债权人、雇员等)遭受经济损失而依法应承担的民事赔偿责任,并不承担其违反忠诚义务的责任,但就作为开办者的保险公司来说,面临的风险仍然有越来越大的趋势。西方国家在针对董事和高级管理人员的诉讼机制建立之后,这一机制遭到了滥用,诉讼的件数越来越多,费用和时间成本越来越高昂。1992 年,美国 Wyatt 公司的一项调查显示,318 家企业在 1983~1991 年间共被索赔 673 起。1999 年,在美国针对证券提起的诉讼案件中,每起案件的标的额平均为 800 万美元,抗辩费用则超过了 100 万美元。由于证券市场固有的"噪声"和投资者的非理性预期,证券诉讼极易被滥用。董事及其他高级管理人员即使审慎地为公司、股东之利益行事,亦难免会因某些行为或过失被诉,承担个人财产责任。

就我国来说,我国的股市具有不同于国外成熟的证券市场的特点。它很脆弱,不但被赋予了许多非市场的含义,而且还承载了太多的希望。我国股市中的中小股民占了绝对数量,而且相当一部分人还是拿了养家糊口的老本倾力一搏,证券民事赔偿案面临的现实情况是,首先,涉及散户投资者人数众多,他们抗风险能力弱,理性投资意识较差,一旦纠纷处理不当,容易演变为过激的群体行动;其次,涉案金额较大,受害投资者要求赔偿的金额与证券违法行为人实际偿付能力之间往往存在较大差距,在受害投资者的赔偿要求得不到满足的情况下,容易触发投资者较高的抵触情绪。虽然现在的司法实践尚没有判由董事或高管个人承担赔偿责任的案例,但是,如果保险公司介入,为董事或高管个人提供董事责任险,则法院在多数情况下会有倾向于判由董事或高管个人承担赔偿责任,增加保险公司的风险。

(六)风险控制与防范

进行董事、监事及高级管理人员责任保险的风险控制与防范,应从以下几方面进行重点关注:

1. 加强市场教育。投保责任保险后,董事、监事及高级管理人员不能因为有相关保险的存在,而忽视风险防范,随意行事,无视广大股东的合法权益。该责任保险的存在只是转嫁了其确因疏忽、过失行为导致的第三者财产损失。如不能勤勉尽责,因主观行为或故意行为造成的一切后果,将由其自行负担。

2. 应在承保前加强对上市公司经营状况、有关高管人员的资质调查。保险公司要根据自己的一套评价体系和标准,在技术管理方面对上市公司进行严格审核。并不是所有上市公司的投保都会被接受,因为目前上市公司良莠不齐,确定保费时要考虑公司所处行业、公司规模、资产状况、管理水平、营运状况等等。对于经营状况恶劣、存在纠纷隐患或已发生索赔纠纷的上市公司,不能承保或者要大幅度提高承保条件。同时,对于有关高管人员的资质、诚信情况,应有明确的调查、分析和判断,有不良记录的,应列为不予承保范围。

3. 加强对上市公司有关公告的研读和分析。通过对上市公司季报、中期报告、年报以及临时公告的解读、分析,发现、总结上市公司董事、监事及高管人员在履行职责中的行为是否符合有关法律、法规规定,进而及时提出有关整改意见,或者修改承保条件。上市公司有义务就保险公司的相关疑问、调查予以配合和解答。

4. 及时了解有关法律、法规规定,掌握配套法律政策的进展情况。此保险的赔偿机制与相关的法律、法规建设密切相关,由于我国在此方面的法制环境尚未完全健全,随着时间的推移以及民事诉讼案例的增多,相关的法律、法规将不断出现,这就需要保险人加强跟踪,及时根据法律环境的变化,调整有关的承保条件。

5. 加强与经纪人的沟通。目前在国内上市企业投保董事责任保险的客户较少,在香港及海外上市企业的 D&O 业务则主要掌握在经纪人手中,因此,应加强与经纪人的联系沟通,一方面,有利于做好客户维护、市场拓展工作,另一方面,通过与经纪人的合作,深入了解客户的风险状况,以便及时采取应对措施。

二、董事责任保险产品主要内容

(一)保险责任

董事及高级管理人员责任保险主险条款通常采用"一切险"加列明除外的方式,保险责任通常包括两个主要部分:①董事个人责任保险,通常称作"Side A",其保障的是董事个人的财产,一般不设免赔额;②公司补偿保险,通常称作"Side B",其保障的是公司的财产,一般要设免赔额。

董事及高级管理人员责任保险,在"Side A"中的被保险人是董事及高级管理人员,即被保险个人;在"Side B"和"Side C"中的被保险人是企业,即被保险公司。

董事个人责任保险即"Side A"的保险责任为:被保险个人因在履行被保险公司董事、高级管理人员职务时发生不当行为,致第三者在保险期间内首次向被保险个人提出赔偿请求时,对依法应由被保险个人承担的损失,保险人根据本保险合同的约定负责赔偿,但被保险公司已经补偿被保险个人损失的金额不在此限。

公司补偿保险即"Side B"的保险责任为:被保险个人因在履行被保险公司董事、高级管理人员职务时发生不当行为,致第三者在保险期间内首次向被保险个人提出赔偿请求,被保险公司依据法律规定或合同约定对被保险个人的损失予以赔偿时,对被保险公司相应的损失,保险人根据本保险合同的约定负责赔偿。

为了明确保险责任,避免引起歧义,董事及高级管理人员责任保险在条款中通常将关键术语做了定义。其中:

被保险人一般是指担任被保险公司的董事或高级管理人员或类似职务的自然人。除另有约定外,非由被保险机构聘任的清算人、清算委员会、接管人、接管经理人、管理人或类似职务的担任者,不属于保险合同的被保险人。企业一旦出现清算人等,其经营情况通常已经较为困难,向董事及高级管理人员提起索赔的风险剧增,保险人应该审慎对待企业续保或者增加被保险人范围的要求。

不当行为是指：被保险人以被保险公司的董事或高级管理人员的身份执行职务时实际的或被指称的违反职责、违反信托义务、疏忽、错误、错误陈述、误导性陈述、遗漏、违反授权等行为；针对其被保险公司董事或高级管理人员身份而提出赔偿请求的事由。

上述行为或事由应当发生在保险单明细表中载明的追溯日之后。

损失是指判决、裁定、裁决或和解的损害赔偿金及抗辩费用，但损失不包括法律规定的民事或刑事的罚金或罚款、非补偿性的损害赔偿金（包括惩罚性赔偿金）、税金、被保险人依法不应承担的金额或依法不得承保的事故。由同一不当行为引起的一次以上关于判决、裁定、裁决或和解的损害赔偿金及抗辩费用的赔偿请求，视为同一损失。

董事及高级管理人员责任保险事故通常诉讼周期较长，抗辩费用高昂，为了控制风险，抗辩费用与损害赔偿金通常共用同一限额。

（二）责任免除

1. 依照法律或者惯例应当由其他保险合同承保的事项，通常作为董事及高级管理人员责任保险合同的除外，主要包括以下几种情形：

（1）人身伤害。任何与人身相关的疾病、健康问题、情绪障碍、精神痛苦、精神损害或死亡。

（2）财产损失。任何有形财产的磨损、损毁、灭失或失去使用价值。

（3）污染。任何污染造成的损害。

（4）职业责任。被保险人在被保险公司经营活动过程中，在履行其管理职责之外，直接或间接地由于向客户提供或未能提供专业服务或其他错误、遗漏、行为所引起的赔偿请求。

（5）雇佣行为赔偿请求。针对不当雇佣行为而向被保险人提起的行政、民事、刑事或监管程序，以及主张被保险人必须为某一特定不当雇佣行为负责的书面要求。其中不当雇佣行为包括：

①不当免职，事实的或推定的终止雇佣行为；

②违反口头或书面雇佣合同或准雇佣合同的行为；

③与雇佣相关的不实陈述；

④违反雇佣歧视相关法律（包括工作场所及性骚扰）；

⑤不当的未雇用或未升迁；

⑥不当处罚；

⑦不当剥夺事业机会；

⑧未在合理条件下给予终身职位；

⑨有疏忽的考核；

⑩侵犯隐私权；

⑪与雇佣有关的诽谤或与雇佣有关的不当施加情绪压力的过错行为。

（6）证券发行。被保险公司公开或私下募股、销售未发行的证券，无论其事先是否已经准备或提供了招股说明书或其他文件。

其中，人身伤害、财产损失等通常可以通过公众、雇主、财产保险等产品承保，污染风险可以通过环境污染责任保险产品承保，转嫁职业责任风险可以投保通用的职业责任保险或专业的职业责任保险产品，如律师、注册会计师职业责任保险等。另外，证券发行时，公司集中披露大量的信息，风险较为集中，可以投保专门的企业上市保险，该产品的保险期间通常为6年。

2.涉及道德风险的责任免除部分,主要包括以下几种情形:

(1)故意行为。被保险人或本保险合同受益人的故意、不诚实或欺诈等行为。

(2)不当得利。基于、由之引起的,或可归因于下列情形引起的赔偿请求:

①被保险人获得其依法不应取得的任何利益或益处;

②被保险人交易被保险公司的证券(如果被保险公司在美国上市,依《美国证券交易法》第十六节(b)项或其修正条款或类似的法律规定)所得的利润;

上述除外责任,仅在经不利于被保险人的判决、裁定或其他裁决确认属实后,或被保险人承认相关行为属实后,方可适用。

(3)被保险个人、被保险公司诉被保险人。由被保险人或被保险公司提出的赔偿请求,但下列情形除外:

①被保险人要求分摊或补偿的赔偿请求,但该赔偿请求以本保险合同所承保的另一赔偿请求直接导致为限;

②代表被保险公司提出的股东权益诉讼,但以没有被保险公司或被保险人的要求、协助、参与为限;

③外来管理人直接或间接地以被保险公司名义提出的赔偿请求,但以没有被保险人或被保险公司的要求、协助、参与为限;

④被保险公司的前董事及高级管理人员所提出的赔偿请求。

(4)大股东。由持有或控制被保险公司已发行的有表决权股份的20%及以上的任何个人或实体或其代表直接或间接提出的赔偿请求。

(5)已知情形、已发生诉讼。保险人对任何针对被保险人的,因可归因于下列原因所产生的赔偿请求或调查不负赔偿责任:

①本保险合同承保明细表第7项所载的赔偿请求起算日以前已发生的任何诉讼、仲裁或行政程序,以及与这些诉讼、仲裁或行政程序事实相同或实质相同的主张。

②本保险合同生效日之前已在其他保险合同项下提出赔偿请求的事实、情形、行为或疏忽。

③被保险公司或被保险人在本保险合同生效日前已知悉的可能导致赔偿请求的事实、情形、行为或疏忽。

故意行为、不当得利属于典型的道德风险。"被保险人、被保险公司诉被保险人"和"大股东"除外条款,主要是为了避免出现公司的实际控制人向公司或董事及高级管理人员提起赔偿请求,最终由保险人买单的情形。"已知情形、已发生诉讼"则是为了避免出现被保险人已经面临索赔时再向保险人投保并要求保险人赔偿的情况。

3.其他常见的责任免除内容还包括:

(1)税金、罚款或罚金等。法律规定的税金、罚款、罚金,惩罚性的、加重的、惩戒性的损害赔偿或加倍赔偿的加倍部分。

(2)未承保人员的不当行为。除被保险公司的董事或高级管理人员以外的任何人的不当行为。

(3)担保。被保险人对第三者提供的个人担保。

(4)保险保障不足。未能提供有效、充足、全面的保险保障所引起的赔偿请求。

(5)收购自身股份。被保险公司违反相关法律、法规收购自身股份。

(6)战争及恐怖主义活动。包括但不限于敌对状态,战争(无论宣战与否),类似战争行为、侵略、事实、潜在或预期对最高权力机关(无论是理论上还是实质上)或任何官方机构的攻击,军事行动,外敌行为,国际战争,恐怖主义活动,叛乱,革命,暴动,军事政变,国有化,没收,征用,政府当局命令的破坏财产行为。

(7)美国、加拿大、波多黎各地区的赔偿请求。在美国、加拿大、波多黎各领土或领地内提出的或未决的赔偿请求,或执行在上述区域内所获判决的赔偿请求。

(8)知识产权。侵犯发明专利、商标、版权等知识产权。

(三)索赔基础

董事及高级管理人员责任保险属于以"索赔提出"为基础的保险产品,判断是否属于保险责任首先有三个要素应该考虑:

1. 不当行为何时发生。为控制风险,保单通常设定了"追溯日",即被保险人的不当行为必须发生在追溯日之后、保险期间届满之前的期间内。

2. 第三者何时向被保险人/被保险公司提出赔偿请求。针对符合上述条件的不当行为,第三者向被保险人/被保险公司提出的赔偿请求必须发生在保险期间内。

3. 被保险人何时将赔偿请求通知保险人。针对符合上述条件的赔偿请求,被保险人通知保险人的时间必须在保险期间内或发现期内。为避免发生第三者的赔偿请求发生在保险期间届满之前,被保险人来不及通知保险人而失去保障的情形,保单通常自动提供30~60天的发现期间。

被保险人在保险期间发现可能引起但尚未引起索赔的情形,对于续保保单则属于"已知情形",被保险人无法在续保保单中得到保障。为了解决这一问题,保单规定:如果被保险人在保险期间或发现期间内首次发现上述情形并通知保险人,则由于该情形引起的后续赔偿请求均视为已经在保险期间或发现期间内通知保险人,保险人应该按照保险合同的约定负责赔偿。

(四)附加险条款

董事责任保险常见的附加险条款包括:

1. 继承人、遗产管理人及法定代理人条款。该条款扩展承保被保险人死亡、丧失民事行为能力、丧失债务清偿能力或破产时,因被保险人的不当行为导致对其继承人、遗产管理人或法定代理人提出赔偿请求所产生的损失。

本附加险条款对被保险人的继承人、遗产管理人或法定代理人提供保障,但仅针对由于被保险人的不当行为所引起的赔偿请求,被保险人的继承人、遗产管理人或法定代理人因自身的不当行为所引起的赔偿请求,保险人不负责赔偿。

2. 共同财产条款。该条款扩展承保被保险人的合法配偶(不论其身份是由成文法、普通法或其他法域所赋予)因配偶身份遭受赔偿请求所产生的损失,上述赔偿请求包括对于被保险人及其配偶在婚姻存续期间取得的共同财产或共有财产的损害赔偿请求,但对于配偶自身的不当行为提出的赔偿请求除外。

该条款为被保险人的配偶提供的保障,与继承人、遗产管理人及法定代理人条款类似。

3. 外部董事条款。被保险公司派遣人员到外部团体担任董事或高级管理人员时,由于其不当行为产生的损失超过外部团体的董事责任保险保单保障限额的超额部分,可以通过本附加险条款得到保障。该条款扩展承保被保险人在过去、现在或将来,应被保险公司的特定要求,担任外部团体的董事或高级管理人员时,因其执行职务时的不当行为产生的损失所提出的赔偿请求。

该条款的承保范围,仅对上述损失中超过该外部团体的其他有效保险的保险金额及该外部团体补偿金额的超额部分负赔偿责任。若其他保险由保险人或其分支机构提供(或可能提供,除非适用自负额或达到责任限额),则该条款所承保的全部损失的总责任限额,应为减去前述分支机构为外部团体所承保保险单之责任限额后的余额。

该条款的承保范围不包括由以下主体对被保险人提出的赔偿请求:外部团体、外部团体的董事、高级管理人员或持有外部团体已发行有表决权股份超过20%的股东等。

其中,外部团体是指任何非营利性的团体或本保险合同的批单所列明的法人、合伙企业、合资企业及其他组织。

非营利团体是指基于社会、社区、慈善事业或行业的发展,并为成员提供服务或福利的非营利性的公司、机构、协会、信托、基金或基金会。

4.非执行董事条款。该条款可为参与被保险公司经营活动较少的、在被保险人违法活动中无辜的非执行董事提供保障,条款规定:由于被保险公司或被保险人的欺诈、未披露、不实陈述或试图欺骗等行为导致保险合同自始无效或自上述行为发生时即失去效力的,除非保险人能证明保险合同承保的非执行董事曾参与或已知悉上述行为,否则保险合同将继续承保非执行董事,直至保险期间届满。

5.退休董事及高级管理人员条款。该条款扩展承保的是:如保险合同到期后未能续保,投保人没有投保其他董事责任险,且没有扩展发现期,则本条款扩展承保在扩展保险期间内提出的针对退休董事及高管的赔偿请求,扩展保险期间为6年,从保险合同未能续保之日起开始计算。

其中,退休董事及高管是指:在保险期间到期之前,因罢免以外的原因不再担任董事或高管职务的自然人。

6.雇佣赔偿请求条款。该条款扩展承保被保险人由于保险期间内发生的事实的或被指称的不当雇佣行为而对被保险人提出的雇佣赔偿请求,包括不当雇佣行为导致的损失包括精神损害赔偿。但不包括要求兑现工资、福利、保障或其他类似利益的赔偿请求。

7.发现期条款。投保发现期条款后,被保险人在追溯期之后、保险期间到期日之前的期间内的不当行为所导致的在发现期间内首次提出的赔偿请求,保险人依照附加险合同的约定负责赔偿。发现期间由投保人与保险人在投保时协商确定。

该条款的内容为:

"投保人、保险人同意如下:

(i)本保险合同于保险期间到期时,如果投保人拒绝续保,投保人有权通过支付保险单明细表第10项(a)所载明的附加保险费,以获得在保险期间到期日起12个月的发现期间。被保险人在追溯期之后、保险期间到期日之前的期间内的事实的或被指称的不当行为所导致的在发现期间内首次提出的赔偿请求,保险人依照本附加险合同的约定负责赔偿;

(ii)本保险合同于保险期间到期时,如果保险人拒绝续保,投保人有权通过支付保险单明细表第10项(b)所载明的附加保险费,以获得在保险期间到期日起12个月的发现期间。被保险人在追溯期之后、保险期间到期日之前的期间内的事实的或被指称的不当行为所导致的在发现期间内首次提出的赔偿请求,保险人依照本附加险合同的约定负责赔偿;

(iii)为购买发现期间,投保人应于保险期间到期日起30天内向保险人书面要求购买并交付前述附加保险费。

(ⅳ)保险人提出与续保前不同的条款、责任限额、保险费等条件,不构成拒绝续保。

(ⅴ)如发生总则所述"风险变更"的情形,则投保人无权购买发现期。

从投保人取得承保上述部分或全部发现期间的其他董事及高级管理人员责任的保险合同之日起,保险人不再对上述发现期间内首次提出的任何赔偿请求承担赔偿责任。"

8. 附加公司证券责任保险条款。该条款原与主险保险责任并列,称为"Side C",承保第三者由于被保险公司的不当行为首次向其提出证券赔偿请求时依法应由被保险公司承担的经济赔偿责任。该条款与主险共享同一责任限额,其保障的是企业的财产,一旦发生保险事故并用尽责任限额,董事及高级管理人员则失去了保障。为了避免发生此种情形,选择投保本条款的情形已经较少。基于同样原因,为避免公司补偿保险用尽限额,市场上出现大量仅承保董事及高级管理人员保险的保单。

本附加险条款内容为:

"鉴于投保人已支付附加保险费,保险人同意按照如下约定扩展责任:

(1)保险责任。在生效日之后,保险期间结束之前或发现期(如适用)内,第三者由于被保险公司的不当行为首次向其提出证券赔偿请求,对于依法应由被保险公司承担的经济赔偿责任,保险人按照本保险合同的约定负责赔偿。

(2)定义。本附加险合同涉及的下列黑体词语,适用下列释义:

(2.1) 生效日为_____

(2.2) 证券赔偿请求是指下列主体指控被保险公司违反了证券法律而提出的赔偿请求:

(ⅰ)任何个人或实体组织声称、基于、由之引起或可归因于被保险公司的证券的购买、出售或购买、出售要约或要约邀请,指控被保险公司违反了证券法律而提出的赔偿请求;

(ⅱ)被保险公司的证券的持有者直接或代表被保险公司,指控被保险公司违反了证券法律而提出的赔偿请求。

但证券赔偿请求不包括任何声称的或事实的由于失去或未能取得股票或认股权所引起的雇佣赔偿请求。

(2.3)不当行为是指被保险公司实际的或被指称的与证券索赔请求相关的违反信托义务、错误、遗漏、错误陈述、误导性陈述、疏忽、违反义务、违反授权等行为。

(3)除外条款。

下列除外条款仅适用于本附加险:

下列情形直接或间接造成的任何损失,保险人不负责赔偿:

(3.1)任何在生效日之前已经对被保险公司提出,声称、基于、由之引起、可归因于或与之相关的下列情形:

(ⅰ)书面请求;

(ⅱ)已经开始的诉讼;

(ⅲ)已有的判决;

(ⅳ)已知的可能引起赔偿请求的情况;

(ⅴ)控告或其他未决诉讼;

(3.2)声称、基于、由之引起、可归因于或与之相关的被保险公司的任何曾经、现在、将来担任财务总监、行政总裁、总经理或董事长职务的人,其行为经终审判决或裁决属于故意欺诈并对案件具有重要影响;

(3.3) 声称、基于、由之引起、可归因于或与之相关的对被保险公司启动的刑事、行政、监管或纪律处分等相关调查或程序；

(3.4) 声称、基于、由之引起、可归因于或与之相关的被保险公司违反自己或其代理人作出的担保或保证，并且该行为在被保险公司既没有疏忽也没有缺乏应有注意的情况下仍可被控告；

(3.5) 声称、基于、由之引起、可归因于或与之相关的任何以不足额或不公平价格获取被保险公司的证券的相关情形，但法律费用不适用于本条。

(4) 总则。

(i) 对于本保险合同(包括主险、附加险、批单)承保的赔偿请求(包括对被保险公司提出的证券赔偿请求)引起的全部损失，保险人的累计赔偿金额不超过保单明细表第4项载明的累计赔偿责任限额。

(ii) 本附加险对保险单明细表第4项分项责任限额增加如下：

证券赔偿请求：

(a) 适用于属于美国法院司法管辖权或在美国达成和解的证券赔偿请求责任限额；

(b) 适用于美国以外地区的证券赔偿请求责任限额。

(5) 说明及可分性。主险条款"说明及可分性"部分的约定对本附加险不适用，本附加险约定如下：

在判断本附加险合同承保的保险责任是否成立时，只有保险单第二项载明的被保险公司的财务总监、行政总裁、总经理或董事长发布的声明、信息才可视为由被保险公司发布。"

第三节 建筑工程质量保险

一、建筑工程质量保险概述

(一)国际建筑工程质量保险现状

在国际上，建筑工程质量保险又称为"潜在缺陷保险"(Inherent Defects Insurance，简称IDI)或"10年期责任保险"(Decennial Insurance)。

所谓潜在缺陷是指由于设计错误、施工工艺或建筑材料引起的缺陷和建筑物竣工验收(建筑质量检查机构颁发完工证书)时未发现的缺陷。

法国是开展强制性建筑工程质量保险最早和较为成熟的国家，从1978年制定《斯比那塔法》(Spinetta ACT)实施对建设工程质量10年内在缺陷保险以来，建立了较为完整的建设工程质量保险构架体系。但是，由于保险责任较宽，不仅包括建筑物的主体结构安全，还包括保温、隔音等功能，且没有设计免赔额，法国建筑工程质量保险业务长期处于亏损、微利状态。

西班牙是在总结法国建筑工程质量保险业务开办经验、教训的基础上，经过试点后正式立法实施的，保险责任范围较法国要窄，并设置了免赔额，到目前为止运行情况较好。

此外，意大利、芬兰、瑞典、瑞士、比利时、新西兰、澳大利亚、日本等国家和地区也都实行了强制性的建筑工程质量保险制度。

1. 法国建设工程质量保险构架和实施情况。

(1)《斯比那塔法》。法国1804年拿破仑法典规定，建筑师和设计师必须在建筑完工10

年内对房屋结构缺陷承担维修责任,在10年保证期后,除非证明建筑师或设计师有欺诈行为,否则建设工程所有者将对建设工程负完全的责任。

1978年,法国制订了《斯比那塔法》,对拿破仑法典进行了全面修订。该法规定建设工程10年内在缺陷保险为强制性保险,建设工程的参建各方必须投保。该法分为三部分,即责任、保险和质量控制监督。《斯比那塔法》的主要内容为:

①责任。该法规定所有参加建设工程项目的机构都有质量责任,包括业主(建设单位)、建筑师(咨询师)、设计单位、施工单位、质量检查控制机构。这些质量责任包括建筑结构的牢固性(地基基础、主体结构和固定在结构上的设备)、建筑结构缺陷引起的人员安全、防渗漏和噪声控制与保温等建筑功能等。质量负责期限列于表2-5-1。

表2-5-1 质量责任期限(年)

项　目	结构牢固性	噪声控制与保温	防渗漏	良好运行
地基基础、主体结构、围护结构	10年	10年	2年	—
固定在结构上的设备	10年	10年	2年	—
独立于建筑物的设备	—	10年	—	2年

②保险。根据《斯比那塔法》,建设工程质量保险分为以下两类:

a. 参与建设工程项目的机构必须投保10年期的责任保险,这些机构为建筑设计咨询单位、施工图设计单位、施工单位和质量检查控制单位。

b. 建设单位(业主)则必须为建筑物10年内可能出现的损坏(内在结构缺陷)进行投保。

③质量控制监督。对建设工程质量控制监督的工作由独立于设计和施工的第三方建设工程技术检查机构实施,该检查机构要针对每个建设工程的特点,从建设工程的方案设计、施工图设计和施工过程的各个阶段进行质量控制。

其中必须实行检查控制的工程为三类:一是公众所使用的建筑;二是特殊结构的建筑(工业构筑物除外),包括高度超过28米,跨度大于30米,悬臂长度不小于20米,基础基底距地面深度超过15米,支承结构和维护墙高度超过5米等;三是超过规范标准的建筑。

(2)法国建设工程质量保险体系。法国的建设工程质量保险由三部分构成,即建筑工程质量保险、职业责任保险(勘察、设计、质量检查监督机构)和承包商责任险,如图2-5-1所示。

各险种之间的触发关系,如2-5-2所示。

当建筑工程出现内在缺陷时,业主或使用者向承保了IDI的保险人提出索赔,保险人在向业主或使用者赔偿后行使代位求偿权,向应该对内在质量缺陷负责的工程参与方进行追偿。缺陷责任者如果没有投保责任险就需要自己向IDI保险人赔偿,如果投保了责任险就可以由责任险的保险人向IDI的保险人赔偿。

(3)法国建设工程质量保险实施情况。

①建设工程质量保险的范围。法国建筑工程质量保险的潜在缺陷涉及建筑物的牢固、安全(包括消防系统安全)和不满足隔音、保温等功能要求。对于屋面、外墙防水和渗漏等风险则属于附加条款保障范围。对于业主每幢建筑出具一张保单,赔偿最高限额为该幢建筑的总造价。除外责任包括欺诈行为、正常磨损、保养不善、非正常使用、火灾、爆炸、地震、飓

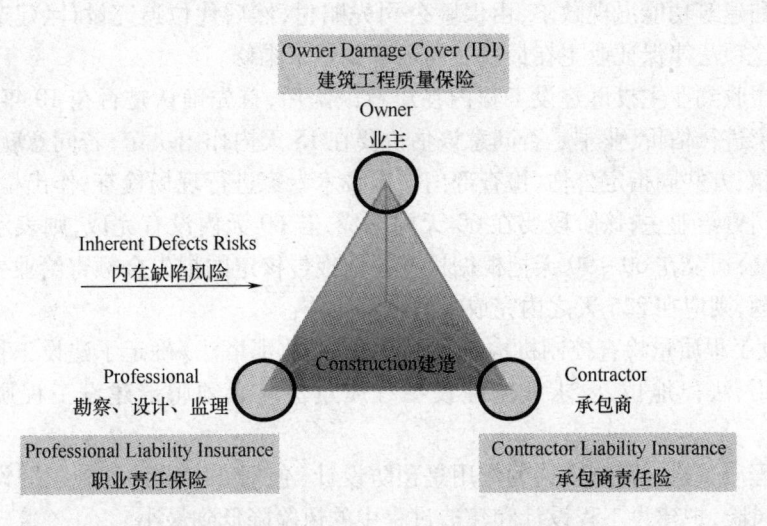

图 2-5-1 法国工程质量保险的构成

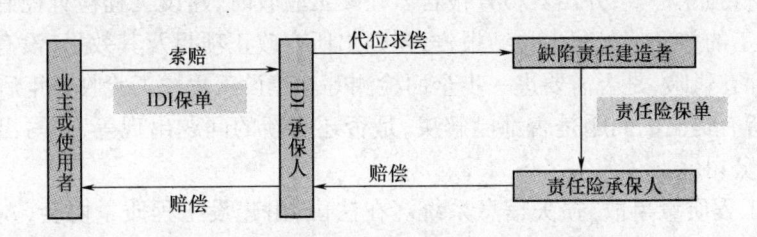

图 2-5-2 法国工程质量保险的触发顺序

风、洪水等。

其中，国家投资建设的建设工程和政府办公楼、大剧院等可不投保 IDI，这是由于国家有能力承担责任；供自己使用的私人建房也可不投保 IDI，但其他参加建设工程的各方仍然要买责任保险。随着建设工程质量保险体系的完善，其积极作用逐渐显现，国家投资建设的和私人建造自己使用的建设工程也开始主动投保 IDI。

②建设工程质量保险期限和免赔。法国 IDI 的保险期间为 10 年，但保险人主要承担保险责任的期间是从建设工程竣工验收 1 年以后，即第 2 年到第 10 年，建设工程竣工验收后的第 1 年内由建造商负责维修。但是，如果建造商在建设工程竣工验收后的第 1 年内倒闭了，则由承保 IDI 的保险公司从第 1 年开始承担保险责任。

法国建设工程质量保险对业主未设立免赔。

③法国建设工程质量保险的保险费率。在法国，建设工程开工之前，参建各方均要有已对该项目进行投保的证据，否则将不允许参与该项工程的建造。建设工程参建各方的平均费率水平为：

a. IDI 费率原来为建设工程总造价的 1.0%~1.5%，由于保险公司经营亏损，已逐步调整为建设工程总造价的 3% 左右。

b. 建设工程参建各方的责任保险费率：设计师为总收入的 0.3%，建造商为总收入的 0.8%~0.9%，检查机构为总收入的 0.35%。

(4) 保险公司责任和赔偿程序。在建设工程竣工验收通过后的第 2 年至第 10 年内，建筑结构安全和建筑功能出现缺陷，由保险公司先赔付，然后代位追究设计、建造商及检查机构的责任。这项法律保证业主在最短时间内拿到钱来维修。

保险公司收到业主投诉建设工程内在质量缺陷后，首先确认是否在10年保险期内，再派出技术专家进行估价，业主是否同意该估价要在15天内作出决定，若同意就给予赔偿；若不同意，则由双方共同指定公估、检查部门派出技术专家进行现场检查，作出检查评估报告，通过保险公司寄给业主，该阶段要在60天内完成，若60天内没有完成，则表示接受了业主的要求；保险公司要在60～90天把根据检查评估报告核定的损失金额寄给业主。如涉及复杂的技术问题，则应在225天之内完成上述全部工作。

(5)建设工程质量检查控制机构。法国通过《斯比那塔法》确定了建设工程质量检查控制机构的作用、法律地位，要求实施建设工程质量保险必须聘请建设工程质量检查控制机构。

建设工程质量检查控制机构的作用是预防设计（包括方案设计和施工图设计）、施工过程中的技术风险，把建设工程设计和建造过程中的风险降低到最小。

TIS的专业检查人员按照规范要求和合同约定进行风险控制，在初步设计、施工图设计、施工过程中进行独立检查，并出具检查报告。在竣工验收时，建设工程检查控制机构要对从施工开始到完工的整个情况写出总结报告，要列出所有改正项目及其效果，没有改正的也要列出，并指出存在风险，是否需要进一步全面检测等。建设工程竣工验收1年后，TIS再次进行检查，检查所有提出的问题是否都已解决，是否还有新的问题出现等，并写出检查报告交给业主和保险公司。

(6)建设工程质量事故、损失信息系统。在法国，由建设工程质量协会(Agency Quality Construction)负责对建设工程质量事故、损失信息的收集、整理工作，涉及规划、建造、设计、保险、建筑材料等46个部门。该协会组织从保险公司、TIS等处收集所有关于建设工程质量缺陷的报告，建立相应数据库，并归纳出各种可能出现质量事故的资料，编辑各类宣传资料、建设工程质量缺陷防治措施、各年度建设工程质量缺陷统计分析报告等，提供给建设工程检查机构、设计和施工单位及业主等，为保证建设工程质量、降低损失提供服务。

2.法国等国开展建设工程质量保险的经验借鉴。

(1)建立各方利益相互制约的关系。参建各方都主动地购买保险，这与我国的企业认为购买保险是额外开支的观念大不相同。法国、西班牙等国的法律规定了业主、开发商、承建商、工程质量检查机构、保险公司等的责任、权利和相应的惩罚办法，将各方的风险、利益和责任捆在一起，在各方之间形成了相互制约的关系。这就迫使各方必须承担工程中的风险和责任。在具体的建设工程中，如果一方出了问题，不仅会有倒闭的可能，而且还会殃及其他各方，任何一方都不愿意单独承担风险，因此都要求其他各方必须购买保险，否则就不能参与工程建设。保险公司根据企业的风险状况给予差异化的费率条件，甚至拒绝给管理水平低、诚信度差的企业提供保险保障。这就迫使企业必须提高管理水平和诚信度，以避免由于买不到保险而被淘汰出建筑市场。由此可见，法律规定了各方的相互制约关系，有利于建立企业诚信体系和良好的建筑市场秩序，提高工程质量水平。

(2)政府的管理方法科学、合理。我国的企业和业主遇到各种问题，都习惯于找政府解决，重大质量事故的经济损失也要由政府赔偿，使政府陷入处理各种事务的困境之中，甚至还有被告上法庭的可能。而法国等政府对建设工程并不是什么都管，更不参与工程中的具体环节，而是通过建立完善的法律制度，充分利用社会资源，达到更好地为社会服务的目的。

（3）工程质量协会（Agency Quality Construction）。工程质量协会是为规划、设计、施工和材料生产及保险单位、检查机构服务的组织，其职能是收集汇总被保险建设工程的所有损失、赔偿的有关信息，并进行分类；记录参与项目各方的不良行为，作为提高不良企业保险费率的依据；分析损失的原因、类型，提出防治措施和指导意见，并向社会广泛宣传；制定和管理行业标准规范；协调参与建设各方的关系，解决发生的矛盾与冲突；设立和维护计算机网站，提供参与建设各方相互交流的平台，为政府的宏观决策提供参考依据。总之，该质量协会的工作对提高建设工程质量具有指导意义。

（4）法国、西班牙和意大利在制定建筑物的使用功能和舒适度的标准时，均遇到了难以界定的问题。例如，什么样的房屋设计才算舒适？才算符合功能要求？由于标准难以界定，导致实施过程中的异议和纠纷。我国已经试行的住宅性能认定指标也存在类似的问题，还需要进行深入的研究。

（二）我国建筑工程风险管理现状

我国对建设工程的质量管理经历了一个从计划经济向市场经济过渡的转变过程。在计划经济时期，建设工程质量管理是政府和企业一起共同搞好工程质量，责任不明，而且政府全过程参与、一管到底，影响了工程质量责任的落实和政府监督管理工作机制的形成。经过近年来的努力，我国的建设工程质量已逐步形成了政府监督、社会监理、参建各方主体负责工程质量以及施工图审查、工程保修制等管理体系，该体系的建立对保证建设工程质量起到了很大的促进作用。

1. 建筑行业的主要风险因素。建筑工程的勘察、设计和施工各个阶段存在的主要质量风险来自以下几个方面：

一是勘察工作失误，勘察布点不满足规范要求造成土层性质判断失误，引起基础方案与地基土不相适应，以及勘察取样和试验结果评价有误，造成地基不均匀沉降，引起影响结构安全的损伤。

二是设计错误或疏漏，新型结构体系的不断出现，设计人员对其结构性能理解上的偏差，结构细部构造疏忽等，会造成影响结构安全的损伤。

三是施工过程中的质量控制不严，所用建筑材料之间的适应性及其是否满足有关规范要求，建筑工程施工工序质量是否满足要求，深基坑施工是否有对周围建筑的保护措施等等。

四是建筑工程完工后，有的开发商和建设单位已不复存在，使建筑工程维修责任等难以落实。

五是监理队伍管理水平低。依照《建筑法》，监理制度的设置具有双重性：一是为了保障工程质量，国家在一定范围内实行强制监理；二是监理又受建设单位委托监督施工质量、工程进度等，由建设单位支付费用。由于缺乏独立性，监理经常出现工作不到位的情况。

2. 建筑行业相关制度。

（1）建筑法。我国《建筑法》于1998年3月1日正式实施，这部法律对于加强建筑活动的监督管理，依法对建筑工程发包、承包、施工和监理，维护建筑市场秩序，保证建筑工程的质量和安全，深化建筑管理体制的改革，促进建筑业健康发展，都具有十分重要的现实意义和深远的历史意义。

我国从1988年开始推行建设工程监理制度，建设工程监理行业快速发展。《建筑法》第30条规定："国家推行建筑工程监理制度。国务院可以规定实行强制监理的建筑工程的范围。"此后建设部及其他行政主管部门相继出台了相关的法规文件,共同构成中国特色的建设工程监理法律体系。

《建筑法》第62条规定:"建筑工程实行质量保修制度。建筑工程的保修范围应当包括地基基础工程、主体结构工程、屋面防水工程和其他土建工程,以及电气管线、上下水管线的安装工程,供热、供冷系统工程等项目;保修的期限应当按照保证建筑物合理寿命年限内正常使用,维护使用者合法权益的原则确定。具体的保修范围和最低保修期限由国务院规定。"

(2)《建设工程质量管理条例》。在总结建设工程质量管理经验教训的基础上,国务院于2000年1月颁布了《建设工程质量管理条例》(以下简称《条例》),它是第一部与《建筑法》相配套的行政法规,也是中国第一部专门规范工程质量的行政法规。《条例》确立了我国建设工程的质量管理体系,是我国工程建设领域必须建立的适应市场要求的法规体系中一个重要组成部分:

①《条例》明确规定了工程建设各方主体的质量责任,形成了建设工程质量的责任保证体系。也就是说,建设单位、勘察单位、设计单位、施工单位、工程监理单位依法对建设工程质量负责。

②《条例》强化了工程监理在保证工程质量中的作用。明确规定了"未经监理工程师签字,建筑材料、建筑构配件和设备不得在工程上使用或者安装,施工单位不得进行下道工序的施工"。

③《条例》进一步明确了工程质量的保修制度,明确指出了"基础设施工程、房屋建筑的基础、主体工程的保修年限为设计文件规定的该工程的合理使用年限"。

④《条例》明确规定了在市场经济条件下国家对工程质量的监督管理制度,主要是监督工程建设各方的行为和执行国家强制性技术标准,并涉及建设工程中的地基基础、主体结构安全和主要的建筑功能。

⑤《条例》对违反规定的行为设定了严厉的处罚条款。

(3)配套制度。为了进一步搞好建设工程质量管理,配合《条例》实施,建设主管部门相继制定了建设工程质量管理的一系列文件和相应的制度,其主要为:

①工程建设标准强制性条文。世界上大多数国家对建设市场的技术控制,采取的是技术法规与技术标准相结合的管理体制,技术法规是强制的,是把那些涉及建设工程安全、人体健康、环境保护和公共利益的技术要求用法规的形式规定下来,严格贯彻在工程建设中,不执行技术法规就是违法,就要受到处罚。而技术标准、规范,都是自愿采用的,可由双方在合同中约定采用。按照上述思路编制的《工程建设标准强制性条文》,虽然是一个向技术法规与技术标准体制的过渡性成果,但是对于控制工程质量起到了一个强制性的保证作用。

②建筑工程施工图审查。为了加强建筑工程勘察设计质量的监督管理,建设部建设质〔2004〕41号文《建筑工程施工图设计文件审查暂行办法》规定施工图审查的主要内容为:建筑物的稳定性、安全性审查,包括地基基础和主体结构体系是否安全、可靠;是否符合消防、节能、环保、抗震、卫生、人防等有关强制性标准、规范;施工图是否达到规定的深度要求;是否损害公众利益。

建筑工程施工图设计文件审查,有助于贯彻工程建设标准强制性条文和提高建设工程的设计质量。同时,也是保证建设工程质量的重要步骤。

③建设工程质量监督。2010年颁布了《房屋建筑和市政基础设施工程质量监督管理规

定》(住房和城乡建设部令第 5 号),规定了监督的主要内容是监督对工程质量责任主体和质量检测等单位的质量行为、工程主体结构安全及主要使用功能的工程实体质量情况,监督模式以巡回抽查为主要方式,以行政执法为基本特征,推行差异化监管,监理工程质量不良记录,对建设单位组织的竣工验收实施监督。

④建设工程质量保修。建设工程的质量保修不仅对建设工程的正常使用,而且对工程耐久性和安全都是非常重要的。为了规范建设工程的质量保修,2000 年颁布了建设部令第 80 号《房屋建筑工程质量保修办法》。该保修办法规定了房屋建筑工程不同部件的最低保修期限。

⑤建设工程竣工验收。为了搞好建设工程的竣工验收备案,2000 年颁布了建设部令 78 号《房屋建筑工程和市政基础设施工程竣工验收备案管理暂行办法》,将原由政府参与施工质量验收改为备案制。

⑥建筑工程施工质量验收系列规范的修订和建立。围绕《建设工程质量管理条例》的实施,对建筑工程施工质量验收统一标准和各专业验收规范进行了全面修订,从"验评分离、强化验收、完善手段、过程控制"的改革思想到指标的设定等均进行了修改,使之形成了对进场材料、构配件进行复验,施工单位进行工序检验,工序间交接检验的过程控制,监理工程师或建设方专业技术负责人组织抽样检验和验收的建筑工程验收体系。

我国目前所推行的工程质量管理已经形成了较为完善的政府监督、社会监理、参建各方主体对工程质量负责的体系。该体系的建立对保证工程质量起到了较大的促进作用。但是该体系仅仅符合我国从计划经济向市场经济过渡的状况,仍带有强化政府监督的作用,政府监督地基基础和主体结构安全及主要功能的工作难以切实实施,参建各方对建设工程质量负责的落实还缺乏有效的手段,社会监理的素质和行为规范还有待进一步增强。

二、建筑工程质量保险产品介绍

经过广泛调研,在借鉴国际经验,征求国内建筑行业专家意见的基础上,中国人民财产保险股份有限公司于 2006 年开发完成了建筑工程质量保险条款。在经过 1 年多的试点开办后,全面推向了市场。

(一)投保人

建筑工程质量保险条款第 2 条规定,凡获得国家或当地建设主管部门资质认可的建筑开发商均可作为本保险合同的投保人,于工程开工前就其开发的住宅商品房及写字楼工程(以下简称建筑物)投保本保险。

该条明确了投保人是建筑开发商,另外,建筑工程质量保险主要适用的建筑类型为住宅商品房及写字楼工程。道路、桥梁等建设工程由于风险情况较为特殊,并不适用于本保险条款。

(二)保险责任

按照我国法律规定,开发商或施工单位应承担的保修范围包括地基基础工程、主体结构工程、屋面防水工程和其他土建工程,以及电气管线、上下水管线的安装工程,供热、供冷系统工程等项目。其中,地基基础工程及主体结构工程一旦出现质量问题,修理加固的费用通常极为高昂。建筑工程质量保险主险承保的主要风险就是地基基础工程及主体结构工程的质量事故。

主险保险责任为:由投保人开发的建筑物,按规定的建设程序竣工验收合格满 1 年后,经保险人指定的建筑工程质量检查控制机构检查通过,在正常使用条件下,因潜在缺陷在保险期间内发生质量事故造成建筑物的损坏,经被保险人向保险人提出索赔申请,保险人按照保险合同的约定负责赔偿修理、加固或重置的费用。这些质量事故包括:整体或局部倒塌;地基产生超出设计规范允许的不均匀沉降;阳台、雨蓬、挑檐等悬挑构件坍塌或出现影响使用安全的裂缝、破损、断裂;主体结构部位出现影响结构安全的裂缝、变形、破损、断裂。

条款中的关键词语的释义如下:

正常使用:指按照建筑物的原设计条件使用,包括但不限于:不改变建筑物主体结构;不改变使用用途;不超过设计荷载。

潜在缺陷:指在竣工验收合格满1年后,保险人指定的建筑工程质量检查控制机构检查时未能发现的引起建筑物损坏的缺陷,包括勘察缺陷、设计缺陷、施工缺陷和建筑材料缺陷。

建筑物的损坏:指投保人交付给被保险人的建筑物出现结构损坏或渗漏。投保人交付时的建筑物包含装修、设备、设施的,该装修、设备、设施因前述结构损坏或渗漏造成的损坏,也在建筑物的损坏范围内。

主体结构部位:指建筑物的基础、墙体、柱、梁、楼盖、屋盖等。

修理、加固费用:包括材料费、人工费、专家费、残骸清理费等必要、合理的费用。

(三)责任免除

1.建筑工程质量保险的原因免除责任包括:

(1)投保人、被保险人的故意行为;

(2)战争、敌对行动、军事行动、武装冲突、罢工、骚乱、暴动、恐怖活动;

(3)行政行为或司法行为;

(4)被保险人使用不当或改动结构、设备位置和原防水措施;

(5)核辐射、核裂变、核聚变、核污染及其他放射性污染;

(6)雷电、暴风、台风、龙卷风、暴雨、洪水、雪灾、海啸、地震、崖崩、滑坡、泥石流、地面塌陷等自然灾害;

(7)火灾、爆炸;

(8)外界物体碰撞、空中运行物体坠落;

(9)建筑物附近施工影响。

我国商品房精装修的比例较低,业主收房后通常要进行装修,因装修发生的质量问题,应由装修企业负责解决,因此规定了第(4)项免赔责任。

2.建筑工程质量保险条款的损失除外责任包括:

(1)在对建筑物进行修复过程中发生的功能改变或性能提高所产生的额外费用;

(2)人身伤亡;

(3)被保险人在入住后添置的包括装修在内的任何财产的损失;

(4)任何性质的间接损失。

建筑工程质量保险主险承保的主要是主体结构等严重质量问题,对于第(2)(3)项责任,如有投保需求,投保人可以选择附加险或其他保险产品。

(四)保险期间

我国《建设工程质量管理条例》第40规定,在正常使用条件下,设定建设工程的最低保修期限的各种情形为:

1.基础设施工程、房屋建筑的地基基础工程和主体结构工程,为设计文件规定的该工程的合理使用年限；

2. 屋面防水工程、有防水要求的卫生间、房间和外墙面的防渗漏，为 5 年；

3. 供热与供冷系统，为 2 个采暖期、供冷期；

4. 电气管线、给排水管道、设备安装和装修工程，为 2 年。

其他项目的保修期限由发包方与承包方约定。建设工程的保修期，自竣工验收合格之日起计算。

在建筑物竣工验收通过后，开发商将向业主交房，业主组织验房、收房，在第一年里建筑物的质量问题集中暴露，通常情况下，开发商及施工单位边交房边整改，维修的工作量较大。按照惯例，建筑物竣工验收合格 1 年以内的质量问题由开发商负责维修，建筑工程质量保险的保险期间的起始日期为建筑物竣工验收通过 1 年之后，至建筑物竣工验收通过后 11 年，保险人承担保险责任的期间共 10 年时间。

（五）责任限额

建筑工程质量保险业务通常对整栋建筑签发一张保险单，对于每一单元的小业务分别签发保险凭证。在责任限额方面，则分别设计了累计责任限额、单位建筑面积责任限额及每张保险凭证责任限额。

建筑工程质量保险的责任限额确定主要有按照售价或工程造价两种计算方式。

按照销售价确定责任限额，其计算公式为：

$$总责任限额 = 保险合同生效时建筑物的平均销售价格（元/平方米）\times 实际建筑物总面积 - 建筑物的土地使用权转让价$$

$$单位建筑面积责任限额 = 总责任限额/实际建筑物总面积$$

$$每张保险凭证的责任限额 = 被保险人所购买单元的建筑物的建筑面积 \times 单位建筑面积责任限额$$

由于建筑工程质量保险的保险期间为 10 年，时间较长，为避免因通货膨胀影响，导致将来发生保险事故时发生责任限额不足以覆盖全部风险的情况，按照工程造价确定责任限额的，应以工程造价乘以一定的通货膨胀系数计算累计责任限额，具体计算公式为：

$$总责任限额 = 建筑物的工程造价 \times 通货膨胀系数$$

$$单位建筑面积责任限额 = 总责任限额/实际建筑物总面积$$

$$每张保险凭证的责任限额 = 被保险人所购买单元的建筑物的建筑面积 \times 单位建筑面积责任限额$$

第六章

个人责任保险

第一节 个人责任风险与保险

一、个人责任的定义

个人责任是指自然人或其家庭成员由于过错，或者在法律特别规定的场所不问过错，违反法律规定的义务，以其作为或不作为的方式对他人身体及财物造成损害并依法应负的经济赔偿责任[①]。通常个人责任可分为个人侵权责任和个人违约责任，前者是指个人依法承担对他人的损害赔偿责任，其受害方是不确定的第三者；后者是指个人依照合同规定对造成合同的另一方的损害应承担的经济赔偿责任，其受害方是合同确定的相对方。其中个人损害赔偿的法律责任主要可以分为以下四个方面：

（一）个人直接侵权责任

个人直接侵权责任指个人侵权行为直接造成他人人身损害或财产损失依法应承担的经济赔偿责任。例如，骑自行车撞伤了行人，骑车者应承担被撞者的医药费、误工费等损失的赔偿责任；再如，由于自来水龙头没有关好导致水溢到楼下住户家中，损坏了楼下住户的家庭财产，致害人要承担经济赔偿责任；等等。

（二）个人违反法律规定的义务

父母作为未成年子女的法定监护人，按照法律规定应当承担抚养、教育、管理等监护义务，如未成年子女造成他人人身损害或财产损失，虽然父母主观上不存在过错，但其违法了法律赋予的监护义务，因此需承相应赔偿责任。《侵权责任法》第31条规定："无民事行为能力人、限制民事行为能力人造成他人损害的，由监护人承担侵权责任。"

（三）个人或家庭所有静物责任

该责任是指归个人或家庭所有的物质财产在个人不作为时发生意外而造成他人人身损害或财产损失依法应承担的赔偿责任。例如，阳台上的花盆由于刮风落下砸伤他人或损害他人财物，花盆的主人依法应承担相应赔偿责任。

（四）个人或家庭饲养的动物责任

该责任即个人或家庭饲养的动物在个人不作为时造成他人人身损害或财产损失依法应承担的赔偿责任。例如，个人饲养的狗咬伤人，狗的主人要承担赔偿责任；再如，个人饲养的牛毁坏了他人的庄稼，也应该承担相应的赔偿责任。

---

① 许飞琼.责任保险[M].北京：中国金融出版社，2007，第151页.

二、个人责任保险法律依据

在我国,个人应该承担的民事侵权责任在《民法通则》和《侵权责任法》中均有明确规定。如《侵权责任法》第7条规定,"行为人因过错侵害他人民事权益,应当承担侵权责任";该法第32条规定,"无民事行为能力人、限制民事行为能力人造成他人损害的,由监护人承担侵权责任";第78条规定,"饲养的动物造成他人损害的,动物饲养人或者管理人应当承担侵权责任";第85条规定,"建筑物、构筑物或者其他设施及其搁置物、悬挂物发生脱落、坠落造成他人损害,所有人、管理人或者使用人不能证明自己没有过错的,应当承担侵权责任"。这些法律的相关规定为推动个人类责任保险提供了法律依据。

三、个人责任风险

个人责任风险无处不在,在日常生活中,人们除了驾驶机动车、非机动车可能造成对第三方的赔偿责任外,还面临很多责任风险。例如:作为业主,因为装修导致水管爆裂使邻居家被淹受损;作为监护人,因未成年子女顽皮引发赔偿;作为雇主,因家中雇佣的保姆发生意外需支付医疗费;作为宠物饲养者,爱犬咬伤他人;等等。一旦发生上述事故,当事人不仅需要赔偿高额的医疗费、财产损失费,还有可能支付律师费、诉讼费等法律费用。由此可见,个人责任风险是复杂且大量的。

四、个人责任保险

个人责任保险是以在保险期间内因个人或家庭成员的过失而发生的意外事故并造成第三者人身损害或财产,依法应负的民事赔偿责任为保险标的的保险。因此,它适用于任何个人或家庭,即任何个人和家庭均可以将自己或自己所有物(动物或静物)可能造成损害公众利益的责任风险通过投保个人责任保险转嫁给保险人。

个人责任保险习惯上列为公众责任保险范畴,但由于部分险种存在责任交叉,如家庭雇佣责任保险其实是雇主责任保险范畴,西方国家的医师职业责任保险、美容师职业责任保险等也可以由个人直接投保,因此属于职业责任保险范畴。由于个人责任保险存在公众责任保险、雇主责任保险和职业责任保险的交叉,因此本书单独将个人责任保险作为一个章节进行介绍。

早在20世纪30年代,欧美国家就开办了个人责任保险,由于西方国家强调私有财产神圣不可侵犯和个人价值,相应地使个人责任风险日益扩大,人们投保个人责任险的需求也日益高涨,且责任范围逐渐由住宅内扩展到住宅外的个人一切日常活动乃至专业工作。因此,个人责任保险在西方国家发展迅速,特别是在德国,它已成为德国责任保险市场的重要业务来源。在我国,个人责任风险客观存在,不过个人责任保险起步较晚,尚未形成规模,但近年来已经在非机动车第三者责任保险、家庭雇佣责任保险、动物饲养责任保险、监护人责任保险等业务领域取得了一些突破。

第二节 个人责任保险主要险种

个人责任保险作为一项保险业务,可以由若干个具体险种组成。在西方国家,个人责任保险险种大部分是独立险种,而在国内,前几年大部分保险公司则将该险种作为家庭财产保险的附加险,进行打包销售。但近几年来,随着个人风险和保险意识的提升,市场需求不断涌现,各保险公司相继推出了一系列独立的个人责任保险产品。目前市场上主要的个人责任保险产品有以下几种:

一、个人综合责任保险

个人综合责任保险是以被保险人因过失造成第三者的人身伤亡或财产损失,依法应由被保险人承担的赔偿责任为保险标的的保险。

(一)个人综合责任保险的保险责任

个人综合责任保险主要承保在保险期间内,被保险人因过失造成第三者人身伤亡或财产损失,依法应由被保险人承担的经济赔偿责任及保险事故发生后产生的法律费用和其他必要、合理费用。

(二)个人综合责任保险的除外责任

除一般不可抗力、精神损害、间接损失等除外责任外,个人综合责任保险的除外责任还包括:

1. 被保险人或其家庭成员从事职业、职务行为,或为他人提供商业性质的服务时造成第三者人身伤亡和财产损失;
2. 被保险人或其家庭成员在精神错乱、智障状态下所造成的第三者人身伤亡或财产损失;
3. 被保险人或其家庭成员、家政服务人员的人身伤亡和财产损失;
4. 被保险人因家庭成员的行为导致的任何赔偿责任;
5. 因被保险人所雇佣的家政服务人员引起的任何赔偿责任;
6. 被保险人或其家庭成员所拥有、照管的动物造成的人身伤亡或财产损失;
7. 被保险人因拥有或使用各种机动车、船及飞行器导致的损失和责任;
8. 任何类型的传染病导致的损失和责任。

二、居家责任保险

居家责任保险是以被保险人或其家庭成员在保险单载明的被保险人住址内,因过失造成第三者人身伤亡或财产损失,依法应由被保险人承担的赔偿责任为保险标的的保险。

(一)保险责任

居家责任保险主要承保在保险期间内,被保险人或其家庭成员在保险单载明的被保险人住址内,因过失造成第三者人身伤亡或财产损失,依法应由被保险人承担的赔偿责任及保险事故发生后产生的法律费用和其他必要、合理费用和法律费用。

(二)除外责任

除一般除外责任外,居家责任保险的除外责任还包括:

1. 被保险人或其家庭成员从事职业、职务行为,或为他人提供商业性质的服务时造成的第三者人身伤亡和财产损失;
2. 被保险人或其家庭成员在精神错乱、智障状态下所造成的第三者人身伤亡或财产损失;
3. 被保险人或其家庭成员、家政服务人员的人身伤亡和财产损失;
4. 因被保险人所雇佣的家政服务人员引起的任何赔偿责任;

5. 被保险人或其家庭成员所拥有、照管的动物造成的人身伤亡或财产损失；
6. 被保险人或其家庭成员因拥有或使用各种机动车、船及飞行器导致的损失和责任；
7. 任何类型的传染病导致的损失和责任。

三、家庭雇佣责任保险

家庭雇佣责任保险是以被保险人雇佣的家政服务人员因从事被保险人的家务工作而遭受意外，所致人身伤亡，依法应由被保险人承担的经济赔偿责任为保险标的保险。凡是年满16周岁至65周岁、由被保险人雇佣从事其家务工作的人员均可作为该保险的保险对象。

（一）家庭雇佣责任保险的保险责任

家庭雇佣责任保险主要承保在保险期间内，被保险人雇佣的家政服务人员因从事被保险人的家务工作而遭受意外，所致人身伤亡，依法应由被保险人承担的经济赔偿责任及保险事故发生后产生的法律费用和其他必要、合理费用和法律费用。

（二）家庭雇佣责任保险的除外责任

除一般除外责任外，家庭雇佣责任保险的除外责任主要还包括：
1. 家政服务人员为被保险人生产或经营性质的工作提供服务导致的人身伤亡；
2. 被保险人或其家庭成员在精神错乱、智障状态下所造成的家政人员人身伤亡；
3. 家政服务人员由于疾病、分娩、流产以及因此而施行内外科手术所致的人身伤亡；
4. 家政服务人员自残、自杀、从事违法行为所致的人身伤亡；
5. 家政服务人员因酒精或药剂的影响所发生的人身伤亡；
6. 家政人员使用各种机动车、船及飞行器导致的人身伤亡；
7. 任何类型的传染病导致的损失和责任；
8. 在中国人民共和国境外发生的家政服务人员的人身伤亡。

（三）家庭雇佣责任保险的附加险

目前我国保险市场上，家庭雇佣责任保险的附加险主要有两个：
1. 附加家政服务人员第三者责任保险。该附加险主要承保在保险期间内，从事被保险人的家政服务工作时，由于过失造成第三者人身伤亡或财产损失，依法应由被保险人承担的经济赔偿责任。
2. 附加家政服务人员忠诚保险。该附加险主要承保在保险期间内，因被保险人所雇家政服务人员在雇佣期间内的欺骗、偷窃、盗抢行为而导致被保险人遭受的家庭财产损失，并由被保险人在保险期间或者保险期间届满次日零时起3个月内提起索赔，或者因家政服务人员违法、犯罪或恶意破坏行为导致被保险人家庭住址内发生火灾、爆炸而造成的被保险人家庭财产的损失。

四、动物饲养责任保险

动物饲养责任保险是以被保险人饲养或管理的动物造成第三者人身伤亡或财产损失，依法应由被保险人承担的赔偿责任为保险标的的保险。

《侵权责任法》第十章共七条对饲养动物损害责任作了较为全面、细致的阐述和规定，其侵权损害责任归责原则适用过错推定归责原则和无过错归责原则。例如，第78条规定，"饲养的动物造成他人损害的，动物饲养人或者管理人应当承担侵权责任"，该条采用的是无过错归责原则；再如，第81条规定，"动物园的动物造成他人损害的，动物园应当承担侵权责任,但能够证明尽到管理职责的,不承担责任",该条明确适用过错推定归责原则。

(一)动物饲养责任保险的保险责任

动物饲养责任保险主要承保在保险单明细表列明的保险期间和承保区域范围内,被保险人饲养或管理的动物造成第三者人身伤亡或财产损失,依法应由被保险人承担的赔偿责任及保险事故发生后产生的法律费用和其他必要、合理费用和法律费用。

(二)动物饲养责任保险的除外责任

除一般除外责任外,动物饲养责任保险的除外主要有以下几个方面:

1. 被保险人的故意行为造成的损害;
2. 被保险人及其家庭成员或其雇员的人身伤亡、所有或代管的财产的损失;
3. 被保险人在保险合同终止3年后提出的索赔请求;
4. 被保险人与他人协议中约定的责任,但不包括没有该协议被保险人仍应承担的责任;
5. 被保险人饲养或管理的动物造成第三者的同类动物的伤害或死亡。

五、监护人责任保险

监护人责任保险是以被保险人的监护对象(被监护人)造成第三者人身伤亡或财产损失,依法应由被保险人承担赔偿责任为保险标的的保险。凡法律上认定的,年龄不满18周岁的无民事行为能力人或限制民事行为能力人都可以作为该保险的保障对象。

《侵权责任法》第32条规定:"无民事行为能力人、限制民事行为能力人造成他人损害的,由监护人承担侵权责任。监护人尽到监护责任的,可减轻其侵权责任。"可见按照《侵权责任法》的规定监护人责任采用的无错责任归责原则。

(一)监护人责任保险的保险责任

监护人责任保险主要承保在保险期限内,由被保险人的监护对象(被监护人)造成第三者人身伤亡或财产损失,依法应由被保险人承担赔偿责任及保险事故发生后产生的法律费用和其他必要、合理费用和法律费用。

(二)监护人责任保险的除外责任

除一般除外责任外,监护人责任保险的除外责任主要有以下几方面:

1. 被保险人或与其共同居住的成年家庭成员对被监护人的教唆;
2. 被保险人及其家庭成员的人身伤亡和财产损失;
3. 被监护人系精神病人所致的赔偿责任。

六、电动自行车第三者责任保险

电动自行车第三者责任保险是以被保险人在使用保险电动自行车过程中发生意外事故,致使第三者遭受人身伤亡或财产直接损毁,依法应当由被保险人承担的经济赔偿责任为保险标的的保险。凡年满16周岁的自然人均可作为该保险的被保险人。

(一)电动自行车第三者责任保险的保险责任

电动自行车第三者责任保险主要承保在保险期间内,被保险人或其年满16周岁的家庭成员在使用保险电动自行车过程中发生意外事故,致使第三者遭受人身伤亡或财产直接损毁,依法应当由被保险人承担的经济赔偿责任及保险事故发生后产生的法律费用和其他必要、合理费用和法律费用。

（二）电动自行车第三者责任保险的除外责任

电动自行车第三者责任保险除外责任主要有以下几个方面：

1. 利用保险电动自行车从事违法活动；
2. 被保险人或其家庭成员饮酒、吸食或注射毒品、被药物麻醉后使用保险电动自行车；
3. 保险电动自行车在竞赛或在营业性维修场所修理期间；
4. 保险电动自行车因私自改装、加装致使整车性能不符合国家规定的标准；
5. 被保险人及其家庭成员的人身伤亡、所有或代管的财产损失；
6. 保险电动自行车上其他人员的人身伤亡或财产损失；
7. 被保险人或其家庭人员的故意行为造成的损失。

第三篇 定价篇

第一章

定价原理

第一节 费率组成

产品定价是否科学会对保险公司经营结果产生关键影响。科学的定价会提高保险公司业务质量和经营效益,是保险公司业务健康发展的基石。反过来,如果产品价格策略与保险公司的经营目标脱节,或者产品定价过程出现重大失误,将直接导致公司制定的各项经营目标难以实现。

保险产品的费率或者说价格由三部分组成:第一部分为风险保费,又称损失成本或纯保费,等于每个风险单位的平均赔付成本;第二部分为费用附加,包含了营业税及附加、保险保障基金、手续费、经营管理费用等多项费用;第三部分为风险与利润附加,用以支付实际损失与期望损失之间的偏差,并为投资者提供合理的利润回报。第一部分与第二部分构成了保险公司所需支付的全部赔款和费用,当定价为这两部分之和时,保险公司不盈不亏,实现了盈亏平衡,所以这两部分构成了盈亏平衡价格。在盈亏平衡价格中,有一部分费用为代理手续费,这部分费用支付给代理人,作为代理人所付出劳务的报酬。扣除代理手续费后,其余部分的费用和赔款构成了保险公司全部内部资源的耗费,因此可称之为保险公司的成本底价。如图 3-1-1 所示。

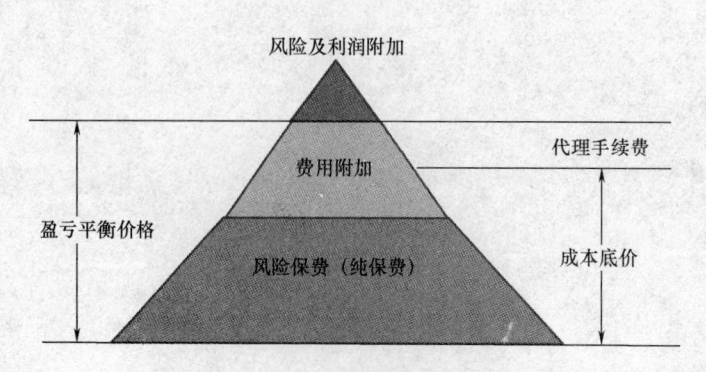

图 3-1-1 保险价格构成图

第一章 定价原理

一、风险保费

(一)含义

风险保费(又称纯保费)是每个风险单位的平均赔付成本。风险保费中不考虑营业费用与利润因素,它代表特定险种特定客户群的实际风险水平。由于受多种风险要素的影响,不同的保险标的一般会有不同的风险保费。以雇主责任保险为例,影响风险水平高低的因素包括行业、雇员人数、地理位置、责任限额、免赔额、免赔率等等。

(二)计算公式

$$风险保费 = 最终损失金额 / 风险单位数$$
$$= (最终损失金额/出险次数) \times (出险次数/风险单位数)$$
$$= 案均赔款 \times 出险频率$$

案均赔款为所发生案件的平均赔款,因此用损失金额除以出险次数,出险频率是单位风险的出险次数,因此用出险次数除以风险单位数。

(三)最终损失和风险单位的确定

1. 风险单位的确定。风险单位是费率厘定的基本单位。以雇主责任险为例,通常以被保险人的职工工资总额作为该险种的风险单位。保险人选择风险单位必须遵守以下四项原则:

(1)合理性。风险单位必须是对标的损失风险的准确度量。

(2)易于确定。风险单位必须方便保险人与被保险人进行确定。

(3)反映变化。风险单位必须及时、准确地反映标的潜在的损失变化的情况。

(4)历史经验。风险单位的选择必须从历史经验出发。

2. 最终损失的确定。从风险保费的计算公式可以看出,预测最终损失是非寿险费率厘定的基础工作之一,对最终损失的预测一般建立在历史统计数据的基础上。

$$最终损失 = 已决赔款 + 未决赔款$$
$$= 已决赔款 + (已发生已报告未决赔款 + 已发生未报告未决赔款)$$

对于已发生已报告未决赔款和已发生未报告未决赔款,在预测过程中需要分别考虑损失进展和损失趋势,利用进展因子和趋势因子对某一事故年发生的损失在最近一个评估日的数据进行调整,从而得到预测的最终损失。

(四)为什么要分别考虑出险频率和案均赔款

计算风险保费时,将出险频率与案均赔款分开来考虑是非常必要的,主要原因在于,影响出险频率与案均赔款的因素各不相同。此外,在保单中引入免赔额和超赔再保险时,必须要弄清楚案均赔款的分布情况。

导致案均赔款具有上涨趋势的因素有通货膨胀、判决赔付的增长以及医疗费用的增加等等,而这些因素一般不会影响出险频率。

一些因素会对出险频率带来影响。例如,如果法院作出某项判决认定被保险人可以进行某项索赔,则将直接导致出险频率的增加。又如,实施严禁酒后驾车的法规可以减少机动车辆的出险频率。

要分别考虑这些不同因素对风险水平的影响,就必须将出险频率与案均赔款分开计算,最后得到风险保费的估计。

(五)实务操作

测算风险保费的主要依据是历史赔付数据,但在实务操作中,有大量的定价工作针对新开发产品展开,而新开发产品往往没有历史数据可供测算使用,那么新开发产品的风险保费如何确定呢? 我们通常有五种办法。

1. 参考类似产品的数据。通过保险责任的比较,找到公司现有产品库中与新产品责任类似的产品,利用类似产品的数据进行分析,并对分析结果根据责任差异进行合理化调整从而获得新产品的风险保费。

2. 参考其他公司的数据。

3. 参考行业数据。

4. 参考国外数据。

5. 依靠经验。

值得注意的是,采用以上方法定出的产品风险保费后仍然需要定期跟踪测算,对结果进行修正,等到该产品积累到足够的数据后再采用历史数据进行测算。

二、费用附加

(一)费用构成

费用附加可细分为保险保障基金、营业税及附加、代理手续费/佣金、业务经营管理费、保险监管费用等项目。根据费用在保险流程中分布的不同,大致可以把费用区分为理赔费用和承保费用。

1. 理赔费用。理赔费用是为了确定保险责任范围内的损失所支付的受损标的的检验、估价、出售的合理费用,如查勘费、公证费用、律师费用等等。我国《保险法》第48条规定:"保险人、被保险人为查明和确定保险事故的性质、原因和保险标的的损失程度所支付的必要的、合理的费用,由保险人承担。"理赔费用又可以分为直接理赔费用(ALAE)和间接理赔配用(ULAE)。直接理赔费用是指可明确归属于某一赔案的理赔费用,例如某一火灾损失的公证费用,根据《保险公司会计制度》规定,发生的理赔查勘费等直接理赔费用在"赔款支出"列账核算。这些费用是案件发生后为处理赔案而发生的,与案件密不可分,应视为损失成本的一部分。间接理赔费用则指无法归属于特定赔案的理赔费用,例如许多公司聘有法律顾问,以便理赔发生纠纷时可供咨询,其每月定额支付的律师顾问费因无法归属于任一赔案,故属于间接理赔费用。因此,我们在费用附加中所讨论的理赔费用属于间接理赔费用,直接理赔费用应被纳入赔款中而成为风险保费的一部分。

2. 承保费用。承保费用是指为出售保单而发生的费用。大致包括下列几项:

(1)佣金和手续费。我国《保险法》规定向保险经纪人支付的费用为佣金,向保险代理人支付的费用为手续费。佣金和手续费通常是保险费的固定比率。受到市场竞争环境等多种因素的影响,不同类型产品的手续费率往往存在显著差异。比如,航意险、建意险等效益型险种,市场上手续费的水平往往超过了20%,部分地区航意险的手续费率甚至高达80%。

(2)业务管理费用。此项费用是公司用以营运的费用,包括员工工资、办公室租金、水电费、保险单印制费等。

(3)其他获得费用。这是指除佣金以外,为获得业务所花费的其他费用,如广告费用、宣传费用等。此费用和佣金一起构成保险的"人工成本"。

(4)营业税、保险保障基金与年费。该项费用是指保险公司上缴政府各相关部门的费用、营业税以及缴纳给行业协会的会费，缴纳给监管部门的监管费，或征收的保险业务发展基金等。

承保费用按照是否直接与保费收入或承保数量相关分为直接承保费用和间接承保费用。直接承保费用中含有如手续费、保险保障基金、营业税等，这类费用按照保费的一定比例收取，还含有如保单印制费、印花税等与保单出单数量直接相关的费用。间接承保费用无法与承保保单相关，诸如工资、职场租金、杂项开支(如招待费)等。

(二)费用分配

直接承保费用和直接理赔费用基本构成了直接营业费用，间接承保费用和间接理赔费用基本构成了间接营业费用。直接营业费用比较明确，可以没有异议地归集到产品、险种或部门上。间接营业费用则存在着不确定性。因此，保险公司在会计核算上最大化地明确直接营业费用，可以减少间接营业费用的不确定性造成的影响。那么如何合理地将间接营业费用分摊到不同的险种是一个难题。在实务操作中，有几种分配标准：

1. 按员工工资金额分配。依据上个月或截至上月累积或全年的工资支出金额比例予以分摊。这种方式以员工工资反映贡献水平，实现了间接理赔费用在各员工上的归属，从而实现在各部门的归属。例如，2005年初某部门的工资总额占全公司工资总额的21%，则分摊到间接营业费用的21%。

2. 按员工数量分配。按员工数量计算采用的方法有：各部门在月初日或年初日的人数；各部门每月或者每年的平均人数；各部门实际在职人员与在职日数的乘积数。这种方式以员工人数反映贡献水平，一个部门的人员数量越多，承担的费用份额也越大。

3. 按直接营业费用的比例分配。将间接费用按照各部门实际发生的直接费用的比例进行分摊。假如某部门每年发生的直接费用为30万元，占公司直接费用总额的20%，那么间接费用就以20%的比例分摊到该部门。

4. 按场所使用面积分配。以被归集功能使用场所的面积作为分配标准。根据被分摊费用的性质，在"面积"的基础上，按地区、楼层、装修等不同指标作不同权数的计算。公共事业费、房租费、办公大楼折旧费可以此来分配。

5. 按保费收入的比率分配。这里的保费收入是指期初应收保费加上本期保费收入的总和。这种方式较为粗略。这里之所以考虑应收保费，是因为虽然这部分业务还未形成保费收入，但保险合同已经生效，保险公司已经开始承担保险责任，需要对这部分保险责任分摊相应的费用。

6. 专案分析。支付时依据业务关系的重要性作个别判断分摊。案件的费用归属很简明时，可以对专案进行分析。

7. 按工时分配。当一人处理多项工作时，对工作时间、工作内容予以记录，再根据各种工作内容所占时间比重进行分摊。这种方式主要应用于由服务部门产生的费用如何在产品线之间进行分摊。这种分摊方法很明确，归属明晰。但在实务操作中存在一定弊端，一种弊端是需要耗费相关部门过多时间和人力，另一种弊端是易受个人主观判断影响。

上述不同的分配方法适用于不同的费用，应根据实际情况加以选用，以简洁方便为原则。事实上，各公司在费用分配时都可能有各自的标准，视具体情况选择适合自己公司的分配方法。

三、风险及利润附加

(一)风险附加

因为保险公司承保的风险不是固定的常数,而是一个随机变量,损失是否发生、何时发生、发生的大小都是不确定的,风险在未来的情况并不一定等于其期望值,只有附加一定的风险附加费,保险费才能应付未来索赔损失的随机波动。风险附加是考虑到实际损失和期望损失可能产生的差异所造成风险保费估计不足,对风险保费留出的额外附加(也称为安全附加)。具体的风险附加的大小,与损失分布情况以及保险公司的初始准备金等相关。

(二)利润附加

1. 含义。利润附加是公司对该险种的利润预期。它也是保险费率中的必要项目,主要用于对投资人提供的资金予以合理的报酬以及用于公司未来成长。在利润附加成分中,我们一般要考虑保险人拥有的资本数额以及资金回报率要求。在实际经营过程中,若保险人收取的保险费超过了索赔损失与费用支出,则保险人获得承保利润,否则,保险人遭受承保损失。此外,保险人在收入保险费与支付索赔损失及费用支出之间一般存在着时间差,在此期间,保险人将积累的保险基金用于投资,可以获得投资收益。

2. 利润附加如何确定。利润附加确定多少合适,这主要取决于整体经营战略,也就是对产品的定位。针对公司对全局的考虑可采取两种主要的策略:一是不惜成本保持或抢夺市场份额,二是保持盈利能力。因此,当公司对某产品的定位为第一种时,可以把利润率暂时设定为零甚至为负数,在达成预定经营目标后再将利润附加设置成正常值。在第二种定位下,则根据公司的盈利目标确定利润率的大小。

四、保险价格各部分的关系

通过对保险价格不同部分的阐释,我们可以明确保险价格各部分之间的关系,从而了解我们在经营管理中经常使用的几个价格的概念。

(一)保险价格

保险价格即保险费,包含三个部分,即:

$$保险价格 = 纯保费 + 费用附加 + 风险及利润附加$$

(二)盈亏平衡价格

在盈亏平衡价格下,保险公司的盈利为零,即利润率为零。因此,该价格仅涵盖保险公司需要支付的赔款总额和费用总额,用公式表示:

$$盈亏平衡价格 = 纯保费 + 费用附加(含手续费)$$

(三)成本价格

成本的传统含义是生产过程中劳动耗费的货币表现。对于保险公司而言,成本也应该是保险经营过程中劳动耗费的货币表现。在盈亏平衡价格中,有一部分费用为代理手续费,这部分费用支付给代理人,作为代理人所付出劳务的报酬。扣除代理手续费后,其余部分的费用和赔款构成了保险公司全部内部资源的耗费,因此可称之为保险公司的成本底价。

$$成本价格 = 纯保费 + 费用附加(不含手续费)$$

第二节 费率厘定基本方法

一、基准费率厘定

基准费率厘定有两种基本方法:风险保费法和损失率法,下面对这两种方法进行简单的介绍。

(一)风险保费法

采用风险保费法计算出的费率称为指示费率,即能弥补期望索赔损失与费用支出并提供期望利润水平的费率。用公式表示为:

$$R = \frac{P+F}{1-V-Q} \quad (3-1-1)$$

式中:R——每风险单位的指示费率;

P——风险保费;

F——每单位保费的固定费用,固定费用即短期内不随保费的变化而变化的费用;

V——可变费用因子,可变费用因子为可变费用占总保费的比例;

Q——利润因子,利润因子即预期利润率,为预期利润与占总保费的比例。

风险保费 P 的确定是风险保费法的核心,其计算公式为:

$$P = \frac{L}{E} \quad (3-1-2)$$

式中:L——最终损失;

E——已经风险单位。

最终损失是指经验期内的最终损失金额,通常利用流量三角形预测损失的进展,还要考虑损失从经验期到适用期的发展趋势。已经风险单位是指经验期内有效的风险单位数量,通常采用三百六十五分之一法计算。

在测算时一般将风险保费拆为两个指标,即出险频率和案均赔款,用公式表示为:

$$P = \frac{N}{E} \times \frac{L}{N} = F \times S \quad (3-1-3)$$

式中:N——出险次数;

F——出险频率;

S——案均赔款。

出险次数是指经验期内的最终案件数,同样需要考虑案件数量的进展和趋势。出险频率等于出险次数除以已经风险单位,该指标衡量在所有承保的标的中发生索赔的比例。案均赔款等于最终损失除以出险次数,该指标衡量每次索赔的平均金额。从公式(3-1-3)可以看出,将出险频率与案均赔款的分子、分母约掉即为公式(3-1-2),即二者本质完全相同,只是形式上的变换。

在测算风险保费时需要考虑的因素很多,主要包括:损失的进展和趋势,即依据已决赔款预测最终赔款,依据已决件数预测最终件数;产品责任范围、限额结构、免赔方式等方面的变化;业务流程中核保政策、理赔管理的变化;数据质量的影响;等等。

下面举例说明。

测算责任保险的风险保费,经验数据为:已经风险单位为 1 000 000,最终损失为 100 000 万元,出险次数为 10。

根据公式(3-1-2)有：

$$P = \frac{L}{E} = \frac{100\ 000}{1\ 000\ 000} = 0.1$$

根据公式(3-1-3)有：

$$P = \frac{N}{E} \times \frac{L}{N} = \frac{10}{1\ 000\ 000} \times \frac{100\ 000}{10} = 0.1$$

即本例中风险保费为0.1，出险频率为0.000 01，案均赔款为10 000。

(二)损失率法

采用损失率法计算得到的是费率变化量，指示费率可以通过调整因子乘以当前费率得到，调整因子为经验损失率和目标损失率的比值。用公式表示为：

$$R = AR_0 \tag{3-1-4}$$

式中：R——每风险单位的指示费率；

R_0——每风险单位的当前费率；

A——调整因子；

$$A = W/T$$

式中：W——经验损失率；

T——目标损失率。

$$T = \frac{1 - V - Q}{1 + G} \tag{3-1-5}$$

式中：V——可变费用因子；

Q——利润因子；

G——与保费不直接相关的费用与损失之比，即固定费用与损失之比。

目标损失率为满足预期利润率和费用附加前提下损失与保费之比，式(3-1-5)中$1-V-Q$为满足预期利润率和费用附加前提下损失和固定费用占保费的比例，其中的损失占比为$1/(1+G)$。因此，满足预期利润率和费用附加前提下损失与保费之比即为式(3-1-5)表示的形式。

经验损失率为：

$$W = \frac{L}{ER_0} \tag{3-1-6}$$

式中：L——经验损失；

E——已经风险单位；

R_0——每风险单位的当前费率。

由式(3-1-4)、式(3-1-5)、式(3-1-6)可得：

$$A = \frac{L(1+G)}{ER_0(1-V-Q)}$$

则：

$$R = \frac{L(1+G)}{E(1-V-Q)} \tag{3-1-7}$$

下面举例说明。

测算产品责任险费率需要调整的幅度，经验数据为：产品责任险经验赔付率为90%，目标赔付率为65%。

调整因子$A = W/T = 90\%/65\% = 1.38$，即产品责任险保费应当上调38%，才能实现目标赔付率水平。

(三) 风险保费法与损失率法的内在关系

如果对相同的经验数据采用同样的假设,那么从下面的推导可以看出采用风险保费法和损失率法将得到一致的结果。

损失率法中经验损失为 L,而风险保费法则建立在经验风险保费 P 的基础之上。根据式(3-1-2)风险保费可写为:

$$L = P \times E \qquad (3-1-8)$$

损失率法中的 G 是与保费不直接相关的费用和损失之比,在风险保费法中,则以风险单位为计算这些费用的基础,这一关系可表示为:

$$G = \frac{E \times F}{L} = \frac{E \times F}{E \times P} = \frac{F}{P} \qquad (3-1-9)$$

将式(3-1-8)与式(3-1-9)的表达式代入式(3-1-7)可得:

$$R = \frac{P \times E(1 + \frac{F}{P})}{E(1 - V - Q)}$$

整理可得:

$$R = \frac{P + F}{1 - V - Q} \qquad (3-1-10)$$

即为风险保费法下得到的指示费率。通过以上推导可以看出,采用两种方法在一定条件下其结果是一致的。风险保费法和损失率法从技术的层面看具有相同性,其计算的结果也可能是相同的,但它们对于数据环境的要求是不同的。因此,在不同的条件下,应采用不同的定价方法:

1. 风险保费法建立在每个风险单位的损失基础之上,它需要严格地定义风险单位,如果风险单位不易认定,或风险单位之间有差异,则风险保费法不适用。

2. 损失率法是通过对当前费率进行调整实现定价的,它需要当前费率和保费历史记录。因此,损失率法不能用于新业务的定价。对于新业务,如果存在相关的损失统计数据,则可以采用风险保费法定价。

3. 当前费率难以计算时,风险保费法更为适用。对于某些险种,如大型商业风险,对每张保单进行个体风险定价,因此很难确定损失率法需要的当前费率,在这种情况下采用风险保费法更为合适。

二、级别费率厘定

在定价过程中,级别费率的设计是一个关键。费率表中一般将费率分为几个级别,而各费率等级又可细分为几个次级。这些级别往往是根据各种风险影响因素决定的,如车险可以按照客户群分为几个级别,在每个客户群中又可依据座位数、吨位数等进行细分。此外,地区也是影响车险风险的重要因素,还可以将地区作为划分费率等级的标准。

确定级别费率的关键是确定各级别费率与基础费率之间的相对关系,用相对数来表示,即指示相对数。确定指示相对数的过程与确定基准费率的过程相类似。若采用风险保费法,则用各级别的风险保费除以基础级别的风险保费就可以得到指示相对数;如果采用损失率法,各级别的均衡满期保费必须调整到基础级别水平上,然后再分别计算经验损失率,各级别的经验损失率除以基础级别的经验损失率就可以得到指示相对数。确定指示相对数之后就可以计算级别费率了。

下面对损失率调整法的应用举例说明，如表3-1-1所示。

表3-1-1 损失率调整法的应用说明

(1)	(2)	(3)	(4)=(3)/(2)	(5)	(6)=(5)/(4)	(7)=(6)/(6.1)
级别	对级别1的当前相对数	均衡满期保费（元）	以级别1计算的均衡满期保费（元）	经验损失与可分配费用（元）	经验损失率	对级别1的指示相对数
1	1.00	14 370 968	14 370 968	11 003 868	0.765 7	1.000 0
2	1.45	9 438 017	6 508 977	6 541 840	1.005 0	1.312 5
3	1.80	8 002 463	4 445 813	5 618 043	1.263 6	1.650 3
合计		31 811 448	25 325 758	23 163 751		

在表3-1-1中，首先采用各个级别的经验损失率除以级别1的经验损失率得到对级别1的当前相对数[第(2)列]，然后通过后面几列的计算可以得到对级别1的指示相对数[第(7)列]，下面可以计算级别费率。

假设当前基础费率为160元，并且运用损失率调整法整体费率应上升10.14%，则指示基础费率为160×1.101 4=176.22元，各级别指示费率变化量为：

级别1：(176.22×1.000 0)/(160×1.000 0)−1=0.101 4

级别2：(176.22×1.312 5)/(160×1.450 0)−1=−0.003 1

级别3：(176.22×1.650 3)/(160×1.800 0)−1=0.009 8

这里存在一个对冲销进行修正的问题。将各级别指示费率变化量分别乘以均衡满期保费可得：

级别1：14 370 968×1.101 4=15 828 184（元）

级别2：9 438 017×0.996 9=9 408 759（元）

级别3：8 002 463×1.009 8=8 080 887（元）

上面三个数字相加为33 317 830元，与当前均衡满期保费31 811 448元相比仅上升了4.74%，小于10.14%的整体费率上升幅度，这两者之间的差异就是冲销。冲销产生的原因是指示级别相对数会产生一个不同于当前费率下得到的平均级别相对数，在本例中，级别1的相对数没有改变，而级别2和级别3的相对数有所下降。

对冲销进行修正的方法是：在指示基础费率上乘以一个冲销因子达到修正指示基础费率的目的。

冲销因子：1.101 4/1.047 4=1.051 6

则修正指示基础费率：176.22×1.051 6=185.31

那么各级别修正指示费率变化量为：

级别1：(185.31×1.000 0)/(160×1.000 0)−1=0.158 2

级别2：(185.31×1.312 5)/(160×1.450 0)−1=0.048 4

级别3：(185.31×1.650 3)/(160×1.800 0)−1=0.061 9

此时得到的均衡满期保费与当前均衡满期保费相比上升了10.14%。将修正基础费率与指示级别相对数相乘即可得到新的费率。

级别1：185.31×1.000 0=185.31（元）

级别 2:185.31 × 1.312 5 = 243.22(元)
级别 3:185.31 × 1.650 3 = 305.82(元)

三、广义线性模型

广义线性模型(GLM)是一种基于风险分类的定价方法,也是目前公认的非寿险产品定价通用的指导性方法。GLM 通过构造包含各种风险要素的定价模型来体现损失因素和损失赔付的各种特性。GLM 的假设、结构以及分布特征这里就不再赘述,下面简单介绍一下 GLM 的特点和定价过程。

(一)特点

从总体看,GLM 既保留了回归理论的优点,又使得模型构建更为现实可行,主要有以下几个特点:一是可以同时考虑所有的定价要素,并对这些要素的相关性以及相互作用进行调整;二是对数据没有特殊要求,可以灵活用于各种情况;三是可以使用 LOGIT 回归和对数线性回归模型对定性变量进行分析;四是可以使非线性回归线性化,允许模型中有多个解释变量,并对解释变量进行向前、向后选取分析;五是参数估计服从大样本正态分布,具有良好的统计性质。

(二)定价过程

一般包括四个步骤:一是预建模分析,即对数据进行收集、整理,对数据进行常规统计处理,如分布分析、方差分析等,并根据分析结果对风险要素进行适当的归类;二是模型迭代,即选择与数据相匹配的模型,通过迭代过程选择模型包含的风险要素,并利用残值等指标对模型进行确认和评估;三是模型优化,即考察模型要素之间是否存在交互影响,如果有交互影响,则需寻找交互项,并对参数估计值进行平滑以及考虑各种制约条件,以增进模型预测的效力;四是结果解释,即分析、比较新模型与原有模型结果的差异。

(三)GLM 与一维分析的比较

GLM 可以剔除各风险要素之间的交互影响,更加真实地反映各要素不同级别之间的风险差异。一维分析是指不考虑各风险要素之间的交互影响,分别分析各要素不同级别之间的风险差异。与 GLM 相比,一维分析的测算过程中存在风险叠加的问题,因此通常会高估风险要素对风险的影响水平。

下面通过一个例子来介绍 GLM 分析结果与一维分析结果的差异。表 3 - 1 - 2 中不同地区不同行业对应的数值为 GLM 的测算结果,合计对应的数值为一维分析的结果。

表 3 - 1 - 2 公众责任险风险保费 (单位:万元)

风险保费	事业单位	化工企业	合计
A 地区	10	11	10.4
B 地区	6	8	6.9
合计	7.5	9	8.1

表 3 - 1 - 3 一维分析的差异率

要素一差异率	事业单位	化工企业	合计
	7.5/8.1 = 0.93	9/8.1 = 1.11	8.1/8.1 = 1.00
要素二差异率	A 地区	B 地区	合计
	10.4/8.1 = 1.28	6.9/8.1 = 0.85	8.1/8.1 = 1.00

◎ 责任保险

如果采用一维分析的结果，A 地区的化工企业的风险保费应当为：
$$8.1 \times 1.28 \times 1.11 = 11.5(万元)$$
而 GLM 方法的风险保费为 11 万元，因此一维分析结果对化工企业的风险水平有所高估。

四、个体风险定价

(一)概述

通过以上方法计算得出的基准费率和级别费率是针对具有特定特征的团体风险收取的平均费率，而个体风险的定价则通过反映个别实体的风险特征来修正平均费率。尤其对于大型商业风险，每个个体的同质性相对较差，但个体规模庞大，其自身的损失经验在一定程度上更具有可信度，因此对其采用个体风险定价的方法可以使价格与个体风险更加匹配。

个体风险定价方法有两种基本类型：未来法和过去法。

(二)未来法

未来法的基本原理是依据过去的损失经验确定将来的风险成本。采用未来法的个体风险定价系统有以下三种类型：

1. 表定费率法。这是鉴于个体的损失概率与其物理特征有着直接关系，根据影响个体标的损失和费用的风险特征对平均费率进行调整的方法，如根据个体标的的消防设施、地理位置等情况调整财产保险费率。需要注意的是表定费率法调整的是标准费率表以外的因素，否则会重复考虑。通常采用上下浮动百分比的形式，使用时结合承保判断，并且必须建立在客观标准之上。

2. 经验费率法。这是对过去的经验数据进行适当修正来预测未来损失的方法。具体做法就是比较前一时期的实际损失和期望损失，加权得到个体当前时期的风险成本。公式为：
$$CD = \left(\frac{A \times Z + E \times (1-Z)}{E}\right) - 1 \qquad (3-1-11)$$

式中：A——实际损失；

E——期望损失；

Z——信度；

CD——费率变化幅度。

实际损失利用经验数据测算，反映个体特征；期望损失最初定价时确定，反映团体特征。信度在 0~1 之间，是与实际损失相对应的权数，信度随着个体规模的增加而增大。

3. 复合费率法。这是对大型的、复杂的风险进行费率厘定的简单方法，将一个复合的风险暴露基准适用于所有的保障。由于每个大型风险都具有自己独特的特征，并且规模庞大，个体经验具有可信度，因此复合费率法中的复合费率完全依据个体经验数据确定。复合费率法的计费基础是审计后的风险暴露，而审计结果要在保单年度结束后才能获得，因此采用复合费率时一般期初预缴保费，期末再以审计后的风险暴露计算最终保费。复合费率法主要用于一揽子保险费率的确定。

(三)过去法

过去法的基本原理是根据当期的实际经验确定当期的最终成本，其最大的特点是事后评价，即在保险期限结束之后，根据过去的实际情况确定并调整保险费。但从计算方法看，追溯法与经验费率厘定法很相似，同样需要考虑期望损失、实际损失和信度。过去法多适用于劳工赔偿险和雇主责任险的费率厘定。

过去法要求投保人在保险期限开始时,先缴纳预付保费。预付保费是对最终保费的估计,可以通过经验费率法确定。在保险期限结束后,保险合同的双方可以按照事先约定的规则和风险损失的实际状况调整保费。而保费的调整不是无限制的,有最低保费与最高保费的规定,即使没有出险,也要缴纳最低保费;即使发生巨灾,也仅缴纳最高保费。

(四)未来法与过去法的比较

与未来法相比,过去法与个体的当前风险特征更为一致,这有利于调动投保人的主观能动性,鼓励他们积极参与风险控制计划,但同时也意味着采用过去法确定的风险成本稳定性较差,不同的年景保费差别会比较大,即使相邻两年的保费也可能会有很大的差距。而且过去法周期较长,一般要在很长时间后才能最终确定风险成本。

第三节 影响定价的主要因素

在保险产品定价过程中,定价最终费率的确定受诸多因素的影响,主要包括:

一、未决赔款

由于风险保费的测算基于对最终损失的预测,因此对未决赔款估计的准确与否直接影响到风险保费的准确程度。

二、历年赔付的变化趋势

由于经验期与保费适用期并不完全重合,因此在预测最终赔款或损失数额时,有必要根据一些趋势如通货膨胀等因素来调整损失数据。

三、保单条件的变化

保单条件的改变,如调整免赔额或赔偿限额、采用新的无赔款优待条款、增减保险责任等,会对出险频率、案均赔款或索赔方式产生影响。一般而言,免赔额对出险频率的影响较大,而对案均赔款的影响较小;赔偿限额对索赔频率的影响较小,而对案均赔款的影响较大。

四、核保政策的变化

承保标准的改变首先会带来业务结构的变化,从而影响该险种的风险特征。如果公司的核保政策变宽松,承保标准降低,可能会扩大业务规模,随之而来的则是高风险业务的比例会提高。从而影响到赔付的发展模式。一般而言,降低承保标准会提高出险频率和案均赔款。同时,公司的损失报案、立案、赔付发展模式都会发生改变,大量的未来赔付将会涌现,而且其发展规律与过去存在差异。尽管很难量化承保标准所带来的影响,但在估计最终损失时应了解承保标准的这种变化,并充分考虑到对最终损失可能产生的影响。

五、理赔管理的变化

由于风险保费的测算是基于未来赔付模式与过去赔付模式相同的假设,因此理赔管理是否变化对基于历史数据测算的风险保费是否准确有重要影响,包括理赔模式的一致性、已发生已报案未决赔款的估计基础及其一致性等。

六、数据质量

由于风险保费是以历史赔付数据为测算依据,因此数据的质量直接决定结果的准确性。

七、公司经营政策

公司经营政策的不同也会对最终费率确定产生影响。如公司在追求业务发展的时候可以接受较低的利润,而在对承保收益有较高要求时它的预期利润会较高。

第二章

责任保险定价

第一节 责任保险定价特点

责任保险的特点在《基础篇》中已作介绍,在此不赘述,以下仅对责任保险定价的特点作简要说明。

一、责任险限额增长因子的调整

(一)概述

责任险的责任限额有各种类型,总体看可以分为两类:单一限额和复合限额。单一限额是指只有一个责任限额的规定,如每人责任限额、每次事故责任限额;复合限额是指不只有一个责任限额的规定,如同时规定每次事故每人责任限额和每次事故累计责任限额、每次事故累计责任险限额和年度累计责任限额。复合限额多用于一次事故可能造成多人发生保险事故或一年可能发生多次事故的险种,可以较好地控制保险人承担的风险。

责任险限额因子是指不同档次限额之间的相对关系,计算公式为:某档次限额的期望成本/基本限额的期望成本。当我们计算出基本限额的费率和各档限额的限额因子时,就可以得出各档次限额的费率。

责任限额与限额因子不是线性关系,即 10 万的限额因子不是 5 万的两倍。从图 3-2-1 限额因子曲线可以看出:限额因子随着责任限额的提高而递增,但增速递减,单位限额的成本是递减的。实际上是因为责任险赔付时并非责任限额承保多少就会赔偿多少,而是要根据损失金额、责任比例等确定最终的赔偿金额,责任限额越高,赔偿金额达到责任限额的可能性就越小,因此不会是倍数关系。

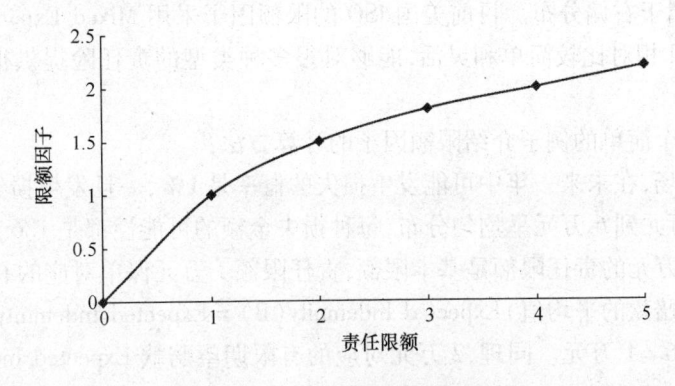

图 3-2-1 责任限额与限额因子

(二) 基本公式

责任限额 L 的限额因子：

$$ILF(L) = \frac{\text{Expected Indemnity}(L) + ALAE(L) + ULAE(L) + RL(L)}{\text{Expected Indemnity}(B) + ALAE(B) + ULAE(B) + RL(B)} \quad (3-2-1)$$

基本公式中包括四部分内容：从左到右依次为赔付成本、直接理赔费用、间接理赔费用、风险附加，赔付成本是最重要的部分，其他三方面内容可以表示为赔付成本的函数。

因此，公式 (3-2-1) 可以简化为：

$$ILF(L) = \frac{\text{Expected Indemnity}(L)}{\text{Expected Indemnity}(B)} \quad (3-2-2)$$

对于赔付成本，有以下两个基本假设：

假设一：频率与案均相互独立，即频率与案均乘积的期望等于频率的期望乘以案均的期望。

假设二：频率与限额相互独立，即购买 10 万限额保单的被保险人与购买 30 万限额保单的被保险人具有相同的出险频率。

因此，公式 (3-2-2) 可以进一步推导：

$$ILF(L) = \frac{\text{Expected Frequency}(L) \times \text{Expected Severity}(L)}{\text{Expected Frequency}(B) \times \text{Expected Severity}(B)}$$

$$= \frac{\text{Expected Severity}(L)}{\text{Expected Severity}(B)} \quad (3-2-3)$$

上述基本公式适用于单一限额，而不适用于复合限额。复合限额因子的计算比单一限额复杂很多，需要考虑频率的分布。一般包括两个步骤：第一步，计算单一限额的限额因子；第二步，考虑多次事故或多个索赔人的影响。

(三) 测算方法

测算时可以采用两种方法：经验数据法和损失分布法。

经验数据法是采用实际的经营数据测算各档责任限额的案均赔款。需要注意以下两点：一是应当采用损失数据而非赔款数据，因为赔款数据已经受投保的责任限额的限制，不能反映真实的风险水平；二是计算高限额的限额因子时剔除低限额保单，避免低限额保单对高限额因子的拉低作用。

损失分布法首先将损失数据拟合为某个连续分布，再通过连续分布计算各限额的限额因子。损失分布法不必受限制于经验数据，可以计算任何限额的限额因子。经常采用的损失分布是 Lognormal、Pareto、Truncated Pareto、Mixed Exponential，这些分布与保险损失的分布是比较一致的，属于右偏分布。目前美国 ISO 的限额因子采用 Mixed Exponential 分布计算，Mixed Exponential 相对比较简单和灵活，能够对很多种类型的责任险提供很好的拟合，如图 3-2-2 所示。

下面通过一个简单的例子介绍限额因子的计算方法：

假设一个商场，在未来一年中可能发生损失的概率是 1%，一旦发生损失，损失金额就像骰子一样，从 1 万元到 6 万元呈均匀分布，每种损失金额的可能性都是 1/6。

我们假设 1 万元的责任限额是基本限额，责任限额 1 万元保单对应的有限期望赔款（即保单限额以下的赔款的平均值）Expected Indemnity(B) = Expected Indemnity(1) = (1+1+1+1+1+1)×1/6 = 1 万元。同理，2 万元对应的有限期望赔款 Expected Indemnity(2 万) = (1+2+2+2+2+2)×1/6 = 1.833 万元。以此类推，Expected Indemnity(3 万) = (1+2+3

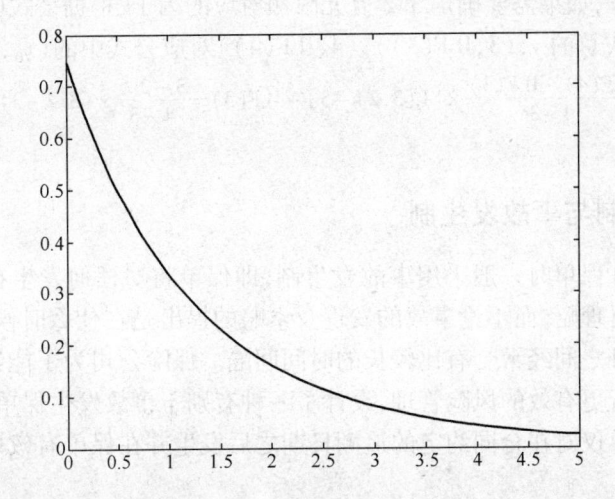

图 3-2-2 Mixed Exponential 分布($p=0.5, \lambda 1=0.5, \lambda 2=1$)

×4)/6 = 2.5 万元, Expected Indemnity(4 万) = 3 万元, Expected Indemnity(5 万) = 3.333 万元, Expected Indemnity(6 万) = 3.5 万元。根据式(3-2-3)我们得到如表 3-2-1 所示的限额因子。

表 3-2-1 限额因子计算结果

限额(L)	Expected Indemnity(L) （万元）	ILF(L)
1 万元	1.00	1.00
2 万元	1.83	1.83
3 万元	2.50	2.50
4 万元	3.00	3.00
5 万元	3.33	3.33
6 万元	3.50	3.50

上表中,Expected Indemnity(L)表示限额为 L 万元时的期望赔款,ILF(L)表示限额为 L 万元时的限额因子,即该限额下的期望赔款与基准期望赔款(例子中是限额为 1 万元)的期望赔款。例如,限额为 2 万元时对应的 ILF(2) = Expected Indemnity(2)/ Expected Indemnity(1) = 1.83/1.00 = 1.83,以此类推。

如果限额的设定不是离散的,而是连续的,实务中可以在每个限额之间采用线性插值的方法近似计算相应的限额因子。线性插值法公式如下：

$$\frac{y-y_0}{x-x_0} = \frac{y_1-y_0}{x_1-x_0} \tag{3-2-4}$$

或者

$$y = \frac{y_1-y_0}{x_1-x_0}(x-x_0) + y_0 \tag{3-2-5}$$

其中,(x_0, y_0),(x_1, y_1)是已知端点,(x, y)为落在两组已知端点中间的未知点。

例如上面的例子,如果需要确定3.2万元限额对应的因子,根据公式(3-2-5),要求的 ILF(3.2)相当于公式总的 y,$(3,\text{ILF}(3))$,$(4,\text{ILF}(4))$ 对应公式中的 (x_0,y_0),(x_1,y_1)：

$$\text{ILF}(3.2) = \frac{\text{ILF}(4) - \text{ILF}(3)}{4-3} \times [L(3.2)-3] + \text{ILF}(3) = \frac{3-2.5}{4-3} \times (3.2-3) + 2.5 = 2.6$$

(3-2-6)

二、期内索赔制与事故发生制

保险产品在设计保单时一般采用事故发生制,即保单将对任何发生在保单期限内的承保范围内的事故进行理赔,而不论事故的发现及索赔的提出是在什么时候。对责任险而言,事故发生日和报告日之间经常会有比较长的时间间隔。保险公司为了能够对这些具有长尾特征的保险业务进行更有效的风险管理,设计了一种有别于事故发生保单的产品,即期内索赔制。期内索赔保单仅对在合同约定的追溯日期之后发生并在保单有效期内提出索赔的损失负责赔偿。

从定价角度考虑,期内索赔制保单与事故发生制保单的主要区别不是保障范围的不同,而在于定价的时点不同。如果赔款有逐年增长的趋势,则事故发生制保单的成本比期内索赔制保单成本要高。在基于相同的赔款增长趋势进行定价时,如果赔款的增长趋势突然发生改变,则期内索赔制保单的定价结果更加接近真实值。如果报案模式突然发生改变,期内索赔制保单与事故发生制保单相比,几乎不受影响。

以医疗责任险为例,假设每年各有6笔事故发生,当年报告3个,延迟1年后报告了2个,延迟2年后再报告了1个。经验期报告的案件的终极赔款为10万元,不同报案年案件以每年1万元的速度增长。有如图3-2-3所示报案—延迟年赔款矩阵。

延迟年\报案年	经验期	预测期(j) 1	2	3
0	3×10=30	3×11=33	36	39
1	2×10=20	2×11=22	24	26
2	1×10=10	1×11=11	12	13

图3-2-3 报案—延迟年赔款矩阵

则,下一年($j=1$)事故发生制保单的损失成本为:报案年1当年发生当年报案的33万元、报案年2报案的上年案件24万元、报案年3报案的前年案件13万元,合计33+24+13=70万元,即矩阵主对角线上的值之和。期内索赔制保单的损失成本为报案年1的赔款合计:33+22+11=66万元,即矩阵第一列之和。可见,期内索赔制的损失成本比事故发生制的损失成本要低。

第二节 责任保险主要险种定价

一、公众责任保险

公众责任保险的费率受多种风险因素影响。要正确厘定费率,首先要正确识别哪些是影响风险的相关因素,发现不同影响因素与风险大小之间不同的相关关系。总体来说,不同行业之间存在风险差别较大,但行业之间的差别对风险程度的影响并不是绝对的,还需要看这个行业与社会公众接触程度的大小,与其地理位置、管理方式等都有关系。

根据公众责任风险的特点,除考虑责任限额和免赔额因素外,保险人在厘定费率时,还应考虑下列因素:

1. 保险人的业务性质产生损害赔偿的可能性的大小;
2. 被保险人的风险类型;
3. 被保险人的管理水平与管理效果;
4. 被保险人以往事故和赔偿记录;
5. 承保区域范围的大小;
6. 司法管辖范围等。

二、雇主责任保险

雇主责任保险的保险费一般按年度费率收取。费率通常根据被保险人的工资总额、工作地址、行业性质、风险程度以及被保险人选定的赔偿限额来确定。

由于雇员从事工种的危险程度不同,对于不同工作类别或不同工作的费率厘定也各不相同。一般而言,从事危险行业的雇员,费率较高;从事一般工作的雇员,费率中等;办公室职员和做文秘工作的雇员,费率最低。

三、产品责任保险

产品责任保险承保的标的是各种不同类型的产品,产品的多样化和危险程度的差异性要求保险人对不同的产品制定不同的费率。费率一般是根据产品种类、销售区域并在研究所有的承保资料后厘定。因此,在费率厘定时,保险人应考虑以下因素:

1. 产品的特点和可能对人体或财产造成损害的风险大小。不同产品对人体或财产造成损害的风险不同,药品对人体的伤害比服装要大、波及面也广,因而在其他承保条件相同或近似的情况下,药品的费率比服装高。
2. 产品的数量。产品责任保险保险费是根据产品预计的年销售总额,而不是保单规定的责任限额计算。如果销售额大,表明产品多,出险的可能就大,因此应该多收保费。
3. 承保的地区范围,即承保产品销售区域的大小。一方面,承保的地区范围大,风险也大,费率就高,如世界范围内出口销售的产品就比只在国内销售的产品责任范围大;另一方面,承保销往产品责任严格的国家或地区,则比其他国家或地区风险大,因为这些国家或地区的索赔金高,且实行绝对责任制原则,故费率较高。

四、职业责任保险

保险费率的确定,是职业保险中十分复杂且重要的问题。各种职业都有其自身的风险特点,从而也需要不同的费率。从总体上讲,厘定职业责任保险的费率或收取职业责任保险的保险费,应着重考虑以下因素:

1. 职业类别。这是指被保险人及其雇员所从事的专业技术工作。
2. 工作场所。这是指被保险人从事职业技术工作的所在区域。
3. 业务数量。这是指被保险人在保险期间内提供专业技术服务的数量、服务对象的多寡等。

4. 被保险人单位的性质,如营利性或非营利性等。
5. 被保险人及其雇员的专业技术水平。
6. 被保险人及其雇员的工作责任心和个人品质。
7. 被保险人职业责任事故的历史统计资料及索赔、理赔情况。
8. 赔偿限额、免赔额及其他承保条件。

五、核保经验系数

定价时,除了确定基准费率之外,还可以根据核保人的经验对基准费率进行调整。对基准费率进行调整的系数统称为核保经验系数。

核保经验系数的使用方法为:以核保经验系数乘以按照费率表其他因素确定的保费计算最终应收取的保费数。核保人确定核保经验系数时,主要参考因素包括:

1. 风险管理。这主要从风险管理规章制度、防灾防损设施、安全教育培训等方面衡量。
2. 行业性质。行业的危险程度越高,社会影响面越大,可能的风险越高。
3. 企业规模。从企业的营业金额、人员数量、分支机构等方面衡量。对于相同的责任限额,企业规模越大,风险越高,对应的费率水平也应提高。
4. 索赔基础。保险人"索赔发生式"承保,通常比"事故发生式"承担的风险低。
5. 责任限额。其他因素相同的情况下,参与计费的责任限额越高,保险人赔偿满责任限额的可能性越低,费率水平可适当降低。
6. 免赔额。免赔额越高,保险人承担的风险越低,费率可适当下调。
7. 区域范围。其他因素不变的情况下,通常风险大小为:"包括美加的世界范围"大于"除美加外的世界范围(也可列明国家/地区)"大于"中华人民共和国(不含港澳台)"。
8. 法律环境。大陆法系和英美法系国家法律环境区别较大。在国内,法官基于"公平原则"及"自由裁量权"等作出的判决习惯,直接影响保险人承担的风险程度。
9. 社会风气。承保区域内的自然人、法人等的"好讼"程度、纠纷调解习惯等,对保险人承担的赔付风险具有较大影响。
10. 自然环境。这主要从地质条件、自然灾害发生频度及程度等方面考虑。
11. 损失经验。根据投保人/被保险人历史损失经验衡量其风险水平。历史赔付率高的风险水平较高,历史赔付率低的风险水平较低。
12. 续保优惠。续保业务在展业、核保等环节费用较低,因此可以给予一定的费率优惠。
13. 业务渠道。经纪人、代理人业务需要支付一定比例的中介费用,因此费率应高于直接业务。
14. 通货膨胀及居民收入系数。通货膨胀及居民收入水平的提高对被保险人承担的侵权赔偿责任会产生直接影响,在通胀严重的地区应适当提高费率。

第四篇　承保篇

责任保险承保工作的基本目标就是为保险公司安排一个安全和盈利的业务分布与组合,通过识别和评估风险,作出合理的风险定价,避免承接不合理的风险。承保涉及的工作范围非常广泛,除去核保工作之外,至少还包括市场营销、合规、财会、再保险、信息技术等环节。本书的承保篇主要仅限于核保环节及其紧密相关的部分其他内容。

第一章

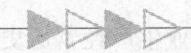

公众责任保险

公众责任险是以被保险人在经营过程中造成第三者损害,而依法应承担的经济赔偿责任为保险标的的保险。公众责任险广义产品体系包括很多产品,包括(场所)公众责任保险、供电责任保险、物业管理责任保险、吊装责任保险、保安公司责任保险等。其中,按照狭义公众责任险的概念,公众责任险主要是指固定场所的第三者责任保险,该类业务也是广义公众责任险中最重要的一类。广义公众责任险风险计量的依据主要是反映被保险人营业活动量或其他风险活动量的数据,如销售收入、产品数量、货物运输量、营业场所面积、座位数量、人数等(但场所责任险并没用采用此类风险计量依据,详见下文)。

狭义的公众责任险即场所责任保险,承保固定场所(包括房屋、建筑物及其设备、装置等)因存在结构上的缺陷或管理不善,或被保险人在被保险场所内进行生产经营活动时因疏忽发生意外事故,造成他人人身伤亡或财产损失的经济赔偿责任,以及经保险人认可的由此产生的诉讼费用。

第一节　风险调查与评估

一、风险调查

1. 被保险人营业场所。公众责任险主要承保的就是场所责任风险,保险人应当关心拟承保营业场所的地址,而不只是投保人/被保险人的注册地址。若客户打算投保对外营业的场所有多个,一般应逐个了解其情况。若各投保场所风险情况差别较大,还应当根据具体情况考虑分别制定承保条件。同样类型的营业场所,一般来说营业面积,尤其是对外开放的公共营业面积越大,其公众责任风险越高。很多地区性公众责任险业务和国外的公众责任险业务,其保险费测算与营业面积是直接相关的。

2. 投保区域范围。投保区域范围大多数情况下与被保险人营业场所有紧密的对应关系。但也有的时候,客户会提出较大的投保区域范围。这一项目关系到保险人承担赔偿责任的地域范围,在向投保人了解时必须做到尽可能详细、具体。某些有特殊营业性质的被保险人,如送外卖的餐饮业,设有外派维修点的企业等,他们对地域范围可能有扩展的要求,如扩展至某一城市甚至更大范围。有些客户的营业性质,如果扩展承保区域范围,可能风险较高。如保洁、维修、安装、园林管理等行业,如果扩展承保区域至较大的范围(如某市市区),承保风险会明显较指定的有限区域高。这种情况下,制定承保条件时就必须充分考虑保费充足率的问题。

3. 被保险人营业性质。核保人员应根据被保险人申报的实际生产经营内容,划定其应当归属的费率表档次。但在同类营业性质中,根据具体情况,也会有较大的风险差异。例如,同样是写字楼,由一家公司单独作为办公大楼使用,风险相对较低;而通过物业或租赁公司大量出租给第三方使用,风险会显著提高。

如果拟承保的是环境污染责任险,应注意收集企业生产经营历史、生产工艺、主要设备、涉及的危险品类别、地理位置、周边情况,以及排污许可证等相关行政审批证件。

除以上三点外,风险调查所需收集的资料是风险评估的重要依据。

收集风险调查资料应掌握的原则是尽量收集与风险有关的全部资料,资料越全,承保条件的拟订就越客观。

二、风险评估

1. 经营业务种类。费率表是风险评估的重要标准,在费率表中列明了的业务种类,即可依据费率表执行;未列明的业务种类,一般可以根据风险实际情况,参照列明的业务种类处理;特殊场所应当每次承保时专门制订承保条件,如大型演唱会(专场演出)、运动会、飞行表演等。

承保环境污染责任险时,承保人员还应尽量到现场进行风险评估,并应向企业管理和技术人员了解主要生产工艺流程、装备情况、应急设置及预案等。如确不具备条件,也应在采集及分析现场照片或视频、记录相关情况后进行核保。垃圾填埋厂、污水处理企业、光伏产品制造企业、以有剧毒特性危险化学品为原料的加工、制造业等类型的企业环境污染责任风险非常高,承保时需格外谨慎,原则上必须实施现场评估。

2. 被保险人或其聘用的管理者的管理水平。这是影响保险人承保与否及承保条件的重要因素。一般地,以下各类经营管理者的风险水平是依次序上升的:第一,国际著名的管理集团;第二,国内知名的管理集团;第三,一般的物业管理人;第四,无物业管理的大型企业;第五,无物业管理的中小企业;第六,小型私营企业、个体工商户,其管理水平较低,风险较大。对于个体工商户一般不宜承保公众责任险。

3. 投保场所及周围环境。这主要考虑:第一,周围人员密集度:场所周围人员越稠密的其风险越大;第二,进出场所的人员数量及来源(年龄、国籍等);第三,可能造成保险事故的服务和设施:如舞厅、游泳池、桑拿以及游乐设施等;第四,投保场所的营业规模:投保场所的营业面积越大,对外营业额越高,一般来说其风险就越高。

承保环境污染责任险时,对企业周围环境的评估非常重要,应详细分析企业周边的人口密度、投保地址距离水源的距离、附近水域的下游是否涉及水源或水库、当地风向、洪水水位、是否处于泄洪区或蓄洪区、是否处于山区、是否有发生泥石流的风险、是否处于生态保护区附近、周边地下水水位等。

4.保险地点的安全设施及应急抢救手段如何。在保险地点或被保险单位范围内应考虑：第一，有无消防装置，数量、种类、分布、使用等情况如何；第二，有无厂内消防队，职工防火训练、水源供应、24 小时安全监控情况如何；第三，是否拥有医疗救护人员；第四，风险水平较高、可能引发巨灾风险的单位，应注意了解其有无应急风险预案。

5.与周围消防、医院距离远近程度如何。

6.与投保行业有关的民事损害赔偿责任的法律规定有哪些。

7.被保险人以往事故记录。这包括责任次数、时间、原因、损害后果及处理情况，有否被其他保险公司因记录不好而注销保单。在承保道路客运承运人责任险和校园方责任险时，承保风险的地区间差异较大，但同一地区的同类业务的风险水平非常接近，可以采用本地区同类业务的以往赔付平均水平作为承保的重要依据。其中，承保道路客运承运人责任险时，对投保车辆数量较多的企业，可以以企业自身的以往赔付记录为主，参考当地同类企业的平均风险水平，作为风险评估的依据。

供电责任险和物业责任险等险种，风险的地区差异很大，且出险率非常高。如投保企业的以往承保、赔付记录明确且可信，可直接采用其以往赔付记录作为风险评估主要依据。

8.责任限额的高低和免赔额。

9.被保险人有无健全的安全生产制度并予以落实，防灾防损情况如何。

10.被保险人是否有其他特殊保障要求。

第二节 风险控制

一、控制逆选择

公众责任险中的逆选择，往往出现在历史曾多次发生风险事故的投保人身上，这些投保人或者第一次投保，或者属于从其他保险公司转保。因此，要仔细询问投保人历史是否发生赔付或相关风险事故，要求投保人盖章确认已如实告知，同时，应通过多种第三方渠道了解该投保人相关风险信息。另外，最简单的办法，是严格按照公司颁布的行业费率表进行审核，一般来讲，费率表中费率越高的行业类别往往赔付的可能性越大，因为它们建立在相关赔付数据及风险评估的基础上。譬如，酒吧、夜总会等娱乐场所因短时间内人群密集且通道不畅导致的风险较高，餐饮企业因使用明火及可能的用电超负荷、地面湿滑或指示不明确等因素导致消费者存在一定的危险。因此，对于该类行业的投保均需考虑是否有逆选择的可能性，在是否承保及费率厘定的环节进行有效风险控制。对不符合承保条件者不予承保，或者有条件地承保（譬如提高每次事故的免赔额，提高费率等）。

二、控制保险责任

一般来说，对于常规风险，保险人通常按照基本条款予以承保，对于一些具有特殊风险的保险标的，保险人需要与投保人充分协商保险条件、免赔数额、责任免除和附加条款等内容后特约承保。

1.限额控制。公众责任险中最需要重点注意的是累计责任限额、每次事故责任限额、每次事故每人人身伤亡责任限额。很多时候客户会要求累计责任限额与每次责任限额一致，但这种方式会加大保险公司承担的风险。一般建议每次责任限额在累计责任限额的50%以下，但实务操作中，很多情况会两者限额一致，这就需要保险公司核保人员评估该投保人每次最大损失可能，据此做出是否承保及费率厘定方案。

每次事故每人人身伤亡限额是重要的控制保险责任的保险事项，按照国家或地方政府规定、地区经济发展情况、人员收入情况等合理制定本限额。如果能控制该限额在每人50万元以下，则属于较为理想的方案。应当注意到，公众责任险的每人限额与雇主责任险的完全不同。在任何情况下，公众责任险的每人限额都不可被作为计算或确定人身赔偿金额的基础，其作用仅限于在人身赔偿金额确定后，用于核定相关保险赔偿额的上限限制。

2. 免赔条件控制。免赔条件一般应按照每次事故设置，至少应当设定针对财产损失的绝对免赔额。也可以同时设定免赔额与免赔率，并约定以高者为准。公众责任险的常规免赔条件设定一般只针对财产损失，而对人身伤亡的相关损失，在特殊情况下也可以考虑设定免赔。如果有可能，可以增设火灾引起的责任事故情况下更高的免赔条件，或者针对投保人历史多次发生事故的项目与投保人协商后单独设置免赔条件。对于小额人身伤亡发生风险较高或损失记录不良的承保对象，可以考虑设定人身伤亡的免赔条件，具体金额和比例需要视业务情况而定。

3. 责任免除控制。保险条款已经规定了相关责任免除事项，必须对投保人进行明确告知，不得随意取消条款中责任免除事项。

4. 扩展责任/附加条款控制。公众责任险中有很多可选择使用的附加条款。尽可能在方案中加入限制性条款，对扩展类条款谨慎扩展，加费承保。特别在游泳池责任等一些扩展性条款中更要加费承保，可视为独立险种单独收费。对扩展客人财产责任条款等条款，必须单独制定扩展责任的限额条件，不能仅适用主险的限额条件。

三、控制人为风险

人为风险包括道德风险和心理风险。

从公众责任险的承保内容来看，投保人投保行为的本身就是为了规避风险，因此投保人以不诚实或故意欺诈的行为促使保险事故发生以便从保险中获得额外利益（即道德风险）的可能性不大。

但需要关注的是投保人的心理风险。投保人有可能会因为投保了公众责任险而粗心大意和漠不关心，以致增加了风险事故发生机会并扩大损失程度。保险人需要根据投保场所的实际情况提醒投保人应注意的风险隐患排查及警示信息公布。从承保的角度，可以通过降低责任限额及提高免赔率的手段进行风险控制。

第三节 承保方案

根据项目的总体风险评估、客户对保险建议书反馈的意见和要求，经过分析，即可为投保人制订出承保方案。一般情况下，保险公司的投保单中的内容已包含承保方案所需要的所有要素。

一、承保方案应包括的内容

1. 投保人名称、地址和电话等。填写投保单位称谓的全称，详细的联系地址、邮政编码电话和传真电话。

2. 被保险人。在一般情况下投保人与被保险人是一致的，当被保险人指定某人或某机构为其代办保险手续时则不一致，但两者不论是否一致，均应填写被保险人的全称。如果被保险人不止一方，应在保单上列出全部被保险人的全称或附表，保险人仅对各自的权益负责。

3. 营业性质。营业性质即被保险人的经营或业务性质，根据实际情况如实填写，以反映出该企业的风险程度及业务种类，便于保险人科学合理地确立费率和确定是否附加一些限制性条件或督促被保险人采取相应措施防范风险。

4. 营业处所地址。营业处所地址是指被保险人从事业务活动的场所地点，如果投保营业处所不止一处，应将各个处所的名称及地址全部详细地填写列明。

5. 投保区域范围。投保区域范围是指保险人承担风险责任的地理范围限制，即责任事故必须发生在投保时保险双方约定的区域范围之内，保险人才予负责。一般都控制在被保险人的营业处所范围之内。填写被保险人营业处所的详细地址或填写"××厂区或××单位内（全称）"。

6. 责任限额及免赔额。

（1）责任限额。公众责任保险责任限额分为每次事故责任限额（包括其中每人责任限额）、累计责任限额两部分，由被保险人根据经营或业务性质、周围地理环境等诸因素所可能导致的赔偿责任风险大小以及实际需要与保险人协商确定，或由被保险人根据保险人在费率表中事先划分的、与业务种类相对应的责任限额档次选择确定投保，并将投保金额填写在相应的栏目内。责任限额的具体确定方法主要有三种：

第一，规定每次事故责任限额，无财产损失和人身伤亡的分项限额，无累计责任限额，只规定其中每人的最高责任限额。

第二，约定每次事故责任限额，并在其项下约定每次事故财产损失和人身伤亡的分项限额，其中人身伤亡限额分项限额项下可再约定每人的最高责任限额，再规定保险期间内累计责任限额。

第三，规定每次事故责任限额及其项下每人的最高责任限额，无财产损失分项限额，并规定保险期间内累计责任限额。

为了控制风险，一般不采用第一种方式，只采用第二、三种方式。确属优质客户，且其强烈要求采用第一种方式的，应在制定承保条件，尤其是核定费率、保费水平时给予充分考虑。

一般情况下每次事故责任限额低于或等于累计事故责任限额，不得高于累计事故责任限额，同时建议结合当地人身赔偿的正常金额，设定第三者每人的最高责任限额。责任限额内应包括法律诉讼费用。

（2）每次事故财产损失免赔额。在公众责任保险中通常只规定每次事故财产损失免赔额，其目的在于提高被保险人加强安全生产经营的责任心，同时减少一些小额索赔，对人身伤亡无免赔额的规定。每次事故财产损失免赔额为每次事故绝对免赔额。

免赔额的确定以承保业务的风险大小为依据，由保险双方商定后填写在相应的栏目内，具体金额可视实际风险情况确定。对特殊风险或高责任限额的业务除规定具体的免赔额外还可同时规定免赔率，两者以高者为准。对以往发生过较多、较重损失，或者有不配合保险进行理赔情况的客户，应当考虑适用高比例免赔。

7. 附加险责任限额。为了满足不同客户的特殊性需要，扩大对客户利益的保障，在公众责任保险条款项下设置了数十个附加险条款,包括客人财产责任条款、游泳池责任条款、出租人责任条款、电梯责任条款、广告及装饰装置责任条款、停车场责任条款、建筑物改动责任条款、锅炉爆炸责任条款、交叉责任条款、车辆装卸责任条款等,这些附加险条款除交叉责任条款外,均可以分别订明各自的责任限额,扩展责任险的附加条款应当加收保险费。

附加险每次事故赔偿分限额的确定方法如下:

(1)附加交叉责任条款为基本险的责任扩展,责任限额与基本险一致,不需另订责任限额和加收保险费,由保险双方根据实际需要协商确定是否扩展该项责任。

(2)其他附加险的保障范围与基本险不同,需单独确定每次事故赔偿分限额,但该分限额仍应掌握在保单规定的每次事故责任限额之内,不是另行计算。分限额的确定应根据被保险人的需求与保险双方在"附加条款费率表"中所列的限额幅度内协商确定。

8. 费率。其包括基本险费率及附加险费率,可体现为统扯费率。

9. 保险费。计算方法如下:

保险费是按累计责任限额(无累计的,按每次事故责任限额)乘以适用费率计收。

(1)基本险如系采用第二、三种方式确定责任限额的,保险费计算公式为:

$$基本险保费 = 累计责任限额 \times 适用费率$$

如系采用第一种方式确定责任限额,保险费计算公式为:

$$基本险保费 = 每次事故责任限额 \times 适用费率$$

(2)附加险的保险费计收以基本险的责任限额为基数,其计算公式为:

$$附加险保费 = 基本险累计责任限额(或每次事故责任限额) \times 适用的保单费率 \times 适用费率百分比$$

(3)不足一年短期保险的保险费按短期费率计收。其计算公式为:

$$短期保费 = 基本险年保险费 \times 短期费率表中规定的百分比$$

如有附加险,其计算公式为:

$$短期保费 = (基本险 + 附加险)年保险费 \times 短期费率表中规定的百分比$$

10. 保险期间。一般以年度为单位,为1年期或不足1年的短期。若投保1年(12个月),应从当年某月某日0时起到次年该月该日前一天的24时止。如果承保的是环境污染责任险,一般采用期内索赔式承保基础,故还应约定追溯期。新保业务的追溯期起始日与保险起期一致,连续续保的业务可追溯至首张保单的保险起期。

11. 备注。主要为特别约定事项,对一些经双方商定认可的事项进行约定。

12. 司法管辖权。一般仅承保"中华人民共和国境内(港澳台除外)",如扩展到世界范围,需非常谨慎承保。

二、其他公众责任险的承保方案制定

(一)道路客运承运人责任险

在制订道路客运承运人责任险承保方案时需重点关注以下信息:

1. 被保险人资质及基本情况。审核投保承运人是否具有合法的准运证明,对于企业客户还应该了解其道路旅客运输企业等级;按道路旅客运输企业等级分级分为一至五级[中华人民共和国交通行业标准:道路旅客运输企业等级(JT/T630-2005)],风险依次增加,个体承运人风险等级最高。

2. 营运地域范围、运输路线。了解被保险人主要公路运输路线,是否涉及跨境、跨省、区营运;运输路线是否相对固定;营运地域范围大约涉及多少公里的范围,是否包含新疆、西藏、青海、宁夏、云南、贵州、四川等地形复杂、风险较高的地区。

如果被保险人主要从事省内运输,对于非省会城市,一般主要运营路线为周边地区和省会,建议重点评估被保险人所在地周边及至省会城市的路线风险;对于省会城市,可以参照全省的平均风险水平。

3.投保车辆情况。了解被保险人的运营车辆的构成,包括座位数及不同座位数车型的数量占比、运营车辆是进口车还是国产或合资品牌、车辆使用限、是否安装GPS定位系统、车辆定期检修情况等。

4.承运司机资质及相关风控措施。

(1)承运司机是否与被保险人签订正式的雇佣合同,是否存在携车挂靠或承包线路的情况。

(2)承运司机的驾龄、安全驾驶记录,被保险人对司机资质的要求及审核是否严格,是否将司机的运营事故与其工资奖金挂钩,长途客运是否配备足够的驾驶员。

(3)是否存在大量携车挂靠的情况,挂靠车辆的驾驶人员由谁配备,对挂靠车辆的保证金是否充足,监管是否到位。

5.是否已投保相关险种。询问被保险人是否已投保机动车辆车上人员责任险等具有类似保障范围的险种。如已投保其他类似保障范围险种,且道路客运承运人保单仅承担其他保单的超赔责任,相应承运人费率条件予以下浮。

6.责任限额及免赔额。道路客运承运人责任保险责任限额分为每次事故责任限额(包括其中每人责任限额)和累计责任限额两部分,由被保险人根据经营或业务性质、运输路线等诸因素所可能导致的赔偿责任风险大小以及实际需要与保险人协商确定,或由被保险人根据保险人在费率表中事先划分的,与业务种类相对应的责任限额档次选择确定投保,并将投保金额填写在相应的栏目内。

道路客运承运人的免赔额与公众责任险免赔额类似,一般只规定每次事故财产损失免赔额,承保时免赔额的指定原则同公众责任险。

7.保险费。保险费计算时首先计算每座责任限额,每座保险费按投保限额查表或用限额乘以费率。其计算公式为:

$$保险费 = 每座保险费 \times 投保座位数$$

其中,投保座位数为投保客运车辆座位数(驾驶员座位除外)之和。

投保人应将符合条件的客运车辆、客运车辆座位(驾驶员座位除外)全部投保。

(二)校园方责任险

在制订校园方责任险承保方案时需重点关注以下信息:

1.被保险人性质。这是指被保险人的经营性质,由于校(园)方责任险的每次事故责任限额实行类别费率,被保险人的营业性质可以反映出该学校的风险程度和学生患疾病的可能性及种类,对于保险人科学合理地确立费率和确定是否附加一些限制性条件或督促被保险人采取相应措施防范风险有重要作用。在费率表中分别列明托儿所、幼儿园、特殊学校,小学、中学、中专、职高、技校、工读学校,专科、本科、研究生教育机构这四类学校,可按照被保险人的实际情况归类选择填写,不能归类的另行列明。

2.被保险人注册学生人数。一般情况下,对被保险人学生应该按照实名制进行记名登记处理。若投保人数较少,需要登记每一学生姓名;投保人数较多,可由被保险人提供学生花名册,按各年级的总人数据实填写所投保学生的有关情况。

3. 被保险人学校风险管理情况。

（1）被保险人的校舍、场地、其他公共设施，以及提供给学生使用的学具、教育教学和生活设施、设备是否符合国家规定的标准，或者是否有明显不安全因素，如年级低的学生的教室是否都安排在低楼层的校舍里，在校学生结构以及对于住校生和走读生有何管理措施。

（2）被保险人的安全保卫、消防、设施设备管理等安全管理制度有无疏漏，或者是否管理混乱，是否存在安全隐患，而未及时采取措施。

（3）被保险人向学生提供的药品、食品、饮用水以及玩具、文具或者其他物品是否符合国家、行业和被保险人所在地市的卫生、安全标准，教师或者其他工作人员是否患有不适宜担任教学工作的疾病。

（4）被保险人组织学生参加教育教学活动或者校外活动，是否按规定对学生进行必要的安全教育，并且在可预见的范围内采取必要的安全措施。

（5）被保险人对其教职工是否有很好的管理措施。

（6）有无医务室及专职医疗人员、合同医院及与最近医院的距离。

（7）被保险人以往的保险记录和事故记录。如在学生代表被保险人参加各项比赛，或者在参加被保险人统一组织的体育竞赛活动中发生过意外事故，学校发生火灾、爆炸、煤气中毒所造成的意外事故，发生过高空物体坠落所造成的意外事故，发生过学生拥挤所造成的意外事故或有被保险学校解除保险合同的情况发生，则需进一步调查原因及赔付情况，以根据程度的不同选择最终的承保条件。

4. 责任限额及免赔额。校园方责任限额包括每人责任限额、每次事故责任限额及累计责任限额。

5. 保险费。保险费计算方式为：

$$总保费 = 每人保险费 \times 注册学生人数$$

（三）供电责任险

在制订供电责任险承保方案时需重点关注以下信息：

1. 被保险人性质。审核被保险人是否具有《供电营业许可证》，了解所辖区域供电企业的类型、数量、其供电区域范围以及各供电企业的年供电量。一般年供电量越高，风险越大。

2. 被保险人风险管理情况。审核所辖区域内供电企业的管理情况，包括企业制度的建立及运行情况，中、高级管理人员的数量、资质情况，员工岗位培训情况，安全生产情况等。

3. 责任限额及免赔额。供电责任险的责任限额分为每次事故责任限额（包括其中每人责任限额）、累计责任限额两部分。其中，电网项目根据保险行业协会要求实行区域责任限额固定收费制，所以，具体的责任限额根据客户需求，由投保人选择相应的责任限额。针对每次事故的财产损失部分拟定一定的免赔额，该险种免赔的数额为确定的额度，只是分为不同的免赔档次，所以在实际操作中，具体的免赔数额根据投保人选择责任限额的不同而有所不同；非电网项目由被保险人根据经营或业务性质、周围地理环境等诸因素所可能导致的赔偿责任风险大小以及实际需要与保险人协商确定。

4. 保险费。供电责任险保险费采用固定保费的形式，根据选择的每次事故责任限额或累计责任限额的不同，在参考被保险人年供电量的基础上确定应该适用的保险费。需要注意的是，该保险费是按照年度来收取的，对于保险期间为短于或长于1年的，应该参照短期费率表来计算。应当注意，按照保监会的政策，承保电网项目时（国家电网、南方电网等电网企业的下属单位），应当执行保监会下发的电网版条款及费率。

(四) 物业管理责任险

制订物业管理责任险承保方案与制订公众责任险承保方案的关注点近似,不同之处主要为前者还需关注:

1. 物业管理企业的服务区域面积、服务业主的户数。相对来说,服务区域面积越大、服务业主的户数越多、服务对象的财产价值越集中,风险相对越高。由于物业管理责任包括物业管理机构对受托管理财产的责任,应当考虑相关财产的损失风险,可采用企业财产保险的风险评估手段或结果,用于评估相关业务风险。

2. 服务区域内下水管道已使用年限及是否定期检修。

3. 服务区域内有无健身器材及其是否定期检修。

4. 物业管理场所中包含的电梯或升降机、游泳池、锅炉、广告牌等风险因素。

另外,物业管理责任险的责任限额及免赔额关注点同公众责任险,保险费计算方式为:

$$总保险费 = 年物业管理费收入 \times 基准费率(其中物业管理费不包括维修基金)$$

核定物业管理收入时,应注意核定其金额的合理性及客户提供佐证的有效性,以避免发生保费不足的情况。

第四节　案例介绍

一、公众责任险

某五星级涉外酒店位于北京市东三环内,地上总建筑面积约 60 000 平方米,共 22 层,包括 4 层裙楼及 19 层塔楼,客房总数 440 间,酒店设施包含游泳池、健身房、自助停车场。该酒店于 2009 年 12 月 20 日正式营业,酒店建成后由国际著名酒店管理集团旗下××服务管理公司负责日常运营管理工作,酒店服务人员中 60% 为从其他酒店抽调的业务骨干,40% 为新近招聘人员。该服务管理公司有多年涉外酒店管理经验,针对日常经营过程中的风险情况,酒店管理方提出投保公众责任险的需求。

(一) 风险评估

1. 被保险人或其聘用的管理者的管理水平。国际著名的管理集团,多年从事涉外酒店管理经验,酒店服务人员多数从事多年服务工作,具有处理应急情况的经验。

2. 投保场所及周围环境。该酒店位于东三环内,周边人员密集,入住酒店人员包含外籍人士,酒店服务设施包含游泳池、健身场所及自助停车场。

3. 保险地点的安全设施及应急抢救手段。酒店实行 24 小时监控,消防设施齐全,服务人员上岗前均参加过消防培训,能够合理使用简单消防设备。酒店配备医疗救护人员 4 名,晚间为 1 人值班。

通过以上分析,认为该酒店安全管理设施完善,管理制度齐全,酒店管理人员以及服务人员的风险意识较强,项目风险主要集中为人为因素(如新员工不熟练、不规范操作)造成的风险。对于酒店管理方要求的涵盖游泳池、健身场所及自助停车场责任,拟通过附加条款的方式实现。

(二) 拟订承保方案

1. 保险人名称:某酒店。

2. 保险险种:公众责任险。

3. 营业场所:北京市××路××号。

4. 累计责任限额:人民币 8 000 万元。

5. 每次责任限额:人民币 4 000 万元,其中每人人身伤亡限额 30 万元。(注:如考虑到涉外酒店需求,每人人身伤亡限额可以调整为 100 万元,相应费率条件上浮 50%。)

6. 免赔额:第三者财产损失每次事故人民币 2 000 元或损失金额的 10%,以高者为准;第三者人身伤害每次事故人民币 500 元。(注:考虑到该类型酒店小额赔案多,大额赔案少的情况,承保方案中通过提高小额免赔额,由酒店承担小额赔案,以减少保险公司负责赔偿的小额赔案,降低项目风险,同时又能满足企业分散巨额风险的要求。)

7. 费率:0.8%。

8. 保险费:人民币 64 万元。

9. 保险期间:1 年,从 2010 年 1 月 1 日 0 时起至 2010 年 12 月 31 日 24 时止。

10. 付费日期:保险生效之日起 30 日内。

11. 司法管辖:中华人民共和国境内(不含香港、澳门及台湾)。(注:如考虑到涉外酒店的需要,可以扩展为世界司法管辖(含美加),相应费率条件一般应上浮一倍左右。)

12. 地域范围:与被保险人业务有关的经营地点内,也可以采用列明被保险人的营业地址的方式,部分业务存在承保区域为中华人民共和国境内(不含香港、澳门及台湾)的情况。

13. 特别条款。

(1)广告及装饰装置责任条款;

(2)建筑物改变条款;

(3)锅炉爆炸责任条款;

(4)停车场责任条款;

(5)交叉责任条款;

(6)错误与遗漏条款;

(7)游泳池及健身房责任条款;

(8)食品与饮料责任条款;

(9)急救费用条款;

(10)车辆装卸责任条款;

(11)电子数据责任除外条款。

14. 特别约定。

本保险单的承保人同意聘请以下机构为本保单项下所有索赔的指定公估人:

(1)×××保险公估(中国)有限公司;

(2)×××保险公估(北京)有限公司。

二、环境污染责任险

某石化有限公司位于×市×路,站区总占地面积 40 公顷。站址东、南、西三面环山,东面山丘另一侧即为规划建设的××LNG 电厂。站区内规划主干道宽 9 米,次干道 6 米。在站区南侧已规划有一条厂外公路,宽 12 米。

该项目包括 LNG 接收站和码头两部分。接收站的功能是接卸由 LNG 船运来的 LNG,在 LNG 储罐内储存并进行气化,气化后的天然气送至天然气输气干线。接收站陆域部分包括 LNG 储罐区、工艺区、火炬区、海水取水区、公用工程区、厂前区、仓库及维修区、LNG 槽车装车区及空分区(预留)。海域部分设置了1个工作船码头和1个可靠泊8万~26.6万立方LNG船及具相应配套设施的码头。

(一)风险评估

1. 被保险人基本情况。该企业为新建成企业,本项目总投资为3亿美元。一般来说新成立的企业因生产设备处于磨合期,设备运转、人员管理、操作水平尚不稳定,所以污染风险一般较高。

该企业有完备的重大事故应急救援预案,对操作人员、生产管理人员进行定期安全教育,制定有安全操作规程和管理制度,操作人员必须经安全考核合格后才能上岗。在项目运行中,企业定期与当地公安、企业消防队、当地消防及安全卫生管理、医疗机构组织重大事故演习,以检验重大事故应急措施计划的可操作性及可行性。

2. 企业的地理位置及周边环境。项目所在地为××市××镇,三面环海。全镇总面积110平方公里,辖42个行政村、3个社区居委会,有1个渔业队,共4.8万人。其中城镇居民人口4 000余人。

3. 生产环节风险评估。LNG不含硫化氢、氮氧化合物等有害物质,燃烧后基本生成物为二氧化碳和水,被公认为高能的"绿色燃料",其火灾危险性分类为甲类。本项目转输规模为600万吨/年(一、二期),单罐容量为16万立方米,转输、储存介质为进口的LNG,一旦发生泄漏,可能引起火灾燃烧事故,对接收站周围的安全和环境造成危害。

(1)液化天然气卸船、储存、输送及气化过程中存在的主要泄漏事故包括:

①LNG船上储罐管道及阀门发生泄漏;

②LNG卸船作业过程中发生泄漏;

③LNG储罐罐顶管道及阀门发生泄漏;

④低压/高压泵和高压外输设备发生泄漏;

⑤接收站及码头上LNG或天然气输送管线发生泄漏;

⑥事故状态时设备的安全释放设施排放的液化天然气遇到点火源,也可能引发火灾。

(2)液化天然气卸船、储存、输送及气化过程中产生的火灾爆炸事故主要包括:

①LNG大量泄漏到地面或水面上形成液池后,被点燃产生的池火灾;

②LNG储罐、输送设施、管线内LNG泄漏时被点燃产生的喷射火灾;

③LNG泄漏后形成的LNG蒸气云被点燃产生的闪火;

④障碍/密闭空间内(如外输装置区)LNG蒸气云被点燃产生的蒸气云爆炸事故。

(3)环境风险事故主要包括事故情况下LNG或天然气燃烧产生的空气污染。

(二)拟订承保方案

通过以上分析,笔者认为LNG项目虽然存在发生巨额损失的风险,但结合承保企业完善的安全管理措施,风险相对可控,拟承保方案如下:

1. 保险人名称:某石化有限公司。

2. 保险险种:环境污染责任险。

3. 营业场所:××市××路××号。

4. 责任限额:累计及每次责任限额人民币2 000万元,其中第三者责任每次事故责任限额1 000万元(每次事故人身伤亡责任限额30万元,每次事故医疗费用责任限额5万元),清污费用每次事故责任限额1 000万元。

5. 免赔额:第三者财产损失每次事故人民币2 000元或损失金额的10%,以高者为准。

6. 费率:1%。
7. 保险费:人民币20万元。
8. 保险期间:1年,从2010年1月1日0时起至2010年12月31日24时止。
9. 付费日期:保险生效之日起30日内。
10. 司法管辖:中华人民共和国境内(不含香港、澳门及台湾)。
11. 地域范围:与被保险人业务有关的经营地点内。
12. 特别条款:附加自然灾害责任保险条款。

第二章

雇主责任保险

第一节 风险调查与评估

一、雇主责任保险风险调查

保险公司在承保雇主责任保险业务时,应向投保人或被保险人及有关方详细了解其有关情况,必要时派员直接参与现场调查,做好调查或查勘记录,以便对所承保业务的风险进行科学评估,并进一步审核投保人填写投保单的准确真实与否。在投保人所填写的投保单及风险评估问询表中所包含的项目是投保人履行其最大诚信原则向保险人提供的有关其业务的最基本情况,但保险人为了全面了解被保险人的风险情况,还应对其他相关风险情况进行查勘。保险人一般应调查、核实下列主要事项:

第一,行业类别。这是指投保人作为被保险人的业务性质,属于哪类行业,如系生产企业,还应确定其工业风险等级,有无影响其所聘用员工安全生产或健康的特殊危险存在,都为哪类危险。

第二,作业场所的设计是否符合卫生标准和要求。厂房狭小、厂房建筑及车间布置不合理将影响员工的身体;是否有必有的卫生技术设施,若缺少通风换气设施、采暖设施、防尘防毒设施、防暑降温设施、防噪防振设施、防射线设施等,都将增大企业的风险。

第三,工种类别。这是指被保险人所聘用员工人数、结构、健康状况及收入情况以及雇员工种分类及其技术熟练程度。对于有投保高赔偿限额的人员,必须附有该类人员近期体检材料作为保险公司确定承保条件的必要资料。工种类别如办公室文职人员、动力机械操作人员、外勤销售人员等各类人员的比例。

第四,员工工作场所的安全设施及应急抢救措施或手段如何?有无医务室及专职医疗人员、合同医院及与最近医院的距离。

第五,被保险人的管理人员结构及水平如何?是否有专门的安全管理机构(或人员)。是否规定了详细的安全生产规章,并有相应措施保障其实施,员工上岗前是否经过岗位培训。对于赔偿限额水平较高的高级管理人员有何风险防范措施。

第六,劳资关系如何。劳资关系紧张,会带来各种不利的后果,加大雇主险业务的风险。

第七,被保险人以往的事故记录,损害情况如何?员工及家属的索赔情况如何?

第八,被保险人以往的保险记录,是否有被保险公司解除保险合同的情况发生;以往的赔款情况;被保险人是否参加社会医疗保险、工伤保险。

第九,劳动合同(或雇佣合同)中被保险人对所聘用员工因为意外或患职业病而造成伤残、死亡等规定的赔偿原则及限额高低。对劳动合同中扩展过宽范围,要注意评估,对可能带来的长尾业务,要设定一个合理的期限。

第十,承保区域范围有无特殊要求。需扩展海外临时业务的,对其必须加以批注,并限定为参照国内同类医疗费用赔付,或仅负责死亡伤残责任,限制扩展区域正处于动乱之中的国家范围。

第十一,被保险人有无扩展责任要求及与扩展责任相应的风险如何。对于扩展误工费等各种费用类补助的责任,要控制在一个合理的范围,即员工工资的一定比例值,以避免人为拖长住院期的现象。

通过对以上事项的了解,对于被保险人及其所聘用员工的情况都有一个较清晰的认识,保险人依据承保政策,可以制订出合理的保险方案,以在风险可控的前提下尽可能满足被保险人的需要。

二、雇主责任保险风险评估

雇主责任保险风险评估,一般通过一系列的指标进行分析。目前我国的风险评估一般用微观、宏观等方面的指标来考评企业风险的大小。

(一)微观方面的评估

保险公司通过雇主责任保险风险调查,对投保企业的风险状况有一个基本的了解,能清晰知道企业的风险节点在哪些方面,企业应对危机的制度是否健全等,从而得出拟投保企业是属于优质客户,还是普通客户、劣质客户,为下步承保方案的厘定打下基础,也是保险机构开具承保条件的前提。

(二)宏观方面的评估

风险评估应参考宏观方面的因素,如拟承保企业行业的风险总体状况、风险等级指标,此类指标参照政府统一制定的《国民经济行业分类与代码》(GB/T4757—2002)得出,从而可知企业风险的大小。根据风险大小将行业分为三大类别:第一类是风险较小行业,第二类是中等行业,第三类是风险较大行业(见表4-2-1)。

表4-2-1 行业风险类别表

行业类别	行 业 名 称
一	银行业,证券业,保险业,其他金融活动业,居民服务业,其他服务业,租赁业,商务服务业,住宿业,餐饮业,批发业,零售业,仓储业,邮政业,电信和其他传输服务业,计算机服务业,软件业,卫生,社会保障业,社会福利业,新闻出版业,广播、电视、电影和音像业,文化艺术业,教育,研究与试验发展,专业技术业,科技交流和推广服务业,城市公共交通业
二	房地产业,体育,娱乐业,水利管理业,环境管理业,公共设施管理业,农副食品加工业,食品制造业,饮料制造业,烟草制品业,纺织业,纺织服装、鞋、帽制造业,皮革、毛皮、羽绒及其制品业,林业,农业,畜牧业,渔业,农、林、牧、渔服务业,木材加工及木、竹、藤、草制品业,家具制造业,造纸及纸制品业,印刷业和记录媒介的复制,文教体育用品制造业,化学纤维制造业,医药制造业,通用机械制造业,专用机械制造业,交通运输设备制造业,电气机械及器材制造业,仪器仪表及文化、办公用机械制造业,非金属矿物制品业,金属制品业,橡胶制品业,塑料制品业,通信设备、计算机及其他电子设备制造业,工艺品及其他制造业,废弃资源和废旧材料回收加工业,电力、热力的生产和供应业,燃气生产和供应业,水的生产和供应业,房屋和土木工程建筑业,建筑安装业,建筑装饰业,其他建筑业,地质勘查业,铁路运输业,道路运输业,水上运输业,航空运输业,管道运输业,装卸搬运和其他运输服务业

续表

行业类别	行 业 名 称
三	石油加工、炼焦及核心燃料加工业，化学原料及化学制品制造业，黑色金属冶炼及压延加工业，有色金属冶炼及压延加工业，石油和天然气开采业，黑色金属矿采选业，有色金属矿采选业，非金属矿采选业，煤炭开采和洗选业，其他采矿业

资料来源：《中国人民财产保险股份有限公司工伤责任保险费率表》。

宏观方面的风险因素还有如下指标：伤亡次数、伤亡人数、伤亡人次数等绝对数指标；千人死亡率、千人重伤率、伤害频率、伤害严重率、伤害平均严重率、按产品和产量计算的死亡率等相对指标。宏观风险还包含政府的政策变动。

因此，风险评估报告可从宏观方面如当地政府的政策变动风险、结合上述绝对及相对指标和风险类别等方面分析。同时，保险公司还从微观方面如企业的风险调查等了解企业经营管理的风险、道德风险，从而得出较为系统且客观的风险评估报告。

第二节 风险控制

在进行充分的风险评估的基础上，对投保企业进行风险控制与管理，以将拟承保企业可能发生的风险损失降到最低限度。

一、一揽子业务形式

一揽子业务形式不管是对于投保企业的风险分散，还是降低雇主责任保险经营机构的风险都是有利的。

此种模式，是鼓励投保人将其所有险种向保险公司投保，即一揽子形式。对拟投保雇主责任保险的企业，保险公司鼓励将其所有财产向保险公司全部并足额进行投保，可获得支付更低的保险费率的待遇。这种普通保险与雇主责任保险的有机结合，扩大了险种的责任范围，增大了保费的总量，实际上使各险种起到互补作用，从而有效降低雇主责任保险的单一风险。

二、建立与投保人的利益共同分担机制

与投保人的利益共同分担就是投保企业与保险公司共同承担雇主责任保险部分风险份额，即承保公司在雇主责任保险业务设定一定比例的免赔率或固定的免赔额，由投保企业自己承担。此种做法的优点是：可促使投保企业尽责做好风险管理和防灾防损工作，强化监测机制，确保企业的健康发展，尽其所能减少事故的发生；可减少投保企业和保险公司的索赔和理赔压力，雇主责任保险小案较多，由于设定免赔而使大量的小案不用赔付，势必大大减少报案量，有效降低投保企业和保险公司的工作量，而一旦发生大案，企业又可以从保险公司获得赔付，风险得到有效的分散。此种共同分担机制方式将使投保企业和保险机构实现双方共赢。

三、对投保客户的条件限制

一是选择合法性和规模性的客户。这依据企业是否依法成立、是否在工商行政管理等

部门依法登记注册,是否持有合法有效的营业执照和相应的生产经营许可证并依法在本地纳税,经营管理制度是否健全,会计核算是否规范,资产负债比例是否合理,资信度是否好,企业是否具有连续盈利能力和按期还本付息能力,企业是否有不良信用记录等。信用好、规模大的客户可作为保险公司潜在的客户,此类企业的道德风险将会相对较低。

二是保险限额的控制。依据企业行业类别、企业员工的职业类别、员工工资的高低等,设置合理的保险金额。一般而言,行业类别、员工职业类别风险高或员工工资低的企业,保险限额应低些;相反,则保险限额可设置高些。

三是设置合理的保险费率。企业信用记录良好、行业类别和职业类别风险低、风险评估好的客户,费率可低些;反之,应提高费率。

四是对劳动合同的约定。投保时要求提供雇主与雇员签订的劳动合同作为保险合同的附件,限制企业因为保险而随意扩大责任的行为。承保前审核劳动合同的合理性,并作为厘定费率的一个参考因素。

四、承保方式的选择

以中国人民财产保险股份有限公司为例,现在存在两种雇主责任保险方式,一种是近似工伤保险的雇主责任保险,另一种是作为工伤保险补充方式的雇主责任保险,又称工伤责任险或雇主工伤补偿责任保险。工伤保险补充方式的雇主责任保险主要是针对已投保强制的社保工伤保险后,对投保企业保障不够部分提供风险保障,即对社保赔偿不足部分,在此险种上获得保障。

近似工伤保险的雇主责任保险依计收保费的不同,主要可分三类:第一类是以企业雇员的年工资为计收保费依据,以雇用若干个月的工资额制定赔偿限额。第二类是以责任限额为计收保费基础,赔偿则依工伤条例并受每人责任限额限制的雇主责任保险。此种产品都将伤亡、残疾、医疗费用的责任承担了。如中国人民财产保险股份有限公司的1995年版雇主责任保险、美亚保险的雇主工伤补偿责任保险是属前一种承保方式,而中国人民财产保险股份有限公司1999年版、2004年版雇主险属后一种方式。第三类是按工程项目造价计收保费,赔偿则依工伤条例并受每人责任限额限制的雇主责任保险,如中国人民财产保险股份有限公司的建筑施工企业雇主责任保险。此外,还有按行业类别不同按限额计收保费的雇主责任保险,如中国人民财产保险股份有限公司的渔工责任保险、教职员工责任险等。

因此各保险机构、各种版本保障的范围和赔偿的基础差异较大,保险机构在风险管控时,依据客户风险的高低、风险评估的优差等选择合适的雇主责任保险产品,以达到有效控制风险的目的。

五、足额投保及分保

雇主险投保不足额是造成该业务效益较差的一个根本原因,保险公司应引导或敦促投保企业将企业所有员工投保,避免选择投保,尽量做到记名投保。

同时,为了控制风险,要做好分保工作,以有效分散风险。对超过自留额的业务,特别要做好临分。

第三节 承保方案

当保险机构掌握了被保险人的风险情况后,应根据投保单中投保人的意愿及在保险公司风险评估的基础上拟订合适的承保方案。

保险方案设计要包含如下因素:投保人及被保险人、承保区域(被保险人所聘用员工人数、标的所处的地址和企业类别情况)、保险保障范围(选择的适用条款)、赔偿限额(含死亡伤残、医疗费用和法律费用赔偿限额)、司法管辖、附加险、费率、保险费计算、特别约定。其中关键因素是赔偿限额、保险期限、保险费率和保险费计算。

一、投保人与被保险人

在一般情况下投保人与被保险人是一致的,当被保险人由其上级机构统保时,则要注明两者的关系,以确保有保险利益。

二、承保区域

承保区域一般是指投保企业或机构营业处所地址,是指被保险人从事日常业务活动的场所,如果被保险人有多个营业处所,应将各个处所的名称、地址及人员详细列明。

相对其他责任险而言,雇主险的承保区域范围不受地理范围的严格限制,即责任事故必须发生在雇员为雇主服务时间即可,同时必须存在一种雇佣关系。

三、保险保障范围

一般情况下,雇主险保障被保险人所聘用的员工,在保险有效期间,在受雇过程中(包括上下班途中),从事与被保险人有关的业务时而遭受意外或患与业务有关的国家规定的职业性疾病,所致伤、残、死亡,被保险人根据劳动合同或中华人民共和国法律、法规须承担的经济赔偿责任。

四、赔偿限额和免赔额

赔偿限额是雇主责任保险人承担保险责任的最高限额,它是根据劳动合同及《工伤保险条例》或各地工伤保险条例中有关赔偿的规定,结合被保险人的实际情况及客户的需求而商定的。一般而言,赔偿限额包含三个项目,即死亡伤残、医疗费和诉讼费用,前两项分别有每人赔偿限额及累计赔偿限额,诉讼费用一般只设定累计赔偿限额。若每人赔偿限额较高、风险较大的保单,还应设定每次事故赔偿限额,以有效控制风险。

目前国内市场上有多种条款并行,以下就几种情况对应不同的赔偿限额方式分别介绍。

(一)按照若干个月工资标准设定赔偿限额

工资额度确定有两种方式:约定和不约定。若保单无约定工资额度,则按出险员工在事故发生前12个月的平均工资计算得出计赔月工资标准。目前市场上承保员工的赔偿额度一般是:死亡按36个月,伤残按48个月。当然,也有在此基础上上调的,如分别为60个月和72个月等,当然随着赔偿月份的增大,费率也会同时上调。

死亡或永久丧失全部工作能力。保险人按保单约定此项对应的员工若干个月工资进行赔偿,即按月工资额度乘以保单约定的月数得出赔偿金额。

永久丧失部分工作能力。保险人按保单约定此项对应的员工若干个月工资,并结合受伤部位及程度,参照本保单所附赔偿金额表规定的百分率乘以保单规定的月份数得出赔偿金额。

暂时丧失工作能力超过5天的,在此期间,经医生证明,按被雇人员的工资给予赔偿。

医疗费用则在扣除免赔后在分项责任限额内赔偿。

由于员工工资有一定的波动性,若承保时未约定每人的工资额度,对这种预收费式的保单,保险人出于规范管理和风险控制的需要,还考虑到自留额的承担等因素,一般情况下,往往增加一个每人最高赔付限额的限制条件,如每人最高限额不超过100万元。

此种承保方式是国际上普遍采用的一种通行做法,但这一做法已不适应我国国情,因各地工资标准差异较大,且不同企业计发工资的标准也不相同,以"月工资"约定的赔偿责任限额具有很大的不确定性,而雇主险人为影响因素的风险较高,在承保、理赔过程中,投保人、被保险人虚报工资的情况比较普遍,造成保险公司的经营成本很高,同时,保险人与被保险人也经常在责任限额上产生不同的理解和争议。因此,此种方式已逐渐淘汰,只是一些外资企业基于在国外的投保习惯,仍要求采用此种承保方式,但占全国雇主险业务的比例很小。

建议承保时,尽量事先约定每人工资额或提前取得企业的工资清单,以减少理赔时可能发生的争议。

(二)根据需求直接设定每人赔偿限额

一般来说,每人赔偿限额主要依据投保人投保时当地的法律、员工的工资、被保险人的缴费能力而商定得出。自2011年我国新的工伤条例修改后,通常每人赔偿限额为60万元。

发生保险责任事故,造成雇员死亡及永久全部丧失工作能力,按每人赔偿限额进行赔偿或在每人赔偿限额内据实赔付;部分丧失工作能力,按每人赔偿限额或在每人赔偿限额内,按伤残程度表中所载比例进行赔偿;暂时丧失工作能力,按其超过规定天数之后的实际天数在每人赔偿限额内予以补偿。以上赔偿将包含与此有关而支出的医疗费用。诉讼费用及其他费用不得超过保险单明细表中相应限额。保险人对被保险人所聘用员工个人的上述各项赔偿金额,最高不超过本保险单规定的每人的各项赔偿金额;死亡和伤残赔偿不可兼得,且与医疗费用限额不能相互调剂使用;若保单设定每次事故责任限额,则每次事故的赔偿不得超过保险单规定的每次事故的赔偿限额;保险期限内的赔偿总额不得超过保险单规定的累计赔偿限额。

诉讼及其他费用限额,一般为所有员工的死亡伤残赔偿限额之和的一定百分比。

免赔额是指每人每次事故绝对免赔额,免赔率是指每人每次事故责任赔付比例,它与保险责任范围紧密结合。一般而言,免赔主要是针对医疗费而言,免赔额的高低需视具体项目风险不同而有所区别。免赔额是为了增强被保险人的风险管理意识。从我国的雇主险业务多年的经营情况来看,手工艺的小五金、木器厂或家具厂发生的小工伤事故多,宜设定较高的免赔额。

此种承保方式由于较适合我国的国情,有效防范和降低道德风险,已成为国内的普遍及主要的承保方式。

(三)按照工程造价标准设定赔偿限额

在此种承保方式下,累计责任限额的确定往往与工程造价有一个对应的关系,如以工程造价的15%为累计责任限额。

每人赔偿限额与直接设定每人赔偿限额的操作方式同理,主要依据投保人投保时当地的法律、员工的工资、被保险人的缴费能力而商定得出,由于此类行业风险较大,且人员流动性频繁,每人赔偿限额较多设定在30万元。每人赔偿限额的高低影响到费率的高低。

按工程造价的做法主要是适应人员流动性较大的行业,确保投保企业的风险得到较好的保障,另外也可以减轻投保企业及保险企业的工作量。

五、保险期限

雇主责任保险的保险期限一般为12个月,自双方约定的时间为起止时间。对短期工、临时工、季节工和徒工或其他短于1年以下的工种,应投保人的要求,也可承保1年期以下的短期雇主险,按短期费率表相应比例收取保费。上述提到赔偿限额的第一、二种方式,如果投保人要求投保多于1年,保险费应以年费率乘以年数计收。

按照工程造价标准设定赔偿限额,承保期限与工程建设期一致。一般以完成其建筑或安装的工程项目签发完工验收证书或合格证书或至工程建筑合同规定施工期限结束的24小时止,两者以先发生为准。为了避免工程的停工所带来保单的长尾巴,保险公司往往设定一个保险期间,与承保工程的合同期一致,但在任何情况下,保险期间的起始或终止不得超出保险合同明细表中列明的保险生效日或终止日。

六、保险费率

保险费率即保险价格,是保险人按单位保险金额向投保人收取保费的标准,通常费率是以年度费率表示,按照不同行业和不同工种的雇员分别厘定。一般而言,影响费率的高低有下列因素:

(一)投保企业的行业类别及员工的工种

因企业所属行业不同,风险差别较大,对高危行业的费率高些,而对低风险的行业费率低些;同一企业不同工种费率也有差异,从事危险职业工种的雇员费率最高,从事一般职业工作的雇员费率中等,办公室职员费率最低。费率依风险的高低体现一定的差异,这符合市场价格的基本原则。以企业工资总额为计收保费的,费率则依"表4-2-1:行业风险类别表"进行风险划分而计收保费。

但由于按工种划分费率档次的工作较为烦琐,而且同一企业基本上存在多项工种分类,因此,给保险人逐一厘定费率带来困难。为了与企业财产保险的占用性质相一致,便于实行同一行业适用一个费率,使可操作性增强,在行业风险类别表的基础上细化了行业风险等级,将其划分为九类,对于以限额为计收保费的,费率则重新进行风险划分,按企业统扯费率计收保费。当然,各保险机构的雇主责任险产品责任范围有一定的差异,分类标准和费率是有一定区分的。

(二)被保险人的过往情况

被保险人的过往情况包括被保险人的公司管理水平、经营状况、资产状况、财务管理情况、责任事故记录。管理规范、以往赔付记录良好的投保人,将设定一个较低的费率调整系数。

(三)赔偿限额的高低

对于以工资额度或工程造价为计收保费基础的业务,则投保雇员每人责任限额越大,费率越高。而以限额为计收保费基础的,每人责任限额越大,费率调整系数则越低。

(四) 保险责任范围的大小

不同保险机构的保险责任范围有差异,同一保险公司附加责任的不同,承保的范围也有差异。责任范围宽的,费率相对高些。

(五) 免赔额(率)

免赔额(率)越高,保险人承担的风险越低,费率调整系数则越低。

(六) 是否参加当地的工伤保险

一般而言,当企业参加了工伤险后,会先在社保基金索赔,不足部分再向保险公司索赔。参加了工伤险的,费率调整系数则低些。当保单约定先在社保工伤险赔后才由雇主险赔的,费率调整系数比不约定的可更低些。

此外,投保企业的规模、企业所处的区域、是否记名投保、是否参加了社会医疗保险等都将是影响费率调整系数的因素。

保险公司将根据上述因素设定费率调整系数,在基本费率的基础上,使得费率更客观地反映投保企业的风险。基本费率乘以费率调整系数可以得出实际费率,费率调整系数越低,则实际费率越低,说明投保企业风险较低。

七、保险费计算

依据赔偿限额确定的三种方式,保费的计算也有三种方式:

(一) 按工资总额计收保费方式

若承保时按照若干个月工资标准设定赔偿限额,则其保费计算基础是投保企业年工资总额。计算公式为:

$$预收保险费 = A类工种年工资总额 \times 适用费率 + B类工种年工资总额 \times 适用费率 + \cdots$$

为了控制风险,有时将风险较大的医疗费用单独设定每人累计赔偿限额,单独计费:

$$医疗费用保费 = 每人累计赔偿限额 \times 人数 \times 适用费率$$

如果有附加险,应按附加险的费率计算保险费:

$$总保费 = 预收保险费 + 医疗费用保费 + 附加险保费$$

(二) 按限额计收保费方式

对于承保时直接设定每人赔偿限额,则保费计算基础是投保企业累计赔偿总限额。计算公式为:

$$基本险保费 = 伤亡责任保险费 + 医疗费用责任保险费 + 法律费用责任保险费$$
$$= 每人伤亡责任限额 \times 伤亡责任费率 \times 人数 +$$
$$每人医疗费用责任限额 \times 医疗费用责任费率 \times 人数 +$$
$$法律费用责任限额 \times 法律费用责任费率$$

如果有附加险,应按附加险的费率计算保险费。

$$总保费 = 基本险保费 + 附加险保费$$

若每人赔偿限额有差异,则先算每人保费,则总保费为每人保险费之和。

(三) 按照工程造价计收保费方式

对于按照工程造价标准设定赔偿限额,则其保费计算基础是投保企业施工某项目的工程总造价。计算公式为:

$$总保险费 = 工程总造价 \times 费率$$

企业有扩展附加险的,企业应缴的总保费还应加上附加保费部分。

保费原则上一次付清,对于一次性交费有困难的,经承保的保险公司同意,投保人可分期付费。

八、司法管辖

受害雇员对被保险人的索赔若发生争议,要考虑由哪国法院受理案件或最终判决承保人才能认可。一般情况下,考虑到主权问题,是依中华人民共和国司法管辖(不含香港、澳门及台湾)。即使涉及国外的雇主或雇员,保险人一般也不会承认国外法院的判决。

第四节 案例介绍

某电器有限责任公司位于距 B 市区东北约 15 公里的工业园区,与 B 市经济开发区和 M 机场隔江相望,港口优势明显,地理位置优越。该公司主要为 C 企业的空调生产配件的五金企业,产品畅销。该公司是共有生产工人 500 人、管理者 30 人。

主要建筑物包括厂房、发电机房等,主要设备包括机床、焊接机械、发电机及变配电设备。

当保险公司做完"雇主责任保险风险调查"后,根据投保人的意愿,完成下列"雇主责任保险风险评估报告"。

一、风险评估报告

(一)投保企业基本情况

企业基本情况。该电器有限责任公司是 1993 年注册成立的电器制造企业,是为当地著名品牌 C 提供配件及相关服务,拥有总资产 48 000 万元,拥有各类生产技术工人和管理人员 530 人,其中工人 500 名,管理人员 30 名。大部分工人技术熟练,小部分工人是学徒工,工人的平均年龄为 35 岁,其中年龄在 30 岁左右的占了大部分,未发生过职业病索赔的案例。该企业生产过程全部在室内进行。

国内五金行业风险较高。但由于该企业属于有规模产业,机械化程度较高,所以风险远低于手工生产作坊式的五金业。该企业是当地政府确定扶持的重点中小企业,管理规范,企业资信良好,生产环境良好。

(二)投保企业所处自然环境情况

该电器有限责任公司位于工业园区内,周边环境较好,属华南亚热带地区,炎热潮湿,四季不很明显。该地受海洋性气候影响较大,遭受暴风雨、台风、洪水等自然灾害袭击的风险较大。但由于该企业所处的地势较高,厂房状况较好,对洪水灾害的侵袭有较强的抵抗能力。

(三)以往事故或保险赔付情况

该企业管理人员风险意识较高,已多年投保雇主险。企业的特殊性,使得其发生事故频率较高,但都是小事件,绝大部分是弄伤手指,雇主险业务不理想,赔付率保持在 90%。由于生产项目不涉及易燃易爆物品,也不涉及地下作业、水下作业等高风险的施工,至今未出现过重大生产事故。今年,该企业加大生产自动化的程度改造,将原来生产事故率较高的板机车间、铣工车间的手工操作改为数控自动化操作。生产条件的改善,已大大降低了生产事故。

通过以上的分析,我们认为,该项目所处位置自然风险较低,承保风险主要来自于火灾、爆炸等风险,工人操作粗心的风险依然存在,目前该企业安全管理及设备安全情况均较好,同时,该企业实力雄厚,具有良好的管理经验,风险控制能力较强,很大程度上将雇主险的风险进一步降低。但仍应长期落实相关安全工作,杜绝各种潜在的风险。由于该企业的安全管理制度较完善,只要能按制度执行,该企业的大多数人为因素(如工人操作粗心、不按规范操作)造成的风险可以降到较小的程度,且该企业对自然灾害及意外事故的防范工作较为重视,该企业整体的风险意识及抗风险能力较强。

因此,通过本次风险评估和综合分析,该电器有限责任公司的总体风险等级为中等。

我们认为在充分考虑上述风险的情况下,以适当的承保条件承保,还是可以达到公司的经营要求的。由于雇主险难于办理临分,目前只能走协议分保的路子,因此保额不能定得太高。初步承保条件如下:死亡伤残的保险金额设定每人 50 万元左右,医疗费用每人责任限额 1 万元上下,死亡伤残费率控制在 0.1% ~ 0.2%,医疗费用费率控制在 0.5%。

二、承保方案

根据风险评估报告,特制订如下承保方案:

1. 投保人与被保险人:某电器有限责任公司。
2. 承保区域:中国 B 市区东北约 15 公里的工业园区某电器有限责任公司,生产工人仅限于上述区域及上下班途中,管理人员考虑到业务性质的需要,可扩展到中华人民共和国境内。若扩展了公务出国的,可扩展为世界范围。
3. 保险保障范围:选用中国人民财产保险股份有限公司 1999 年版雇主险条款承保,雇员实行记名投保。
4. 免赔额:设定每次事故每人医疗费用免赔额 300 元。(注:考虑到该企业小额赔案多,大额赔案少的情况,往年赔款总额中,中小额赔款占比大。因此,承保方案通过提高免赔额,由雇主承担小额赔案,以减少保险公司应负责赔偿的小额赔案宗数,降低风险,同时也能为雇主有效分散巨额风险的目的。)
5. 赔偿限额:设定死亡伤残按管理人员每人责任限额 50 万元,工人每人责任限额 30 万元;医疗费用按管理人员每人责任限额 1 万元,工人每人责任限额 5 000 元设定。(注:管理人员的风险相对较低,对较低风险的人数设定较高的保额,而对较高风险的人群设定较低的保额;而医疗费用的风险较大,此项保额设定相对较低的保额。通过保额的设定以有效降低风险。)
6. 费率:死亡、伤残按管理人员 0.1%,工人 0.17%;医疗费用按管理人员 0.3%,工人 0.5%。(注:考虑到雇主已对安全的改善投入资金,费率方面可在上年费率的基础上,参考条款基本费率区间,兼顾到当地保险市场该险种的平均价格而制定基础费率,再依该企业最近 3 年的雇主险赔付率、免赔、地区差异等得出费率调整系数为 0.6,该类企业的基础费率为死亡、伤残按 0.29%,医疗费用 0.81%。所以工人费率按如下方式计出:死亡、伤残 = 0.29% × 0.6 = 0.17%,医疗费用 = 0.81% × 0.6 = 0.5%。管理人员在此基础上适当下调即可得出该类人员的费率。)
7. 计算保费:

总保险费 = A 类工种人数 × 每人死亡赔偿限额 × 实际费率 +
A 类工种人数 × 每人医疗费用赔偿限额 × 实际费率 +
B 类工种人数 × 每人死亡赔偿限额 × 实际费率 +

B 类工种人数×每人医疗费用赔偿限额×实际费率
　　= 500 000 × 30 × 0.1% + 10 000 × 30 × 0.3% + 300 000 × 500 × 0.17% + 5 000 × 500 × 0.5%
　　= 28.34(万元)

　　当然,若投保人认为整个公司每人保额相同,制作方案时可更加简单了,费率的调整系数可大些,因为管理人员的风险相对较低。若投保人选择不记名投保,则费率比记名投保方式上浮30%,即保费应为28.34×(1+30%)=36.84万元,并注明出险时企业人数大于投保人数,则按比例赔付。

　　承保责任限额在协议分保20%后,剩余部分全部自留,即承保公司承担80%的责任限额。

　　8.法律适用:雇主险业务适用中华人民共和国法律。

第三章

产品责任保险

第一节 风险调查与评估

核保人在承保产品责任保险时,应详细了解业务情况,要求展业人员现场调查,并做好调查记录,如需要,承保人员可直接参与现场调查,以便对有关业务的风险进行科学评估。在此基础上确定承保条件,设计承保方案。保险人应调查、核实下列主要事项:

一、投保人、被保险人的基本情况

1. 被保险人的营业性质。这包括企业代码、营业性质,是制造商、生产商、零售商、批发商、代理商还是进口商、出口商或其他有关利益方(比较而言,制造商直销的风险较高,批发商、零售商风险较低)。

2. 被保险人的管理状况。被保险人的管理状况,包括企业的历史、人员数量与结构,内部产品质量管理制度的建立与健全、岗位质量规范的实施、质量责任以及相应的考核办法,质量体系是否完善、是否通过了 ISO9000 系列认证。管理相对规范的企业,其风险相对较小。

3. 被保险人的合法性。被保险人是否依法注册,并取得工商行政部门和主管部门颁发的营业执照和业务经营许可证;是否有经国家产品质量检测机构检测,准予生产、销售的证明文件。

二、产品基本情况

1. 产品的种类。投保人应提供投保产品的详细目录及图片资料。通过对投保产品特性的了解,细分其风险等级,为厘定费率做好准备。

2. 产品的用途。了解产品的具体用途、使用人群,尤其是产品的最终使用者等情况,对产品的风险进行初步判别和筛选。了解产品是零件还是成品,承保零部件的业务应关注该零部件是何种产品的组成部分,是否为核心部件,是否可能直接导致产品责任事故;承保成品的业务,应关注零部件供应商是否投保产品责任险。

3. 产品预计使用寿命。一般产品责任险条款并未要求投保产品的生产日期必须在保险期限内,所以投保产品预计使用寿命越长,市场上该产品存量就越大,保险人面临的风险也越高。

4. 产品包装、说明书及警示。作为产品的一部分,产品的包装、标签、介绍以及警示非常关键,承保前必须确认投保产品的包装或标签是否完善,是否可以保证储存与运输的需要,是否可以使产品避免意外的影响或损坏;产品说明书是否详尽、准确,警示标志是否足以引起使用者的注意,是否所有产品说明书、警示及操作手册等定期经法律顾问的检视以避免关于产品安全或用途的误解。

三、产品制造过程和风险控制情况

1. 企业是否授权他人生产。授权他人生产的企业,其产品质量将受到被授权企业管理及质量控制水平的制约,其风险较未授权他人生产的企业大。

2. 是否有书面质量控制和测试过程可以遵循,确保产品符合安全要求,避免产品责任风险。

3. 由于原材料、零配件质量问题所引起的产品责任纠纷,是否有书面的条款来确认供应商的责任。

4. 产品是否可识别及辨认。以往产品同投保产品是否能明显加以区分,产品是否被清晰地标记,以何标志区分(如标明系列号、模式及生产日期);如果拟投保产品与以往投保产品或者其他未投保产品不能明确识别及辨认,则一般不予以承保。

5. 是否建立产品召回计划。建立产品召回计划,在发生个案索赔或发现产品存在缺陷后,召回缺陷产品,从而避免损失扩大。特别是对于交通工具、轮胎、消费类电子电器、食品、药品、儿童玩具等产品的承保,一定要询问客户是否建立了产品召回计划。

四、产品质量认证

投保产品是否通过权威认证机构的认证,将影响到保险人的承保决策。对于风险等级较高的产品,取得权威认证机构的认证报告是保险人承保的前提。因此,要求被保险人提供其产品所通过的认证证书及检测报告。

1. 产品技术指标、性能、生产加工流程、质量检测标准等是否符合国家有关规定,是否取得国家质量监督管理部门的产品生产许可证及其他有效证明。

2. 是否通过了权威认证机构的认证。权威的检测机构所做检测的可信度较高,通过检测的产品的风险要低于没有通过检测的产品。

3. 认证的范围及有效期限。应保证认证证书包括所投保型号的产品,且在保险期限内证书有效。

五、产品的销售情况

1. 产品的销售区域。全面了解被保险人产品销售区域的构成,从中判断被保险人是全部投保或是选择性投保。

2. 销售额。产品责任险的保险费按产品的预计年销售额与保险费率之乘积计收,销售额申报越大,投保人缴交的保险费越多。是否如实申报,关系到保险人所收取的保险费与所承担的实际风险是否匹配。应防范投保人为少交保费而谎报、瞒报销售情况,必要时请投保人提供相关的财务报表。对申报不实的业务谨慎承保。

3. 产品已销售年限。产品已销售年限越长,风险累积也越大。对于销售年限长,投保期限短的产品,应在产品名称栏上对被保险产品作明确定义,如"本保险期限内销售的某产品",一旦出现产品责任事故,销售记录(如销售发票上的日期)可协助辨别是否为被保险产品。

4. 以往销售的产品与现投保产品是否能明显加以区分,是保险人关注的问题,若无法明显区分,保险人将可能承担在投保之前销售的大量产品的责任风险。在厘定费率时应充分考虑此因素。

5. 是否要求销售商作为附加被保险人。保险人一般不轻易扩展任何被保险人,如扩展承保,需要详细列明各附加被保险人名称、地址、身份等情况以及销售何种型号的产品、预计销售额等。一般情况下,保险人将根据经销商的数量进行加费,通过附加指明经销商条款的方式将列明的经销商增加为附加被保险人。

六、产品损失及召回记录

1. 投保产品以往的事故记录。至少了解投保产品过去3年的损失或赔偿记录,是否有人因产品致伤或遭受财产损失,是否有人向被保险人索赔,索赔是否已经证实,赔偿金额为多少。

2. 是否有产品召回记录。投保产品(或同类产品)召回记录太多的产品,在承保时应格外小心,可以通过国家质量监督检验检疫总局(www.aqsiq.gov.cn)等相关网站进行查询,及时掌握产品信息。

第二节 风险控制

核保人对产品责任险的保单要素要有清楚的认识,以控制产品责任险的风险。包括以下几个方面:

1. 被保险人(The Insured)。一般以产品制造商作为被保险人,但经约定,承包商、销售商、修理商或进出口商、代理人、经纪人等一切可能对产品责任事故承担法律责任的关系方,都可以作为被保险人。值得注意的是,被保险人可以为一个或多个,多个关系方共同作为被保险人的,须在保单中一一列明。需要注意的是,在实际操作中,一般不主张附加多个"共同被保险人",尤其是出口产品,需要慎重对待处理。

(1) 被保险人名称和地址。必须清楚列明所有被保险人的名称客户和具体地址,尤其是被保险人包括母公司或总公司时。如有分支机构,则需明确有多少。如可能,请进一步列明每一分支机构的详细地址及至少最近3年内的同期销售额或预计的销售额。

(2) 被保险人营业性质。选择被保险人是制造商、生产商、零售商、批发商、代理商还是进口商、出口商。一般来说,制造商的风险要高于经销商的风险,因为经销商可向制造商进行代位求偿。

2. 被保险产品(Insured Products)。按风险大小,我们可以将产品划分为低、中、高三个风险等级。对被保险产品,要注意以下几点:

(1) 被保险产品的历史。产品投产以来的经营、发展状况,包括产品投产的最初年代,更新换代的情况以及规格型号的发展变化等。

(2) 被保险产品的情况。被保险产品可以是一种或多种。一种以上产品应分别列明其名称、种类(规格型号)、性质、直接或间接用途、销售范围及销售额(如有美加地区,应单独列明每一产品在美加地区的销售额),并计算填写销售额合计(此项目将作为计收保险费的基数)。

(3) 被保险产品是否有包装。选择"有"或"无",如果选"有",则需进一步列明为何种包装。

(4)以往产品与现投保产品能否明显加以区分。选择"能"或"否",如果选"能",需进一步说明如何加以区分。也可由双方协商,约定可明晰辨认的标志以区分于其他同种产品。对于生产时间长、市场存量大、产品生命周期长但投保时间短的产品,定价时应该充分考虑,甚至可以在保单上列明只保保单签发后生产的产品或销售给某个经销商的产品,以进一步限制保险公司可能承担的保险责任。

3. 销售区域与销售额(Territorial Limit & Estimated Turnover)。按产品的销售区域划分,可以分为国内产品责任险和出口产品责任险。出口产品责任险又可以进一步细分为出口美加地区以及非美加地区的产品责任险,各销售区域按风险由大到小排列,依次是美加地区、非美加地区、国内。

产品责任险是以销售额为计收保费的基础。保险费的计算公式为:

$$应收保险费 = 新保单年度销售额 \times 适用费率$$

由于销售额的大小直接决定了保险费的多少,为了节省保费,个别客户有减少申报销售额的倾向。为了杜绝这种情况,业务人员在展业时,要通过查看财务报表及客户前3年的销售情况全面了解客户的真实销售额情况。

4. 赔偿限额(Limit of Liability)。一般来说,每张保单必须同时规定每次事故和年度累计赔偿限额。在每次事故赔偿限额项下,通常还应根据风险特性,分别约定财产损失和人身伤亡限额,两者之和等于每次事故赔偿限额。对于每次事故人身伤亡限额,还可根据需要,规定每人最高赔偿限额。

出口产品责任险,通常也应遵循规定设定上述五个赔偿限额。但越来越多的国外买家在要求出口商购买保险时,只规定每次事故和年度累计这两个赔偿限额。

一般来说,在确定赔偿限额时执行"高风险低限额,低风险高限额"的原则。但具体而言,保险人与被保险人在商定赔偿限额时,一般根据不同产品事故可能引起的赔偿责任大小、销售商的要求以及被保险人的保费承受能力来决定。产品赔偿责任大、销售商的要求高、被保险人的保费承受能力强,限额要高一些;反之,则低一些。

5. 免赔额(Deductible/Self Insured Retention)。国内产品责任险,对于中低风险的产品,免赔额可定为人民币500元~2 000元或损失金额的5%,以高者为准;对于高风险的产品,免赔额应适当上浮。

出口产品责任险,对于中低风险的产品,美加地区免赔额一般不低于10 000美元,非美加地区一般不低于5 000美元;对于高风险的产品,免赔额应适当上浮。

6. 保险费率的厘定。保险费率的厘定,是以该产品净损失率为基础的。核保人员应该先根据产品的风险分类等级确定产品的净损失率,再综合考虑产品的质量、赔偿限额、销售区域、销售额、索赔基础、免赔额以及客户的管理水平等,厘定出基础费率,在基础费率基础上附加一定比例的运营成本和利润率得到净费率,在净费率基础上加上手续费就得到毛费率。

7. 索赔基础。产品责任险有两种索赔基础,分别是以索赔提出为基础(Claim - Made Basis,期内索赔式)和以事故发生为基础(Occurrence Basis,期内发生式)。

(1)期内索赔式——承保人对产品责任险项下承担的责任,事故发生必须在追溯期或保险期限以内,索赔提出必须在保险期限以内方为有效。追溯期就是追溯以往的期限。追溯期的概念只适用在以索赔提出为基础的责任保险中。一般情况下,承保人出具第一张期内索赔式保单时,不能给追溯期(从其他保险公司转来的业务可酌情考虑给回原来的追溯期),但如果被保险人连续续保,则追溯期可以给到第一张保单签发的那个日期,但一般不超过5年。

(2)期内发生式——承保人对产品责任险项下承担的责任,以事故发生为时间界限,即产品责任事故必须发生在保险期限内,方为有效,而不论在事故发生以后何时提出索赔,因此也被俗称为"长尾巴"的承保方式。为了迎合市场的需求,同时也要斩断期内发生承保方式的"长尾巴",许多保险公司采取了为期内发生式附加一个报告期的做法,该条款规定事故发生后仍必须在规定的截止日期之前向保险公司报告,否则保险公司不予受理。

8. 承保区域。承保区域直接影响保险费率,承保区域在实务中一般分为:中华人民共和国;中华人民共和国(港澳台地区除外);美、加地区;除美、加以外的其他国家或地区;世界范围(含美、加)。

9. 司法管辖(Jurisdiction)。责任保险中的司法管辖是指发生承保的产品责任事故后,由哪国法院受理案件或最终判决,承保人才能认可。通常情况下,根据惯例,司法管辖与承保区域是相一致的。建议在保单的特别约定中增加适用法律项,这样容易减少保险人和被保险人之间的纠纷。

10. 附加条款(Conditions)。常见的附加条款有:

(1)以索赔提出为基础条款(Claim Made Basis Clause)。

(2)以事故发生为基础条款(Occurrence Basis Clause)。该条款一般适用于出口产品责任险。

(3)索赔处理费用(适用自负额)包含在赔偿限额内(Cost within the Limit of Indemnity subject to Self Insured Retention)。该条款只适用于出口产品责任险。该条款规定:出险后被保险人须先支付自负额以内的费用用于处理赔案。超过自负额后才由保险公司支付。

(4)销售商扩展条款(不指定/指定)(Additional Insured Clause – Vendor Broad/Designated Form)。国内产品责任险一般不扩展承保销售商,出口产品责任险可以酌情扩展承保。

(5)产品完工条款(Product – completed operation)。该条款实际上是维修商扩展条款,仅极少数出口产品责任险业务会要求附加此条款。

(6)绝对石棉污染除外条款(Absolute Asbestos Exclusion)。将石棉污染除外已成为国际通行做法,建议在承保建筑材料等可能含有石棉成分的产品时附加这一条款。

(7)指定公估人条款(Loss Adjuster Clause)。国内产品责任险不需要附加此条款;出口产品责任险应指定公估人,以便于赔案的有效处理。

(8)铅污染除外条款(Lead Exclusion)。该条款适用于承保铅酸蓄电池等产品。

(9)功效除外条款(Efficacy Exclusion Clause)。该条款适用于承保功能性产品,如药品、消防器材、粘合剂等。

(10)电磁波辐射及无线电波除外条款(EMF Exclusion)。该条款适用于承保电子、电器产品。

(11)过敏症除外条款(Allergy Exclusion Clause)。该条款适用于承保化妆品、药品等产品。

(12)基因改变除外条款(Genetic Modification Organization Exclusion)。该条款适用于承保食品、饮用水、化妆品、药品等产品。

第三节 承保方案

一、灯饰出口产品责任险承保方案

某香港著名的灯饰生产商,在国内有生产基地,产品销往全世界,国外经销商要求购买出口产品责任险。该客户要求的赔偿限额为每次及累计200万美元。承保人确定承保方案时会考虑以下要素:

1. 产品的等级为四级风险,属于中等风险产品。
2. 被保险人资质:被保险人为知名制造商,公司规模大,专业生产圣诞灯饰。被保险人资质好。
3. 产品的销售情况:产品的销售范围是美加地区,风险较高,产品已销售的年限大于5年,市场存量大,增加了保险公司的风险。
4. 产品的质量控制:企业通过ISO9000系列,产品质量控制完善;产品是成品,可以将法律风险转嫁给零件提供商;产品可识别;产品的寿命小于5年,可视为易耗品,这点可降低保险公司的承保风险;产品的说明书和警示完善,可降低保险公司的风险;产品通过国际知名检测机构认证,可证明产品的质量控制为优。
5. 产品召回及损失记录:同类产品有召回记录,但被保险人近5年无索赔记录。
6. 承保条件:使用期内发生式,报告期3年,保单风险偏高;每次及累计赔偿限额为200万美元,风险中等;被保险人自负额为5 000美元;扩展经销商责任,风险中等。
7. 根据赔偿限额、索赔基础、销售区域进行调整测算出来的费率是0.75%。

二、燃气灶的国内产品责任险承保方案

某厨具有限公司,生产某某牌燃气灶,销售地区为中国境内(不含港澳台地区),年销售额为RMB1 000万,该产品2011年3月份通过国家CCC认证。

承保方案如下:

1. 保险标的:某某牌燃气灶。
2. 销售区域:中国境内(不含港澳台地区)。
3. 承保基础:期内索赔制,无追溯期。
4. 司法管辖:中华人民共和国法律。
5. 销售金额:RMB1 000万。
6. 赔偿限额:累计赔偿限额为RMB500万。
7. 每次事故赔偿限额:RMB300万。

其中:每次事故财产损失赔偿限额:RMB200万。

每次事故人身伤害赔偿限额:RMB100万。

每人赔偿限额:RMB10万。

考虑到该产品风险及国内销售情况,费率定为0.11%。

8. 保费:RMB10 000 000×0.11% = RMB11 000元。
9. 免赔:每次事故绝对免赔3 000元或损失金额的10%,两者以高者为准。
10. 附加条款。产品回收/保证除外条款;污染绝对除外条款;惩罚除外条款;铅除外条

款;以索赔提述为基础条款;战争和恐怖主义除外条款;间接损失除外条款;雇主责任除外条款。

三、燃气灶的出口产品责任险承保方案

某厨具有限公司,生产某某牌燃气灶,销售地区为全球,年销售额人民币USD1 000万,该产品2011年3月份通过国家UL认证。

保险方案如下:

1. 保险标的:某某牌燃气灶。
2. 销售区域:世界范围(含美加地区)。
3. 承保基础:期内索赔制,无追溯期。
4. 司法管辖:世界司法管辖(含美加)。
5. 销售金额:USD1 000万。
6. 赔偿限额:

累计赔偿限额:USD200万。

每次事故赔偿限额:USD200万。

考虑到该产品风险及全球销售情况,最终费率确定为0.23%。

7. 保费:USD10 000 000×0.23% = USD23 000(元)。

免赔:每次事故绝对免赔USD10 000或损失金额的10%,两者以高者为准。

附加条款:产品回收/保证除外条款;污染绝对除外条款;惩罚除外条款;铅除外条款;以索赔提述为基础条款;战争和恐怖主义除外条款;间接损失除外条款;雇主责任除外条款;世界司法管辖权条款。

从这两个案例我们可以清楚地看到:其一,出口的产品责任险因国外司法环境的不同,要求的限额会比国内产品责任险高;其二,出口产品责任险的免赔额为一般为5 000美元以上;其三,出口产品责任险的费率比国内产品责任险的费率要高得多。因此,在产品责任险的承保实务中,尤其应该注意两个险种在经营中的不同之处。

第四节 案例分析

案例一

被保险人:国内某自行车制造厂

营业性质:儿童自行车制造与销售

事故经过:2002年3月27日,美国佛罗里达州一名小孩在骑行该厂生产的儿童自行车时,因车头与车架突然分离,导致该小孩意外受伤。保险公司委托在美国的代表机构——美亚达拉斯公司代表其处理有关理赔事宜。

赔偿理由:本次的损失是由于自行车材料的缺陷引起的,属于产品责任保险的理赔范围。

赔偿金额:本次损失索赔金额为USD150 000.00,最后以USD18 000.00协商解决。

在该案件当中,美亚达拉斯公司除了委托公估行对该事件进行调查,出具事故调查报告外,还聘请了自行车鉴定专家出具专家意见,同时,还委托了资深律师参与取证、协商等事宜。

承保提示：自行车整车及零配件属于高风险产品，容易造成重大的人伤案件，分公司承保时应该判断生产企业的资质，甄别产品检测报告的真实性。

案例二

慢炖锅烫伤儿童

被保险人：国内某电器生产商

营业性质：电器制造

事故经过：在美国德克萨斯州，一个美国家庭使用慢炖锅做饭时，为避免家中不足3岁的孩子碰到，特意将锅放置在较高的位置上，但孩子睡觉醒来后跑到厨房玩耍，发现了地上有根花色的电线，他好奇地拉起那根电线，于是整锅的热汤淋在孩子的头上、身上和手上，导致该儿童全身烫伤和部分手指被切除。

赔偿理由：原告律师认为，由于炖锅的电线不像普通家电一样是黑色或白色，而是花色，引起了孩子的好奇心，导致其拉电线，因此制造商应为此负责。

赔偿金额：法院判决，制造商赔偿受害人约200万美元。

承保提示：家用电器属于中等风险产品，发生了这样的案例，核保人员在审核家用电器的风险时，应该注意产品的图片，如果有花色电线或颜色鲜艳的电线，应该给投保人风险提示，提醒投保人将电线的颜色更换，达到提高投保人风险管理水平的目的。

案例三

灯饰引发火灾

被保险人：国内某灯饰制造商

营业性质：各种装饰灯饰的制造

事情经过：2001年8月，在美国德克萨斯州，经营圣诞树灯饰品的某亚洲制造商被指控引发一起火灾案，导致一名儿童死亡及其未成年的妈妈被烧伤，而实际上，没有任何证据可以显示，导致房屋发生火灾是从圣诞树灯饰开始的。但是，孩子的家长仍然将制造商告上法庭。

赔偿理由：屋内所有的电器都会作为可疑的对象告上法庭。

赔偿金额：该案以300万美元达成和解。

承保提示：在美国，一旦发生了人伤案件，所有相关的产品都会被告，因此在制订承保方案时，特别应该注意免赔额的设置，适当的免赔额能够用于因排除被保险人的责任而发生的查勘费用。

案例四

猫被放进微波炉，狗放入冰箱

被保险人：某电器生产商

营业性质：制造各种家用电器

事情经过：一位独居的美国老太太养了一只猫，一天给猫洗完澡后，为了尽快让猫的毛发变干，于是将猫放进了微波炉；而另一位老太太养了一只狗，一日狗发高烧，打了针仍然不退，于是老太太将狗放进了冰箱。猫和狗的命运可想而知。丧失了爱猫和爱狗的两位老太太分别起诉制造商。

责任保险

赔偿理由:制造商生产的产品说明书上没有提到不准将动物放进电器。

赔偿金额:法院判决制造商承担数百万美元的赔偿。

承保提示:产品说明书非常重要。如果产品说明书叙述不仔细,不详尽,很容易被法官找到理由要求被保险人赔偿,因此,核保人应该仔细审核产品说明书,为被保险人提出合理的建议。

第四章

职业责任保险

正如上文提到的,职业责任保险是责任险中的一个比较大的类别,涉及的领域较多,险种也多,由于国内市场责任保险发展相对落后,目前市场上职业责任保险险种发展相对较慢,这里主要选取相对比较普及、常用的几个险种来进行逐一介绍。

第一节 建设工程设计责任保险

建设工程设计责任保险是保险公司承保建设工程设计单位对投保工程设计企业的工程设计人员因疏忽或过失导致工程质量事故而应由被保险人依法承担的经济赔偿责任的险种。该险种主要承担的损失包括建设工程本身的物质损失以及第三者的财产损失或人身伤亡。

一、风险调查与评估

1. 风险调查与评估的准备工作。对于一个项目,在风险调查与评估之前,必须详细了解和搜集有关信息,这样方能保证风险调查与评估的真实、准确性,确保后期承保报价和承保方案的有效和完整。

保险人主要通过投保调查进行风险评估,了解投保人的风险状况,以便在承保时运用保险费率和免赔率这两个杠杆因素选定合理的费率和免赔率。

在投保调查中,保险人要特别注意了解以下信息:

(1)调查被保险人承保前有无接办重大建设工程设计任务,尤其是对因设计质量低劣引起返工或因设计错误而造成工程重大质量事故的要了解清楚。

(2)被保险人所雇佣的设计人员的姓名及其工作经历、年限等。

(3)投保设计院/所的营运及盈利能力状况,设计院/所的规模、设计种类、资信情况及设计复杂程度。

(4)被保险人所雇佣的设计人员的技术水平、个人素质及职业道德状况。

(5)内部质量控制管理系统的有效程度。

(6)调查被保险人是否有被职业索赔的经历,是否曾经投保过职业责任保险,未投保的原因(投保人以前未曾投保过职业责任方面的保险将对保险人如何承保产生一定影响,保险人将考虑投保人从事该业务的年限、等级以及未曾保险的年限等因素来确定对投保人采取何种费率并确定追溯期),已投保的缴费数量、投保限额、承保公司、保险期限、出险及理赔情况等。

(7)调查被保险人是否曾有前任被解职,解职的原因是因为疏忽、过错行为还是因为诈骗或其他恶意行为。

(8)要求附加的保险保障。

2.风险调查与评估。建设工程设计风险是指工程设计造成事故引起经济损失的不确定性。建设工程设计风险是工程建设过程中始终存在的客观现象。建设工程设计风险主要包括：

(1)法律风险。以前工程设计质量出现问题，设计单位只承担约2%左右的工程损失，绝大部分是由建设单位来承担的，建设工程设计风险很小。随着我国《建筑法》《合同法》等法律法规的颁布实施，工程设计单位需要承担应由其负责的全部责任，也就是说，如果工程设计质量出现问题，工程设计单位应承担100%的工程损失，工程设计的风险是很大的。

(2)技术风险。就房屋建筑工程来说，技术风险主要表现在：一是设计方案不当，如礼堂等空旷建筑物的结构方案不正确，底层为大开间、楼层为小开间的多层房屋结构方案不当，屋架支律不完善；组合屋架节点处理不当，悬挑结构稳定性严重不足，砖拱结构设计方案错误等；二是构造不合理，如建筑构造不合理，钢筋混凝土梁构造不合理，墙体连接构造不当，墙梁构造不当等；三是抗震设计概念不清，抗震措施得不到有效的保证，甚至未按规定进行抗震验算。

(3)人为风险。这主要表现在：一是结构计算书不全，主要荷载的取值不准确，甚至没有结构计算书；二是工程地基、基础承载力计算错误，甚至无计算，部分工程没有按规定进行差异沉降计算；三是有些设计图纸无注册结构工程师、注册建筑师签章；四是使用已作废的图集。

(4)程序风险。建设工程设计是指依据工程建设目标，运用工程技术和经济方法，对建设工程的工艺、土木、建筑、公用、环境等系统进行综合策划、论证、编制建设所需要的设计文件及其相关的活动。这是一项技术性、专业性非常强的工作，必须以制度化的工程设计程序保证风险因素的及时处理。程序风险主要表现在：一是没有勘察资料就进行设计；二是超出标准规范的限值范围，超高、超层、开间过大等建设工程设计，没有经过论证、批准和采取相应的措施就使用；三是工程设计单位内部不严格执行设计、校对、审核等制度。

二、风险控制

开展风险调查与评估之后，对该项目的风险情况有了一个比较清楚的了解，在此基础上将针对业务存在的风险采取相应的风险控制措施。结合业务实际，对于能接受的风险在承保中可以给予保留，对于原则上不能承保的风险一定要剔除并对投保人进行解释说明，对于需要改进的风险提出具体的解决方案，并反馈业务人员进一步与投保人进行沟通和协商。

1.被保险人资质。这是最基本的审核要求，必须是依法成立的设计单位。依法成立一般需要具备两个条件：一是经国家建设行政主管部门批准(应为取得设计资质证书和年检合格的设计单位)，二是工商行政管理部门注册登记，依法成立。

对于被保险人的资质，建筑业的政府行政管理部门会根据各设计单位的整体条件给予评定。现在建设工程设计资质主要分为甲、乙、丙三级，甲级资质最高，丙级资质最低，乙级则为中等。相应地，我们在承保操作中，一般而言，资质越高的设计单位风险相对较低，资质越低的设计单位风险较高。

2.投保区域范围。保险人承担责任的地理范围限制。由被保险人根据设计业务情况与保险人协商确定。因本保险条款规定适用中华人民共和国法律，故此区域范围仅限于中国境内(不包括港澳台地区),并不得扩展。

3. 年设计费收入。按上一年度的设计费合同总收入计算。一般而言,年设计费收入越高的设计单位客户接受度和认可度较高,其风险相对较小。

4. 赔偿限额。赔偿限额是保险人根据保险合同应该承担的最高赔偿额度,赔偿限额的高低直接关系保险人承担保险责任的大小。在实际操作中,一般赔偿限额的高低与企业的规模成正比,即对于大型的设计单位给予较高的赔偿限额;反之,较小的客户则给予较低的赔偿限额。在核定承保风险时可以通过控制赔偿限额的高低来管控风险。

5. 设定每次事故索赔免赔额。一般根据项目的情况,综合考虑项目的风险、保险责任的大小、赔偿限额的高低以及费率的高低等因素,在承保方案中制定一个明确的免赔额,以促使被保险人加强风险管控,防范道德风险,实现与保险人的风险共担。

6. 被保险人经营时间以及参与大型项目或者类似项目的经验。一般而言,成立时间较少而且经验丰富的设计单位因为参与类似项目较多而风险相对较小,而刚成立的或者新参与此类项目的设计单位风险相对较高。

7. 被保险人以往赔付记录以及其他险种的赔付状况。被保险人在该险种以及其他险种方面的赔付记录一定程度上反映了该客户整体的风险管理状况,对于以往赔付较多的客户,反映其在公司管理和风险管控方面仍存在问题,对于新的承保业务应该谨慎,并采取合适的措施来控制风险。

8. 需要附加或扩展的保险保障。建设工程设计责任保险条款本身保障的范围比较宽,能满足绝大多数客户的需要,但实际操作中存在部分客户应业主的要求需要扩展某些特殊责任的情况,对于这种情况,在进行综合风险评价,保险双方达成一致意向后,在投保人补交相应的附加保险费的前提下,可以适当扩展。

9. 其他管控措施。

(1)如果投保企业是小型设计单位,应请客户配合填写基本情况清单,详细了解"设计人员姓名、性别、年龄、工作年限、设计类型、设计资质等",据实逐项填写。

(2)如果投保企业是大型设计单位,可用承保当月的工资表代替本表,但需说明的问题,设计人员必须在保险事故发生时在工资表中体现。

(3)设计人员变动时,原则上应及时通知保险人进行批改,但如人员变动频繁,可约定每年批改一次。

三、承保方案

根据项目的总体风险评估(其中包括保险人所做的风险调查,投保人提供在册设计人员、上年业务收入、本年的设计任务安排等情况)和风险管控措施,根据客户对保险建议书反馈的意见和要求,经过分析,即可为投保人量体裁衣制订出承保方案。如投保人不要求向其提供承保方案,也可请其直接填写投保单。承保方案应包括以下内容:

1. 使用的保单条款。已报经中国保险监督管理委员会核准备案的建设工程设计责任保险条款。

2. 明确的赔偿限额。建设工程设计责任保险的赔偿限额规定有每次索赔赔偿限额(含每人赔偿限额)和累计赔偿限额,分别指每次(含其中每人)保险事故保险人承担赔偿责任的最高限额和在保险期限内承担赔偿责任的最高限额。保险费率规章规定有基本赔偿限额和增加赔偿限额档次。各项赔偿限额由投保人根据上一年(或预计当年)承接的设计业务所涉及的经济责任的金额,参考选择费率规章划分的赔偿限额档次,与保险人协商确定。

3. 每次事故索赔免赔额。这在保单中是明确的,一般采取固定金额与比例相结合,以高者为准的模式。如每次事故10万元或损失金额的5%,两者以高者为准等。需要特别说明的是,该险种主要解决重大事故下有关人员的合法权益和财产损失,所以一般操作中都要设定一个相对较高的免赔额。实际使用中,免赔额要综合考虑赔偿限额、费率等因素后使用,也就是说,在赔偿限额一定的情况下,免赔额提高时,给予保费减收优待。具体免赔额由保险双方根据赔偿限额的高低和被保险人业务风险的大小协商确定。

4. 保险费和费率。建设工程设计责任保险实行预收保险费制。由保险人按照适用的基本费率乘以被保险人预计的当年业务收入,再考虑增加赔偿限额后的加费和提高免赔额的减费等因素确定适用费率并计算出预收保费。

被保险人预计的当年业务收入可按照当年计划或上一年度实际业务收入确定。在保险单到期后的一个月内,被保险人应提供在保险单有效期内实际业务收入的有关账册,供保险人查验。保险人根据实际收入金额,计算调整所预收的保险费,多退少补。保险费按照下述公式计算并填写:

预收保险费 = 被保险人预计当年业务收入 × 适用的基本费率 × 增加赔偿限额后的加费倍数 × (1 - 提高免赔额后的减费比例)

或

预收保险费 = 被保险人上一年业务收入 × 适用的基本费率 × 增加赔偿限额后的加费倍数 × (1 - 提高免赔额后的减费比例)

5. 保险期间。这是指保险合同有效的起止时间,规定为一年,本险种不设短期保险。保险期限自起保日0时开始至保险期满日24时止。起保日不得是投保当日,最早应是投保次日0时。

6. 追溯期。在确定追溯期时,应根据以下原则:

(1)一般情况下,第一年投保时,不给予追溯期;第二年续保时,追溯期追溯到第一年保险单的保险期限起始日;第三年续保时,追溯期仍追溯到第一年保险单的保险期限起始日,即连续投保,连续计算追溯期。投保人未续保一段时间后重新投保的,追溯期重新计算。原则上,在其他公司投保的时间不给追溯期。对某些被保险人提出的第一年投保时给予一定追溯期的要求,保险人在对被保险人进行充分的风险评估的基础上,在被保险人补交一定的保险费后,可适当考虑。

(2)追溯期最长不能超过5年,因为时间太久,资料收集困难,案件复查难度加大。追溯期较长的情况下可以适当加收保费,一般情况下,追溯期越长费率越高。

追溯期发生的索赔必须是委托人首次在保险期限内向被保险人提出的索赔申请,保险人方予以负责。对于起保日以前已经向被保险人提出索赔的,保险人不予负责。此项规定就是为了防止被保险人利用追溯期进行逆选择。在实际工作中,要防止被保险人隐瞒承保前已发生委托人向其提出索赔的事实,为支付即将发生的巨额赔偿而利用追溯期来选择购买保险。因此,保险人在承保时应对保险承保前的风险状况进行调查。

7. 承保区域范围。这是指保险人承担责任的地理范围限制。由被保险人根据设计业务情况与保险人协商确定。因为一般都承保的是中华人民共和国境内的工程项目,所以承保区域范围一般为中华人民共和国境内(港澳台除外)。

8. 司法管辖权范围。司法管辖权的设定一般与承保区域一致,即司法管辖为中华人民共和国境内(港澳台除外)。对于海外施工的项目,或者司法管辖权要求扩展至海外的项目,一般不轻易承保,需要审慎对待。

9. 需要附加或扩展的保险保障。按照与投保人达成的一致意向,在保险单中明确约定扩展的保险责任。

四、案例介绍

(一)案情

某建筑设计有限公司,拥有设计类甲级资质,是一家以建筑设计为主的现代科技型企业,拥有近60年的悠久历史和辉煌业绩。集团旗下拥有10余家专业机构和公司,在国家建设部历年全国勘察设计单位综合实力测评的前100名中跻身于前10名,2000年和2001年被美国ENR(《工程新闻记录》)选入世界200强国际设计公司。2002年和2003年被美国ENR(《工程新闻记录》)选入世界150强全球设计公司。该公司去年在保险公司投保建设工程设计责任保险,没有出险记录。现客户拟在保险公司续保建设工程设计责任保险,并将责任限额提高至累计3 000万元人民币。

(二)分析

跟进客户提供的资料,也可以到网上或者其他公开的信息中查询被保险人相关信息,整体审核期资质情况。从被保险人提供的资料可以看出,重点分析后可以判断:

1. 该客户是否属于依法在工商部门登记注册的机构,否则不予以承保;
2. 该客户属于甲级工程设计单位,资质优良,专业实力比较雄厚;
3. 客户经营历史相对较长,可以判断拥有丰富的、比较全面项目的设计经验;
4. 客户的年设计费在整体设计行业中属于相对比较靠前的,可以推断出被保险人是比较受客户欢迎和信赖的,属于被客户认可的设计单位;
5. 设计院的设计人员构成情况,如个人资质、诚信、文化素质、学历水平、业务能力、工作经历、年限、技术水平及职业道德等;
6. 从其综合实力测评和被美国授予的有关荣誉可以进一步证实客户的整体实力;
7. 从网络和其他地方搜集材料证实,没有看到有关该公司的负面消息;
8. 该设计院是固有客户,而且赔付记录良好;
9. 投保限额高低以及限额与费率、免赔的整体情况以及司法管辖的设置情况,当然司法管辖权一般最大应为中华人民共和国境内(港澳台除外)。

(三)承保方案

被保险人名称:某建筑设计院

保险险种:建设工程设计责任险

营业处所地址:××市××路××号

工程设计单位类型:甲级

年设计费收入:5 000万元

累计赔偿限额:人民币3 000万元

每次事故赔偿限额:500万元,其中每人赔偿限额20万元

每次事故绝对免赔额:第三者财产损失每次事故300 000元或损失金额的10%,两者以高者为准;第三者人身伤害每次事故人民币500元

保险费率:1%

保险费:人民币50万元

保险期间:12个月,从2010年10月9日0时起,至2011年10月8日24时止
追溯期:自2009年10月9日0时起,至2010年10月9日24时止
承保区域:中华人民共和国境内(港澳台除外)
司法管辖:中华人民共和国境内(港澳台除外)
特别条款:无

第二节 单项建设工程设计责任保险

单项建设工程设计责任险是承保在保险合同期限内列明的建设工程项目,因被保险人不当行为引发工程质量事故而遭受赔偿请求所引致的损失,依法应由其承担的经济赔偿责任,以及因上述事故所支付的事先经保险人同意的诉讼费用和被保险人为控制或减少损失所支付的必要的、合理费用的保险。

一、风险调查与评估

在承保业务时,应详细了解有关情况,要求展业人员现场调查,并做好调查记录,如需要,承保人员可直接参与现场调查,以便对有关业务的风险进行科学评估。在此基础上确定承保条件,设计承保方案。在投保调查中,应多角度、全方位对投保单位进行风险分析,对于经营状况恶劣、存在纠纷隐患或已发生索赔纠纷的公司,原则上不予承保。保险人要特别注意了解以下信息。

1. 设计单位资质。被保险人是否在中华人民共和国境内依法注册,并取得工商行政部门和主管部门颁发的营业执照和设计资格证书、年检合格证书,这是能否承保业务的前提。

2. 设计院落/所的规模。规模一定程度上是一个单位整体实力的代表和象征,总规模的大小直接影响承保费率的高低。

3. 设计院/所的营运及盈利能力。了解和掌握单位的财务状况,分析单位的营运及盈利能力,洞察单位未来发展趋势,有利于更有效地防范风险。

4. 了解单位在行业内所处的位置。这就需要了解投保单位与行业内其他同类单位相比的设计种类、资信情况及设计复杂程度,可以更彻底了解投保单位设计能力和质量。

5. 投保公司声誉。投保单位的声誉和口碑等,也是核保时需要关注的一个方面。

6. 内控管理情况。单项建设工程设计责任险主要承保的是客户的质量控制管理风险,所以应该从客户背景、内部规章制度的建立和执行情况等内控质量管理方面全方位分析和评估风险,并到客户处进行实地调查和访问,详细了解风险。管理相对规范、内部质量控制管理有效的单位,其管理风险相对较小。

7. 被保险人所雇佣设计师的个人风险。建设设计单位所雇佣的设计人员的个人资质、诚信、文化素质、学历水平、业务能力、工作经历、年限、技术水平及职业道德等情况会直接影响业务风险的高低。其包括是否曾有前任被解职,解职的原因是因为疏忽、过错行为还是因为诈骗或其他恶意行为。对于有不良记录的个人,如以往受过行政处罚或公司内部处分的,应列为不予承保范围。

8. 历史投保情况。要了解被保险人是否有被职业索赔的经历,是否曾经投保过职业责任保险以及未投保的原因(投保人以前未曾保过职业责任方面的保险将对保险人如何承保

产生一定影响,保险人将考虑投保人从事该业务的年限、等级以及未曾保险的年限等因素来确定对投保人采取何种费率并确定追溯期),已投保的缴费数量、投保限额、承保公司、保险期限、出险及理赔情况等。

9. 以往事故情况。调查被保险人在承保前有无接办重大建设工程设计任务,尤其是对因设计质量低劣引起返工或因设计错误而造成工程重大质量事故的要了解清楚。调查了解投保单位以往是否出现过类似索赔事件或纠纷,公司是否有过诉讼案件或违反法律程序的行为,目前是否有相关诉讼,其损失情况如何,是否存在会导致今后发生索赔的情况等。如果存在相关风险,则要提高承保条件,甚至拒绝承保。

10. 其他险种赔付情况。如果客户有投保其他保险,则可以了解其他险种以往的承保赔付情况,因为这些侧面反映了客户的管理情况和资信情况,这从一定程度上可以增加我们对风险的把控。

11. 其他可能影响风险的因素。通过网络、报纸或其他途径了解该客户或类似企业的风险情况,搜集相关信息,以更充分的信息强化对风险的掌控,提高风险识别能力。

二、风险控制

核保人经过对项目的风险评估和分析,对项目的整体风险情况有了较清晰的认识,并在此基础上采取有针对性的风险管控措施。开展风险控制工作,主要从以下几个方面着手:

1. 审核投保人有关信息。如核对联系地址、电话,看名称是否与公章一致等,以便确保投保人的合法性。被保险人是在发生保险责任事故后,享有领取保险赔偿金的建设工程设计单位,在一般情况下投保人与被保险人是一致,如两者不一致,则分别据实在对应的项下列明,同样要求写全称和详细的地址。如果被保险人不止一人(指一个建设项目由几个单位共同设计),可采取指定一个"主体设计单位"为主被保险人,并在保单上注明或附表列明其他被保险人的方式,或在保单上列出全部被保险人的全称或附表。

2. 被保险人执业许可证编号。作为被保险人的建设工程设计单位,必须经国家建设行政主管部门批准,即取得设计资质证书并年检合格,其执业许可证是设计单位可以进行建设工程设计的前提条件,有《执业许可证书》的单位才具备开展工程设计的资格。对于没有相应资质的设计单位,不能给予承保。

3. 工程设计单位类型。一般分甲、乙、丙三级,资质级别从甲级开始逐级递减,因此,被保险人的承保风险也是按照甲、乙、丙在逐级升高。

4. 工程项目的种类。如应该明确该工程是公路/铁路(不含高架)、民用住宅/一般工业厂房/宾馆/商业楼宇/仓库/剧院/体育场(馆),还是桥梁/高架铁路/隧道/特殊工业厂房,不同类别的工程项目风险不同,需要区别对待。

5. 工程地点。工程地点即施工地点,施工地点不同风险不同。应先确定该工程是在国内还是国外,对于国外的工程项目谨慎承保。

6. 投保区域范围。这是指保险人承担责任的地理范围限制。由被保险人根据设计业务情况与保险人协商确定后确定。实际操作中,此区域范围仅限于中国境内(不包括港澳台地区),不扩展境外。

7. 保险期限。单项建设工程设计责任保险的保险期间一般与工期相同,时间相对较长。时间越长,风险越高,所以对于保险期限较长的业务应该谨慎承保。

8. 追溯起期。这是指保险单列明的保险期限开始以前,发生需保险人承担赔偿责任事故的起始时间。第一年投保时,一般不设追溯期;第二年续保时,追溯期追溯到第一年保险单的保险期限起始日;第三年续保时,追溯期仍追溯到第一年保险单的保险期限起始日,以此类推,连续投保,连续计算追溯期。

三、承保方案

在调查了解被保险人的情况后,进行风险评估的基础上,应根据投保人的需求拟订保险方案,确定具体的承保条件。承保方案的主要内容包括:

1. 投保人/被保险人情况。投保人/被保险人的基本信息主要包括:
(1)建设工程设计院所依法注册的全称及详细地址;
(2)设计院所的类型和执业许可证号;
(3)所聘用设计人员清单。

2. 保险期限。应根据投保人需求拟订具体的起止时间,一般为自起保日0时开始至保险期满日24时止。起保日不得是投保当日,最早应是投保次日0时。实际操作中,保险期间一般与工程的工期相同,以年度为单位,最长不超过8年。

3. 承保区域范围。承保区域是指保险人承担责任的地理范围限制,即事故必须发生在规定的区域范围之内,保险人才予负责。承保区域的选择和设定一般都控制在被保险人设计工程项目地址范围之内,也可由被保险人根据设计业务情况与保险人协商后确定,但此区域范围原则上应仅限于中国境内(不包括港澳台地区)。

4. 责任限额。责任限额是保险人承担责任类保险赔偿责任的最高金额,应根据事故后可能引起的赔偿责任大小及客户的需求,由保险人与投保人协商确定。
(1)每次事故责任限额与累计责任限额。这分别是指每次(含其中每人)保险事故保险人承担赔偿责任的最高限额和在保险期限内承担赔偿责任的最高限额,单项建设工程设计责任保险中每次事故责任限额与累计责任限额相等,根据建设工程项目的预算金额确定,且保险期间内限额不再调整。

每次事故责任限额/累计责任限额是保费计算的基础,在业务承保中,对累计责任限额较高的业务需要谨慎对待。

(2)每人伤亡责任限额。这是指第三者人身伤亡的每人每次事故最高赔偿限额,一般设定为人民币10万元。

5. 免赔额。为了提高被保险人加强对建设工程设计质量的责任心,减少一些小额索赔,特针对每次事故制定了免赔额规定,以达到细化和控制风险的目的。

本免赔额是针对每次事故扣除的绝对免赔额,对特殊风险或高赔偿限额的业务除规定较高免赔额外,还可采用免赔率的形式,或者同时规定免赔额和免赔率,两者以高者为准。本险种的免赔额根据不同费率水平设定,低费率对应高免赔;高费率对应的免赔额标准为每次事故人民币3万元或损失金额的10%,以高者为准;低费率对应的免赔额标准为每次事故人民币150万元或损失金额的10%,以高者为准,投保人可根据实际情况自行选定。

6. 保险费率。保险费率包括基准费率和调整费率。
(1)基准费率。基准费率是指在费率表中对风险相近的每一工程项目,根据不同免赔额规定的两种固定费率,在承保时可根据相应的标准确定适用的基准费率。
(2)调整费率。调整费率是指在基准费率的基础上,根据投保设计院所的设计资质等级进行费率调整,投保单中"费率"栏中的所指为经过费率调整后最终确定的费率。

7. 保险费。保险费是按赔偿限额乘以费率计收。

8. 保险期间。保险期间以年度为单位,一般为8年,本保险的起始日应约定为被保险人所设计的工程项目的预计开工之日,终止日应约定为8年后的对应日。但实际的保险期限还要受两个条件制约:第一,如用于被保险人所设计的工程项目的材料、设备运抵工地之时晚于上述保单约定的日期,则保险人以被保险人所设计的工程项目的材料、设备运抵工地之时起承担保险责任;第二,如工程竣工验收合格期满3年之日早于上述保单约定的终止日期,则以先者为准。

工程竣工并验收合格后,被保险人应将《工程验收合格证书》提供给保险人。

9. 追溯期。这是指保险单列明的保险期限开始以前,发生需保险人承担赔偿责任的事故的起始时间。第一年投保时,一般不设追溯期;第二年续保时,追溯期追溯到第一年保险单的保险期限起始日;第三年续保时,追溯期仍追溯到第一年保险单的保险期限起始日,以此类推,连续投保,连续计算追溯期。投保人未续保一段时间后重新投保的,追溯期重新计算。

原则上,在其他公司投保的时间不给追溯期。对某些被保险人提出的第一年投保时给予一定追溯期的要求,保险人在对被保险人进行充分的风险评估的基础上,在被保险人补交一定的保险费后,可适当考虑。

追溯期最长不宜超过5年,因为时间太久,资料收集困难,案件复查难度加大。追溯期较长的情况下可以适当加收保费,一般情况下,追溯期越长费率越高。

10. 司法管辖权。一般为"中华人民共和国(港澳台地区除外)"。

11. 特别约定。根据实际情况填写,如有特约事项需要特别商定的务必注明。

四、案例介绍

(一)案情

某工程公司为国有独资的综合性工程公司,是一家具有国家甲级资质,年合同额平均近10亿元的大型公司。其专注于化工、石油化工、民用建筑、市政工程及环境工程等领域,是一家可提供设计、施工、采购和工程总承包服务的工程公司。

该公司最近刚签约一个工程总承包项目合同,该项目位于××省西部,××区北15公里,××东部75公里处。项目规模:100万吨/年硫酸;合同总价:约8 000万元;建设周期:24个月;计划投产时间:2007年12月。

该公司应客户的要求,拟在保险公司投保单项建设工程设计责任保险。

(二)分析

单项建设工程与上文提到的建设工程的核保思路类似,首先应该审核设计院的整体资质和实力,并结合经营历史、项目经验和外部第三方的评价等去判断其风险。但是单项建设工程设计责任保险又与建设工程设计责任保险不同,在承保管控中,在按照上述案例做好风险分析的同时,需要对拟承保的项目进行重点分析,如:

1. 该工程项目的地理位置,如工程位于相对比较偏僻的郊区,周围居民和建筑物相对较少,万一发生事故则第三者责任的赔偿金额相对较小;

2. 工程造价,判断同类工程项目的大小和规模;

3. 工程期限的长短,直接关系保险期限的长短,工程期限越长对保险人来说风险相对越大;

4.合同总金额：一般而言，单向建设工程合同总金额与投保保险的保险限额相同，工程造价越高，一旦发生事故的损失金额会越大。

经过综合判断，拟订承保方案如下。

(三)承保方案

被保险人名称：某建筑设计院

保险险种：单项建设工程设计责任险

营业处所地址：××市××路××号

工程设计单位类型：乙级

工程项目地址：北京

工程类别：工业厂房

累计赔偿限额：人民币8 000万元

每次事故赔偿限额：2 000万元，其中每人赔偿限额20万元

每次事故绝对免赔额：第三者财产损失每次事故150万元或损失金额的10%，两者以高者为准；第三者人身伤害每次事故人民币500元

保险费率：0.06%

保险费：人民币48 000万元

保险期间：24个月，从2010年10月9日0时起至2012年10月8日24时止

追溯期：无

承保区域：中华人民共和国境内（港澳台除外）

司法管辖：中华人民共和国境内（港澳台除外）

特别条款：无

第三节 律师职业责任保险

律师职业责任保险是以律师在执业过程中所负的法律责任及其责任赔偿为标的的一种保险。随着经济的发展，律师的职业风险也在加大。在执业过程中，律师将不得不面对更为复杂的法律、法规和条例，面对更加复杂的法律问题，律师在法律上产生错误或疏忽的可能性也有所增大。在实际操作中，需要注意以下方面：

一、风险调查与评估

在投保调查中，保险人应当关注以下风险：

1. 被保险人承保前有无接办重大法律事务，如诉讼、顾问、调解或咨询业务，尤其是对有无重大败诉案件要了解清楚。

2. 被保险人完成业务的所有办公地点、被保险人合伙人的姓名及合作年限等。

3. 投保事务所的营运及盈利能力状况，事务所的规模、业务类型、资信情况及业务复杂程度。

4. 执业律师（专、兼职）的数量、技术水平、个人素质及职业道德状况。

5. 内部质量控制管理系统的有效程度。

6. 了解被保险人是否有被职业索赔的经历，是否曾经投保律师职业责任保险，未投保的原因（投保人以前未曾投保过职业责任保险将对保险人如何承保产生一定影响，保险人将考

虑投保人从事该业务的年限以及未曾保险的年限等因素来确定对投保人采取何种费率并确定追溯期),曾经投保过的承保公司、投保限额、缴费数量、保险期限、出险及理赔情况等。

7.了解被保险人是否曾有前任被解职,解职的原因是因为疏忽、过错行为,还是因为诈骗或其他恶意行为。

8.要求附加的保险保障。

二、风险控制

1.明确被保险人。律师职业责任保险的被保险人有两种:律师事务所及执业律师。需要指出的是:根据《律师法》中"律师应当在一个律师事务所执业"的规定,意味着律师只有参加律师事务所,且只能参加一个律师事务所时才能执业。本保险只承保律师事务所及参与律师事务所工作的单个执业律师的职业责任保险,未参加事务所的律师,本保险不予承保。

实际操作中,"执业律师"与"律师资格"这两个概念是有很大区别的:"执业"是法律规定专业技术人员享有的一种从业资格,而"职业"是仅指某种行业。例如:"执业律师"和"律师职业"的含义是不同。我国《律师法》第五条规定:律师执业应当取得律师资格和执业证书。律师资格的取得主要指全国律师资格统一考试合格者,由司法行政部门授予律师资格。具有律师资格的人,在符合《律师法》规定的条件时方能申请领取律师执业证书。可见,仅获得律师资格的人员是不能实际执业的,也不属于职业责任保险的范畴。

2.触发机制。鉴于"事故发生式"的长尾巴责任风险,律师职业责任险往往采取"期内索赔式",即不管因被保险人的过错使委托人遭受的经济损失的案件是发生在保险期限内,还是发生在追溯期内,委托人必须在本保险期限内首次向被保险人提出索赔,而被保险人也必须在此期限内向保险人提出索赔,保险人才负责赔偿。发生在保险有效期内的责任事故,如果在有效期之后提赔,保险人不负赔偿责任。因此,在签发保单之前,保险人要认真审核投保书的内容,以确定在投保人(被保险人)执业过程中,未发生任何委托人向其索赔的案件。如果确有此类案件发生,保险人概不负责。特别要警惕投保人的逆选择。

3.免赔额。免赔额是针对每次索赔而言,同一个案件、同一件事实、同一次言论造成的多个索赔仍属于每次索赔,只有一个免赔额。

4.协议项下的责任。被保险人根据协议所承担的责任是合同责任,这些责任由于合同规定可能会增加被保险人的责任,保险人对此部分额外增加的责任不承担赔偿责任。但是,即使没有协议存在,被保险人也需对他人承担这种法律责任时,保险人仍予负责。

5.投保区域范围。由于律师接办的案源及调查取证范围比较广泛,同一案件可能涉及不同的司法管辖权,因此律师从事法律事务不可能局限在一个固定地域。因此,只要被保险人的营业处所保险人认可,不论其承接的诉讼案件或其他法律事务发生在何处,只要在中国境内(港澳台地区除外)从事业务活动,都给予承保,但一般仅限于"中国境内(香港、澳门除外)"。

6.事务所类型。事务所类型分为国家出资设立的律师事务所即国资律师事务所、合作律师事务所、合伙律师事务所等,可填写国资、合作或合伙等。

7.赔偿限额及费率。律师职业责任保险赔偿限额一般包括每次索赔赔偿限额、累计赔偿限额两部分,由被保险人根据经营或业务性质等诸因素所可能导致的赔偿责任风险大小以及实际需要与保险人协商确定,或由被保险人根据保险人在费率表中事先划分的,与业务各类相对应的赔偿限额档次选择确定投保,由保险人确认。在赔偿限额确定后,按照累计赔偿限额适应相对应档次选择费率,并计收保险费。

8. 每次索赔免赔额。为建立风险共担机制,律师职业责任保险每次事故索赔免赔额一般为 10 万元或将免赔率定为每次损失金额的 10%,两者取高者为限。

9. 保险费。应收保险费的计算以被保险人预计当年业务收入为基数乘以适用的费率。在保险单到期后的 1 个月内,被保险人应提供在保险单有效期内实际业务收入的有关账册,供保险人查验。保险人根据实际收入金额,计算调整预收的保险费,多退少补。

10. 追溯期。追溯期发生的索赔必须是委托人首次在保险期限内提出的索赔申请,保险人方予以负责。对于起保日以前已经向被保险人提出索赔的,保险人不予负责。此项规定就是为了防止被保险人利用追溯期进行逆选择。在实际工作中,要防止被保险人隐瞒承保前已发生客户向其提出索赔的事实,为支付即将发生的巨额赔偿而利用追溯期来选择购买保险。因此,保险人在承保时应对保险人承保前的风险状况进行调查。追溯期的确定,一般应根据以下原则:

(1) 一般情况下,第一年投保时,不存在追溯期;第二年续保时,追溯期追溯到第一年保险单的保险期限起始日;第三年续保时,追溯期仍追溯到第一年保险单的保险期限起始日……即连续投保,连续计算追溯期。投保人未续保一段时间后重新投保的,追溯期重新计算。原则上,在其他公司投保的时间不给追溯期。对某些被保险人提出的第一年投保时给予一定追溯期的要求,保险人在对被保险人进行充分风险评估的基础上,在被保险人补交一定的保险费后,可适当考虑。

(2) 追溯期不宜超过 5 年,因为时间太久,资料收集困难,案件复查难度加大。追溯期较长的情况下可以适当加收保费,一般情况下,追溯期越长费率越高。

11. 保险期限。保险期限指保险合同有效的起止时间,通常为 1 年,如投保人要求亦可投保短期保险,但应征得保险人同意,并由双方协商起止时间。为防止道德危险发生,无特殊情况,保险人原则上不能同意投保短期保险的要求。保险期限应从起保日 0 时起至期满日 24 时止。

12. 以往事故情况。详细填写被保险人前 5 年责任事故情况,索赔金额及事故处理结果。填写内容要求清楚、简练,内容多时可另加附页,注明"详见附页"。以往无委托人索赔事故的必须写明:"截止日前,没有发生委托人索赔事故。"

三、承保方案

根据项目的总体风险评估结果和客户对保险建议书的反馈意见和要求,即可为投保人制订出承保方案。如投保人不要求向其提供承保方案,也可请其直接填写投保单。承保方案应包括以下内容:

1. 使用保单名称:已报经中国保险监督管理委员会核准备案的律师职业责任保险条款。
2. 被保险人的名称、营业处所地址、执业许可证号及事务所的类型。
3. 明确承保区域范围。
4. 确定赔偿限额、计算的方法及具体标准。
5. 规定免赔额的确定方法,并明确该部分为被保险人自负责任的金额。
6. 司法管辖权范围。
7. 费率的确定及保险费计算、缴付方式。

8. 需要附加的保障以及其他条件、加费幅度。

四、案例介绍

[案例一]

甲律师事务所向保险公司投保了律师职业责任保险。乙律师事务所在代理一起债权债务纠纷案时,与当事人签订《委托代理协议书》。代理协议签订后,该所律师为当事人写好起诉书,只待当事人签字后到法院去起诉,但当事人一直未在起诉书上签字,而律师又未能与当事人取得联系,故一直没有到法院立案。后因律师事务所经营地址发生变化,承办律师未能及时与当事人相互取得联系,使得委托事项过了诉讼时效。委托人遂对该律师事务所提起诉讼,要求其赔偿经济损失。法院经审理后判决律师事务所赔偿委托人6万余元经济损失。保险公司根据保险合同的约定支付了保险金。

该案中律师代理诉讼案件后,应当根据委托协议的约定履行相应的义务。作为专业法律人员,律师对民事诉讼程序相当熟悉。根据法律的规定把握诉讼进程,维护当事人的合法权益,是律师的重要职责。本案律师没有尽到起码的注意义务,没有将当事人的最大利益放在首位,违反了委托协议的有关约定,应承担相应的违约责任。同时,律师在本案中的行为属于保险责任范围,保险公司据此支付了保险金。

[案例二]

(一)案情

××律师事务所是一家跨国法律服务机构,成立于1989年,总部在中国上海,在中国内地拥有25个分支机构,在韩国、意大利、中国香港地区等地分别设有分支机构。事务所有近4 000名员工,致力于为客户提供全球商务法律服务,为客户创造价值。业务范围涵盖国际贸易、海外投资、公司、资本证券、房地产、环境保护、海商海事等专业领域。此外,事务所还聘请了在国内外法学理论及实务领域享有声誉的法学专家担任专家顾问。目前,事务所已加入了100多家行业和企业协会,为15 000多家海内外企业提供法律服务。

作为一家具有全球法律服务能力的商务型律师事务所,该所十分注重增进与国外律师事务所的交流与合作。事务所注重引进和培养国际化的律师人才,坚持完善和发展律师事务所多语种法律服务能力,全面提升律师事务所国际法律业务的服务能力。为全面提升律所的整体实力,该客户拟投保律师职业责任保险。

(二)分析

根据以上材料可以判断:

1. 审核客户是否属于依法在工商部门登记注册的机构,否则不予以承保;

2. 该客户拥有20多年的经营经验,目前网络和分支机构遍布国内外,拥有员工数千人,整体判断客户综合实力相对较好;

3. 从被保险人拥有的客户数量可以判断,该事务所有着丰富的从业经验;

4. 被保险人除了拥有自身专业团队,也与众多专家建有业务联系,并开展培训,可以看出企业自身内控管理较好,专业能力较强;

5. 该事务所参加了众多行业和企业协会,业务遍布海内外,可以推断其在业内的声誉较好;

6. 累计责任限额、每次事故责任限额、每人赔偿限额以及每次事故免赔额等全方面搭配设计,有利于控制风险。

所以，虽然律师职业责任保险整体来说风险相对较高，但需要具体项目具体分析，结合该案例的风险情况，拟订参考承保方案如下：

（三）承保方案

被保险人名称：××律师事务所

保险险种：律师职业责任险

执业许可证：××

事务所类型：合伙律师事务所

累计赔偿限额：人民币 3 000 万元

每次事故赔偿限额：500 万元，其中每人赔偿限额 30 万元

每次事故绝对免赔额：第三者财产损失每次事故 50 000 元或损失金额的 5%，两者以高者为准

被保险人预计当年业务收入：1 000 万元

保险费率：1%

保险费：人民币 100 万元

保险期间：12 个月，从 2010 年 1 月 1 日 0 时起至 2010 年 12 月 31 日 24 时止

追溯期：无

承保区域：中华人民共和国境内（港澳台除外）

司法管辖：中华人民共和国境内（港澳台除外）

特别条款：无

第四节 注册会计师执业责任保险

注册会计师执业责任保险主要是承保被保险人的注册会计师在中华人民共和国境内承办的列明业务而出具的有关报告不实，造成委托人或其他利害关系人的经济损失，由委托人或其他利害关系人在保险期间内首次向被保险人提出赔偿请求，依法应由被保险人承担的民事赔偿责任，保险人根据保险合同的约定负责赔偿。

一、风险调查与评估

保险人主要通过投保调查进行风险评估，了解投保人的风险状况，以便在承保时运用保险费率和免赔率这两个杠杆因素，选定合理的费率和免赔率。

在投保调查中，保险人要特别注意了解以下信息：

1. 调查被保险人承保前有无重大涉讼事件有无重大败诉的可能性。
2. 被保险人完成业务的所有办公地点、被保险人合伙人的姓名及合作年限等。
3. 投保事务所的营运状况及盈利能力，事务所的规模、业务类型、资信情况及业务复杂程度。
4. 注册会计师（专、兼职）的数量、技术水平、个人素质及职业道德状况。
5. 内部质量控制管理系统的有效程度。
6. 了解被保险人是否有被职业索赔的经历，是否曾经投保过职业责任保险，未投保的原因（投保人以前未曾投保过职业责任方面的保险将对保险人如何承保产生一定影响，保险人将考虑投保人从事该业务的年限以及未曾保险的年限等因素来确定对投保人采取何种费率

并确定追溯期),曾经投保过的承保公司、投保限额、缴费数量、保险期限、出险及理赔情况等。

7. 了解被保险人是否曾有前任被解职,解职的原因是因为疏忽、过错行为,还是因为诈骗或其他恶意行为。

8. 要求附加的保险保障。

9. 会计师事务所的服务范围。注册会计师职业责任保险还要将会计师事务所的服务范围作为考虑的风险因素。许多注册会计师从事专业服务工作,但是大多数注册会计师除了提供专业服务,还从事其他服务工作。保险人可以从投保书上了解到事务所注册会计师的专业工作以及可能产生的职业责任。一般来说,会计师事务所规模大,潜在的风险也大。风险评估师要详细了解投保人的业务范围、会计师的教育背景和从业经验、内部管理状况以及风险控制等。同时,要了解有关业务的收入比例,如:

(1)一般会计事务
①计账。
②查账。
③以上两者皆有。
④审计。
⑤个人理财计划。

(2)税收
①企业税收。
②个人税收。
③其他。

(3)企业投资咨询

(4)其他
①管理咨询服务。
②企业合并、分立、清算评估。

二、风险控制

1. 保险责任。注册会计师执业责任保险只承保条款列明的注册会计师承办的审计业务等《注册会计师法》规定的事务所的执业范围,根据《注册会计师法》的规定,注册会计师是接受委托从事审计(审查企业会计报表出具审计报告,验证企业资本出具验资报告,企业合并、分立、清算事宜中的审计业务出具有关的报告,其他由法律法规规定的审计业务)和会计咨询、会计服务业务的执业人员。因此,本保险承保的被保险人的执业活动不包括非审计业务。在我国,注册会计师同律师一样是一种以其专业知识服务于社会的专家。注册会计师从事执业活动应当加入会计师事务所。会计师事务所对于本所的注册会计师的执业活动负责,并对外承担民事责任。

2. 保险条款中涉及的利害关系人是指按照法律法规规定有权使用注册会计师审计报告的投资人、债权人。

3. 事务所类型。注册会计师事务所类型分为有限责任会计师事务所和无限责任合伙会计师事务所两种。

4. 赔偿限额。注册会计师执业责任保险赔偿限额包含每次索赔赔偿限额、累计赔偿限额两部分,分别为每次保险事故保险人承担赔偿责任的最高限额和保险人在保险有效期内承担赔偿责任的最高限额。费率规章规定有基本赔偿限额和增加赔偿限额档次。实际操作中,每次索赔和累计的基本赔偿限额分别为100万元、200万元。增加赔偿限额划分为7个档次。由投保人根据上一年(或预计当年)承接业务所涉及的经济责任金额,参考赔偿限额档次与保险人协商选择累计赔偿限额及每次索赔赔偿限额。

5. 免赔额。免赔额针对每次索赔而言,同一个案件、同一件事实、同一次言论造成的多个索赔仍属于每次索赔,只有一个免赔额。实际操作中,每次索赔的最低免赔额为1万元,可根据实际需要以及客户意愿相应调整,如提高免赔额时可享受相应比例的保费减费优待。

6. 保险费和费率。注册会计师执业责任险的保费计算不以会计师事务所的年业务收入为据,而以拥有注册会计师的人数为计收依据,因而未规定相应的费率,而只是规定了基本赔偿限额下的基本保费及增加赔偿限额后的基本保费倍数。

7. 追溯期。追溯期发生的索赔必须是委托人首次在保险期限内提出的索赔申请,对于起保日以前已经向被保险人提出的索赔,保险人不予负责。此项规定就是为了防止被保险人利用追溯期进行逆选择。在实际工作中,要防止被保险人隐瞒承保前已发生客户向其提出索赔的事实,为支付即将发生的巨额赔偿而利用追溯期来选择购买保险。因此,保险人在承保时应对保险人承保前的风险状况进行调查。在确定追溯期时,应根据以下原则:

(1)第一年投保时,不存在追溯期;第二年续保时,追溯期追溯到第一年保险单的保险期限起始日;第三年续保时,追溯期仍追溯到第一年保险单的保险期限起始日……即连续投保,连续计算追溯期。投保人未续保一段时间后重新投保的,追溯期重新计算。原则上,在其他公司投保的时间不给追溯期。对某些被保险人提出的第一年投保时给予一定追溯期的要求,保险人在对被保险人进行充分的风险评估的基础上,在被保险人补交一定的保险费后,可适当考虑。

(2)追溯期不宜超过5年,因为时间太久,资料收集困难,案件复查难度加大。追溯期较长的情况下可以适当加收保费,一般情况下,追溯期越长费率越高。

8. 保险期限。保险期限指保险合同有效的起止时间,通常为1年,如投保人要求亦可投保短期保险,但应征得保险人同意,并由双方协商起止时间。为防止道德危险发生,无特殊情况,保险人原则上不能同意投保短期保险的要求。保险期限应从起保日0时起至期满日24时止。

9. 投保区域范围。由于注册会计师的执业活动范围比较广泛,注册会计师从事审计业务不可能局限在某一固定地域。因此,只要被保险人的营业处所保险人认可,不论其执行业务发生在何处,只要在中国境内(港澳台地区除外)从事审计业务活动,都给予承保。投保单上的投保区域范围由投保人选择,保险单内容要与投保单保持一致,一般为"中华人民共和国境内(不包括香港、澳门和台湾)"。

三、承保方案

根据项目的总体风险评估结果和客户对保险建议书的反馈意见和要求,即可为投保人制订出承保方案。如投保人不要求向其提供承保方案,也可请其直接填写投保单。承保方案应包括以下内容:

1. 使用保单名称:已报经中国保险监督管理委员会核准备案的注册会计师执业责任保险条款。

2. 被保险人的名称、营业处所地址、执业许可证号及事务所的类型。
3. 承保区域范围,一般为中华人民共和国(不包括香港、澳门和台湾)。
4. 确定赔偿限额、计算的方法及具体标准。
5. 规定免赔额的确定方法,并明确该部分为被保险人自负责任的金额。
6. 司法管辖权范围。
7. 费率的确定及保险费计算、缴付方式。
8. 需要附加的保障以及其他条件、加费幅度。

四、案例介绍

(一)案情

××有限公司是在北京市工商局依法登记注册的会计公司。成立于2009年。××公司专业从事为企业代理报税,提供财务咨询、税务咨询、投资咨询、企业管理咨询、经济贸易咨询和企业策划等服务,此外××公司还从事代办公司注册、验资、年报审计、税务筹划、统计申报、各种变更服务、内外资年检等方面的服务,为客户提供从设立到财税管理的一条龙服务。××公司有固定的办公场所、使用新中大专业财务软件记账,并由经验丰富的会计师为企业提供高水平的服务。在短短的2年半的时间里,已为百余家企业提供了公司设立和财税管理服务,××公司致力于"让每一位客户都满意"的经营理念,为客户提供专业、优质、高效的服务。

(二)分析

根据以上材料可以分析:
1. 审核客户是否属于依法在工商部门登记注册的机构,否则不予以承保;
2. 该客户经营时间相对较短,经验不是太丰富,业务还处于不稳定期,风险相对较大;
3. 被保险人拥有自身专业团队,在2年半时间已经发展百余家客户,判断该公司专业能力应该相对可靠;
4. 累计责任限额、每次事故责任限额相对较低以及每次事故免赔额的设计要特别注意风险管控;
5. 客户初次投保,不给予追溯期。

会计师职业责任保险整体来说风险相对较高,而且该企业整体风险水平一般,结合该案例的风险情况,拟订承保方案如下:

(三)承保方案

被保险人名称:××注册会计师事务所

保险险种:注册会计师执业责任险

执业许可证:××

事务所类型:有限责任会计事务所

累计赔偿限额:人民币2 000万元

每次事故赔偿限额:200万元

每次事故绝对免赔额:第三者财产损失每次事故500 000元或损失金额的5%,两者以高者为准

被保险人预计当年业务收入:3 000万元

保险费率:2%

保险费:人民币60万元

保险期间:12个月,从2010年1月1日0时起至2010年12月31日24时止

承保区域:中华人民共和国境内(港澳台除外)

司法管辖:中华人民共和国境内(港澳台除外)

特别条款:无

第五节 医疗责任保险

医疗责任保险是在列明的保险期限或追溯期及承保区域范围内,被保险人的投保医务人员在诊疗护理活动中,由于执业过失造成患者人身损害,在保险期限内首次遭受赔偿请求引致损失,并因此依法应承担的经济赔偿责任,以及因上述事故所支付的法律费用的保险种类。

一、风险调查与评估

在风险调查与评估中,应重点审核以下几个方面:

1. 医疗机构的合法合规性。医疗机构必须是经所在地县级以上地方人民政府卫生行政部门审查批准,并取得《医疗机构执业许可证书》(下称《许可证》)。医疗机构应严格执行《医疗分级管理办法》,依照其所属等级提供病床数。

2. 医疗机构的经营类别、执业范围、经营规模以及所在地域。经营类别是指《许可证》上规定的医疗机构类别,如综合医院、中医医院、专科医院、诊所或是卫生所等。不同类别和等级的医疗机构所面临的风险差别很大,一般来说对于骨伤类、妇幼类和精神类专科医疗机构的承保要特别注意。根据以往承保案例来看此类医疗机构的风险相对更高、更复杂。骨伤类医院的主要风险有:骨伤病人一般伴有多处损伤,往往因为诊疗不全面而发生漏诊,另外手术操作不当、伤口不愈合以及钢板断裂等情况也时有发生;妇幼类主要风险是产妇分娩过程由于医务人员的过失对产妇和新生儿造成伤害,而此类事件往往是责任认定更为复杂、赔付金额较大、社会影响较强的事故;精神类医院由于收治的病人比较特殊,在法律上是无民事行为能力的群体,所以由于护理不当使病人受到伤害的案例比较多。

经营规模包括医疗机构等级及其所拥有的建筑物总面积、各种仪器设备的配备以及辐射的医疗服务半径区域和经营历史,这些是显示医疗机构实力的基础和主要方面。对于规模较小的医疗机构不建议承保,或者是在较大区域统保的前提下提高承保条件。

还要注意审核医疗机构是否按照《许可证》核准登记的医疗科目从事诊疗活动,是否存在超范围经营。

另外,由于全国各地区的经济水平不同,医疗状况差异也较大,所以医疗机构所在的区域对医疗责任险的影响也比较大,经济发达地区的医患纠纷发生频率和赔付金额往往会大于经济欠发达地区。

3. 医疗机构的营运状况和盈利能力。医疗机构的营运状况和盈利能力是影响承保风险的关键环节。医疗纠纷的发生频率与医疗机构的营业收入尤其是手术类收入一定是成正比的,同时,一个医疗机构是否盈利也是是否能够做好内部管理和医务人员是否能够专心执业的基础。在风险评估时我们应根据不同类型医疗机构详细了解其财务状况。

4. 医疗机构中医务人员的数量、所在科室、技术水平、个人素质及职业道德状况,特别是

部门以上管理人员的资历和水平等。所有投保医务人员必须具备合法的专业资格,并且从事与执业资格相适应的诊疗活动。应详细了解医疗机构的医务人员数量及所在科室、专业水平和从业经验,以便进一步分析医疗机构人员配备充足率和专业能力,尤其是意外事故预处理能力和经验,此外还需了解医疗机构是否定时在这些方面为医务人员提供培训。

5. 医疗机构的病床数量、病床利用率、住院人数、门诊量等情况。医院收入来源主要体现在病床的数量、利用率、住院人数和门诊量,对于综合性医疗机构,我们还应该详细了解不同科室涉及手术、非手术数量以及急诊的数量。一般来说,手术和急诊的风险远远大于非手术科室。

6. 内部规章制度的建立和执行情况。医疗机构的规章制度和内控管理系统及其有效程度是我们进行风险分析的基础。为此,我们必须充分了解投保医疗机构的各项规章制度建立是否完备和是否符合当地卫生主管部门的要求、是否有重大事故处理预案,同时可以通过实地验险了解制度的具体执行情况。

7. 以往医疗纠纷情况及其他赔付因素。通过调查医疗机构以往医疗纠纷情况和曾经投保的赔付情况,可以直接了解投保医疗机构的风险状况,帮助我们决定是否给予承保,从而制定更加科学的承保条件。

8. 医疗机构应对医疗事故的处理能力。了解医疗机构是否设立专门机构或指定专人进行医疗纠纷处理,是否具有完整的医疗纠纷应急处理制度。

通过对上述情况的深入调查,我们能够进一步了解历史医疗纠纷发生原因、常用的解决途径、医疗机构的应对方式等情况和司法环境情况,因为对医疗责任险的风险影响还应考虑当地的社会情况、风俗习惯、经济状况和法律环境等因素。

当然我们在直接向被保险人了解以往纠纷处理或赔付情况时,往往很难得到理想的结果,为此我们还可以向与该医疗机构经营范围相似的医疗机构,或者是地理位置相邻近的甚至是有一定竞争关系的医疗机构去了解更多的情况。

二、风险控制

经过以上对风险的分析和评估,我们需要采取有针对性的风险控制措施,主要包括:

1. 客户选择。本保险的被保险人必须是依照中华人民共和国法律设立、有固定场所并取得《医疗机构职业许可证》的医疗机构,包括中资、合资、外资的综合医院、专科医院、中医医院、康复医院、门诊部等。投保人在一般情况下就是被保险人,但与被保险人具有一定利益关系的其他组织,如地方卫生局(厅)也可作为本保险的投保人。医疗机构投保后,其正式医务人员将自动获得保险保障。

2. 客户管理情况。具备以下条件的医疗机构承保条件较优:医疗管理组织相对比较健全,人员配备合理,有相应的工作制度;有切实可行的全院医疗建设规划;有健全的医疗工作制度,切实可行的技术操作规程和医疗护理质量标准;已经建立健全医疗质量管理组织,定期活动,对医疗、护理、医技质量进行监督、检查、评价并提出改进意见的制度。

已经具备如医疗护理质量管理委员会、药事管理委员会、院内感染控制委员会、病案管理委员会等的质量管理组织机构的风险相对较好,否则需要改善承保条件。

3. 赔偿限额。根据医疗机构类别不同,从医疗责任基准赔偿限额表中选择相应档次。医疗机构须采用统一的每人赔偿限额和累计赔偿限额,不允许对不同科室设定不同的限额。

(1) 医疗责任赔偿限额。对于医疗责任赔偿限额，一般结合当地收入水平确定合理的每人赔偿限额，太高存在一定的道德风险，太低不能为患者提供合理的风险保障，也不能切实转移被保险人风险，甚至会导致被保险人得不到相应的保障。

(2) 法律费用。法律费用包括尸体病理解剖费、鉴定费、查勘费、取证费、诉讼费及律师费等。一般为医疗责任每人赔偿限额的一定比例，并在每人赔偿限额之外计算，免收保险费。

(3) 精神损害每人赔偿限额。精神损害每人赔偿限额在实际操作中一般也是按照医疗责任每人赔偿限额的一定比例设定，并计算在每人赔偿限额之内。但由于精神赔偿在目前法律赔偿衡量中没有一个统一标准，甚至很多法院都不支持此项赔偿主张，所以一般承保中都不会给予此项扩展。

当然，为满足客户需求，为各医疗机构提供适当、充足的保险保障，被保险人可视实际需要调整每人赔偿限额和累计赔偿限额。但原则上医疗责任保险每人赔偿限额一般在20万元左右，最高不超过50万元，累计赔偿限额不高于200万元，无累计赔偿限额的不能承保。

4. 投保方式。为了避免逆选择，该险种最大的特点就是要求必须采用全部投保方式，即医疗机构应对所有专业科室的医务人员投保，而不能只选择部分科室投保，医务人员年度基准保险费按照投保时医疗机构在册的全部从事卫生技术工作的专业人员计收（可以以被保险人投保前一个月领取工资的人员名单为依据），一定要避免出现被保险人只选择高风险科室人员投保的情况，以利于保险人分散风险。

5. 保险费。保险费计算分为"分类计算"和"统扯计算"两种方式："分类计算"是指根据风险状况的不同，不同岗位、不同职务的医生以及护士和医技人员适用不同保险费标准（可以以被保险人投保前一个月领取工资的人员名单为依据）；"统扯计算"是指所有医务人员均适用相同的保险费标准。医疗机构可根据本机构人员构成情况及自身需要选择其中一种方式。

承保/续保时保险人可根据医疗机构的上一年的赔付情况以及经营历史、经营规模、执业范围、管理水平、内部规章制度的建立和执行情况、医务人员的素质和技术水平等因素进行风险评估，根据评估结果调高或调低保险费。

三、承保方案

承保方案主要包括以下内容：

1. 被保险人。在当地注册的合法的医疗机构。

2. 赔偿限额。赔偿限额包括累计赔偿限额和每次事故赔偿限额、每人赔偿限额等。同时，在该险种项下一般根据保险责任不同而分别设有医疗责任、法律费用和精神损害等赔偿限额。

3. 保险费。按照为被保险人提供的保险保障范围，根据已经报备保险监督管理委员会备案的费率规章的规定计算投保人应缴纳的保险费。在保险费计算中，应该按照客户资质和整体风险情况对保险费在合理的幅度内进行调整，风险高的应该上调。

(1) 基本保险费。医疗机构和医务人员年度基本保险费按照费率表中的档次分别计算后加总算出基本保险费。

(2) 保险费调整。保单终了时保险费调整，在按统扯费方式投保的情况下，为适应医务人员流动频繁的特点,保险期限内医务人员增加人数(指调入、调出人员差额)低于原申报人数10%的,可不增收保险费;增加人数超过原申报人数10%的,被保险人应立即通知保险人,保险人可对超过的人数按日平均费率增收保险费。如医务人员人数减少,保险人可根据被保险人的要求按日平均费率退费。保险费的调整工作可以在保险单结束时进行。被保险人在保险单终止后1个月内,应提供本保险单保险期限内在册人员清单,包括人员流动的调入时间和调出时间。在按分类计费方式投保的情况下,必须按照不同类别变动人员数量乘以短期费率表计算应收保费与实收保费的差额,如增加保费额超过医务人员实收保险费总额的10%,则应增收保险费,否则可不调整保险费。对于应收保险费少于实收保险费的情况,按照上面所述操作。在实际操作中,当医疗机构医务人员发生变动时,我们建议医院应及时通知保险公司进行变更,以免在事后理赔中发生不必要的争议。

4. 保险期限。一般为12个月,但也允许投保人选择少于或多于12个月的保险期限投保,但必须以月为单位加收相应的保险费。

5. 追溯期。第一年投保时,一般不设追溯期;第二年续保时,追溯期追溯到第一年保险单的保险期限起始日;第三年续保时,追溯期仍追溯到第一年保险单的保险期限起始日……以此类推,连续投保,连续计算追溯期。投保人未续保一段时间后重新投保的,追溯期重新计算。追溯期最长不宜超过5年。

6. 免赔额。免赔额是指每次事故的绝对免赔额,实际操作根据业务风险情况不同而不同,一般根据费率规章约定执行。医疗责任每次索赔按每人赔偿金额的5%或1 000元计,两者以高者为准。法律费用不设免赔额。

7. 附加险。附加险是指根据客户需要而额外扩展的保险责任范围,如扩展承保由于患者体质特殊而发生的难以预料的不良后果,或者按照正常的技术规范操作仍发生无法预料的并发症或是治疗意外。

四、案例介绍

(一)案情

××医院,是一家综合性的"三级甲等"医院、国家级"爱婴医院",××市医疗、教学、科研、急救、预防、保健和康复的中心。医院始建于1950年,现占地面积36 900平方米,建筑总面积62 693平方米,医疗用房55 000平方米,固定资产3.65亿元;编制床位1 805张,年门诊量82万人次,出院病人4.5万余人次,各类手术1.8万余台次;现有职工1 516人,其中副高职以上职称的专业技术人员116人,中级职称人员362人,博士、硕士研究生77人。

医院科室设置齐全,拥有临床科室(病区)31个,医技科室11个,并有经上级批准的血液病研究所、心血管病研究所和肿瘤研究所、市临床检验中心挂靠在医院。市急救中心市医院分站是全市唯一一家A级站。妇产科是省临床特色学科;骨科、妇产科、血液内科、耳鼻喉头颈外科、心血管内科、普外科、儿科、眼科、神经外科、神经内科、急诊科是市级临床医学重点学科;呼吸内科、消化内科、心血管外科、泌尿科是市级临床医学特色学科。近几年来,医院坚持科教兴院、人才强院战略,不断提高科技创新水平,努力打造结构合理、技术精湛的人才团队。医院既有一批知名度高、学术造诣深的老专家,又有一批业务能力强、颇有建树的中青年技术梯队骨干;既有享受国家津贴、省津贴的知名专家,又有一批专业技术拔尖人才和学科带头人。医院先后获省、市科技进步奖50余项,拥有国家级专利两项。

医院医疗设备类别齐全,配置合理,技术先进,性能优异,均为20世纪90年代以来产品,10万元以上设备237台(套),包括16排螺旋CT、1.5T超导核磁共振、1 000毫安数字化胃肠X光机、双板DR、大型平板C臂、ECT、直线加速器、全自动生化分析仪、高档彩超等设备,价值1.6亿元。

医院不断加强对外合作与交流,选派业务骨干赴省内外知名大医院进修、培训和参观交流,并与多家医院建立了横向协作联系。医院是北京阜外心血管病医院当地技术培训中心,是美国德克萨斯脊柱研究所中国临床研究基地。医院远程会诊系统已与上海、北京、南京、合肥等会诊中心联网、在线医院80多家、著名专家1 000余名,为广大患者提供了优良的医疗服务。

医院于2002年以来,先后荣获"全国厂务公开民主管理先进单位""省文明单位""省人才工作先进单位""省巾帼建功先进集体""安徽省手足口病防治工作先进集体""省卫生先进单位""全省援外医疗工作先进集体""中国医院信息化示范单位""省医院信息化重点建设单位"等称号。

该院拟向保险公司投保医疗责任保险业务。

(二)分析

根据上述材料分析如下:

1. 该客户为依照中华人民共和国法律设立、有固定场所并取得《医疗机构执业许可证》的医疗机构,可以作为被保险人;
2. 客户为三级甲等医院,医院整体实力较好;
3. 从客户的医护人员配置、病床数以及专家数量判断,医院专业能力较强;
4. 该客户科室设置齐全,而且是所有客户统一投保医疗责任险,风险相对分散;
5. 该院每年病人数量较大,妇产科、心血管科等高风险科室是其主要收入来源,这一定程度上意味着风险相对较高;
6. 该客户首次投保,不给予追溯期。

(三)承保方案

被保险人名称:××医院

床位数:1 805

保险险种:医疗责任保险

使用条款:2011年新版医疗责任险条款

执业许可证:××

累计赔偿限额:人民币300万元

每次事故赔偿限额:100万元

每人赔偿限额:20万元

法律费用每次事故责任限额:5万元

每次事故绝对免赔额:第三者财产损失每次事故2 000元或损失金额的5%,两者以高者为准

保险费:人民币569 445元

保险期间:12个月,从2010年3月15日0时起至2011年3月14日24时止

追溯期:无

承保区域：中华人民共和国境内（港澳台除外）
司法管辖：中华人民共和国境内（港澳台除外）
特别条款：无
附加条款：无

第五章

其他责任保险

第一节 物流责任保险

我国物流行业正处于发展的初级阶段,该行业面临的国家政策、社会环境存在诸多不利因素,总体经营水平相对低下,运营也不够规范。目前,市场上物流企业数量众多,而成规模、有竞争优势的企业很少。物流业,尤其是国内公路运输的部分,总体呈现竞争过度、无序的状态,在该行业的发展初级阶段,就已经迅速成为微利经营的领域。物流业现阶段的不成熟及其面临的诸多不利因素,影响到了物流责任保险的经营。而物流责任险的保险费是按照物流企业的营业收入计算的,其自身营业收入的不足(比如有些仓储类物流企业的收入还不足以交纳其存放商品的财产保险费),也导致了物流责任险的保费不足。因此,物流责任险业务的总体经营风险是偏高的,这就要求保险人在承保物流责任险业务时,进行详细的风险调查及风险评估,并根据风险评估结果,核定相对较为严格的承保条件,并且对于不宜承保的业务应坚决拒保。

一、风险调查与风险评估

保险人一般应调查、核实以下事项,进而进行风险评估与风险判断。

(一)被保险人资质及基本情况

一是应询问并检查被保险人是否取得 ISO14000、ISO9002 等国际认证。已经取得以上资质的企业管理相对规范,风险相对较低。

二是应调查企业规模、分支机构数量、自有车辆数、车辆类型、车辆最大载重吨位、运输安全管理人数、安全管理制度、数字化信息化管理程度、车辆定期检修情况。一般情况下,物流企业规模越大,自有车辆占比越高,数字化、信息化管理程度越高,其管理的规范化程度也就越高,风险越低。

三是应调查是否存在严重超载、违章经营、违规装卸、货物配载或包装不当等现象。若存在以上情况,应尽量避免承保。

(二)核实物流业务收入

一是应确认被保险人是否能做到货物起运前逐单申报。申报内容包括货物品类、价值、运输线路、时间、运输工具等相关信息。物流责任险是以年度物流营业收入作为计费基础的,对于物流收入准确性的确认直接关系到保费是否充足,因此,若能做到货物的逐单申报,则基本能够保证业务收入的真实性及完整性,属于风险可控的业务;相反,则很难确保保费充足。

也可以通过要求被保险人提供经审计的财务报表或经税务机关确认的报税证明来核实其业务收入。因为经过第三方审计或认可的业务收入数据,较被保险人自行提供的业务收入数据更具可信度。

还可以通过实地查看物流公司报单软件系统(ERP系统)累计收入金额来确认收入的真实性。若被保险人未配备该系统,或不同意保险人随时核查其物流软件系统,则道德风险相对较高。

（三）主要业务类型

应确认被保险人是否存在转包、外包业务,该类业务收入占总收入的比重,被保险人与转包商的关系(是否签订转包协议),以及转包商资质等。

一般情况下,作为转包商的物流企业,普遍存在规模较小、管理不规范、风险较高等特点。若转包、外包业务占比较高,或被保险人对转包商的资质审核不够严格,或被保险人对转包商的影响控制能力明显不足的,则基本可以认定为风险不可控业务,应尽量避免承保。

（四）自有车辆类型及车况

通过实地查看被保险人自有车辆类型及车况,观察其自有车辆中是全程厢式货车、集装箱货车占比高还是裸装货车、不正规货车占比高,是否存在私自改装车辆的情况,是否存在车况不良甚至超期运营的情况,以及观察车辆是否安装GPS监控系统等。

运输车辆以全程厢式货车、集装箱货车为主的企业,风险相对较低;相反,裸装货车、不正规货车占比较高的企业,风险相对较高。若存在严重的私自改装车辆或存在车况非常糟糕甚至超期运营的情况,风险不可控,应尽量避免承保。已安装GPS定位系统的车辆,盗抢风险相对较低。

（五）物流地域范围、运输路线

应确认是否涉及跨境、跨省、跨区域运输;运输路线是否相对固定;物流地域范围大约涉及多少公里的范围,是否包含新疆、西藏、青海、宁夏、云南、贵州、四川等地形复杂、风险较高的地区。

跨境的运输业务属于不可保业务。跨省、跨区域的业务,物流地域范围越大,所经过的地形越复杂多变,风险相对越高。特别是地形极其复杂的云贵川、青藏路线,更应对被保险人进行全面细致的风险评估,以确定其是否可保,若可保,应适当提高费率水平。

（六）承运货物类型

一是应确认承运货物是否包括条款除外的贵金属、艺术品、古玩字画等。此类货物价值较高且很难确定,因此属于不可保货物。

二是应确认承运货物是否包括运输风险较高的精密仪器、法律法规规定的危险货物以及需要温控设备的水果时蔬、冷冻食品、鲜活动植物、血液制品、药品等。此类货物由于对运输设备条件要求较高,一旦温控设备、防护设备失灵,则极易导致货物全损或危险货物的泄漏、爆炸等重损事故,因此,一般情况下也是不建议承保的。

三是应确认承运货物是否包括盗窃风险较高的知名品牌运动服装、知名品牌数码电子产品(如IPAD)等。若要承保此类货物,应要求被保险人的运输车辆必须为密封厢式货车,且必须装有GPS实时监控系统,还应至少配备两名以上的押运人员,并且一般不得扩展盗抢责任。

四是应确认承运货物是否包括旧设备、二手设备。由于此类货物起运前的可用性、完整性难以逐个确认,因此,一定程度上存在被保险人伪造赔案的道德风险。

(七)承运司机资质及相关风险管控措施

应确认承运司机是否与被保险人签订正式的雇佣合同,据此判断监守自盗、内外勾结作案等道德风险的水平。

还应了解承运司机的驾龄、安全驾驶记录,被保险人对司机资质的要求及审核是否严格,是否将司机的运输事故与其工资奖金挂钩。司机驾龄时间越长、安全驾驶记录越好、将司机的运输事故与其工资奖金挂钩的企业,风险越低。

(八)仓储情况

应确认是否在运输途中或中转时进行临时仓储,临时仓储的时间是否超过24小时。由于常规的仓储业务风险较高,应属于财产险的承保范围,因此,物流责任险一般只能承保运输途中或中转过程中的临时仓储,一般情况下,临时仓储的时间不宜超过24小时。对于有临时仓储业务的企业,应在特别约定中对此进行详细的约定,以控制此类风险。

还应确认被保险人是否拥有自有仓库,观察仓库的经营管理情况、防火防盗防雨设施情况、仓库管理人员配备情况,判断是否存在监守自盗的风险。

(九)运输方式

零担货物运输系将不同质货物同车混装运输,该种运输方式不利于管理风险,风险相对偏高。项目整车运输(无零担货物)风险相对可控,需要了解物流合同,核实运输货物品类、每车最大货值、运输期内车次、运输费等信息。

(十)是否使用专业物流软件进行管理

绝大多数的物流企业都配备专业配送货软件,从该软件即可查询到相关配送货信息,但个别规模很小的物流企业或夫妻店形式的个体户,还停留在手工记账的阶段,因此,应询问企业是否配备此类软件,并实地观察其软件系统的运行状况,调取相关物流数据。

定期调取被保险人的专业软件程序中的相关数据,有利于掌握真实的承保信息,如车次、吨位、配送路线、配送收入等。若被保险人拒绝保险人调取其物流软件数据,则道德风险较高,不宜承保。

(十一)是否已投保相关险种

应询问被保险人是否已投保货运险、机动车辆车上货物责任险等具有类似保障范围的险种。若有相似险种的保障,则风险相对较低,费率也可以适当调低。

二、风险控制

根据风险调查及风险评估的结果,原则上不应该承保以下类型的物流业务及物流企业。

1. 年营业收入2 000万元以下的新保业务,但续保条件较好或以往赔付率较低的业务可适当放宽要求。

2. 物流企业的外包、转包业务。

3. 运输的货物包括以下类别的业务:金银、珠宝、钻石、玉器、贵重金属、古玩、古币、古书、古画、艺术作品、邮票、枪支弹药、爆炸物品、现钞、有价证券、票据、文件、档案、账册、图纸、精密仪器、运输法律法规规定的危险货物以及运输过程需要控制温度的各类货物,包括但不限于水果时蔬、冷冻食品、鲜活动植物、血液制品、药品等。

4. 跨国境的公路运输业务。

5. 未配备专业物流软件(包括该软件不能客观反映实际业务收入或物流业务具体情况)的物流企业,以及不接受保险人随时查验该系统的物流企业。除非投保企业接受以预约货运险的方式,逐单事先申报相关信息。

6. 累计无限额的业务。

7. 露天仓储业务。

8. 管理水平低下,未制定安全运输管理制度、仓储管理制度,风险管控水平较低的物流企业。

9. 车况情况较差甚至超期运营的,或存在私自改装车辆、严重超载、违章经营、违规装卸现象的物流企业。

三、承保案例

某物流集团拟投保物流责任险业务,该客户投资近1.5亿元,拥有大宗货物的集散和配套能力,形成了运输、仓储、配送等综合配套全方位、全过程、全天候的仓储服务体系,主要负责运输配送某著名品牌瓶装白酒。

承保公司对该业务的风险评估如下:

首先,被保险人的业务涵盖了道路运输、航运、港口装卸作业、仓储、配送、国际货运代理、信息处理、物流方案策划、汽车销售、车辆维修等全方位的综合物流服务体系。曾获得"AAAA级综合服务型物流企业""中国物流百强企业"等荣誉,2006年被列入国家发改委和国家税务总局确定的"物流税收试点企业",2009年在"中国物流百强企业"评选中名列前茅。对于企业自身及物流园区内的31家专线物流公司,被保险人都实行了严格的管理制度。

1. 对于园区内物流企业所发出的货物均要求录入被保险人的物流系统进行统一管理,信息量涵盖品名、数量、重量、运输目的地等。起运时要求物流企业尽量申明价值,若未申明货物价值,统一按照运费的一定倍数进行赔偿。

2. 所运货物主要为酒类瓶装产品,该类产品属于市场上的紧俏商品,一旦损失,对于被保险人母公司的酒类销售影响较大,因此作为被保险人本身对于风险也是严格控制的。

3. 对物品的包装要求较其他物流企业更高,对其下的专线物流企业要求更为严苛。例如规定一旦发生酒类盗抢事故,有事故现场的,物流公司需按照货物价值的1.5倍向被保险人进行赔付;没有事故现场的,按照货物价值的2倍向被保险人进行赔付。这种惩罚性的措施杜绝了专线物流企业的道德风险。

综上所述,承保公司认为该物流责任保险业务风险应属可控范围。

据此拟订的承保方案如下:

方案一:

保费计算方式	年保费
以上年度货运险经营数据预估物流企业年度保底发车数为480车,根据不同物流区域风险不同,划分三大类区域,按车计收保费	一类区域:新疆、西北、东北三省 RMB164 160.00(每车342元) 二类区域:华东、华南、华中 RMB108 000.00(每车225元) 三类区域:云贵川、重庆、广西 RMB95 040.00(每车198元)
保险条款	物流责任保险条款 附加盗窃责任保险条款 附加提货不着责任保险条款

◎ 责任保险

续表

保费计算方式	年保费
承保责任	1. 物流责任险主险 2. 扩展盗抢责任 3. 扩展提货不着责任 4. 扩展临时仓储期间的财产损失
累计赔偿限额	RMB3 000 000.00
每次事故赔偿限额	RMB1 000 000.00
每次事故免赔额	1. 火灾、爆炸、盗窃:RMB5 000 或损失金额的20%,以高者为准 2. 整车盗抢\\整车提货不着:30%的绝对免赔率 3. 数码设备损失按以上标准免赔额的2倍执行 4. 其他原因:RMB10 000 元或损失金额的10%,以高者为准
缴费方式	被保险人根据具体所经营的专线选择所对应的区域年保费。保费分成两次进行缴费,第一次付款对应保险期限:缴费之日起第二日至半年;第二次付款对应保险期限:半年
特别约定	1. 被保险人在承保时申报了货物价值的,出险后按照货物的实际价值进行理赔。若在承保时未申明价值,则按照物流公司实际所收取运费的3倍进行理赔。若被保险人能够提供用于确定货物价值的有效单证如合同、发票等,则不属于此列。 2. 保险人对未录入被保险人物流系统的货物所发生的损失,不承担赔偿责任。 3. 被保险人起运货物应申报,每周向保险人报送物流专业软件中的数据。 4. 承保被保险人自有车辆及协议车、挂靠车、合作车,被保险人应列明车牌投保;但一般情况下,除自有车辆外,其余车辆运输事故除外。 5. 本保单仅覆盖运输过程中的临时仓储,临时仓储时限为24个小时。其他任何形式的仓储均为除外责任。 6. 除条款中规定的以外,下列亦为不承保货物: a)精密设备或仪器(精密设备的判断条件是:A.对运输有特别的防震动、防倾斜、防尘等特殊要求。B.受国内维修能力所限,设备受损后无法在国内修复。C.单件货物保额超过200万。满足上述条件之一的即为精密设备或仪器) b)工艺品(包括各类雕刻、编织、刺绣、古董、字画、瓷器、玉石等)、现金、有价证券、珠宝以及计算机软件等难以客观确定保险价值的货物; c)大宗散货(如鱼粉、煤、矿石、油类、粮食、化肥等散装货物) d)新鲜水果、血液制品、大理石等石材 e)各种压缩气体、易燃易爆物品、含电解液的蓄电池 f)大蒜、葵花籽、线麻籽、豆粕 g)国际、国内法律法规规定的危险货物 7. 新鲜蔬菜、鲜活动植物须在承保前列明(每车限额为RMB20 000.00元),且只承保因不可抗力导致运输车辆到达时间延误所发生的鲜活动植物损失

方案二:

承保地域范围	国内(香港、台湾、澳门、西藏及新疆自治区、青海省除外)
保险条款	物流责任保险条款 附加盗窃责任保险条款 附加提货不着责任保险条款

续表

承保地域范围	国内(香港、台湾、澳门、西藏及新疆自治区、青海省除外)	
承保责任	1. 物流责任险主险 2. 扩展盗抢责任 3. 扩展提货不着责任 4. 扩展临时仓储期间的财产损失	
每次事故总赔偿限额	RMB1 000 000.00	
年累计总赔偿限额	RMB3 000 000.00	
盗窃、抢劫事故赔偿限额	单次事故赔偿限额	RMB200 000.00
	年累计赔偿限额	RMB800 000.00
临时仓储期间事故赔偿限额	单次事故赔偿限额	RMB300 000.00
	年累计赔偿限额	RMB1 000 000.00
火灾事故赔偿限额	单次事故赔偿限额	RMB1 000 000.00
	年累计赔偿限额	RMB1 000 000.00
保险费	最低保费(预付保费)	RMB90 000.00
	总保费(实际保费)	实际物流业务年营业收入×保险费率(1.8%)
免赔额/率	1. 每次事故免赔:1万或损失金额的10%,以高者为准 2. 火灾事故免赔:2万或损失金额的20%,以高者为准	
缴费方式	被保险人交付最低(预付)保费后,保险人承担保险责任。 保险合同期满后,保险人以被保险人申报的实际发生的物流业务营业收入作为计算实际保险费的依据。实际保费高于预付保费的,被保险人应补交差额	
特别约定	1. 被保险人在承保时申报了货物价值的,出险后按照货物的实际价值进行理赔。若在承保时未申明价值,则按照物流公司实际所收取运费的3倍进行理赔。 2. 保险人对未录入被保险人物流系统的货物所发生的损失,不承担赔偿责任。 3. 起运货物逐车申报,每周报送物流专业软件中的数据。 4. 任何情况下,整车神秘失踪(司机、车辆、货物同时失踪)、整车遭遇盗抢(车辆、货物同时被盗窃或抢劫,或因承运车辆被盗造成的货物损失)、货物遭遇哄抢、货物或承运车辆受恶意破坏、实际承运人道德风险、无人看管情况下的存车过夜导致的损失均不属于保单覆盖范围。盗窃、抢劫案件的保单责任认定,必须以警方出具的立案证明及未破案证明为前提。 5. 本保单仅覆盖运输过程中的临时仓储,临时仓储时限为24个小时。其他任何形式的仓储均为除外责任。 6. 被保险人不是实际承运人的情况下,保险人保留向实际承运人追偿的权利。 7. 被保险人应遵守2011年7月1日起生效的《公路安全保护条例》。 8. 在任何情况下,保险人不对被保险人承运的"不承保货物"的损失进行认定和赔付,也不对不承保货物造成的其他货物的损失进行认定和赔付。 9. 除条款中规定的以外,下列亦为不承保货物: (1)精密设备或仪器(精密设备的判断条件是:A.对运输有特别的防震动、防倾斜、防尘等特殊要求。B.受国内维修能力所限,设备受损后无法在国内修复。C.单件货物保额超过200万。满足上述条件之一的即为精密设备或仪器) (2)工艺品(包括各类雕刻、编织、刺绣、古董、字画、瓷器、玉石等)、现金、有价证券、珠宝以及计算机软件等难以客观确定保险价值的货物; (3)大宗散货(如鱼粉、煤、矿石、油类、粮食、化肥等散装货物) (4)新鲜水果、新鲜蔬菜、鲜活动植物、血液制品、大理石等石材 (5)各种压缩气体、易燃易爆物品、含电解液的蓄电池 (6)大蒜、葵花籽、线麻籽、豆粕 (7)国际、国内法律法规规定的危险货物 (8)二手货物	

第二节 董事责任保险

一、风险调查与评估

如何进行合理、有效的风险评估是董事责任保险(以下简称"董责险")承保的关键,加之董责险风险的特殊性,需要对投保公司和被保险人进行全方位的风险调查和了解,以便决定是否承保或以什么条件承保。风险评估可以从以下方面开展:

(一)投保公司基本情况

分析投保公司的风险情况,需掌握投保公司如下基本信息:公司名称;公司营业范围;公司简介;公司成立年份;注册地址;公司网站;是否上市及上市地;公司所有权性质;高管持股情况;主要控股股东;现任审计公司;SOX合规顾问(针对美国上市公司)等。以上信息都是风险分析所需关注的,并不同程度地反映出公司风险状况。

具体来说,可重点关注以下几个方面:

1.公司财务状况。公司财务状况分析是风险分析的核心环节。了解和掌握公司的财务状况,分析公司的财务走势,洞察公司未来的发展趋势,有利于更有效地防范风险。进行财务分析,一方面需要通过对最近几年,至少是最近3年内的财务状况进行审核,方能确保了解投保人总体的财务状况,明确公司发展经营的趋势;另一方面,了解公司目前是否已经有财务危机或资不抵债情况,是否有已知的可能导致索赔的事故或情形等,以便对风险进行全面判断。

2.公司所在行业状况和公司的行业地位。投保人所处行业的整体走势势必影响投保公司的经营和存续状况,这就需要了解整个行业的发展状况,同时关注国际市场对行业发展的影响。对一些公认的高风险行业需要谨慎对待,如金融行业和高科技行业。如果近期某行业已经有公司被起诉,需重点关注行业内其他上市公司。

同时,我们需要了解投保公司在行业内所处的位置、市场份额及变化趋势,投保公司与行业内其他同类公司相比的经营情况、发展策略和竞争优势。

3.关联公司业务性质。需要关注关联公司,尤其是母公司或者控股子公司的业务性质、经营范围等,一方面可以通过关联公司了解投保公司的经营管理情况,另一方面可以更彻底了解投保公司的经营状况。

4.投保公司近期股价表现。股价大幅波动或下跌往往会引起投资人的不满,进而可能引发针对公司或董事、高管的诉讼。

5.内控管理情况。董责险主要承保的是客户的管理风险,所以应该从客户内部规章制度的建立和执行情况等方面全方位分析和评估。管理相对规范的企业,其管理风险相对较小。

(二)董监事及高级管理人员个人情况

董监事及高级管理人员个人的资质、诚信、文化素质、学历水平、职业经历等情况直接影响到业务风险的高低。对于有不良记录的个人,如以往受过行政处罚或公司内部处分的,应列为不予承保范围。

另外,公司聘用的财务团队人员情况也需要给予重点关注,公司的财务总监和财务人员的经验如何,处理投资者关系方面的经验如何等都是需要重点关注的因素。

（三）以往事故情况

调查了解投保公司以往是否出现过类似索赔事件或纠纷，公司是否有过诉讼案件或违反法律程序的行为，目前是否有相关诉讼，其损失情况如何。这些情况直接反映了投保公司风险情况。

（四）其他险种赔付情况

如果客户有投保其他保险，则可以了解其他险种以往的承保赔付情况，因为这些情况侧面反映了客户的管理情况和资信情况，从一定程度上有助于我们对风险的判断。

（五）其他可能影响风险的因素

可以通过网络、报纸或其他渠道和途径了解该客户或类似企业的风险情况，搜集相关信息也是风险分析的重要手段。尤其是针对投保公司的大规模的消费者投诉、投资失败、重点诉讼等报道，很可能导致进一步针对董监事、高管的诉讼。

二、风险控制

核保人开展风险调查与评估之后，对该投保公司的风险情况有了一个比较清楚的了解，在此基础上应针对业务存在的风险采取相应的风险控制措施。结合业务实际，对于能接受的风险在承保中可以给予保留，对于不能承保的风险予以剔除。

（一）限额控制

董责险的赔偿限额一般包括累计赔偿限额和每次事故赔偿限额，法律费用通常包含在其中。累计赔偿限额是在有效期内承担的最高赔偿责任的数额，每次事故赔偿限额是在有效期内对每一次事故承担的最高赔偿责任的数额。通常董责险的每次限额和累计限额是同一个限额，所以应严格控制累计责任限额，结合投保公司风险情况及保险公司承保能力设定合理责任限额。

此外，对增加的一些额外保障，往往都需要设定单独的分项限额，以控制风险。

（二）免赔额控制

免赔条件的设置是保险公司控制风险，避免陷入处理频发小额事故泥淖的重要手段。董责险通常会针对每次事故设置免赔额。因为董责险通常会涵盖董监事责任、公司补偿责任、公司证券责任、公司雇佣责任等几项主要的保障范围，所以在设置免赔额时也会每一项都设置免赔额。董责险保障的是董监事及高管个人，一般免赔设为零。公司补偿责任、公司证券责任通常免赔额一致。针对中国内地上市公司，公司补偿责任、公司证券责任免赔额需控制在5万人民币以上。针对香港上市公司，公司补偿责任、公司证券责任免赔额需控制在20万人民币以上。针对美国上市公司，公司补偿责任、公司证券责任免赔额需控制在50万美元以上。公司雇佣责任免赔可根据公司的具体风险灵活设置。

（三）责任免除控制

除外条款作为保险公司明确责任划分、控制风险的必备条款，必须对投保人进行明确告知，不得随意取消。对于董事责任保险，其常见除外责任如下：

1. 董事的故意行为；
2. 董事的个人行为，即董事非以公司董事身份履行职务的行为；
3. 公司内部纠纷；
4. 非在保险期间对董事提出的索赔；
5. 法律规定禁止承保的责任、违反公共政策（公序良俗）的责任。

此外,在前期通过风险调查获知投保公司风险比较高的情况下,承保人需有针对性地加入相应的免除条款。

(四)扩展责任/附加条款控制

保险经纪人通常会在保险方案中添加很多扩展责任或附加条款,在承保时需认真阅读具体措辞,并分析投保公司是否涉及此领域风险,然后决定是否同意增加。

例如:通常经纪人提供的询价方案都会包含发现期条款。发现期条款要求保险公司在拒绝续保的情况下,投保公司支付一定比例的保费(通常不超过保单年保费的50%)之后可享有1年的发现期。如果被保险公司已经因某些不当行为引起了投资者的不满或者在保险期内已经遭到了诉讼,给予被保险公司1年的发现期对保险公司来说是非常被动的。

自动承保新子公司条款也是常见的附加条款之一。通常需要注意的是投保人收购或创建的子公司必须满足总资产少于投保人总资产25%(通常最高不超过30%)且其任何有价证券未在美国之任何证券交易所或市场上市,否则风险将不可控。

(五)追溯期的控制

董责险追溯期设置非常关键,如果投保公司提供的信息有限,不能对投保公司之前的行为有充分的了解,可不给予投保公司追溯期。

三、承保方案

在进行充分、翔实的风险评估后,需要结合投保人的需求拟订合理的承保方案,董责险承保方案主要包括如下内容:

(一)赔偿限额

赔偿限额的高低由投保人根据自身情况提出需求,并与保险人协商后确定。针对非上市公司,累计赔偿限额通常在2 000万人民币以内;针对国内上市公司,累计赔偿限额通常在5 000万人民币以内;针对海外上市公司,累计赔偿限额通常在3 000万美元以内。

(二)免赔额

免赔额是指每次事故绝对免赔额,它与保险责任范围紧密结合(详见第二节中风险控制免赔额控制部分)。

(三)保险费率

保险费率可根据董监事及高管个人情况、公司管理水平、经营状况、资产状况、财务管理情况、责任事故记录以及赔偿限额的高低等因素,综合考虑并确定。

(四)保险费

保险费的计收是以赔偿限额为基础的,即赔偿限额乘以适用的费率即为应收的保险费。

(五)保险期限

一般为12个月,自双方约定的起保日0时起,至期满之日24时止。

(六)承保地区范围

被保险公司业务涉及地区、子公司或其他关联公司的业务涉及地区、公司上市地点都直接影响到承保地区范围。

(七)司法管辖

司法管辖权的设定一般与承保地区范围一致,需要强调的是鉴于海外尤其是美国、加拿大等国家法律制度的特殊性和高赔偿标准,对于涉及美国、加拿大风险的业务应谨慎选择承保。

(八)追溯期

第一年投保时,一般不设追溯期;第二年续保时,追溯期追溯到第一年保险单的保险期限起始日;第三年续保时,追溯期可追溯到第一年保险单的保险期限起始日……以此类推,连续投保,连续计算追溯期。投保人未续保一段时间后重新投保的,追溯期重新计算。

(九)发现期

在董责险承保中,在加收相应的保险费的基础上,保险人可以根据投保人的需要而设定一个"发现期",即:对于保险期间内发生的不当行为,在发现期内遭受首次索赔并书面通知保险公司的话,那么保险公司也将依据保险合同约定承担相应的赔偿责任。

发现期自本保险单终止后立即起算,一般约定12个月或36个月,具体需在拟订承保条件时根据投保人需求商定。

四、案例介绍

某香港上市公司承保案例:

投保公司	某香港上市公司
保险期限	年 月 日(0:00)至 年 月 日(24:00)
累计及每次责任限额	20 000 000 美元
保费	
保障范围	1. 董事、监事及高级管理人员责任 2. 公司补偿责任 3. 公司证券类索赔责任
免赔额	1. 董事、监事及高级管理人员责任:无 2. 公司补偿责任: 有价证券赔偿请求:1万美元 在美国提起的不当雇佣行为赔偿请求:1万美元 其他不当雇佣行为赔偿请求:1万美元 调查及调查准备费用:1万美元 其他赔偿请求:1万美元 3. 公司证券类索赔责任: 公司证券类索赔:1万美元
其他承保条件	1) 有完全追溯效力之保障但不包括2008年8月8日前待决及已知之诉讼、提控及投诉 2) 双向发现期条款:在保单到期后,承保人/投保人如不提供续保可: • 90日免费 • 以50%之保险费便可有12个月的发现期 3) 损失赔付顺序条款 4) 调查抗辩费用,美国/加拿大地区以外,保单责任限额,但美国/加拿大地区以内责任分限额:美元5 000 000 5) 承保为应对监管危机事件所发生的调查准备费用——分项限额:美元50 000 6) 紧急抗辩费用——10%的责任限额 7) 环境破坏的抗辩费用——额外限额:美元2 000 000 8) 无污染责任免除 9) 已退职董事与高管人员的永久发现期 10) 自动承保在保险期间内新收购或设立的子公司

续表

地域范围与司法管辖	世界各地,含美加
保单准据法	依照中国法律及管辖法院
追溯期	公司上市日
其他承保条件	11)外部实体董事扩展条款(金融机构以及美国上市公司的90天自动保障) 12)信托责任扩展条款 13)损失定义包括惩罚性或惩戒性的损害赔偿 14)承保引渡费用 15)承保被保险个人的公关费用——分项限额:美元50 000 16)董事定义包括影子董事 17)危机管理保障批单——分项限额:美元50 000,无免赔额 18)投保人董事的额外责任限额:美元2 000 000(25%专用于非执行董事的额外责任限额) 19)扩展承保以下有价证券发行: • 该有价证券的初次公开或私募发行相关,且该赔偿请求是于该有价证券发行、上市或交易后30天内或保险期间届满(以较早发生者为准)首次提出 • 有价证券再次发行,若于美国或加拿大以外发行,及发行股本未超过再次发行当日总市值的50% 20)因专业服务引发的诉讼除外,但不适用于指称监管不当的衍生诉讼 21)美国雇员退休收入保障法除外 22)保单不承保由被保险人、被保险公司或其代表在美国地区提出之赔偿请求,但不适用于: • 股东衍生诉讼 • 受2002年Sarbanes-Oxley法案第806条规定的"举报者"保护,或类似法律规定的"检举人"保护 • 由被保险公司或外部实体的破产管理人、接管人、托管人或清算人所提出的赔偿请求 • 雇佣索赔 • 基于分摊或补偿的请求而提出或进行的赔偿请求 • 由任何前任董事、高级管理人员或雇员所提出的赔偿请求 • 抗辩支出 23)共保条款 24)扩展承保保释保证金和民事保证金费用——保单总限额 25)扩展承保资产和人身自由抗辩及保全费用——保单总限额 26)身体伤害或财产损失免除,但承保以下: • 因不当雇佣行为引起的赔偿请求中的精神损害部分 • 身体伤害或财产损失的抗辩费用 分项限额:美元10 000 000

通常国内在香港上市的公司购买董责险的限额都在1 000万美元以上,5 000万美元以下。此项目中投保公司购买的保障范围包括董事、监事及高级管理人员责任,公司补偿责任,公司证券类索赔责任三项。此三项责任基本上转嫁了香港上市公司最主要的风险,也是绝大部分香港上市公司购买的主流方案。此案例中针对公司补偿责任、公司证券类索赔责任分别设置了1万美元相对较低的免赔额,上文中提到针对香港上市公司,公司补偿责任、公司证券责任免赔额通常需控制在20万人民币以上。

第三节 建筑工程质量保险

建筑工程质量保险是保险公司承保工程建设者责任的险种。若建筑物主体结构因勘查、设计、施工和建筑材料等存在内在缺陷,造成建筑物主体结构在竣工1年后至10年内发生损毁或危及安全使用的损坏和在竣工1年后至5年内出现渗漏,则建设者应承担修复或赔偿的责任,对此责任,保险人负责赔偿。

一、风险调查与评估

1. 风险调查与评估的准备工作。对于一个项目,在风险调查与评估之前,必须详细了解和搜集有关信息,这样方能保证风险调查与评估的真实、准确性,确保后期承保报价和承保方案的有效和完整。

保险人主要通过投保调查进行风险评估,了解投保人的风险状况,以便在承保时运用保险费率和免赔率这两个杠杆因素,选定合理的费率和免赔率。

为了做好风险调查与评估,保险人需事先做好下述工作:

(1)掌握与建筑工程质量保险相关的《中华人民共和国建筑法》《中华人民共和国保险法》《建设工程质量管理条例》等法律、法规和政策,并能熟练应用于业务。

依据《商品房销售管理办法》,开发商对于其所销售的商品房承担质量保修责任。依据《建设工程质量管理条例》和《房屋建筑工程质量保修办法》的规定,建设、勘查、设计、施工单位对工程质量负有一定的责任。房屋建筑工程在保修范围和保修期限内出现质量缺陷,施工单位应当履行保修义务。

(2)理顺工程建设各方法律和利益关系。建筑工程质量问题涉及建设、设计、勘察、监理、施工、购房人等多方利益关系。在目前的建筑市场中,设计、勘察、施工、监理等企业都受雇于开发商,由开发商支付费用。

《建设工程质量管理条例》规定的建设工程保修制度,只作用于开发商与施工、勘察、设计等单位之间,一旦住宅在房屋保修期后出现质量问题,购房者和这些单位之间没有合同关系,找这些单位进行保修或索赔的法律依据不足。因此,在建筑物的合理使用年限内,因工程质量不合格造成损害的,在现有法律环境下购房者只能根据购房合同向开发商寻求索赔。

我国现行的《商品房销售管理办法》第33条规定:"房地产开发企业应当对所售商品房承担质量保修责任,……在保修期限内发生的属于保修范围的质量问题,房地产开发企业应当履行保修义务,并对造成的损失承担赔偿责任。"

(3)掌握建筑参与各方在保险中的关系。在发生保险事故后,业主首先向保险人要求赔偿,保险人赔偿后,再向设计、勘察、施工、质量检查控制机构等的相关责任人进行追偿。

设计、勘察、施工等方既可以投保自己的责任保险,也可以选择交付保费后扩展成为建筑工程质量保险的被保险人。质量检查控制机构可以投保职业责任险,以分散其经营风险。

投保了建筑工程质量保险后,保险人及建筑质量检查控制机构将参与建筑施工的全过程的风险管理。

(4)及时了解市场和有关法律、法规规定,掌握配套法律政策的进展情况。目前我国的建筑工程质量管理程序正处于转型阶段,需要保险人加强市场跟踪,加大政府公关力度,尽量依托政府力量推动业务发展,同时做到及时根据政策变化调整营销手段和相关承保条件,适应市场变化并积极应对。

2. 风险调查与评估。建筑工程质量涉及规划、勘察、设计和施工各阶段的质量,各阶段的质量都存在风险。通过政府监督、社会监理、参建各方主体负责工程质量以及施工图审查、工程保修等管理体系,能有效减少工程质量的风险,但不能根除。大体来讲,工程质量风险主要来自以下几个方面:

● 责任保险

（1）勘察工作失误,勘察布点不满足规范要求造成土层性质判断失误,引起基础方案与地基土不相适应,以及勘察取样和试验结果评价有误,造成地基不均匀沉降,引起影响结构安全的损伤。

（2）设计错误或疏漏、新型结构体系的不断出现、对各类结构性能理解上的偏差及结构细部构造疏忽等,都会造成影响结构安全的损伤。

（3）施工过程中的质量控制不严,所用建筑材料之间的适用性及其是否符合有关规范要求,建筑工程施工工序质量是否满足要求,深基坑施工是否有对周围建筑的保护措施等等。

（4）工程完工后,有的开发商和建设单位已不复存在,使建筑工程维修等难以实施。

（5）由于在建筑工程竣工时内部的荷载多数还没有施加,各种环境条件尚未完全经历和受环境影响的材料收缩还没有完成等,使得建筑工程中的一些内在缺陷如地基不均匀下沉和渗漏等质量缺陷,在建筑工程竣工验收中还没有完全显露出来。

（6）明确和确定建筑工程质量检查控制机构。对建筑工程质量进行质量控制是保证建筑工程质量保险业务持续、健康、顺利开展的必要条件。这项工作由独立于设计和施工的第三方建筑工程质量检查控制机构实施,该检查机构要针对每个建筑工程特点,从建筑工程的方案设计、施工图设计和施工过程的各个阶段进行质量控制,以降低建筑工程的质量风险。建筑工程质量检查控制机构的作用是预防设计（包括方案设计和施工图设计）、施工过程中的技术风险,把建筑工程设计和建造过程中的质量风险降到最低。

（7）明晰建筑工程质量检查控制机构的聘请方式。建筑工程质量检查控制机构代表保险人的利益,形式上由保险人与开发商共同委请,开发商首先将检查费用支付给保险公司,然后由保险公司按照工程进度等事先约定的程序支付检查费用给检查控制机构。其目的是切断开发商和检查控制机构的利益关系,有利于检查控制机构独立地对建筑工程的方案设计、勘察、设计和施工过程等各阶段进行质量控制,把建筑工程设计和建造过程中的质量风险降低到最小。

（8）确定建筑工程质量检查控制机构的工作内容。

①建筑工程质量检查机构应对项目立项和相关文件进行检查,并写出项目风险评估报告。该报告包括建筑物选址、勘察和建筑工程概况、设计方案的选择、施工技术的难度、项目环境的影响、项目参与者的技术素质、存在的问题、潜在的风险分析及控制风险的意见。

②制订项目质量控制计划。根据对该项目风险分析的结果,确定该项目技术控制等级、重点控制的阶段和部位,确定实地检查的频次和工作要求以及预控、过程控制等管理措施等。

③建筑工程勘察、设计质量检查。其包括钻孔布点是否满足规范要求,所取土样试验和结果的符合性,建筑基础设计与地基的适应性,建筑结构体系、结构布置、结构受力和传力的合理性,建筑结构计算假定和简化是否符合结构的实际和特点,建筑结构构造是否满足规范要求等。

④建筑施工质量检查。对项目施工单位的施工组织设计进行检查,对施工组织设计中不符合项目实际和未涉及主要质量控制的应进行修改;选择影响地基基础、主体结构安全的控制部位及关键工序进行现场检查。此外,施工阶段的检查还包括建筑材料复验、见证、取样、送样、检测等方面。

⑤建筑工程项目竣工验收质量评估报告。建筑工程质量检查控制机构要在工程竣工验收前,写出从方案设计到工程竣工的整个质量检查控制情况的总结报告,撰写对工程质量情

况的总体评价,并对是否满足建筑工程质量保险要求作出书面评估。

⑥建筑工程项目竣工验收1年后质量检查报告。建筑工程竣工验收1年后,建筑工程质量检查控制机构应对工程的质量情况进行实地检查,并通过检查确认以下事项:被保险工程竣工验收后遗留的问题和在竣工1年内出现的质量缺陷是否得到妥善处理;业主提出的问题是否得以解决;是否存在正在发展的质量缺陷;是否满足建筑工程质量保险的要求;等等。在完成以上事项的确认后写出检查报告交保险人和被保险人。

二、风险控制

1. 投保人。建筑工程质量保险的投保人是建筑物的开发商,它们是需要对建筑物的质量事故承担责任的义务人,只有获得国家或当地建设主管部门资质认可的建筑开发商才可作为本保险合同的投保人。

我国对房地产开发企业实行资质管理制度,即一个企业要从事房地产开发,除了要具备企业法人营业执照外,还要具备相应的资质证书。建设部《房地产开发企业资质管理规定》根据注册资本、经营年限、往年业绩、人员构成等条件将房地产开发企业的资质分为一、二、三、四共4个等级。其中一级最高,四级最低。

由于该产品风险较高、保险期限较长,在选择投保人时,应尽量选择资质较高、信誉较好的房地产开发企业。

2. 被保险人。被保险人是对建筑物具有所有权的自然人、法人或其他组织,是因建筑物的质量事故受到损失有权依法向建筑物的开发商请求赔偿的权利人。但是,如果开发商的建筑物的部分单元没有销售出去,则开发商可以作为未销售的建筑物单元的被保险人。

3. 保险标的。保险标的为住宅商品房及写字楼,其他建筑工程不在本保险承保范围内。在此基础上,仅选择经保险公司认可的建筑工程质量检查控制机构检查合格的建筑物作为保险标的。

4. 投保时间。该险种要求投保人于工程开工前就其开发的住宅商品房及写字楼工程(以下简称建筑物)投保本保险,保险人一般只接受投保人在工程开工前的投保申请,对任何已经开工或已经竣工的工程基本不提供保障,所以审核风险时必须确认投保时间在项目开工以前。

5. 工程质量检查控制机构。投保人填写投保单的同时,必须与保险人指定的质量检查机构签订建筑工程质量检查协议。

承保公司应审慎选择专业水平和信誉都比较高的建筑工程质量检查控制机构作为合作方,其应具有一定数量从事建筑设计、施工、监理、监测工作经验的专家。在业务开始阶段可由技术力量强、管理较规范的监理公司承担工程质量检查控制任务。承保公司应对该检查控制机构的有关人员进行包括国外建筑质量检查制度内容、建筑工程质量保险业务运作模式及保险知识在内的系统培训,以提高其质量检查水平,增强检查控制机构对出具的质量检查报告对建筑工程质量保险业务重要性的认识,从而确保检查控制机构能够充分发挥其检查控制的职能和作用。

目前保险公司已委托国家建筑行业的权威机构制定了检查机构的选择标准及行为标准。实务中,各地建设主管部门将向保险公司推荐检查机构的名单,保险公司再根据检查机构的选择标准从名单中选择合适的检查机构。

6. 预计总保险金额。其计算公式如下:

预计总保险金额=预计平均销售价格(元/平方米)×预计建筑物总面积-建筑物的土地使用权转让价

(1)审核预计平均销售价格时,应参考同等地理位置、同等品质楼盘的价格以及开发商贷款还款计划书中涉及的价格;

(2)审核预计建筑物总面积,要查阅规划委对该项目审批的用地规划、项目的设计规划中关于建筑面积的规定;

(3)审核建筑物土地使用权的转让价。鉴于商业、旅游、娱乐和商品住宅等各类经营性用地必须以招标、拍卖或者挂牌方式出让,因此,在审核建筑物土地使用权的转让价时,应审核出让人与中标人、竞得人签订的成交确认书中关于价款的部分(成交确认书应当包括出让人和中标人、竞得人的名称、地址、出让标的、成交时间、地点、价款,以及签订《国有土地使用权出让合同》的时间、地点等内容),审核在土地有形市场或者指定场所或媒介公布的招标拍卖挂牌出让结果,审核《国有土地使用权出让合同》及《国有土地使用权证书》。

7.检查费用。检查费用不包含在保险费中,由投保人另行交付,由保险公司通过代收代付的方式支付给检查机构。

三、承保方案

承保方案主要包括以下内容:

1.使用的保单条款。已报经中国保险监督管理委员会核准备案的建筑工程质量保险条款。

2.赔偿限额。建设工程设计责任保险的赔偿限额规定有每次索赔赔偿限额(含每人赔偿限额)和累计赔偿限额,分别指每次(含其中每人)保险事故保险人承担赔偿责任的最高限额和在保险期限内承担赔偿责任的最高限额。保险费率规章规定有基本赔偿限额和增加赔偿限额档次。各项赔偿限额由投保人根据上一年(或预计当年)承接的设计业务所涉及的经济责任的金额,并参考选择费率规章划分的赔偿限额档次与保险人协商确定。

3.每次事故索赔免赔额。其在保单中是明确的,一般采取固定金额与比例相结合,以高者为准的模式。如每次事故10万元或损失金额的5%,两者以高者为准等。需要特别说明的是,该险种主要解决重大事故下有关人员的合法权益和财产损失,所以一般操作中都要设定一个相对较高的免赔额。实际使用中,免赔额的设定要根据赔偿限额、费率等因素综合考虑后使用,也就是说,在赔偿限额一定的情况下,免赔额提高时,给予保费减收优待。具体免赔额由保险双方根据赔偿限额的高低及被保险人业务风险的大小协商后确定,并填写在此栏内。

4.保险费率。按照费率规章,主险费率为0.3%,附加渗漏扩展条款费率为0.3%。

费率可视具体的工程项目以及勘察、设计、施工(承包方和分包方)、监理机构的资质和经验、免赔额高低等因素上下浮动30%。

一般来说,开发商资质等级较高、信誉较好、过往开发项目质量较好的,可给予较高的费率下浮空间(但不超过30%)。

5.审核预付保险费。建筑工程质量保险采用先预付保险费,然后根据保险合同生效时建筑物平均销售价格(元/平方米)对预付保费进行调整的方式。具体约定如下:保险合同成立时,保险人依据投保人确定的预计平均销售价格与预计建筑物总面积计收预付保险费。在保险合同生效后,投保人应向保险人提供保险合同生效时建筑物的平均销售价格和实际建筑物总面积,保险人据此计算总保险金额和实际保险费。预付保险费低于实际保险费的,投保人应补足差额;预付保险费高于实际保险费的,保险人退回高出的部分。

如投保人不选择附加险,则:
$$预付保险费 = 预计总保险金额 \times 保险费率$$

如投保人选择附加险,则:
$$预付保险费 = 预计总保险金额 \times 主险费率 + 预计总保险金额 \times 附加险费率$$

预付保险费必须在保险合同成立时一次性交清,一般在签订《建筑工程质量保险意向书》时交清。

6. 签发保险单。项目竣工验收时,即向投保人签发保险单,但该保险单此时还不生效。

7. 合同生效。本保险属于附生效要件的保险合同,即保险合同的成立与生效的时间不一致,成立后并不当然就生效,而是需要符合条款约定的生效条件时,保险合同才生效。保险合同生效之前,保险人不承担保险责任。投保人需向保险人提供以下资料,保险合同才得以生效。

(1)竣工验收合格证书;

(2)工程施工承包单位出具的工程质量保修书,建筑物使用说明书;

(3)质量检查机构在竣工验收时对上述建筑工程项目出具的建筑工程竣工验收质量评估报告和在竣工验收合格满1年后对上述建筑工程项目出具的建筑工程质量检查通过报告;

(4)上述建筑工程项目在质量检查机构检查通过时的单位建筑面积平均销售价格和实际总建筑面积。

上述建筑工程项目竣工验收合格满1年后,未能经质量检查机构检查通过的,保险人不再向投保人签发正式保险单,在扣除预付保险费10%的手续费后,将剩余部分预付保险费退还投保人,保险合同终止。

投保人在向社会公众就投保建筑工程质量保险事宜进行宣传或报道时,其内容必须事先得到保险公司的书面认可,并交付保险公司标志使用费用30万元人民币或预付保险费的30%,二者以高者为准。

8. 实际保险金额与保险费。建筑工程质量保险保险金额分为总保险金额、单位建筑面积保险金额和每张保险凭证的保险金额。由于被保险人是单元建筑物的所有者,人数比较多,且每个被保险人购买的单元建筑物的面积大小不同,所以条款设计了总保险金额、单位建筑面积保险金额和每张保险凭证的保险金额,三者的计算公式分别如下所示。

$$总保险金额 = 保险合同生效时建筑物的平均销售价格(元/平方米) \times$$
$$实际建筑物总面积 - 建筑物的土地使用权转让价$$
$$单位建筑面积保险金额 = 总保险金额/建筑物总面积$$
$$每张保险凭证的保险金额 = 被保险人所购买单元的建筑物的建筑面积 \times 单位建筑面积保险金额$$

在整个保险期间内,保险人对于每一被保险人所承担的赔偿责任以其所持有的每张保险凭证的保险金额为限,保险人总的赔偿金额不超过总保险金额。

$$实际保险费 = 总保险金额 \times (主险费率 + 附加险费率)$$

若实际保险费大于预付保险费,投保人应补交二者的差额;当实际保险费小于预付保险费时,保险人应退回二者的差额。

9. 特别约定。竣工验收满1年后,如果质量检查机构出具了有保留意见的通过报告(如开发商没有对竣工验收后发现的问题履行维修义务),应将相关保留意见的内容记入特别约定,作为本保险的除外责任。

10. 保险期间。建筑工程质量保险主险的保险期间为10年,自建筑物竣工验收合格满1年后,经保险人指定的建筑工程质量检查控制机构对建筑物的质量检查通过之日起算。具体起保日期以检查机构检查通过的时间为准。

如选择投保附加渗漏保险,附加险保险期间为5年,自建筑物竣工验收合格满1年后,经保险人指定的建筑工程质量检查控制机构对建筑物的质量检查通过之日起算。具体起保日期以检查机构检查通过的时间为准。

四、案例介绍

(一)案情

××房地产开发有限公司,成立于1992年12月。后随着公司规模的不断扩大,经过多次增资扩股及股份转让,现已成为上市公司,注册资本53 000万元。公司自成立以来,已开发建设完成××花园、××新城、××一期、××二期、××三期等各类房地产项目,项目涉及北京、苏州、上海等地,累计建筑面积超过100万平方米,其产品已形成"××"品牌系列。公司2000年通过了ISO9001:2000质量管理体系认证,所开发项目"××"被北京市房地产管理局等授予"北京市房地产十五大名牌楼盘",并同时授予该公司"北京市房地产十强企业"等光荣称号。

在建项目一个:"××办公楼"位于××市××路,项目用地23.5亩,建筑面积11万平方米,总投资5亿元;项目计划于2011年8月开工,于2013年12月竣工;平均销售价格20 000元/平方米,项目开发、销售良好。

该客户拟为其即将建设的"××办公楼"项目投保建筑工程质量保险。

(二)分析

通过客户提供材料,按照上文介绍的思路和步骤进行风险分析,可以看出:

1. 该客户是合法注册成立的公司,可以作为被保险人;
2. 从资金和客户背景等有关情况判断,客户整体实力相对较好;
3. 从提供资料看,客户建筑住宅经验丰富,建筑办公楼的经验相对欠缺;
4. 赔偿限额的设置与免赔额的设置,整体有利于风险管控;
5. 项目在没有动工修建之前投保,分公司已经邀请有关专家去现场查勘风险,符合保险公司风险管控要求。

根据以上分析,拟订承保方案如下:

(三)承保方案

被保险人:××房地产开发有限公司

使用条款:中国人民财产保险股份有限公司建筑工程质量保险条款

保单保险期限:2010.7.1~2020.6.30

签单日期:2008.10

建筑物名称:××办公楼

平均销售价格:20 000元

总建筑面积:3 678.17

总保险金额:73 563 463元

每次事故免赔额:50万元或损失金额的10%,两者以高者为准

费率:1%
总保费:735 634.63 元
保险责任包括:
1. 基础设施工程、房屋建筑的地基基础工程和主体结构工程;
2. 屋面防水工程、有防水要求的卫生间、房间和外墙面的防渗漏;
3. 供热与供冷系统;
4. 电气管线、给排水管道、设备安装和装修工程。
保险期限:不同保险标的不同部分的保险期间分别为:
1. 基础设施工程、房屋建筑的地基基础工程和主体结构工程,为10年;
2. 屋面防水工程、有防水要求的卫生间、房间和外墙面的防渗漏,为4年;
3. 供热与供冷系统,为1个采暖期、供冷期;
4. 电气管线、给排水管道、设备安装和装修工程,为1年。
承保区域:中华人民共和国境内(港澳台除外)
司法管辖:中华人民共和国境内(港澳台除外)

第五篇　理赔篇

第一章

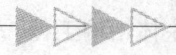

理赔调查

理赔调查是保险理赔工作的基础,旨在查明保险事故真相和收集事实证据材料。因此,理赔调查是责任保险理赔工作的关键环节之一。在报案受理后,理赔人员应根据承保情况和以往理赔情况核对报案记录内容,积极采取各种有效调查方式,准确掌握事故出险经过,收集相关证据材料,分析保险责任和核定损失金额,并做好相关文字记录工作。

第一节　理赔调查准备

一、核实报案记录

接到调查通知后,案件处理人员应立即查阅报案记录内容,与被保险人联系,初步了解事故出险情况和报案情况,具体包括被保险人姓名,保险标的名称、损害发生日期、索赔日期、地点、原因、处理机构、损失概况等,被保险人、报案人的联系电话等信息。根据报案信息,梳理出事故调查的焦点和疑点,确定调查范围。

二、核对承保情况

根据报案记录内容,详细核对承保情况和了解以往索赔记录,包括保单是期内索赔制还是事故发生制、被保险人名称是否相符、出险日期是否在追溯期或保险期间内、受损标的是否属于承保的责任范围、索赔是否超过诉讼时效、保险费缴纳情况、联共保以及再保等情况。

三、分析保险责任

经过查阅报案记录、联系被保险人及核对承保情况,初步分析保险责任后,对于明显不属于保险责任的情况,应向客户明确说明,明确不予受理的理由,并耐心细致地做好解释工作。同时,对于不属于保险责任的案件,如果尚未立案,应作报案注销处理,如果已立案,应作拒赔案件处理。

对于初步认定属于保险责任或无法免除责任的案件,应做好调查工作安排;对事故复杂的案件,可根据需要邀请有关部门或聘请专家进行理赔调查工作。

第二节 理赔调查内容

理赔调查是围绕保险事故进行的调查,主要目的在于收集确定保险责任和损失金额的可靠依据,包括两项基本工作,即查明保险事故真相和收集事实证据材料。对于责任险理赔调查工作,查明保险事故真相涉及核实事故人员、出险时间、出险地点、事故结果和事故原因等方面;收集事实证据材料涉及收集承保资料、索赔单证、事故证明、损失证明等相关书面材料。

一、查明保险事故真相

(一)事故情况(人员、时间、地点和结果)

一是核实被保险人、受害人、关系人和知情人。确定包括受害人性别、年龄、健康状况、财务状况、生活习惯、社会经历和事故发生前的活动等方面的情况。关系人是指与本次保险事故发生有直接关系的人员,主要涉及保险人赔偿后代位追偿问题。知情人是指了解保险事故经过的相关人员,是现场查勘、走访调查等理赔调查过程中的主要对象。

二是确定事故出险时间。根据事故特点,调查事故发生的具体时间,并结合保险合同约定,核实事故出险时间是否属于追溯期或在保险期间内。认定事故发生时间是判断保险责任的重要因素,特别对于接近追溯期、报告期或保险期间起讫时间点发生的案件,应慎重查实。

三是调查事故发生地和相关地。根据报案记录,对发生保险事故的第一现场要仔细勘察,仔细询问现场有关人员,并做好详细调查记录,确定出险地点是否与保险单中载明的承保地址相一致,事故涉及的地理范围是否与承保区域一致。对于人身伤亡进行第二现场查勘的,需要前往伤者治疗医院、被保险人居住地或工作单位等地走访调查,并对受伤人员及了解案情的有关人员就出险情况进行详细了解。

四是核实事故结果。通过查明事故发生经过,详细了解人员伤亡、财产损失情况,逐项核实被保险人提供索赔材料中所列损失情况,根据被保险人应承担的责任概算赔偿金额。

(二)事故原因

通过深入调查事故发生经过,查验人身伤亡或财产损失情况,询问被保险人或目击者叙述的事故经过,收集相关事实证据材料和索取相关证明,详细调查事故发生的原因。分析事故原因是客观因素还是人为因素,是被保险人自身行为还是第三者行为。凡是与案情有关的重要情节,都要尽量收集、记载,以反映事故全貌。应争取消防、气象、公安、安监等部门的支持和配合,必要时还可聘请有关部门或专业技术人员进行事故鉴定,为准确定责提供可靠的依据。对原因不明或有疑点的,应会同被保险人及相关职能部门共同保护现场,根据需要邀请有关部门或聘请专家查明原因,作出鉴定。

对于死亡、残疾案件,应明确区分意外伤害和疾病两种情况,重点调查事故经过、受害人状况、治疗等情况。对事故经过,主要调查死亡、残疾事故发生的时间、地点、原因、经过以及事故处理结果;对受害人状况,主要调查受害人事故发生前的健康状况、经济状况、精神状况和工作活动状况等;对治疗情况,主要调查受害人的救治经过,包括疾病症状、诊断结论、治疗经过、检查结果、用药情况。

二、收集事实证据材料

理赔调查确定的保险事故发生经过,需要通过某种形式固定下来,这就需要收集证明事实的相关证据,涉及承保资料、索赔单证、事故证明、损失证明等相关具体书面材料。

1. 承保资料。具体包括投保单、保单、批单、保险条款和保险协议等相关内容。

2. 索赔单证。具体包括《索赔申请书》,由理赔处理人员指导被保险人填写,要做到真实反映出险情况,尽量作出准确的损失估计,并由被保险人/报案人在签章栏内签章确认。

3. 事故证明。具体包括事故认定证明、责任认定证明、身份资格证明、死亡伤残证明等,主要涉及如下相关证明材料:

一是事故认定证明:政府主管部门事故调查报告、交通事故责任认定书、工伤认定、医疗事故鉴定等;

二是责任认定证明:赔偿协议、第三方调解协议、仲裁裁决、法院裁决书;

三是身份资格证明:身份证复印件、相应资格资质证书;

四是死亡伤残证明:死亡证明、户口注销证明和残疾鉴定。死亡的,应由救治医院或公安部门出具死亡证明。宣告死亡的,由人民法院出具死亡宣告裁决;

五是医疗证明:诊断证明、病历和医疗费用清单等。

4. 损失证明。具体包括医疗费用收据及清单、财产损失清单等相关费用单据。

5. 其他相关单证。如现场照片,作为保险事故调查的真实记录,是赔案的必备材料。在理赔调查过程中,应进行必要的现场拍照。现场照片应显示出险地点、现场概貌、人员伤亡情况或财产受损状况等,力求清晰、准确、完整,必要时应拍摄特写镜头,并作简要的文字说明。

第三节 理赔调查方式

理赔调查方式是指具体案件中查明事故和收集事实证据所采取的方式。在保险理赔案件中采取何种方式对案件进行调查,取决于案件性质和理赔处理进展程度及调查人员对案件的认知度,主要包括现场调查、电话调查、走访调查、委托调查和合作调查五种理赔调查方式。

案件处理人员对于需要进行理赔调查的案件,应根据案情经过,在明确调查对象、调查重点及调查方式后,逐步开展调查工作。保险理赔调查,必须根据案件情况和理赔处理实际有针对性地采取相应的方式。理赔调查方式在实务运用中可以单独使用,也可以综合运用,不管采用以上何种调查手段和方式,主要目的是及时发现事实、正确收集证据。

一、现场调查

现场调查是指事故发生接报案后,理赔处理人员立即赶赴事故现场进行查勘检验,准确了解出险时间、地点、原因以及造成第三者损害的详细情况、损失程度,收集有关单证,并做好文字记录的工作过程。

理赔处理人员应积极做到第一现场查勘,认真调查,详细记录、收集情况,向当事人和相关人员详细询问了解事故经过、原因和结果,收集相关材料,初步查验受伤情况和财产损失状况,制作查勘笔录,并经相关人员签字确认。鉴于责任险业务的特殊性,如涉及人身伤亡的情况,很难做到及时查勘第一现场,应在了解案情后,及时赶到第二现场查勘。第二现场是指受害人或损失财产被移动后的具体所在地,如医院等地。查勘完毕后要尽快根据查勘情况缮制查勘报告,写明事故原因、经过、结果和处理过程、损失情况、估损金额等。

二、电话调查

电话调查是指理赔人员根据案情资料,通过电话向投保人、被保险人或其他案件知情人询问核实案情,为理赔提供依据的调查方式。目前,保险业高速发展,理赔业务压力日增,电话调查作为一种理赔服务方式,具有高效、节约的特点,可以极大节约理赔资源,适用于大部分案件特别是小额案件,通过一般性电话调查即可迅速了解事故真相并初步作出赔付决定。

电话调查流程一般分为介绍、倾听、问答、总结和退出五个阶段,要注意以下事项:一是应明确告知义务,包括电话调查持续时间、电话调查基本流程以及为保证服务质量及保留证据,要求电话内容录音情况;二是要求被调查人尽可能详细地叙述事故发生的原因、经过和结果以及所有其他相关问题,并详尽记录被调查人的叙述,以备存档作为理赔材料;三是对于被调查者叙述不清楚或矛盾之处,通过提问要求被调查者复述或确认相关事实;四是对于电话调查后仍不能明确案情的案件,或其他电话调查无法满足调查目的的案件,需继续深入开展实地走访调查工作。

三、走访调查

对重大复杂的或有疑问的案件,要走访有关现场见证人或知情人,针对具体案情,询问了解案件情况,并进行询问记录,记录应包括询问日期、被询问人及被询问人地址等,并由被询问人签字。对于不同类型的案件,案件处理人员应根据案件实际情况走访事故相关地、被保险人或受害人所在地,有针对性地采取不同的途径及方法,为保险责任的认定及赔款理算提供可靠依据。对于发现存在疑点案件,缺乏相关有力证据的,必须进行走访调查,应就所需调查的内容到相关部门或向有关人员取证,并注意取证的真实性和权威性。如对涉及人员伤亡,需要查明治疗、住院情况的,应走访就诊医院了解治疗方案、治疗时间、诊疗手段和用药等项目。一旦发现不合理的医疗方案、用药方案和检查项目等,要及时同医院或相关医生交换意见,积极促成院方进行调整。对有转院情况的案件,应尽量到所有就诊治疗过的医院进行调查取证。调查时应注意所有就诊医院资质情况,并详细记录医疗跟踪的全过程。

四、委托调查

委托调查是指根据案件证据收集的需要,委托保险公司内部其他分支机构、公估人或第三方鉴定机构进行理赔调查的一种方式,主要包括内部委托、聘请公估和申请鉴定三种委托调查方式。

(一)内部委托

内部委托是指承保公司委托保险事故相关地的内部分支机构对保险事故进行协助调查的方式。受地域因素影响,保险事故发生地或相关地不一定在案件处理机构所在地范围,这就给案件调查带来一定困难。为了提高调查效率,节省调查资源,就需要委托内部异地分支机构调查。受委托公司应按照委托公司要求进行调查。

(二)聘请公估

对于专业技术性强、损失原因或损失程度难以判定的或损失金额较大的案件,可聘请公估人进行鉴定,尽可能取得权威性、有法律效力的证明材料。公估人,是指依照我国相关法律法规,经保险监督管理机构批准设立,取得了保险公估经营资格的法人。选择公估人的首要条件是该机构应当具有符合赔案处理需要的、在业界具有权威性的专家或技术人才,由其所出具的公估报告必须具有一定的证据效力,公估理算结果准确合理,能够成为公司支付赔款或拒赔的有力依据。公估人的聘请工作要严格遵循公司相关管理规定,并确保得到被保险人书面同意或与其共同聘请,以免日后引起纠纷;要加强对公估的监督,派专人跟踪,切忌放手不管。

(三)申请鉴定

鉴定是指在案件处理中,保险人和被保险人共同委托具有鉴定资格的鉴定人或鉴定机构,对案件的待证事实的专门性问题进行分析、鉴别和判断后,作出结论性意见。在实际调查过程中,理赔调查人员受专业知识、技能水平及工具设备的限制,可能遇到专业性很强且难以解决的问题,如产品缺陷认定、死亡原因认定、笔迹鉴别、医疗损害鉴定等,这时可以聘请技术专家或权威技术鉴定部门等外部力量参与赔案处理。

五、合作调查

合作调查是指理赔调查人员根据案件具体情况,与公、检、法等司法机关以及其他行政机构协作,联合查明案件事实和收集证据的方式。对于社会广泛关注或涉及公共利益的案件,如保险欺诈案件,理赔调查人员应根据案件实际处理情况,积极主动地与当地公、检、法等司法机关以及其他行政机构开展联合调查或请求协助调查。

第四节 理赔调查结论

理赔调查报告作为理赔调查结论,应反映整个调查工作的过程和内容,是审核、确定赔偿范围和赔偿金额的重要依据。理赔调查报告内容必须做到要素齐全、内容完整、文字简练、情节清晰,此外还应对赔案的承保、出险、调查以及定损定责等情况给予必要的文字叙述。调查报告主要包括以下内容:承保信息,包括核对保单号码、保单险别、被保险人名称及地址、保险期间、赔偿限额、免赔额等保险合同整体信息;出险信息,包括事故经过、出险时间、出险地点、出险原因、报案情况、索赔金额等;调查分析,主要根据理赔调查获取的证据材料、专家鉴定意见,对保险事故进行事实判断和责任分析;调查结果,主要确定责任情况和损失情况。

第 二 章

定责与定损

第一节 确定保险责任

一、保险责任分析

责任保险是以被保险人对第三者依法应负的民事赔偿责任为保险标的的保险。确定保险责任时,应遵循涉及的法律法规和相应的保险条款,先分析判断民事赔偿的法律责任,再对照条款,确定民事赔偿法律责任范围内的保险赔偿责任。也就是说,要求责任保险理赔人员既要担当"法官"的角色,又要履行好保险合同的承诺。因此,理赔人员对相关法律和司法判例的熟悉,对保险条款的掌握,都显得十分重要。

（一）责任保险涉及的民事赔偿法律关系

从责任保险的标的来看,保险人、被保险人和受到保险事故侵害的受害人之间存在着两层民事赔偿关系:一是受害人依法向被保险人请求赔偿;二是被保险人按照保险合同约定向保险人请求赔偿。在实际中,无论如何操作,两层索赔关系都不能混为一谈。应该明确,其共同点是两者在法律上均表现一种债权请求权,其不同点是二者请求权发生的基础不同,前者是被保险人依法应该承担的侵权责任,后者是保险人依法应该履行的合同责任。

实际操作中,需要考虑两个层次的法律规范问题:第一层次是规范受到保险事故侵害的受害人与被保险人之间的行为;第二层次是规范被保险人与保险人之间的行为。第一层涉及的主要法律法规有《侵权责任法》《民法通则》《劳动法》《教育法》《道路交通安全法》《安全生产法》《产品质量法》《食品卫生法》《消费者权益保护法》《建筑法》《工伤保险条例》《道路运输条例》《学生伤害事故处理办法》《娱乐场所管理条例》和一些特殊行业执业法律法规、地方法规规章等;第二层涉及的法律法规主要为《保险法》《合同法》,理赔人员要依据这些法律法规合理确定责任。

（二）判断被保险人承担的是侵权责任还是违约责任

民事责任可以分为侵权责任和违约责任。发生争议时,侵权责任的责任性质和大小可由法院根据法律确定,保险人可以相对准确地评估自身承担责任的风险大小。而违约责任由于其责任的不确定性,在一些责任保险中通常都是不予承保的。这种不确定性一是表现在合同内容的不确定性,可以说无规律可言;二是表现在事故的发生与否在很大程度上与被保险人的主观态度和行为有关。

侵权行为和违约行为是被保险人向受害人承担侵权责任或违约责任的行为基础。侵权行为分为一般侵权行为和特殊侵权行为。一般侵权行为是指行为人由于过错侵害他人的人身或财产并造成损害,违反法定义务,依法应承担民事责任的行为。在举证责任上采取"谁主张谁举证"原则。特殊侵权行为是指行为人的行为侵害他人的人身或财产并造成损害,基于公平原则、无过错原则以及过错推定原则,行为人依法应承担民事责任的行为。在举证责任上采取"举证责任倒置"原则。所谓违约行为,是指当事人一方不履行合同义务或者履行合同义务不符合约定条件的行为。因侵权行为导致他人财产损失的时候,侵权人需要承担侵权责任;因违约行为导致他人财产损失的时候,违约人需要承担违约责任。二者的本质性区别在于前者是一种法定责任,后者是一种约定责任。明确这一点,对于责任保险实践中确定受害人损失的范围至关重要。

实践中,对于纯粹的合同违约责任在公众责任保险中一般列为除外责任,除非保险合同双方当事人进行特别约定,保险人方可对经其同意的合同责任造成的经济赔偿责任予以负责。因此,在责任保险理赔案件中,确定被保险人向受害人承担的是侵权责任还是违约责任至关重要。

目前有的责任保险合同已涵盖被保险人的违约责任。基本的判断是,如保险条款与确定保险责任承担的前提是被保险人有过错,表明保险人承担的是被保险人的侵权赔偿责任;如保险条款没有约定保险责任承担的前提是被保险人有过错,表明保险人既承担被保险人的侵权赔偿责任,也承担被保险人的违约赔偿责任,如中国人民财产保险股份有限公司道路客运承运人责任保险。

(三)如何判断被保险人的行为是否构成侵权

一般来讲,可从以下四个构成要件看被保险人是否构成侵权行为:

1. 行为的违法性。所谓行为的违法性,是指行为人实施的行为违反了法律的禁止性规定或强制性规定。

2. 损害事实的存在。损害事实,是指对对方人身或财产权益的损害。财产权益,既有可能是公共财产,也有可能是私人财产,还有可能是非财产性权利,如股票、债券等。

3. 因果关系。侵权行为中的因果关系是指违法行为与损害结果之间的客观联系,即特定的损害事实是否是行为人的行为必然引起的结果。只有当二者之间存在因果关系时,行为人才应承担相应的民事责任。

4. 行为人主观上一般有过错。过错是一般侵权行为构成要件中的主观因素,反映行为人实施侵权行为的心理状态。过错根据其类型分为故意与过失。故意,是指行为人预见到自己的行为可能产生的损害结果,仍希望其发生或放任其发生。过失,是指行为人对其行为结果应预见或能够预见而因疏忽未预见,或虽已预见,但因过于自信,以为其不会发生,以致造成损害后果。

过错推定原则,本质上仍为过错责任原则,但在举证责任上,受害人请求加害人承担民事责任时,首先推定加害人存在过错,由加害人自己证明没有过错而主张免责。这里的责任主要有建筑物致人损害的民事责任,堆放物品滚落、滑落或者堆放物倒塌致人损害责任,树木倾倒、折断或者果实坠落致人损害责任,共同危险行为致人损害责任,监护人责任,暂时丧失心智责任,无民事行为能力人在教育机构受到损害的责任,机动车对非机动车驾驶人和行人的责任,动物园动物致人损害责任等。

无过错责任原则的适用范围主要有产品侵权责任、环境污染责任、高度危险作业责任、动物致人损害责任、医疗产品侵权责任、合同责任等。

(四)关于"追溯期"和"发现期"

责任保险的保险责任归属方式可以分为期内发生制和期内索赔制。期内发生制,也称"事故发生为基础",是指只要事故在保险期间内发生,无论索赔在何时(受诉讼时效两年的限制)提出,保险人均对保险责任范围内的索赔予以赔付。期内索赔制,也称"索赔提出为基础",是指只有事故在保险期间内发生,且在保险期间内提出的保险责任范围内的索赔,保险人才予以赔付。

对于期内索赔制,在确定保险责任时,要分清有关"追溯期"和"发现期"(又称延长报告期)的约定。目前国内国外保险市场一般采用期内索赔制的承保方式,保险人对于保险期间届满后的索赔案件不负赔偿责任,可免除"长尾巴责任"。被保险人若欲继续获得保险保障,须每年向同一保险人续保。但此种承保方式会使保险人可能承受保险单生效前已经发生的赔偿责任,为防止发生此种情况,保险人多在保险单中订有"追溯期",约定在该日以前所发生的事故不负赔偿责任。如果被保险人于保险单期满时不再续保或中途退保,保险人对于保险单失效后的索赔案不负赔偿责任,可以切掉"长尾巴责任",对保险人较为有利。但对被保险人来说则缺乏保障,于是产生"发现期"的约定,使被保险人在发现期内提出的索赔得到保障。

"发现期"约定主要有四种情况:一是保险单取消或保险公司没有续保;二是保险单被取消或被保险人没有续保;三是保险公司续保或以某一列明更晚的追溯期的保单替代原保单;四是保险公司续保或以某一事故发生或其他非索赔提出为基础的保单替代原保单。根据上述约定,只要责任事故发生在保险期间结束之前,但在追溯期开始之后,并且索赔发生在"发现期"(延长报告期)间,就属于保险责任范围。

"发现期"一般为60天的延长报告期。

(五)关于保险竞合

保险竞合是指保险事故发生时,数个保险人应给付保险金的对象均为同一人。保险竞合的被保险人对同一保险标的可以有不同的保险利益,其产生的原因是保险条款及险种在承保的风险上交叉及被保险人在特定情形下的重叠。

责任保险在竞合之间的交叉问题是比较复杂的,涉及很多法律问题,而且大部分要靠法理来解释。从法律责任来说,受到侵害的人有权向负有责任的任何一方或所有责任方提出索赔,受到索赔的一方应该依法承担赔偿责任,然后再向责任保险的保险人提出索赔。所以责任承担的顺序并不一定是指实际上的索赔顺序或赔偿履行的顺序,而是最终承担保险赔偿责任的顺序。一般而言,可以参照以下几个标准解决保险责任的竞合责任问题:

1. 以条款规定为准。条款规定是保险合同的明示条款,在效力上要优先于作为默示条款的法律规定——前提是法律没有作出禁止性规定。如按照中国人民财产保险股份有限公司雇主责任保险条款(2004版)约定,保险事故发生时,如有其他相同保障的保险(如工伤保险),雇主责任保险承担差额部分。

2. 针对性条款优先。针对性险种或更专门的险种优先承担保险责任,是保险界的习惯做法。例如,职业责任保险相对于公众责任保险来说就属于针对性条款。

3. 过错责任保险优先。过错责任保险优先是根据民事责任的有关规定提出的,是相对于无过错责任而言的。过错责任是世界各国法律认定的基本归责原则,无过错责任是过错责任的补充,并且在法律有明确规定的情况下才适用,否则,只能适用过错责任原则。根据责任保险中以法定赔偿责任为前提的原则,过错责任与无过错责任交叉时,过错责任的保险应该优先负责。举例来说,某雇员在因公外出采购过程中,因商场责任发生伤亡,此时应该由雇主责任保险还是由公众责任保险承担呢?一般可以认为,赔偿责任应由有过错商场的公众责任保险来承担。即使雇员坚持向雇主索赔,雇主责任保险的保险人也有权向商场追偿,最终的经济赔偿责任仍然落在公众责任保险的保险人身上。

(六)责任保险的法律适用及司法管辖

由于责任保险存在双层民事法律关系,因此其司法管辖也分两个层次。保险人与被保险人之间的保险法律关系,受到《合同法》和《保险法》的调整,一般情况下接受中华人民共和国的司法管辖。被保险人和受害人之间因侵权行为产生的债权法律关系则可能涉及适用外国法律以及接受外国司法管辖的问题。具体应以《民法通则》第八章"涉外民事关系的法律适用"的规定为准。但应该注意的是,适用美国和加拿大法律的时候,法院判决的赔偿金额一般比较高昂。由于不同的法律体系,美国和加拿大法院判决侵权赔偿的金额往往包含了惩罚性的成分。承保时一般均将惩罚性赔偿责任作为责任免除处理。在涉及北美法律的责任保险理赔时,应将惩罚性赔偿责任部分予以免除。

(七)《中华人民共和国侵权责任法》实施后对医疗责任的影响

关于医疗损害赔偿,《中华人民共和国侵权责任法》建立起一元化三类型的医疗损害责任救济体系,统一了医疗损害责任概念,摒弃医疗事故责任和医疗过错责任的概念,诉到法院的案件将不再有二元标准适用,一律适用《最高人民法院关于审理人身损害赔偿案件适用法律若干问题的解释》(法释〔2003〕20号);确定了医疗技术损害采用过错原则、医疗伦理责任采用过错推定原则、医疗产品责任采用无过错责任的基本类型和归责原则;明确了认定医疗过失的一般标准是医务人员违反注意义务。

《最高人民法院关于适用〈中华人民共和国侵权责任法〉若干问题的通知》(法发〔2010〕23号)明确了医疗损害责任鉴定的性质为司法鉴定。

(八)工伤保险条例对理赔的影响

1. "一次性工亡补助的标准"。2011年1月1日起实行的工伤保险条例(以下简称"新的工伤保险条例")将工伤死亡职工的一次性工亡补助金标准增加了2倍多。同时,对伤残职工的一次性伤残补助金做了调整,将一至四级、五至六级和七至十级伤残职工的一次性伤残补助金标准分别上调,增加了3个月、2个月和1个月的本人工资,从而大幅度提高了工伤职工及其供养亲属的待遇保障水平。

2. "上下班途中责任事故的认定"。新的工伤保险条例将上下班途中的工伤认定范围由原来的机动车事故扩大到机动车、非机动车的交通事故和城市轨道交通、客运渡轮、火车事故伤害。同时,限定上下班途中"非本人主要责任"的交通事故伤害才能认定为工伤,而上下班途中本人承担主要责任的交通事故,如无证驾驶、酒后驾车等行为造成职工伤亡的,不纳入工伤的范围。这项规定有利于提示和引导职工群众注意上下班途中的交通安全。

3. "住院期间费用的补偿"。新的工伤保险条例明确了将工伤预防的宣传、培训等费用纳入基金支付的规定。还将原来由用人单位支付的工伤职工"住院伙食补助费"、"统筹地区以外就医的交通食宿费"以及"解除或者终止劳动关系时的一次性医疗补助金"改为由工伤保险基金统一支付,进一步规范统一了工伤职工的待遇标准,保证及时发放,减轻了参保用人单位的负担,提高了企业参加工伤保险的积极性。

4. "工伤认定的复议时效"。新的工伤保险条例取消了工伤认定争议中的行政复议前置程序,缩短了争议处理的程序和时间,如果企业和个人在接到工伤认定书后不服,无须再向劳动部门申请复议,可直接走司法程序起诉至法院,有利于保护工伤职工的合法权益。

5."复议期间医疗费用的支付"。新的工伤保险条例第31条规定,"社会保险行政部门作出认定为工伤的决定后发生行政复议、行政诉讼的,行政复议和行政诉讼期间不停止支付工伤职工治疗工伤的医疗费用"。该规定从制度上遏制了部分用人单位恶意诉讼的企图。新的工伤保险条例还增加了对不参加工伤保险和拒不协助工伤认定调查核实的用人单位的行政处罚规定。

(九)关于责任保险索赔时效

《保险法》第26条规定,"人寿保险以外的其他保险的被保险人或者受益人,向保险人请求赔偿或者给付保险金的诉讼时效期间为两年,自其知道或者应当知道保险事故发生之日起计算"。相对于修订前的规定,明确使用"诉讼时效"一词,与司法实践一致,是一种权利消灭时效。需要注意的是,保险法诉讼时效的起始时间为被保险人"知道"或应当知道保险事故发生之日。对于责任保险而言,其保险事故就是受害人请求被保险人承担法律责任。保险事故发生之日,应指受害人请求被保险人承担法律责任之日。

(十)关于赔偿责任比例

根据被保险人在损害事故中承担的责任,可参照下列规定合理确定保险赔偿比例:完全责任的,保险公司相应承担90%~100%赔偿责任;主要责任的,保险公司相应承担60%~90%赔偿责任;同等责任的,保险公司相应承担40%~60%赔偿责任;次要责任的,保险公司相应承担10%~40%赔偿责任;轻微责任的,保险公司相应承担0%~10%赔偿责任。

对于难以确定涉案事故原因或对涉案事故原因存有争议的,或者符合相关法律法规确定需提交鉴定情形的,应当告知双方当事人委托权威机构组织鉴定或直接聘请相关专家进行认定,明确责任。

(十一)关于第三人直接请求权

《保险法》第65条第1款规定:"保险人对责任保险的被保险人给第三者造成的损害,可以依照法律的规定或者保同的约定,直接向该第三者赔偿保险金。"

第2款规定:"被保险人对第三者应负的赔偿责任确定的,根据被保险人的请求,保险人应当直接向该第三者赔偿保险金。被保险人怠于请求的,第三者有权就其应获赔偿部分直接向保险人请求赔偿保险金。"具体释义如下:

1.第三者对保险人请求权的基础。第1款规定本身未赋予第三者对保险人的保险赔偿请求权,而是在承认保险合同相对性的基础上,明确了第三者对保险人可能存在的两种保险赔偿请求权基础,即法律的规定与合同的约定。

2.经被保险人请求应直接向第三者给付保险赔偿金。第2款规定类似于《合同法》第64条关于向第三人履行债务的规定。但二者的区别在于,被保险人请求保险人向第三者给付赔偿金,无须保险人与被保险人事先合意。一旦被保险人对第三者应负的赔偿责任依法已经确定,且其请求保险人直接向第三者赔偿,无论保险人是否同意,均有义务直接向第三者支付保险赔偿金,但这并不意味着第三者对保险人有直接的赔偿请求权。

3.第三者附条件的保险赔偿金直接给付请求权。本条款的规定在解释和适用上有几个要点:一是被保险人对第三者的赔偿责任依法已经确定;二是被保险人自身未依据已确定的法律责任向第三者进行赔偿或未足额赔偿;三是被保险人客观上能够请求却不请求保险人向第三者支付保险赔偿金;四是第三者对保险人的直接请求权范围,限于其未从被保险人处获得的赔偿数额,最高不超过被保险人依法应当向第三者承担的赔偿责任数额,且应在保险合同约定的责任限额内。

二、保险定责实务

理赔人员应根据调查报告、事故证明及有关材料,依照有关法律法规、法院判决、调解等,遵照条款及条款解释的有关规定,全面分析主客观原因,确定事故是否属于保险事故。对不属于保险责任的案件,经慎重研究作出拒赔结论后,在保险法规定的时间内进行拒赔处理。责任分析与确定时应注意的几个问题:

1. 注意出险时保险合同是否有效。

2. 注意条款或保单约定的保险责任的归属方式是期内发生制还是期内索赔制。中国人民财产保险股份有限公司《律师职业责任保险》《注册会计师职业责任保险》《注册资产评估师职业责任保险》《保险代理人职业责任保险》《保险经纪人职业责任保险》这五个责任保险条款,都是采用"以索赔提出为基础"的。为了防止被保险人和受益人怠于行使自己的权利,控制"长尾巴责任",目前都倾向采用期内索赔制。承保人员承保时,应在保险单上明确,该责任保险的索赔基础为期内索赔制。

3. 审核对于造成第三者人身伤亡或财产损失的事件或被保险人的过错行为发生的时间时注意保险单"追溯期"和"延长报案期间"的限定。

4. 注意第三者向被保险人提出索赔的时间,必须以针对某特定责任事故第一次提出的索赔的时间为准。除另有规定外,以信件方式提出索赔的,应该以索赔信件发出日期为准。

5. 注意第三者向被保险人的索赔时效。第三者向被保险人提出的索赔必须是在法律上有效的索赔,必须符合法律条文中关于索赔时效的规定,即适用《民法通则》和《保险法》关于诉讼时效的规定。

6. 审核保险合同的适用法律及司法管辖权。对于国内责任保险合同,主要考虑被保险人赔偿责任的适用法律问题。根据事故性质、被保险人所在行业、受害人身份特征、受害人与被保险人的法律关系等,确定规范受害人与被保险人之间行为的法律法规,依照相应的权利义务和赔偿责任规定,审核被保险人的依法赔偿责任。

7. 被保险人行业性质或职业是否已发生变化。被保险人出险时其行业性质或所从事的职业危险性增加且事先未向保险人做变更通知的,保险人不承担保险责任。

8. 地点是否发生在条款或保险单约定的范围内。

9. 出险原因是否属于保险责任或扩展承保的保险责任范围。

10. 被保险人对保险人的正式索赔应以第三者对被保险人的索赔为前提条件。

11. 索赔时效问题。被保险人请求索赔的时效期为两年,自其知道或应当知道保险事故发生之日起两年内向保险人提出正式索赔,并提供全套索赔单证。如果超过两年未能做到有效索赔,则视同自动放弃索赔权益。值得注意的是,索赔与报案不同,索赔时效虽为两年,但被保险人发生保险事故立即通知保险人的义务不能因此免除,仍应按保险合同的规定履行。被保险人对保险事故的报案,并不意味着被保险人提出了正式索赔,必须出具出险索赔通知书,才能视为有效索赔,提供全套索赔单证后,方可赔付。对于诉诸法律的索赔,只要初次诉诸法律行为发生在规定的两年期间内,对以后(超过两年)法院的判决,保险人仍予负责。

12. 被保险人提供全套索赔单证,包括出险证明、事故报告、损失清单等与案件有关的有效证明和单据。证明单据必须由社会职能部门出具,必须真实、规范,并加盖公章。对于缺

少必要单证的案件,应通知被保险人限期提供,待单证齐全后,再依程序进行案件处理。审阅证明和单证时应注意的问题:

(1)联合事故调查报告。与政府负责处理事故的部门共同出具。

(2)死亡证明。在医院死亡的,由救治医院出具,否则,由公安部门出具。宣告死亡的,由人民法院出具。

(3)尸体检验报告。不在医院死亡的,由公安部门派法医验尸并出具尸检报告。

(4)永久性残疾证明。由救治医院按有关规定检验后出具。对于身体内部的残疾,或有疑点的,应请专业鉴定部门复检。

(5)身份证复印件。要求清晰。

(6)医疗事故鉴定。由司法机构出具。

(7)诊断证明书及医疗费用单据。由救治医院出具。

(8)职业病及程度证明。由地市及地市以上职业病医疗机构出具。

(9)户口注销证明。由死者户口所在地派出所出具,有条件的应复印户口登记簿。

(10)合同。如旅行社责任保险应索取旅游合同。被保险人是地接社的,应索取交接的有关文件和费用单据。产品责任保险应索取产品销售合同、产品销售发票、产品保险卡等。

(11)裁决书、调解书或判决书。裁决书由仲裁委员会作出,调解书或判决书由人民法院作出。

(12)仲裁或诉讼费用单据。由仲裁委员会或人民法院出具。

(13)其他单证。根据案件需要确定。

第二节 确定人身损害赔偿

一、我国法律法规对侵权行为致人身伤害的有关规定

(一)《侵权责任法》对人身损害赔偿的有关规定

1.《侵权责任法》第16条规定:"侵害他人造成人身损害的,当赔偿医疗费、护理费、交通费等为治疗和康复支出的合理费用,以及因误工减少的收入。造成残疾的,还应当赔偿残疾生活辅助器具费和残疾赔偿金,造成死亡的,还应当赔偿丧葬费和死亡赔偿金。"

2.《侵权责任法》第17条规定:"因同一侵权行为造成多人死亡的,可以以相同数额确定死亡赔偿金。"

3.《侵权责任法》第22条规定:"侵害他人人身权益,造成他人严重精神损害的,被侵权人可以请求精神损害赔偿。"

(二)《最高人民法院关于审理人身损害赔偿案件适用法律若干问题的解释》对人身伤害赔偿范围、项目和标准的规定

值得注意的是,《侵权责任法》虽然取消了被抚养人生活费这一赔偿项目,但依据2010年6月30日出台的《最高人民法院关于适用〈中华人民共和国侵权责任法〉若干问题的通知》第4条的规定:"人民法院适用侵权责任法审理民事纠纷案件,如受害人有被抚养人的,应当依据《最高人民法院关于审理人身损害赔偿案件适用法律若干问题的解释》第28条的规定,将被抚养人生活费计入残疾赔偿金或死亡赔偿金。"

司法实践中仍保留了这一赔偿项目的计算,仍应分别计算残疾赔偿金、死亡赔偿金、被

抚养人生活费。

二、涉及人身伤害的理赔处理要点

(一)对涉及一般伤害的责任险赔案:及时启动人伤跟踪和医疗审核

负责人伤跟踪的案件处理人员在接到被保险人报案并完成初次现场查勘后,应启动人伤跟踪流程。

1. 人伤跟踪人员可协同被保险人,赴医院看望受害者,协调医院对受害者的诊治,跟踪伤者治疗的过程。人伤跟踪人员应及时向被保险人告知应承担的医疗费范围。

2. 人伤跟踪的重点是针对医院对受害者采取的治疗方案、治疗时间、诊疗手段和用药项目进行跟踪。一旦发现不合理的医疗方案,应根据医疗审核人员的意见,及时会同被保险人与医院交换意见,积极促成医院进行调整。

3. 对涉及受害者转院的案件,人伤跟踪人员应尽量到所有就诊治疗过的医院进行调查取证。调查时应注意是否所有的就诊医院都是保单条款认可的医院。

4. 人伤跟踪人员完成每次探访或定期回访后,应及时调整受害人医疗费用的估损金额,并应依据医疗审核人员的建议,对伤者进行有针对性的探访,进一步了解伤情。

5. 医疗审核人员应根据人伤跟踪人员反馈的信息,提出针对性的探访要点,落实伤者伤情的变化,预测是否需要进行伤残等级的评定工作以及可能构成的伤残等级。受害人遭受人身损害是一般伤害的,因就医治疗支出的各项费用,如挂号费、医药费、检查费、治疗费、住院费、其他医疗费用等,医疗审核人员应根据医疗费发票、住院总清单、结合病历和诊断证明等证据确定,应注意剔除与侵权事故无关的不合理的医疗费以及受害者自身治疗原有疾病的医疗费用。受害者因器官功能恢复训练所必需的康复费、适当的整容费和后续治疗费,根据医院证明确定将来必然要发生的,可以和已经发生的医疗费一并予以确认。

6. 受害方出院之后,如涉及伤残评定,医疗审核人员应协调被保险人与受害方协商,共同确定有资质的司法鉴定机构进行伤残评定。医疗审核人员在审核受害者病历资料的过程中,如发现医疗机构建议的误工期、护理期、营养期、住院期存在不合理事实,也应及时提出审核意见,敦促被保险人与受害方交涉,必要时应要求被保险人一并申请对上述期限的合理性进行司法鉴定。

(二)对涉及残疾或死亡的责任险赔案:展开对赔偿对象个人及其家庭情况的调查,合理确定赔偿数额

案件处理人员接到涉及残疾或死亡的案件,在完成初次现场查勘后,应特别注重对受害人身份的理赔调查工作。案件处理人员除了应收集基本的事故证明资料外,还应进一步核实死亡人员的户籍身份、家庭情况;对在城市生活务工的农村户籍人员,应特别注重通过核查暂住证、暂住人口登记信息,走访其工作单位、居委会、派出所等机构,核实其在城市连续务工、就学、生活居住的事实,进一步确定应适用的赔偿标准。同时还应准确调整赔款的估损金额。

三、人身损害赔偿金额的计算

(一)人身损害赔偿的范围和依据

依照《最高人民法院关于审理人身损害赔偿案件适用法律若干问题的解释》(法释〔2003〕20号),人身损害赔偿范围包括"积极损害"和"消极损害"两个方面。积极损害是

指,因治疗损害支出的费用,如医疗费、护理费、交通费、营养费、后续治疗费、康复费、整容费等;因生活上增加需要支出的费用,如配制残疾用具、长期护理依赖支出的费用等。消极损害是指,因全部或者部分丧失劳动能力或者因受害人死亡导致的未来收入损失。

此外,《最高人民法院关于确定民事侵权精神损害赔偿责任若干问题的解释》还对受害人因生命权、健康权、身体权遭受非法侵害,向人民法院起诉请求赔偿精神损害作出了具体规定。责任险条款基本上将精神损害赔偿列为责任免除,责任保险人身伤亡案件损失赔偿范围一般不包括精神损害赔偿。

实践中,应根据条款所列保险责任,以法院或政府有关部门的裁决或国家有关法律法规,逐项核定赔偿责任和赔偿金额。责任保险一般人伤案件赔偿依据和标准适用《最高人民法院关于审理人身损害赔偿案件适用法律若干问题的解释》和有关责任保险条款;工伤、雇主责任保险案件赔偿依据和标准参照适用国务院《工伤保险条例》(国务院令第375号)及有关部门规章、地方法规和依据工伤责任保险、雇主责任保险条款;医疗事故保险案件赔偿依据和标准适用《中华人民共和国侵权法》、《最高人民法院关于审理人身损害赔偿案件适用法律若干问题的解释》(法释〔2003〕20号)和医疗责任保险条款。经诉讼或仲裁的案件,依照法院判决或仲裁裁决。

（二）人身损害赔偿项目及标准

1. 按照受害人一般伤害、因伤致残、死亡三种人身损害情形,责任保险人身伤亡案件赔偿费用通常包括以下项目:

（1）"一般伤害"（经过治疗可以恢复健康,尚未造成残疾或死亡的）赔偿费用审核项目为:受害人就医治疗支出的各项费用以及因误工减少的收入（包括医疗费、护理费、误工费、交通费、住宿费、住院伙食补助费、必要的营养费）。

（2）"因伤致残"赔偿费用审核项目为:"一般伤害"赔偿的相关费用,因增加生活上需要所支出的必要费用以及因丧失劳动能力导致的收入损失（包括残疾赔偿金、残疾辅助器具费、被扶养人生活费,以及因康复护理、继续治疗实际发生的必要的康复费、护理费、后续治疗费）。

（3）"死亡"赔偿费用审核项目为:"一般伤害"赔偿的相关费用,丧葬费、被扶养人生活费、死亡补偿费以及受害人亲属办理丧葬事宜支出的交通费、住宿费和误工费等其他合理费用。

2. 依照有关法律法规和条款约定,责任险案件赔偿费用项目可对照分列如表5-2-1所示。

表5-2-1 责任保险案件赔偿费用项目

责任保险一般人伤案件赔偿项目	工伤、雇主责任保险案件赔偿项目	医疗责任保险案件赔偿项目
医疗费	医疗费	医疗费
误工费	停工留薪	误工费
护理费	生活护理费	护理费
交通费	交通食宿费	交通费
住院伙食补助费	住院伙食补助费	住院伙食补助费
营养费	无	营养费
残疾赔偿金	一次性伤残补助金、伤残津贴、一次性工伤医疗补助金和一次性伤残就业补助金	残疾赔偿金
残疾辅助器具费	残疾辅助器具费	残疾辅助器具费

◎ 责任保险

续表

责任保险一般人伤案件赔偿项目	工伤、雇主责任保险案件赔偿项目	医疗责任保险案件赔偿项目
丧葬费	丧葬补助金	丧葬费
被抚养人生活费	供养亲属抚恤金	被抚养人生活费
死亡赔偿金	一次性工亡补助金	死亡赔偿金

根据《最高人民法院关于审理人身损害赔偿案件适用法律若干问题的解释》、国务院《工伤保险条例》和有关责任保险条款，有关责任保险人身伤亡案件费用项目及标准分列如下：

(1) 一般责任保险人身伤亡案件赔偿费用（包括医疗责任险）。如表 5-2-2 所示。

表 5-2-2　一般责任保险人身伤亡案件赔偿费用项目及标准

项目	赔偿标准
医疗费	结合病历和诊断证明等相关证据，审核治疗的必要性和合理性；根据医疗证明或鉴定结论确定后续治疗费用
误工费	根据医院证明确定误工时间，因伤致残持续误工的，误工时间可以计算至定残日前一天。受害人有固定收入的，误工费按照实际减少的收入计算。受害人无固定收入的，按照其最近3年的平均收入计算；受害人不能证明收入状况的，确定受害人所属行业，参照其经常居住地相同或相近行业上一年度职工的平均工资计算
护理费	护理：护理费根据护理人员的收入状况和护理人数、护理期限确定。护理人员有收入的，参照误工费的规定计算；护理人员没有收入或者雇佣护工的，参照当地护工从事同等级别护理的劳务报酬标准计算。护理人员原则上为一人，但医疗机构或者鉴定机构有明确意见的，可以参照确定护理人员人数。护理期限应计算至受害人恢复生活自理能力时止。受害人因残疾不能恢复生活自理能力的，可以根据其年龄、健康状况等因素确定合理的护理期限，但最长不超过20年
交通、食宿费	交通费：根据受害人及其必要的陪护人员因就医或者转院治疗实际发生的费用计算；以正式票据为凭；有关凭据应当与就医地点、时间、人数、次数相符合。食宿费：受害人确有必要到外地治疗，因客观原因不能住院，受害人本人及其陪护人员实际发生的住宿费和伙食费，其合理部分应予赔偿
住院伙食补助费	参照事故发生地国家机关一般工作人员的出差伙食补助标准予以确定
营养费	根据受害人伤残情况参照医疗机构的意见确定
残疾赔偿金	根据受害人丧失劳动能力程度或者伤残等级，按照受诉法院所在地（或事故发生地）上一年度城镇居民人均可支配收入或者农村居民人均纯收入标准，自定残之日起按20年计算。但60周岁以上的，年龄每增加1岁减少1年；75周岁以上的，按5年计算。受害人因伤致残但实际收入没有减少，或者伤残等级较轻但造成职业妨害严重影响其劳动就业的，可以对残疾赔偿金作相应调整。赔偿权利人举证证明其住所地或者经常居住地城镇居民人均可支配收入或者农村居民人均纯收入高于受诉法院所在地（或事故发生地）标准的，残疾赔偿金或者死亡赔偿金可以按照其住所地或者经常居住地的相关标准计算
残疾辅助器具费	按照普通适用器具的合理费用标准计算。伤情有特殊需要的，可以参照辅助器具配制机构的意见确定相应的合理费用标准。辅助器具的更换周期和赔偿期限参照配制机构的意见确定
丧葬费	按照受诉法院所在地（或事故发生地）上一年度职工月平均工资标准，以6个月总额计算
被抚养人生活费	按照受诉法院所在地上一年度城镇居民人均消费性支出和农村居民人均年生活消费支出标准计算。被扶养人为未成年人的，计算至18周岁；被扶养人无劳动能力又无其他生活来源的，计算20年。但60周岁以上的，年龄每增加1岁减少1年；75周岁以上的，按5年计算
死亡赔偿金	按照受诉法院所在地上一年度城镇居民人均可支配收入或者农村居民人均纯收入标准，按20年计算。但60周岁以上的，年龄每增加1岁减少1年；75周岁以上的，按5年计算。赔偿权利人举证证明其住所地或者经常居住地城镇居民人均可支配收入或者农村居民人均纯收入高于受诉法院所在地（或事故发生地）标准的，残疾赔偿金或者死亡赔偿金可以按照其住所地或者经常居住地的相关标准计算

值得注意的是：

首先，关于残疾赔偿金：目前与人身损害赔偿有关的残疾评定的国家标准有《职工工伤与职业病致残程度鉴定标准（GB/T16180－1996）》和《道路交通事故受伤人员伤残评定（GB18667－2002）》，两个标准均有特定的适用范围。实践中，工伤事故和道路交通事故以外的其他人身损害事故残疾评定，可以参照适用《道路交通事故受伤人员伤残评定（GB18667－2002）》。

其次，关于被扶养人生活费：被扶养人是指受害人依法应当承担扶养义务的未成年人或者丧失劳动能力又无其他生活来源的成年近亲属。被扶养人还有其他扶养人的，只赔偿受害人依法应当负担的部分。被扶养人有数人的，年赔偿总额累计不超过上一年度城镇居民人均消费性支出额或者农村居民人均年生活消费支出额。目前，被抚养人生活费占各项保险赔偿项目的比重越来越大，计算准确与否，切实关系到被保险人利益和准确履行保险合同。

计算被抚养人生活费应查实受害人户籍所在地身份（农村人口、非农村人口），以确定年赔偿标准，查实被扶养人人数、身份（与受害人之间关系，是否具有扶养与被扶养关系）、年龄（需扶养年限）、成年人是否既无劳动能力又无其他生活来源等情况，查实是否还有其他共同扶养人。此外，在被扶养人生活费计算中，还需注意：被扶养人仅指受害人依法应当承担扶养义务的未成年人或者丧失劳动能力又无其他生活来源的成年近亲属；受害人因伤致残丧失劳动能力的，根据公式计算出的被扶养人生活费再按受害人丧失劳动能力的程度折算；受害人也有责任的，生活费的计算或折算结果应按责任大小的比例分担；被扶养人还有其他扶养人的，只赔偿义务人依法应负担的部分。

(2) 工伤、雇主责任保险案件赔偿费用。如表5－2－3所示。

表5－2－3　工伤、雇主责任保险案件赔偿费用项目及标准

项目	赔偿标准
医疗费	须符合工伤保险诊疗项目目录、工伤保险药品目录、工伤保险住院服务标准，非工伤引发的疾病按照基本医疗费用标准
误工费	医疗期内（即停工留薪期，一般不超过12个月，伤情严重或者情况特殊的，不超过24个月）按照受害人原工资福利计算
护理费	生活护理费：完全不能自理，统筹地上年度职工月平均工资的50%；大部分不能自理，统筹地上年度职工月平均工资的40%；部分不能自理，统筹地上年度职工月平均工资的30%
交通、食宿费	工伤职工到统筹地区以外就医的，经医疗机构出具证明，按本单位职工因公出差标准计算
住院伙食补助费	按本单位因公出差伙食补助标准的70%计算
残疾赔偿金	一次性伤残补助金、伤残津贴、一次性工伤医疗补助金和一次性伤残就业补助金
残疾辅助器具费	因日常生活或者就业需要，经劳动能力鉴定委员会确认，安装假肢、矫形器、假眼、假牙和配置轮椅等辅助器具
丧葬费	丧葬补助金。6个月的统筹地上年度职工月平均工资
被抚养人生活费	供养亲属抚恤金：按职工本人工资的一定比例发给由工亡职工生前提供主要生活来源、无劳动能力的亲属。配偶每月40%，其他亲属每人每月30%，孤寡老人或者孤儿每人每月在上述标准的基础上增加10%。核定的各供养亲属的抚恤金之和不应高于因工死亡职工生前的工资
死亡赔偿金	一次性工亡补助金。为48个月至60个月的统筹地区上年度职工月平均工资
注：无营养费项目	

(三)关于精神损害赔偿

对导致人身损害责任的赔偿判决中,除了包括医疗费、护理费、误工费、必要的交通费、住宿费、伙食费、残疾者的生活补助费、抚养费等法律法规明确规定的费用之外,越来越多地包括了以所谓精神损害抚慰金等形式出现的有关精神损害赔偿,而且赔偿金额越来越大。尽管这在司法实践中已司空见惯,但在我国现行《民法通则》关于民事损害赔偿的规定中并没有对精神损害赔偿的明确要求,精神损害的程度和金额也难以客观地认定,有着很大的不确定性。不少地方立法对精神损害赔偿的标准作了规定,但地区差异很大,所以目前中国保险市场使用的大多数责任保险条款均将精神损害赔偿列为免责条款,但不排除有的责任保险条款约定了精神损害赔偿,对于经法院判决被保险人承担的精神损害赔偿责任,保险人在保险条款约定的限额内承担。

1. 精神损害赔偿的适用范围,包括以下三个方面:

(1) 侵害身体权。对于身体权的侵害究竟以何种方法救济,《民法通则》没有明文规定,最高法院关于精神损害赔偿的司法解释作了规定,这就是赔偿精神抚慰金。侵害身体权,往往不会造成严重人身伤害的后果,因而不会有或很少有造成财产损失的可能。对此,以赔偿抚慰金作为救济的主要方法,辅之以财产损失应予赔偿的方法,是最好的选择。

(2) 侵害健康权。凡是侵害健康权造成精神痛苦和精神创伤的,无论是否造成残疾,都应当予以抚慰金赔偿。对此,最高法院关于精神损害赔偿的司法解释已经作出了肯定的解释。

(3) 侵害生命权。侵害生命权的后果,在于直接受害人死亡或其近亲属的丧失。因此,不法侵害他人致死者,受害人之父母、子女及配偶所受精神上之痛苦,实较普通权利被侵害时为甚,自不可不给予相当金额,以资慰抚。请求权人的范围,以死者死亡时为限,一般包括胎儿、年幼儿童或精神病人在内。

上述三种情况,抚慰金赔偿请求权由权利人专有行使,均为专属权利。前两种的直接受害人为权利人,明文规定不得让与或继承;后一种侵害生命权的抚慰金请求权人,本身就是直接受害人的第一顺序的继承人,因而没有必要加以规定。上述三种抚慰金请求权均为专属其请求权人自身所行使,原则上都不得让与或继承。

2. 精神损害抚慰金赔偿的基本原则和应当注意的问题

(1) 确定精神损害抚慰金赔偿数额的基本原则,一种意见认为"由法院依痛苦之程度而自由酌定",另一种意见认为"由法院斟酌各种情形定其数额"。司法实践中,以后一种情况较多。最高法院曾经提出应当包括"侵权人的过错程度、侵权行为的具体情节、给受害人造成精神损害的后果等"。最高法院在关于精神损害赔偿的司法解释中,关于斟酌的情节又规定为:"(一)侵权人的过错程度;(二)侵害的手段、场合、行为方式等具体情节;(三)侵权行为所造成的后果;(四)侵权人的获利情况;(五)侵权人承担责任的经济能力;(六)受诉法院所在地平均生活水平。"后一个司法解释的规定更为全面。在决定精神损害抚慰金赔偿的数额的时候,应当根据这些情况,酌定抚慰金数额。

(2) 应当注意的问题。按照最高人民法院关于精神损害赔偿司法解释的规定,法律、行政法规对残疾赔偿金、死亡赔偿金等有明确规定的,适用法律、行政法规的规定。这一解释是不是针对抚慰金赔偿的计算问题而为,文字表述还不十分明确,但是从解释的逻辑而言,是明确的。这样,在处理交通事故的残疾赔偿金和死亡赔偿金的问题上,就有赔偿的标准不一致的问题。按照现在的规定,应当是各用各的规定。这里就有一个不同的精神损害抚慰金,由于执行的法律法规确定的标准不同,数额也有不同的问题。人身损害赔偿司法解释对于有关的赔偿项目作了统一,实践中应当以此为准,在该司法解释未作规定时,再依上面的意见处理。

第三节 确定财产损失

一、我国法律法规对侵权行为致财产损害的有关规定

《侵权责任法》第19条规定:"侵害他人财产的,财产损失按照损失发生时的市场价格或者其他方式计算。"侵害财产权损害赔偿的目的在于尽可能地恢复被侵权人未受到侵权行为之前应有的状态,该条文的规定体现了补偿性赔偿的原则。它有以下特征:

1. 受损财产的价格通常情况下应采用客观标准衡量,即以市场价格为准,杜绝主观的标准。客观标准是指参照一般市场价格等客观因素确定损害赔偿额,而主观的标准则是参酌被侵权人的特别情况、心理因素等主观因素来确定损害赔偿额。采用客观标准体现了在确定被侵权人财产损失程度时,应无一例外地遵循民事法律公平和等价有偿的基本原则,实事求是,有一赔一,损失多少赔偿多少。

2. 受损财产的价格应以一定的时间为条件。该时间点就是损失发生时的时间,以此作为计算依据能够更为准确地体现损失多少赔偿多少这一损害填补的精神,而不会因为计算时间点后移而产生对侵权人(通常情况下为责任保险的被保险人)不利的后果。这就是说,以损失发生时的价格为准,即使受害方请求侵权责任方赔偿或提起诉讼时,该财产的市场价格上涨,受害方也不得以价格上涨后的损失要求赔偿;反之,如果受害方索赔时或诉讼裁决时,该财产的市场价格下降,侵权责任方也不得以此为由要求减少赔偿。以损失发生时的时点确定财产价格,便于损失能尽快确定。

3. 受损财产的价格也应该以一定的地点为条件。此地点应以损失发生地的价格为准。当侵权行为地与损失发生地不在一处时,应该以损失发生当地同类财产、物品的市场价格为计算依据。如果受损财产已经有一定的使用年限,需要考虑折旧因素,扣减折旧率,同时在计算时,还应当扣除物品的残值。如果在损害发生时,受害方在财产受损的同时也因侵权行为而获得额外的经济利益,则应适用民法中损益相抵的原则,对受损财产的损失进行抵减。如果损害发生时,受害方除了直接的财产损失外,还遭受到一些间接损失,如可得利益的丧失,例如因挖断电缆导致工厂停业,产生营业损失,此时是否可以请求侵害人赔偿呢?目前法律和司法实践都没有定论,这也是司法领域的难点。我们认为,针对受害人的间接损失,应该综合考虑,在妥善保护被害人利益和合理适当限制加害人的赔偿范围之间取得平衡。

二、责任险类案件涉及财产损失的处理要点

《侵权责任法》第19条的规定对保险人在处理涉及财产损失的案件有重要的指导意义。它要求保险人在处理赔案时应以更加积极的态度参与到或者协助被保险人(损害赔偿责任的承担者)与受害方的事故处理中,以避免因时间的延误而造成损失范围难以确定这一更加不利的后果。"主动、迅速、准确、合理"这一理赔基本原则在此类案件的处理中体现得更为明显。

保险人在处理涉及第三者财产损失的责任险赔案时,应当严格依据保单条款的约定和相关法律规定,按以下要点进行事故处理:

（一）应明确保险人、被保险人、受害人三方两个不同层次的法律关系，对被保险人事先做好明确说明和提示的工作

保险人与被保险人之间是双方依据责任保险合同和保单条款建立的保险合同关系，保险人对被保险人在保单条款约定的责任范围内依法对第三方承担的民事损害赔偿责任承担保险赔偿责任。保险人与被保险人之间以保险合同为依据确定赔偿项目和范围。而被保险人与受害人之间通常情况下是因侵权行为或其他民事合同而发生损害赔偿关系，被保险人对受害人的损害赔偿项目和范围以侵权责任法和其他相关法律法规为依据，是法定的民事赔偿责任，赔偿项目和标准均以法律强制性规定为准。因此，三个主体之间存在两个不同层次的法律关系。责任险保单条款中，通常将受害第三方的间接损失、罚金、罚款和惩罚性赔偿、精神损害赔偿等项目列为除外责任，保险人对受害方该部分的损失是不予负责的，而被保险人却仍应依据侵权法及其特别法的有关规定，赔偿受害方上述损失。根据侵权责任法的规定，被保险人作为侵权责任人时，应赔偿受害者财产损失。在涉及产品责任的侵权行为中，在受害方提起惩罚性赔偿的情况下，被保险人也应予以承担。因此，在大多数责任险条款中，保险人的赔偿责任范围是小于被保险人对第三方的法定赔偿责任范围的。保险事故发生后，当被保险人向保险人报案时，保险人应当在第一时间就保单条款约定的赔偿项目和范围、除外责任的范围向被保险人明确说明并给予其积极的提示，使被保险人能明确知悉其应当单独向受害第三方承担的赔偿范围，避免误导被保险人。

（二）保险人应积极把握有力时机，掌握主动权，迅速锁定受损财产的范围和项目

责任险类保单条款通常在"投保人、被保险人义务"一章中均约定了保险人有提前介入、参与事故调查处理的权利。通常条款约定"投保人、被保险人应允许并且协助保险人进行事故调查"，"在处理索赔过程中，保险人有权自行处理由其承担最终赔偿责任的任何索赔案件，被保险人有义务向保险人提供其所能提供的资料和协助"，"被保险人获悉可能发生诉讼、仲裁时，应立即以书面形式通知保险人；接到法院传票或其他法律文书后，应将其副本及时送交保险人。保险人有权以被保险人的名义处理有关诉讼或仲裁事宜，被保险人应提供有关文件，并给予必要的协助"。在涉及财产损失的案件处理中，因受损财产的价格以损失发生时当地的价格为准，因此，保险人应当充分运用保单条款赋予保险人的权利，主动介入、参与事故调查和处理，迅速锁定受损财产的损害程度、物品单价和损失范围。保险人提前介入参与事故的处理，能够有效降低赔款支出，同时为被保险人提供良好的理赔服务。

案件处理人员在完成了现场查勘、拍照录像以及做好现场调查笔录等工作后，应督促并协助被保险人要求受害第三方施救受损财产，共同研究、确定对受损财产的施救措施，防止损失扩大。对于不同种类的受损财产，应采取不同的处理方式。例如，应将易燃易爆品与普通物品分开堆放；对有防水包装的物资和无防水包装的物资区别对待；对粮食、食品等易霉变的物品进行及时分拣、烘干、整理筛选，确定不同的受损程度；对五金类物品应及时进行擦干处理，防止锈损；对车船等运输工具以及机器设备类的物品应及时确定受损部位，协商修复方案或确定检验机构进行鉴定。与此同时，保险人应会同被保险人在必要时要求受害第三方提供受损财产的财务账册、会计报表、销售合同、销售发票等损失证明的文件，以明确损失当时的市场价格。

（三）保险人应积极协调被保险人与受害方，通过多种途径对受损财产进行及时处理，避免因时间的拖延而造成不利后果

在初步确定损失范围和损失程度后，保险人应协调被保险人与受害第三方做好损失财

产的及时处理。受损财产全损或推定全损的,以损失当时的市场价格确定损失金额,并应做好残值的扣减。受损财产部分损失的,可以共同协商贬值率,作价折归受害第三方所有。各方如对损失金额无法达成一致意见,可以采用共同委托,公开市场询价的方式,或者采用共同委托有资质的拍卖公司公开拍卖受损财产的方式,确定损失金额。总而言之,在损失确定的过程中,保险人应坚持及时性,避免因时间延误,市场环境波动造成受损财产价格产生变化,进而难以确定损失的不利局面。

第四节 确定费用损失

保险人在依据相关法律确定被保险人应赔偿受害人的损害赔偿金额后,还应依据《保险法》和保单约定确定被保险人因处理保险事故而产生的相关费用。

一、我国《保险法》和责任险保单条款对被保险人费用损失的相关规定

(一)《保险法》对被保险人费用损失的规定

《保险法》第66条规定:"责任保险的被保险人因给第三者造成损害的保险事故而被提起仲裁或者诉讼的,除合同另有约定外,由被保险人支付的仲裁或者诉讼费用以及其他必要的、合理的费用,由保险人承担。"

(二)责任险类保单条款对被保险人费用损失的规定

责任险保单条款通常对被保险人的费用损失约定如下:"发生保险事故后,经保险人书面同意支付的仲裁或诉讼费用以及其他费用,保险人按本保险合同约定负责赔偿。"或"保险事故发生后,被保险人因保险事故而被提起仲裁或者诉讼的,对应由被保险人支付的仲裁或诉讼费用以及事先经保险人书面同意支付的其他必要的、合理的费用(以下简称法律费用),保险人按照本保险合同约定也负责赔偿。"

二、被保险人的费用损失包含的范围

(一)法律费用

法律费用是指被保险人处理因保险事故引起的索赔而发生的仲裁或诉讼费用以及事先经保险人书面同意的律师费用。该项费用应在被保险人与索赔方为确定赔偿责任提起诉讼或进行仲裁的情况下发生的。保险人对此费用的赔偿应符合以下条件:

1. 律师费用的赔偿必须事先经保险人书面同意,以保险人出具的同意书为依据。
2. 赔偿金额以实际发生数额为准,但与损害赔偿责任及下述必要、合理的费用之和不得超过每次事故赔偿限额。

(二)必要、合理的费用

必要、合理的费用必须是当保险事故发生时,为减少被保险人的损失而发生的费用。费用虽然因保险事故而发生,但与减少损失无关,则不能列入,如被保险人的预防费用。被保险人为应对诉讼而产生的差旅费、律师费用,为降低损失而支付的施救费用等属于必要、合理的费用范畴。该费用的支出也应事先取得保险人书面同意。被保险人产生的施救费用如果既包含保单约定的责任范围内的施救,又包含对非保单责任的施救费用,保险人应剔除非保单责任下的施救费用。对第三者受损财产的鉴定费属于必要合理的费用范畴,应该予以负责。

总而言之，保险人应当在保险事故发生后，提前介入、参与事故处理时，就费用损失的处理与被保险人充分沟通，取得一致意见，避免因消极等待而产生不利后果，从而与被保险人产生不必要的纠纷。

 最终，保险人根据依法确定的保险责任和确定的被保险人应赔偿受害人金额及相关必要、合理费用，再根据保单约定的相关限额和/或免赔额计算得出保险赔偿金额予以赔付。

第三章

核赔

第一节 核赔的意义

核赔是保险经营的核心环节之一,是保险标的发生灾害事故后,对保险事故的责任认定、损失确定和赔款计算的结果以及相关单证材料进行审核,作出出赔付或拒赔决定的行为。

核赔作为理赔的关键环节,是保险公司控制业务风险的最后关口,具有案件审核和参与管理的双重功能。有效的核赔可以发现和防止查勘、定损、理算等环节的错误,识别和防范道德风险,使保险公司正确履行合同义务,准确合理支付保险赔款,维护保险人和被保险人双方的权益。同时,核赔也是对承保风险进行监督和检验,对理赔全过程进行指导、监督、管理、评价的手段之一,专业、规范、标准的核赔有利于提高公司管理水平,提升承保理赔技术和质量。

第二节 核赔岗的职责

一、基本职责

（一）审核赔案

在授权范围内,按法律、法规、条款、实务和有关制度要求,对本级分公司赔案和下级分公司超权限赔案进行审核,出具核赔意见,确保赔付的准确性,合理控制理赔成本。

（二）参与重大、疑难案件处理

参与重大赔案的查勘定损等前期工作,参与疑难案件调查,提升理赔标准化程度,促进理赔质量和技术的提高。

（三）参与理赔投诉、争议处理

对于因保险赔付而产生的争议和纠纷,参与向被保险人解释说明条款内容和理赔依据。

二、扩展职责

（一）落实各项理赔制度

参与理赔政策、实务标准、业务流程的制定和完善,监督各环节落实各项理赔制度、标准的情况。

（二）信息反馈

通过赔案审核发现承保、理赔过程中存在的问题,并进行归纳反馈,促进业务质量提升、防范经营风险。

(三)参与绩效评价

参与对查勘、定损、理算等岗位人员的考核评价,参与赔案复查和理赔质量检查。

第三节 核赔的原则

一、客观公正

核赔必须从客观事实和证据出发,严格按条款、法律和理赔实务规定,确定保险责任,核定赔付金额,提出审核意见,杜绝惜赔、滥赔、人情赔付等现象,公正维护保险人与被保险人双方的正当权益。

二、专业把关

核赔工作应保持相对的独立性,充分利用专业知识和技能,严谨认真审核赔案,提出专业审核意见,统一理赔标准,不受外界因素影响干扰。

第四节 核赔工作流程

一、一般案件基本流程

一般案件基本流程如图 5-3-1 所示。

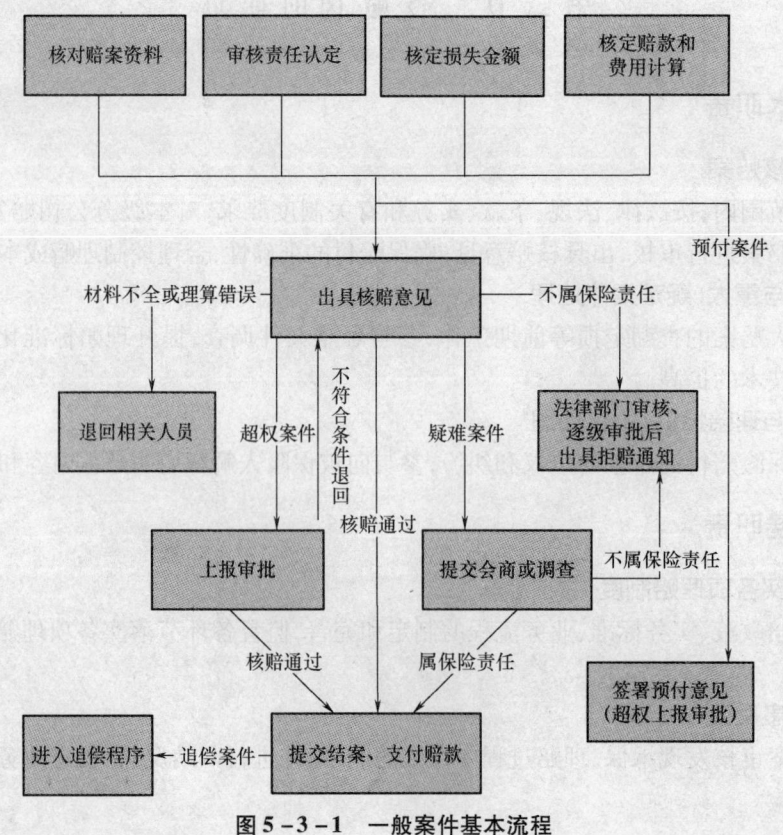

图 5-3-1 一般案件基本流程

核赔的基本流程包括：
1. 核对赔案资料是否齐全。
2. 根据保单载明的标的名称、保险条款中的保险责任、除外责任等内容，对照现场查勘情况及事故证明、检验报告等有关材料，判定是否属于保险责任。
3. 核定损失范围、程度、金额等是否准确合理。
4. 核定赔款及各项费用计算是否准确无误。
5. 出具核赔意见。
（1）赔案所附材料不齐全或理算错误的，退回相关人员。
（2）对于存在争议或发现有疑点的案件，按照疑难赔案处理流程提交会商或调查。
（3）对于不属于保险责任的案件，按拒赔案件工作流程处理。
（4）同意赔付的案件出具审核意见后，及时移交；超核赔权限的，报上级核赔。

核赔过程中，应注意《保险法》、保险合同中关于理赔时效的规定。《保险法》第23条规定："保险人收到被保险人或者受益人的赔偿或者给付保险金的请求后，应当及时作出核定；情形复杂的，应当在30日内作出核定，但合同另有约定的除外。"

二、预付案件核赔流程

（一）预付案件分类

预付案件可分为法定预付案件和重大赔案预付案件两类：

1. 法定预付案件。《保险法》第25条规定："保险人自收到赔偿或者给付保险金的请求和有关证明、资料之日起60日内，对其赔偿或者给付保险金的数额不能确定的，应当根据已有证明和资料可以确定的数额先予支付；保险人最终确定赔偿或者给付保险金的数额后，应当支付相应的差额。"

2. 重大赔案预付案件。对于损失严重、社会影响面大、定损和赔付周期较长的重大案件，经审核确定为保险责任，但赔款金额暂不能确定的，可根据被保险人申请，在估计赔偿金额的50%内先行预付，最终确定赔偿金额后，支付相应差额。

（二）预付案件核赔流程

1. 被保险人填写《预付赔款申请书》。
2. 缮制《预付赔款计算书》。
3. 核赔师按照核赔权限审核相关资料、核实事实情况，签署预付意见，超权案件上报审批。
4. 向被保险人预付赔款。

三、疑难案件核赔流程

疑难案件可分为争议案件、疑点案件和通融案件三类。

（一）争议案件

争议案件是指保险人和被保险人对责任认定、损失确定有争议的案件。应由理赔、法律等部门人员组成的疑难案件处理小组集体讨论研究，记录会商意见，并根据会商结果进行处理，必要时向上级公司请示，以保证案件的妥善处理。

（二）疑点案件

疑点案件是指赔案要素不完全，定责、定损过程中存在疑点的案件。有欺诈嫌疑、需要继续调查取证的案件,提交专门的调查人员处理,或委托独立调查人、公估机构等社会中介进行调查,必要时,请求司法机关介入;涉及追偿的,及时通知追偿岗介入;涉及内部人员的虚假赔案应移交纪检监察等相关部门调查处理。

调查结束后,对属于保险责任的,按正常流程核赔;对确定不属保险责任的,按照拒赔案件处理流程办理。

(三)通融案件

通融案件是指保险标的发生事故,造成损失,属于保险合同约定的责任免除情形;或不属于保险合同约定的责任免除情形,但理算金额低于被保险人或受益人索赔金额,根据被保险人或受益人申请,按照公司规定流程进行赔付的案件。

四、拒赔案件

拒赔案件是指被保险人或受益人因保险标的发生事故遭受损失,提出赔偿或者给付保险金的请求,保险人根据保险合同和相关法律法规规定,经调查和审核,认定存在不符合保险责任约定或构成责任免除等情形而不予赔付的立案案件。

对于作拒赔处理的案件,理赔人员应自核定之日起3日内向被保险人发出《拒赔通知书》,明确拒赔的原因、依据,要做到理由充分、证据确凿。

五、诉讼、追偿案件核赔流程

(一)诉讼、仲裁案件核赔流程

诉讼、仲裁案件核赔工作流程与正常案件一致,但应注意审核发生的专家费、律师与诉讼费用是否符合相关规定。

(二)追偿案件核赔流程

在案件前期处理过程以及核赔过程中,对于有可追偿因素的案件,应注意收集并妥善保管有关证据材料;在向被保险人支付赔款时,应要求被保险人在权益转让书上签章,转让追偿权利。核赔完毕后应立即开展追偿工作。

第五节 核赔工作要点

一、了解承保、出险情况和案件处理过程

(一)承保信息

对承保信息的准确掌握和了解是做好责任险案件核赔工作的基础,承保信息主要来源于投保单、保险单、保险协议、批单、保费收据等单证文件以及系统内的承保数据,承保的重要信息包括:

1. 承保方式。责任保险的承保方式包括"期内发生式"和"期内索赔式"。
2. 承保险别。应确认承保的主险和附加险种,以确定保单所适用责任保险条款。
3. 被保险人信息。应核对保单号码、被保险人名称、坐落地址、承保明细清单等信息,确认与报案信息相符,且出险标的属于承保范围。
4. 保险期间。应确认报案的出险时间在保单约定的保险期间、追溯期或发现期内。
5. 责任限额。责任保险中规定的责任限额有两种:一是每次责任事故或同一原因引

起的一系列事故的责任限额;二是保险期间内累计的责任限额。责任保险单还将责任限额细分为财产损失和人身伤亡两个限额。常见的赔偿限额包括:财产损失责任限额、累计的财产损失责任限额、人身伤亡责任限额、累计的人身伤亡责任限额。保险单既可只约定每次事故责任限额,不约定累计责任限额,也可既规定每次事故责任限额,又规定累计责任限额。

6.免赔额。免赔额主要有两种形式,即绝对免赔额和相对免赔额。绝对免赔额是指在保险人作出赔付之前,被保险人要自担一定的损失金额;相对免赔额以百分比或一定金额表示,如果损失低于规定的比例或金额,保险人不承担赔偿责任,但损失高于规定的比例或金额时,保险人赔偿全部损失。

7.保单特别约定。这主要是指承保时对一些未尽事项所做的特别说明,或承保后针对承保标的或承保条件的变化所出的批单或批注,这些内容将直接影响理赔的结果。

(二)出险信息

对出险信息的掌握主要来自报案抄件和出险索赔通知书,可以了解的信息包括出险时间、出险地点、人员伤亡情况、财产损失估计、第三者对被保险人的索赔情况、是否采取施救和善后处理措施、是否为现场报案、报案人姓名、联系电话和方式等等。此外,核赔人员还需要了解保险期限内被保险人其他出险信息、这些出险案件处于什么状态、已决案件赔款多少、未决案件估损金额为多少等相关信息。

(三)案件处理情况

主要通过查勘报告或调查(理赔)报告来了解案件的处理情况,如案件是否勘查了事故现场或者进行了必要的事故调查,伤人案件医疗跟踪人员是否及时介入,是否邀请了有关部门或者专家来进行事故鉴定,受损害的第三方是否向被保险人提出索赔,是否向法院或仲裁机构起诉被保险人,案件是否经历了司法程序等。

二、审核赔款计算

在审核责任保险赔款理算时应注意以下要点:

(一)重复保险的理算

在发生保险责任范围内的索赔时,如果有其他承保同样责任或其中一部分责任的保险存在,保险人将对有关赔偿比例按比例负责赔偿。在计算时,要注意应支付的赔偿金额不得超过保险单项下每次事故的赔偿限额,或每人的赔偿限额,或每次事故财产损失的赔偿限额。如果超过了,应减掉超过部分,然后,按照如下公式计算:

该保险单项下应付赔款 = 本保险单项下每次事故赔偿限额/所有保单赔偿限额之和 × 核定损失金额

(二)比例赔付的理算

1.存在不足数投保,或出险人数超过承保人数,本着民法通则规定的权利义务对等的基本原则,应按照以下公式赔付:

该保单项下的应付赔款 = 在责任限额内计算的全部死亡、受伤乘客的赔偿金额之和 × 承保人数/出险人数

2.承保的安全生产责任险业务,选择以"生产能力"投保,在不足额投保情况下的理赔处理是在被保险人实际损失的基础上扣减不足额投保的比例再跟责任限额作比较。

(三)人身损害赔偿案件中存在多个被扶养人,其生活费的计算

案例:甲于2005年10月1日因交通事故死亡。甲母60岁,甲父62岁,均为残疾人,无生活来源,其父母包括甲在内共有子女4人;甲本人有子女2人,长子10岁,次子4岁。其

妻健在。死者对其长子的抚养年限为8年,对次子的抚养年限为14年,对其父亲的抚养年限为18年,对其母亲的抚养年限是20年。常见的几种算法(不考虑有其他扶养人):

假设某地2005年城镇居民人均消费性支出6 245元,按此标准来计算:

1. 总抚养费计算(比例分摊系数法)

(1)前8年共有4人需要抚养,根据所有抚养人数,计算比例分摊系数3/2(由于甲妻健在,长子比例分摊系数为1/2,次子系数为1/2;由于甲有兄弟姐妹4人,其父比例分摊系数为1/4,其母系数为1/4。相加即为3/2),超过了1,所以按1人计算:6 245×8=49 960元。

(2)接下来的6年有3人需要抚养,根据所有抚养人数,计算比例分摊系数为1(次子1/2,其父1/4,其母1/4),按1人计算:6 245×6=37 470元。

(3)接下来4年有2人需要抚养,根据所有抚养人数,计算比例分摊系数为1/2(其父1/4,其母1/4),按实际计算:6 245×1/2×4=12 490元。

(4)最后2年有1人需要抚养,根据所有抚养人数,系数为1/4(其母1/4),按实际计算:6 245×1/4×2=3 122.5元。

合计抚养费=103 042.5元。

2. 抚养费如要分摊到个人,我们推荐用下面公式计算:

长子抚养费=6 245×1/2÷3/2×8=16 653.33(元)(1/2是夫妻双方分摊比例,3/2是被抚养人比例分摊系数)。

次子抚养费=16 653.33+6 245×1/2÷1×6=35 388.33(元)。

其父抚养费=(6 245×1/4÷3/2×8)+(6 245×1/4÷1×6)+(6 245×1/4×4)=23 939.17元(1/4是子女分摊比例)。

其母抚养费=23 939.17+(6 245×0.25×2)=27 061.67元。

合计抚养费=103 042.5元。

以上理算方法的理由为:根据《最高人民法院关于审理人身损害赔偿案件适用法律若干问题的解释》第28条的规定,被扶养人有数人的,年赔偿总额累计不超过上一年度城镇居民人均消费性支出额或者农村居民人均年生活消费支出额。上一年度人均消费性支出额为定值,被扶养人越多,每人得到的抚养费就越少;反之,被扶养人越少,每人得到的抚养费就越多。被抚养的年限越长,得到的抚养费越多;反之,越少。另外,抚养年限在该解释中有明确的规定,不同的年龄其被抚养的年限不同,但被扶养人中最长的抚养年限是确定的,受害人对被扶养人抚养的年限不能超过最长的被扶养人的抚养年限。

此外理算时还要注意,本案例中甲已死亡,因此对计算结果不存在按甲丧失劳动能力程度折算的问题。如果甲在事故中负有责任,按照其应当承担的责任比例计算。甲的父亲、母亲共有子女4人,甲应当承担父母1/4的抚养费。甲妻健在,甲承担对子女1/2的抚养费。

(四)限额赔偿

赔偿金额每次事故不得超过保单约定的每次事故或每次索赔赔偿限额,每人不得超过保单约定的每人赔偿限额。保险期间内发生多次事故累计赔偿金额不得超过保险单中约定的累计赔偿限额。

三、签署核赔意见

核赔人员必须严格按照授权权限逐级进行核赔。在对案卷审核完毕后,核赔人员应该签署明确的核赔意见,就核赔结果提出下一步处理意见。

（一）核赔通过

核赔人员经对案卷进行认真审核后，认为案件事实清楚、责任认定准确、损失核定适当、理算准确、案卷资料完整齐全，即可签署核赔通过、同意赔付等意见，提交下一步理赔环节处理。

（二）退案处理

核赔人员审核案卷后发现如下问题，可将案卷退回，要求补充资料或对错误进行修正后再行审核：案卷重要资料缺失、损失核定不当、理算存在错误等。核赔人员在作退案处理时，必须详细阐明退案原因，并提出进行修正的具体意见。

（三）拒赔处理

核赔人员审核发现案件保险责任的认定存在错误，案卷重要证明资料存在虚假伪造的情况，经进一步核实确认后可对案件提出拒赔处理意见。

第四章

代位追偿

代位追偿权,又称代位求偿权,是指在财产保险中,保险人应被保险人的请求,依据保险合同规定赔偿被保险人的损失后,在其赔偿金额限度内依法代位取得被保险人对造成损失的第三者请求赔偿的权利。广义上的代位权有两种,一种是权利上代位权即代位求偿权,另一种是物上代位权。保险法律关系中的物上代位权是指保险人赔偿全部损失后,残余物如果没有作价在保险赔款中扣除,其所有权应归保险人。物上代位权在保险实践中主要适用于海上保险中的委付。

代位求偿权法律制度源于罗马法,在英国的衡平法中也有代位权的规定。代位求偿权是民法中的债权让与制度在保险法律关系中的适用,它实质上是一种债的主体变更,债权让与即债权人变更,是指在不改变债的具体内容情况下,债权人将其债权的全部或一部分让与第三者享有。责任险的代位求偿权其实是一种侵权产生的债权让与。

第一节 代位追偿基本事项

一、代位追偿权的法理基础

保险代位求偿权的法理依据是保险损失补偿原则和民法中的公平原则。

(一)保险损失补偿原则

经济补偿是保险的根本职能,但是保险提供的经济补偿不应超过被保险人因保险事故而遭受的实际损失,被保险人不能因保险关系而获得额外利益,这种做法后来逐渐发展成为保险的一大根本原则。如果保险事故是第三者所致,被保险人既可以根据法律规定或合同约定向该第三者请求损害赔偿,又可以从保险人处获得保险赔偿金,这样被保险人就可能取得双倍于其实际损失的赔偿,这与保险的损失补偿原则相悖,是不允许的。因此,被保险人可以选择向第三者请求赔偿,不足部分方可再向保险人请求赔偿,或者选择直接向保险人求偿,而将向第三者请求赔偿的权利转让给保险人。事实上被保险人为节约时间和精力,往往选择直接向保险人索赔,如果没有代位求偿权,就会造成这样一种事实,即第三者的民事赔偿责任因受害人参加保险而得以免除,这是很不公平的。

(二)公平原则

在民事法律关系中,为维护公平原则保障民事权利的实现,要求公民履行法律或合同规定的义务,并不得实施损害他人利益的行为,否则就必须承担由此带来的民事责任。上述原则法渊深远,按照罗马法和日尔曼法的思想,责任为义务不履行的必然结果,因为责任关系的存在,债务关系才具有法律约束力。现代英美法系民法认为责任和权利不可分离,既没有无责任的权利,也没有无权利的责任。依据现代大陆法系民法思想,民事法律关系是由民事权利、民事义务和民事责任三者结合而成。权利和义务为民事法律关系的内容,责任则是权利和义务实现的法律保障。权利和义务唯与责任相结合,民事权利才受到责任关系的保障。根据上述思想,某人实施了损害他人利益的行为或不履行自己的义务,就必须承担由此产生的民事责任,如果责任人逃避或免除其民事责任,权利人的民事权利就得不到保障和实现,从而会影响民事活动的稳定性和连续性,这样既破坏了民事法律关系的统一性,又不符合公平原则。再者,保险只是为保险标的提供风险保障,并不解除第三者应承担的民事责任。

综上所述,损失补偿原则禁止被保险人在从保险人处获得足额赔偿后再向第三者请求赔偿,而公平原则要求第三者履行其损害赔偿的民事责任,那么应由谁来行使向第三者请求赔偿的权利呢?为解决这个问题,代位求偿权便应运而生,并逐渐得到各国立法的认可。

二、代位追偿权的法律依据

《保险法》第60条规定:"因第三者对保险标的的损害而造成保险事故的,保险人自向被保险人赔偿保险金之日起,在赔偿金额范围内代位行使被保险人对第三者请求赔偿的权利。"

三、代位追偿权成立条件

代位求偿权实质上是一种债的主体变更,债的产生原因主要有合同违约、侵权行为、不当得利、无因管理和缔约上的过失。代位求偿权是在保险事故由第三者造成并产生相应债权时而产生的,主要有:第一,侵权行为,保险标的因第三者的故意或过失而遭受损失,依据法律规定该第三者应承担赔偿责任。第二,合同责任,第三者在履行合同中违约造成保险标的损失或根据合同约定第三者应赔偿对方的损失。如停车场收取保管费为车主保管车辆,因管理员疏忽而致车辆丢失,根据保管协议,停车场应承担赔偿责任。第三,不当得利,指没有合法依据而取得利益使他人遭受损失的事实,如拾得他人走失的动物。

代位求偿权一般应具备下述要件方能成立:第一,被保险人因保险事故对第三者享有损失赔偿请求权。首先,保险事故是由第三者造成的;其次,根据法律或合同规定,第三者对保险标的的损失负有赔偿责任,被保险人对其享有赔偿请求权。如果被保险人与第三者在签订合同时就约定被保险人免除对第三者代位追偿权利,则代位追偿也不成立。第二,保险标的损失原因属于保险责任范围,即保险人负有赔偿义务。如果损失发生原因属于除外责任,那么保险人就没有赔偿义务,也就不会产生代位求偿权。第三,保险人给付保险赔偿金。对第三者的赔偿请求权转移的时间界限是保险人给付赔偿金,并且这种转移是基于法律规定,不需要被保险人授权或第三者同意,即只要保险人给付赔偿金,请求权便自动转移给保险人。

四、代位追偿权行使基本内容

(一)行使名义

在取得代位求偿权后,保险人是以自己的名义行使还是以被保险人名义行使,各国立法规定不一,我国的《保险法》和以前的相关法律对此都没有做出具体规定。理论界认为两种名义都可以,实践中多以保险人自己名义行使,一些地方法院甚至禁止以被保险人名义行使。从民事诉讼法、保险法及民法通则相关法律规定来看,如果以被保险人名义行使代位求偿权,会给保险人带来很多掣肘和不必要的麻烦,比如保险人对第三者提起诉讼时,就会涉及主要资格以及授权委托等问题。并且,代位求偿权是基于法律规定和保险人给付保险金的法律事实而发生的,法律赋予保险人自动取得代位求偿权的权利,保险人完全可以而且应该以自己的名义行使权利,同时第三者对被保险人的抗辩亦完全适用于保险人。

(二)行使对象

根据代位求偿权的一般原理,任何对保险标的损失负有赔偿义务的第三者都可以成为代位求偿权的行使对象。实践中,各国立法对代位求偿权行使对象的范围有所限制,一般都规定不得对被保险人本人及其一定范围的亲属或雇员行使代位求偿权,除非保险事故是由上述人员故意造成的。如果允许对上述对象行使代位求偿权,被保险人就得不到实际补偿,保险也就失去了意义。我国《保险法》规定的限制对象为"被保险人的家庭成员及其他组成人员",但是没有相应的规定明确"家庭成员"和"其他组成人员"具体是指什么,其他法律法规也找不到相同术语的法定定义。

(三)行使范围

保险人只能在其赔付金额范围内行使代位求偿权,不得超过此限,如果保险人从第三者取得的赔偿超过其给付被保险人的赔偿金额,多余部分应返还给被保险人,同时保险人行使代位求偿权不得影响被保险人就未取得赔偿部分向第三者请求赔偿的权利。债权让与分为全部债权让与和部分债权让与。代位求偿权可作同样划分,即分为全部代位求偿权和部分代位求偿权。全部代位求偿权是指保险人取得对第三者的全部赔偿请求权,这种情况在实践中较为常见,操作起来也比较容易。部分代位求偿权是指在不足额投保或比例分保情况下,保险人依据保险合同给付其应付的赔偿金后,取得被保险人对第三者的部分赔偿请求权。部分代位求偿权操作起来较为复杂,对实践中碰到的下列问题保险界尚有争论:

1. 向负有赔偿责任的第三者索赔方式问题。有观点认为,保险人和被保险人对分别应由自己享有的份额向第三者提出赔偿请求;有观点认为,无论保险人还是被保险人提出赔偿请求,都应就保险标的在该次保险事故中的一切损失进行代位追偿,然后将超出本人享有份额的部分退还给另一方。实践中,首先应把权利义务关系划分清楚,即保险人和被保险人只能就自己享有的份额行使请求权,任何一方都无权越俎代庖,鉴于代位求偿权的特殊性质,可采取让被保险人授权委托保险人代为行使的方式,这样既可减少手续麻烦,又方便债务人履行债务。

2. 第三者不能全部履行债务时,对代位追偿所得款项如何处理问题。一种观点认为,第三者偿还的债务应先补偿被保险人的实际损失,被保险人的实际损失获得足额补偿后的剩余部分才归保险人所有;另一种观点认为,保险标的由被保险人自保部分与保险部分是相同的,不存在谁优先谁的问题。从实践看,由于保险标的的保险部分已从保险人获得足额赔偿,保险人对保险标的的自保部分不承担任何义务,两部分债权地位相等。

(四)被保险人协助义务

被保险人从保险人处获得赔偿金后,其对第三者的请求赔偿权便自动转移给保险人,但鉴于被保险人是原债的当事人,在给付赔偿金之前保险人与第三者之间不存在任何直接联系,为保证保险人取得的代位求偿权不因被保险人的故意或过失行为而带有瑕疵,各国法律都要求被保险人履行一定的义务。我国《保险法》第61条规定,第一,保险事故发生后,保险人未赔偿保险金之前,被保险人放弃对第三者请求赔偿的权利的,保险人不承担赔偿保险金的义务;第二,保险人向被保险人赔偿保险金后,被保险人未经保险人同意放弃对第三者请求赔偿的权利的,该行为无效;第三,由于被保险人的过错致使保险人不能行使代位请求赔偿的权利的,保险人可相应扣减保险赔偿金。我国《保险法》第63条规定,保险人向第三者行使代位请求赔偿的权利时,被保险人应当向保险人提供必要的文件和所知道的有关情况。

五、保险人代位追偿原则

保险人代位追偿原则如下:

一是有根有据。这是对外代位追偿的基础,必须深入调查研究,掌握事故责任的确凿证据,根据合同和惯例,以确定责任的归属。

二是合情合理。要求从复杂的案情出发,全面分析损失的各种因素,合理确定事故责任人应当承担的责任,提出适当的赔偿要求,使代位追偿案件尽快得以解决。

三是区别对待。即根据不同的代位追偿对象及信誉、致损原因等采取不同的方式解决问题。

四是讲究实效。在代位追偿时,要考虑代位追偿的实际效果和经济效益,如代位追偿人员根据实际情况设立代位追偿起点等。

六、代位追偿诉讼时效

保险法没有专门对行使代位追偿权的时效进行规定。根据《中华人民共和国民法通则》第135条规定,一般诉讼时效为两年,自保险人向被保险人支付赔偿金的两年内,保险人可行使代位追偿权。但应该要在法律法规规定的被保险人向侵权第三者行使请求权的诉讼时效期间内。

第二节 代位追偿程序

原有传统操作习惯于在向被保险人赔偿保险金后,最终赔案结案再去审核案件是否具有可代位追偿性,如果案件具有可代位追偿性,再移交给追偿岗或法律岗;部分地方甚至在案件结案后,没有去审核案件是否具有可代位追偿性。案件代位追偿工作进行得不顺畅,工作的重视程度也不高。近年来,随着承保利润的压力,代位追偿工作成为公司利润再生的重要渠道,因而得到了较高的重视。受到法律规定、证据取得与效力及被追偿人偿付能力的影响,代位追偿程序是否合理、有效将直接影响到代位追偿工作实效,代位追偿工作机制的建立就显得十分重要。因此,有必要积极探索代位追偿工作机制,以使代位追偿工作能够取得实质性成效。

一、代位追偿赔案的处理原则

(一)理赔与代位追偿同时进行

对于存在第三方责任行为的责任保险来说,理赔过程既是与被保险人接触的过程,更是确定第三方责任、第三方与被保险人共同侵权、第三方责任与被保险人违约事实关系的过程;理赔过程还是收集事实证据和固定责任第三方、受害人、被保险人存在的法律关系的过程,理赔过程中收集的有关侵权行为、损失结果、因果关系、主观过错的证据,也正是代位追偿所必需的。但是由于代位追偿所面对的对象是针对责任的第三方,理赔所针对的最终对象是被保险人,二者存在一定的区别,在证据收集、事实关系和法律关系的侧重有所不同,因此,需要在同一过程中同时进行,以保证证据收集的及时性、全面性及顺畅性,避免二次证据收集可能出现证据丧失、证据被隐匿等情况的产生。因此,在实务中,责任险理赔案件处理人员在案件处理之初,就要及时分析案件是否存在可代位追偿性,并及时告诉主管人员及追偿岗人员,在确定具有可代位追偿性后,及时相互配合,共同推进案件处理和代位追偿工作的前期基础工作。

(二)及时全面收集证据

代位追偿工作是一项非常艰辛的工作,经常面临诉讼,也面临来自责任第三方的不妥协,如果没有充分的证据支持,责任第三方是不会承担相应责任的。因此,在理赔案件处理前期,就要及时确定本案的代位追偿方案,明确需要收集到什么证据资料足以支持诉讼取得胜利或通过非诉讼就可以让责任第三主承担相应赔偿责任。追偿岗人员与理赔案件处理人员在理赔过程中,以理赔的名义收集到各种证据材料,收集的证据必须充分证明责任第三方应当承担赔偿责任及赔偿责任的大小金额,不能是仅调查事实而没有取得证据,否则,最终代位追偿将无法成功。

(三)法律部门或人员及时介入

对于责任保险来说,其涉及的法律问题较为复杂。在第三方责任的情况下,更是涉及责任第三方与受害人、责任第三方与被保险人、受害人与保险人、保险人与责任第三方多个不同主体之间的关系,涉及侵权法律关系、合同法律关系及法律规定的其他法律关系。因此,没有一定法律专业知识的支持,将很难对法律关系做出清晰的判断与识别,从而可能导致一定程度的偏差并影响最终的代位追偿。因此,责任险案件处理人员必须具备一定的法律专业知识,在确定案件是否具有可代位追偿性时,要及时征求专门的追偿岗人员或法律岗人员意见,共同确定代位追偿方案。

(四)及时主张代位追偿权利

在第三方责任较多的情况下,责任第三方要么是人员流动性较强,要么是赔偿支付能力有限,不及时主张代位追偿权利,可能会导致找不到代位追偿的主体或者是找到代位追偿主体但其无法实际履行赔偿责任,进而造成代位追偿最终无法取得实效。因此,如果出现上述情况,我们可以及时赔付被保险人后取得代位追偿权利或者与被保险人达成一致,及时协助被保险人向责任第三方进行索赔,必要时向法院申请诉前财产保全,以保障代位追偿工作能够取得实际的成效。

二、代位追偿程序

对于代位追偿案件来说,发现案件具有代位追偿性越早,案件证据材料收集越早,代位追偿的成功率和实效越强。因此,如何最早地发现案件具有可代位追偿性,是代位追偿工作程序中的首要问题。在确定案件具有可代位追偿性后,就需要确定以如何代位追偿、需要取得哪些证据材料等为主要内容的代位追偿方案(做什么)。在确定代位追偿方案后,就可以制定具体措施以确定如何收集每项证据,从而确定每个事实关系和法律关系了(怎么做)。

(一)案件可代位追偿性发现机制

在理赔实践操作中,当发现案件具有可代位追偿性时,从查勘环节起的案件处理人员应当及时向自己的主管人员、追偿岗人员、法律人员或法律部门反馈此情况,在案件理赔处理过程中,就可以根据代位追偿的相关法律要求和证据条件要求,及时收集相关资料和证据,并且,在必要时可以要求被保险人或以被保险人的名义提出诉前财产保全,以固定肇事者的赔偿能力,保证最终代位追偿的成功。

从总体上来说,责任险案件要具有可代位追偿性,须具备如下条件之一:

第一,是否存在非被保险人的独立责任第三方。

第二,被保险人的雇员或家庭成员对事故发生具有主观故意(属于除外责任情形)。

第三,是否存在被保险人与责任第三方的共同过错行为。

根据理赔案件处理流程,可设计如下:

1. 现场查勘环节发现机制。对于被保险人在事故(并不一定是保险事故)发生时就向保险人报案的案件,查勘人员前往事故现场,能准确了解事故发生情况,判断案件是否具有可代位追偿性。对于现场查勘发现的可代位追偿性具体情况,现场查勘人员应当在查勘报告中详细说明,并形成对案件是否具有可代位追偿性的初步判断(在系统中设置一个选项"具备可代位追偿可能"),及时告知非车险理赔主管人员及追偿岗人员,由二者再次进行判断,如果二者判断具有可代位追偿性,再提交法律部门或法律人员,共商代位追偿方案;如果二者判断明显不具有可代位追偿性,则此案件就到此结束;如果二者觉得较难判断,则提交法律部门或法律人员,请其帮助判断,并根据判断结果确定案件后续走向。

2. 立案环节发现机制。对于事故发生后,被保险人没有及时报案,保险人没有进行第一现场查勘,但事后被保险人判断可能属于保险责任又向保险公司报案的这类非现场查勘案件,公司接到报案并调度案件处理人员后,案件处理人员要及时与被保险人联系,全面了解事故情况,对觉得可能存在疑点的案件,及时进行相应的理赔调查,向受害人、被保险人、事故发生时的目击者等可能找得到的人询问情况,制作询问笔录。根据理赔调查情况,及时判断案件是否具有可代位追偿性情形。

3. 定损环节发现机制。责任险的定损其实就是对被保险人对他人经济赔偿责任数额的认定。在确定被保险人依法应当承担的经济赔偿责任时,会仔细分析被保险人应该承担的责任是什么责任,赔偿责任计算的法律依据是什么,依法计算出来的赔偿责任金额是多少。通过对上述问题的解析,当发现存在上述三种可代位追偿情形时,案件处理人员应当及时告知非车险理赔主管人员及追偿岗人员。

4. 索赔资料收集环节发现机制。对责任险案件,客户在报案时对案件事故发生情况阐述不全面或者由于保险公司专线人员询问不详细,致使前期对案件事故发生情况掌握不全面,在客户提交索赔材料时,从材料中显示可能存在上述三种情形之一时,资料收集人员要及时告知非车险主管人员,非车险主管人员要及时通知案件处理人员重新进行理赔调查,并及时告知追偿岗及法律人员。

5. 理算环节发现机制。理算人员在案件处理人员前期的查勘报告、理赔调查报告及被保险人提交的资料中发现存在上述三种可代位追偿情形之一的,及时告知非车险理赔主管人员。非车险理赔主管人员判别或及时会商追偿岗、法律人员,认定案件是否具有可代位追偿性,并决定是否发起代位追偿,及时制订代位追偿方案,特别是补充取证方案。

6. 核赔环节发现机制。核赔人员对案件处理人员前期的查勘报告、理赔调查报告、理算报告及被保险人提交的资料中发现存在上述三种可代位追偿情形之一的,及时告知非车险理赔主管人员。非车险理赔主管人员判别或及时会商追偿岗、法律人员,认定案件是否具有可代位追偿性,并决定是否发起代位追偿,及时制订代位追偿方案,特别是补充取证方案。

7. 案件复查(自查或检查)环节发现机制。对旧有已经结案的案件,由于原来工作机制缺陷导致没有发现具有可代位追偿性的,或者对案件是否具有可代位追偿性判断发生错误的,通过定期案件复查,重点抽查或全面复查此类案件,发现案件具有可代位追偿性后,及时告知案件处理部门及法律部门,由理赔部门与法律部门共同分析案件的可代位追偿性及预测代位追偿成效,及时制定取证措施。

(二)代位追偿方案制订

应根据案件存在的可代位追偿性三种不同情况,采取相应的代位追偿方案。

1. 非被保险人是独立责任第三方情形下的代位追偿方案。在此种情况下,一般来说,由于被保险人没有侵害责任,保险公司一般会与被保险人沟通,由责任第三方负责赔偿受害人。但是,可能由于责任第三方没有赔偿能力,迫于来自政府、法院等方面的压力,要求被保险人或被保险人与保险人一起先履行赔偿责任。同时,被保险人虽然不存在侵害行为,但可能存在违约行为,依法也存在一定的经济赔偿责任,从而保险人也存在保险赔偿责任。在这种情况下,实施代位追偿须注意事实的确定和证据收集。

一是取得独立责任第三方是唯一侵害主体的证据材料。只有取得这样的材料,才能证明被保险人不具有侵害行为,不需承担侵权赔偿责任。这样的证明材料如道路客运承运人责任险中的交警出具的交通事故责任认定书,安全生产责任险中安全生产事故责任认定、调查报告等。

二是独立责任第三方承诺履行的书面协议或承担赔偿责任的诸如法院判决、调解书等具有法律效力的文书。

三是独立责任第三方已经履行部分责任的证明材料或未履行责任的证明材料。

2. 被保险人的雇员或家庭成员对事故发生具有主观故意的代位追偿方案。一般情况下,此种情形作为保险责任免除之一。如果是事后才发现这种情况或迫于来自某方面的压力而必须先赔偿,可以迅速联系有关机关如公安、安监等,及时进行证据收集,最终能取得被保险人雇员或家庭成员存在主观故意的具有公信力的证据。

3. 被保险人与责任第三方实施共同侵权行为的代位追偿方案。在此种情况下,一般来说,由于被保险人也存在侵害责任,且侵害责任在短时间内无法明确甚至可能无法判定,由于责任第三方没有赔偿能力,迫于来自政府、法院等方面的压力,要求被保险人或被保险人与保险人一起先履行赔偿责任。在这种情况下,实施代位追偿须注意事实的确定和证据收集。

一是取得第三方也是侵害主体的证据材料。只有取得这样的材料,才能证明第三方具有侵害行为,需承担侵权赔偿责任。这样的证明材料如道路客运承运人责任险中的交警出具的交通事故责任认定书,安全生产责任险中安全生产事故责任认定、调查报告、询问笔录等。

二是被保险人或受害人要求侵害第三方承诺履行责任的通知或达成的书面赔偿协议,或判定责任第三方承担赔偿责任的诸如法院判决、调解书等具有法律效力的文书。

特殊情况,由于责任保险的特殊性,如果被保险人、责任第三方共同与受害人达成了赔偿协议,赔偿协议中对各方的赔偿责任金额作了明确的约定,那么,此事故的各方责任均明确终了,被保险人则不具有代位追偿权了;或者受害人与责任第三方达成了赔偿协议且履行了赔偿责任,则责任第三方的赔偿责任终了,被保险人对责任第三方无代位追偿权,则保险人的代位追偿权也不存在了。因此,在这类事故处理过程中,要密切关注事故处理进程,掌握每个行为会带来的权益影响。

综上,根据上述不同情况做到:分清责任,确定代位追偿对象;确定如何收集证据及要收集哪些证据材料;整理有关适用案件的法律、法规、国际公约等,为代位追偿提供法律依据;

确定何时正式开展代位追偿谈判等后,正式展开代位追偿行为。

(三)实施代位追偿

1. 做好权益转让或委托授权。在代位追偿行为实施时,必须要有符合法律规定的有效身份,而要取得法律规定的有效身份就必须得到被保险人的权益转让书,保险人可以以自己的名义独立行使代位追偿权,或者是取得被保险人的委托授权,其有权代表被保险人参与事故处理并取得相应的证据材料。

2. 代位追偿方式

(1)协商。决定代位追偿后,首先应争取用协商的方式来解决问题,达成协议,形成赔偿损失协议书,并详细记录参加会议的双方代表、协议时间、赔偿金额,如不能全部赔偿,还应当说明不能全部赔偿的理由,然后由双方法人代表签章,加盖公章,并进行必要的公证,形成法律事实。

(2)仲裁。在协商无法达成一致,而双方又希望快速解决问题的情况下,保险公司可以提议进行仲裁,在责任第三方同意进行仲裁的情况下,要及时达成双方仲裁协议,并提交约定的仲裁机构进行仲裁。

(3)诉讼。对于责任第三方完全不合作,既不协商也不同意仲裁的案件,保险人要及时提出诉讼,并根据情况决定是否及时提出诉前财产保全。在决定诉讼后,保险人要注意如下事项:分清责任,确定诉讼主体;决定起诉点及法院;按时交纳诉讼费用;起草起诉书,备齐全证据材料,搞好调查取证,注意举证;办妥法定代表人资格证明及代理人委托手续;视情况向法院提出诉讼保全或证据保全申请,并请提供担保。收集有关适用案件的法律、法规、国际公约等,为判案提供法律依据;及时传送法院的传票、通知、裁决等法律文书给具体办案部门;及时传送被告及第三人的答辩及所附证据;定时出席法庭庭审、调解等,做好出庭代理意见及辩论准备,代理人的书面代理意见应报送本公司的法律部;注意庭后的证据补充和代理发言的整理,及时提交法院;做好判决、调解后的执行工作,及时收回赔款。

第五章

理赔应关注的要点、难点

第一节 关于责任和赔偿范围确定

一、关于保险除外责任

被保险人依法应向第三方承担的民事赔偿责任与保险条款约定的责任保险是两个概念,当被保险人对第三方的民事责任确定时,并不必然等同于责任险保险责任成立,因为,在责任保险条款中还约定了除外责任条款,如果被保险人的民事责任属于保单约定的除外责任,即便其应对第三方承担民事责任,保险人也不承担赔偿责任。

例如,中国人民财产保险股份有限公司的公众责任保险条款(1999年版)第7条约定:"未经有关监督管理部门验收或经验收不合格的固定场所或设备发生火灾爆炸事故造成第三者人身伤亡或财产损失的赔偿责任,保险人不负责赔偿。"该条款就是对保险公司责任险承保风险的进一步限制。因此,理赔阶段在确定了被保险人应承担民事责任的基础上,就必须进一步结合保单条款的约定,审核其是否存在保险除外责任的情形。在排除了构成除外责任的情形之后,才能最终得出责任确定的证明。

二、关于财产损失

财产损失分为直接损失和间接损失。直接损失是受害人现有财产的减少,即加害人的侵权或违约行为实际上已经给对方造成财务的减少、灭失、毁损或支出的增加。间接损失是受害人可得利益的丧失,即应当得到的利益因侵权或违约行为的侵害而没有得到。这种丧失的未来利益必须是具有实际意义的,是必得利益而不是假设利益,且必须是在一定的范围之内,即违约行为的直接影响所及范围,超出该范围,不认为是间接损失。

《合同法》第113条第1款规定:损失赔偿额应相当于因违约所造成的损失,包括合同履行后可以获得的利益。该规定的前一句确立了完全赔偿原则,后一句是对可得利益的表述,也是对间接损失赔偿的最准确表述。因此,在合同责任中,既要赔偿直接损失,也要赔偿间接损失。

受害人的损失事实与侵权或违约行为之间有因果关系。这属于事实上的因果关系,它解决的是责任能否构成的问题。

与事实上的因果关系相对应的是法律上的因果关系。法律上的因果关系解决的是赔偿范围的问题。如《合同法》第113条第1款规定,赔偿数额不得超过违反合同一方订立合同时预见到或者应当预见到的因违反合同可能造成的损失,该规定即可预见性规则。此规则是最主要的限定赔偿范围的规则,适用此规则应注意几点:预见的主体必须是违反合同的一方当事人,而不是非违约方一方或债权人。预见的时间,我国《合同法》确立为"订立合同时",而不是"违反合同时"。对预见内容的规定,国际上通常有两种做法:一种是只要预见到损害的类型就可以了;另外一种是除了损害的类型要预见到外,损害的数额也要预见到。对适用可预见性的标准,我国《合同法》规定的是"预见到或者应当预见到",这个"应当预见到"实际上采用的是客观标准,也就是一个通情达理的第三人处在该位置上能够预见到的损失。

三、关于受害第三者身份确认

受害第三者与被保险人之间的关系通常是基于以下两种法律行为而确立的:

(一)合同关系

在工伤保险、雇主责任险、道路客运承运人责任保险、道路货运承运人责任保险、旅行社责任保险中,受害第三者与被保险人之间都是因双方签订的合同而确立关系的。他们之间通常依据的合同有劳动合同、劳务合同、客运合同、货运合同、旅游服务合同等。

(二)侵权关系

受害第三者是因被保险人的侵权行为而与之发生联系的。比如在医疗责任保险、公众责任保险中,受害第三者是因受到被保险人或其所属人员的致害行为而受到损害。此时,应依据相应的责任认定证明文书、致害行为的书面事实证明来确定受害第三者的身份。

在产品责任保险中,受害第三者与被保险人之间既可以依据合同关系而确立,也可能因侵权行为而确立。在受害第三者是产品购买人时,其与被保险人之间是依据销售合同而建立联系的,受害第三者如果是购买人以外的其他人员,它与被保险人之间是依据侵权行为而建立联系的。明确了以上两层关系,将给我们在实务中判断受害第三者身份提供基本的指导方向。

实务中通常是通过以下方式确认受害第三者身份的:

首先,判断受害第三者与被保险人之间的关系。如双方是合同关系,则应要求被保险人提供与之相关的合同、协议,如劳动合同、旅游合同、运输协议等。如双方是侵权关系,理赔人员则必须进行现场调查询问并凭借有关部门的责任证明文件,审核受害第三者的身份。

其次,当受害第三者遭受财产损失时,理赔人员应要求受害第三者提供证明材料,以证实受损财产确系其所有、代管或经营管理,具有财产利益。

再次,当受害第三者遭受人身伤害时,理赔人员依据理赔流程和实务要求必须及时并不间断地进行人伤跟踪工作。理赔人员赴医院调查询问伤者治疗情况时,应全面收集受害第三者的医疗费发票、总清单、病历资料、疾病诊断证明、伤残鉴定结论、身份证、户口簿等单证,核实受害第三者的身份。同时应在初次人伤跟踪结束后做好理赔调查的现场记录,并要求被保险人签字确认,以固定书面证据。

此外,赔款支付阶段还应注意依据责任保险的基本原则和《保险法》的规定,除合同另有约定或法律另有规定外,被保险人必须先向受害第三者履行赔偿责任后方可申请责任保险的索赔理赔。因此,保险公司在支付赔款时应注意审核被保险人是否已依法先行履行赔偿责任并有相关转账凭证或受害第三者出具的收据为证。如被保险人要求将保险赔款直接支付受害第三者,应通知双方或其授权代表持受害第三者的身份证明文件,前来保险公司进行身份确认或核对,确保赔款支付准确。

第二节 关于雇主责任保险

一、雇主责任保险与工伤保险并存时应如何处理

工伤保险并不能免除雇主应对雇员承担的经济赔偿责任。企业如果同时为员工办理了工伤保险,又投保了雇主责任险时,依据中国人民财产保险股份有限公司2004年版的雇主责任保险条款第34条的规定,保险公司在雇主责任险保单条款下仅承担差额责任。条款约定:"保险事故发生时,如有其他相同保障的保险(包括工伤保险)存在,不论该保险赔偿与否,保险人对本条款第二十九、三十及三十一条项下的赔偿,仅承担差额责任。其他保险人应承担的赔偿金额,本保险人不负责垫付。"

此外,2011年新修订的《工伤保险条例》第62条规定:"依照本条例规定,应当参加工伤保险而未参加工伤保险的用人单位职工发生工伤的,由该用人单位按照本条例规定的工伤保险待遇项目和标准支付费用。"即如果企业本应为职工办理工伤保险而未办理,职工发生条例规定的工伤事故时,本来应当由工伤保险基金承担的赔偿责任,由雇主承担,成为雇主责任。此时,企业如果有投保雇主责任保险,可以申请雇主责任险的理赔,保险公司应按照雇主责任险条款约定的赔偿项目和标准予以支付保险赔款。

二、关于定残标准的问题

在我国,关于人身损害的国家鉴定标准有三个,一是公安部于2002年12月1日起实施的《道路交通事故受伤人员伤残评定》,二是国家技术监督局于1996年3月14日发布的《职工工伤与职业病致残程度鉴定》,三是最高人民法院自2005年1月1日起实施的《人体损伤残疾程度鉴定标准(试行)》。不管是否因为遭受了交通事故,只要被鉴定为工伤,都应该适用《职工工伤与职业病致残程度鉴定》。关于非工伤非道路交通事故伤残鉴定标准,我们建议参照《道路交通事故受伤人员伤残评定》标准来计算,理由如下:一是该标准适用于一般主体,而非特殊主体;二是道路交通事故的人身损害赔偿标准与其他一般的人身损害赔偿标准是适用统一的赔偿标准,即适用《最高人民法院关于审理人身损害赔偿案件适用法律若干问题的解释》。

三、最低生活标准是指最低生活保障金还是最低工资标准

中国人民财产保险股份有限公司1999年版雇主责任保险和2004年版雇主责任保险约定,"暂时丧失工作能力超过5天(不包括5天)的,在此期间,经医院证明,每人/天按当地政府公布的最低生活标准赔偿工伤津贴"。

一些地方目前没有最低生活标准、只有最低生活保障金和最低工资标准等。

条款中最低生活标准是指最低生活保障金。

四、劳务派遣中派遣单位和用工单位分别承担怎样的法律责任

劳务派遣,是指劳务派遣单位与被派遣劳动者订立劳动合同后,将该劳动者派遣到用工单位从事劳动的一种特殊的用工形式。在这种特殊用工形式下,劳务派遣单位与被派遣劳动者建立劳动关系,但不用工,即不直接管理和指挥劳动者从事劳动;用工单位直接管理和

指挥劳动者从事劳动,但是与劳动者之间不建立劳动关系。根据《中华人民共和国劳动合同法》规定,劳务派遣单位称为用人单位,接受以劳务派遣形式用工的单位称为用工单位。劳动者和用人单位是劳动关系,和用工单位是劳务关系。用人单位和用工单位责任划分的几种情形如下:

第一,《劳动合同法》第 92 条规定:"劳务派遣单位给被派遣劳动者造成损害的,劳务派遣单位与用工单位承担连带赔偿责任。"

第二,对于被派遣劳动者在用工单位工作岗位上发生工伤事故后,赔偿责任的承担按照《工伤保险条例》的规定,用人单位应当承担赔偿责任。

第三,被派遣劳动者在用工单位工作期间如非因工作原因与他人发生纠纷,比如打架、斗殴等,其作为完全民事行为能力人,应独立承担责任,与用人单位和用工单位无关。

第四,《侵权责任法》第 34 条规定,劳务派遣期间,被派遣的工作人员因执行工作任务造成他人损害的,由接受劳务派遣的用工单位承担侵权责任;劳务派遣单位有过错的,承担相应的补充责任。

五、雇员受害的情形下,雇员对于损害的发生存在过失的,是否可以减轻雇主的责任

过失相抵原则是侵权责任法的重要规定,即当受害人对于损害的发生存有过失时,可相应地减轻甚至免除责任人的责任。在雇主责任中,当雇主雇佣雇员受到侵害时,若雇员自身对于损害的发生存在过错,是否减轻雇主的责任,则需要根据雇员的过错程度来定。通常而言,雇员的一般过错并不能减轻雇主的责任,因为,雇主责任适用无过错责任原则,对于适用无过错责任的侵权行为,通常只有在受害人存在重大过失时,才能减轻责任人的责任。

六、正确把握"因工外出期间"和"上下班途中"

中国人民财产保险股份有限公司 2004 年版的雇主责任保险条款第四条第(五)、(六)款约定如下:"(五)因工外出期间,由于工作原因受到伤害或者发生事故下落不明;(六)在上下班途中,受到交通及意外事故伤害;依照中华人民共和国法律应由被保险人承担的经济赔偿责任,保险人按照本保险合同约定负责赔偿。"实务中针对被保险人以此类原因索赔的案件,理赔人员应予以特别关注,详细调查取证受害员工的事故经过,核实外出事由是否与工作有关、上下班时间与意外事故发生时的时间间隔是否相关,确保理赔质量,杜绝被保险人虚假报案索赔。

第三节 关于公众责任保险

一、公众责任保险的特征

公众责任保险的一个重要特征是受害第三者具有不特定性,受害第三者是在被保险人固定场所活动的任何第三方。因此,在处理公众责任险理赔案件时,应注意把握事故必须发生在"被保险人在本保险单明细表中列明的地点范围内",即保单列明的区域内。实务中一般允许将列明的地点范围扩展至列明地址的门前三包地区,但限制于距离建筑物外墙、围栏或地基 100 米~150 米以内的范围。

此外,事故的发生必须与被保险人的经营业务有关,与其无关的活动造成的损害,也不

属于保险责任范围。

二、免费停车场是否要承担赔偿责任

《中华人民共和国合同法》第366条规定，保管合同既可以是有偿的，也可以是无偿的。是否有偿，依当事人约定，当事人没有约定或约定不明，也无法达成协议的，依合同意旨或惯例也无法确定的，保管合同是无偿的。第374条规定，保管期间，因保管人保管不善造成保管物毁损、灭失的，保管人应当承担损害赔偿责任，但保管是无偿的，保管人证明自己没有重大过失的，不承担损害赔偿责任。

对于无偿保管与有偿保管，其区别是：在有偿的情况下，无论保管人是故意还是过失，保管人都应对保管物的毁损、灭失负责；在无偿的情况下，保管人对故意或者重大过失造成保管物毁损、灭失的后果负责，一般过失不负责。因此，免费停车场只有在保管人故意或重大过失造成车辆毁损灭失的，才承担责任。

第四节　关于产品责任保险

一、产品责任保险被保险人和受害第三者的主体范围

依据我国《侵权责任法》关于产品责任的相关规定，产品责任的承担主体是产品的生产者、销售者，产品责任侵权案件中的权利主体不仅仅是产品的消费者，它可以是因产品存在缺陷造成人身伤害或财产损害的一切受害者。例如，某甲购买一电子产品，约请某乙来家中做客，期间该产品因潜在缺陷突然爆炸，致某乙受伤，某甲无损。此时，某乙作为受害者也具有向产品生产者进行索赔的权利。因此，产品责任保险的被保险人可以是产品的生产者或销售者，受害第三者的主体应是不限于产品消费者在内的所有因缺陷产品致害的人，包括自然人和法人。

二、审核产品责任险保险责任是否成立应注意的几个关键要素

（一）产品是否存在不合理的缺陷

承担产品责任的前提是产品存在缺陷。何谓"缺陷"？"缺陷"是指产品存在危及他人人身、财产安全的不合理的危险。合理的危险不属于缺陷范畴。产品缺陷有以下四种：

1. 制造缺陷。这是指产品在制造过程中产生的不合理危险。

2. 设计缺陷。这是指产品的设计，如产品结构、产品配方存在不合理的危险。产品的设计缺陷应该和产品的使用用途结合起来考察。

3. 产品的警示缺陷。这是指产品存在合理的缺陷，但在销售时没有对消费者给予适当的警示或说明。

4. 跟踪观察缺陷。这是指生产者将新产品投放市场后，违反了对新产品应当尽到的跟踪观察义务，致使该产品造成他人人身损害或财产损失的不合理危险。

实务中，理赔人员应从以上几个方面同时结合检验人、鉴定机构、公估机构的鉴定结论，以及相关致害产品的国家或行业标准，判断是否存在产品缺陷。因使用人使用或安装错误造成的损失也不属于保险责任范围，因此，在理赔查勘定损阶段应做好现场调查取证工作，落实真正的致害原因。

（二）产品是否发生在保单约定的承保区域且处于流通状态

产品责任险保单条款中均对产品的销售区域和承保区域进行了约定，实务中理赔人员应注意审核致害产品是否属于保单约定的区域范围内，且该致害产品必须是已经处于流通领域的产品，尚未进入流通领域的不属于产品责任保险的保险范围。

（三）被保险人的行为是否构成保单条款约定的除外责任

被保险人如果依法应该承担产品责任，此时，责任保险的保单仍对保险公司的承保范围进行了限缩。在产品责任保险中，以下几种特殊情形均属于保险人的除外责任：

1. 保险产品本身的损失。

2. 致害产品退换回收的损失。

3. 被保险人遭受的罚款、罚金和惩罚性赔偿。这点应特别注意，在《中华人民共和国侵权责任法》第47条中，法律赋予受害者有权要求被保险人承担惩罚性赔偿。此时，如被保险人投保产品责任险，保险公司也不负责惩罚性赔偿的保险责任。

4. 被保险人未尽跟踪观察义务造成的损失。中国人民财产保险股份有限公司产品责任保险条款（1995年版）约定："若在某一保险产品或商品中发现的缺陷表明或预示类似缺陷亦存在于其他保险产品或商品时，被保险人应立即自付费用进行调查并纠正该缺陷，否则，由于类似缺陷造成的一切损失应由被保险人自行承担。"该约定表明，在被保险人未履行跟踪观察义务而依法应承担产品责任时，保险公司将此类责任列为保险的除外责任，不予负责。实务中，理赔人员应注意审核被保险人是否积极并及时对新投放的产品履行了跟踪观察义务。

第五节　关于医疗责任保险

2010年7月1日，我国《侵权责任法》正式实施，该法设立了专章规范医疗损害责任，重新构造了我国的医疗损害责任制度，摒弃了传统上的医疗事故责任和一般医疗过错责任二元化的制度，使用了统一的医疗损害责任的概念，并将医疗损害责任分为三种基本类型，即医疗技术损害责任、医疗伦理损害责任和医疗产品损害责任。适用了统一的人身损害赔偿标准。新规定必将促进医疗责任保险的长足发展，并将给理赔实践带来新的机遇和挑战。本节结合《侵权责任法》的相关规定，分别阐述医疗责任险理赔实务中的几个重要问题。

一、正确把握医疗过失行为与医疗意外行为

医疗责任保险承保的是医务人员在诊疗护理活动中，因执业过失造成患者的人身损害。因此，判断一起保险索赔案件是否构成保险责任的核心是必须正确理解医疗过失行为的内涵。

《侵权责任法》将医疗损害赔偿责任分为医疗技术损害、医疗伦理损害和医疗产品损害。医疗技术损害包含了以下形态：诊断过失；治疗过失；护理过失；感染传染损害；孕检生产损害；组织管理过失。医疗伦理损害包含了以下形态：违反法定的告知义务；违反患者的同意权；违反保密义务；违反管理规范。医疗产品损害主要是指医院使用有缺陷的药品、消毒药剂、医疗器械或者向患者输入不合格的血液造成患者损害。

医疗责任实行的是过错责任，医疗机构只有存在过错，才应依法向患者承担赔偿责任。而医疗行为又有着危险性、专业性、不确定性的特点，界定医疗过失应参照客观标准并结合

医疗行为的特殊性综合判断。首先,应依据医疗卫生行业的法律、行政法规、部门规章、诊疗护理规范等法定标准衡量医疗机构是否存在违法违规行为,如若存在,则应属于医疗过失;其次,如果依据上述法律法规,诊疗规范无法判断医疗行为的性质,则应按照目前医疗行业实践中普遍遵循的医疗水准衡量该行为,即医务人员是否具备了同行业人员通常所应该具有的技术水平和能力,如果其行为未能达到一般医疗人员应有的水平,方可认定其存在医疗过失。

医疗意外行为是指因医务人员无法预料的原因造成的行为。医疗意外的两个特征是:一是医务人员和/或医疗机构对损害结果主观上没有过失,损害原因是患者自身体质或其他原因引起的;二是损害后果的发生是医疗机构难以防范的。

二、医疗责任保险仅以医疗机构对受害第三者的人身损害为限

中国人民财产保险股份有限公司(备案)〔2009〕N340号的医疗责任险条款承保的是因医疗过失行为造成患者的人身损害。实务中应如何把握"人身损害"?它仅仅是指患者的生命权、健康权还是也包含了患者的名誉权、隐私权等人格化权利?如果仅指前者,那么医疗机构因违反医疗伦理而对患者造成的名誉权、隐私权的伤害就不在保险条款的承保范围内,如果对"人身损害"作广义的解释,则该责任险条款必然包含了因此类医疗过失而承担的损害赔偿责任,且该损害赔偿还包含了上述人身伤害所带来精神损害赔偿。

三、因医疗产品致人损害,医疗机构承担赔偿责任后享有追偿权

因医疗产品致人损害,医疗机构对患者是依据无过错责任原则承担赔偿责任,医疗机构在履行赔偿责任后,有权向负有责任的生产者或血液提供机构追偿。此时,如果医疗机构是在向患者履行赔偿义务后向保险公司申请的医疗责任保险理赔,则保险公司同样也享有向产品责任的最终承担者进行追偿的权利。因此,理赔阶段,针对因医疗产品造成的损害赔偿责任,理赔人员应要求医疗机构提供其与致害医疗产品或问题血液制品的生产者、销售者之间的销售合同、销售发票等相关单证并妥善保存有关致害产品的样本,确保保险理赔后向责任方进行代位追偿时留存完整有效的证据。

四、理赔时应注意审核医疗机构是否有法定免责事由

《侵权责任法》第60条规定了医疗机构法定免除责任的三种情形:一是患者或者其近亲属不配合医疗机构进行符合诊疗规范的诊疗;二是医务人员在抢救生命垂危的患者等紧急情况下已经尽到合理诊疗义务;三是限于当时的医疗水平难以诊疗。理赔时,对于第一种情形,应谨慎适用,只有在医疗机构已经充分向患者及其家属履行了告知说明义务之后,患者或其家属仍拒不配合治疗的,才能视为医疗机构可以免责。而对于第二、三种免责情形,理赔人员仍应按照在目前的医疗水准下,通常一般医务人员应该具有的知识水平及能力的标准进行衡量,即采用客观化的标准进行判断,这样才可以避免对医疗机构法定免责事由的滥用。

五、医疗事故鉴定和司法鉴定的区别

医疗事故鉴定是指国务院和有关医疗主管机构为了科学划分医疗事故等级,正确处理医疗事故争议,保护患者和医疗机构及其医务人员的合法权益,所进行的有关医疗方面的

鉴定。

司法鉴定是指在诉讼活动中鉴定人运用科学技术或者专门知识对诉讼涉及的专门性问题进行鉴别和判断并提供鉴定意见的活动。

司法鉴定一般包括法医类鉴定、物证类鉴定、声像资料鉴定等。法医类鉴定包括法医病理鉴定、法医临床鉴定、法医精神病鉴定、法医物证鉴定和法医毒物鉴定，物证类鉴定包括文书鉴定、痕迹鉴定和微量鉴定，声像资料鉴定包括对录音带、录像带、磁盘、光盘、图片等载体上记录的声音、图像信息的真实性、完整性及其所反映的情况进行的鉴定以及对记录的声音和图像中的语言、人体、物进行的鉴定。

第六节 关于旅行社责任保险

一、旅行社责任险理赔应注意理赔处理顺序

旅行社责任保险的被保险人是旅行社。旅游服务是一项综合性的服务行为，在整个旅游服务过程中，旅行社必须和方方面面的服务行业产生业务联系，如宾馆、酒店、餐厅、商场、旅游服务车辆、定点的旅游景区等等。因此，旅行社的服务往往体现为组织、协调、联络的行为。相当一部分旅游事故是由其他服务提供方即旅游辅助服务者造成的，例如游客乘坐旅行社租用的旅游客车发生交通事故，游客在景区内因景区安全防范措施不当而遭到人身伤害，游客在旅行社指定的餐厅就餐发生食物中毒等等。此时，旅游者可以依据旅游合同的约定向旅行社索赔，也可以依侵权责任直接向责任方索赔。遇到此类事故，理赔人员应当按照示范性条款的规定，适用正确的赔偿处理顺序。发生保险事故，应由旅游辅助服务者或其他第三人承担责任的，应指导旅行社和游客首先向旅游辅助服务者或致害第三方提出索赔要求。对于交通事故和食物中毒这两类事故，如果旅行社依据保险人的指导已经首先向旅游辅助服务方或致害第三方索赔，旅游辅助服务方或第三方赔偿不足的，保险人仍要从旅游者人伤赔偿限额内予以赔偿。对于除以上两类事故之外的保险责任事故，保险人对于第三方应承担的赔偿责任不负责赔偿。

二、签证费用是否赔偿

签证费用是由游客向前往旅游国申请的费用，是游客个人依法应承担的费用，旅行社是代办签证行为属于代理行为，不负有对签证费的赔偿责任。

第七节 关于承运人责任保险

一、客运车辆超载的处理

（一）关于超载的认定（不含公交车）

根据《道路旅客运输及客运站管理规定》（交通部令2005年第10号）第49条"严禁客运车辆超载运行，在载客人数已满的情况下，允许再搭乘不超过核定载客人数10%的免票儿童"之规定可见，对于是否属于超载应该以是否超过核定载客人数为准。但是，如果搭乘的乘客有免票儿童，只要免票儿童人数不超过核定载客人数的10%，均不认定为超载。

（二）超载与事故发生有关的情况

首先，超载是事故发生的原因之一。有证据能够证明存在超载行为的情况下，如果交警认定超载是事故发生的原因之一而非唯一原因，则不能拒赔。《中华人民共和国道路运输条例》第35条规定："道路运输车辆运输旅客的，不得超过核定的人数，不得违反规定载货；运输货物的，不得运输旅客，运输的货物应当符合核定的载重量，严禁超载；载物的长、宽、高不得违反装载要求。"《道路交通安全法》第48条规定："机动车载物应当符合核定的载质量，严禁超载。"《道路交通安全法》第49条规定："机动车载人不得超过核定的人数，客运机动车不得违反规定载货。"从上述两个法律法规可见，对客运超载和货运超载的禁止程度是不同的，对货运超载的禁止程度更严格。

超载属于违法行为，如果超载是事故发生的原因之一，承保公司应与被保险人协商，进行比例赔偿。

其次，超载是事故发生的唯一原因。若交警认定超载是事故发生的唯一原因，基本上可以认定是因为超载导致在特定的地理位置、特定的速度下，由于超载使得制动装置的制动效果发生功能严重降低。超载是属于被保险人未遵守相关法律法规导致了事故的发生，因此，可以拒赔。

（三）超载本身与事故发生无关的情况

超载本身与事故发生无关，但对事故的定损产生了影响。原则上，按比例赔偿一般适用于重复保险。《中华人民共和国民法通则》第4条规定，民事活动应当遵循公平原则。承保时，投保人按照核定的人数交纳保险费，而出险时保险人却按照超载的人数承担保险责任，这对保险人不公平，违反了《民法通则》规定的权利义务对等原则。因此，应按照承保时核定的人数承担保险责任，即每人责任限额内计算的人员损失赔偿金额总和×核定载客人数/实际载客人数。

二、如何界定投保人、被保险人因未遵守相关法律、法规及规定而导致保险事故的发生或导致损失扩大

中国人民财产保险股份有限公司道路客运承运人责任保险条款规定，被保险人应严格遵守《中华人民共和国道路运输条例》以及国家及政府有关部门制定的其他相关法律、法规及规定，加强管理，采取合理的预防措施，尽力避免或减少责任事故的发生。

投保人、被保险人未遵守上述约定而导致保险事故的，保险人不承担赔偿责任；投保人、被保险人未遵守上述约定而导致损失扩大的，保险人对扩大部分的损失不承担赔偿责任。如何界定投保人、被保险人因未遵守相关法律、法规及规定而导致保险事故的发生或导致损失扩大，成为本条款最大的难点。

被保险人没有遵守《中华人民共和国道路运输条例》等法律、法规及规定，并不必然导致拒赔产生。拒赔的产生必须存在以下事实：一是被保险人义务的违反与事故的发生存在因果关系（是直接且唯一因果关系），二是法律、法规严禁性规定而不是一般要求性规定，或者是经保险人发出书面合理整改建议而被保险人未实施整改。

对于被保险人违反义务但与事故发生无因果关系的，在赔偿处理时，可以根据实际情况进行比例赔偿或协商赔偿。对于被保险人违反义务但与事故发生有因果关系但不是唯一原因的，应与被保险人协商比例赔偿。

三、附加司乘人员的如何赔偿

如果保单中附加司乘人员责任保险条款，或者核定载客人数与承保座位数一致，则表明保单将被保险人对司乘人员依法应承担的赔偿责任纳入保险责任。法律上，被保险人对司乘人员承担的赔偿责任是基于双方的雇佣关系，被保险人对其雇佣的司乘人员的赔偿责任应适用《工伤保险条例》的规定核定。但是实际中，承保车辆和被保险人之间的关系有很多是挂靠关系，即被保险人和司乘人员之间并不存在雇佣关系。承保座位数在保费交纳上并没有区分司乘人员和乘客，因此，承保的意图是将司乘人员和乘客按照同样的标准赔偿的。

四、经常居住地在城镇的农村居民因交通事故伤亡如何赔偿

2006年4月3日，最高人民法院答复云南省高级人民法院，出具了《最高人民法院民一庭关于经常居住地在城镇的农村居民因交通事故伤亡如何计算赔偿费用的复函》，该复函规定，受害人如是农村户口，但在城市经商、居住，其经常居住地和主要收入来源地均为城市，有关损害赔偿费用应当根据当地城镇居民的相关标准计算。按照上述复函，农村居民因交通事故伤亡如要按照城镇标准赔付，必须同时符合经常居住地和主要收入来源地均为城市的条件。根据最高人民法院关于适用《中华人民共和国民事诉讼法》若干问题的意见第5条规定，公民的经常居住地是指公民离开住所地至起诉时已连续居住1年以上的地方，但公民住院就医的地方除外。

因此，农村居民经常居住地且主要收入来源地均为城市，因交通事故伤亡的，应按照城镇标准计算赔偿。

五、如何正确界定投保人、被保险人因违反法律强制性规定导致保险事故发生属于除外责任

中国人民财产保险股份有限公司道路客运承运人责任保险条款规定："被保险人应严格遵守《中华人民共和国道路运输条例》以及国家及政府有关部门制定的其他相关法律、法规及规定，加强管理，采取合理的预防措施，尽力避免或减少责任事故的发生。投保人、被保险人未遵守上述约定而导致保险事故的，保险人不承担赔偿责任；投保人、被保险人未遵守上述约定而导致损失扩大的，保险人对扩大部分的损失不承担赔偿责任。"实务中，针对被保险人违反法律强制性的安全保障规定而造成保险事故的案件并不少见，针对此类案件，理赔人员要注意判断被保险人的违法行为与损害后果之间是否存在因果关系，即损害后果必须是直接因被保险人的违法行为所致。如果损害后果中只有部分因素是与被保险人的违法行为有关，则应谨慎拒赔，与被保险人协商赔付。

六、关于道路客运承运人责任保险中涉及两车或多车互碰事故的处理

首先，道路客运承运人责任保险与机动车交通事故责任强制保险（以下简称交强险）发生保险竞合。根据国家设立交强险的目的，《道路交通安全法》《机动车交通事故责任强制保险条例》等相关法律法规的规定，交强险应该先行赔付。

因此，承保公司应提醒被保险人先在交强险项下赔付。同时，提醒被保险人积极主张自己的权利，维护自己对其他侵权方索赔的权利，注意第一时间收集对方车辆交强险及其他商

业保险情况。

其次,道路客运承运人责任保险与交强险以外的险种发生保险竞合。如果道路客运承运人责任保险项下的被保险人存在过错,受害者基于侵权责任或者违约责任先向被保险人要求赔偿,被保险人赔偿后,保险人经判断保险责任成立,应该赔付后再向其他过错方追偿。如果道路客运承运人责任保险项下的被保险人不存在过错,受害者基于违约责任先向被保险人要求赔偿,被保险人赔偿后,保险人经判断保险责任成立,应该赔付后再向其他过错方追偿。

第八节 关于校园方责任保险

一、理赔阶段应根据案件的具体情况,判断被保险人应适用的责任承担方式

《侵权责任法》对学生伤害事故的归责原则和责任承担方式作了新的规范。《侵权责任法》第38条规定,无民事行为能力人在学校、幼儿园受到人身损害的,学校、幼儿园承担过错推定责任,即除非校方能充分举证其已经尽到教育、管理的职责,否则就推定学校有过错,应承担民事赔偿责任。举证责任由学校承担。《侵权责任法》第39条规定,限制民事行为能力人在学校受到人身损害,学校只承担过错责任,只有存在违反教育、管理职责的行为,学校才承担责任,即举证责任的分配转换为由受伤害学生及其法定监护人承担。这是根据学生不同的年龄具备不同的认知能力和行为能力而合理划分学校的责任。《侵权责任法》第40条则规定,当学生的人身伤害是由第三人造成时,学校只有在未尽到管理职责的前提下,才承担补充责任。这里的补充责任应理解为学校仅依据其过错程度比例承担相应的补充赔偿责任。

侵权责任法对学校作为教育、管理机构应承担的民事责任方式和归责原则进行了重新规范。因此,在理赔实务中,应依据具体的案件情况,区分学校应承担的责任方式和举证分配方式,协助校方依据《侵权责任法》中免除校方责任的规定积极处理、应对受害学生及其法定监护人的索赔。

二、因教师或者其他工作人员依法执行职务导致的学生伤害事故

学校将此条作为抗辩事由,必须具备下列要件:第一,学校的行为必须有合法的授权;第二,学校执行职务的程序和方式必须合法;第三,学校执行职务的活动是必要的。

例如,老师私拆学生信件,并以粗暴方式对待学生导致学生自伤或受伤,就不是学校履行对学生的教育管理职责所必需的行为,因此,学校不能以履行教育管理职责、依法执行职务为抗辩事由。

三、因校方正当防卫所致的学生伤害事故

校方的正当防卫必须符合以下条件:第一,防卫必须以学生不法侵害行为之现时存在为前提;第二,防卫必须具有必要性和紧迫性,即防卫必须是针对非法、非进行防卫而不能排除的侵害行为实施的;第三,正当防卫必须针对实施不法侵害行为的学生本人实行;第四,正当防卫具有保护合法利益的目的性;第五,正当防卫不得超过必要限度。

例如,学生采取暴力行为直接对学校教职工和其他同学的人身安全构成了威胁,学校则

可实施正当防卫,在必要限度内造成的该学生的伤害事故校方可不负责任。

四、因校方紧急避险所致的学生伤害事故

校方紧急避险必须具备以下构成要件:第一,必须有合法权益受到损害之紧急危险;第二,必须是在不得已的情况下采取避免措施;第三,避险行为适当或未超过必要限度。

例如,一歹徒杀伤门卫后冲进校园行凶,挥刀砍向学生甲,学校老师紧急将学生甲推开,甲滚下楼梯受伤,此时学校老师的行为就属于紧急避险,学生甲的损害应由危险引起人(歹徒)承担。

五、因不可抗力所致的学生伤害事故

不可抗力是指不可抗拒并且不可避免的事由,它包括某些自然现象(如地震、台风、洪水等)和某些社会现象(如战争、罢工等)。我国《民法通则》第107条规定:"因不可抗力不能履行合同或者造成他人损害的,不承担民事责任,法律另有规定的除外。"《学生伤害事故处理办法》第12条规定,"地震、雷击、台风、洪风等不可抗的自然因素造成的"学生伤害事故,学校已履行了相应职责,行为并无不当的,无法律责任。因此,如果是因不可抗力致使发生学生伤害事故的,除了法律另有规定外,学校将可完全免责。

例如,因台风来临学校组织学生在宿舍内躲避,不料宿舍后面山坡发生泥石流,泥石流冲破宿舍墙体造成一名学生死亡,学校就可以以不可抗力作为抗辩事由。

六、因意外事件所致的学生伤害事故

以意外事件为免责事由必须符合下列条件:第一,意外事件是不可预见的;第二,意外事件是归因于行为人自身以外的原因,行为人已经尽到了他在当时应当和能够尽到的注意,或者行为人采取合理措施仍不能避免事故发生;第三,意外事件是指偶然发生的事件,发生概率极低,第三人尽到通常的注意是不可预防的,也不包括第三人的行为。

例如,在学校组织的运动会中,一学生在跳远比赛中不慎骨折,学校当即施救,派人将其送到医院治疗。该案中,学校实际上是可以以意外事件为免责事由的。

七、因受害方过错所致的学生伤害事故

受害方过错包括受害方故意和过失。故意行为应注意的是,无行为能力人的故意不视为法律上的故意,无行为能力人造成自身损害时也介入了校方的过失,学校也应承担相应的责任。受害方过失是否可构成免责,主要看加害人是否有过错。从《民法通则》和有关单行法规看,若损害完全由受害学生过失所致,校方没有任何过错,则学校不承担民事责任;若校方有轻微过失,则应根据案情具体情况看校方是否免责;若受害学生为无行为能力人,而校方对于损害的发生具有过失(或轻微过失),校方作为加害人也不得完全免责;若受害学生的行为表明其监护人具有重大过失,校方则可以要求完全免责。

例如,一所中专学校期末考试,一女生作弊被监考老师发现,老师按规定在其试卷上注明"作弊"记号。该女生离开考场后写下"无脸见人"纸条后跳楼自杀。在该案中,学校行为并无不当,可以以受害方故意行为作为不承担赔偿责任的抗辩理由。

八、因第三人过错所致的学生伤害事故

《侵权责任法》第 39 条规定,无民事行为能力人或者限制民事行为能力人在幼儿园、学校或者其他教育机构学习、生活期间,受到幼儿园、学校或者其他教育机构以外的人员人身损害的,由侵权人承担侵权责任;幼儿园、学校或者其他教育机构未尽到管理职责的,承担相应的补充责任。

例如,犯罪分子在学校实施爆炸,造成多名师生伤亡,在该案中,如果学校在安全管理上并不存在过错,则可以第三人过错为抗辩理由。

九、关于"猝死"案件的责任认定和理赔处理

世界卫生组织将发病后 6 小时内死亡者定义为猝死。而 1979 年国际心脏病学会、美国心脏学会以及 1970 年世界卫生组织定义的猝死为:急性症状发生后即刻或者 24 小时内发生的意外死亡。实践中,猝死的原因一般包括心肌梗死、脑出血、肺栓塞、急性坏死性胰腺炎、哮喘、药物过敏、毒品吸食过量等几种情况。猝死只是死亡的表现形式,而非死亡的原因。一般情况下,需要对尸体进行解剖,进一步确定引起猝死的原因。

根据条款责任免除规定,学生有特异体质、特定疾病或者异常心理状态,被保险人不知道或者难于知道的;学生突发疾病,被保险人采取的救护措施并无不当的。根据前文对猝死的定义,猝死显然不符合保险概念中的意外事故范围,应属于责任免除范围。

但在实际理赔过程中,被保险人和受害人往往会理解猝死为"意外死亡",从而要求申请意外身故保险金,而且在各地司法实践中存在较多的争议。因此,处理这类案件通常比较困难,如果前期查勘、调查等环节未能掌握有利证据或与受益人达成一致的观点,那么后期的理赔处理会非常棘手,甚至会导致投诉或诉讼。对于猝死案件处理,应当注意以下三个方面:

一是及时查勘。接到报案,能够及时查勘最为重要。查勘前的充足准备工作也很重要,必须详细了解客户资料及投保险种,如是否附加相关疾病类险种等。第一时间赶到现场后,应详细观察现场环境、设施,是否有外伤的过程、致害物质、痕迹等,事故过程、救治过程是否合理,伤者外伤情况是否与家属所述外伤过程相符合,等等。并且自然、真实的侧面证言对事故的真实性贡献更大,例如来自邻居、村医、医生、同事等人的证言,不能单独凭借家属的一面之词进行判断。

二是要求"尸体检验"。如果家属主张有外伤过程,但经过保险公司查勘后,感觉事故性质有明显出入,理赔人员可以当场与家属沟通、表明立场,要求"尸体检验"以明确死亡具体原因,不论家属同意或不同意,对后面理赔工作的开展会有重要作用。如果家属不同意尸检,尽量留下书面证据,可以在调查笔录中体现,让家属签字。这样即使在后期出现诉讼风险,也可以作为重要证据。但必须注意的是工作态度和语气。在被保险人身故后的现场提出尸检的要求,一般都会引起家属的反感甚至引发冲突,此时见机行事非常重要。

如遇到尸体火化后再报案的案件,则可结合保险条款中意外伤害的定义,同时按照民事诉讼"谁主张谁举证"的原则,由索赔方承担举证不利的后果。

三是收集书面材料的重要性。第一时间搜集的病历材料非常有价值,例如门急诊病历、住院病历。这样的资料一般都比较真实,因为没有时间去伪造、变造。"死亡证明书"上的死

亡原因对这类案件的定性最为关键,即使在诉讼中也会作为最重要的证据。例如,如果诊断为"猝死""心肌梗死"等,就明确确定为疾病导致死亡。如果有外伤因素导致,一般诊断中会提及,如"外伤性脑出血"。既往疾病诊治过程的记录对本次死亡性质的确定也会起到帮助,因为疾病都会有发展变化的过程。

第六章

案例分析

一、员工的故意行为所致的伤残或死亡是否一律不属于保险责任

（一）案情

2008年5月29日,黑龙江某建筑公司在当地某保险公司投保了雇主责任险。雇员人数为70人,每人死亡伤残赔偿限额5万元,每人医疗费赔偿限额2万元;保险期间自2008年5月30日0时起至2009年5月29日24时止。2008年6月15日,张林和王利在工作期间发生口角,张林打了王利一巴掌。6月17日,在上班时间,王利想起昨天被张林打了一嘴巴,拿起铁锤击打张林的头部,张林当场死亡。

（二）分析

承保公司《雇主责任保险条款》规定,"由于被保险人所聘用员工自加伤害、自杀、违法行为所致的伤残或死亡,保险人不负赔偿责任"。因员工的故意行为所致的伤残或死亡,是仅指对自己造成的伤残或死亡,还是包括对其他员工所致的伤残或死亡,该条款没有说清楚。经向承保公司了解,本案承保时只向投保人提供了保单条款,并未对除外责任作出详细说明。按照通常理解或有利于被保险人的解释,都有可能认为员工的故意行为所致的伤残或死亡仅指对自己造成的伤残或死亡。

承保公司下发的《雇主责任险条款解释》规定,"员工自加伤害、自杀、违法行为所致的伤害或死亡,不仅包括对自己造成的伤害,也包括对其他员工所造成的伤害或死亡,保险人均不对此承担保险责任"。该解释仅是内部文件,没有对外效力。

综上,笔者认为本案应对肇事员工以外的其他承保员工承担保险责任。

（三）启示

采用保险人提供的格式条款订立的保险合同,保险人与投保人、被保险人或者受益人对合同条款有争议的,应当按照通常理解予以解释。对合同条款有两种以上解释的,人民法院或者仲裁机构应当作出有利于被保险人和受益人的解释。

二、被保险人未履行国家有关安全生产规定,保险责任是否成立

（一）案情

2010年2月26日,广西某煤炭协会向当地保险公司投保了雇主责任险。约定每人死亡、伤残赔偿限额人民币20万元,被保险人所聘用员工人数为800人。保险期间为2010年2月28日0时起至2011年2月27日24时止。

2010年12月28日凌晨1时44分,当地一煤矿发生瓦斯突出事故,造成正在井下作业的矿工刘红等11人被困,11名矿工经救援无效死亡。事故发生后,被保险人向保险公司报

案,索赔金额人民币 220 万元。

(二)分析

首先,被保险人存有重大过失行为。经调查组认定,该起事故属于责任事故。该煤矿存在生产安全重大隐患,而矿井方未建立安全管理机制和安全生产责任制,未按规定组织矿工进行作业培训,违法违规组织生产。由此可见,被保险人存有重大过失行为,根据雇主责任险条款中责任免除和被保险人应严格遵守安全生产相关法律法规及保障安全生产义务的规定,应予以拒赔。

其次,受害人员非被保险人的工作人员。事故发生时,该煤矿正处于矿建及井建过程中。该矿井首先由被保险人承包给没有施工资质的某商贸有限公司,后又被转包给没有施工资质的何某。虽然 11 名受害矿工未与承包商或转包商签订书面劳动合同,但根据他们为承包商或转包商工作并领取工资的情况,可认定 11 名受害矿工与承包商或转包商构成了事实劳动关系,而非被保险人的工作人员,根据雇主责任险条款对承保人员范围和责任免除的规定,应予以拒赔。

最后,被保险人未履行如实告知义务。经矿井方书面确认:事故发生时,该煤矿正处于矿建及井建过程中。该煤矿未能如期完工,无相关验收批复文件,矿井方也未向保险公司提出过增加投保或批改事宜。由此认定,被保险人未履行如实告知义务和危险程度显著增加通知义务,根据雇主责任险条款对被保险人相关义务的规定,可予以拒赔。

(三)启示

被保险人未履行国家有关安全生产规定是否构成重大过失,是判断本案保险责任是否成立的关键。被保险人未履行国家有关安全生产规定属于未履行保单规定的被保险人义务,依据现行保险法难以认定保险责任不成立。应根据被保险人未履行其义务的性质,判断是否属于重大过失,从而认定是否属于责任免除。因此,处理此类案件要谨慎。

三、驾驶员未采取合理的预防措施时,如何界定保险责任

(一)案情

2005 年 11 月 13 日,四川某运业集团有限责任公司旅游客运分公司在四川省某支公司投保道路客运承运人责任保险,核定载客人数 30 人,投保座位数 30 人;保险期间自 2006 年 1 月 1 日 0 时起至 2006 年 12 月 31 日 24 时止;每人责任限额人民币 20 万元,累计责任限额 600 万元。

2006 年 3 月 4 日,叶某驾驶被保险车辆行至安徽某县时与赵某驾驶的皖 C-07863 号大货车相撞,翻下 65 米岩下,导致被保险车辆上 11 人死亡、轻重伤 19 人,为车辆严重受损的特大交通事故,初步估计损失为人民币 300 万元。

3 月 8 日,当地公安局交通警察大队出具的《交通事故认定书》认定,驾驶员赵某超载,车速过快,是造成此次事故的直接原因。其行为违反了以下法律法规:《中华人民共和国道路交通安全法》第 22 条,机动车驾驶人应当遵守道路交通安全法律、法规的规定,按照操作规范安全驾驶,文明驾驶;第 42 条,夜间行驶或者在容易发生危险的路段行驶,以及遇有沙尘、冰雹、雨、雪、雾、结冰等气象条件时,应当降低车速;《中华人民共和国道路交通安全实施条例》第 46 条,机动车行驶中遇有掉头、转弯、下陡坡时,在冰雪、泥泞的道路上行驶时,最高行驶速度不得超过每小时 30 公里。因此,驾驶员赵某应负此次事故的主要责任。

驾驶员叶某存在车辆超载(核定载客30人,实载40人),未能及时减速,是造成此事故的次要原因,应负事故的次要责任。

(二)分析

笔者认为,根据交警部门的认定,事故的原因之一是被保险车辆超载;很难说被保险人未采取合理的预防措施是导致本次事故发生的唯一原因,但至少导致了损失的扩大。笔者认为应该就此与被保险人协商按比例赔偿。

(三)启示

条款已明确:被保险人应严格遵守《中华人民共和国道路运输条例》以及国家及政府有关部门制定的其他相关法律、法规及规定,加强管理,采取合理的预防措施,尽力避免或减少责任事故的发生。

保险人可以对被保险人遵守前款约定的情况进行检查,向投保人、被保险人提出消除不安全因素和隐患的书面建议,投保人、被保险人应该认真付诸实施。

投保人、被保险人未遵守上述约定而导致保险事故的,保险人不承担赔偿责任;投保人、被保险人未遵守上述约定而导致损失扩大的,保险人对扩大部分的损失不承担赔偿责任。

四、法院依过错推定原则直接判定医院构成一级医疗事故是否属判决不当

(一)案情

某医院向某保险公司投保了医疗责任险,保单承保:"被保险人的投保医务人员在诊疗护理活动中,因执业过失造成患者人身损害……,依法应由被保险人承担民事赔偿责任时,保险人根据本保险合同约定负责赔偿。"保险期间内,某患者林某在该院治疗期间死亡,当地医学会作出该医院在诊疗患者过程中不存在医疗过失,本案不属于医疗事故的鉴定结论。患者家属对该鉴定结论不服,申请法院向省医学会进行重新鉴定,省医学会因该医院未能按要求提供患者的医学影像检查资料而决定中止该案的再次鉴定程序。

最终法院以该医院举证不能为由推定医院构成一级医疗事故,并判决该医院赔偿患者家属损失共计人民币35万元。

(二)分析

根据《侵权责任法》关于医疗损害责任的规定,患者在诊疗活动中受到损害,医疗机构及其医务人员有过错的,才由医疗机构承担赔偿责任。因此,医疗责任机构承担的是过错责任。

但是存在以下三种情形之一的,可以推定医疗机构有过错:一是违反法律、行政法规、规章以及其他有关诊疗规范的规定;二是隐匿或者拒绝提供与纠纷有关的病历资料;三是伪造、篡改或者销毁病历资料。因此,本案中法院依照过错推定原则判定医院有责任不属于判决不当。

(三)启示

医院无法提供医学影像资料是执业过失的一种情形,且根据医疗责任保险条款规定"行政管理失误"也不属于责任免除情况,因此本案不存在拒赔事由。

五、如何认定被保险人的旅游服务质量未达到国家、行业或合同规定的标准

(一)案情

2002年9月15日,山西省运城市某保险公司承保了该市神舟旅行社的旅行社责任

保险。保险期间自2002年9月15日至2003年9月14日。每次事故每人赔偿限额10万元,年度累计赔偿限额200万元。因发生非典疫情,保险期间顺延至2003年11月14日。

2003年9月20日,神舟旅行社包租的客车在旅途中发生了交通事故,致使旅客死亡1人,受伤4人,驾驶员也当场死亡。运城市公安局交通警察支队裁定该车负主要责任。经调查,旅行社包租的客车没有营运证。其中有1名受害者向法院提起了诉讼,法院判决旅行社对该名伤者赔偿34 463.34元。

承保公司认为,该车的驾驶员、车辆都是合格的,根据《旅行社责任保险条款》第四条免责条款的规定,不能以该车没有营运证就认定被保险人的服务质量未达到国家、行业标准,而且对于被保险人的旅游服务质量,条款本身并未予以解释,容易产生争议,以此予以拒赔理由不充分。如果发生诉讼,也难以得到法院的支持。因此,本案应予以赔偿。

承保公司就此征求法律部意见。法律部认为本案应该拒赔。承保公司根据法律部的意见予以拒赔,被保险人不服,向法院提起诉讼,法院判决被保险人败诉。

(二) 分析

《旅行社责任保险条款》责任免除第四条第(二)项规定,因被保险人的旅游服务质量未达到国家、行业或合同规定的标准造成的损失、费用和责任,保险人不负责赔偿。

根据国家旅游局1995年颁布的关于旅游汽车服务质量的旅游行业标准规定,本标准适用于全国各提供旅游汽车服务的企业。该标准第4.1.1条规定,旅游车辆必须经过当地车辆监理部门年度检验合格。

另外,《山西省旅游条例》第40条第1款规定,旅行社组织旅游,应当租用有营业执照和客运经营许可证,并符合保障旅游者人身和财物安全要求的车船。

本案神舟旅行社包租的客车没有营运证,不仅违反了国家旅游局规定的行业标准,也违反了山西省地方性法规,符合承保公司条款中规定的除外责任,应予以拒赔。

(三) 启示

理赔人员不仅应具备保险方面的知识,还应该具备法律方面的知识,只有这样,才能更好地做到准确、快速地理赔。

六、因航班取消产生的费用,旅行社责任险是否负责

(一) 案情

2004年11月26日,浙江晨辉国际旅行社向浙江杭州某保险公司国内营业部投保了旅行社责任险。保险期间:2004年11月27日至2005年11月26日。

2005年4月26日,晨辉国际旅行社作为包机人与东航浙江分公司签订了《客运包机运输销售合同》。东航浙江分公司作为承运人执行2005年4月30日杭州至泉州晋江往返的航班计划。东航浙江分公司于2005年4月27日接到民航总局关于国内航班禁止跨0点飞行的电报。4月29日,东航浙江分公司为晨辉国际旅行社131位客人以及福建泉州晨辉组织的106位客人开出机票。4月30日,东航浙江分公司发给晨辉国际旅行社两份电报,一份为民航总局明传电报,一份为东航传真电报,告之取消该包机,造成晨辉国际旅行社131位客人滞留而不能按计划旅行。

2005年5月9日,晨辉国际旅行社向承保公司索赔,索赔金额1 085 173元。

(二)分析

《旅行社责任保险条款》规定,"在本保险合同期间内,因被保险人的疏忽或过失造成被保险人接待的境内外旅客遭受下列经济损失,依法应由被保险人承担的经济赔偿责任,保险人负责赔偿:一、因人身伤亡发生的经济损失、费用;二、因人身伤亡发生的其他相关费用:……三、行李物品的丢失、损坏或被盗导致的损失;四、事先经保险人书面同意的诉讼费用。……"。

因此,本险种保险责任的范围仅限于因人身伤亡、行李物品损失而发生的损失费用,而因航班取消所产生的费用,不属于上述保险责任的范围,应予拒赔。

(三)启示

条款规定保险人承担被保险人因疏忽或过失而造成的依法承担的赔偿责任。因此,被保险人存在疏忽或过失是承担保险责任的前提。

七、诊疗护理过失和医疗损害事故是否必须存在直接因果关系

(一)案情

2005年3月22日,一名8岁的女患者因尿路感染在辽宁本钢医院儿科住院治疗,次日,由儿科护士带其做B超检查,途经护士工作台边时,被放置于该处的护理柜砸伤右脚,致其右拇指指末节及2指末节缺失。患者受伤后,住院治疗87天,伤愈后安装了国产普及型硅胶美容脚趾,经法医鉴定,分别属九级和十级伤残。

事故发生后,患者家属将本钢医院告上法庭,经法院判决,本钢医院承担患者的各项费用共计83 659.25元。

本钢医院以患者住院治疗期间,院方护士有过错,向保险公司提出医疗责任险项下索赔。

(二)分析

只有那种为结果提供现实性而必然引起结果发生的诊疗护理过失,即成为原因或是主要原因的过失,才能成为条款中所说的诊疗护理过失。患者死亡、残疾、组织器官操作导致功能障碍的后果与医务人员诊疗护理过失之间必须存在直接的因果关系,是指医务人员诊疗过失系引起损害结果发生的起决定作用的原因。本案中,患者右脚砸伤不是由于诊疗护理过失导致的,虽然也是由于医院的过失导致的,但更多的是医院作为一个公共场所应该承担的公众责任。因此,本案不属于医疗责任险项下的保险责任。

(三)启示

医疗责任保险责任存在的前提是医务人员的诊疗护理过失行为和患者遭受的损害事故必须存在直接的因果关系。

八、财产损失案件是否可以赔付误工费

(一)案情

湖北武汉某保险公司承保了武汉市美菱股份有限公司产品责任险。保险期间自2005年11月6日起至2006年11月5日止。2005年11月15日河南平舆县张建平家中电冰箱着火,造成家中财产受损,用户向美菱公司投诉后,保险公司查勘,确定财产损失为人民币25 689元,用户修复自家受损财产所产生的误工费计人民币1 950元。

就该案误工损失部分,承保公司认为属间接损失,拟不予赔偿。

（二）分析

《产品责任保险条款》规定，在本保险有效期内，由于被保险人所生产、出售的产品或商品在承保区域内发生事故，造成使用、消费或操作该产品或商品的人或其他任何人的人身伤害、疾病、死亡或财产损失，依法应由被保险人负责时，本公司根据本保险单的规定，在约定的赔偿限额内负责赔偿。该条款没有就财产损失范围作出明确的界定。

实践中，责任险项下，一般只有涉及人身损害赔偿时，才会对误工费予以赔偿。因此，承保公司认为产品责任险误工损失部分属于间接损失，应不予赔偿。

（三）启示

《最高人民法院关于审理人身损害赔偿案件适用法律若干问题的解释》第20条规定，误工费根据受害人的误工时间和收入状况确定。误工时间根据受害人接受治疗的医疗机构出具的证明确定。受害人因伤致残持续误工的，误工时间可以计算至定残日前一天。由此，误工费只有在受害人遭受人身损害时才会发生。所以，责任险项下，一般只有涉及人身损害赔偿时，才会对误工费予以赔偿。

九、承租者是否属于公众责任险项下第三者

（一）案情

2006年12月28日，甘肃某保险公司承保了甘肃四通购物广场有限公司公众责任险，保险期间为2006年12月31日至2007年12月30日止，累计赔偿限额300万元，每次事故赔偿限额50万元。

2007年6月13日，该购物广场中央大厅上方装修的吊顶大面积塌落，将处于大厅四周的化妆品、工艺品等柜台及大部分陈列商品砸坏，经清点，损失在30万元左右，没有人员伤亡。经调查，此次事故系因装修质量不高而造成。承保公司以被砸柜台和商品不属于第三者财产损失为由向被保险人作出拒赔通知。

被保险人对此提出异议，被保险人认为，该公司和供应商是租赁关系，供应商租用商场的场地进行经营活动，营业人员是厂家自带，受损物品为供应商所有，双方不是雇佣或代表关系，因此事故的受损财产不应属于免赔范围。

（二）分析

如果本案中被保险人与受损者之间为租赁关系，被砸柜台和商品均属于受损者所有，经营和管理均由受损者负责的情况属实，那么受损者不属于被保险人或其代表、雇佣人员，则本案的损失不属于《公众责任保险条款》第四条第（一）款规定的除外责任范围，即"被保险人或其代表、雇佣人员人身伤亡的赔偿责任，以及上述人员所有的或由其保管或控制的财产的损失"，本案的损失应属于保险责任范围。

（三）启示

公众责任保险的赔偿范围为第三者的人身伤亡或财产损失。正确界定第三者的范围是界定保险责任是否成立的前提。

十、旅行社租赁车辆造成旅客伤亡，保险公司是否应该承担保险责任

（一）案情

2002年10月19日，山西省大同市某保险公司承保了该市阳光旅行社责任保险。保险期间自2002年10月20日至2003年10月19日。每次事故每人赔偿限额10万元，年度累

计赔偿限额200万元。保险条款约定,在本保险合同期限内,因被保险人的疏忽或过失造成被保险人接待的境内外旅游者遭受人身伤亡,依法应由被保险人承担的经济赔偿责任,保险人负责赔偿。

2003年9月1日,阳光旅行社与大同鹏风运输公司签订租车合同,租用黄海大客车一辆,驾驶员汪某为运输公司职员。该驾驶员具备有效驾驶执照,且无不良驾驶记录。

2003年9月27日,神舟旅行社包租的客车在大同至太原的旅途中,因汪某超速行驶,在禁止超车路段超车,与迎面行驶的一辆富康出租车相撞发生了交通事故,致使旅客死亡1人,受伤4人。经当地交警部门认定,汪某应承担事故的全部责任。旅客向旅行社索赔,旅行社要求保险公司承担保险责任,保险公司拒赔,双方引发纠纷。

旅行社认为,保险人应该承担责任,理由是旅行社租用的交通工具实际上是旅行社对旅客服务的不可分割的一部分,属于旅行社作为服务主体职能范围。因此,旅行社租用的交通工具由于过失所产生的过错就是旅行社的过错,应该予以赔付。

保险公司认为,本案不属于保险责任。依据旅行社责任险条款,只有因旅行社的过失直接导致游客遭受意外伤害时,保险公司方对旅行社因此而承担的相应损失和费用承担保险责任。在车况良好,司机具备有效驾驶执照,且无不良记录的情况下,造成旅客伤亡的原因是司机违章驾驶,旅行社对该类事故的发生不存在过失。依据保险合同的约定,该类事故不属于保险事故,保险人不应该承担保险责任。

(二)分析

笔者认为,本案不属于保险责任,保险公司不应该承担责任。理由如下:

该保险公司《旅行社责任保险条款》规定:"在保险期间内,因被保险人的过失造成其接待的境内外旅游者遭受因人身伤亡发生的经济损失、费用及其他相关费用,依法应当由被保险人承担的民事赔偿责任,保险人负责赔偿。"由此可见,保险人承担的是被保险人的过失责任。

本案中,旅行社与运输公司签订租车合同,驾驶员由运输公司配备。驾驶员不属于旅行社的雇员或代理人,驾驶员的行为不能视同为旅行社的行为。旅行社租用车辆及驾驶员时,经审核,该驾驶员具备有效驾驶执照,且无不良记录。因此,旅行社不存在过失行为。

如果旅行社存在过错,旅客既可以依照合同法要求旅行社承担违约责任,也可以依照民法通则等相关法律要求旅行社承担侵权责任。但旅行社选择驾驶员时,已尽到了谨慎义务。旅行社不可能对驾驶员将来的所有行为负责。因此,旅行社不存在过错。旅客只能要求旅行社承担违约责任,不能要求旅行社承担侵权责任。旅行社承担违约责任后,仍然可以依照租车合同,要求运输公司及驾驶员承担违约责任。

(三)启示

违约责任和侵权责任是民事责任的两种形式,违约责任和侵权责任在实践中经常发生竞合。责任保险条款经常将单纯的违约责任(不含侵权责任)列为除外责任,被保险人应该引起重视,同时保险人也应该提请被保险人注意。

十一、驾驶具有安全隐患的机动车是否构成保险责任

(一)案情

2008年3月3日,吉林省某保险公司承保的兆翔旅游客运有限公司所属吉L12345号大型普通客车发生交通事故。事故发生后,交警队进行了现场勘查、调查取证。交警队证实该

事故发生有以下几个原因:该车是具有安全隐患的机动车;司机在雨天路滑紧急情况时采取的措施不当;该车在此路段通行时未保持安全车速。本案是否构成了保险责任?

(二)分析

本案交警认定,吉L12345号大型普通客车后轮左右轮胎严重磨损,其轮胎花纹已磨损至磨损标记,该车系具有安全隐患的机动车。被保险人及其雇员、代理人的行为违反了《中华人民共和国道路运输条例》第31条和《中华人民共和国道路交通安全法》第21条的有关规定,驾驶员的行为基本符合重大过失的要件。依照《中国人民财产保险股份有限公司道路客运承运人责任保险条款》第五条第(一)项关于"因投保人、被保险人及其雇员、代理人的故意或重大过失行为造成的损失、费用和责任,保险人不负责赔偿"的规定且承保公司对该除外条款的规定已作提示或者明确说明的情况下,保险公司可以此为由拒赔。但因该除外情形不是造成事故发生的唯一原因。

因此,笔者认为本案保险责任已经成立,但因被保险人存在重大过失的情形且承保公司如对该除外条款的规定已作提示或者明确说明的情况下,承保公司应与被保险人积极协商按比例赔偿。

(三)启示

对保险合同中免除保险人责任的条款,保险人在订立合同时应当在投保单、保险单或者其他保险凭证上作出足以引起投保人注意的提示,并对该条款的内容以书面或者口头形式向投保人作出明确说明;未作提示或者明确说明的,该条款不产生效力。

十二、因火灾导致的第三者财产损失,在供电责任险项下是否一律免责

(一)案情

甘肃某保险公司承保的供电责任保险,因电表箱着火造成停放在附近的汽车发生火灾,经核实情况属实,汽车已报废。经查勘,电表箱起火原因符合条款"被保险人造成的供电线路电压不符合国家规定的质量标准",造成短路以致发生火灾,造成第三者财产损失。但是"火灾"、"爆炸"属于责任免除。这种情况能否构成保险责任?

承保公司有以下两点意见:

1. 不属于保险责任。造成损失的最主要最直接的原因是火灾。火灾属于责任免除。
2. 属于保险责任。电表箱是因为供电线路电压不稳引发起火,造成第三者财物受损属于责任险范畴,仅以火灾为除外责任较为牵强。

(二)分析

本案属于保险责任。本案确定保险责任的核心是确定损失的近因。所谓近因,就是引起保险标的损失的最直接、最有效的起主导作用或支配性作用的原因。近因原则在实践中分为以下几种情况:

1. 多种原因相互延续。在多种原因连续发生所造成的损失中,如果后因是前因所直接导致的必然结果,或者后因是前因的合理的连续,或者后因属于前因自然延长的结果,那么前因为近因。前因属于承保风险的,即使后因不属于承保风险,保险公司仍承担赔偿责任。

本案即属于这种情况,前因是供电线路电压不稳,后因是火灾,火灾是由于供电线路电压不稳导致的。供电线路电压不稳为前因,属于承保风险,无论后因火灾是否属于承保风险,本案保险责任都已经成立。

2. 多种原因交替。在因果关系链中，有一个新的独立的原因介入，使原有的因果关系链断裂并直接导致损失，该新介入的独立原因为近因。例如，当火灾发生时，一部分财产被抢救出来后又被盗走，保险公司不对被盗部分损失承担责任。

3. 多种原因各自独立、无重合。损害可以以原因划分，保险公司对承保风险承担责任。如果因车祸入院，急救过程中因心肌梗塞死亡的被保险人同时在车祸中丧失一条腿，则人身意外险保险公司在拒绝给付死亡保险金的同时，并不免除意外伤残保险的给付责任。因为死亡的近因是除外风险——疾病，而丧失肢体的近因则是保险责任范围内的意外事故——车祸。

4. 多种原因相互重合，共同作用。因为各种原因之间的关联性，使得从中判定某个原因为最直接、有效的原因有一定的困难，甚至从中强行分出主次原因会产生自相矛盾的结论。如果损失是多个近因共同作用的结果，保单至少承保一个以上近因且未明确除去另外任何一个近因的，保险公司应负赔偿责任。

（三）启示

在保险法律制度中，近因是明确事故与损失之间的因果关系中，认定保险责任的一项基本原则。其含义是：保险人对于承保范围内的保险事故作为直接的、最接近的原因所引起的损失承担保险责任，而对于承保范围以外的原因造成的损失，不负赔偿责任。近因就是引起保险标的损失的最直接、最有效的起主导作用或支配作用的原因。因此，正确确定事故的近因对界定保险责任至关重要。

第六篇 准备金篇

第一章

准备金介绍

第一节 概述

保险公司的责任准备金是保险公司为了履行所出售的保单责任及其相关支出所做的资金准备,是保险公司最主要的负债。对保险公司的保险业务的责任准备金进行评估,是保险经营过程中的关键问题,也是保险精算的核心问题。

保险公司应当计提的各类准备金包括未到期责任准备金、未决赔款责任准备金和中国保监会规定的其他责任准备金。

未到期责任准备金是指在准备金评估日为尚未终止的保险责任而提取的准备金,包括保险公司为保险期间在1年以内(含1年)的保险合同项下尚未到期的保险责任而提取的准备金,以及为保险期间在1年以上(不含1年)的保险合同项下尚未到期的保险责任而提取的长期责任准备金。

未决赔款准备金是指保险公司为尚未结案的赔案而提取的准备金,包括已发生已报案未决赔款准备金、已发生未报案未决赔款准备金(简称IBNR准备金)和理赔费用准备金。

第二节 未到期责任准备金

未到期责任准备金是指在准备金评估日为尚未终止的保险责任而提取的准备金,是为已生效保单尚未暴露的风险而计提的责任准备金。保险人应当在确认非寿险保费收入的当期,按照保险精算确定的金额,提取未到期责任准备金,作为当期保费收入的调整,并确认未到期责任准备金负债。保险人应当在资产负债表日,按照保险精算重新计算确定的未到期责任准备金金额与已提取的未到期责任准备金余额的差额调整未到期责任准备金余额。

对未到期责任准备金的评估原则上是以总保费的满期情况为基础,依据不同的假设将有不同的计算方法,在本节中将主要介绍比例法和风险分布法。

一、比例法

(一) 按年比例法(二分之一法)

二分之一法假设统计年度内,承保保单的保单数量和保费金额服从均匀分布,不存在季节性或其他因素致使业务偏聚于某一时期,且所有保单均在年中签发,故年底结算时,可视有一半责任未了,因此签发保费的1/2即为该年度应当提取的未到期准备金。

(二) 按季度比例法(八分之一法)

八分之一法假设在统计季度内,所有保单均服从均匀分布,且所有保单在每季度中签发,则第N季度签发保单之年底应提的未到期责任准备金为$(2N-1)P/8$,其中$N=1,2,3,4$,P为当季度保费收入。

(三) 按月比例法(二十四分之一法)

二十四分之一法假设统计月份内,承保保单的保单数量和保费金额服从均匀分布,且所有保单均在每月15日即月中签发。则N月份签发保单之年底应提的未到期准备金应为$(2N-1)P/24$,其中$N=1,2,\cdots,12$,P为当月保费收入。

(四) 按天比例法(三百六十五分之一法)

三百六十五分之一法是根据实际业务的承保期限对未到期责任准备金进行评估的一种方法。在评估未到期责任准备金时,三百六十五分之一法对保险责任尚未终止的保险单逐单按照保险单的承保期限进行评估。对每份保单评估未到期责任准备金时,采用的公式为:

未到期责任准备金 = [(保险止期 - 财务报表核算日)/(保险止期 - 保险起期)] × 保费收入

(6-1-1)

其中,(保险止期 - 财务报表核算日)/(保险止期 - 保险起期)为该保单未赚保费的天数比例,乘以保费收入即是该保单的未到期责任准备金。

二、风险分布法

(一) 七十八法则或逆七十八法则

七十八法则或逆七十八法则是对流量预期法的一种简化。七十八法则评估未到期责任准备金时,假设承保起期开始后,风险分布则呈逐月递减的趋势,在倒数第三个月、第二个月、第一个月分别为…3:2:1。反之,对于逆七十八法则,自承保起期开始后,风险呈现以1:2:3:…逐月递增的分布。

对于某些特定的险种或险类,风险分布呈现随承保时间变长,风险逐渐降低或增大的特征。在这种情况下,保险公司可选用七十八法则或逆七十八法则,来模拟风险分布特征,计提未到期责任准备金。如车辆质量延期保证保险,其风险在承保期限内逐年增加,但是为简化起见,则可以采用七十八法则。如表6-1-1所示。

表6-1-1 1年期保单七十八法则和逆七十八法则的已赚保费比例流量表

承保期开始后第×月	每月已赚保费七十八法则	每月已赚保费逆七十八法则
1	12/78	1/78
2	11/78	2/78
3	10/78	3/78

续表

承保期开始后第×月	每月已赚保费七十八法则	每月已赚保费逆七十八法则
4	9/78	4/78
5	8/78	5/78
6	7/78	6/78
7	6/78	7/78
8	5/78	8/78
9	4/78	9/78
10	3/78	10/78
11	2/78	11/78
12	1/78	12/78

(二)流量预期法

流量预期法是根据承保业务的风险分布,对未到期责任准备金进行评估的一种方法。

以某6年期的延长保修保险(Extended Warranty)为例,说明风险分布评估未到期责任准备金的方法:

根据历史经验数据,假定该险种的风险分布状况和已赚保费比例分布如表6-1-2所示。

表6-1-2 风险分布状况和已赚保费比例分布表

时间	0	12月	24月	36月	48月	60月	72月
预期损失分布	0	2%	3%	10%	30%	30%	25%
已赚保费比例	0	2%	5%	15%	45%	75%	100%

精算人员据此评估未到期责任准备金,相应的未赚保费比例如表6-1-3所示。

表6-1-3 已赚保费比例和未赚保费比例分布表

时间	0	12月	24月	36月	48月	60月	72月
已赚保费比例	0	2%	5%	15%	45%	75%	100%
未赚保费比例	100%	98%	95%	85%	55%	25%	0%

流量预期法在公司自身的数据的支持下,适用于风险保障不均匀的趸缴或固定保费的长期险、信用保险、期内发生制下延期保险等险种。但该方法依赖于经验数据和精算假设,客观性没有其他方法强,对准备金提取的监管难度较大。

第三节 未决赔款准备金

未决赔款准备金是指保险公司为尚未结案的赔案而提取的准备金,包括已发生已报案未决赔款准备金、已发生未报案未决赔款准备金和理赔费用准备金。保险人应当在保险事故发生的当期,按照保险精算确定的金额提取未决赔款准备金,并确认未决赔款准备金负债。

一、已报案未决赔款准备金

已发生已报案未决赔款准备金是指为保险事故已经发生并已向保险公司提出索赔,保险公司尚未结案的赔案而提取的准备金。已报案未决赔款准备金可以采用逐案估计法、案均赔款法以及监管部门认可的其他方法进行评估。

(一)逐案估计法

保险事故发生后,公司理赔人员通过实地查勘进行逐案估计,并将估计的赔款准备金加总而得。公司理赔人员在进行逐案估计时,需要考虑保险条款约定的保险责任、所处的法律环境、预期赔付延迟产生的通胀等各项因素,尽量客观地进行估计。

要分别对再保前已报案未决赔款准备金和再保后已报案未决赔款准备金进行评估。对于再保人可能摊回的部分,要考虑该业务对应的再保合同约定、再保人信用等级等因素进行评估。

(二)案均赔款法

对于部分业务,发生的赔案具有很多相似的特征,这种赔案未决赔款准备金的逐案估计,可采用案均赔款法,即每件赔案都设定为统一的赔款金额。公司根据实际情况,案均赔款可以对每个险种进行设定,也可以在每个险种内部根据赔案类型进行设定。

案均赔款的设定要考虑历史赔付经验数据、赔案的同质性等多种因素。再保摊回的情况应根据再保合同约定等进行合理预估。

二、已发生未报案未决赔款准备金

已发生未报案未决赔款准备金,是指为保险事故已经发生,但尚未向保险公司提出索赔的赔案而提取的准备金。它包括两部分,一部分是对已经发生但尚未进行未决估计的赔案可能发生的赔付金额而提取的未决赔款准备金(简称纯IBNR),一部分是对采用逐案估计法估损金额不足或过高进行调整而提取的未决赔款准备金(Incurred but not Enough Reported,即IBNER)。通常情况下,并不对纯IBNR和IBNER进行单独评估,仅对纯IBNR和IBNER的总额即已发生未报案未决赔款准备金(IBNR)进行评估。

评估IBNR时,根据业务特征,要在事故年度或承保年度流量三角形数据的基础上,采用链梯法、B—F法、案均赔款法、准备金发展法等国际通用的精算评估方法进行评估,并分别对再保前IBNR和再保后IBNR进行评估。

(一)链梯法(Chain Ladder Method)

链梯法通过对历史数据发展的趋势分析,选定赔款的发展因子,进而预测赔款的发展趋势及终极赔款金额,是评估IBNR最基本的方法。根据数据选用的类型可将链梯法分为已决赔款链梯法和已发生赔款链梯法。

1.已决赔款链梯法。已决赔款链梯法根据累积已决赔款流量三角形,通过选择发展因子对IBNR进行评估。

步骤一:流量三角形数据

假定按照事故年度整理某公司已决赔款流量三角形的数据如表6-1-4所示。

第一章 准备金介绍

表6-1-4 已决赔款流量三角形

事故年度	发展年度						
	0	1	2	3	4	5	6
2004	33 939	60 130	81 486	96 205	106 920	113 959	117 370
2005	33 115	65 989	88 140	107 796	117 148	121 965	
2006	30 283	58 755	77 013	90 660	99 637		
2007	28 980	56 067	75 621	93 555			
2008	30 867	64 381	94 282				
2009	25 536	50 386					
2010	17 053						

需要特别注意的是,链梯法采用的流量三角形数据是累积数据。

步骤二:计算发展因子

根据以上数据计算各年度发展因子,如表6-1-5所示。

表6-1-5 各年度发展因子

事故年度	发展年度					
	0~1	1~2	2~3	3~4	4~5	5~6
2004	1.772	1.355	1.181	1.111	1.066	1.030
2005	1.993	1.336	1.223	1.087	1.041	
2006	1.940	1.311	1.177	1.099		
2007	1.935	1.349	1.237			
2008	2.086	1.464				
2009	1.973					

上述发展因子的数据揭示了每一个事故年度的发展状况。因子计算的方法如下:

【例6-1-1】2006年事故年度的0~1发展因子,即1.940=58 755÷30 283;

【例6-1-2】2007年事故年度的1~2发展因子,即1.349=75 621÷56 067。

步骤三:选择发展因子

以首年发展因子为例,因子的变动范围为1.772~2.086,变动范围较大,较难对最终发展因子的选择作出判断。在这种情况下,通常通过各种因子的平均值的计算并辅助精算人员和理赔人员的经验判断加以选定发展因子。

可计算的发展因子的平均值有算术平均值、加权平均值、几何平均值等几种,在剔除实际立案理赔等人为对赔款流量的影响后,如果各年的数据流还存在较大的波动性,则可以认为此种波动性是由于风险的不确定性的内在因素导致,此时则可通过线性回归、分布模拟等方式进行发展因子的计算和选择,以提高评估的质量。

根据年度发展的差异,平均值可选用所有年度平均,也可选择最近n年平均等。如表6-1-6所示。

表 6-1-6　各方法发展因子

事故年度	发展年度					
	0~1	1~2	2~3	3~4	4~5	5~6
所有年度简单平均	1.950	1.363	1.205	1.099	1.053	1.030
最近三年简单平均	1.998	1.375	1.212	1.099		
剔除最高值和最低值简单平均	1.960	1.347	1.202	1.099		
加权平均	1.947	1.364	1.205	1.099	1.053	1.030
几何平均	1.947	1.362	1.204	1.099	1.053	1.030

上述各因子的计算方式如下：

【例 6-1-3】所有年度简单平均值，即将各事故年度的发展因子进行简单平均。如 0~1，

$$\frac{1.772 + 1.993 + 1.940 + 1.935 + 2.086 + 1.973}{6} = 1.950$$

【例 6-1-4】最近三年简单平均值，即将最近三年的事故年度的发展因子进行简单平均。如 1~2，

$$\frac{1.311 + 1.349 + 1.464}{3} = 1.375$$

【例 6-1-5】剔除最高值和最低值的简单平均值，即剔除最高和最低的两个发展因子，对余下的发展因子进行简单平均，剔除最高和最低的发展因子主要是考虑到异常数据的影响会掩盖真实的发展模式。以 0~1 为例，从发展因子的数据表可以看出，因子的最高值为 2.086，最低值为 1.772。剔除两者后进行简单平均值的计算：

$$\frac{1.993 + 1.940 + 1.935 + 1.973}{4} = 1.960$$

【例 6-1-6】加权平均值，即以各发展年度的实际累积金额为权数，将各发展因子进行加权平均。以 4~5 为例：

$$\frac{106\,920 \times 1.066 + 117\,148 \times 1.041}{106\,920 + 117\,148} = 1.053$$

可以看出，加权平均值即是下一发展年度累积金额与前一发展年度累积金额的除数，仍以 4~5 为例：

$$\frac{113\,959 + 121\,965}{106\,920 + 117\,148} = 1.053$$

【例 6-1-7】几何平均值，即对同一发展年度的 n 个因子值计算其 n 次方根。以 2~3 发展因子为例：

$$(1.181 \times 1.223 \times 1.177 \times 1.237)^{(1/4)} = 1.204$$

发展因子的选择是 IBNR 评估过程中最为关键的一个步骤，精算人员需要考虑各种因素确定发展因子的选择。

值得注意的是，精算人员应当重点关注最近几年的发展状况，这主要是因为最近事故年度的数据相关性最强，但由于发展的时间较短，数据的可信度不高，精算人员需要在数据的可信度和相关性间进行权衡，确定选择因子时需要考虑的事故年度。

发展因子也通常以三角形的形式进行评估，接上例，假定各年的发展因子选择如表 6-1-7 所示。

表6-1-7 各年的发展因子

事故年度	发展年度						6~ULT	累积发展因子
	0~1	1~2	2~3	3~4	4~5	5~6		
2004	1.772	1.355	1.181	1.111	1.066	1.030	1.053	1.053
2005	1.993	1.336	1.223	1.087	1.041	1.030	1.053	1.085
2006	1.940	1.311	1.177	1.099	1.060	1.030	1.053	1.150
2007	1.935	1.349	1.237	1.100	1.060	1.030	1.053	1.265
2008	2.086	1.464	1.261	1.123	1.060	1.030	1.053	1.265
2009	1.973	1.350	1.210	1.100	1.060	1.030	1.053	2.066
2010	1.960	1.350	1.210	1.100	1.060	1.030	1.053	4.049

当首年发展不完全时,需要选择尾因子。如本例,尾因子选择为1.053。尾因子的选择需要考虑到行业发展模式、该事故年度的特殊情况、本公司理赔人员的经验判断等因素。

步骤四:终极赔款金额测算

根据以上发展因子的选择,可以计算终极赔款金额。计算结果如表6-1-8所示。

表6-1-8 各年的终极赔款

事故年度	发展年度							终极赔款
	0	1	2	3	4	5	6	
2004	33 939	60 130	81 486	96 205	106 920	113 959	117 370	123 591
2005	33 115	65 989	88 140	107 796	117 148	121 965	125 623	132 281
2006	30 283	58 755	77 013	90 660	99 637	105 615	108 784	114 549
2007	28 980	56 067	75 621	93 555	102 910	109 085	112 357	118 312
2008	30 867	64 381	94 282	118 890	133 513	141 524	145 770	153 495
2009	25 536	50 386	68 021	82 306	90 536	95 968	98 847	104 086
2010	17 053	33 424	45 122	54 598	60 058	63 661	65 571	69 046

【例6-1-8】终极赔款金额的计算。以2010年事故年度为例,终极赔款金额为17 053 × 1.960 × 1.350 × 1.210 × 1.100 × 1.060 × 1.030 × 1.053 = 17 053 × 4.049 = 69 046

步骤五:计算IBNR

计算出终极赔款后,根据公式IBNR = 终极赔款金额 - 已发生金额,即可计算出IBNR。如表6-1-9所示。

表6-1-9 各年的未决赔款准备金

事故年度	终极赔款	已发生金额	IBNR	已决金额	未决赔款准备金
2004	123 591	123 592	-1	117 370	6 221
2005	132 281	131 154	1 128	121 965	10 317
2006	114 549	105 096	9 454	99 637	14 912
2007	118 312	116 955	1 358	93 555	24 758

续表

事故年度	终极赔款	已发生金额	IBNR	已决金额	未决赔款准备金
2008	153 495	131 976	21 520	94 282	59 213
2009	104 086	86 355	17 732	50 386	53 700
2010	69 046	43 234	25 812	17 053	51 993
合计	815 361	738 360	77 002	594 247	221 114

同样,根据公式未决赔款准备金 = 终极赔款金额 - 已付金额,可计算出未决赔款准备金。(注:此处的未决赔款准备金并不包含间接理赔费用准备金,有无包含直接理赔费用准备金视其原始数据而定。)

2. 已发生赔款[①]链梯法。已发生赔款链梯法应用累积发生的已发生赔款流量三角形,通过选择已发生发展因子对IBNR进行评估。评估方法与已决赔款链梯法一致。仍然接上例,解释已发生赔款链梯法评估 IBNR 的过程:

步骤一:流量三角形数据

该公司的已发生赔款流量三角形数据如表 6-1-10 所示。

表 6-1-10 已发生赔款流量三角

事故年度	\multicolumn{7}{c}{发展年度}
	0	1	2	3	4	5	6
2004	87 996	112 240	116 019	116 869	121 126	123 454	123 592
2005	95 632	119 302	125 554	128 083	132 262	131 154	
2006	77 703	102 297	104 737	104 575	105 096		
2007	60 249	102 001	112 750	116 955			
2008	83 532	120 478	131 976				
2009	65 136	86 355					
2010	43 234						

步骤二:计算发展因子

根据以上数据计算各年度发展因子,如表 6-1-11 所示。

表 6-1-11 各年度发展因子

事故年度	\multicolumn{6}{c}{发展年度}
	0~1	1~2	2~3	3~4	4~5	5~6
2004	1.276	1.034	1.007	1.036	1.019	1.001
2005	1.248	1.052	1.020	1.033	0.992	
2006	1.317	1.024	0.998	1.005		
2007	1.693	1.105	1.037			
2008	1.442	1.095				
2009	1.326					

---

① 已发生赔款,也即已报案赔款、已报告赔款,等于已决赔款与已发生已报告未决赔款之和。这里采用"已发生赔款"这一说法,下同。

步骤三：选择发展因子

计算发展因子的各种平均值并根据各种因素选定各年度发展因子如表 6-1-12 和表 6-1-13 所示。

表 6-1-12　各方法的发展因子

事故年度	发展年度					
	0~1	1~2	2~3	3~4	4~5	5~6
所有年度简单平均	1.383	1.062	1.016	1.025	1.005	1.001
最近三年简单平均	1.487	1.075	1.019	1.025		
剔除最高值和最低值简单平均	1.340	1.061	1.014	1.033		
加权平均	1.367	1.062	1.016	1.026	1.005	1.001
几何平均	1.376	1.062	1.016	1.025	1.005	1.001

表 6-1-13　累积发展因子

事故年度	发展年度						6~ULT	累积发展因子
	0~1	1~2	2~3	3~4	4~5	5~6		
2004	1.276	1.034	1.007	1.036	1.019	1.001	1.01	1.01
2005	1.248	1.052	1.020	1.033	0.992	1	1.01	1.01
2006	1.317	1.024	0.998	1.005	1	1	1.01	1.01
2007	1.693	1.105	1.037	1.02	1	1	1.01	1.03
2008	1.442	1.095	1.02	1.02	1	1	1.01	1.051
2009	1.326	1.095	1.02	1.02	1	1	1.01	1.151
2010	1.35	1.095	1.02	1.02	1	1	1.01	1.553

步骤四：计算终极赔款

与已决赔款链梯法基本一致，根据已发生赔款流量三角形和各发展因子的选择，确定终极赔款金额。如表 6-1-14 所示。

表 6-1-14　终极赔款

事故年度	发展年度							终极赔款
	0	1	2	3	4	5	6	
2004	87 996	112 240	116 019	116 869	121 126	123 454	123 592	124 828
2005	95 632	119 302	125 554	128 083	132 262	131 154	131 154	132 465
2006	77 703	102 297	104 737	104 575	105 096	105 096	105 096	106 146
2007	60 249	102 001	112 750	116 955	119 294	119 294	119 294	120 487
2008	83 532	120 478	131 976	134 615	137 307	137 307	137 307	138 680
2009	65 136	86 355	94 558	96 449	98 378	98 378	98 378	99 362
2010	43 234	58 366	63 911	65 189	66 493	66 493	66 493	67 158

步骤五:计算 IBNR

据此计算 IBNR 和未决赔款准备金。如表 6-1-15 所示。

表 6-1-15 未决赔款准备金

事故年度	终极赔款 (1)	已发生金额 (2)	IBNR (3)=(1)-(2)	已付金额 (4)	未决赔款准备金 (5)=(1)-(4)
2004	124 828	123 592	1 236	117 370	7 458
2005	132 465	131 154	1 312	121 965	10 501
2006	106 146	105 096	1 051	99 637	6 509
2007	120 487	116 955	3 532	93 555	26 932
2008	138 680	131 976	6 705	94 282	44 398
2009	99 362	86 355	13 008	50 386	48 976
2010	67 158	43 234	23 924	17 053	50 105
合计	789 126	738 360	50 767	594 247	194 879

可以看到,采用已决赔款流量三角形和已发生赔款流量三角形计算出的 IBNR 存在一定差异,在这种情况下,精算人员应当继续核查原因,最终确定适当的 IBNR 数据。

(二)案均赔款法

分别对案件数和案均赔款的流量三角形使用链梯法,估计出各统计区间的最终案件数与案均赔款,从而计算出各事故年度的终极赔款和 IBNR。

案均赔款法分别对案件数和案均赔款进行估计。对案件数的估计可采用已决案件数流量三角形,也可采用已发生案件数流量三角形;对案均赔款的估计,可采用已决赔案案均赔款流量三角形,也可采用已发生赔案案均赔款流量三角形。

1.案件数估计。对案件数的估计也采用流量三角形的方法。如以已报案案件数进行估计,过程如下:

步骤一:流量三角形

已报案案件数三角如表 6-1-16 所示。

表 6-1-16 已报案案件数三角

事故年度	发展年度						
	0	1	2	3	4	5	6
2004	45 192	52 408	52 059	51 807	51 664	51 606	51 577
2005	45 925	49 533	49 344	49 138	49 026	48 945	
2006	36 507	41 095	40 900	40 734	40 570		
2007	33 912	37 612	37 447	37 188			
2008	34 521	40 930	40 393				
2009	23 859	27 549					
2010	18 579						

步骤二:计算发展因子

发展因子如表 6-1-17 所示。

表 6-1-17 发展因子

事故年度	发展年度					
	0~1	1~2	2~3	3~4	4~5	5~6
2004	1.160	0.993	0.995	0.997	0.999	0.999
2005	1.079	0.996	0.996	0.998	0.998	
2006	1.126	0.995	0.996	0.996		
2007	1.109	0.996	0.993			
2008	1.186	0.987				
2009	1.155					

步骤三：选择发展因子

首先计算各种发展因子的平均值，如表 6-1-18 所示。

表 6-1-18 各方法发展因子

事故年度	发展年度					
	0~1	1~2	2~3	3~4	4~5	5~6
所有年度简单平均	1.136	0.993	0.995	0.997	0.999	0.999
最近三年简单平均	1.150	0.993	0.995	0.997		
剔除最高值和最低值简单平均	1.137	0.995	0.995	0.997		
加权平均	1.133	0.994	0.995	0.997	0.999	0.999
几何平均	1.135	0.993	0.995	0.997	0.999	0.999

选定各发展年度的因子，如表 6-1-19 所示。

表 6-1-19 累积发展因子

事故年度	发展年度						6~ULT	累积发展因子
	0~1	1~2	2~3	3~4	4~5	5~6		
2004	1.160	0.993	0.995	0.997	0.999	0.999	0.999	0.999
2005	1.079	0.996	0.996	0.998	0.998	0.999	0.999	0.998
2006	1.126	0.995	0.996	0.998	0.999	0.999	0.999	0.996
2007	1.109	0.996	0.993	0.996	0.998	0.999	0.999	0.992
2008	1.186	0.987	0.994	0.996	0.998	0.999	0.999	0.986
2009	1.155	0.996	0.994	0.996	0.998	0.999	0.999	0.982
2010	1.120	0.996	0.994	0.996	0.998	0.999	0.999	1.100

步骤四：计算案件数

计算终极件数，如表 6-1-20 所示。

表6-1-20 终极件数

事故年度	\multicolumn{7}{c	}{发展年度}	所有案件数
	0	1	2	3	4	5	6	
2004	45 192	52 408	52 059	51 807	51 664	51 606	51 577	51 525
2005	45 925	49 533	49 344	49 138	49 026	48 945	48 896	48 847
2006	36 507	41 095	40 900	40 734	40 570	40 489	40 448	40 408
2007	33 912	37 612	37 447	37 188	37 039	36 965	36 928	36 891
2008	34 521	40 930	40 393	40 151	39 990	39 910	39 870	39 830
2009	23 859	27 549	27 439	27 274	27 165	27 111	27 084	27 057
2010	18 579	20 808	20 725	20 601	20 518	20 477	20 457	20 437

并在此基础上计算已发生未报案案件数,如表6-1-21所示。

表6-1-21 已发生未报案案件数

事故年度	所有案件数	已报案案件数	已发生未报案案件数
2004	51 525	51 577	-52
2005	48 847	48 945	-98
2006	40 408	40 570	-162
2007	36 891	37 188	-297
2008	39 830	40 393	-563
2009	27 057	27 549	-492
2010	20 437	18 579	1 858
合计	264 995	264 801	194

可以看出,在2004~2009年度,已发生未报案案件数为负数,这主要是受零结案的影响。

2. 案均赔款计算。其计算步骤如下:

步骤一:流量三角形

通过累积已发生赔款和累积报案案件数计算案均发生赔款,计算结果如表6-1-22所示。

表6-1-22 案均赔款三角

事故年度	\multicolumn{7}{c	}{发展年度}
	0	1	2	3	4	5	6
2004	1.947 2	2.141 7	2.228 6	2.255 9	2.344 5	2.392 3	2.396 3
2005	2.082 4	2.408 6	2.544 5	2.606 6	2.697 8	2.679 6	
2006	2.128 5	2.489 3	2.560 8	2.567 3	2.590 5		
2007	1.776 6	2.711 9	3.010 9	3.145 0			
2008	2.419 8	2.943 5	3.267 3				
2009	2.730 1	3.134 6					
2010	2.327 1						

步骤二:计算发展因子
计算发展因子,如表6–1–23所示。

表6–1–23 发展因子

事故年度	发展年度					
	0~1	1~2	2~3	3~4	4~5	5~6
2004	1.100	1.041	1.012	1.039	1.020	1.002
2005	1.157	1.056	1.024	1.035	0.993	
2006	1.170	1.029	1.003	1.009		
2007	1.526	1.110	1.045			
2008	1.216	1.110				
2009	1.148					

步骤三:选择发展因子
首先计算发展因子的各项平均值,如表6–1–24所示。

表6–1–24 各方法发展因子

事故年度	发展年度					
	0~1	1~2	2~3	3~4	4~5	5~6
所有年度简单平均	1.220	1.069	1.021	1.028	1.007	1.002
最近三年简单平均	1.297	1.083	1.024	1.028		
剔除最高值和最低值简单平均	1.173	1.069	1.018	1.035		
加权平均	1.226	1.061	1.013	1.037	1.020	1.200
几何平均	1.212	1.069	1.021	1.028	1.007	1.002

并在此基础上选择发展因子,如表6–1–25所示。

表6–1–25 累积发展因子

事故年度	发展年度						6~ULT	累积发展因子
	0~1	1~2	2~3	3~4	4~5	5~6		
2004	1.100	1.041	1.012	1.039	1.020	1.002	1.000	1.000
2005	1.157	1.056	1.024	1.035	0.993	1.003	1.000	1.003
2006	1.170	1.029	1.003	1.009	1.000	1.003	1.000	1.003
2007	1.526	1.110	1.045	1.025	1.000	1.003	1.000	1.028
2008	1.216	1.110	1.025	1.025	1.000	1.003	1.000	1.054
2009	1.148	1.110	1.025	1.025	1.000	1.003	1.000	1.159
2010	1.300	1.100	1.025	1.025	1.000	1.003	1.000	1.507

步骤四:计算案均赔款
最终案均赔款情况如表6–1–26所示。

责任保险

表 6-1-26 最终案均赔款

事故年度	\multicolumn{7}{c	}{发展年度}	最终案均赔款
	0	1	2	3	4	5	6	
2004	1.947 2	2.141 7	2.228 6	2.255 9	2.344 5	2.392 3	2.396 3	2.396 3
2005	2.082 4	2.408 6	2.544 5	2.606 6	2.697 8	2.679 6	2.687 7	2.687 7
2006	2.128 5	2.489 3	2.560 8	2.567 3	2.590 5	2.590 5	2.598 2	2.598 2
2007	1.776 6	2.711 9	3.010 9	3.145 0	3.223 6	3.223 6	3.233 3	3.233 3
2008	2.419 8	2.943 5	3.267 3	3.349 0	3.432 7	3.432 7	3.443 0	3.443 0
2009	2.730 1	3.134 6	3.479 4	3.566 4	3.655 6	3.655 6	3.666 6	3.666 6
2010	2.327 1	3.025 2	3.327 8	3.410 9	3.496 2	3.496 2	3.506 7	3.506 7

3. 计算终极赔款和 IBNR。根据案件数和案均赔款计算终极赔款,进而计算 IBNR,如表 6-1-27 所示。

表 6-1-27 已发生未报告准备金

事故年度	案均赔款	案件数	终极赔款	已发生赔款	IBNR
2004	2.396 3	51 525	123 468	123 592	-124
2005	2.687 7	48 847	131 285	131 154	132
2006	2.598 2	40 408	104 990	105 096	-106
2007	3.233 3	36 891	119 280	116 955	2 326
2008	3.443 0	39 830	137 135	131 976	5 160
2009	3.666 6	27 057	99 204	86 355	12 850
2010	3.506 7	20 437	71 665	43 234	28 431
合计	21.531 7	264 995	787 028	738 360	48 669

在采用案均赔款法时,险类的划分应特别注意同一险类中的不同险种的索赔频率和案均赔款应当保持相对稳定。由于案均赔款法在已发生赔款链梯法基础上新增了案件数信息,相对而言评估信息更加充分,评估的准确性也得到了改善。但是若数据流较小时,应特别注意重大赔案对案均赔款的扭曲影响。

(三)准备金进展法

准备金进展法主要是利用已决赔款和逐案估计未决赔款的关系,通过分析逐案估计未决的充足性,进而对 IBNR 作出估计。

步骤一:流量三角形数据

准备金进展法所需的流量三角形数据有逐案估计未决流量三角形和增量已决赔款流量三角形。

其中,未决流量三角形如表 6-1-28 所示。

表6-1-28　未决流量三角

事故年度	发展年度						
	0	1	2	3	4	5	6
2004	54 091	52 144	34 567	20 698	14 241	9 529	6 256
2005	62 551	53 347	37 449	20 322	15 148	9 223	
2006	47 454	43 576	27 759	13 950	5 493		
2007	31 303	45 969	37 164	23 434			
2008	52 699	56 131	37 728				
2009	39 634	36 003					
2010	26 215						

增量已决流量三角形如表6-1-29所示。

表6-1-29　增量已决流量三角

事故年度	发展年度						
	0	1	2	3	4	5	6
2004	33 939	26 192	21 356	14 720	10 715	7 040	3 411
2005	33 115	32 874	22 151	19 656	9 353	4 817	
2006	30 283	28 472	18 258	13 647	8 978		
2007	28 980	27 087	19 554	17 934			
2008	30 867	33 515	29 901				
2009	25 536	24 851					
2010	17 053						

步骤二：计算发展因子

准备金进展法考察某发展年度的未决赔款在下一年的发展状况,该未决赔款在下一发展年度部分发展为已决,部分仍为未决赔款。因此,其发展因子通常通过以下公式进行计算：

$$发展因子 = 下一发展年度的未决/本发展年度的未决 \quad (6-1-2)$$
$$发展因子 = 下一发展年度的增量已决/本发展年度的未决 \quad (6-1-3)$$

其中,未决/未决的发展因子计算如表6-1-30所示。

表6-1-30　未决对未决进展比例

事故年度	发展年度					
	0~1	1~2	2~3	3~4	4~5	5~6
2004	0.964	0.663	0.599	0.688	0.669	0.657
2005	0.853	0.702	0.543	0.745	0.609	
2006	0.918	0.637	0.503	0.394		
2007	1.469	0.808	0.631			

◎ 责任保险

续表

事故年度	发展年度					
	0~1	1~2	2~3	3~4	4~5	5~6
2008	1.065	0.672				
2009	0.908					
所有年度简单平均	1.030	0.696	0.569	0.609	0.639	0.657
最近三年简单平均	1.147	0.706	0.559	0.609		
剔除最高值和最低值简单平均	0.964	0.679	0.571	0.688		

【例6-1-9】未决/未决发展因子,即下一发展年度遗留未决与本发展年度未决的除数。以2004年事故年度6-1-2发展因子为例:

$$\frac{52\,144}{54\,091}=0.964$$

增量已决/未决的发展因子计算如表6-1-31所示。

表6-1-31 增量已决与未决进展比例

事故年度	发展年度					
	0~1	1~2	2~3	3~4	4~5	5~6
2004	0.484	0.410	0.426	0.518	0.494	0.358
2005	0.526	0.415	0.525	0.460	0.318	
2006	0.600	0.419	0.492	0.644		
2007	0.865	0.425	0.483			
2008	0.636	0.533				
2009	0.627					
所有年度简单平均	0.623	0.440	0.481	0.540	0.406	0.358
最近三年简单平均	0.709	0.459	0.500	0.540		
剔除最高值和最低值简单平均	0.597	0.420	0.487	0.518		

【例6-1-10】增量已决/未决发展因子,即下一发展年度的增量已决与本发展年度未决的除数。以2008年事故年度6-1-2发展因子为例:

$$\frac{33\,515}{52\,699}=0.636$$

步骤三:选择发展因子

为对终极赔付进行模拟,需要分别对未决/未决发展因子和增量已决/未决发展因子进行选择。假定经过各种因素的考虑,精算人员选定的发展因子如下,同样仍表述成流量三角形的形式:

1. 未决/未决的发展因子选择如表6-1-32所示。

表 6-1-32　未决对未决的发展因子

事故年度	发展年度						ULT
	1~2	2~3	3~4	5~4	6~5	7~6	
2004	0.964	0.663	0.599	0.688	0.669	0.657	0.000
2005	0.853	0.702	0.543	0.745	0.609	0.657	0.000
2006	0.918	0.637	0.503	0.394	0.650	0.657	0.000
2007	1.469	0.808	0.631	0.600	0.650	0.657	0.000
2008	1.065	0.672	0.600	0.600	0.650	0.657	0.000
2009	0.908	0.750	0.600	0.600	0.650	0.657	0.000
2010	1.000	0.750	0.600	0.600	0.650	0.657	0.000

2. 增量已决/未决的发展因子计算如表 6-1-33 所示。

表 6-1-33　增量已决对未决的发展因子

事故年度	发展年度						ULT
	1~2	2~3	3~4	5~4	6~5	7~6	
2004	0.484	0.410	0.426	0.518	0.494	0.358	1.010
2005	0.526	0.415	0.525	0.460	0.318	0.430	1.010
2006	0.600	0.419	0.492	0.644	0.510	0.430	1.010
2007	0.865	0.425	0.483	0.500	0.510	0.430	1.010
2008	0.636	0.533	0.495	0.500	0.510	0.430	1.010
2009	0.627	0.460	0.495	0.500	0.510	0.430	1.010
2010	0.600	0.460	0.495	0.500	0.510	0.430	1.010

步骤四：计算终极赔款金额

采用准备金进展法计算 IBNR 时，对终极赔款金额的计算要分别通过对增量已决和未决的流量三角形进行发展趋势的模拟。

3. 未决的发展模式如表 6-1-34 所示。

表 6-1-34　未决发展模型

事故年度	发展年度							终极赔款
	1	2	3	4	5	6	7	
2004	54 091	52 144	34 567	20 698	14 241	9 529	6 256	0
2005	62 551	53 347	37 449	20 322	15 148	9 223	6 060	0
2006	47 454	43 576	27 759	13 950	5 493	3 570	2 346	0
2007	31 303	45 969	37 164	23 434	14 060	9 139	6 004	0
2008	52 699	56 131	37 728	22 637	13 582	8 828	5 800	0
2009	39 634	36 003	27 002	16 201	9 721	6 318	4 151	0
2010	26 215	26 215	19 661	11 797	7 078	4 601	3 023	0

责任保险

对于未决发展模式的计算,采用的公式为:

$$本发展年度的未决 = 上一发展年度的未决 \times (未决/未决发展因子)$$

【例6-1-11】以2010年事故年度的未决发展为例:26 215 = 26 215×1.000,19 661 = 26 215×0.75,11 797 = 19 661×0.600,7 078 = 11 797×0.600,4 601 = 7 078×0.650,3 023 = 4 601×0.657,0 = 3 023×0。

4.增量已决的发展模式如表6-1-35所示。

表6-1-35 增量已决发展模型

事故年度	发展年度 1	2	3	4	5	6	7	增量已决
2004	33 939	26 192	21 356	14 720	10 715	7 040	3 411	6 319
2005	33 115	32 874	22 151	19 656	9 353	4 817	3 966	6 120
2006	30 283	28 472	18 258	13 647	8 978	2 801	1 535	2 369
2007	28 980	27 087	19 554	17 934	11 717	7 171	3 930	6 065
2008	30 867	33 515	29 901	18 675	11 318	6 927	3 796	5 858
2009	25 536	24 851	16 561	13 366	8 101	4 958	2 717	4 193
2010	17 053	15 729	12 059	9 732	5 898	3 610	1 978	3 053

对于增量已决发展模式的计算,采用的公式为:

$$本发展年度的增量已决 = 上一发展年度的未决 \times (增量已决/未决发展因子)$$

【例6-1-12】以2010年事故年度的增量已决发展为例,说明增量已决发展模式的计算方法:15 729 = 26 215×0.600,12 059 = 26 215×0.460,9 732 = 19 661×0.495,5 898 = 11 797×0.500,3 610 = 7 078×0.510,1 978 = 4 601×0.430,3 053 = 3 023×1.010。

值得注意的是,准备金进展法要求首先计算出未决流量三角形,增量已决流量三角形的计算是在首先计算出的未决流量三角形的基础上计算得出的。

根据增量已决流量三角形计算各事故年度累积已决流量三角形,进而计算出终极赔付金额。计算结果如表6-1-36所示。

表6-1-36 终极赔款

事故年度	发展年度 1	2	3	4	5	6	7	终极赔款
2004	33 939	60 130	81 486	96 205	106 920	113 959	117 370	123 689
2005	33 115	65 989	88 140	107 796	117 148	121 965	125 930	132 050
2006	30 283	58 755	77 013	90 660	99 637	102 438	103 974	106 343
2007	28 980	56 067	75 621	93 555	105 272	112 442	116 372	122 437
2008	30 867	64 381	94 282	112 957	124 276	131 203	134 999	140 857
2009	25 536	50 386	66 947	80 313	88 414	93 372	96 089	100 282
2010	17 053	32 782	44 841	54 573	60 471	64 081	66 060	69 113

计算累积已决的公式如下:

本发展年度累积已决金额 = 上一发展年度累积已决金额 + 本发展年度增量已决金额

【例6-1-13】以2010年事故年度为例,计算累积已决金额:32 782 = 17 053 + 15 729,44 841 = 32 782 + 12 059,54 573 = 44 841 + 9 732,60 472 = 54 573 + 5 898,64 081 = 60 472 + 3 610,66 060 = 64 081 + 1 978,69 113 = 66 060 + 3 053。

步骤五:计算IBNR。

据此计算IBNR和未决赔款金额,如表6-1-37所示。

表6-1-37 未决赔款准备金

事故年度	终极赔款 (1)	已发生金额 (2)	IBNR (3)=(1)-(2)	已付金额 (4)	未决赔款准备金 (5)=(1)-(4)
2004	123 689	123 592	97	117 370	6 319
2005	132 050	131 154	897	121 965	10 086
2006	106 343	105 096	1 247	99 637	6 706
2007	122 437	116 955	5 482	93 555	28 882
2008	140 857	131 976	8 882	94 282	46 575
2009	100 282	86 355	13 927	50 386	49 896
2010	69 113	43 234	25 879	17 053	52 060
合计	794 770	738 360	56 410	594 247	200 523

此处的未决赔款准备金是否包含理赔费用准备金,视公司对理赔费用的处理而定。

(四)B—F法

B—F法在流量三角形的基础上,结合估计的终极赔付率进行IBNR的评估。同样,B—F法既可以在已决赔款流量三角形的数据基础上运用,也可以在已发生赔款流量三角形的数据基础上运用,分别称作已决赔款B—F法和已发生赔款B—F法。

采用B—F法进行评估IBNR的步骤:

步骤一:估计终极赔付金额

B—F法首先要求对本统计区间的终极赔付率进行估计,终极赔付率是考虑行业平均水平、本公司的赔付率趋势等因素进行确定的。在此基础上,估计终极赔付金额。对于事故统计区间,采用"已赚保费×估计终极赔付率"的方法进行估计;对于承保统计区间,采用"保费收入×估计终极赔付率"的方法进行估计。由于报案统计区间没有对应的保费收入,因此B—F方法并不适用于报案统计区间。

步骤二:修正终极赔付金额的估计

根据已决赔款流量三角形和已发生赔款流量三角形,在估计的终极赔付金额的基础上,修正终极赔付金额。

修正终极赔付金额 = 该区间已发展金额 + 估计终极赔付金额 $\times (1 - 1/f)$

式中:f——该统计区间的累积发展因子。

步骤三:计算IBNR

计算IBNR的公式为:

IBNR = 修正终极赔付金额 - 已决赔款 - 已发生已报案未决赔款

结合已发生赔款链梯法,计算终极赔款金额,其计算公式和计算结果如表6-1-38所示。

责任保险

表6-1-38 终极赔款

事故年度	已赚保费(1)	估计终极赔付率(2)	估计终极赔付金额(3)=(1)×(2)	累积发展因子(4)	未发展比例(5)=1-1/(4)	预期未发展金额(6)=(3)×(5)	累积已发生赔款金额(7)	终极赔款金额(8)=(6)+(7)
2004	152 953	80%	122 362	1.01	1%	1 223	123 592	124 804
2005	168 136	80%	134 509	1.01	1%	1 345	131 154	132 499
2006	146 728	80%	117 382	1.01	1%	1 174	105 096	106 269
2007	152 929	78%	119 285	1.03	3%	3 459	116 955	120 414
2008	161 070	78%	125 634	1.051	5%	6 030	131 976	138 006
2009	126 831	78%	98 928	1.151	13%	12 960	86 355	99 314
2010	86 580	78%	67 532	1.553	36%	24 041	43 234	67 275
合计	995 226		785 632			50 221	738 360	788 581

进而计算IBNR和未决赔款准备金,如表6-1-39所示。

表6-1-39 IBNR和未决赔款准备金

事故年度	终极赔款金额(8)=(6)+(7)	已发生赔款(9)	IBNR(10)=(8)-(9)	已决赔款(11)	未决赔款准备金(12)=(8)-(11)
2004	124 804	123 592	1 212	117 370	7 434
2005	132 499	131 154	1 345	121 965	10 534
2006	106 269	105 096	1 174	99 637	6 632
2007	120 414	116 955	3 459	93 555	26 859
2008	138 006	131 976	6 030	94 282	43 724
2009	99 314	86 355	12 960	50 386	48 928
2010	67 275	43 234	24 041	17 053	50 222
合计	788 581	738 360	50 221	594 247	194 334

B—F法是将实际发展金额与估计终极赔付状况相结合的一种方法,它实际上是赔款链梯法和赔付法的可信度加权。由于该方法是通过实际发展的数据修正初始估计终极赔付额,因此也视作贝叶斯估计。

(五)赔付率法

赔付率法是指通过对赔付率的估计,对终极赔款金额进行估计,进而对IBNR进行估计。

对于事故年度统计区间,采用的保费为该事故统计区间的已赚保费;对于承保年度统计区间,采用的保费为该承保年度统计区间的保费收入。由于报案年度统计区间并无相应的保费收入可以对应,因此并不适用赔付率法。

【例6-1-14】结合链梯法的示例对赔付率法进行解释,如表6-1-40所示。

表 6-1-40 终极赔款

事故年度	已赚保费(1)	估计终极赔付率(2)	估计终极赔付金额(3)=(1)×(2)
2004	152 953	80.00%	122 362
2005	168 136	80.00%	134 509
2006	146 728	80.00%	117 382
2007	152 929	78.00%	119 285
2008	161 070	78.00%	125 635
2009	126 831	78.00%	98 928
2010	86 580	78.00%	67 532
合计	995 227		785 633

进而对 IBNR 进行估计,如表 6-4-41 所示。

表 6-1-41 已发生未报告准备金

事故年度	已赚保费	估计终极赔付率	估计终极赔付金额	已发生赔款	IBNR	已决赔款	未决赔款准备金
2004	152 953	80.00%	122 362	123 592	-1 230	117 370	4 992
2005	168 136	80.00%	134 509	131 154	3 355	121 965	12 544
2006	146 728	80.00%	117 382	105 096	12 287	99 637	17 745
2007	152 929	78.00%	119 285	116 955	2 330	93 555	25 730
2008	161 070	78.00%	125 635	131 976	-6 341	94 282	31 353
2009	126 831	78.00%	98 928	86 355	12 574	50 386	48 542
2010	86 580	78.00%	67 532	43 234	24 298	17 053	50 479
合计	995 227		785 633	738 360	47 274	594 247	191 386

赔付率法适应于历史数据较小或者发展年度较短,或新开发的险种等,如产险公司经营的健康意外险。在采用赔付率方法进行准备金评估时,终极赔付率的估计相当关键,估计的终极赔付率应当与精算人员定价时的预期赔付率假设基本保持一致,精算人员应当根据实际的业务状况、风险的恶化程度、保费的充足性等影响,在预期赔付率基础上估计终极赔付率。

（六）方法的选择

采用以上各种方法进行 IBNR 估计的结果进行汇总,如表 6-1-42 所示。

表 6-1-42 各种方法估计 IBNR 汇总表

事故年度	已决赔款链梯法	已发生赔款链梯法	案均赔款法	终极赔付率法	B—F 法	准备金进展法
2004	-1	1 236	-124	-1 230	1 212	97
2005	1 128	1 312	132	3 355	1 345	897
2006	9 454	1 051	-106	12 287	1 174	1 247

— 345 —

续表

事故年度	已决赔款链梯法	已发生赔款链梯法	案均赔款法	终极赔付率法	B—F法	准备金进展法
2007	1 358	3 532	2 326	2 330	3 459	5 482
2008	21 520	6 705	5 160	-6 341	6 030	8 882
2009	17 732	13 008	12 850	12 574	12 960	13 927
2010	25 812	23 924	28 431	24 298	24 041	25 879
合计	77 002	50 767	48 669	47 274	50 221	56 410

可以看到,通过以上各种方法计算出的结果有一定差异,其中已决赔款链梯法的结果偏差最大。精算人员应该认真查找造成这些差异的原因,进而根据几种方法测算出的结果作出最终判断。通常情况下,可选用部分评估方法得到的简单或者加权平均值。

第四节 理赔费用准备金评估

理赔费用准备金是为尚未结案的赔案可能发生的费用而提取的准备金。对于已经发生的保险事故,保险公司除应支付给被保险人按照合同约定的赔款补偿外,还应为结案过程中将要发生的各项费用提取理赔费用准备金。

一、理赔费用的类型

(一)查勘检验费用、诉讼费用等

查勘检验费用、诉讼费用等主要是指发生于具体赔案的诉讼费用、工程检验、火灾损失分析等查勘定损费用。

(二)独立理算人费用

独立理算人费用主要是指保险公司聘请的外部独立的理算人对发生的保险事故进行定损而发生的费用。通常该项费用也直接发生于具体赔案。

(三)公司理赔人员费用

公司理赔人员费用主要是指保险公司内部的理赔人员成本,具体包括工资、福利等。由于公司内部理赔人员为公司的所有的赔案服务,该类费用并不直接发生于某一具体赔案。

(四)公司相关经营费用

公司相关经营费用主要是指保险公司的理赔人员发生的其他费用,包括场地租赁费、车船燃料费、办公室费用等,同样,这些费用也不直接发生于某一具体赔案。

为前两类理赔费用提取的准备金一般称为直接理赔费用准备金,为后两类理赔费用提取的准备金一般称为间接理赔费用准备金。

二、直接理赔费用准备金

保险公司应当对发生的直接理赔费用进行单独记录。在评估时可以对直接理赔费用进行单独评估,也可将直接理赔费用与赔案损失金额的总额进行评估。

(一)与赔案损失金额进行合计评估

通常情况下,保险公司将直接理赔费用准备金与逐案估计未决赔款准备金和IBNR进行统一评估。

在采用流量三角形法评估 IBNR 时,如果已决赔款金额中已经包含有直接理赔费用,则评估的 IBNR 中将自动包含直接理赔费用准备金。

(二)单独进行评估

如果数据量许可,考虑到赔案损失与理赔费用的不同特性,可以将理赔费用与赔案损失分开进行评估。评估的方法通常有链梯法和比例法两种。

1. 链梯法。与赔案损失链梯法相同,将各赔案对应的直接理赔费用表示成流量三角形的形式,采用链梯法进行评估。链梯法可采用已决赔案中对应的直接理赔费用流量三角形,如果逐案估计未决中含有对直接理赔费用的估计,也可采用已发生赔案中对应的直接理赔费用流量三角形。

2. 比例法。如果直接理赔费用发生的模式不发生变化,可以根据历史年度中已决赔案的直接理赔费用与已决金额的比例,对直接理赔费用准备金进行估计。

三、间接理赔费用准备金

间接理赔费用准备金的评估一般采用日历年比例法、实际发生额计量法、平均年比例法以及未决赔案平均理赔费用估计法等几种方法。

(一)日历年比例法

采用日历年比例法时,公司首先对连续几个日历年度发生的间接理赔费用与已决赔款的比例进行计算。如果该比例几年来一直比较稳定,保险公司将采用日历年度当年的比例进行间接理赔费用准备金评估。同时,保险公司需根据公司的实际情况,估计间接理赔费用在不同类型赔案间的分配方式,通常情况下,假设间接理赔费用在赔案立案时发生 50%,在结案时发生 50%。

按照上述费用分配比例假设,保险公司可根据以下公式提取间接理赔费用准备金:

间接理赔费用准备金 =(已报案未决赔款准备金×50% + IBNR)×当年间接理赔费用与已决赔款的比例

该方法假设赔案发生时间与日历年度的时间长短不影响间接理赔费用与已决赔款的比例,同时假设理赔费用与赔款支付的时间和速度相同。当公司大多数业务已经维持 5 年以上时相对稳定,在通货膨胀较小的时期,该方法适用性较好。尽管该方法假设相对简单,不尽合理,但该方法计算相对简单,易于操作。

(二)实际发生额计量法

采用实际发生额计量法进行间接理赔费用准备金的评估,理赔部门将在未决结案、新赔案、一次结案等赔案工作中实际发生的间接理赔费用单独记录下来,评估各类赔案的平均成本,并在此基础上进行通货膨胀及其他因素的调整,获得预期各类赔案的平均间接理赔费用。间接理赔费用准备金根据公式"预期每类赔案的平均间接理赔费用×预期每类赔案的案件数"进行加总计算而得出。其中,预期各类赔案的平均间接理赔费用与预期的各类未决赔案件数在历史经验数据的基础上进行估计获得。

采用该方法评估的间接理赔费用准备金比较准确,但工作量较大。

(三)平均年比例法

平均年比例法将各日历年度发生的所有间接理赔费用分摊到赔案的事故发生年度,用以确定日历年度当年以及以前年度间接理赔费用的未支付比例,将该比例乘以年平均已支付间接理赔费用而获得间接理赔费用准备金。

该方法的缺点是在各日历年度业务量变化较大、索赔频率发生变化、通货膨胀比较显著的情况下,该方法计算的间接理赔费用准备金与将来实际需要的支付额偏差较大。

对该方法进行修订完善,如考虑各业务年度的风险暴露量的差异,进行通货膨胀和索赔频率的基数调整,即可克服以上条件限制产生的弊端。

(四)未决赔案平均理赔费用估计法

根据赔案的状态,可将赔案分为立案、结案、尚存未决案件三种类型。这三种不同状态赔案发生的案均间接理赔费用的趋势存在一定差异,同时未决状态的长短差异,险种的差异,都可能导致理赔费用不同的发展趋势。

未决赔案平均理赔费用估计法在考虑到这种差异的基础上,首先根据历史经验数据计算加权未决赔案件数和加权未决赔案平均理赔费用,并对各自的发展趋势进行评估。在此基础上,根据公式"间接理赔费用准备金 = 预期加权未决赔案件数 × 预期加权未决赔案平均理赔费用"进行加总计算获得间接理赔费用准备金。

未决赔案平均理赔费用估计法假设理赔费用发生在报案、立案到结案的整个过程,未决案件在立案当年的立案成本是以后年度结案成本的适当倍数,不考虑当年立案并在当年结案的案件情况,案件报案、立案与结案的规律不会发生变化。

第五节 新会计准则下未到期责任准备金与未决赔款准备金

一、新会计准则概述

本节所指新会计准则指财政部 2008 年颁布的《企业会计准则解释第 2 号》。

(一)保险公司实施《企业会计准则解释第 2 号》背景

财政部为全面贯彻实施企业会计准则,落实会计准则趋同与等效,发布了《企业会计准则解释第 2 号》,其主要背景在于和国际会计准则趋同。

1. 与国际会计准则趋同是发展社会主义市场经济和实现国家战略的需要。经济全球化和资本的全球化配置对建立一套适用于不同行业、不同国家、地区的统一会计标准提供了客观要求和根本动力。与国际会计准则趋同是基于国家利益的一项战略行动。财政部在 2006 年发布新会计准则体系之前,已于 2005 年 11 月 8 日和国际会计准则理事会签署了确认中国会计准则和国际财务报告准则实现实质性趋同的联合声明。2007 年 12 月,中国会计准则委员会与香港会计师公会签署了两地会计准则等效的联合声明,确认两地会计准则实现等效。

2. 保险会计准则是我国会计准则国际趋同的主要障碍。以往内地企业会计准则和香港适用的 IFRS 差异,导致保险公司在 A 股和 H 股财务报表差异显著。总体而言,保费收入 A 股较 H 股有明显的放大;由于准备金及获得费用递延处理的差异,净利润在两个报告体系下也有显著差异。截至 2008 年年底,内地、香港两地上市的两家保险公司中国人寿、中国平安 A 股和 H 股报告净利润差异 -108 亿元,占 57 家同时 A 股和 H 股上市公司累计净利润差异额 83%;两家上市保险公司 A 股和 H 股报告净资产差异 -498 亿元,是 57 家同时 A 股和 H 股上市公司累计净资产差异额的 1.17 倍。表 6-1-43 是 2008 年中国人寿和中国平安在 A 股和 H 股财务报表的差异。

表 6-1-43　2008 年中国人寿和中国平安在 A 股和 H 股财务报表的差异　（单位:亿元）

公司名称	保费收入 A 股	保费收入 H 股	准备金负责 A 股	准备金负责 H 股	净利润 A 股	净利润 H 股	净资产 A 股	净资产 H 股
中国人寿	2 955	1 353	7 804	7 140	100.7	212.8	1 350	1 806
中国平安	980	1 293	4 265	4 183	6.6	2.7	788	830
人保产险	1 019	1 019	846	855	8.77	0.5	183	218

可以看出由于会计准则的不一致,导致上市公司在不同的地区的财务报表存在较大的差异,《企业会计准则解释第 2 号》的实施主要是为了改变这种状况。

(二)新准则的主要内容

1. 保险混合合同在满足条件时应当进行分拆。根据 2 号解释要求,保险人签发的既有保险风险又有其他风险的保险混合合同,保险风险和其他风险能够区分,并且能够单独计量的,应当进行分拆。保险风险部分,确定为保险合同;其他风险部分,不确定为保险合同。这种分拆,就是要把基于风险经营的业务和基于投资经营的业务区分开来,并采用相应制度进行管理。

2. 引入重大保险风险测试。对于保险风险和其他风险不能区分,或能够区分但不能单独计量的合同,需要进行重大保险风险测试。重大保险风险测试应当在合同初始确认日进行,并在财务报告日进行复核。

3. 以合理估计金额为基础计量保险合同准备金。保险合同准备金计量基于三个基本要素:对未来现金流采用明确的当前估计、反映现金流量的时间价值、包括显性边际。一是当前估计,即根据资产负债表日可供利用的所有信息更新,并基于未来可能的现金流量的概率加权平均值计算出的无偏估计。二是时间价值。折现率的规定与产险业较为相关的是:对于未来保险利益不受投资收益影响的保险合同,用于计算未到期责任准备金的折现率应当根据与负债现金流出期限和风险相当的市场利率确定。如果计量单元整体负债久期小于或等于 1 年,可以不考虑时间价值影响。三是显性边际。边际是对未来现金流不确定性的补偿。在初始确认保险合同准备金时不确认首日利得,但确认首日损失。保险人应采用系统、合理的方法将边际的摊销计入当期损益。

新老会计准则关于未到期责任准备金与未决赔款准备金规定的差异如表 6-1-44 所示。

表 6-1-44　新老会计准则关于未到期责任准备金与未决赔款准备金规定的差异

主要差异项目	新企业会计准则	旧保险企业会计制度
保险合同准备金的确认时点和计量方法	在确认非寿险保费收入时,保险人应当按照保险精算确定的金额,提取未到期责任准备金,作为保费收入的调整项目;在非寿险保险事故发生时,保险人应当按照保险精算确定的金额提取未决赔款准备金,计入当期损益	无相关规定
准备金的账务处理	资产负债表日,应按保险精算重新计算确定的准备金金额与已提取的准备金余额的差额,计入当期损益	期末,公司按规定提存的准备金,计入当期损益;同时,转回上期提存的准备金
准备金充足性测试	为真实反映保险人承担的赔付保险金责任,新会计准则引入新的概念,要求保险人在会计期末对准备金进行充足性测试,并按照其差额补提相关准备金	无相关规定

— 349 —

相对于旧会计准则,折现与边际为新增概念,故在财务处理上首先需增加相对应的科目。一是未到期责任准备金方面。旧会计准则下以1/365法计量评估,再进行保费充足性测试,其实质是未赚保费可通过系统计算得出,财务人员只需进行简单的账务处理。2号解释实施后,财务系统无法直接计算相关数值,需精算、财务等人员密切配合计算未来现金流的无偏估计,再针对久期大于1年的险种进行折现,然后计算各险种的边际率,最后得到未到期责任准备金。财务人员分别对折现值、边际等进行账务处理,同时还需将剩余边际摊销计入当期损益。二是未决赔款准备金方面。旧会计准则下已发生已报告未决赔款准备金根据业务系统的数据逐案计提,已发生未报告未决赔款准备金由精算人员采用传统的精算方法计提。2号解释实施后,已发生已报告未决赔款准备金应以最终赔付的合理估计金额为基础,同时考虑折现与边际因素计算得出。而已发生未报告未决赔款准备金应运用各种精算方法,以最终赔付的合理估计金额为基础,同时考虑折现与边际因素评估计量。

二、新会计准则下未到期准备金与未决赔款准备金的计量

(一)保险合同准备金计量原则

保险合同准备金计量原则主要有以下几个方面:

1. 计量方法。以保险人履行保险合同相关义务所需支出的合理估计金额为基础进行计量。预期未来净现金流的合理估计金额应按当前市场条件下各种情形的可能结果及概率计算确定,各种情形的可能结果及概率应与可观察到市场数据一致。无法获取可观察到市场数据的,应参照保险人的实际经验或行业经验。

2. 计量假设。计量假设应基于无偏估计原则,以资产负债表日可获取的当前信息为基础确定折现率的规定:对于未来保险利益不受投资收益影响的保险合同,折现率应根据与负债现金流出期限和风险相当的市场利率确定;对于未来保险利益随投资收益变化的保险合同,折现率根据对应资产组合预期产生的未来投资收益率确定。

3. 首日利得和边际。考虑边际因素并单独计量,在保险合同生效日不确认首日利得,但确认首日损失。在保险合同生效日,如果预期未来净现金流出的现值小于等于0,则边际因素应大于等于预期未来净现金流出的现值。在保险合同生效日,如果预期未来净现金流出的现值大于0,则需要确认首日损失。

4. 平滑准备金、分红特储。不应考虑以平滑收益为目的的巨灾准备金、平滑准备金及分红保险特别储备。

(二)评估步骤

非寿险保险合同显然是归属于保险合同。按照财务报告准备金的基本原则,其准备金计量会包括三个组成部分,即合理估计负债、风险边际和剩余边际。

确定合理估计负债,通常需要经历三个步骤:

第一步:确定未来现金净流出。对于非寿险保险合同而言,这些未来现金流包括未来赔款、理赔费用及保单维持费用等。

第二步:计算和判断这些未来保单负债现金流的久期。

第三步:选择合适的贴现率对这些未来现金流进行贴现,从而得到保单的合理估计负债。

而对于非寿险保险合同边际(风险边际和剩余边际)的计量方法,实务中有各种不同的

计量方法,比如首日利得法、资本成本法(COC)、分位数法、区间法、未赚保费法等。下面对这些方法进行说明比较和分析。

首日利得法:保单初始时边际应根据保费进行计量,损益表中不应该确认首日利润。如果保险合同的初始计量产生首日损失,则应将损失计入损益表中。这种方法认为保险合同的定价应当准确反映未来的期望现金流以及可能的波动,如果在评估时点对未来的现金流出预计小于定价时的预期,出现利得,则应认为是边际,而不应当立即确认为利润,随着业务的进展如果实际现金流出确实好于定价预期,才应当确认为利润;如果出现负数(通过保费充足度测试确定保费不足),则可以确认为首日损失。也就是说,客户在购买保险产品时,付出的价格中已经包含了对保险公司承担不确定性风险的风险对价。

资本成本法(COC):保险合同的负债风险(不确定性)会占用资本,而占用资本金需要付出成本,这种成本应当作为负债的风险边际计入负债,作为使用资本金的风险对价,与负债的最佳估计共同组成准备金。现在欧盟 Solvency II 推荐使用资本成本法,并规定未来 1 年内资不抵债概率低于 200 年一遇。该方法有可能产生首日利得,因此与不得确认首日利得的一般会计原则可能产生矛盾。一种建议是在该方法的基础上,如果计入边际的未来现金流仍然会导致首日利得,则再进一步附加边际,确保首日利润为 0。

分位数法:这种方法是对未来现金流进行随机模拟,在结果的概率分布中,选取分位数作为负债计量的基准,早期选取 75% 较为普遍,而目前澳洲公司披露一般选取 90% 居多。根据澳大利亚前三大保险公司的测试,资本成本法的结果与 75% 分位数法的结果非常近似。

区间法:即对相关风险因子设定边际的一个区间,提示具体执行过程中需要考虑的因素,目前加拿大就采用了这种方法。加拿大精算师协会对于边际设定上下限,具体上下限按照边际相关的变量分别设定,如理赔进展边际:2.5% ~ 15%;再保摊回:0.0% ~ 15.0%;利率:50 个基点 ~ 200 个基点(即 0.5% ~ 2.0%)等。

未赚保费法:这种方法和现有的未到期责任准备金评估法一致,认为其能为短期险合同发生赔款前的负债(即未到期责任准备金)提供有助于决策的信息(IASB 最新观点)。未赚保费法下的隐含边际确保首日利得为零。

目前行业实务中,分位数法支持方已经较少,北美保险业协会赞成首日利得为零法,国际监督官协会及欧盟赞成资本成本法。IASB 最终如何确定还存在不确定性。而中国 2009 年的行业测试中,主要采用未赚保费法、资本成本法(COC)、75% 分位数法进行了测算。下面我们将具体阐述未到期责任准备金的计算过程。

(三)未到期责任准备金计量方法

按照原理,财务报告未到期责任准备金的计量包括:非寿险未来现金流的无偏估计,包括预期赔款估计、保单维持成本、保单理赔费用等;若货币时间价值影响显著,则对这些未来现金流进行贴现;显性的风险边际。

上述依据原理的计算方法也可以定义为加法算法。熟悉非寿险产品定价原理可以得知,短期险/非寿险产品的定价保费可以区分为风险保费、费用保费和预期利润(风险边际+剩余边际)保费。上述相互关系及财务报告准备金的模式可以用图 6-1-1 表示(假设保费定价充足)。

责任保险

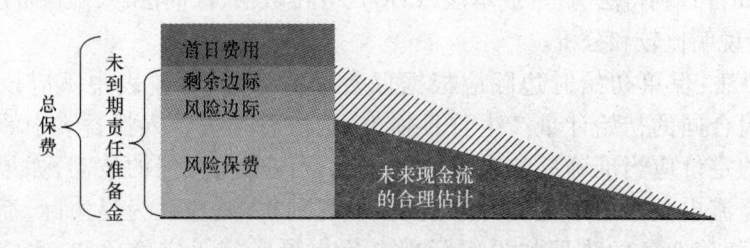

图 6-1-1　未到期准备金计量模式（保费充足）

我们对上图作适当调整，就可以得到短期险/非寿险财务报告未到期准备金在各个时点的计量图（假设保费定价充足），即图 6-1-2。

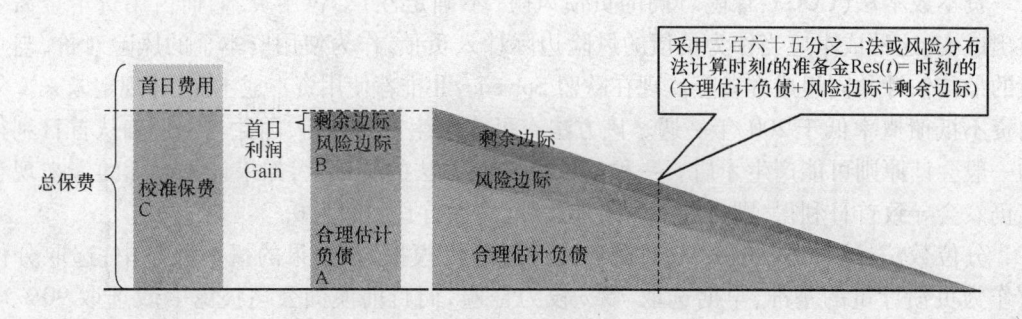

图 6-1-2　未到期准备金计量模式（保费充足）

从图 6-1-2 我们可以看到：

发单时刻的（合理估计负债 + 风险边际 + 剩余边际）等于发单时刻的（总保费 - 首日费用）。时刻 t 的（合理估计负债 + 风险边际 + 剩余边际）=（总保费 - 首日费用）× $\dfrac{t\text{时刻未到期天数}}{365}$ 或按风险分布法计算。

也就是对于上述保费充足的例子，我们对非寿险财务报告未到期准备金的计量可以采用另外一种等同的算法，即未到期责任准备金 =（总保费 - 首日费用）× $\dfrac{\text{未到期天数}}{365}$ 或按风险分布法计算。这种算法也就是所谓的减法算法，或者未赚保费法。

加法算法和减法算法等同的前提条件是保费定价充足。而对于保费定价不足的情况，我们需要再详细分析。在保费定价不足的情况下，短期险/非寿险财务报告未到期准备金在各个时点的计量图会变为图 6-1-3。

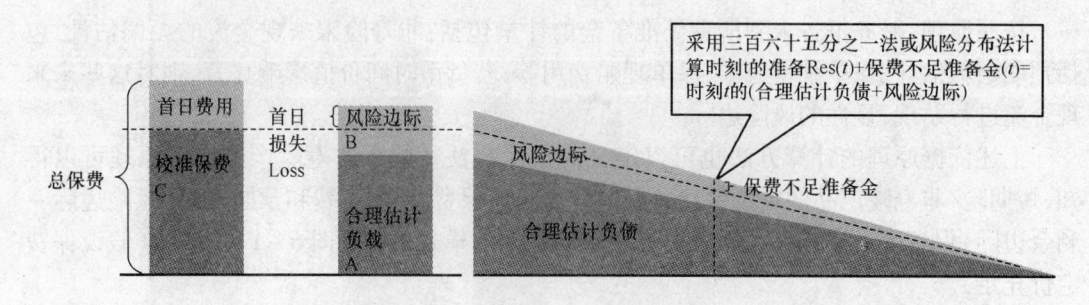

图 6-1-3　未到期准备金计量模式（保费不足）

从上图中可以看出,减法公式下需要加上时刻 t 的保费不足准备金才等于 t 时刻的(合理估计负债 + 风险边际)(保费定价不足情况下不存在剩余边际)。也就是这种情况下未到期责任准备金计量公式修改为:未到期责任准备金 = (总保费 - 首日费用) × $\dfrac{未到期天数}{365}$ 或按风险分布法计算 + 保费不足准备金。

综合以上两种情况,在实务中,短期险/非寿险财务报告未到期准备金可以采用如下步骤和方法:

第一步:对公司的非寿险产品进行充足性测试;

第二步:充足性测试的两种结果,采用不同的公式进行计量,即如果通过充足性测试,则未到期责任准备金以(总保费 - 首日费用) × $\dfrac{未到期天数}{365}$ 或按风险分布法计算得出最终结果,(总保费 - 首日费用) × $\dfrac{未到期天数}{365}$ 或按风险分布法计算等同地包含了风险边际和剩余边际;如果没有通过充足性测试,则以(总保费 - 首日费用) × $\dfrac{未到期天数}{365}$ 或按风险分布法计算 + 保费不足准备金为最终结果。

总结起来,公司在非寿险保险合同财务报告未到期准备金的计量采用未赚保费法,具体计量公式为:

未到期准备金 = (总保费 - 首日费用) × $\dfrac{未到期天数}{365}$ 或按风险分布法计算 + 充足性测试所需保费不足准备金

(6 - 1 - 4)

【例 6 - 1 - 15】某公司于 7 月 1 日签订一个车险合同,保费收入为 1 000 元,其中获取费用和税金共计 240 元,假设当年无赔款。评估时点为 12 月 31 日。

表 6 - 1 - 45 新旧会计准则关于未到期责任准备金计算实例

		情景1	情景2
第一步	(1) 合理估计负债 = 贴现的未来赔款和维持费用	300	420
第二步	(2) 风险边际 = (1) × 边际率	300 × 2.5% = 7.5	420 × 2.5% = 10.5
第三步	(3) 校准标准 = 比例法计算未赚保费(扣除获取成本)	(1000 - 240) × 0.5 = 380	(1000 - 240) × 0.5 = 380
第四步	(4) 剩余边际 = max [0, (3) - (1) - (2)]	380 - 300 - 7.5 = 72.5	380 - 420 - 10.5 = -50.5 剩余边际为0,首日损失为50.5
第五步	(5) 保险合同负债 = (1) + (2) + (4)	300 + 7.5 + 72.5 = 380	420 + 10.5 + 0 = 430.5

【例 6 - 1 - 16】新旧会计准则下利润表的差异(假设保费收入、赔款支出、未决赔款准备金等项目均不变,营业支出只包括赔款支出和未决赔款准备金提转差),如表 6 - 1 - 46 所示。

表 6 - 1 - 46 新旧会计准则下非寿险公司 ABC 的利润表的差异

项目	旧会计准则	新会计准则
一、营业收入	424 275	435 619
已赚保费	392 016	403 360

责任保险

续表

项目	旧会计准则	新会计准则
保费收入	413 479	413 479
提取未到期责任准备金	21 463	10 119
投资收益	32 259	32 259
二、营业支出	356 790	356 790
三、营业利润	86 755	87 829
赔付率	91.01%	88.45%

新准则下未到期责任准备金的调整将直接影响已赚保费的计算结果,从而对赔付率、费用率以及综合成本率等指标都产生较大的影响。影响程度取决于业务发展速度、手续费列支情况等因素。

(四) 未决赔款准备金计量方法

如果说财务报告未到期责任准备金是评估日为尚未终止的保险合同责任而提取的准备金,那么财务报告未决赔款准备金则是保险公司为尚未结案的赔案而提取的准备金,具体包括已发生已报案未决赔款准备金、已发生未报案未决赔款准备金和理赔费用准备金等。根据财务报告准备金的基本原则,财务报告未决赔款准备金的计量步骤如下:

第一步:对各个项目组成部分采用《非寿险责任准备金管理办法》允许的方法估计得出各项目在未来各时点的期望未来现金流。

第二步:计算和判断这些未来保单负债现金流的久期。

第三步:选择合适的贴现率对这些未来现金流进行贴现。

第四步:最终的未决赔款准备金 = 第三步中贴现的基数 × (1 + 边际)。

具体实务中,在无数据基础情况下,也可以采用《非寿险责任准备金管理办法》允许的方法进行合理估计得到的结果。

【例6-1-17】新旧会计准则下利润表的差异(假设保费收入、赔款支出等项目均不变,营业支出只包括赔款支出和未决赔款准备金提转差),如表6-1-47所示。

表6-1-47 新旧会计准则下非寿险公司 ABC 的利润表的差异

项目	旧会计准则	新会计准则
一、营业收入	424 275	435 619
已赚保费	392 016	403 360
保费收入	413 479	413 479
提取未到期责任准备金	21 463	10 119
投资收益	32 259	32 259
二、营业支出	356 790	355 910
赔付支出	278 565	278 565
未决赔款准备金提转差	74 225	77 345
三、营业利润	67 485	79 709
赔付率	91.01%	88.24%

新准则下未决赔款准备金的调整将直接影响赔付成本的计算结果,在未到期准备金的共同调整下将对赔付率、费用率以及综合成本率等指标都产生较大的影响。

(五)技术细节的确定

到目前为止,我们对非寿险保险合同计量的方法和流程的介绍,从体系上讲是完整的,但在具体实务中,我们还面临一些技术性细节,包括首日费用的确定、未到期责任准备金的充足性测试、未决赔款准备金的边际、久期的计算、贴现率的选择等等。从这一部分开始,我们将对计量过程中涉及的技术细节进行一一说明。

1. 首日费用。首日费用的内容和确认遵循增量成本的原则,即首日费用范围仅限于增量成本。增量成本的概念来源于 IAS39 金融工具的确认与计量,指签发(即销售、承保和保单合同成立时发生的费用)保险合同所发生的增量成本,而不应该包括其他直接费用,即增量成本是指不签发保单就不会发生的费用。如果定义首日费用为获得保险合同而产生的费用及保单合同成立时发生的费用,那么其内容通常包括手续费及佣金支出、保单签发成本、与出单相关的运营费用、营业税金和附加、保险保障基金、监管费等费用、支付给以销售代理方式管理的内部员工的手续费和佣金。

首日费用的范围是一个重大的会计政策,必须充分披露,不同会计期间保持一致性(如果变动,需要追溯调整)。

2. 未到期责任准备金的充足性测试。实务中未到期责任准备金的充足性测试方法和步骤如下:

第一步:确定未来现金净流出。未来赔款、理赔费用及保单维护费用需要估计未来每年发生的现金流,可基于已决赔款的流量三角形模式。

第二步:根据计算的久期,采用适当的贴现率进行贴现。

第三步:计算贴现的未来现金净流出×(1+边际)。

第四步:比较贴现的未来现金净流出×(1+边际)与(总保费−首日费用)×$\frac{未到期天数}{365}$或风险分布法的大少关系。如果未来现金净流出×(1+边际)少于(总保费−首日费用)×$\frac{未到期天数}{365}$或风险分布法,则通过充足性测试。如果未来现金净流出×(1+边际)大于(总保费−首日费用)×$\frac{未到期天数}{365}$或风险分布法,则没通过充足性测试。在这种情况下,未来现金净流出×(1+边际)−(总保费−首日费用)×$\frac{未到期天数}{365}$或风险分布法=保费不足准备金。

需要注意的是,在充足性测试中也需要用到边际。在下一部分,我们将对这个边际和未决赔款准备金中的边际进行说明。

3. 边际。前面提到,公司在进行负债充足性测试和未决赔款准备金评估时需要考虑边际因素。从原理上讲,保险公司可以根据自身的数据测算并确定非寿险合同的相关风险边际,但在实务中通常要遵循以下三个条件:测算风险边际的方法限定为资本成本法和75%分位数法;风险边际与未来现金流无偏估计的比例不得超出 2.5%~15.0% 的区间;测算风险边际的方法和假设应在报表附注中详细披露。对于业务量少的新公司或者不具备数据基础进行测算的保险公司,非寿险业务准备金的风险边际应采用行业比例。

目前国内行业的建议比例为:未到期责任准备金的风险边际按照未来现金流无偏估计

的3.0%确定,未决赔款准备金的风险边际按照未来现金流无偏估计的2.5%确定。

4.久期的计算。

(1)未到期责任准备金。如果未来现金流的久期大于1年,则应该贴现。假设赔付时间均匀分布,平均赔付发生在年中,则未到期责任准备金的久期可以采用类似于计算未决赔款准备金久期的方法,具体如下:

第一步:按照保单年度的流量预测未来各年新增的赔款。

第二步:按此预测出的各年赔款扣减未决赔款准备金各年的赔款。

第三步:假定赔付时间均匀分布,计算第二步得到的各年赔款的平均时间。

在实务处理中也可以采用简化的方法进行评估,即将未到期责任准备金的久期分为两段,一段是从评估时点至出险的平均时间,另一段是从出险时间至最终赔付的平均时间,将这两段时间相加即为未到期责任准备金的久期。从评估时点至出险的平均时间可根据从评估时点至保险止期的平均时间的一半得到(假定未到期部分的风险分布均匀),从出险时间至最终赔付的平均时间可根据事故年度的发展流量得到。

考虑到费用因素,未到期责任准备金的久期需要在上述估算值的基础上作出一定调整。

(2)未决赔款准备金。我们可以通过例子进行说明未决赔款准备金的久期。如表6-1-48所示,假设赔付时间均匀分布,平均赔付在年中发生。

表6-1-48 久期计算赔款三角

		发展年					
		1	2	3	4	5	6
事故年	2004						
	2005						A_5
	2006					A_4	B_4
	2007				A_3	B_3	C_3
	2008			A_2	B_2	C_2	D_2
	2009	A_0	A_1	B_1	C_1	D_1	E_1

则未决赔款责任准备金的平均久期计算为:

$$久期 = \frac{0.5 \times A + 1.5 \times B + 2.5 \times C + 3.5 \times D + 4.5 \times E}{A + B + C + D + E} \quad (6-1-5)$$

式中,$A = A_1 + A_2 + A_3 + A_4 + A_5$;

$B = B_1 + B_2 + B_3 + B_4$;

$C = C_1 + C_2 + C_3$;

$D = D_1 + D_2$;

$E = E_1$。

5.贴现率的选择。是否需要对非寿险保险合同未来现金流进行贴现,需要根据保险负债的久期判断货币时间价值影响是否重大。当计量单元整体保险负债的久期低于1年时,可不用考虑货币时间价值的影响;否则须考虑久期超过1年的保险负债的货币时间价值的影响。

考虑货币时间价值的影响,就需要选择适当的贴现率。通常贴现率采用资产负债表日行业统一规定的贴现率,以中债登公布的国债收益率曲线为基本参照,即中债登750交易日移动平均值加合理的风险溢价。风险溢价应在150BP范围内,调整时需考虑以下因素:

(1)流动性溢价。国债通常具有较强的变现能力,由于市场偏好会提高其价格进而导致其收益率低于无风险利率。保险合同流动性要低于国债。

(2)税收。国债利息免税,因此,其收益率是税后收益率,需调整到税前,但税前收益和税后收益不是简单的25%的关系。

(3)其他因素。其包括供求关系可能扭曲国债收益率、特殊的风险因素考量等。

6. 计量单元的选择。计量单元的选择需要考虑产品业务线、产品特征、保单的风险特征、保单生效年度等多种因素。实务中对于短期/非寿险合同按照13大险种分类:企业财产险、家庭财产险、工程险、责任险、信用保证险、机动车辆保险、船舶保险、货物运输保险、特殊风险保险、农业保险、意外伤害保险、短期健康险、其他。

三、新会计准则实施的影响

(一)对产险业的影响

1. 积极影响。其包括:

(1)有利于增强企业的展业信心。在原规定下,增量成本不被递延,业务快速增长会使当期利润下降,甚至出现亏损。一些产险公司出现发展越快盈利越难的情况,不利于提升股东价值和行业信心。2号解释实施后,增量成本可以隐性递延,未到期责任准备金下降使已赚保费提高,降低了行业的综合成本率,能够增强公司业务发展信心。

(2)有利于缩短企业盈利周期,吸引更多资本流入。在原规定下,财务报告所采用的未到期责任准备金计量口径是审慎的法定责任准备金提标准,产险公司表现为未赚保费,实际包含了产品的利润。这种计量方法计算的准备金高于企业当期实际负债,使利润呈现前低后高的态势,导致投资的货币时间价值减损。2号解释实施后,责任准备金计提标准向公允价值转变,准备金更加客观地反映保险公司的真实财务实力和盈利水平,在其他条件不变的情形下,缩短了保险公司前期亏损的时间,有利于更多保险公司更快符合3年盈利的上市条件,尽快拓宽融资渠道。

(3)有利于提高产险业的专业水平和价值评估能力。原规定下的准备金计量原则主要基于确定性模型,新规定下的计量方式要求对保险负债的未来现金流进行估计并考虑边际因素,涉及更多的风险模型和风险参数,有利于提高产险公司专业技术水平和价值评估能力,为行业长远发展奠定更为坚实的基础。

(4)有利于优化产险公司的内外发展环境。2号解释对负债的评估更接近国际标准,因此,国内保险公司尤其是上市保险公司采用新的准备金计量原则后,可以最大限度地消除境内外的报表差异,提高境内外报表的可比性,降低信息披露成本,加快保险企业融入全球化竞争与合作的步伐。

2. 不利影响。其包括:

(1)可能冲击逐步规范的市场秩序。2号解释实施后,由于利润呈现模式改变,盈利周期缩短,产险公司的股东可能过于乐观地估计企业的盈利能力,从而加大费用投放,加快业务发展速度,可能会对逐步规范的市场秩序造成影响。

(2)部分经营风险趋于隐蔽。新的准备金计量方式涉及更多的风险模型和风险参数,且不确定性更高,更具软性化特点。因此,部分尤其是经营不规范的产险公司管理层可能对准备金评估假设进行干预,精算和审计人员的专业评估独立性不能保证,操纵财务结果、隐藏经营风险的风险增大。

(3)增加了保险监管的难度。准备金的计量方法更为复杂,加之现阶段无法获取新规定要求的有关行业数据,大部分产险公司只能采用各自的经验数,各产险公司对于同一类产品的准备金评估结果可能存在较大差异,导致行业准备金的可比性降低,增加了监管部门判断保险公司风险状况的难度。

(4)公司发展不平衡可能加剧。2号解释实施后,大部分产险公司的利润将提高,但对于保费自留率低的产险公司,其利润变化方向恰恰相反。这主要是因为:保费分出率高,再保险业务的增量成本可能大于原保险合同产生的增量成本,在增量成本递延的作用下,净业务的未到期责任准备金反而增加,导致这类产险公司的利润将比原规定下的利润降低。而分出率高的产险公司往往是一些小公司,有可能进一步拉大大公司与小公司发展的差距。

(二)对产险业准备金的影响

由于采用最优精算假设及更接近实际的投资收益率作为贴现率,准备金在新计量方法下较偿付能力基础准备金偏低,一般约低10%左右,因此保险公司的盈利周期将缩短;更早盈利,将使尚未盈利或刚盈利的保险公司更早缴纳企业所得税,这对于仍由外部注资维持业务高速增长的保险公司来说影响将是重大的。

偿付能力体系下的准备金仍按照原计量方法,因此需求资本将不受方法变更的影响,但由于企业所得税的原因,实际资本的累积速度将降低,故为保证充足的偿付能力,保险公司将面临被更多的注资;保险行业将更具投资价值——新计量方法下保险公司的盈利周期缩短,这对于外部投资者将更具吸引力。

非寿险业务准备金计量方法由原来的未经过毛保费方法(即三百六十五分之一法)变更为以未来赔付(赔款+维持费用)为基础,避免了原方法下对较高获得费用的重复计量。

新准则从现金流角度间接实现了保单获取成本递延的问题,准则实施后不会因为业务增长过快导致利润不能体现。但如果业务亏损,则新准则下亏损金额将在签单时全部体现。

表6-1-49 新旧会计准则对准备金计提的影响

	财务报告准备金(新准则)	偿付能力准备金(旧准则)
用途	用于财务报告和税收	偿付能力监管
评估原则	原则导向	规则导向
评估方法	未来净现金流贴现方法	传统险:修正净保费法
所用假设	公司最优评估精算假设,假设不锁定,根据最新信息调整	假设包括贴现利率、死亡率及隐性的费用假设,假设有监管机构规定
边际	单独显性考虑风险边际	隐性考虑,体现在较保守的假设中,且不考虑退保因素
特殊准备金	不允许分红特储、平滑准备金等	允许分红特储、平滑准备金等
计量单元	可将同质风险保单作为一组	逐单计算
综合评价	基于最佳估计现金流,较客观反映经营情况,过程较复杂,结果的不确定性增加	基于公司清偿原则,评估结果较保守,评估过程相对简单,结果预测性较优

第二章

准备金与业务经营

第一节 概述

准备金与业务经营是相辅相成的关系。一方面,业务经营需要准备金评估,评估结果包括准备金余额以及赔付率等指标数值,评估结果可以满足外部监管机构、评级机构以及公司日常经营管理的需要;另一方面,通过准备金评估也可以发现经营管理中存在的问题,有利于尽早采取改进措施,提升公司风险识别和风险选择能力,改善理赔质量,增强盈利能力。

如何分析经营业绩?这个问题不仅是总公司要经常面对的,也是各分公司、各产品线需要经常面对的。经营分析的内容包括业务状况、资产质量和经营业绩。业务状况包括业务管理状况、承保风险分布、承保业务结构、市场竞争能力、保险市场风险、突发事故风险;资产质量包括承保、理赔和资产杠杆,还包括总资产、资产结构/控股公司、再保方案、赔款准备金、资产质量与资产分散、流动性;经营业绩包括综合赔付率、综合费用率、综合成本率、经营成本率、投资收益率、净资产变化、资本回报率。

第二节 主要精算指标及应用

目前国内各财产保险公司都通过赔付率对业务经营情况进行分析,本节主要介绍赔付率,内容包括公司常用精算赔付率指标及其比较。

一、定义

赔付率指标本质上就是一定期间赔款支出与保费收入之间的百分比。但赔款可能是一定时间段内的赔款,也可能是某一批保单的赔款。其公式表示为:

$$赔付率 = (赔款支出/保费收入) \times 100\% \qquad (6-2-1)$$

二、分类

赔付率按统计口径可分为财务年度赔付率、保单年度赔付率和事故年度赔付率。

三、赔付率的重要性

一是衡量业务质量,进行承保管理。一般地,赔付率的高低大小是业务质量的必然反映,赔付率低说明业务质量好,赔付率高说明业务质量差。这一结论的成立基础是保险公司"大数法则"定律。在承保实务中,通过观察不同险种、不同地区、不同标的、不同客户群的赔付率,有效识别风险,进行选择性承保,提升盈利能力。

二是反映保险公司整体经营业绩。赔付支出在保险公司的总体经营成本中占有重要比重,是保险公司支出的主要项目,因而赔付率指标也能在很大程度上反映保险公司的整体经营业绩。赔付率低的公司,经营业绩相对好;赔付率高的公司,经营业绩相对差。

三是赔付率指标是开展内部管理和实施 KPI 考核管理的重要指标。

四、主要赔付率指标

(一)财务年度制赔付率

1. 已决赔付率。已决赔付率又称简单赔付率,是按业务数据进行统计的赔付率,已决赔款中包括已决未付赔款,保费包括应收保费。目前各地行业协会的报表中的赔付率一般都是指简单赔付率。其公式如下:

$$已决赔付率 = 已决赔款/保费收入 \qquad (6-2-2)$$

2. 综合赔付率。综合赔付率是由中国保险监督管理委员会规定的一种赔付率计算方法,实质为统计区间内自留赔款与所有保单(包括统计区间内起保和统计区间前起保的保单)自留保费在统计区间内生成的已赚保费的比率,即:

$$综合赔付率 = 综合赔款/已赚保费 \qquad (6-2-3)$$

其中:

综合赔款支出 = 本年赔款支出 + 未决赔款准备金提转差 + 分保赔款支出 - 摊回分保赔款 - 追偿款收入

自留保费 = 保费收入 + 分保费收入 - 分保费支出

它在其综合赔款中考虑了 IBNR(已发生未报案未决赔款准备金)因素,且综合赔付率为再保后数据的赔付率的情况。

(二)保单年度制赔付率

1. 保单年度赔付率。保单年度是业务年度的一个特例,或者说保单年度是包含在业务年度的一个子集。这是因为,实际上,业务年度来源于国际再保险行业,不管起期是否是 1 月 1 日,这个再保险合同对应的一年(比如 2008 年 7 月 1 日~2009 年 6 月 30 日)就是一个"业务年度",而仅当再保险合同的期间恰为 1 月 1 日~12 月 31 日时,业务年度才与保单年度相重合。其公式如下:

$$保单年度赔付率 = 起保年保单的(已决赔款 + 未决赔款)/起保年签单保费 \qquad (6-2-4)$$

其保费为统计区间内起保生效的保单(不包括统计期前起保的保单)在某一时点前的签单保费;赔款为该时间段内有效保单对应的截至此时点时所有的已未决赔款。

2. 保单年度满期赔付率。

$$保单年度满期赔付率 = 承保年度生效保单项下(已决赔款 + 未决赔款)/承保年度保单的满期保费 \times 100\%$$
$$(6-2-5)$$

在统计时必须注意两个与时间有关的概念,一是统计区间,二是截止日期。统计区间限定保单范围,截止日期限定统计区间内生效保单的已、未决赔款及保费。截止日期越靠后,对该时间段内保单的统计也就越接近真实的赔付率。

例如,2006 年保单年制下,取保单年度为 2006 年全年,即保险起期在 2006 年 1 月 1 日至 2006 年 12 月 31 日期间的所有保单。将这些保单到 2007 年 10 月份时已经发生的赔付金额作为分子,已赚保费作为分母,二者相除即可得到保单年制的满期赔付率。因这些保单到 2007 年 10 月仍可能有部分赔案处于未决状态或已发生未报案状态,故而需用未决赔款准备金(含 IBNR)来补充这部分赔款。随着时间的推移,即评估日越往后选,不确定性就越小,极端情况下我们选择 5 年后即 2011 年为评估年,这时所有赔案均已处理完毕,回过头来看 2006 年的这部分赔款,则所有的赔款已经全部结案,此时即可清晰看出 2006 年保单年制的满期赔付率。

3. 已报告赔付率。业务管理人员常常使用业务库中提取的数据计算赔付率,大致估计业务质量。

$$保单年度已报告赔付率 = 起保年(已决 + 未决)/当期保费收入 \quad (6-2-6)$$

$$再保前保单年度已报告赔付率 = 起保年(已决毛额 + 未决毛额)/毛保费 \quad (6-2-7)$$

$$再保后保单年度已报告赔付率 = 起保年(已决净额 + 未决净额)/净保费 \quad (6-2-8)$$

4. 终极赔付率。精算人员利用业务库提取的数据,组织流量三角形,评估终极赔款,终极赔款与相应保费的比值称为终极赔付率,也有称为终极损失率。赔付率可以分为保单年度赔付率、事故年度赔付率;也有按报案时间组织赔款数据的,但因为保费不好确定,所以没有报案年度口径赔付率。保单年度赔付率又可以分为再保前保单年度赔付率和再保后保单年度赔付率。

$$保单年度赔付率 = 评估最终损失/保费收入$$

保单年度赔付率全面反映保单的业务品质,包含已发生未报告案件对应的赔款责任(IBNR),能真实、全面和及时反映承保保单的整体赔付状况。

$$再保前保单年度赔付率 = 评估再保前最终损失/再保前保费收入 \quad (6-2-9)$$

$$再保后保单年度赔付率 = 评估再保后最终损失/自留保费收入 \quad (6-2-10)$$

$$自留保费收入 = 承保年度(原保险保费收入 + 分入保费 - 分出保费) \quad (6-2-11)$$

(三)事故年度制赔付率

1. 事故年度赔付率。事故年度制赔付率,是精算部门独有的统计口径,是按出险时间口径统计已决、未决赔款的赔付率,其计算方法为一个时间段内所有出险的赔案的已决、未决赔款的合计数除以所有保单(包括统计区间内起保和统计区间前起保的保单)在该时间段内产生的已赚保费。具体计算公式为:

$$事故年度赔付率 = 出险年度(已决赔款 + 未决赔款)/所有生效保单在统计区间内的已赚保费$$
$$(6-2-12)$$

事故年度制赔付率能准确、及时地反映当年保单的承保质量,国际上常将其用作监控指标。事故年度制满期赔付率考虑了在统计区间内出险,但未在统计区间内立案确认的未决赔款。由于损失数据准确,所以此种赔付率有利于及时准确地对损失数据进行分析,从而分析业务质量和拟定纯费率。如果所有当期出险的案件全部在当期准确立案,那么该赔付率将等于历年制赔付率。

2. 已报告赔付率。

$$事故年度已报告赔付率 = 出险年度(已决 + 未决)/统计期前和统计期内所有生效保单在统计期内已赚保费$$
$$(6-2-13)$$

$$再保前事故年度已报告赔付率 = (已决毛额 + 未决毛额)/已赚毛保费 \quad (6-2-14)$$

$$再保后事故年度已报告赔付率 = (已决净额 + 未决净额)/已赚净保费 \quad (6-2-15)$$

已赚净保费的计算与综合赔付率的分母计算方法相同。

3. 终极赔付率。事故年度赔付率也可以分为再保前事故年度赔付率和再保后事故年度赔付率。精算评估后的赔付率可以作为月度入账的预判赔付率的主要依据。

$$事故年度赔付率 = 评估最终损失/当期已赚保费 \quad (6-2-16)$$

责任保险

再保前事故年度赔付率 = 评估再保前最终损失/已赚毛保费 　　　　(6-2-17)

再保后事故年度赔付率 = 评估再保后最终损失/已赚净保费 　　　　(6-2-18)

已赚净保费的计算与综合赔付率的分母计算方法相同。

(四)其他常用指标

未到期占保费收入比 = 未到期责任准备金净额/净保费收入 　　　(6-2-19)

该指标用来判断还有多少保费没有生效。

未决赔款准备金占已赚比 = 未决赔款准备金余额净额/已赚净保费 　(6-2-20)

该指标常常作为判断未决赔款准备金充足性的经验指标,实际使用时结合业务质量效果更佳。

(五)各赔付率的优缺点及适用范围

简单赔付率一般只能反映公司现金流的状况,不能准确反映公司的实际赔付情况,特别是新开业的公司或者业务量处于快速上升或者下降过程中的公司,更不能用简单赔付率来衡量经营情况。

综合赔付率综合考虑了分保及未决赔款(包括IBNR)因素,准确反映了某一时期内整体经营情况及承保利润,但数据有一定的滞后性,即不能随时得到相关数据,一般用于保险公司季度、半年及年度的经营考核,而不用于即时考核及业务监测。另外,由于数据受再保影响,该业务指标不适用于承保结构分析。

保单年度制赔付率特别适合用于业务承保质量和某一类业务承保利润的分析及承保结构分析,常用于风险分级和费率厘定与调整方面。由于此赔付率对应的保费是该时间段内起保保单在该时间段内生成的满期保费,并非该时间段内的所有保单的满期保费,所以不能用于核算该时间段内的经营效益。

事故年度制赔付率考虑了在统计区间内出险且在统计区间内立案确认的未决赔款,损失数据准确,所以此种赔付率有利于及时准确对损失数据进行分析,从而分析业务质量和拟定纯费率。

终极赔付率与已报告赔付率的差异主要是在赔款中包含了IBNR部分,但是二者都能用于判断业务质量。

第三节　准备金评估与承保管理

一、承保管理对准备金评估的影响

承保环节对准备金评估有重要影响,这个环节影响责任准备金评估的因素主要包括业务的组合和规模、承保标准、费率水平和保单条件。其中,承保标准、费率水平和保单条件保险公司能够较好地控制,而业务组合和规模受到市场环境的制约只能得到部分控制。

(一)业务组合和规模

在评估责任准备金时,精算师需要充分了解业务组合、业务构成特征,并时刻关注它们的变化情况。例如,对一家经营财产损失险和责任险的保险公司而言,如果其责任险业务的比例提高,则会导致赔付模式延迟和平均索赔成本增加,从而改变索赔延迟模式和最终损失率。同时,险种业务规模的改变,也可能会改变整个业务组合,并导致索赔延迟模式、最终损失率和理赔速度发生变化,造成索赔处理模式的歪曲。另一方面,从统计的观点来看,业务规模的改变会影响评估结果的稳定性。

(二)承保标准

承保标准的变化会引起险种风险特征的改变,从而改变索赔频率和平均索赔成本。例如,保险条款的变动,如保单限额、免赔额的变化等会改变赔付额、赔付频率和案均赔款。承保的质量对责任准备金的评估具有重大的影响。降低承保标准,可以扩大业务的规模,但会增加索赔频率和提高平均索赔成本;相反,提高承保标准,则会缩小业务的规模。承保标准的改变所带来的影响难以量化,但在评估准备金时应考虑它对准备金带来的影响。

(三)费率水平

费率水平的改变可看作是承保标准改变的一部分。引发费率变化的原因主要有两个,一是市场费率水平的改变,二是保险公司承保策略的改变。市场费率水平改变会引起公司费率水平调整,从而导致最终损失率变化;保险公司承保策略改变也会使费率水平改变,最终会造成赔付延迟模式发生变化。

(四)保单条件

保单条件的改变,比如NCD(无赔款优待)系统的采用,对索赔频率、平均索赔成本及理赔方式都会产生影响。免赔额条款一般对索赔频率影响较大,对平均索赔成本影响则较小;保单限额对索赔频率的影响较小,但对平均索赔成本的影响较大。因此在这些情况下,需要对预测的方法作相应的修正。

二、准备金对承保效益的影响

准备金评估结果主要是准备金余额以及赔付率,赔付率可以分解为其他指标。准备金余额多少直接关系到承保业务利润,赔付率刻画了业务质量状况,业务质量从根本上决定了赔付率的高低,管理者有必要从关注准备金余额导致的利润结果和偿付能力转移到关注业务质量和优化业务结构。业务质量的计量单位就是赔付率,重视业务质量就是重视赔付率的高低及其发展趋势。

(一)产险公司承保业务利源分析

根据《保险公司管理规定》,产险公司主要经营财产损失保险、责任保险、法定责任保险、短期健康险和意外险等保险期间一般不超过1年的保险业务,因此,产险公司当年的承保利润主要来自当年起保保单和上年起保保单。根据保险公司财务核算方法:

承保利润 = 已赚净保费 − 赔付成本 − 费用 − 管理费用

= 自留保费 − 未到期责任准备金提转差 − 已决赔款 − 未决赔款准备金提转差 − 费用 − 管理费用

= 保费业务收入 − 分出保费 − 提取未到期责任准备金 −(赔付支出 − 摊回赔款 + 提取未决赔款准备金 − 摊回未决赔款准备金)−(分保费用 + 手续费支出 + 营业税金及附加 + 业务及管理费 − 摊回分保费用)

$(6-2-21)$

实际上,业务增长、业务改善、再保安排、理赔质量、费用列支、税收政策等诸多因素都会对承保利润产生重要影响,本节仅着重于未到期部分责任准备金和未决赔款准备金对承保利润的影响。

从未到期责任准备金角度上说,保费中到期部分越多,越有利于当年财务承保利润,尤其是在当年保单年度赔付率较低的时候,当年生效保单保费中到期部分越多越有利于财务利润。

◎ 责任保险

从未决赔款准备金角度看,业务质量好坏同财务利润相关,当年业务质量改善有利于未决赔款准备金提转差减少,有利于承保利润提升;往年业务提取准备金过多,也会减少当年未决赔款准备金提取额,有利于当年承保利润;往年业务提取未决赔款准备金不足,在正常提取当年赔案未决赔款准备金的基础上还需要补提往年赔案未决赔款准备金,会减少当年承保利润。

分支机构的未决赔款准备金余额除可以通过评估获得外,还可以采取分摊方法确定,主要分摊依据包括已赚保费、已决赔款、逐案估损、已报告赔款等。

1. 分析业务质量,提升风险选择能力。通过细分承保标的风险要素,加强风险识别和风险选择能力,有利于提升盈利能力。

(1) 业务质量监控系统。业务质量监控系统通过保单年度、事故年度、日历年度等多角度来观测不同地区、不同产品的业务结构、费率变化、赔付率情况,实现对业务质量的有效监控,为业务管理提供精算技术支持。借助业务质量监控模块,产品线、分公司可以很方便地查询每一产品历年保单年度、事故年度的已决赔付率、已发生赔付率,极大地提升公司对风险的选择与识别能力,支持产品线和分公司的精细化管理。

业务质量监控系统完全利用系统中的已核赔、未核赔及报案未立案数据,没有精算人员的人为判断;赔付率口径科学,保单年赔付率、事故年赔付率比目前统计口径的赔付率更科学;提供各种指标,如单均保费、费率、出险率、案均赔款等,为各类产品线赔付率的历史趋势提供原因解释,为当前及未来赔付率的判断提供依据。

在利用业务质量监控系统监控业务质量时,距离统计时点越远,历史业务质量也容易判断;在离统计时点较近时,因为大量未决赔案的存在,最终赔付率还存在很大变数。可以考虑(已决 + 未决估损 × 估损调整因子)/保费来判断最终损失率。估损调整因子是指根据历史数据及经验将立案估损调整到理论赔付水平。

例如,2010 年 3 月份显示已决 200 万元,立案估损 100 万元,已赚保费 600 万元,已报告赔付率 = (200 + 100)/600 = 50%。根据以前月度数据,当月估损在最近 4 个统计期间发展比例分别为 1.6,1.7,1.8,1.9,呈逐渐增大趋势,经和理赔部门沟通,最近估损可采用系数 2 进行调整,当期最终赔付率 = (200 + 100 × 2)/600 = 66.7%。否则,单纯采用已报告数据,忽略未报告数据,将严重低估最终赔付率,甚至会对业务质量盲目乐观。

(2) 赔付率 R。

$$赔付率\ R = 风险保费/签单保费$$

上式中的风险保费是根据历史数据计算出的平均赔付成本。

例如:一位家庭车客户来保险公司为其 3 年车龄的某品牌 5 座轿车投保车损险。如果我们根据历史数据,判断出此类车辆车损险平均每年赔付成本为 800 元,那么,如果收取该客户 1 000 元保险费,则赔付率 R 为 800 元/1 000 元 = 80%,如果收取该客户 1 600 元保险费,则赔付率 R 为 800 元/1 600 元 = 50%。赔付率 R 的高低,代表了我们对某一张保单或者某一类保单期望赔付率的判断。

赔付率 R 主要的应用包括:

一是风险选择政策的直接参考。根据赔付率 R,可以有效识别各类业务的预期赔付率。承保部门直接以赔付率 R 为参考,确定不同业务的目标赔付率,并进一步确定预期利润率、价格政策和手续费标准。

二是自动核保系统的核心基础。将风险保费嵌入核保辅助系统后,只要录入每张保单风险要素字段,系统即可根据签单保费自动计算出赔付率 R。核保部门可以预先制定赔付率 R 核保控制线,直接判断每一张保单是否可通过核保。

三是新承保业务质量的判断依据。以赔付率 R 为基础,可以建立赔付率 R 监控报表。各级业务管理人员可以随时上线查询各类新承保业的赔付率即 R 数值,有利于各级业务管理人员对新承保业务质量进行判断。

第四节 准备金与理赔管理

一、概述

未决赔款准备金是指在评估时点之前,对已经发生的保险事故但还没有完全结案的有效保单所做的资金准备,主要包括已报案未决赔款准备金和未报案未决赔款准备金(IBNR)。

已报案未决赔款准备金是保险公司对已经报案但尚未结案的保险事故计提的赔款准备金。在保险公司中,已报案未决赔款准备金的计提额主要由理赔人员对已报告未决赔案进行逐案估计,加总估损结果而得到。除逐案估损法外,也可以通过估计各类赔案的平均赔付金额,乘以相应的已报案未决赔案件数,然后汇总为已报案未决赔款准备金。已报案未决赔款准备金是未决赔款准备金的重要组成部分,它是精算人员运用精算模型评估未报案未决赔款准备金(IBNR)的基础,它的准确性、充足性和一致性对于未决赔款准备金的评估极为重要。

未报案未决赔款准备金分为狭义和广义两种。狭义 IBNR 准备金是指保险公司为已经发生但尚未提出索赔的赔案而计提的资金准备。广义的 IBNR 准备金包括:第一,狭义 IBNR 准备金;第二,已报案未立案准备金,指保险公司对已经向分支机构或报案中心报告,但未记录到保险公司数据库中正式立案的赔案计提的准备金;第三,未决赔案的未来进展准备金,逐案估损不足有可能导致最初已报案未决赔款准备金与最终实际支付额之间存在差额,为此所计提的准备金;第四,重立赔案准备金,已经赔付或注销的赔案,经过一段时间可能会重新提起并要求赔付,为此所计提的准备金。在实务中,一般均使用广义 IBNR 准备金,这也是精算人员准备金评估的核心工作。

责任保险事故通常会与人身伤害、法律诉讼等联系在一起,理赔周期较长,受伤情变化、法院判决和通货膨胀等因素影响明显。同时,索赔发生制保单和事故发生制保单的赔付规律差异较大。这既要求理赔人员对于逐案估损已报告准备金的估计准确、合理、稳定,也要求精算人员能够准确预期未来案件进展、新增赔案涉及金额、通胀等因素对最终损失的影响。从之前的介绍可以看出,准备金评估和理赔是息息相关、互相影响的,下面就它们之间的相互关系作简单的介绍。

二、理赔对准备金评估的影响

(一)理赔变化对准备金评估的影响

对于公司某一时点的已发生未决案件,它的最终损失是确定的,但是在全部结案前需要依靠理赔和精算人员共同进行预测。理赔人员估损得到的已报告未决赔款准备金是评估 IBNR 准备金的基础,精算人员对评估时点的 IBNR 准备金既需要依赖评估时点末的已发生

已报告准备金的绝对值,又需要考虑历史已报案未决赔款准备金与最终赔款的关系。为此,有如下公式:

$$最终损失 = 已决赔付 + 已报案未决赔款准备金 + IBNR 准备金$$

在未决赔款准备金评估过程中,业务质量波动会影响最终损失率,进而影响准备金提取金额。同时,理赔人员在处理未决赔案时赔付规律如果有所改变,也可能极大影响准备金评估的结果准确性。

我们选择了评估时常用的基于已报告损失的链梯法和基于已报告损失的 BF 法作为示例,当业务质量和理赔规律保持稳定状态时,各事故年 IBNR 准备金评估结果如表 6-2-1 和表 6-2-2 所示。可以看到两种方法得到的结果是基本一致的。下面,分几种情况介绍一下理赔规律变化对 IBNR 准备金评估带来的影响。

表 6-2-1 基于已报告损失的链梯法

事故年	(1) 最终进展因子	(2) 事故年已报告损失	(3) 估计 IBNR 准备金 [(1)-1]×(2)
2008	2.000	720 000	720 000
2007	1.333	990 000	329 670
2006	1.159	1 035 000	164 565
2005	1.054	1 024 650	55 331
2004	1.023	938 124	21 577
2003	1.009	832 351	7 491
2002	1.003	717 724	2 153
2001	1.000	600 000	—
			1 300 787

表 6-2-2 基于已报告损失的 BF 法

事故年	(1) IBNR 进展因子	(2) 期望最终损失	(3) 估计 IBNR 准备金 (1)×(2)
2008	0.500	1 440 000	720 000
2007	0.250	1 320 000	329 752
2006	0.137	1 200 000	164 625
2005	0.051	1 080 000	55 332
2004	0.022	960 000	21 584

续表

基于已报告损失的 BF 法			
	(1)	(2)	(3)
事故年	IBNR 进展因子	期望最终损失	估计 IBNR 准备金
			(1)×(2)
2003	0.009	840 000	7 493
2002	0.003	720 000	2 154
2001	0.000	600 000	—
			1 300 939

(二)业务质量变化对准备金的影响

当业务质量恶化,而理赔规范并未变化时,两种方法会得到的结果如表 6-2-3 和表 6-2-4 所示。对于链梯法,当业务质量恶化时,由于最终损失提高,导致已报告损失金额提高;进展因子由理赔规律决定,保持不变;最终得到 IBNR 准备金 1 661 652 元,较变化前增加了 360 865 元。对于 BF 法,由于最近事故年的赔付信息较少,无法判断期望最终损失率是否产生变化,期望最终损失保持不变;最终进展因子不变,IBNR 进展因子也不会改变;最终得到的 IBNR 准备金与之前结果是一致的。

由此可见,链梯法对于业务质量变化带来的赔付率变动较为敏感,能够迅速反映业务质量的变化,而 BF 法由于对最近事故年度更多采信于历史规律得到的期望损失率,对业务质量的变化反应不够灵敏。

表 6-2-3　基于已报告损失的链梯法

基于已报告损失的链梯法			
	(1)	(2)	(3)
事故年	最终进展因子	事故年已报告损失	估计 IBNR 准备金
			[(1)-1]×(2)
2008	2.000	960 000	960 000
2007	1.333	1 237 500	412 088
2006	1.159	1 207 500	191 993
2005	1.054	1 195 425	64 553
2004	1.023	1 016 301	23 375
2003	1.009	832 351	7 491
2002	1.003	717 724	2 153
2001	1.000	600 000	—
			1 661 652

表 6-2-4　基于已报告损失的 BF 法

事故年	(1) IBNR 进展因子 1-1/最终进展因子	(2) 期望最终损失	(3) 估计 IBNR 准备金 (1)×(2)
2008	0.500	1 440 000	720 000
2007	0.250	1 320 000	329 752
2006	0.137	1 200 000	164 625
2005	0.051	1 080 000	55 332
2004	0.022	960 000	21 584
2003	0.009	840 000	7 493
2002	0.003	720 000	2 154
2001	0.000	600 000	—
			1 300 939

(三) 赔付速度变化对准备金的影响

当业务质量没有改变,而理赔提高赔付速度时,两种方法得到的结果如表 6-2-5 和表 6-2-6 所示。对于链梯法,当赔付速度提高时,最近几期的进展因子会变大,而连乘后得到的最终进展因子也会随之变大;已报告损失假设还与最初一样;最终得到 IBNR 准备金 1 469 150 元,较变化前增加了 168 363 元。对于 BF 法,当赔付速度提高后,由于进展因子变大,IBNR 进展因子变大;期望最终损失相对稳定没有变化;最终得到 IBNR 准备金 1 391 249 元,较变化前增加了 90 310 元。

由此可见,链梯法对于赔付速度变动带来的影响较为敏感,导致最终损失被显著高估,而 BF 法由于对最近事故年度更多采信于历史规律得到的期望损失率,在赔付速度变动的情况下结果较为稳定。

表 6-2-5　基于已报告损失的链梯法

事故年	(1) 最终进展因子	(2) 事故年已报告损失	(3) 估计 IBNR 准备金 [(1)-1]×(2)
2008	2.182	720 000	851 040
2007	1.353	990 000	349 470
2006	1.169	1 035 000	174 915
2005	1.061	1 024 650	62 504
2004	1.023	938 124	21 577
2003	1.009	832 351	7 491
2002	1.003	717 724	2 153
2001	1.000	600 000	—
			1 469 150

表 6-2-6 基于已报告损失的 BF 法

事故年	(1) IBNR 进展因子 1-(1/最终进展因子)	(2) 期望最终损失	(3) 估计 IBNR 准备金 (1)×(2)
2008	0.542	1 440 000	780 055
2007	0.261	1 320 000	344 390
2006	0.145	1 200 000	173 482
2005	0.057	1 080 000	62 092
2004	0.022	960 000	21 584
2003	0.009	840 000	7 493
2002	0.003	720 000	2 154
2001	0.000	600 000	—
			1 391 249

(四)估损充足度变化对准备金的影响

当业务质量没有改变,而估损充足度提高时,两种方法得到的结果如表 6-2-7 和表 6-2-8 所示。通过比较可以看出,所得结果和业务质量恶化时的结果是一致的。对于链梯法,最终得到 IBNR 准备金 1 661 652 元,较变化前增加了 360 865 元。对于 BF 法,最终得到的 IBNR 准备金与之前结果是一致的。

由此可见,链梯法对于估损充足度变动带来的影响较为敏感,导致最终损失被显著高估,而 BF 法在估损充足度变动的情况下结果较为稳定。面对这种情况,精算人员往往根据理赔及其他辅助信息来判断已报告损失的增加究竟是来源于业务质量的恶化,还是来源于估损充足度的变化。

表 6-2-7 基于已报告损失的链梯法

事故年	(1) 最终进展因子	(2) 事故年已报告损失	(3) 估计 IBNR 准备金 [(1)-1]×(2)
2008	2.000	960 000	960 000
2007	1.333	1 237 500	412 088
2006	1.159	1 207 500	191 993
2005	1.054	1 195 425	64 553
2004	1.023	1 016 301	23 375
2003	1.009	832 351	7 491
2002	1.003	717 724	2 153
2001	1.000	600 000	—
			1 661 652

表6-2-8 基于已报告损失的BF法

事故年	(1) IBNR进展因子 6-1-1/最终进展因子	(2) 期望最终损失	(3) 估计IBNR准备金 (1)×(2)
2008	0.500	1 440 000	720 000
2007	0.250	1 320 000	329 752
2006	0.137	1 200 000	164 625
2005	0.051	1 080 000	55 332
2004	0.022	960 000	21 584
2003	0.009	840 000	7 493
2002	0.003	720 000	2 154
2001	0.000	600 000	—
			1 300 939

(五) 新增大赔案对准备金的影响

当出现新增大赔案时,和初始情况比相当于业务质量有所恶化。假设2007事故年度,新增大赔案估损为201 000元,已报告损失增加到300 000。对于链梯法,当出现新增大赔案时,导致已报告损失金额显著提高,最终得到IBNR准备金1 970 117元,较变化前增加了669 330元。对于BF法,IBNR进展因子没有改变,最终得到的IBNR准备金与之前结果是一致的。如表6-2-9和表6-2-10所示。

由于新增大赔案估损立案时间较晚,获取信息较多,通常估损较同期其他赔案更为充足。所以,对于链梯法IBNR准备金可能有所高估,而BF法得到的结果通常更为准确。在具体精算评估实践中,通常大赔案都选择逐案估损金额作为未决赔款准备金,把剔除大赔案后的其他案件清单生成精算三角来进行评估。

表6-2-9 基于已报告损失的链梯法

事故年	(1) 最终进展因子	(2) 事故年已报告损失	(3) 估计IBNR准备金 [(1)−1]×(2)
2008	2.000	720 000	720 000
2007	1.333	3 000 000	999 000
2006	1.159	1 035 000	164 565
2005	1.054	1 024 650	55 331
2004	1.023	938 124	21 577
2003	1.009	832 351	7 491
2002	1.003	717 724	2 153
2001	1.000	600 000	—
			1 970 117

表6-2-10 基于已报告损失的BF法

事故年	(1) IBNR进展因子	(2) 期望最终损失	(3) 估计IBNR准备金 (1)×(2)
2008	0.500	1 440 000	720 000
2007	0.250	1 320 000	329 752
2006	0.137	1 200 000	164 625
2005	0.051	1 080 000	55 332
2004	0.022	960 000	21 584
2003	0.009	840 000	7 493
2002	0.003	720 000	2 154
2001	0.000	600 000	—
			1 300 939

三、准备金评估时考虑的理赔因素

对于上面提到的各种变化,更多时候精算人员面对的不只是单一情况的变化,而是多种因素共同作用后的结果,其中就有已报告损失和最终进展因子同时变化的情况。精算人员需要仔细分析是什么原因导致的已报告损失或进展因子的变化,如果是由于业务质量恶化,需要相应提高IBNR准备金结果,如果是由于理赔规律变化,则需要消除理赔波动带来的影响,进而采用不同的精算评估方法来消除理赔波动带来的影响。下面,简单介绍一下在评估IBNR准备金时,精算人员会重点关注的一些理赔信息。

(一)已决赔付率(paid loss ratio)/已报告赔付率(incur loss ratio)

已决赔付率等于已决赔款除以已赚保费。已报告赔付率等于已决赔款加上已发生已报告准备金之和除以已赚保费。通过比较各个事故季度在不同进展期的已决赔付率和已报告赔付率,精算人员可以发现出各个事故季度间是否存在季节性变化。而通过比较各个事故季度在同一进展期的已决赔付率和已报告赔付率,精算人员可以发现最近几个事故季度的已决赔付损失和已发生损失是否有显著变化,如果发生变化可以进一步通过其他信息来判断是业务质量变化导致还是理赔变化导致。

(二)已决出险率(paid frequency)/已报告出险率(incur frequency)

已决出险率等于已决件数除以已赚保单件数。已报告出险率等于已决件数和未决件数之和除以已赚保单件数。由于出现次数更多取决于被保险人是否出险,当其他条件不变的情况下,如果出险率提高,通常意味着被保险人平均出险次数增加,也即业务质量恶化。但是,也需要注意当业务结构改变或者承保和理赔记录关联时,出险率可能出现异常变化。

(三)已决件数占已报告比例(paid number to reported number ratio)/已决金额占已报告比例(paid to reported amount ratio)

各个事故季度同一进展期的已决件数占已报告比例和已决金额占已报告比例的变化,在一定程度上体现了赔付速度和赔付案件结构的变化。已决件数占比和金额占比同比例增加或减少,则说明赔付速度提高或降低。而已决件数占比和金额占比变化差异较大,则说明赔付案件结构有所变化,比如优先赔付小额案件而延迟大额赔案的赔付速度等。

(四)累计已决案均/各进展期增量案均

累计已决案均等于累计已决金额除以累计已决件数。各进展期增量案均等于新增已决金额除以新增已决件数。当被保险人报案规律没有发生显著变化时,案均赔款可以体现通货膨胀、社会司法环境等对保险事故损失程度的影响。而在剔除大赔案后,对增量案均赔款的比较分析,可以较为清晰地看出观察期内理赔部门对不同损失程度案件的处理速度。

(五)已决占最终损失比例(paid to ultimate)/已决占最终损失件数比例(paid to ultimate number)

理赔规律一般较为稳定,当赔付速度没有显著变化时,已决占最终损失比例和已决占最终损失件数比例两个指标对于不同事故季度的同一进展期来说通常保持稳定状态。这两个指标可以衡量精算评估 IBNR 准备金结果是否存在高估或低估的情况。

(六)理赔部门效率指标

理赔部门往往会提供各种口径的理赔效率指标,这些也是精算评估时的重要参考信息。由于理赔部门通常不会按照事故季度来整理赔案信息,因此理赔指标通常是不同事故季度的赔案处理信息汇总得到的。在使用时,可以对整体的理赔效率有所掌握,但是细分到不同事故季度可能差异很大,还需要参考其他指标来作出判断。

(七)其他指标

业务结构变化、折扣率变化、再保信息变化等都会对准备金评估产生较大影响。同时,精算人员需要经常和业务部门及理赔部门进行沟通,及时掌握承保和理赔的最新变化信息,在评估过程中充分考虑和反映。精算人员需要尽可能掌握更多的信息,通过综合性的分析判断,才能尽可能准确的对准备金的发展情况进行判断。

四、准备金对理赔的影响

(一)提供多维度的理赔数据视角

通常精算以外的其他部门在分析数据时,都使用的是汇总数据,将各个事故季度、不同产品线的数据混杂在一起。不同事故季度、不同产品线存在的问题可能差异很大,而很多问题可能会互相抵消,这就导致整体数据看起来比较正常,但细分数据存在很大波动。从下面的算式可以看出,虽然两边结果一样,但是代表的含义有很大的不同。

$$20 = 10 + 10 = 1 + 19$$

而从精算的角度看,所有的数据都是分事故季度、分产品线甚至分产品来区分整理的,而且根据不同的进展季度整理成三角数据。这样,在对数据进行分析时,就可以分产品线看到本产品线产品赔案在不同事故季度、不同进展期的情况,不但可以对不同进展期间数据横向比较观察进展情况,也可以对不同事故季度纵向比较观察赔付率变化情况。

举个简单的例子,理赔人员在分析赔付效率时通常使用案件处理率的概念,定义为(结案件数+立案注销件数+立案拒赔件数)/(有效立案件数+立案注销件数+立案拒赔件数)×100%。假设 2009 年立案案件有 10 000 件,2 000 件为 2008 年出险案件,8 000 件为 2009 年出险案件,到年底时结案 80%,余留 2 000 件未决赔案,400 件为 2008 年案件,1 600 件为 2009 年案件;2010 年随着业务增长赔案增多,当年立案 12 000 件,20% 即 2 400 件为 2009 年出险案件,80% 即 9 600 件为 2010 年出险案件。这样 2009 年存量案件及 2010 年立案案件合计 14 000 件，400 件为 2008 年案件，4 000 件为 2009 年案件，9 600 件为 2010 年案件。2010 年理赔部门希望提高理赔速度，当年处理未决赔案 10 000 件，超过 2009 年处理件数 8 000 件的 25%，从案件处理率看 2009 年为 8 000/10 000 = 80%，而 2010 年为 10 000/12 000 = 83.33%，两个指标都有所提高。但是细分看，假设公司集中赔付历史赔案，处理了 2008 年的 400 件和 2009 年的 4 000 件，而 2010 年赔案仅处理了 5 600 件。对于 2010 事故年度而言，案件处理率为 5 600/9 600 = 58.3%（这里还没有考虑已发生未报告赔案），远低于 2009 年同期案件处理率 6 400/8 000 = 80%。

当然以上的例子比较极端，但从精算实务中确实有时发现多个事故季度合计的统计结果可能与单个事故季度的统计结果相矛盾。多维度的理赔数据视角，可以帮助理赔人员更加深入地了解公司未决赔案变化情况，对于显著变化的产品线或者事故季度，可以加大关注力度，分析发生变化的原因，从而更容易发现理赔流程中可能存在的不足。

(二) 通过准备金管理，减少基层分支机构的理赔博弈

对于基层分支机构而言，利润考核是考核的重要组成部分。因此，基层分支机构为了获得较好的考核成绩或者平衡各期考核结果，有着较强的冲动来通过理赔未决估损调整来影响未决赔款准备金的提取金额，进而影响当期利润总额。

而精算人员通过对理赔信息和其他辅助信息的分析总结历史规律，并利用精算模型和精算技术进行客观分析，能够在评估时及时发现理赔的异常变化。通过调整 IBNR 准备金，精算人员可以在一定程度上抵消基层分支机构对理赔的人为调整。同时，精算人员通过下发赔付率或逐案估损金额等方法，可以根据精算评估结果有效控制最终损失率，使基层分支机构调整估损变得毫无意义，从而消除基层分支机构操纵理赔数据的冲动。

(三) 通过精算结果来得到理赔逐案估损充足度水平

理赔人员在考虑逐案估损充足情况时，通常只采用已决赔款信息作为依据。这样来分析估损充足程度很容易受到当期已决赔案组成结构影响，同时未能充分考虑未决赔案信息。

精算人员通过将理赔人员逐案估损得到的已发生已报告准备金和评估得到的加上 IBNR 准备金后的未决赔款准备金相比较，在理论上可以得到真正意义上的理赔逐案估损充足率。精算人员在评估时使用了承保、理赔等各方面信息，较仅考虑已决赔案信息的方法，可靠程度有较大的提升。

精算结果的逐案估损充足度可以拥有事故季度、产品线、进展期等多个维度，可以帮助理赔人员从各个角度梳理理赔流程中可能存在的不足，提高整体和细分科目未决逐案估损的充足程度和稳定程度。

(四) 整合优化理赔流程和数据结构

精算评估时需要使用公司多方提供的信息，这样对于数据的连续性、口径一致性和准确性有着较高的要求，而这种要求就驱使精算人员不断致力于提升公司的数据质量。对于理赔数据，精算人员将努力使它与财务、承保、再保等数据保持一致性，同时在设计数据结构时尽可能保留足够多的评估所需数据字段。而在评估过程中对异常数据的梳理和反馈，也可以促进基层理赔录入人员加强数据真实性的意识，提高公司理赔数据整体可信度。

参考文献

[1] 吴定富. 中华人民共和国保险法释义[M]. 北京:中国财政经济出版社,2009.
[2] 杨立新. 中华人民共和国侵权责任法精解[M]. 北京:知识产权出版社,2010.
[3] 贝纳德·威布,亚瑟·L.福里特纳,杰罗姆·特鲁品. 商业保险[M]. 北京:北京大学出版社,2003.
[4] 谭启俭,何力. 财产保险[M]. 北京:中国金融出版社,2002.
[5] 孙宏涛. 董事责任保险合同研究[M]. 北京:中国法制出版社,2011.
[6] 李华. 董事责任保险制度研究[M]. 北京:法律出版社,2008.
[7] 周永坤. 法理学——全球视野[M]. 3版. 北京:法律出版社,2010.
[8] 孙家庆,杨旭. 国际货运代理风险规避与案例分析[M]. 北京:科学出版社,2009.
[9] 王学锋等. 国际物流风险与保险[M]. 上海:上海交通大学出版社,2006.
[10] 王利明,房绍坤,王轶. 合同法[M]. 3版. 北京:中国人民大学出版社,2009.
[11] 孟于群. 货运代理与物流法律及案例评析[M]. 北京:中国商务出版社,2005.
[12] 本书编委会. 建设工程质量保险与风险管理培训教材[M]. 北京:中国建筑工业出版社,2006.
[13] 王利明. 民法[M]. 4版. 北京:中国人民大学出版社,2008.
[14] 魏振瀛. 民法[M]. 北京:北京大学出版社,高等教育出版社,2000.
[15] 胡美芬,郑丙贵,阎萍. 物流法规教程[M]. 北京:电子工业出版社,2011.
[16] 罗佩华. 物流法律法规[M]. 北京:清华大学出版社,2008.
[17] 王胜明. 中华人民共和国侵权责任法解读[M]. 北京:中国法制出版社,2010.
[18] 康斯坦斯·M.卢瑟亚特,等. 财产与责任保险原理[M]. 北京:北京大学出版社,2003.
[19] 陈兵. 保险公司财务管理[M]. 北京:中国财政经济出版社,2011.
[20] 范围. 雇主责任与工伤保险法律应用指南[M]. 北京:法律出版社,2010.
[21] 冯知杰. 产品责任保险[M]. 厦门:鹭江出版社,1999.
[22] 郭颂平,赵春梅. 保险基础知识[M]. 北京:首都经济贸易大学出版社,2006.
[23] 李晓林. 风险统计模型[M]. 北京:中国财政经济出版社,2008.
[24] 刘金章. 财产与责任保险[M]. 北京:清华大学出版社,北方交通大学出版社,2010.
[25] 孟生旺,袁卫. 实用非寿险精算学[M]. 北京:经济科学出版社,2000.
[26] 王和. 财产保险教程[M]. 北京:中国财政经济出版社,2006.
[27] 吴小平. 保险公司非寿险业务准备金评估实务指南[M]. 北京:中国财政经济出版社,2005.
[28] 谢志刚,韩天雄. 风险理论与非寿险精算[M]. 天津:南开大学出版社,2000.
[29] 谢志刚,周晶晗. 非寿险责任准备金评估[M]. 北京:中国财政经济出版社,2006.
[30] 谢志刚. 非寿险责任准备金评估[M]. 北京:中国财政经济出版社,2011.
[31] 许飞琼. 责任保险[M]. 北京:中国金融出版社,2007.

[32]杨静平.非寿险精算数学[M].北京:北京大学出版社,2006.

[33]张洪涛,王和.责任保险理论、实务与案例[M].北京:中国人民大学出版社,2005.

[34]张琳.非寿险定价[M].北京:中国精算师协会,2006.

[35]郑功成.责任保险理论与经营实务[M].北京:中国金融出版社,1991.

[36]中国保险年鉴编委会.中国保险年鉴(2008)[M].北京:中国保险年鉴编辑部,2008.

[37]陆荣华.美国商业普通责任保险[M].北京:中国金融出版社,2010.

[38]英国精算师学会考试教材.General Insurance Specialist Applications[M].The Actuarial Education Company,2006.

[39]英国精算师学会考试教材.General Insurance Specialist Technical[M].The Actuarial Education Company,2006.

[40]保监会.保险公司非寿险业务准备金管理办法(试行)(保监会令〔2004〕13号).2004.

[41]保监会.关于做好《企业会计准则解释第2号》实施工作的通知(保监发〔2010〕6号).2010.

[42]财政部.企业会计准则第25号:原保险合同(财会〔2006〕3号).2006.

[43]财政部.企业会计准则第26号:再保险合同(财会〔2006〕3号).2006.

[44]Ana J Mata. Practical solutions to common pricing pitfalls[J]. General Insurance Convention,2007.

[45]Eric A. Wiening. Foundations of Risk Management and Insurance[M]. American Institute for Chartered Property Casualty Underwriters/Insurance Institute of America,2006.

[46]Gian Paolo Clemente, Nino Savelli. Modelling aggregate non-life underwriting risk: Standard formula vs internal model[J]. General Insurance Convention,2008.

[47]James Orr. Joined-up risk management - linking pricing, reserving and capitalization [J]. General Insurance Convention,2006.

[48]Michael Brockman. Understanding the customer value chain[J]. General Insurance Convention,2006.